《今注本二十四史》編委會

二十四史研究資料集刊

史記考證文獻彙編

四川出版集團 巴蜀書社

人民出版社

本書出版得到國家古籍整理出版專項經費資助

第五冊目録

史記志疑

[清] 梁玉繩

清光緒十三年廣雅書局刊本

史記志疑卷三十二

仁和梁玉繩撰

張耳陳餘列傳第二十九

外黃富人女甚美嫁庸奴亡其夫去抵父客

附案亡其夫者背夫而逃也故漢書曰庸奴其夫亡邸父客解家多誤徐廣作其夫亡亦非下有請決語不得言夫亡矣

北有長城之域

附案別本域作役與漢書同湖本譌

范陽人蒯通

附案史漢皆云范陽人漢書通傳亦作范陽史淮陰傳前作范陽後作齊人此范陽疑卽東郡范縣非涿郡之范陽若依師古謂通本燕人後游于齊則何以高祖曰是齊辨士詔齊捕之乎且此時武臣尙未涉燕地也

范陽令乃使蒯通見武信君曰

案漢書作通說爲武信君問荅之言以說范陽令而史謂范陽令使通見武信君其語亦不同似宜從漢書

陳王相國房君

案陳涉世家陳王以上蔡人房君蔡賜爲上柱國漢傳鄭氏注曰房君官號師古曰封邑之名非官號也索隱曰爵之于房號房君晉灼案張耳傳言相國房君者葢誤耳涉因楚有柱國之官故以官蔡賜葢其時草創亦未置相國之官也

乃走燕壁燕將見之

案此處上下文不接且未奉張陳之命豈敢遠走敵營哉新序善謀述其事云廝養卒乃洗沐往見張耳陳餘遺行見燕王于情事較全燕將亦當作燕王爲實同下文歸王大事燕將敢自主乎

王離圍之

案項羽紀言王離涉閒圍之此不及涉閒者離是主將且可互見也故高紀月表皆略之然下文有涉閒自殺語則此處反似疏脫矣

漢王之入關五星聚東井

案星聚不在入關之月說見天官書

漢二年

案此下當有四月二字

今王事高祖甚恭

案高祖非生前之稱此與下四高祖皆當從漢書作皇帝

要之置

附案索隱本置下有廁字與漢書同今本脫

貫高與客孟舒等十餘人皆自髡鉗爲王家奴從來

案上言貫高與王轞車膠致長安矣而又言與客從來何邪

評林明田汝成糾之漢書刪去最當

呂后數言張王以魯元公主故不宜有此

案魯元二字當衍魯封在後而元乃謚也

子偃爲魯元王

案此及下元字皆衍而元王弱句當改作魯王說在呂后紀
所由殆與太伯延陵季子異矣
案此言輕視太伯季札矣說在李斯傳
魏豹彭越列傳第三十
齊楚遣項它田巴將兵隨市救魏
劉奉世曰田儋傳儋自將兵救魏章邯殺儋臨濟下非遣田
巴也
漢乃使人賜彭越將軍印使下濟陰以擊楚
案田榮使越反楚印即榮賜之項羽高祖二紀可據此漢字
誤劉氏刊誤曰不合有漢字
漢王二年春　漢王三年　漢五年秋

案春當作夏衍兩王字秋當作冬
漢王敗使使召彭越
劉攽曰此時漢未敗疑是數字
五年項籍已死
案五年二字衍上文已書之
廷尉王恬開奏請族之
案彭越之族在高帝十一年而公卿表十年是廷尉宣義十
二年廷尉育則非王恬開此時恬開恐尚爲郎中令也
黥布列傳第三十一
其八月布使將擊義帝追殺之郴縣
案此以弒義帝在八月與紀表異說在羽紀

漢二年　漢三年
案漢二年當移在後漢王擊楚句上漢三年移後淮南王至
之上此誤也
漢王曰孰能爲我使淮南
案英布歸漢始立爲淮南王在漢四年七月是時尚爲九江
王故隨何對楚使者曰九江王已歸漢也此淮南二字當作
九江下文凡稱淮南並非
留項王于齊
案本紀項王去齊而後有彭城之戰漢敗彭城而後有隨何
之說安得言留齊當是留項王于楚耳葢英布叛楚則項王
必留身擊布而漢得以圖取天下也此誤劉攽說亦非

布甚大怒
案甚大二字當去其一漢書無甚字
六年
案二字衍
七年朝陳　九年朝長安
案七年當作六年九年下又缺十年二字
夏漢誅梁王彭越
案夏當作春
往年殺彭越前年殺韓信言此三人者
案殺信越並在十一年春此語誤又攷證張氏曰言字疑衍
葢從上信字譌寫也

臣客故楚令尹薛公者

附案唐世系表薛倪爲楚令尹生翁翁生鑒漢初獻策滅黥布封千戸矦此言恐不足信

果如薛公籌之

劉攽曰薛公所言英布出下計不盡如薛言布取荆又敗楚遂與上遇何嘗歸重于越身歸長沙乎

以故長沙哀王使人紿布

集解曰是成王非哀王傳誤也

禍之興自愛姬殖妒媢生患竟以滅國

附案顏氏家訓書證篇云太史公論英布曰禍之興自愛姬生于妒媢以至滅國媢當作娼顏氏見本異

淮陰矦列傳第三十二

南昌亭長

索隱曰楚漢春秋南昌作新昌

上拜以爲治粟都尉

宋沈作喆寓簡曰秦官有治粟内史高帝因之元年執盾襄爲此官至武帝時始有搜粟都尉葢誤也說本公卿表而藝文類聚四十九引史作治粟内史豈改之乎

唯

句信亦爲大王不如也

附案史詮曰漢書注唯應爾音弋癸反作惟誤評林曰一本亦下有以字

韓毆王皆降

案本紀韓王昌不聽擊破之此云降似誤

六月魏王豹

案當作五月說在高紀

定魏爲河東郡

案失書上黨說在高紀

信與張耳以兵數萬

案此上失書漢三年

復疾戰

劉奉世曰三字衍

至宿傳舍晨自稱漢使馳入趙壁張耳韓信未起卽其臥内上奪其印符以麾召諸將易置之信耳起乃知漢王來大驚

案此事余疑史筆增飾非其實也唐順之稗編載宋楊時論韓信曰信耳勇略葢世竊怪漢王入臥内奪其印符召諸將易置之而未之知此其禁防闊疏與棘門霸上之軍何異耶使敵人投閒竊發則二人者可得而虜也費衮梁溪漫志曰凡用兵之法敵人動息尙當知之豈有其主宿傳舍而軍中不知斥候不明矣周亞夫屯細柳天子先驅不得入今乃入臥内召諸將易置而猶不知紀律安在項羽死高祖又襲奪其軍夫爲將而其軍每爲襲奪則眞成兒戲信號能軍恐不應至是邵氏疑問曰細柳營天子先驅不得入漢使而卽馳入壁乎入壁猶可而符印在將軍之肘腋可易奪乎亦從誰手而奪之必親奪之信耳也又胡爲起而知漢王始驚乎況

麾召諸將易置之爲時亦少閒矣豈信耳偃仰高臥待易置畢始起乎左右不得其解評林茅坤曰漢王之入壁奪軍豈出成皋後兵已散一則欲收信耳兵抗楚一則恐耳信瞰其兵折而生離心故爲此計以示武邪

信引兵東

案下文漢四年三字當移此句上漢書又誤置四年于前文漢王出成皋上也

楚亦使龍且將

案龍且裨將何以不書主帥項它說在羽紀各本誤以上句西字連讀作西楚

齊王廣亡去

錢唐翁孝廉承高曰廣與龍且同時見殺高紀月表田儋傳及漢書可證獨此言亡去誤也因廣被殺故田横自立爲王

大夫種范蠡存亡越霸句踐立功成名而身死亡

附案范蠡不死亡因說文種連及古人多有此句法漢書通傳無之韓王信報柴將軍書亦云種蠡死亡師古曰言種不去則見殺蠡逃亡則獲免作逃亡解亦通

漢王怨昧

案高祖卽帝位矣何言漢王也下文漢王畏惡其能同誤

陳豨拜爲鉅鹿守

案此文誤豨以趙相國守代也

漢十一年陳豨果反

案豨反在十年九月此誤說在高紀

呂后使武士縛信斬之長樂鐘室

附案信之死冤矣前賢皆極辨其無反狀大抵出下告變者之誣詞及呂后與相國文致之耳史公依漢廷獄案敘入傳中而其冤自見一飯千金弗忘漂母解衣推食寍負高皇不聽涉通于擁兵王齊之日必不妄動于淮陰家居之時不思結連布越大國之王必不輕約邊遠無能之將賓客多與稱病之人何涉左右辟則挈手之語誰聞上謁入賀謀逆者未必坦率如斯家臣徒奴善將者亦復部署有幾是知高祖畏惡其能非一朝夕貽禍于躡足附耳露疑于奪符襲軍故禽縛不已族誅始快從豨軍來見信死且喜且憐亦諒其無辜

受戮爲可憫也獨怪蕭何初以國士薦而無片語申救又詐而紿之毋乃與畱侯勸封雍齒異乎程敏政以信死咎陳平尙未確見篁墩集陳平論

信方斬之

附案史詮謂宋本無之字是也漢書無

可以比周召太公之徒

案比擬太過說在李斯傳

韓信盧綰列傳第三十三

韓王信者故韓襄王孼孫也

案唐世系表以信爲公子蟣蝨子未知確否徐廣據楚漢春秋謂韓王信一云信都史通雜說篇從之譏馬班去都字爲

非乃妄也索隱曰楚漢春秋謂韓王信初爲韓司徒誤以爲
韓王名是已司徒之轉爲信（同申）都猶司徒之轉爲申徒勝屠
申屠也潛夫論氏姓篇路史發揮言之詳矣
更以爲列侯
案此但言項籍廢韓王成爲侯而不言其殺成疏也
使人責讓信
案漢書作上賜信書責讓之並載書語此不言亦疏
與其將白土人
朱子文漢書辨正曰多一與字
柴將軍屠參合斬韓王信
案斬信者樊噲傳云所將卒匈奴傳是噲與此異漢書高紀
信傳是柴而噲與匈奴傳同史未知孰是
至孝文十四年
案當作十六年
嬰孫以不敬失侯
案史漢表嬰子澤之元朔四年坐詐病不從不敬國除則此
言孫誤也
卒爲案道侯
案卒字疑當作今
子代歲餘坐法死後歲餘說孫曾拜爲龍頟侯續說後
附案此下乃後人所續當刪之且續于侯表者並其名字兄
弟而誤之續于列傳者亦既誤以曾爲說孫又誤其坐罪復

封之歲益說子興以征和二年代（今本漢表譌作三年）四年坐祝詛斬
後元元年興弟曾紹封也集解正義唐世系表並誤
漢五年八月迺立盧綰爲燕王
案漢五年三字衍上文已書之矣八月乃後九月之誤說在
諸侯王表
漢十一年秋陳豨反代地
案豨反在十年九月此誤說見高紀
御史大夫趙堯往迎燕王
案紀傳無堯往迎之事
夏誅彭越
案誅越在三月說在高紀此夏字可衍也
使樊噲擊燕
案此失書周勃
孝景中六年
案當作中五年
陳豨者宛朐人也不知始所以得從及高祖七年冬韓王信反
入匈奴上至平城還迺封豨爲列侯（湖本列譌烈）
案功臣表豨以特將于前元年從起宛朐何云不知始所從
其封侯在六年何待七年還平城之時當是漢五年秋破燕
王臧荼還乃封耳漢傳仍史誤
監趙代邊兵
史詮曰邊字衍

及高祖七年七月

案及高祖三字衍七年乃十年之誤

自立爲大王

案漢傳作代王是陳氏測議曰代王譌大者北音相誤也

漢兵擊斬陳豨將侯敞王黃于曲逆下

案史詮謂王黃二字衍是也下云生得王黃樊噲傳云虜王黃則非斬矣

不罵者黥之

案紀作原之疑此誤

迺立子恆爲代王

史詮曰恆字當諱

高祖十二年冬樊噲軍卒追斬豨于靈丘

案高祖二字衍斬豨是周勃靈丘又作當城並說在紀

田儋列傳第三十四

楚懷王曰

案項羽紀作項梁語是也此誤

平原人殺榮項王遂燒夷齊城郭所過者盡屠之齊人相聚畔之榮弟橫收齊散兵得數萬人反擊項羽于城陽

案榮見殺之後項羽立田假爲齊王田橫反城陽擊假假走楚楚殺之此缺誤

相橫走博陽

案漢書作博是也灌嬰傳破田橫至嬴博傳寬傳屬相國參殘博漢志博屬泰山郡若博陽則爲汝南之縣豈齊封內哉下亦誤

楚使龍且救齊

案龍且非主將說在羽紀

吾聞其餘尚五百人在海中使使召之至則聞田橫死亦皆自殺

案五百人皆自殺恐傳聞非實乃溢美之言也諸葛誕爲司馬昭所誅麾下數百人坐不降見斬皆曰爲諸葛公死不恨魏志所書如此而注引干寶晉紀云數百人拱手爲列每斬一人輒降之竟不變至盡時人比之田橫疑亦不免溢美

蒯通之謀亂齊驕淮陰其卒亡此兩人

案兩人謂韓信田橫然信之亡不關蒯生也

蒯通者善爲長短說論戰國之權變爲八十一首

翁孝廉曰漢書通傳言八十一首號雋永攷藝文志無雋永而有蒯子五篇未知即此八十一首否史公述戰國時事與策不同者五豈取于雋永乎今不可攷矣

樊酈滕灌列傳第三十五

與司馬尼戰碭東

附案尼當作𡰥說在高紀

賜上聞爵

附案索隱本作上閒與漢書同各本譌閒字索隱謂或作上閒音中閒之閒殊非故如湻引呂覽下賢篇天子賞魏文侯

以上聞爵爲證張晏曰得徑上聞也晉灼曰名通于天子也史注多譌字漢書注不誤但今本呂覽作上卿葢亦譌耳

從攻圍

案漢書作從攻圉都尉劉攽曰衍都字則此誤圉爲圍又脫尉字也圉乃陳畱縣名

捕虜十一人

案漢書作十六人又下文捕虜二十七人漢書作二十六斬首二十四級作十四皆未知孰實

河閒守軍于杠里破之

案秦無河閒郡安得有河閒守經史問荅辨之曰秦郡無河閒即令有之河閒時已屬趙項章鉅鹿之軍隔于其閒不得至中原也杠里在梁周閒非河閒之所部其爲誤不待言以地按之或是三川守之軍

東攻秦軍于尸

附案尸乃尸鄉與下南攻秦軍于犨句對各本誤連南爲句

至霸上

余有丁曰此不載諫止宮語似闕略

以待大王

案項羽此時未王也凡三稱大王皆非說在羽紀

是日微樊噲犇入營誚讓項羽沛公事幾殆

讀史漫錄曰此耳食也項王本無殺沛公之心直爲范增從臾及沛公一見固已冰釋使羽眞有殺沛公之心雖百樊噲徒齎斧鉞何益于漢太史公好奇大都抑揚太過

明日項羽入屠咸陽

案羽紀作居數日與漢書羽噲傳合此非

從擊秦車騎壤東

案曹相國世家作三秦車騎此及漢傳俱缺

軍所將卒斬韓信

案斬信之人所書各不同說在韓信傳

定食舞陽五千四百戶

案史漢表皆云五千戶此誤

虜二百八十八人　將軍十二人二千石已下至三百石十一人

案漢書作八十八人無二百兩字又十二人作十三十一人作十二

而伉母呂須亦爲臨光侯

案當作林光說在呂后紀

曲周侯酈商者高陽人

附案酈氏居于陳畱郡雍丘縣高陽鄉故商與食其皆高陽人非涿郡高陽縣也

漢王賜商爵信成君

案劉奉世云商先封信成君　君當作侯是也徐孚遠曰再言衍文義門讀書記曰復云賜爵信成君當即樊噲傳所謂賜重封益非

得代丞相程縱
案絳侯世家以爲周勃得之
七月以右丞相擊陳豨
案漢書作十月是葢豨以十年九月反不得言七月矣
圍趙城十月
案十月乃三月之誤說在楚元王世家
孝景中二年奇欲取平原君爲夫人
案當作中三年也孝武即位始尊皇太后母臧兒爲平原君
爲太常坐法國除
附案七字後人妄增衍之
漢王怒行欲斬嬰者十餘卒得脫而致孝惠魯元于豐

翁孝廉曰以項羽高祖二紀觀之則此乃史公抑揚太過之詞非其實也事急不能存子女無可如何而棄之耳人爲收載豈不大幸何至怒其人而屢欲斬之非人情矣齊東野語謂高祖薄于父子之義恐未盡然
賜嬰食祈陽
附案徐廣祈作沂是也漢書水經注六竝作沂陽
子侯頗尙平陽公主
案孝景長女陽信公主後爲平陽公主者乃武帝之姊王皇后所生漢書夏侯嬰傳云主隨外家姓號孫公主葢別一公主也漢書攷異曰頗所尙之平陽公主不知何帝女馬端臨帝系攷亦失書

項羽擊大破漢王
案大字衍漢書無
攻下黃
案漢書作下外黃此缺外字
漢王乃擇軍中可爲車騎將者
案車字衍
以列侯食邑杜平鄉
劉奉世曰前已爲列侯食杜平鄉矣疑騈出
攻龍且留公於高密
附案索隱本於作族以爲留公名班馬異同作旋疑皆於之譌文也高密漢書作假密索隱謂假密不知所在攷曹相國世家作上假密田儋傳作高密徐廣云高一作假漢書皆與史不異惟此有高假之分疑是一地二名（山東青州府諸城縣東北有假密亭）

攻博陽
附案博乃傅之譌
下下邳
案漢書作下下邳壽春此缺
遂降彭城
案彭城項王所都若降彭城則破其都矣何必鴻溝之約乎降字誤葢圍彭城而破其軍也
復得亞將周蘭
案前攻高密已生得周蘭此云復得豈逸而重獲乎漢書無

周蘭二字
遂定吳豫章會稽郡
案豫章乃鄣之誤說在吳王濞傳
又進破布別將肥誅
附案徐廣云誅一作銖與漢書同是也蓋誅字似不應命名
嬰身生得左司馬一人
史詮曰嬰字衍
賜黃金千斤
案史漢文紀是二千斤此與漢傳竝缺二字
匈奴大入北地上郡令丞相嬰將騎八萬五千往擊匈奴
附案史漢本紀皆云匈奴寇北地名臣表匈奴傳作上郡蓋
二郡相接騷動故此竝言之也而漢書無郡字以上稱文帝
連下為句謂上令灌嬰擊之亦通
子平侯阿代侯
附案阿乃何之譌功臣表灌夫傳及漢書鼂錯傳竝作何
十二年彊有罪絕二歲元光三年天子封灌嬰孫賢為臨汝侯
案史漢表彊在位十三年絕一歲賢以元光二年封此竝誤
八歲坐行賕
案史漢表賢在位九年此言八歲誤而其罪與漢傳異說在
功臣表

張丞相列傳第三十六

漢王四年
案當作三年
周苛子周成以父死事封為高景侯
案周成以九年封此誤在六年高景說在表
趙堯進請問
附案宋祁曰問疑作間
以平陽侯曹窟同窋為御史大夫高后崩不與大臣共誅呂祿等
免
案崩下當衍不字等下缺後坐事三字漢書云高后崩與大
臣共誅諸呂後坐事免是也攷呂后紀諸呂之誅全賴窋往
來馳告得以集事何云不與其免官自坐他事耳
推五德之運以為漢當水德之時　魯人公孫臣上書言漢土
德時
案五行之王似不足信說在文紀
子康代侯
案張蒼之子名奉諡康此誤以康為名
子類代為侯八年
案史漢表作七年而此作八年者蓋誤竝其坐罪之年數之
也類字說在表
蒼子復長
附案御覽五百十九引史云蒼子復長八尺餘與漢書同疑
今本脫之
食邑二十四人

案漢傳作三十四人

子共侯蔑代三年卒子侯去病代三十一年卒子侯臾代

附案史表及漢書表傳申屠嘉封故安侯傳子蔑孫臾無去病一代漢表謂共侯在位二十二年乃三十三年之譌謂臾元狩三年嗣乃二年之譌葢蔑以孝景三年代臾以元狩二年代中閒止三十三年此以蔑爲三年又增出去病爲三十一年非也徐廣曰一本無侯去病而云共侯蔑三十三年子臾改封靖安侯別本是

張蒼文學律厤

附案漢傳贊學作好師古曰文好律厤猶言名爲好律厤也

而不遵明用秦之顓頊厤

案句不可解漢傳贊作專遵用秦之顓頊厤

孝武時丞相多甚不記莫錄其行起居狀略且紀征和以來有車丞相長陵人也卒而有韋丞相代

附案此下皆後人妄續孝武在位五十四年丞相十二人竇嬰許昌田蚡薛澤公孫弘李蔡莊青翟趙周石慶公孫賀劉屈氂車千秋而公孫賀已上十人見史公本書其所未及者劉田二相爾何云多甚莫錄哉且征和獨非孝武時乎既紀征和以來何以續始于千秋而不紀劉丞相所紀車千秋韋賢魏相邴吉黃霸于定國韋玄成匡衡八人中閒闕王訢楊敞蔡義三人何也卽所紀八人詞頗簡劣事復舛譌如韋賢長子方山爲高寢令早終故不嗣爲侯而此言長子有罪不嗣葢誤以其次子弘爲方山也魏趙京兆者司直蕭望之而此以爲司直繁君攷公卿表繁延壽後望之幾二十年矣邴吉子顯官太僕坐奸贓免後復爲城門校尉此但言免爲庶人而已張廷尉傳安得及于定國乃云于丞相已有廷尉傳在張廷尉語中不亦誣邪

酈生陸賈列傳第三十七

酈生食其者陳留高陽人也

附案高陽乃圉縣之鄉名非涿與瑯邪之高陽也圉屬陳留而漢志在淮陽國者葢後割隸之東漢仍屬陳留郡

爲里監門吏然縣中賢豪不敢役

劉辰翁曰監門吏漢書以爲吏縣中賢豪最是縣吏不敢役

何足道縣吏中之賢豪者不敢役一監門意象可想轉一字大別監門卽吏縣吏常能役之

楚人聞淮陰侯破趙

案此及下文三稱淮陰皆當依漢傳作韓信

王者以民人爲天而民人以食爲天

附案索隱本無民字疑唐時避諱改民爲人而後遂誤竝入之也漢書無人字（文選藉田賦注引漢書上作人下作民）

杜大行之道距蜚狐之口

案義門讀書記云此似後人依託之語時漢已虜魏豹禽趙歇河東河內河北皆歸漢何庸復杜大行之道以示諸侯形勢乎燕趙已定卽代郡蜚狐亦非楚人所能北窺無事距守

壺關近太行之道何庸杜此兼距彼乎與當時事實闊遠余謂斯乃秦人規取韓趙舊談酈生仍戰國說士餘習騰口言之其說高帝說齊王皆用此語而胡三省則曰此酈生形格勢禁之說也葢據敖倉塞成皋則項羽不能西守白馬杜太行距蜚狐則河北燕趙之地盡爲漢有齊楚將安歸乎

方今燕趙已定唯齊未下

司馬氏攷異曰史漢皆以食其勸取敖倉及請說齊合爲一事獨新序善謀下分爲二分爲二者是

田閒將二十萬之衆軍于歷城

案田閒已于漢二年八月奔趙是時齊方欲殺之安得爲田廣將兵歷下乎據田儋傳寬傳乃田解也劉攽言之矣

此蚩尤之兵也

翁孝廉曰酈生以蚩尤比漢王毋乃失辭新序同漢書改作黃帝是

元狩元年中

案中字衍

凡著十二篇

附案今所傳陸賈新語二卷自道基至思務十二篇與史合而漢志謂二十三篇何也疑藝文志譌

無久慁公爲也

案上文與汝約句徐廣云汝一作公兩公字殊不安漢書竝改作汝甚當或問項羽季父項伯稱羽爲公鼂錯父稱錯爲

公者三史漢書之獨非謬歟曰禮始封之君不臣諸父昆弟至其子卽位則盡臣之見白虎通王者不臣章時項羽方爲諸國長則伯叔父之禮葢從略矣錯父謂子爲公乃恨怒之辭皆不可以例陸賈也或者賈實以公呼子而史直書之以著其失言乎宋蔡京屢逐不退王黼稱旨遣童貫偕其子攸往取表京一時失措自陳曰京不忍遽乞身者以上恩未報此二公所知時左右聞京竝呼攸爲公莫不竊笑賈得毋類是惟索隱謂公賈自謂也

食三萬戶矦

附案索隱謂陳平傳食戶五千以曲逆秦時有三萬戶恐復業至此故稱也其說非錢宮詹曰此舉秦時版籍言之以誇其富耳若謂復業已有此數則元光國除時何以轉秏其半乎

語在黥布語中

附案布傳無朱建語葢後人刪之

家于長安

案漢書云高祖賜建號平原君家徙長安此缺劉辰翁曰若無高祖賜號何以見稱

迺求見孝惠幸臣閎籍孺

案師古小司馬竝云佞幸傳高祖時有籍孺孝惠時有閎孺二人皆名孺而姓各別今總言閎籍孺誤剩籍字下同誤

迺召其子拜爲中大夫使匈奴

汪繩祖曰平原君子以罵單于死可謂不辱君命又與史公善而不書其名惜哉史公亦何吝此一字乎馮唐之子與史公善特著之曰馮遂字王孫也索隱本作太中大夫

初沛公引兵過陳留

附案酈生事不應復出于朱建傳尾且史無兩存之例其爲羼入無疑猶始皇紀後之附秦記也攷御覽三百六十六引楚漢春秋與此攷同則是後人因其小有異同而附之又誤置于建傳末當移在史論之後降書一字史通雜說篇野客叢書竝錯認爲史本書評林載歸有光云其文類褚先生補入者亦失攷陳留風俗傳言食其封高陽侯不可信

傅靳蒯成列傳第三十八

陽陵侯傅寬

案陽當作陰說在表漢書攷異曰傅寬靳歙二人史失其所居郡縣

屬淮陰

案是時韓信爲相國據下文屬相國參屬太尉勃之例當云屬相國信不當書淮陰也與表同非

屬相國參殘博

案參時以右丞相屬韓信非相國也

四月擊陳豨

案豨反在高帝十年九月則此四月誤

子須侯精立

案須當作頃精疑作清說在表

子侯偃立二十一年

附案立三十一年也各本皆譌

斬騎千人將一人

附案七字一句讀古本譌千作十遂誤以人字爲句如湻曰騎將率號爲千人漢儀注邊郡置部都尉千人司馬候也徐廣曰將一作候

斬車司馬二人

附案湖本譌刻一人

下七縣

案漢書作十縣

降江陵柱國大司馬以下八人身得江陵王

陳太僕曰江陵當是臨江之誤因臨江王都江陵而上文有別定江陵之語遂誤耳各國之王無稱其都以爲王號者

虜百三十二人

案漢書作百四十二人

蒯成侯緤者

附案蒯當作蒯下同說在表

遇淮陰侯兵襄國

案是時信爲齊王也說在功臣表

殺人不死

范棫曰四字可疑漢書無此句是也殺人者死入關初約已

有明條豈于周緤獨破格乎諸大功臣未聞有此賜

至孝景中二年封緤子居代侯

案功臣表及漢書孝景中元年復封緤子康侯應爲鄲侯應卒子仲居嗣非中二年也非居也仲居亦非緤子也此誤

劉敬叔孫通列傳第三十九

劉敬者

案爲敬通立傳而不言兩人所終似疏

皆曰紂可伐矣遂滅殷

案此言武王會孟津遂伐殷無還兵更舉之事與本紀齊世家異說在殷紀

今陛下起豐擊沛

附案凌稚隆云一本無擊字史詮曰擊字衍

二十餘萬兵已業行　控弦三十萬

案漢傳作三十餘萬四十萬與匈奴傳同此誤

迺封敬二千戶爲關内侯號爲建信侯

范棫曰建信縣屬千乘水經注卷五確指爲婁敬侯國應劭曰臨濟縣西北五十里有建信城則非以關内侯而號建信矣

陛下誠能以適長公主妻之　高帝曰善欲遣長公主

案張耳傳魯元公主于高帝五年適趙王敖至是時已三年矣而云以妻單于豈將奪而嫁之乎婁敬之言悖也乃帝善其言卽欲遣公主有是理哉必非事實

楚昭屈景

案景下缺懷字下同說在將相表

叔孫通者

附案晉灼引楚漢春秋名何當是初名

公所事者且十主

案通事秦始皇二世項梁義帝項羽乃降漢凡更六主而云十主何也

迺令羣臣習隸

附案索隱本作習肄是

臚句傳

附案莊子外物篇大儒臚傳宋張淏雲谷雜記因以句爲衍

文恐非

見畱侯所招客從太子入見

案招四皓事說在畱侯世家

史記志疑卷三十二終　番禺黄濤沈葆和沈寶樞校字

史記志疑卷三十三

季布欒布列傳第四十

仁和梁玉繩撰

夫高帝將兵四十餘萬衆

案四當作三此述季布語頗略宜參漢傳及匈奴傳觀之

故特召君耳

附案史詮云宋本特作時倪思曰佳處正在特字劉辰翁曰特字雖可不及時字（漢書亦作特）

嘗爲中司馬

案中尉司馬也缺尉字

季布母弟丁公

案集解引楚漢春秋云丁公名固薛人則姓氏里居皆與季布別而曰母弟者王孝廉云母之弟也與淮南王傳書厲王母弟同師古以爲同母異父之弟恐非尤氏看鑑偶評云丁公旣以罪誅太史公何以不名而稱公（後書馮衍傳誅丁固之功）

高祖急　漢王遂解去

案方言高祖遽曰漢王似是兩人矣

遂斬丁公

附案余舊有詩云項王不肖臣丁公與項伯如何漢高帝一殺一封國譏射陽之矦也而唐文粹皮日休漢斬丁公論謂高帝不當斬丁公未爲無見矦識者定之讀史管見論漢高待項氏忠厚故矦項伯不可以殺丁公比似不盡然鄭當時之先以不名籍被逐則又何說（俞長城論云或封或殺各因其時封項情也殺丁術也）

賃傭于齊爲酒人保

附案索隱于刺客傳引此云賣庸于齊爲酒家人漢書作酒家保豈小司馬所見本異邪

景帝中五年薨子賁嗣

案當作中四年而布絕十八年賁始嗣說在惠景矦表

身履典軍搴旗者數矣

附案徐廣曰一作屢一作覆而索隱本作履並言覆軍爲是勝于屢之與履余謂依漢書履軍爲勝履亦履也典字當衍師古云今流俗書本加典字非

袁盎鼂錯列傳第四十一

袁盎者楚人也字絲

附案漢書敘傳稱子絲

盎兄噲任盎爲中郎

案中郎漢書作郎中攷百官表中郎秩比六百石郎中比三百石盎爲兄所保任始得爲官未必卽能至六百石之秩當是爲郎中也

徵繫淸室

附案漢書作請室是蓋形近而譌

上自寬

案當稱陛下說在留矦世家

百金之子不騎衡

附案水經注十九作立不倚衡依上坐不垂堂句似失一字

袁盎卽跪說曰

案漢書作起說是與上跪曰對余有丁言之矣

及劉禮同師

案漢書作劉帶

集議

附案班馬字類作稘議漢書亦作雜則今本譌集也

公爲政用事

附案鼂錯父三呼子爲公豈以其位三公也乎盎恨怒之詞

說在陸賈傳

及竇嬰袁盎進說上令鼂錯衣朝衣斬東市

案漢書有丞相陶青等劾奏錯一節似不可少史記攷異曰錯父死才十餘日而錯衣朝衣如故則初未行一日之喪也刑名之學弊乃至此

張釋之馮唐列傳第四十二

事孝文帝十歲不得調

案傳言張釋之爲廷尉至景帝初年始出爲淮南相而百官表孝文三年中郎將張釋之爲廷尉十年書廷尉昌廷尉嘉十五年書廷尉宜昌後元年書廷尉信孝景元年書廷尉毆表與傳不同困學紀聞十一引洪氏見容齋讀筆二據表謂釋之未嘗十年不調未嘗以廷尉事景帝也然攷本傳言中郎將袁盎請徙釋之補謁者而盎于文帝六年尚爲中郎將則釋之安得文帝三年以中郎將爲廷尉乎傳言條侯周亞夫與張廷尉結爲親友而亞夫續封條侯在文帝後二年爲中尉在後六年若文帝三年亞夫尚守河內安得與釋之結親友乎傳言釋之爲中郎將從文帝至霸陵而以芷陽爲霸陵事在九年見將相表安得三年爲廷尉乎傳言釋之爲公車令劾梁王不下公門而梁孝王以十二年徙封十四年入朝安得三年爲廷尉乎淮南厲王于六年反淮南王傳稱廷尉賀百官表失書則又安得以釋之于三年便爲廷尉乎大事記書爲廷尉于文之後三年謂百官表誤吳仁傑亦云然當是也荀紀言在十三年並非但文帝六年以後釋之補謁者九年以後遷中郎將豈十年不調者哉疑釋之爲騎郞在文帝未卽位以前

史幷計之故云十年耳

乃詔釋之拜嗇夫爲上林令

七修類稿曰漢穀城長蕩陰令張君表頌碑載文帝游上林問禽獸所有令不對更問嗇夫嗇夫事對于是進嗇夫爲令令退爲嗇夫與史迥異何也

下廷尉廷尉治

附案廷尉二字倪思本不重

乃許廷尉當是時

附案史詮曰廷尉當句與上文廷尉當是也相應當謂處其罪湖本當字連下是時讀誤矣

爲中郎署長

案漢書作郎中

爲官卒將

案官卒乃官帥之誤漢書是帥字吳語士卒百人爲徹行行頭皆官帥徐廣卒作士非

吾獨不得廉頗李牧時爲吾將

案時字衍漢書無

私養錢

案私上缺出字漢書有

而拜唐爲車騎都尉主中尉及郡國車士

案騎字當在士上謂主車士騎士也胡三省曰詳攷班表無車騎都尉

七年景帝立

案匈奴入朝那在文帝十四年至景帝立是十一年非七年也漢書作十年亦非

武帝立

附案史詮曰當作今上

書曰不偏不黨王道蕩蕩不黨不偏王道便便

附案此蓋所傳尚書本異故墨子兼愛下篇引書云王道蕩蕩不偏不黨王道平平不黨不偏皆與今本不同至便平辨之異說在宋世家

萬石張叔列傳第四十三

天子曰

案漢書詳載報丞相詔是也此摘錄數語且有異同不知史公何意

後爲太常坐法當死贖免爲庶人

案侯表及漢書恩澤百官二表石慶子德以太初三年嗣侯卽爲太常其坐法在天漢元年史盡太初故表不書德爲太常失侯事則此十三字乃後人增入者或曰爲太常三字是史元文

建陵侯衛綰者代大陵人也

附案大陵縣屬太原而云代大陵者綰事文帝文帝初封于代高祖詔取山南太原之地益屬代故大陵隸代也正義不甚晰索隱直以大陵爲代郡縣名不亦疏乎

不譙呵綰

附案索隱音誰何非也野客叢書云史記不誰何綰傳寫誤以爲譙呵此說是與漢書孰何同

將河閒兵擊吳楚

經史問荅曰擊趙也河閒是趙之分國時趙方同反安得踰趙而東征誤已

代桃侯舍爲丞相朝奏事如職所奏然自初官以至丞相終無可言

案漢書武紀綰奏郡國所舉賢良或治申商韓非蘇秦張儀之言亂國政請皆罷帝可之綰雖無甚相業而此事加于蕭曹一等安得謂奏事如職終無可言乎

武帝立建元年中丞相以景帝疾時諸官囚多坐不辜者而君不任職免之

案武帝當作今上後人改之也攷將相百官二表綰以建元元年免相卽在武帝立年則建元年中四字是羨文又漢詔賜丞相皆稱君此君字葢仍詔文失檢耳

文帝稱舉稍遷至太中大夫

案漢書無文帝稱舉四字是也攷百官表直不疑以孝景中五年爲主爵都尉六年由中大夫令更爲衞尉後元年乃由衞尉遷御史大夫此脫不具且未嘗爲太中大夫也漢傳言中大夫亦脫令字中大夫令卽衞尉

武帝建元年中

案當作今上建元元年

孫望

附案望乃堅之譌說在惠景矦表

武帝立

附案當作今上立

安丘矦說之庶子也

案漢書作少子

至武帝元朔四年韓安國免詔拜歐爲御史大夫

案將相及百官表韓以元光三年免張歐以元光四年拜此與漢傳同誤爲元朔四年也武帝當作今上

自歐爲吏未嘗言案人專以誠長者處官

附案漢書鼂錯傳歐與丞相中尉劾奏錯大逆無道當要斬父母妻子同產無少長皆棄市大事記及通鑑荅問皆據此事以爲未嘗不案人不得稱長者史虛美之耳何氏焯困學紀聞十一注云此景帝納袁盎之說自示意于丞相等行之非張叔所案劾或譏其不能如釋之守法則可耳何注是張叔之名作歐與毆歐毆同音驅說在功臣表廣矦下

塞矦微巧而周文處諂君子譏之爲其近于佞也然斯可謂篤行君子矣

案微巧指償同舍金不辨盜嫂事索隱本作功微謂爲將之功微而得封矦非是正義以爲史不好立名解之亦非但史公此論頗未協明邵建章忍聞錄曰太史公傳萬石諸人俱以孝謹長者稱周仁是一卑汙小人附于萬石君後何其不類也周文近佞然可謂篤行君子佞人可稱君子乎班氏刪改甚允

田叔列傳第四十四

趙陘城人也

附案趙無陘城縣後有陘城在中山語葢卽苦陘或云是陸成也

會陳豨反代漢七年高祖往誅之

余有丁曰此是七年高帝征韓信曰豨反史誤

故雲中守孟舒長者也

容齋隨筆曰孟舒魏尙皆以文帝時爲雲中守皆坐匈奴入寇獲罪皆得士死力皆用他人言復故官事切相類疑其只

一事云

數歲爲二千石

附案此已下必褚生所增據褚續傳田仁刺舉三河時杜周爲御史大夫而周爲御史大夫在天漢三年又仁之族誅坐失縱戾太子而其事在征和二年則非史公本書明矣且所說亦誤仁旣坐縱太子誅死復言仁發兵軍千秋上變族死二者將何從陘城今在中山國句頗不類當是注也褚生所續之傳多不足據如御史大夫暴勝之與田仁同坐太子事誅而云帝在甘泉使暴君下責丞相何邪仁之進身由衞將軍薦之而云仁居門下將軍不知因趙禹言始上籍以聞語各岐別又杜周兩子夾河爲守而云河南河內太守皆周父兄子弟亦非

扁鵲倉公列傳第四十五

扁鵲者勃海郡鄚人也

附案正義曰黃帝八十一難序云秦越人與軒轅時扁鵲相類仍號扁鵲又家于盧因命曰盧醫御覽百六十引史云扁鵲生盧故曰盧醫葢刪引史注誤作本文耳徐廣謂鄚當爲鄭是下文家于鄭同譌文選七發呂向注以爲鄭人李善注引史作鄚人舊唐書地理志開元十三年以鄚類鄭字改爲莫也但鄚縣屬涿此云勃海扁鵲亦自言臣齊勃海秦越人豈鄚舊屬勃海郡歟魏書邢巒傳北史邢峙權會黎景熙傳竝誤鄚爲鄭北周書景熙傳亦誤

姓秦氏名越人

附案周禮天官疾醫釋文引此傳云姓秦名少齊越人則今本脫少齊二字葢有二名或越人是字

當晉昭公時

案昭公必是定公之誤索隱言之矣

簡子疾

案趙簡秦繆之夢最誕史公已載于封禪書趙世家此處可省也而所謂五世不安當作三世晉襄公無縱淫事范魁之戰無攷俱說在趙世家中

其後扁鵲過虢虢太子死

案韓詩外傳十說苑辨物及搜神記俱載斯事特其文稍異耳後書文苑趙壹傳云秦越人還號太子結脈世著其神晉書佛圖澄傳石勒云朕聞號太子死扁鵲能生之但虢滅已久此時焉得有虢索隱正義竝糾其非古史謂薛久亡而孟嘗君稱薛公安知是時無虢蘇氏臆度之詞不足證也韓子喻老篇言扁鵲見蔡桓侯國策扁鵲見秦武王漢書高紀十二年注晉昭曰越人魏桓侯時醫臣瓚曰魏無桓侯余攷扁鵲與趙簡子同時而蔡桓侯在春秋初魯隱桓之世秦武王立于周赧王五年前後相去各約二百年何能親接韓子一本蔡作秦亦非葢說苑號作趙甚是趙簡子之子爲桓子韓非所謂桓侯者魏蔡秦武皆謬鶡冠子世賢篇言魏文侯問扁鵲魏文與趙桓竝世可以爲驗曹植相論扁鵲見桓公知其將亡或曰晉孝公紀年作桓公與魏文侯同時當是扁鵲所見者亦通

案杌毒欬

附案別雅曰荀子王霸篇游抏之脩注抏與玩同倉公傳案

抏注謂案摩玩弄今本多譌

扁鵲過齊齊桓侯客之

案索隱引裴駰云是齊侯田和之子桓公午然趙簡子卒時

至桓公午立凡九十三年何鵲之壽耶文選養生論李善注

言史記自爲舛錯余疑卽趙桓子新序二仍史韓子喻老譌

作蔡

後五日

案此及下兩後五日韓子新序是後十日

君有疾在血脈

案韓子新序云在肌膚

酒醪之所及也

案酒醪恐非韓子作火齊新序作大劑

慶年七十餘無子

王孝廉曰後文云愼毋令我子孫知若學我方也又云會慶

子男殷來獻馬則慶非無子者二字疑衍或是下文有五女

句上脫文

文帝四年中

案當作十三年

臣意年盡三年年三十九歲也

案上文倉公意對高后八年事師陽慶徐廣注以爲意年二

十六蓋徐以三十九歲爲文帝十三年除肉刑時也而盡三

年句不可通日知錄謂當作年盡十三年脫十字其實不然

上文意家居詔問所治病不必定在十三年觀意對詞有菑

川王膠西王濟南王皆文帝十六年始封故陽虛侯齊王文帝十六年改封齊

文王文帝十六年薨皆在十三年已後可見矣方氏補正又謂是年

乃文帝四年故盡三年年三十九不說年四十者是年未盡

此因本傳誤書四年而謬解之惟補正載蔣西谷語爲確蔣

日上言受慶方一年所尚未精要事之三年言受讀之年盡

三年時年三十九出治病卽有驗如下文所云也

相卽召舍人奴而謂之曰公奴有病不

案上奴字衍

臣意所以知寒薄吾病者

附案當作薄吾寒病者譌倒耳薄吾女子名

有數者皆異之

附案索隱本皆作能是

是謂易貿

附案貿卽貿字與易義複徐廣謂又作質當是

濟北王遣太醫高期王禹學

附案御覽七百廿二引史此節高期馮信杜信唐安等學醫

語皆刪易引之非所見本異也

高永侯

案史無高永侯其地亦不知所在

吳王濞列傳第四十六

高帝已定天下七年立劉仲爲代王

案七年乃六年之誤說在高紀

上患吳會稽輕悍

附案漢順帝永建四年分會稽爲吳郡顧氏炎武據之故日知錄三十一引錢康功云吳王濞傳上患吳會輕悍今本史漢竝作吳會稽不知順帝時始分二郡漢初安得言吳會稽當是錢所見本未誤後人妄增之因歷舉吳會二字作證余竊以爲不然漢書高紀六年以故東陽郡鄣郡吳郡五十三縣立劉賈爲荆王又功臣表傳陽侯周聚以定吳郡封灌嬰傳破吳郡長吳下遂定吳豫章鄣（當作）會稽郡是會稽之外有吳郡矣葢楚漢之際諸侯分王其地各自立郡非秦之舊漢初猶仍其故名稱之劉攽于高紀亦據順帝分吳之事以紀文爲不可曉亦何不可曉之有

王三郡

附案高帝封濞以劉賈故地乃淮東五十三城實東陽鄣吳會稽四郡東陽即臨淮廣陵（文穎言下邳非）水經注三十廣陵城楚漢之閒爲東陽郡晉志漢武帝分沛東陽置臨淮郡鄣即丹陽見漢志吳爲會稽所分而都于廣陵故高紀濞傳言三郡者以吳包會稽也五行志及伍被傳言四郡者兼會稽而實數之也

漢後五十年東南有亂者豈若邪

附案此事前約略之辭其實濞以高帝十二年封年二十二至景帝三年反時凡後四十一年故甕牖閒評曰當云漢後四十年而孫侍御云徐廣從漢元年數之是也不從吳王封時數起

吳有豫章郡銅山

案索隱謂豫爲衍字韋昭漢書注云有豫字誤但當言鄣郡葢是已章爲鄣字之省下文削吳之豫章郡削吳會稽豫章書至竝鄣郡之譌灌嬰傳定吳豫章會稽郡亦當作鄣也地理志曰吳東有章山之銅又曰丹陽故鄣郡有銅官若豫章爲淮南厲王封域且無銅山也

如此者四十餘年

案濞以高祖十二年封而此語在孝文之代安得四十餘年哉當依漢書三十餘年爲是下文濞亦自言三十餘年也正義反謂班固減十年不曉其理謬矣

庶弟元王王楚四十餘城

案元王王楚三十六城荆燕世家及漢書紀傳可據此言四十餘城漢書荆燕吳傳作四十城竝誤

因削吳之豫章郡會稽郡

案漢傳無此句是葢下文言漢廷臣方議削吳又言削吳書至則吳起兵可知斯時固未削矣

趙王有罪削其河閒郡

案元王世家及漢書濞傳皆作常山郡甚是河閒時爲景帝

子德封國所稱河閒獻王也安得削之

則吳王先起兵膠西正月丙午誅漢吏二千石以下膠東菑川濟南楚趙亦然

案漢傳删去正月丙午四字而移膠西于膠東之上當是也不然則似膠西誅漢吏矣但下文言正月甲子吳初起兵于廣陵則正月不得有丙午倪本作戊午是葢甲子前六日也

條侯將乘六乘傳會兵滎陽至雒陽見劇孟　至淮陽

案漢書亞夫傳亞夫從趙涉計走藍田出武關故先抵洛陽後至滎陽游俠傳洛陽劇孟可證（劉攽言得孟在滎陽誤）然下文云引兵壁昌邑而由洛陽到昌邑不得過淮陽疑淮陽乃滎陽之誤（漢傳淮作洛宋祁曰浙本作淮陽）或曰吳方攻梁亞夫會兵滎陽之後稍引而東也淮陽今陳州是梁今歸德府是

三王之圍齊臨菑也三月不能下漢兵至膠西膠東菑川王各引兵歸

案齊圍之解漢擊破之非自引兵歸也圍齊是四國此缺濟南說在悼惠王世家

酈將軍圍趙十月而下之

案十月乃三月之誤說在元王世家

故古者諸侯地不過百里山海不以封

學史曰王制言名山大澤不以封不可爲井田以業民也太史公懲吳之富强逆亂謂先王山澤不封者以是故豈其然哉齊之封實負東海魯之封實環太山山澤之名且大者孰

加于是而齊魯卒爲望國抑何異也

魏其武安列傳第四十七

跪起如子姪

附案漢書作子姓

王太后賢之

案此在景帝世只當稱皇后漢書作王皇后是

乃罷逐趙綰王臧等

案漢書武紀及百官表云有罪下獄自殺此但言罷逐非也

以大司農韓安國爲御史大夫

案此及韓長孺傳同但百官表景帝後元年改治粟内史爲大農令至太初元年始更名大司農也

南鄉

附案漢書作北鄉劉辰翁謂以避嫌改

將軍壯義之

附案倪本作壯而義之與漢傳合

孝景時至代相

陳太僕曰灌夫自始爲校尉以至代相皆在孝景時不應錯出葢誤也漢書作由是復爲代相

元光四年春

案當作二年說在後徐廣疑是三年亦非

乃劾魏其矯先帝詔

錢大昭曰詔下當有害字漢傳可證

五年

案竇嬰灌夫田蚡之死皆在元光三年夫以十月族嬰以十二月弃市蚡以三月卒決無可疑惠景表言嬰死于元光四年名臣表言蚡死于元光四年嬰夫死于五年十月此傳言嬰夫蚡皆死于元光五年漢書武紀及外戚百官二表言嬰蚡死于四年列傳又依史作五年竝屬誤條知者蚡因嬰夫爲崇病卒則蚡卒于嬰夫死後明甚嬰鬭夫族誅不食欲死則夫死于嬰前又明甚而史漢矦表稱蚡爲矦十年薨當元光三年故其子恬以元光四年嗣矦斯爲確證集解正義俱糾舛不明益灌夫之緣罵坐得禍魏其之緣救灌夫論罪情事委折均在元光二年中矣或疑之曰嬰蚡廷辨時有郎中令石建爲上分別兩人是非攷百官表石建以建元二年爲郎中令六年卒是建卒于元光元年而謂建與聞廷辨殊不可解得毋田竇一案在元年歟曰不然漢百官表攷證齊氏曰六年卒當作十六年卒萬石君以元朔五年歿建哀毀歲餘亦遂死焉而李廣代建爲郎中令兩傳可證六年之上脫十字耳

不敬

案此下缺國除二字

韓長孺列傳第四十八

梁城安人也

附案潁川陳留皆有成安縣(成城古通)而此云梁城安者必陳留之成安也陳留本由梁分置史從其初書之

韓安國爲梁使見大長公主

附案安國凡兩見長公主一救朁警蹕事是安國爲中大夫時一解殺袁盎事是安國爲內史時史分載梁孝王世家及此傳乃互見之法非不同也或疑史誤分一事爲二者非古今蘄亦謂是前後兩事

爲言之帝言之

附案史詮曰宋本作爲帝言之帝言之劉辰翁云正要重此一句

公孫詭羊勝說孝王求爲帝太子及益地事恐漢大臣不聽乃陰使人刺漢用事謀臣及殺故吳相袁盎

案史不載益地事見漢書鄒陽傳中而刺漢謀臣在漢已立太子之後此誤劉奉世言之矣

遷爲大司農

案當作大農令

閩越東越相攻安國及大行王恢將

案閩越傳及漢書皆言閩越圍東甌東甌告急天子遣中大夫莊助持節發會稽兵救之未至閩越走東甌來降建元三年事也其後閩越攻南越天子遣大行王恢大農韓安國將兵擊之未至越殺其王郢降兩將兵罷建元六年事也此序于六年之前而以救南越之兵爲救東越之兵以莊助爲王恢安國豈不舛乎

其明年則元光元年雁門馬邑豪聶翁壹因大行王恢言上

案漢書此下有天子詔問公卿及安國與王恢辨難似不可略御覽三百廿七引史有之蓋誤以漢書爲史記爾又通鑑攷異曰史記韓長孺傳元光元年聶壹畫馬邑事而漢書武紀在二年蓋元年壹始言之二年議乃決也

于梁舉壺遂臧固郅他皆天下名士

索隱曰郅音質他徒河反謂三人姓名也若漢書則云至他言至于他處亦舉名士似漢書誤

衞尉安國爲材官將軍屯于漁陽

案安國時爲將屯將軍非材官也又事在元光六年此序在元朔元年亦誤說在名臣表

李將軍列傳第四十九

隴西成紀人也

附案成紀漢初屬隴西其後改屬天水郡此殆從其始而言之蓋天水析隴西置也

故槐里徙成紀

案槐里卽廢丘屬右扶風然攷晉書李暠傳云廣祖伯考家狄道之東川狄道屬隴西則廣似從狄道徙成紀也

徙上郡

附案此三字當在下文匈奴大入上郡句之上傳寫錯耳

匈奴必以我爲大將軍誘之

附案史詮曰湖本有將字衍

武帝立

附案當作今上

于是廣以上郡太守爲未央衞尉

案上文言廣爲上郡太守後乃轉爲隴西北地雁門代郡雲中公卿表于元光元年書隴西太守李廣爲衞尉則此言上郡非也

韓將軍後徙右北平

案漢書北平下有死字是此缺

廣出獵見草中石以爲虎而射之中石沒鏃視之石也

案射石一事呂氏春秋精通篇謂養由基韓詩外傳六新序雜事四謂楚熊渠子與李廣爲三論衡儒增篇以爲主名不審無實也黃氏日鈔亦云此事每載不同要皆相承之妄言爾余攷荀子解蔽篇云冥冥而行者見寢石以爲伏虎淮南子氾論訓云怯者夜見寢石以爲虎文選鮑照擬古詩注引闞子曰宋景公使工人爲弓九年乃成援弓而射之其餘力猶飲羽于石梁或世傳其語遂取善射之人以實之歟周書載李遠獵于莎柵見石于叢薄中以爲伏兔射之鏃入寸餘恐不可信亦如李廣之沒矢飲羽矣又西京雜記五述廣此事云獵于冥山之陽據戰國策及史蘇秦傳冥山在韓國莊子天運篇冥山釋文引司馬彪注云北海山名史索引司馬云在朔州北又引李軌云在韓國戰國策引司馬注誤作相州北蓋李軌是也而右北平治平剛在今塞外卽使廣眞有其事亦非守右北平時也北直永平府盧龍縣東南十五里有陽山俗傳李廣曾射虎于此山之西麓有射虎石

後三歲廣以郎中令將四千騎出右北平

案此云是元狩三年也漢傳同然攷名臣表匈奴傳及漢書武紀匈奴傳皆是元狩二年則當作後二歲下文敘元狩四年廣爲前將軍云後二歲則此言三歲之誤尤明

孝武帝時

附案當作今天子時

而是時公孫敖新失侯爲中將軍從大將軍

劉奉世曰是歲出塞無中將軍而敖傳以校尉從此傳誤

敢從上雍至甘泉宮獵

胡三省曰雍蓋衍字

李陵既壯

附案此下皆後人妄續也無論天漢閒事史所不載而史公因陵被禍必不書之其詳别見于報任安書蓋有深意焉觀贊中但言李廣而無一語及陵可見且所續與漢傳不合如族陵家在陵降歲餘之後匈奴妻陵又在族陵家之後而此言單于得陵即以女妻之（與匈奴傳後所續同誤）漢聞其妻單于女族陵母妻子竝誤也且漢之族陵家因公孫敖誤以李緒教單于兵爲李陵之故不關妻單于女又杭太史云子長盛推李少卿以爲有國士風雖敗不足誅彼不死欲得當以報何云李氏名敗隴西之士爲恥乎斷非子長筆

匈奴列傳第五十

匈奴其先祖夏后氏之苗裔也曰淳維唐虞以上有山戎獫狁葷粥居于北蠻

案索隱曰樂彥括地譜云夏桀無道湯放之鳴條三年而死其子獯粥妻桀之衆妾避之北野淳維蓋與獯粥是一據此則獯粥爲淳維别名乃匈奴之始祖其後隨代異稱將名作號遂以獯粥與山戎獫狁匈奴同呼矣然言夏后苗裔似夏后之先無此種族安得言唐虞以上有之而五帝紀又云黄帝北逐葷粥服虔晉灼亦皆云堯時曰葷粥（風俗通殷曰獯粥）是知夏后苗裔之説不盡可憑而樂彥所述者妄也夫自闢天地即生戎狄殷以前謂之獯鬻周謂之玁狁漢謂之匈奴莫攷其始孰辨其類相傳有所謂淳維者雜稽諸氏之出未識何代之人而史公既著其先世復雜取經傳合并爲一無所區分豈不誤哉北蠻漢書作北邊或言是北狄之譌則非也古人單稱夷及蠻皆可爲四裔之通號不獨在南如追貊北方之國而韓奕之詩曰因時百蠻衞在冀州之域而武公作詩曰用逷蠻方文選王褒四子講德論曰匈奴百蠻之最彊者更可證此言北蠻之非誤

其俗有名不諱而無姓字

案漢書但言無字而不言無姓蓋單于姓攣鞮未嘗無姓也故其下文云世姓官號可得而記此傳下文作世傳官號

夏道衰而公劉失其稷官變于西戎邑于豳其後三百有餘歲戎狄攻大王亶父亶父亡走岐下

案國語祭公謂不窋失官周紀取之此言公劉誤已韋昭以

不窋在太康時本于人表而攷竹書于少康三年書復田稷云后稷之後不窋失官至是而復雖未知稷官之復爲周何君則固前乎公劉矣豈傳至公劉而再失官乎又言公劉至亶父三百餘歲亦誤史漢吳越春秋皆謂公劉避桀遷邠而竹書武乙元年邠遷于岐周三年命周公亶父賜以岐邑從夏桀元年至武乙元年依竹書凡四百三十一歲若依前編則六百二十一歲何但三百餘歲哉困學紀聞十一引王氏逖之說以此爲無據

其後百有餘歲周西伯昌伐畎夷氏

案百餘歲亦未確據竹書武乙元年遷岐紂三十六年伐昆夷（周紀言文王受命之明年伐戎乃紂三十四年也）計八十年若前編則五十九年何云百餘歲哉

其後二百有餘年周道衰而穆王伐犬戎

案史以穆王在位五十五年伐戎之事雖未知在何歲（竹書十二年前編三十五年）而自武王伐紂至穆王末不及二百年安得二百餘歲哉二字疑衍

穆王之後二百有餘年周幽王

歸有光曰漢書增懿王宣王事似不可少徐氏測議曰穆後西周不及二百年史誤

其後四十四年而山戎伐燕

案春秋傳桓六年北戎伐齊之後至莊三十年齊伐山戎凡四十二年

而襄王後母曰惠后

案襄王亦惠后所生也說在周紀

于是惠后與狄后子帶爲內應

案惠后已前卒矣說在紀

于是戎狄或居于陸渾

大事表曰犬戎與山戎及陸渾各爲一族其地亦各殊史公混諸戎而一之並混戎狄而一之疏略甚矣

故詩人歌之曰戎狄是膺薄伐獫狁至于太原出輿彭彭城彼朔方

案出輿彭彭城彼朔方小雅出車之詩正雅也薄伐玁狁至于太原六月之詩變雅也牽連引用衞將軍傳載孝武詔亦如此若戎狄是膺魯頌閟宮之詩也何以牽入蓋史公言戎狄爲中國患歷引詩辭以證之耳而漢書匈奴傳敘于宣王時史敘于襄王時攷小雅采薇三詩朱子集注不詳作于何時其注出車篇自天子所及王命南仲云周王也南仲此時大將而采薇小序云文王之時西有昆夷之患北有玁狁之難以天子之命命將率遣戍役以守衞中國故歌采薇以遣之出車以勞還杕杜以勤歸也毛傳云王殷王也南仲文王之屬鄭箋云天子殷王也謂以殷王之命命其屬爲將率又竹書文丁十二年爲周文公元年帝乙三年（文公五年也）王命南仲西拒昆夷城朔方詩常武箋云南仲文王時武臣然則詩曰天子曰王者皆指殷而言文王爲西伯承殷之命以遣

南仲文命南仲卽殷命南仲豈有二哉但其事以文王爲主故不入商頌而編于周雅後漢龐參傳云赫赫南仲列在周詩此之謂矣由是斷之漢書人表置南仲于厲宣之世漢匈奴傳以采薇爲懿王時人表于懿王注云詩作而史周紀世表云懿王時周衰詩人作刺皆不言何詩豈亦以采薇爲懿王時詩邪疑出三家之說故馬班述之然與此傳異矣出車爲宣王時史以出車六月及閟宮雜舉而次于襄王時竝難取據或問朱子非不見小序毛傳鄭箋竹書史漢者而集注一概不采得毋諸書未足盡憑歟曰不然朱子偶失檢校耳毛氏奇齡詩札曰大雅常武宣王時詩也中有云王命卿士南仲太祖則此時南仲已爲太師皇父之始祖矣其必非厲宣時甚著要當在文王時始得以詩解詩斯爲確證常武毛傳又以南仲爲宣王時將與出車傳不同蓋誤解太祖爲太祖之廟也

周襄王既居外四年

案春秋傳僖二十四年襄王出奔鄭明年晉文公納王乃襄王十六七年間事周紀年表同此云四年誤

晉文公攘戎翟居于河西圁洛之閒號曰赤翟白翟

案洛疑當作潞正義引括地志云潞州本赤狄地延銀綏三州白翟地若是圁洛則惟白狄所居不得言赤狄矣趙太常亦云洛疑卽潞若漆沮之洛乃在豐鎬閒是時爲秦地不得居戎翟也

自是之後百有餘年晉悼公使魏絳和戎翟

困學紀聞十一曰以左傳攷之魯文公三年秦始霸西戎襄公四年魏絳和戎裁五十餘歲閻注云魏絳和者北戎非西戎也王氏未及辨

而始皇帝使蒙恬將十萬之衆北擊胡

案紀表及蒙恬主父傳皆云將三十萬則此言十萬淮南子人閒訓作五十萬一多一少竝非也

十餘年而蒙恬死

案六年爾安得十餘年說在恬傳

自湻維以至頭曼千有餘歲

案湻維不知在何時卽謂是夏桀之子自商至秦何止千有餘歲此言未的

自如左右賢以下至當戶

案漢書作自左右賢王已下是也此缺王字自如二字說在田完世家

最爲大國

劉攽曰衍國字

相封

附案徐廣云封一作將蓋譌爲封字漢書無此字也

大會蘢城

附案史詮曰湖本蘢作籠誤漢書龍城

從死者多至數千百人

案漢書作數十百人是

後北服渾庾屈射丁靈鬲昆薪犂之國

附案漢書及索隱引魏略渾庾作渾窳也蓋音同通借如丁

零之爲丁靈亦古字通用至薪犁之爲龍新犂則呼有增減字有改易耳或云龍字不連新犂也

徙韓王信于代

案信未嘗徙代說在月表

冒頓縱精兵四十萬騎

案漢書作三十餘萬騎

漢使樊噲往擊之

案擊韓信一作柴武說在信傳

高后欲擊之諸將曰

案季布傳及漢書匈奴傳諫高后者季布也

比余一

附案徐廣言或作疏比是漢書作比疎比卽櫛音鼻疎卽梳

黃金飾具帶一

附案倪本作飾貝則今本史漢竝譌具字佞幸傳戰國趙策貝帶可證

黃金胥紕一

附案徐廣作犀毗是與漢書同索隱曰胥犀聲近或誤國策趙武靈王賜周紹貝帶黃金師比胥犀師竝相近而各異耳劉辰翁曰犀毗卽今鉤搭

成侯董赤爲前將軍

案文帝紀名臣表及漢書皆言董赫欒布同爲將軍此失書布又赤當作赫說在高祖功臣表

于是制詔御史曰

案文紀載詔與此不同何也

軍臣單于立四歲匈奴復絕和親大入上郡雲中

案文帝改元止七年匈奴入上郡雲中在後六年冬文紀及名臣表甚明而文帝荅單于書約和親及制詔御史事在後二年則上文言後四歲軍臣立當是後三歲爲文帝後五年徐廣曰後三年立非也此四歲二字當依漢傳作歲餘不然二年荅書後歷八歲而絕和親必文帝改元在位有十年乃可故徐廣以爲數不容爾也

斬恢

汪繼祖曰韓長孺傳云恢自殺漢書武紀云恢下獄死此及漢傳言斬言誅各不同

自馬邑軍後五年之秋漢使四將軍

案秋當作春武紀可據

其冬匈奴數入盜邊

案此言元光六年之冬也然武紀是秋

漢亦棄上谷之什辟縣造陽地以予胡

附案劉辰翁曰什卽斗字之誤隸書斗作升與什易混

入殺代郡太守恭及略千餘人

附案名臣表衞將軍傳竝作太守友漢書匈奴傳作共友徐廣師古司馬貞皆云友太守名共姓共恭同則此及字乃友之譌湖本以恭字爲句誤

漢以衞青爲大將軍

案大將軍乃車騎將軍之誤說在名臣表

得胡首虜萬八千餘級

案驃騎傳及漢書武紀匈奴傳皆作八千餘級則此萬字衍

霍去病傳云八千九百六十級

其後漢方南誅兩越不擊匈奴匈奴亦不侵入邊

案武紀元鼎五年西羌衆十萬人反與匈奴通使攻固安胡三省曰當作安故圍枹罕匈奴入五原殺太守政在是時何言不侵入邊乎

至匈奴河水而還

案匈河乃水名故趙破奴爲匈河將軍劉攽劉攽竝以奴爲衍字

漢使王烏等窺匈奴

附案史漢皆作烏而藝文類聚作焉李商隱爲李兵曹祭兄濠州刺史文云不拜無慙于蘇武去節盛類于王焉銜鬚誓死嚙雪獲全祭文用韻當不誤此所謂烏焉混淆也

漢遠郎兵來迎我

案漢書作來兵近我劉辰翁曰近字是蓋班氏改之

軍中郭縱爲護維王爲渠相與謀曰及諸校尉畏亡將軍而誅之莫相勸歸

案此二十九字漢書删之但云軍吏畏亡將而誅莫相勸歸

劉辰翁曰史記不可解漢書是

昔齊襄公復百世之讎春秋大之

案百世之讎因公羊傳有百世之語而誤當依漢書作九世

且鞮侯單于既立

附案此下乃後人所續非史公本書史訖太初不及天漢故索隱于且鞮侯已下引張晏云自狐鹿單于已下狐鹿當作且鞮皆劉向褚先生所録班彪又撰而次之所以漢書匈奴傳有上下兩卷各本誤刻張說在末至其所載亦多誤如單于歸漢使蘇武使單于皆天漢元年事而此誤在太初四年匈奴妻李陵乃陵降數歲後事而此誤以陵降即妻之貳師出朔方步兵七萬人而此誤作十萬貳師降匈奴其家以巫蠱族滅俱征和間事而此誤敘于天漢四年何足信哉

不參彼己將率席中國廣大

附案濤南集諸史辨惑謂史記以彼己將率爲句既不成文而理又不順其釋彼己引詩彼己之子殊牽强己其同竝言其友崔伯善以不參彼己爲句將率字屬下㝵是湖本政如此讀豈因崔說歟

史記志疑卷三十三終　番禺黃濤沈葆和沈寶樞校字

史記志疑卷三十四

仁和梁玉繩撰

衞將軍驃騎列傳第五十一

大將軍衞青者平陽人也其父鄭季爲吏給事平陽侯家與侯妾衞媼通生青青同母兄衞長子而姊衞子夫自平陽公主家得幸天子故冒姓爲衞氏字仲卿長子更字長君長君母號爲衞媼媼長女衞孺次女少兒次女卽子夫後子夫男弟步廣皆冒衞氏

案師古以衞爲媼夫家姓步廣及青皆不姓衞而冒稱索隱以媼有夫無夫爲疑其所冒之姓爲父爲母皆未明余攷傳云同母則非同父而歷敘媼之子女皆冒衞氏則媼必非衞家婦也不然長君衞孺少兒子夫皆媼夫衞某所生特偶通于鄭季而生青將冒姓者惟青一人不得復云皆冒衞氏若以步廣又冒姓未識媼更通何人所生此傳幾糾錯難解矣葢媼非侯妾漢書及論衡骨相竝作僮師古曰僮者婢女之總稱史言妾非衞乃媼之姓媼子女皆冒母姓故青亦姓衞而不姓鄭媼夫之姓不傳其夫或有或無俱莫能定而別生子女六人要知侯門富溢家僮數千私相配合淫邪無忌生男爲圉生女爲妾如雞鶩之成羣飛棲隨意國策田駢言鄰人之女設爲不嫁行年三十而有七子者其衞媼之謂乎且當時公主以平陽侯惡疾改適長平侯公主且然況奴婢哉

少兒故與陳掌通

案陳丞相世家云掌以衞氏親貴戚漢書霍去病傳云衞皇后尊少兒更爲詹事陳掌妻則非私通矣史似誤

元光五年青爲車騎將軍

案五年當作六年將相表匈奴傳及漢書可證

青至籠城

附案當作龍說在匈奴傳

賀亦無功

漢書評林凌約言曰此出唯青有功例得封侯故班史補入唯青賜爵關内侯句

青爲車騎將軍出雁門三萬騎擊匈奴斬首虜數千人明年

附案此二十三字當在下文出代句下傳寫譌倒

以三千八百戸封青爲長平侯

案青封戸凡三其戸數惟此不異下兩益封皆與漢書異說在建元侯表

以千一百戸封建爲平陵侯

案蘇建封戸其數與漢表不同下文合騎樂安隨成從平從驃義陽衆利七侯封戸亦與漢表不同而冠軍侯戸數史漢兩傳又異竝說在建元侯表

捕伏聽者三千七十一級

案漢書作三千一十七級

出窳渾

附案野客叢書曰史記窳渾漢書則曰窴(音田)渾往往因其文

字而魚膾之耳

爲剽姚校尉

案剽姚當作驃鷂說在建元表

上谷太守郝賢四從大將軍捕斬首虜二千餘人

案漢傳言捕千三百級故兩表云首虜千級以上也則此誤

作二千餘人乃一千餘人耳

合短兵殺折蘭王斬盧胡王誅全甲

案漢傳合短兵下有鏖皋蘭下一句又云銳悍者誅句全甲

獲醜此缺野客叢書曰徐廣注全一作金此較漢書所言甚

失文理疑後人因其誤而爲之注

得酋涂王

案漢書酋涂上有單桓此亦缺張晏曰皆胡王

千騎將得王王母各一人

附案索隱曰漢書作右千騎將王然則此云千騎將是漢之

將鳳趙破奴得匈奴王及王母或云右千騎將卽匈奴王號

余謂或說是也史記傳寫之譌以得千騎將王爲千騎將得

王耳漢表云得兩王千騎矦史表云得兩王子此是千騎將之誤

功矦故知此譌

封爲煇渠矦

案煇渠是煇粱之誤說在表

常與壯騎先其大將軍軍亦有天幸

附案方氏補正引蔣西谷曰大將軍靑於去病爲親故曰其

又引汪武曹曰將字衍常先其大軍也兩說竝非蓋份曰常

與壯騎先其大將軍爲句軍亦有天幸承上文來皆言驃騎

王右丞詩衞靑不敗由天幸是以大將軍別起爲句矣不知

太史公此傳專右大將軍而貶驃騎右丞尙誤況其他乎

鷹庇爲煇渠矦禽棃爲河綦矦大當戶銅離爲常樂矦

附案三矦之名各異說在表中

仍與之勞

附案漢傳是仍興言重興軍旅之勞也

以誅比車耆

附案漢傳比作北

歷涉離矦

附案漢傳作難矦山名也

濟弓閭

附案弓閭水名漢傳作盧

師率減什三

案漢書作什二

會與城

附案與音余漢書譌與猶史上文之譌仍與也

斬首捕虜二千七百級

附案漢傳作二千八百

爲符離矦

案當作邳離說在表

郱山

案此乃僑山之誤

封復陸支爲壯侯　昌武侯安稽

附案壯當作杜昌武當作武陽竝說在表

軍吏卒皆無封侯者

案漢書此下云惟西河太守常惠雲中太守遂成受賞遂成秩諸侯相賜食邑二百戶黃金百斤惠爵關內侯似不可缺當補入

大將軍青卒

案此傳書去病起冢象祁連何以不書青起冢象盧山乎盧山匈奴中山漢書匈奴傳揚雄上書曰運府庫之財填盧山之壑而不悔

大將軍以其得尙平陽公主故長平侯伉代侯

徐氏測議曰衞青爲大將軍後始尙主伉時已封非公主子青歿自當代侯亦不以主恩也

六歲坐法失侯

附案此六字後人妄增伉失侯在天漢元年也建元侯表書今侯伉則知此非史公本書

左右兩大將軍

附案左右乃左方之譌非大將軍有左右也此指衞霍兩人

斬捕首虜五萬餘級

案史漢本傳及匈奴傳所載皆不得衞霍斬捕首虜實數而以武帝紀約之幾有八萬矣

再益封凡萬一千八百戶封三子爲侯侯千三百戶并之萬五千七百戶

案青本封三千八百戶益封三千戶再益封六千戶凡萬二千八百戶則此作萬一千八百者誤也并三子侯各千三百戶（倪本作三千三百戶王本作二千三百戶竝非）是萬六千七百戶則此作萬五千七百者誤也若漢傳前云以三千八百戶封侯益封三千八百再益封八千七百共萬六千三百戶并三子各千三百爲二萬二百戶與史不同

其校尉裨將以從大將軍侯者九人

案史漢表傳侯者十一人一蘇建二張次公三公孫敖四公孫賀五韓說六李蔡七趙不虞八公孫戎奴九李朔十張騫十一郝賢言九人誤

賀武帝爲太子時舍人武帝立八歲

附案此兩稱武帝及下李息公孫敖李沮李蔡趙信趙食其六傳稱武帝者七皆後人妄改當作今上也或曰當作今帝匈奴傳云今帝卽位

出定襄無功後四歲以坐酎金失侯

案史漢表賀以元鼎五年坐酎金免則自元朔六年出定襄後至元鼎五年凡十一歲也

後八歲以浮沮將軍出五原

案賀出五原卽元鼎六年事非坐酎金失侯之後八歲也

賀七爲將軍
案賀爲將軍五安有七乎
坐子敬聲
附案此下後人所續非史本書
後六歲爲將軍出代
案李息出代在元朔元年後于軍馬邑五歲史漢竝誤作六
後三歲爲將軍
案此是息出朔方在元朔五年後出代四歲史漢誤作三
以郎事武帝
附案漢書作景帝是也此因後人改今上爲武帝而幷此誤改之
爲驃騎將軍
案此驃騎將軍之誤也驃騎之號武帝以寵霍去病公孫敖安得先爲之余有丁糾之矣
再出定襄無功
案傳言斬虜萬餘人史漢表皆言是年敖益封則此誤也當衍無功二字
後十四歲
案當作十五歲蓋自元狩四年後至太初元年也
七歲復以因杅將軍　坐妻爲巫蠱族
附案此下後人所續蓋敗余吾在天漢四年巫蠱起于征和元年且敖自余吾還腰斬非先曾亡居民閒而後坐巫蠱族也七歲至巫蠱族四十四字當削漢傳同其誤
其後太后崩　後一歲爲將軍
案當作二歲元朔三年太后崩次公于五年又爲將軍也
後四歲爲游擊將軍
案蘇建封侯在元朔二年此元朔五年事當云後三歲
家在大猶鄉
附案張騫傳亦有家在漢中句史詮謂二家字本作冢字譌也書兩將軍冢政爲上敘驃騎冢相射而史不言大將軍冢疏矣漢書補之
十七歲爲前將軍
案漢書作十八歲是趙信爲前將軍在元朔六年武帝立十八年也
襄曹參孫也
案是元孫
爲光祿勳掘蠱太子宮衞太子殺之
附案十四字删後人以征和二年事續入也
斬捕虜首十一萬餘級
案霍去病傳凡斬虜十一萬九千六百三十一級然内中兩言八千餘級其一以漢傳校之是八千九百六十級其一無攷則斬虜確數尚不止此史誤矣或曰當作十二萬餘級
四益封凡萬五千一百戶
案去病本封千六百戶四益封萬四千五百幷之得萬六千

倫輩鄭莊固不敢望況莊有引桑弘羊之罪乎汲當作專傳鄭應附韓安國一輩傳中余謂汲黯傳宜在韓長孺傳之前

仁者有乎　義者有取焉

困學紀聞十一引夾漈鄭氏曰游俠之徒未足爲煦煦孑孑之萬一況能當仁義之重名乎

而賈生晁錯明申商

案史公言賈生明申商與晁竝稱似未當

律厤改易兵權山川

案兵權即律書似複出當衍兵權二字索隱言兵書亡妄也出川謂河渠書然史有河渠而無地理遂使自秦已前州野分畫郡邑沿革與夫名山之劃隸開通川源之遷移湓塞皆湮沒無攷河渠一書豈足以概山川哉

作三十世家

案諸矦有國大夫有家古之制也史以諸矦王爲世家王若盧綰議之今既定公矦傳國曰世家卿士特起曰列傳則當條次不紊編書無遺葢周時列邦當先吳魯管蔡衞晉燕鄭乃及陳杞宋越楚齊韓趙魏田氏而以孔子殿焉漢代以外戚居首乃及楚荊燕齊梁五宗三王然後蕭曹張陳周而陳涉附焉此條次也史似不得其序若編書則邾莒竝春秋時次國世系足攷其事迹較詳于曹杞安得云滕薛騶邾後稱騶以小弗論耶小司馬欲補許邾世家計不足補也六國表云楚簡王滅莒趙岐孟子題辭云邾爲魯所并又言爲楚所并居易錄九載元末朱右撰邾世家一卷年表一卷又吳芮至忠著于令甲五代稱

王矦封支庶何獨缺如乎餘說見前

作七十列傳

案列傳之失次及吳濞淮南衡山張耳之當入世家已說見上困學紀聞謂傳伍員而不傳包胥非所以勸忠野客叢書謂不立紀信傳疏于節義是固然也余謂夏商以前帝臣王佐雖代不乏人而世遙事逸故但據詩書所稱一二大端載于本紀即周初散宜南宮史佚之徒厲宣閒芮良夫召虎仲山甫之流亦同斯例若春秋之際名德顯暴者尚有如魯柳下惠孟獻子衞甯俞史魚晉士會士燮叔向宋子罕楚子文何爲葢闕此古史通志所以作補傳也漢時傳鄒陽而不傳賈山枚叔傳徐樂嚴安而不傳終軍東方朔去取之義亦未曉又史公自序在七十列傳中索隱本作太史公自序傳是也各本篇題俱缺傳字

凡百三十篇

附案史通雜說仍班彪之論謂太史公上起黃帝下盡宗周事跡殊略戰國已下始有可觀其閒詳備者唯漢興而已余謂此但議其煩省失宜爾豈知史公變編年之例突起門戶著目曰本紀曰表曰書曰世家曰列傳史臣相續稱爲正史葢鑿荒難而遵塗易創始恆不若續撰之精密也班固本其父彪之語議史公是非頗繆于聖人論大道則先黃老而後六經序游俠則退處士而進姦雄述貨殖則崇勢利而羞賤貧晁公武郡齋讀書志曾辨之補筆談亦云班固所譏甚不

慊夫史公攷信必于六蓺造次必衷仲尼是以孔子傳之世家老子置之列傳尊孔子曰至聖評老子曰隱君子六家指要之論歸重黃老乃司馬談所作非子長之言不然胡以次李耳在管晏下而竆其獘于申韓乎固非先黃老而後六經矣游俠傳首云以武犯禁又云行不軌于正義而稱季次原憲爲獨行君子益見漢初公卿以武力致貴儒術未重舉世任俠干禁欺時政之缺失使若輩無所取材也貨殖退處士而進姦雄者哉貨殖與平準相表裏敘海內土俗物產孟堅地理志所本且掘冢博戲賣漿胃脯竝列其中鄙薄之甚三代貧富不甚相遠自井田廢而稼穡輕貧富懸絕漢不能挽移故以諷焉其感慨處乃有激言之識者讀其書因悲其遇安

得斥爲崇勢利而羞貧賤耶傳首伯夷而云末世爭利維彼奔義亦不退處士不崇勢利之一證自序言易書詩禮樂春秋亦不先黃老之一證況孟堅於史公舊文未嘗有所增易不退處士不羞賤貧何以不立逸民傳此條本于困學紀聞十二又何以仍傳游俠貨殖此文人之習氣各自彈射遞相瘡痏蹈襲抵梧目睫不見所謂笑他人之未工忘己事之有拙晉張輔論漢書三不如史記有以也後書范升奏史公違戾五經謬孔子言及左氏春秋不可錄三十一事又張衡條上遷固所敘與典籍不合者十餘事未知所指

五十二萬六千五百字

附案遷傳同通考百九十一引李方叔師友談記作七十萬言余三番計之字數都不能合因今本史記歷經後人增刪非史公之舊增者猶可辨其僞刪者無從得其眞如朱建傳

述平原君諫淮南王反事云語在黥布語中而布傳無之滑稽傳敘淳于髡以隱說齊威王事云語在田完世家中而世家無之皆裁割未盡者是以晉書張輔傳西京雜記史通竝稱史記五十萬字但舉成數言之爾至於逸文墜句往往見于他書如漢書五行志中上中下屢稱史記師古謂皆指遷所撰或未盡然漢書攷異曰班志所云史記非太史公書古列國之史俱稱史記也但志中下引史記曰秦武王三年渭水赤者三日昭王三十四年渭水又赤三日始皇紀末附秦記惟武王時渭水赤有之水經注十九引之明言是史記秦本紀御覽五十九六十二引史竝同又論衡祿命篇引太史公曰富貴不違貧賤貧賤不違富貴此皆漢人所引得毋被楊終刪之而世猶有眞本在耶左傳僖五年注傅說星

孟子離婁疏西施入市經典釋文莊子字子休及駢拇音義師曠無目史通敘事篇之立輯說文繫傳杲字注之反景桑榆儐字注之代王儐債今本俱無他若水經注後漢書注文選注廣韻注太平御覽初學記藝文類聚通志氏族略等書均有引史之語不能盡錄而御覽尤多雖未免舛譌究難盡沒豈歷經傳寫復有損削歟

爲太史公書

附案漢藝文志亦云太史公百三十篇又云馮商所續太史公七篇蓋史公作書不名史記史記之名當起叔皮父子觀漢五行志及後書班彪傳可見蓋取古史記之名以名遷之書尊之也

曩賢多注漢書僕指三十餘家而注史記者甚少延篤徐廣鄒誕生劉伯莊俱作音義別有音隱五卷莫詳其人竝佚不傳惟經裴參軍等引用什獲一二裴氏集解與小司馬索隱張長史正義附見于史僅止三家甄釋探討庶幾子長忠臣然屢涉舛端瑕瑜相準唐藝文志許子儒王元感徐堅李鎮陳伯宣均注史記又子儒音三卷李鎮義林及裴安時纂訓各二十卷攷索隱後序小司馬已罔覩許注則唐初遂亡宋史志祇載伯宣注是元感諸儒所纂亡于宋代而馬氏通攷言伯宣注殘缺今并殘本不可得柳宗元龍城錄稱漢末大儒張昶撰龍山史記注未之見也後序謂隋柳顧言善此史劉伯莊先人常從受業隨手記

錄伯莊緣以作音義張嘉會亦善此史小司馬少從之學因成索隱柳張二公之旨殆絕而不絕矣昔曹子桓云人生不朽其文莫如著篇籍劉孔昭云使我數十卷書行于後不易齊景千駟誠見自古著述傳之實難獨怪史記擅奇六經之餘漢章帝乃詔楊終刪之終雖有聞西蜀而才謝龍門輒敢妄加筆削殊爲顏厚且蹐駁之處歷歷具在所刪究屬何語史冊元文尙不能完保行世奚論其他刊整旣畢綴書紙尾用寄喟然癸卯仲夏十八日玉繩重識

史記志疑卷三十六終　南海潘乃成番禺黎永椿劉昌齡校字

史記志疑附錄一

仁和梁玉繩撰

瞥記卷三

司馬貞補史記序云本紀十二象歲星一周八書法天時八節十表放剛柔十日三十世家比月有三旬七十列傳取懸車之暮齒百三十篇象閏餘而成歲張守節論史例襲之惟改列傳七十象一行七十二日言七十舉全數餘二日象閏子長本無此語穿鑿可笑王若虛曾斥其妄

五帝紀北發當是北戶大戴禮記作大教不可解曲阜孔檢討廣森補注云大大人汪芒氏之國也教敎民也其爲人黑山海經有焉

裴氏集解引鄭玄云由內爲姦起外爲軌案左傳成十七年亂在外爲姦在內爲軌虞書孔傳仝鄭意與傳相反何也

余嘗疑少昊是古官名見史記志疑一今又得一證越絕計倪內經少昊主金與祝融后土玄冥太皥爲五方之官則爲官名審矣

夏本紀與河渠書及漢溝洫志竝言禹治水在外十三年尸子言十年吳越春秋言七年三國志高堂隆傳昔洪水滔天使鯀治之績用弗成乃舉文命隨山刊木前後歷年二十二載蓋依史漢之十三年又並鯀九載數之也其實當以孟子八年爲定金仁山謂兗州賦十三載乃仝故以爲十三年說本禹貢注疏蔡九峰諸儒已非之孔疏引馬融謂禹治水三載幷鯀九載爲十三載八州十二年平兗州十三年平未免臆撰至路史作治水三十年尤不足信

周本紀載呂刑惟貌有稽作惟訊有稽海寧陳仲魚（名鱣）云說文糸部引周書作緢訓爲旄絲㕛緢字於細字之下當有細義言維細有所稽攷也貌字乃衛包私改郭忠恕汗簡釋緢爲貌失之矣史記訊字疑緢之誤說文訊重文作𧬊與篆文緢形相近耳嚴九能云古皃字作緢故汗簡云然此古文假借非誤也古文廟作庿亦从緢省廟者皃也

紀言厲王在位三十七年元未可深信然欲攷世表世家年次不得不依以爲說許周生謂本紀誤竹書十二年流彘近之

溫公通鑑始於周威烈王二十三年命三晉爲諸侯以爲天子自壞其紀綱特著篇首爲後世戒宋樓鑰獨謂此書之作實繼左氏傳溫公不敢顯言之爾左傳以三晉事終通鑑以三晉事始攷媿此論甚確見本集

太史儋言合七十歲而霸王者出焉周紀與封禪書仝秦紀作七十七歲老子傳及漢郊祀志水經渭水下注竝作七十歲余謂自始皇初生逆數至惠文改元爲六十六年而後四年西周亾鼎入秦恰得七十年海寧錢廣伯（名馥）云恰得七十既非初生復非即位如何似當闕

秦本紀大廉玄孫曰孟戲中衍鳥身人言鳥身上似脫中衍二字不然太戊妻之當何屬而下文所謂中潏者又誰之玄孫廣伯云其玄孫曰中潏上有中衍之後句

武王之謚疑當以悼武爲定廣伯云下文悼武王后出歸魏則本篇有足證也

秦初幷天下分三十六郡史不注其目參攷漢志續志逮內史祇三十五尚缺一郡案水經㶟水注云始皇二十三年滅燕以爲廣陽郡漢高帝更曰燕國余據以補郡數之缺（詳史記志疑四）趙誠夫水經注釋引顧亭林北平古今記謂漢志廣陽國昭帝元鳳元年置當以昭帝置者爲定恐未盡然孟堅志地理但舉大略文義簡古不能盡詳即如漢更秦廣陽爲燕國高帝時封盧綰及其子建文帝時封劉嶧武帝時封子旦直至昭帝因旦謀反誅地入於漢改用廣陽舊名宣帝仍而不易中閒凡二次國除爲郡孟堅皆不書則其不言秦廣陽郡者略也秦有黔中高帝更名武陵孟堅不云故秦黔中郡亦是脫略不書與廣陽一例矣

始皇本紀年十三歲古無年歲竝稱者日知錄謂古人但云年幾何不言歲也自太史公始變之錢廣伯云孟子鄉人長於伯兄一歲趙策太后曰年幾何矣對曰十五歲矣則言歲不始於太史公

許周生云始皇八年王弟長安君成蟜將軍擊趙反死屯留軍吏皆斬（衍死字漢志無）遷其民於臨洮此爲一事據漢書五行志所引止此可證以下另爲一事將軍壁死（壁當是將軍在外者）卒屯留蒲鶮反（前所衍死字疑在此）戮其屍蓋蒲鶮以屯留人聞遷屯留民懼禍及已故因將軍之死而反反亦即死故戮其屍也

呂后紀未前言東牟侯與滕公除宮麾執戟者掊兵罷去載少帝出則宮中已無一人乃又云代王入未央宮有謁者十人持戟

衞端門此十八何自來乎且天子未出而一麾罷去今帝已
出而十八者謬言天子在宮以止代王之入轉必待太尉諭
然後去則十八明是太尉所使俾知操縱之權實出於已故
文帝卽夜拜宋昌張武收兵柄以備不測一時君臣情事史
公以掩映之筆出之綜計上下文史公不應乖反如此固自
其微意所在爾

泰山碑曰施于後嗣化及無窮遵奉遺詔永承重戒是帝在時
亦可稱遺詔也

嶧山碑極簡古決是秦時之文水經泗水注始皇觀禮於魯登
嶧山命李斯以大篆勒銘山頂名曰書門其鄭重如此且爲
刻石七篇中之第一篇太史公獨闕不載何也盧學士謂史
文有脫誤其說見於所著鍾山札記

春秋之法雖無事猶必書孟月史記周以後本紀是年無事則
并年逸之獨始皇紀於三十年特書曰無事此史公創例全
書亦祇一見

始皇因圖書曰亾秦者胡乃發兵擊胡而不知爲胡亥路史後
紀注引世紀曰桀見籙書云亾夏者桀於是大誅豪傑何其
類也

子長爲項羽作本紀班叔皮譏其失唐已來諸儒皆言羽不當
列本紀惟羅泌以爲得編年之法未敢謂然明吳偉業綏寇
紀略言張獻忠自爲一文歷評古帝王以楚霸王爲最眞盜
賊之語也

高祖本紀漢將別擊布軍洮水南北皆大破之追得斬布鄱陽
全氏經史問答謂洮水當作泚水在九江布敗於蘄反走其
國又敗於泚乃思投長沙未至而死於番陽許周生云別擊
者擊布別將之軍非布在洮水也追得斬布鄱陽遙接上文
布走令別將追之也全氏似未審

世表從皇帝至湯十七世依史數之是十八世非十七世許周
生云諸數世次處史藎離身數而志疑悉連身數之以至悉
差一世

十二侯表平王元年東徙雒邑周生云志疑辨平王東徙在五
年案周之東徙在平王元年無疑謂在五年者非也犬戎方
伐周殺幽王平王以辟戎寇而徙揆諸情理必不能遲至五
年之久或謂平王未必倉卒徙都亂定後乃至洛夫詩譜不
言以亂故徙居東都乎若亂定則不必徙矣平王徙洛豈晉
徙新田之比哉管蔡世家言周室卑而東徙秦始得爲諸侯
六國表秦本紀仝年表系秦爲諸侯於幽王之末本紀言秦
襄公將兵救周因卽以兵送平王此又徙東都在元年之確
證也

周生又云晉文公過衞志疑據晉語韋注在衞文公十八年以
世家書於十六年爲誤案世家以晉文過衞在衞文十六年
甚確左傳晉文於僖四年十二月奔狄（表書於五年）處狄自五年
始十二年而行過衞則政當衞文之十六年國語亦言曾力
一紀可以還矣乃行過五鹿（子犯言十有二年必獲此土僖二十八年晉取五鹿則衞文十）

六年過五鹿內外傳所仝惟內傳與文公不禮野人與塊爲一時事而外傳以過五鹿在適齊前過衛在去齊後爲有歧誤國語言衛文公有邢狄之虞不必定是見伐特虞其來伐耳若方當見伐則當日有邢狄之變矣韋昭注以僖十八年邢人狄人伐衛爲文公過衛之歲殊非文公自去齊後於衛曹鄭既不蒙見禮而宋襄楚成亦止聞乘馬厚幣之贈未嘗假館自衛至秦雖經歷多國而道途元非遠隔入秦在二十三年則過衛亦在二十三年史表所書非誤若謂僖十八年過衛則自十八年至二十三年此六年中文公淹留何國乎

鄭襄公十八年晉欒書取我氾索隱本作汜左傳成四年釋文云氾音凡或音祀王粟臣孝廉云成皋之氾水當作汜濟陰有氾水音汎又音凡成皋之水與之仝音仝字故師古注漢紀謂此水舊讀音凡今彼鄉人呼之爲祀卽釋文或音祀說也可知祀乃俗音因氾與江有汜之汜相近故俗呼之曰祀至今相沿不變而成皋之氾水直書作汜水矣若果汜水何以舊音凡且左傳王出適鄭處於氾杜注鄭南氾也正義謂鄭有南氾東氾又楚伐鄭涉氾而歸又秦軍氾南俱作氾音凡則成皋之氾水宜作氾也審矣況正義謂涉氾之氾是地名尤與取氾合

高祖功臣表昌武侯單得坐傷人二旬內死棄市此漢時保辜限也今律以受傷之輕重定限期之多寡手足及他物傷者限二十日刃及湯火傷三十日折跌肢體及破骨墮胎五十

日以被傷時刻爲始過一刻卽爲限外

功臣郎侯表索隱引周成雜字解詁案周成不知何代人唐志周成解文字七卷亦不言其時文選注及唐釋玄應一切經音義亦引之

建元侯表書符離侯路博德之功曰將重會期書衆利侯伊卽軒之功曰手自劒合班書亦往往效之唐樊宗師專學此等句法

禦兒侯亦作語兒水經注引吳黃武時由拳西鄉產兒墮地便能語云天明河欲清脚折金乃生案永樂大典本天方明河欲清鼎脚折金乃生

褚少孫續建元侯表載田千秋上孝武書有蚩尤畔父黃帝涉江之語漢書千秋傳無之豈刪而不錄耶

將相名臣表鴻溝作鴻渠蓋引渠水所爲故名渠非以別名狼湯渠之故水經注謂之梁溝而梁溝卽陰溝水又有沙水浚儀之稱焉

景帝後三年正月甲子崩二月丙子太子立漢書則云甲子太子立大事記以班氏爲誤而不知史所書是旣殯正繼體之禮班所書是始死定嗣子之儀也大事記又譏漢昭元諸帝葬前卽位謂廢自古旣葬卽位之禮然自古卽位亦不必定在葬後嗣君改元之年先君尚未及葬則先卽位然後葬先君春秋書文成兩公可見

王孝廉云封禪書中嶽嵩高也志疑引周禮冀州山鎮及左傳

司馬侯語辨中嶽是霍山非嵩高恐不然嵩高爲中嶽自當據爾雅史公不誤霍山在今山西故周禮指爲冀州山鎮冀偏西北不得言中司馬侯別太室于四岳之外者以東西南北爲四嶽則太室之爲中嶽自在其外不得據崧高之詩以駁爾雅

書金滕一篇今古文皆有太史公載之魯世家然先哲多疑其僞余據淮南子金滕豹韜語疑古別有金滕之書許周生云淮南子所謂金滕豹韜蓋即莊子所言金版六弢後讀宋樓鑰攻媿集有一說極爲明通其跋金滕圖云書序武王有疾周公作金滕言金滕之篇爲公而作也所謂金滕之匱其中實藏占書自后稷封邰分茅胙土授之以龜占書至嚴子孫世守非有大事不啟也啟籥見書正啟先世金滕之匱也

鄭世家言鄭君乙爲韓所滅六國表言康公滅無後而一統志山西平陽府翼城縣西十里有鄭太子墓唐盧照鄰銘太子壽者康公之子桓公二十代孫聰明仁智邑封千戶今壽城是其地年七十八薨葬天陵南此果可信則康公非無後矣

田完世家言田常有七十餘男小司馬引鮑昱云陳成子生男百餘人後此漢中山靖王有子百二十餘人勃海王悝子女七十人梁鄱陽王恢男女百人北燕馮跋子男百餘人吐谷渾有子六十人明代端順王奇湞生子七十餘人然不多見

陳涉世家涉之爲王沈沈者劉伯莊云猶談談王孝廉云作談卻不可解竊疑是淡字之誤淡淡水平滿貌見高唐賦與潭亦近淡轉爲潭猶談之作譚耳

弟子傳壤駟赤桐城姚姬傳郎中名鼐經說謂郎左傳定十年之郈工師駟赤

趙李同死封其父爲李侯是子蔭父也平原君傳漢奚涓死封其母疵爲魯侯稱曰母侯是子蔭母也高祖功臣表張敖賜謚爲魯元王是夫從妻爵也呂后紀魏志郭悳爲甄氏後封平原侯是以異姓襲殤母之爵也

樂毅傳望諸君索隱曰戰國策望作藍案藍諸君見中山策而燕策蘇代云望諸相中山使趙劫之求地望諸攻關而出豈樂毅之前已有號望諸者乎疑燕策兩望字當作藍索隱反牽引藍諸作樂毅合爲一人則誤甚矣

淮陰侯傳從閒道萆山而望趙軍萆讀曰蔽索隱引楚漢春秋作卑蓋省文而顧宛溪方輿紀要謂北直真定府獲鹿縣西有抱犢山本名萆山韓信登萆山望趙軍卽此則不當作蔽解若訓蔽則字當从竹

倉公傳趙章病法五日死而後十日乃死其人嗜粥故中藏實中藏實故過期則食粥眞養生之要也張文潛有贈潘邠老粥記言晨起食粥之妙蓋於老人尤宜

韓長孺傳於梁舉壺遂臧固郅他皆天下名士索隱曰郅音質三人姓名也後漢書則云至他言至於他處亦舉名士似漢書誤嚴九能云郅作至或省文或傳譌俱未可定

衞將軍驃騎傳千騎將得王王母各一人王孝廉云得字當在

千字上謂得千騎將又得王又得王母

日者傳越王句踐倣文王八卦以破敵國霸天下此事莫詳因

考後書崔駰傳顔回明仁於度轂張衡傳洪鼎聲而軍容息

孔融傳南睢之骨立三國蜀志秦宓云成湯大聖睹野魚而

有獵逐之失晉書地理志敘世祖武皇帝接千祀之餘當八

堯之禪宋書文九王建平王傳曾子孝於其親而沈乎水北

周書裒長孫儉詔蕭何就窮僻之鄉其事皆未聞（後書南蠻傳爲僕鑒之結著獨力之衣章懷亦未詳）

太史公自序傳申呂肖矣注以肖爲痟顧亭林謂肖乃削字脫

其旁耳嚴九能云方言趙肖小也肖有小義亭林似未攷方

言（以上各條因史記志疑已刻不及增改故錄此）

宿松羅忠濟初校

南海羅崇齡覆校

陽湖吳翊寅再覆校

史記志疑附錄二

蛻稾（卷四）

荅錢詹事論漢侯國封戶書

仁和梁玉繩撰

今月十二日郵書論漢侯國封戶諸承指示幷賜新刻漢書攷

異一冊伏而讀之皆實事求是出自心得過宋三劉刊誤遠甚

閤下謂高祖功臣盡食一縣者惟曲逆侯陳平一人敬聞命矣

由是知列侯封國雖計戶口之多少爲限而仍以畺域爲斷史

公言漢初大侯不過萬家小者五六百戶後數世民咸歸鄉里

戶益息蕭曹絳灌之屬或至四萬小侯自倍則復業戶口在列

侯封内者例得兼食之故有始封戶少而免絶時戶多者曹參

萬六百戶至國除凡二萬三千推之曲周潁陰諸國俱然有始

封戶多而免絶時戶少者柳丘侯戎賜八千戶至國除僅三千

昌武亦然倘但限之以戶安得有前後盈絀之殊且未聞多者

從而損之少者從而益之也匡衡因郡圖誤閩佰爲平陵佰遂

封眞平陵佰以爲界衡食止六百戶（表云六百四十七戶）假使閩佰爲界

戶數有餘于六百之外猶將歸之有司何論平陵而郡圖之誤

不誤幷與安樂侯國無涉胡乃盜土自益卒坐亂減郡界之罪

哉葢始封戶數元有一定嗣後或孳生或衰耗或遷徙居乎國

界則得食出乎國界則不得食也至閤下謂武安侯田蚡爲丞

相其奉邑食鄃而其時俞侯欒布子賁嗣侯尚無恙布封邑千

八百戶鄃縣戶口必不止此數亦是以布所食外之餘戶益封

田蚡竊恐未然班馬兩表書俞侯年數多舛錯不合曾細校之

布以景六年封中四年薨在位六年賁以元朔二年封元狩六年免在位十年中絕十八年正當蚡作相時故得食於鄃意蚡爲丞相別食奉邑如張安世國在陳留別邑在魏之比霍光亦有別邑蓋異數也蚡卒而邑歸有司其卒在元光三年迨元朔二年仍以鄃續封布子賁未必一鄃兩封如後漢伏湛宋酆之封不其矦也狂瞽無當惟閣下更誨焉

公儀子禁織辨

史記循吏傳公儀子爲魯相食茹而美拔園葵棄之見其家織布而疾出婦燔其機予曰拔園葵猶可言也固不察雞豚不畜牛羊之意也燔機出婦不可以訓古者自王后夫人以至庶人之妻莫不親執紡紝之事以供衣服故敬姜效績仲尼美其不淫誠懼夫安而忘善也若公儀子之所爲是令其家休蠶織矣公儀賢者豈備官而未之聞乎將謂不欲以食祿之家與民爭利則諭其婦輟梭投杼可也出而燔之不已甚哉或曰臧文仲使妾織蒲仲尼以爲不仁何歟曰非此之例也織蒲以爲席本非女子之常務而況販席以贏耶君子謂臧文仲敎家以貪公儀休敎家以逸

反蘇子范增論

東坡論范增之去項羽當在殺宋義時余謂增爲羽謀主羽之殺宋義增敎之也不爾何以羽之姁姁不忍竟能一朝之間奮然斬宋義於帳中出令諸將莫不慴伏哉且宋義一庸妄剛愎之人耳奉命救趙留四十六日不進天寒大雨士卒凍飢猶飲酒高會羽殺之固當而東坡以懷王擢宋義爲賢又責增之不能誅羽毋乃戾乎然則增當以何事去曰是必在鴻門罷會之時矣羽不殺沛公羽之大失策也增觀之而不聽計惟效范蠡之不赦吴王趣壯士誅之而後謝羽以專命之罪羽見沛公已誅方德增重增而必不咎增乃觀望瑟縮任其脱身至軍不可復制增年已七十知豎子之不足與謀知吾屬之且爲所虜可以乞骸骨而去矣何待反閒行於陳平嫌疑起於惡食始願歸卒伍疽死道路耶蓋增始終無制漢之術羽始終非信增之人不能謀一身何能定天下東坡謂增爲高帝之所畏增不去羽不亾嗟乎增去羽亾不去羽亦亾天方助漢亦同歸于驅除而已矣

書史記酷吏傳後

太史公傳酷吏十人皆以嚴峻爲事至今讀之猶使人不寒而栗然有周陽繇之撓法杜周之從諛而乃以郅都爲伉直有義縱之鷹擊毛摯而乃以趙禹爲平有甯成王溫舒之家累千金而乃以張湯爲廉彼善于此則有之矣茲數人者惟趙禹以壽終杜周甯成不言其死其餘如周陽繇棄市矣義縱棄市矣王溫舒罪至五族矣卽郅都張湯所稱爲公廉敢諫揚善蔽惡者乃一斬一自殺嗟乎後之爲吏者無都湯之才有都湯之罪而未受都湯之禍者可不懼哉可不戒哉

史記志疑附錄三

庭立紀聞

仁和梁學昌輯

自序 或問署名於字之下何義翁曰經史中或字在名下或名在字下元無一定然左傳僖三十二年疏襄十年疏竝云古人言名字者皆先字後名而連言之遂依其例

夏紀帑僇 周禮秋官司厲鄭司農注引尚書曰予則奴戮汝與漢書王莽傳引甘誓孥作奴仝

帝泄 錢竹汀詹事云世卽泄也非字脫

殷紀帝號 大戴禮誥志篇天子卒葬曰帝

周紀稷生 后稷名棄之故翁雖據蘇明允譽妃論而心尚有疑後閱常熟陶正靖父元渟晚聞存稾詩說一則云生民詩履帝武敏毛鄭異解蘇明允譏鄭之失而子由仍從鄭諸儒亦曲附之則以稷見棄之故未明也明允以爲疑而棄之夫肖子易生人情所樂何反致疑棄援鄭莊之寤生爲比豈足以絀鄭哉稷之致棄經固明言之諸儒特未察爾經曰先生如達注但云易生而不知其所以易凡嬰兒在母腹有胞衣裹之臨蓐時其衣先破兒體少舒手足漸欲動搖故生之難羊子之生胞仍完具墮地而後母爲破之故其生易稷生如達葢藏於胞中形體未露是以無啼聲及轉徙數處鳥去而呱至此始離於胞在旣生數日之後也然則疑而棄之乃人之常情所謂居然生子者政疑怪之辭故下章遂言棄置之事仍識其啼聲不惟著收養之由而前之致棄益明已

秦紀正有征音 老子天得一以清地得一以寧侯王得一以爲天下正

始皇生年 史於始皇略其在位之年而書其生年曰五十一年而崩其實五十歲耳錢竹汀有一說云五當爲立秦王政二十六年始稱皇帝至三十七年崩爲帝十一年也

始皇紀狹中 注謂狹中在餘杭翁引毛西河說以爲赭龕二山之間非餘杭也後又采宋陳鵠耆舊續聞云餘杭非江流所經狹中卽今富陽縣絕江而東取紫霄宮路江流至此極狹水波委蛇始皇從此渡取曁陽界至會稽山曁陽有始皇祠諸大令藹堂云赭龕二山之口潮汐出入如何可度若以富陽爲狹中則在省城西南九十里古今道里不仝似史言西百二十里近是志疑從西北之說恐非

呂后紀臨光 張衡西京賦覛往昔之遺館獲林光于秦餘亦作林字

孝文紀令勉 諸藹堂云中大夫令勉爲車騎將軍中大夫令是官號勉其名荀紀作李勉必有所據大顏小顏以爲姓令索隱引風俗通云令尹子文之後皆非也志疑誤從之

天官書河戒 錢竹汀云鉞星在南北河之閒故曰河鉞漢志作戉今本作戍誤此戒字亦戉之譌唐一行誤讀史漢創爲山河兩戒之說索隱正義仍之故多用戒字

魯世家王舅 祭統衞莊公稱孔悝叔舅其實莊公乃悝之舅而悝則甥也謂之舅者亦以稱異姓之臣耳可與左傳齊王舅也一語參看

宋世家親戚 以親戚稱父母者又得數條大戴禮文王官人篇逸周

書官人解代名以事其親戚管子九變云大者親戚墳墓之所在墨子節葬下篇列子湯問篇炎人之國其親戚死朽其肉而棄之儀渠之國其親戚死聚柴焚之荀子榮辱篇親戚不免乎刑戮

晉世家介推　龍蛇之歌高誘注淮南說山又與諸處所述異

孔子世家年七十三　太平廣記詼諧類引談藪北齊使來聘梁訪東海徐陵春秋荅曰小如來五歲大孔子三年謂七十五也亦誤以孔子年七十二

孟子傳作孟子　樓攻媿行彭龜年兼侍講制云惟孟軻所著七篇之書非戰國以來餘子所及亦謂孟子之書自作

酷吏傳郅都　寰宇記四十九郅都葬雁門墓側古柏五千餘株號郅君柏

自序傳引說文繫傳　歸安嚴九能云代王償債乃楚金引漢書宣元六王傳淮南憲王欽爲張博償債二百萬事誤記爲史記耳又代王當作王代

金史蕭貢傳貢注史記一百卷當補

太史公書東漢以來注者無多又皆亾逸今見存者唯裴駰集解司馬貞索隱張守節正義而已宋本有單刻集解本有兼刻索隱本明季毛氏有單刻索隱本而正義則唯附見於震澤王氏本其單行者不可得矣是書傳寫或多脫誤解者亦有踳駁所亟宜辯正者也近世錢少詹事大昕作史記攷異討論精核多所發明足爲司馬氏功臣後有梁明經玉繩作志疑一書所說又有錢氏所未及者而校正諸表特爲細密余龆好此學研究集解索隱正義三家訓釋而參攷經史諸子及羣書所引以釐正譌脫與錢氏梁氏所說或同或異歲在丁丑又從吳侍御榮光假宋本參校因以付之剞劂凡所說與錢梁同者一從刊削僅存四百六十餘條一勺之流一卷之石未足以言海嶽之大也嘉慶二十二年冬十一月五日高郵王念孫敘時年七十有四

讀書雜志·史記

［清］王念孫

清道光十二年刻本

史記弟一　　讀書雜志三

高郵王念孫

五帝本紀

西陵

黃帝居軒轅之邱而娶於西陵之女念孫案西陵下脫氏字下文昌意娶蜀山氏女帝嚳娶陳鋒氏女皆有氏字太平御覽皇王部皇親部引此竝作西陵氏大戴禮帝繫篇亦作西陵氏

剬

依鬼神以制義正義本制作剬云剬古制字又論字例云制字作剬緣古少字通共用之史漢本有此古字者乃爲好本念孫案張說非也制與剬聲不相近無緣通用剬字篆文制字作𠛐隸作制形與剬相似因譌爲剬非古字通用也

西至于

北至于幽陵南至于交阯西至于流沙東至于蟠木念孫案西至本作西濟此涉上下三至字而誤也正義曰濟渡也則本作濟明矣唐魏徵羣書治要引此正作濟大戴禮五帝德篇同

小大

動靜之物小大之神念孫案小大當從宋本作大小此吳氏荷屋所藏單刻集解宋本也其妙者則以兼刻索隱本補之是以二本各存其半此之所有即彼之所無然皆係宋槧故可寶也寫者誤倒耳正義先釋大後釋小則本作大小明矣羣書治要引此正作大小大戴禮同

夏本紀

厥田斥鹵　厥貢鹽絺

其土白墳海濱廣潟厥田斥鹵田上下賦中上厥貢鹽絺念孫案此文本作其土白墳海濱廣潟田上下賦中上貢鹽絺凡禹貢厥字史公皆以其字代之其土白墳其字統下土田賦貢而言潟即斥字也故集解云徐廣曰潟一作澤又作斥鄭元曰斥謂地鹹鹵潟字又作舄河渠書溉澤鹵之地索隱曰澤一作舄本或作斥呂氏春秋樂成篇終古斥鹵漢書溝洫志作千古舄鹵後人不曉字義乃於海濱廣潟下加厥田斥鹵四字上文有廣潟則不得更言斥鹵下文有田上下則不得先言厥田且樹穀曰田斥鹵之地豈得謂之田乎而移鄭元曰斥謂地鹹鹵八字於厥田斥鹵之下且於謂地鹹鹵下加索隱曰鹵音魯說文云鹵鹹地東方謂之斥西方謂之鹵二十二字自鹵音魯以下皆索隱單行本所無又於貢鹽絺上加厥字甚矣其謬也漢書地理志作厥土白墳海瀕廣潟田上下賦中上貢鹽絺足正今本之謬

逆河

北播爲九河，同爲逆河。念孫案：逆河本作迎河。古文尚書作逆河，今文作迎河。漢書皆用今文，史記雖多用古文，然用今文者亦不少。（說見段氏古文尚書撰異。）此篇及河渠書、漢書地理志之同爲逆河，皆後人依古文改之。（集解引鄭注下尾合名曰逆河，則所見本已改爲逆。）而地理志勃海郡莽曰迎河，南皮莽曰迎河亭，溝洫志同爲迎河，及河渠書贊余東闚洛汭大邳迎河，此四處仍作迎河，則改之未盡者也。蓋晉以後之治尚書者皆傳古文而不傳今文，他書之同於今文者皆以古文改之。故觀地理志之兩迎河，則知上文之逆河爲後人所改；觀河渠書贊之迎河，則知上文之逆河亦後人所改矣。逆字古讀若御，（說見唐韻正，文多不錄。）而迎字亦有御音。天官書迎角而戰者不勝，徐廣曰：迎一作御。楚辭離騷九疑繽其竝迎，與故爲韻，則迎亦可讀若御。莊子應帝王篇不將不逆，與藏傷爲韻，淮南覽冥篇逆作迎，則逆又可讀若迎。（迎古讀若卬，亦見唐韻正。）迎逆御古聲竝相近，故古文作逆河，今文作迎河也。

太平治

天下於是太平治。念孫案：太當爲大，大太字相近，後人又習聞天下太平之語，故大誤爲太耳。羣書治要引此正作大平治。

殷本紀

炮烙

於是紂乃重刑辟，（今本刑辟作辟刑，據宋本及明游明本改。）有炮烙之法。段氏若膺曰：炮烙本作炮格。江鄰幾雜志引陳和叔云：漢書作炮格。（念孫案：此謂谷永傳榜箠瘠於炮格也。師古曰：膏塗銅柱，加之火上。此正釋炮格二字，而今本亦改爲炮烙矣。）今案索隱引鄒誕生云：格，（今本譌烙，下同。）一音閣。又云爲銅格，炊炭其下，使罪人步其上。又楊倞注荀子議兵篇音古責反。觀鄒楊所音，皆是格字無疑。鄭康成注周禮牛人云：互若今屠家縣肉格。意紂所爲亦相似。庋格庋閣，兩音皆可通。呂氏春秋過理篇云：肉圃爲格。高氏注：格以銅爲之，布火其下，以人置上，人爛墮火而死。列女傳所說亦相類，是其爲格顯然，而不但以燔灼爲義。今諸書皆爲後人改作炮烙矣。念孫案：段說是也。韓子喻老篇曰：紂爲肉圃，設炮格，登糟邱，臨酒池。肉圃、炮格、糟邱、酒池皆相對爲文。今改炮格爲炮烙，則文不相對矣。難勢篇又云：桀紂爲高臺深池以盡民力，爲炮格以傷民性。言設言爲，則必有所設所爲之物。今改炮格爲炮烙，則不知爲何物矣。

周本紀

而伯曰文王

子昌立是爲西伯西伯曰文王念孫案西伯曰文王本作西伯文王也今本旣衍曰字又脫也字此是承上句而申明之故曰西伯文王也五帝紀曰文祖者堯大祖也項羽紀曰亞父者范增也索隱竝與此同若云西伯曰文王則非其指矣文選報任少卿書注引此正作西伯文王也

散鹿臺之財

命南宮括散鹿臺之財發鉅橋之粟以振貧弱萌隸念孫案散鹿臺之財本作散鹿臺之錢今作財者後人依晚出古文尚書改之也請以十證明之晚出尚書武成

篇散鹿臺之財正義引周本紀曰命南宮括散鹿臺之錢又曰言鹿臺之財則非一物也史記作錢後世追論以錢爲主耳是史記本作錢不作財一也樂記正義引史記作財案孔氏一人所見之本不得互異明是後人依晚出尚書改之武成正義獨不改皆以孔氏明言史記作錢故也羣書治要引史記亦作散鹿臺之錢是唐初人所見本皆作錢二也齊世家曰散鹿臺之錢發鉅橋之粟三也畱侯世家曰發鉅橋之粟散鹿臺之錢新序善謀篇同漢書張良傳漢紀高祖紀竝作財案此三書記張良諫立六國後事竝本史記今漢書漢紀作財與史記新序不合皆後人依晚出尚書改之耳四也逸周書克殷篇曰乃命南宮忽振鹿臺之錢散巨橋之粟孔晁注振散之以施惠也今本脫去散字錢字又改爲財太平御覽資產部錢類引周書曰武王克商發鹿臺之錢散鉅橋之粟是正今本之誤又案武成正義曰鹿臺之財則非一物後世追論以錢爲主耳若逸周書本作財則孔氏必引以爲證今不引則逸周書本作錢可知他如管子呂覽淮南諸書亦皆作錢故皆不引也周本紀卽本於此五也管子版法解篇曰決鉅橋之粟散鹿臺之錢六也淮南主術篇道應篇竝曰發鉅橋之粟散鹿臺之錢七也殷本紀曰帝紂厚賦稅以實鹿臺之錢是紂作鹿臺本以聚錢故周本紀言散鹿臺之錢八也呂氏春秋愼大篇曰發巨橋之粟賦鹿臺之錢以示民無私高注鹿臺紂錢府出拘救罪分財棄責以振窮困是分財不專在鹿臺而賦錢則專在鹿臺故曰賦鹿臺之錢九也說苑指武篇曰武王上堂見玉

曰誰之玉也曰諸侯之玉也卽取而歸之於諸侯天下聞之曰武王廉於財矣入室見女曰誰之女也曰諸侯之女也卽取而歸之於諸侯天下聞之曰武王廉於色矣於是發巨橋之粟散鹿臺之金錢以與士民今本作散鹿臺之財金錢文不成義財字明是後人所加藝文類聚產業部引六韜亦云武王散鹿臺之金錢以與殷民是玉與女皆在宮中而金錢則在鹿臺故曰散鹿臺之金錢十也自晚出尚書盛行於世學者翫其所習覩所希聞於是見古書中言散鹿臺之錢者輒改錢爲財其已改者則有漢書漢紀見上注其已改而舊迹尚存者則有周本紀逸周書說苑其未改者則有殷本紀齊世家畱

侯世家及管子呂覽淮南新序。其引史記而已改者則有樂記正義。注見上。其未改者則有武成正義羣書治要。幸其參差不一。猶可考見古書原文。故具論之。

誅武庚管叔　殺武庚祿父管叔

周公奉成王命。伐誅武庚管叔。放蔡叔。念孫案史公原文本作伐誅武庚。殺管叔。放蔡叔。今本無殺字者。後人以殺與誅意義相複而刪之也。不知誅武庚殺管叔放蔡叔相對爲文。古人之文。不嫌於複也。衛將軍驃騎傳殺折蘭王斬盧胡王誅全甲。亦以殺斬誅並用。藝文類聚帝王部太平御覽皇王部引此並作誅武庚。殺管叔。放蔡叔。又魯世家曰。遂誅管叔。殺武庚。放蔡叔。管蔡世家宋世家並曰。誅武庚。殺管叔。放蔡叔。皆其明證矣。又衛世家殺武庚祿父管叔放蔡叔。管叔上亦本有殺字。御覽州郡部引此正作殺武庚祿父。殺管叔。放蔡叔。

莫敢發之

比三代莫敢發之。念孫案莫敢發之本作莫之敢發。淺學人改之耳。僖三年左傳未之絕也。今本作未絕之也。亦淺人所改。鄭語作莫之敢發也。文選幽通賦注運命論注引史記並作莫之敢發。列女傳孽嬖傳同。論衡異虛篇作皆莫之發。

王用之又廢申后去太子也

幽王以虢石父爲卿。用事。國人皆怨。石父爲人佞巧。善諛好利。王用之。又廢申后。去太子也。申侯怒。與繒西夷犬戎攻幽王。念孫案廢申后去太子一事。已見上文。此處不應重見。王用之三字。亦與上文用事相複。今案王用之又廢申后去太子也。本作王之廢申后去太子也。乃復舉上文以起下文申侯與犬戎攻周之事。與虢石父之事。各不相涉。祇因王之廢申后去太子。王下衍一用字。因上文用事而衍。遂致不成文理。後人不得其解。遂於廢申后上加一又字。以曲爲彌縫耳。羣書治要引此作王之廢后去太子也。太平御覽皇王部十引作幽王之廢申后去太子也。今據以訂正。

樂及徧舞

立楚王弟穨爲王。樂及徧舞。念孫案太平御覽皇王部引此樂及徧舞上。有遂享諸大夫五字。是也。今本脫此五字。則敘事不明。莊二十年左傳曰。王子穨享五大夫。樂及徧舞。周語曰。王子穨飲三大夫酒。子國爲客。樂及徧儛。皆其證。

秦本紀

雍廩

齊雍廩殺無知管至父等。念孫案雍廩本作雍林人。此後人依左傳改之也。齊世家曰：齊君無知游於雍林，雍林人嘗有怨無知，及其往游，雍林人襲殺無知。是史公誤以雍林為邑名，故言無知游於雍林，雍林人襲殺之也。此文亦當云齊雍林人殺無知。故正義曰：雍林邑人也。此正釋雍林人三字也。今本正義曰是雍林邑人姓名也。案既云雍林邑人，則不得又以雍林為姓名。此句亦經後人改。實惟雍林邑人四字尚未改耳。後人改雍林為雍廩，又刪去人字，非史公之意矣。又案正義內有雍於宮反、廩力甚反八字，亦後人所加。雍字不須作音，故左傳雍廩之雍無音。又齊世家之雍林，鄭世家之宋雍氏、雍糾，正義皆無音。此不當獨有音。且正義既作雍林，則又不當有廩力甚反之音。故知此八字皆後人所加也。

河西

出子二年，庶長改迎靈公之子獻公于河西而立之。正義曰：西者秦州西縣，秦之舊地。時獻公在西縣，故迎立之。念孫案：如正義，則正文西上本無河字。蓋涉下文奪秦河西地而衍。漢書地理志西縣屬隴西郡，故城在今秦州西南。上文曰：宣王以莊公為西垂大夫，居其故西犬邱。故正義曰：西者秦之舊地。

魏晉

與魏晉戰少梁，虜其將公孫痤。念孫案：魏字後人所加也。與晉戰少梁者，晉即魏也。三家分晉，魏得晉之故都，故魏人自稱晉國，而韓趙則否。梁惠王曰：晉國天下莫強焉。周策魏人。魏策曰：魏武侯與諸大夫浮於西河，稱曰：河山之險，豈不亦信固哉。王鍾侍王曰：此晉國之所以強也。是晉即魏也。上文云晉城少梁，秦擊之。此云與晉戰少梁，虜其將公孫痤。魏世家云與秦戰少梁，虜我將公孫痤。此尤其明證也。後人不達，又於晉上加魏字，其失甚矣。

秦始皇本紀

遂定其荊地

荊王獻青陽以西，已而畔約，擊我南郡，故發兵誅，得其王，遂定其荊地。念孫案：荊地上不當有其字，蓋涉上句其字而衍。

至千萬世

二世三世至千萬世。念孫案：至千萬世當從宋本、游本作至于萬世。千字之誤也。漢書賈山傳：秦皇帝曰：以一至萬，則世世不相復也。是其證。舊本北堂書鈔禮儀部十五、文選過秦論注、太平御覽皇王部十一，引此並作至于萬世。陳禹謨本北堂書鈔依俗本改于為千。資治通鑑秦紀二同。

置廷宮中

收天下兵聚之咸陽銷以爲鍾鐻金人十二重各千石。置廷宮中。念孫案此當作置宮廷中。今本廷字誤在宮字之上則文不成義文選過秦論注太平御覽皇王部引此竝作置宮廷中通鑑秦紀二同。庭廷古字通。

焉

始皇巡隴西北地出雞頭山過回中句焉作信宮渭南。念孫案焉字下屬爲句。焉猶於是也。於是作信宮於渭南也。今本以焉字絕句非是古或謂於是爲焉。故僖十五年左傳晉於是乎作爰田晉於是乎作州兵。晉語作焉作轅田。焉作州兵。又刺客傳。豫讓謂趙襄子曰。願請君之衣而擊之句焉以志報讎之意則雖死不恨焉字亦下屬爲句。焉猶於也。於以志報讎之意也。古或謂於爲焉。故宣六年公羊傳注曰。焉者於也。詳見釋詞。

陶山

西北斥逐匈奴自榆中竝河以東屬之陰山以爲三十四縣城河上爲塞。又使蒙恬渡河取高闕陶山北假中。念孫案陶山之名。不見於各史志。陶當爲陰。隸書陶字或作陶陰字或作陰二形相似。故陰譌爲陶。水經河水注。秦始皇逐匈奴竝河以東屬之陰山。今本陰譌作陶。即其證也。穰侯傳。乃封魏冄於穰。復益封陶。徐廣曰。陶一作陰。惠景閒侯者年表。成陶夷侯周信。漢表作成陰。漢書司馬相如傳。奏陶唐氏之舞。顏師古曰。陶當爲陰康。傳寫字誤耳。陰山已見上文是以集解索隱正義皆不復作注若此處作陶山則必當有注以是知陶爲陰之譌也。集解引徐廣曰陰山在五原北。又引晉灼曰王莽傳云五原北假膏壤殖穀。北假地名也。續漢書郡國志曰五原郡西安陽北有陰山。史記匈奴傳曰趙武靈王築長城自代竝陰山下至高闕爲塞。是高闕陰山北假地皆相連。故此云渡河取高闕陰山北假中也。陰山或謂之陽山故匈奴傳曰蒙恬度河據陽山北假中。水經注曰。自高闕以東夾山帶河陽山以西皆北假也。禹貢錐指曰。陽山。即陰山也。山在中國之北。故名陰山。水北曰陽山在河水之北。故亦謂之陽山。徐廣云陰山在河南陽山在河北非也。漢書侯應曰。北邊塞至遼東。外有陰山東西千餘里。非河南所能容。

若欲有學法令

若欲有學法令以吏爲師。念孫案欲有當爲有欲。若有二字連讀。欲學法令四字連讀。置欲字於有字之上則文不成義。法令下當有者字。李斯傳作若有欲學者。是其證。通鑑秦紀二正作若有欲學法令者。

使者從關東

使者從關東夜過華陰平舒道。念孫案使者從關東本作鄭使者從關東來。鄭使者謂出使於鄭者也。鄭在關東、故曰從關東來、今本脫鄭字來字、則文義不明、文選西征賦注引此作鄭使者從關東來、初學記地部上引作鄭客從關東來、漢書五行志同、雖客與使者異文、而皆有鄭字來字。

其賜死

更爲書賜公子扶蘇蒙恬、數以罪、其賜死、念孫案賜死上本無其字、後人據李斯傳加之耳、不知彼言其賜死、乃趙高所爲始皇書語、此言賜死、乃史公記事之文、不當有其字也、太平御覽皇王部引此無其字。

奉酌

天子儀、當獨奉酌祠始皇廟、引之曰、說文、酌、盛酒行觴也、可言奉觴、不可言奉酌、酌當爲酎字之誤也、說文、酎、三重醇酒也、漢書景帝紀高廟酎、張晏曰、正月旦作酒、八月成、名曰酎、至武帝時、因八月嘗酎、會諸侯廟中、出金助祭、所謂酎金也、案漢制以八月嘗酎、蓋本於秦制、祭廟時、天子率羣臣奉酎酒以祭、故曰奉酎、漢書武五子傳、何面目復奉齊酎見高祖之廟、是也、而集解索隱正義於酎字皆無音釋、蓋所見本已誤爲酌矣、

固不聞聲

趙高說二世曰、天子稱朕、固不聞聲、索隱曰、一作固聞聲、單行本如是、各本無此五字、後人妄刪之也、言天子常處禁中、臣下屬望、纔有兆朕、聞其聲（各本無此三字、亦後人所刪）耳、不見其形也、念孫案一本及小司馬說是也、李斯傳記高之言曰、天子所以貴者、但以聞聲、羣臣莫得見其面、故號曰朕、是其證、潛夫論明闇篇、趙高要二世曰、天子稱朕、固但聞名、卽本於史記、

飯土塯

堯舜飯土塯、啜土形、集解徐廣曰、呂靜曰、飯器謂之簋、索隱曰、塯如字、一音鏤（玉篇、塯、力又切、瓦飯器也）、不作簋、念孫案不作簋乃一作簋之誤、徐廣本正作簋、故引韻集飯器謂之簋、小司馬本作塯、故云塯一作簋、塯或作溜、簋古讀若九（說見唐韻正）、聲與塯相近、故字亦相通、李斯傳飯土匭（說文、匭、古文簋）、啜土刑、徐廣曰、匭一作溜、太史公自序食土簋、啜土刑、徐廣曰、簋一作溜、皆其證矣、

不觳於此

雖監門之養、不觳於此、索隱曰、謂監門之卒、養、卽卒也、觳、音學、訓盡也、又古學反、正義曰、爾雅云、觳、盡也、言雖監守門之人供養、亦不盡此之疏陋也、念孫案索隱以養爲卒、以觳爲盡、皆非也、正義以養爲供養、是也、而誤解觳字、則與索隱同、下文曰、臣虜之勞、不烈於此矣、言

雖臣虜之勞，猶不酷烈於此也。此言雖監門之養，不觳於此，意亦與下文同。觳者，薄也。言雖監門者之供養，猶不薄於此也。管子地員篇曰：五粟之土，淖而不肕，剛而不觳。尹知章曰：觳，薄也。故薄土謂之墝埆，墝埆與觳同義。莊子天下篇曰：其生也勤，其死也薄，其道大觳。與此觳字同義。韓子五蠹篇作雖監門之服養，不虧於此矣。虧與觳義亦相近。不觳於此，不烈於此，皆言其自苦之已甚也。若訓觳爲盡，而謂雖監門者之供養，亦不盡此之疎糲，則不盡於此下，須加疎糲二字，且與下文之不烈於此文義不相當矣。李斯傳索隱誤與此同。

或言鹿者

問左右，左右或默，或言馬以阿順趙高，或言鹿者。念孫案：或言鹿下不當有者字，此因下文言鹿者而誤衍耳。羣書治要、後漢書文苑傳注、太平御覽職官部、獸部引此竝無者字。

變化有時

去就有序，變化有時。念孫案：變化有時，當從宋本作變化應時。今作有時者，涉上句有字而誤也。老子傳贊曰：虛無因應，變化於無爲。自序曰：與時遷移，應物變化。即此所謂變化應時也。下文曰：秦離戰國而王天下，其道不易，其政不改，謂其不能變化應時也。故此言君子爲國察盛衰之理，審權勢之宜，去就有序，變化應時，謂去彼就此，隨時變化也。若云變化有時，則詞不達意矣。羣書治要引史記正作變化應時。賈子過秦篇作因時，宋淳祐本作應時，與羣書治要合，是古本賈子、史記皆作應也。

翟景

齊明、周最、陳軫、昭滑、樓緩、翟景、蘇厲、樂毅之徒。索隱曰：翟景未詳。（文選注同。）念孫案：翟景蓋即戰國策之翟強也。楚策曰：魏相翟強死。魏策曰：魏王之所用者，樓𪍿、翟強也。又曰：翟強欲合齊秦外楚，以輕樓𪍿；樓𪍿欲合秦楚外齊，以輕翟強。是翟強固爲魏相而合齊秦外楚者也。景字古讀若彊，聲與強相近，故翟強或作翟景。白虎通義：舜重瞳子，是謂元景，與光爲韻。春秋考異郵：景風至，景者，強也，強以成之。（逸周書謚法篇曰：布義行剛曰景。又曰：景，武之方也。義與強竝相近。）史記高祖功臣侯者表：杜衍彊侯王郢人。徐廣曰：彊，一作景。是景、彊聲相近，景與彊通，故又與強通也。

帶佗兒良

吳起、孫臏、帶佗、兒良、王廖、田忌、廉頗、趙奢之朋。索隱曰：呂氏春秋曰：王廖貴先，兒良貴後。二人皆天下之豪士。

文選注與索隱同又云帶佗未詳念孫案王廖貴先以下見呂氏春秋不二篇高注亦未言王廖兒良爲何國之將案易林盎之臨曰帶季兒良明知權兵將師合戰敵不能當趙魏以彊帶季蓋卽帶佗帶佗兒良爲趙魏將故曰趙魏以彊但未知其孰爲趙將孰爲魏將耳

是其所以取之守之者異也

秦離戰國而王天下其道不易其政不改是其所以取之守之者異也念孫案異上當有無字上文言取與守不同術今秦以不仁取天下而又以不仁守之則其所以守之者無異於其所以取之者矣故曰是其所以取之守之者無異也脫去無字則義不可通

十三年

孝公十三年始都咸陽正義曰本紀云十二年作咸陽築冀闕是十三年始都之念孫案秦本紀孝公十二年作爲咸陽築冀闕秦徙都之是作爲咸陽與徙都咸陽皆十二年之事非至十三年始徙都也商君傳孝公以鞅爲大良造居三年作爲築冀闕宮庭於咸陽秦自雍徙都之徙都與作冀闕亦同在一年又案秦本紀秦徙都之下云幷諸小鄕聚集爲大縣縣一令四十一縣爲田開阡陌商君傳秦自雍徙都之下所紀與此略同考六國表於小邑爲縣及開阡陌之事皆在十二年而秦本紀商君傳紀此二事皆在徙都之後則徙都之在十二年斷然無疑此云十三年始都咸陽三卽二字之誤正義由爲之說非也

項羽本紀

蠭起

楚蠭起之將集解如淳曰蠭起猶言蠭午也衆蠭飛起交橫若午言其多也念孫案蠭起本作蠭午集解引如淳漢書注本作蠭午猶言蠭起也蓋蠭午二字必須訓釋故曰蠭午猶言蠭起又曰衆蠭飛起交橫若午皆是釋蠭午非釋蠭起也若正文本作蠭起則無煩更以蠭午釋之且不必如此詞費矣漢書項籍傳亦本作蠭午故如淳以交橫若午釋之而今本漢書作蠭起顏師古曰蠭起如蠭之起則師古所見本已誤作蠭起（漢書作蠭起卽涉如注蠭起而誤）是以卽據誤本爲注而不用交橫若午之說漢紀作蠭起亦後人據漢書改之今考索隱單行本出蠭午二字而釋之曰凡物交橫爲午言蠭之起交橫屯聚也故劉向傳注云蠭午雜沓也鄭元云一縱一橫爲午（此大射儀注）據此則小司馬本正作蠭午故詳釋午字之義幷引劉向傳之蠭午爲證裴本亦作蠭午故引如淳

交橫若干之注是漢書雖誤而史記尚未誤也乃後人
又據漢書以改史記且改如注爲蠭起猶言蠭午以就
之其失甚矣學者據如注以正漢書并據集解索隱以
正史記可也

西北至定陶

項梁起東阿西北至定陶再破秦軍念孫案西北至定
陶漢書作比至定陶是也考水經濟水篇濟水自定陶
縣東北流至壽張縣西與汶水會又北過穀城西穀城
故城即今東阿縣治東阿故城在其西北而定陶故城
在今定陶縣西北是定陶在東阿之西南不得言西北

志三之一　丸

至定陶也比北字相近故比誤爲北後人以上文云項
梁已破東阿下軍數使使趣齊兵欲與俱西因於北上
加西字耳文選王命論注引史記無西字

毋從俱死

項伯乃夜馳之沛公軍私見張良具告以事欲呼張良
與俱去曰毋從俱死也念孫案從當爲徒項伯以張良
不去則徒與沛公俱死故曰毋徒俱死也漢書高祖紀
作毋特俱死蘇林曰特但也師古曰但空也空死而無
成名也特但徒一聲之轉其義一也隸書從字作従形
與徒相似故徒誤爲從齊風載驅箋徒爲淫亂之行釋文徒一本作從列子天瑞篇食

於道徒釋文徒一本作呂氏春秋禁塞篇承從多羣從一本作徒史記仲尼子傳壤駟赤字子徒鄭國字
子徒家語七十二弟子篇徒竝作從

部五諸侯兵

漢王部五諸侯兵徐廣曰部一作劫念孫案作劫者是
也高祖紀及漢書高祖紀項籍傳竝作劫陸賈傳亦曰
漢王鞭笞天下劫略諸侯隸書劫部形相近故劫誤爲
部

高祖本紀

泗水

爲泗水亭長念孫案泗水依漢書作泗上此涉正義

志三之一　卆

泗水而誤也案正文作泗上故正義釋之曰高祖爲泗
水亭長也若本作泗水則無庸更釋矣藝文類聚帝王
部太平御覽皇王部引史記竝作泗上

呂后本紀

犂明孝惠還

帝晨出射趙王少不能蚤起太后聞其獨居使人持酖
飲之犂明孝惠還趙王已死集解徐廣曰犂猶比也念
孫案帝晨出射則天將明矣及既射而還則在日出之
後不得言犂明孝惠還也犂明孝惠還當作犂孝惠還
犂猶比也言比及孝惠還而趙王已死也漢書外戚傳

作遲帝還避王然遲犂聲相近遲帝還比帝還也凡史記言犂明漢書言遲明者皆謂比明也說見漢書高祖紀遲明下遲下無明字則史記亦無明字可知後人不解犂孝惠還之意故於犂下加明字而不知與上文不合也晉世家重耳謂其妻曰待我二十五年不來乃嫁其妻笑曰犂二十五年吾冢上柏大矣犂二十五年與犂孝惠還同義故徐廣曰犂猶比也後人既於犂下加明字又於集解內增注云諸言犂明者將明之時不知將明乃帝晨出射之時非還宮時也

劉氏危

諸呂用事兮劉氏危迫脅王侯兮彊授我妃念孫案危本作微謂劉氏衰微也今作危者後人以意改之耳微字古今同音故與妃爲韻若危字則古音魚戈反不得與妃爲韻逸周書本典篇其上乃不危與宜和爲韻宜古音俄說見唐韻正管子形勢篇雖安必危與和爲韻小問篇不得則危與禾爲韻淮南說林篇讒賊聞之而父子相危與和爲韻皆在歌部不在脂部又管子侈靡篇重而危之與隨爲韻版法解篇雖高不危與墮爲韻墨子小取篇行而異轉而危與離爲韻說苑說叢篇非所言勿言以避其患非所爲勿爲以避其危言患爲

韻爲危爲韻太元釋測失下危也與爲爲韻莊子漁父篇苦心勞形以危其眞釋文危或作僞隨墮離爲僞五字古音亦在歌部也說見唐韻正又案晉語直不輔曲明不規闇拱木不生危松柏不生埤埤曲闇非韻則危埤亦非韻荀子解蔽篇引道經人心之危道心之微危微亦非韻唐韻正危音魚奕反引此二條爲證其說疏矣漢書高五王傳正作劉氏微

呂氏立三王

劉氏所立九王呂氏立三王念孫案呂氏下脫所字索隱本有所字漢書漢紀竝同

孝文本紀

謂天下何

今縱不能博求天下賢聖有德之人而禪天下焉而曰豫建太子是重吾不德也謂天下何索隱曰言何以謂於天下也念孫案謂猶如也言如天下何也禮書曰典法不傳謂子孫何樂書曰謂百姓何義竝與此同禮書又曰孝文以爲繁禮飾貌無益於治躬化謂何耳言禮貌不足恃但問躬化如何耳正義曰躬化飾僞謂何嫌耳非是儒林傳申公對武帝曰爲治者不至多言顧力行何如耳語意與此同古者謂如何爲謂何鄘風北門篇天實爲之謂之何哉言如之何也僖二十八年左傳救而弃之謂諸侯何言如諸侯何也成二年傳以師伐人遇其師

而還將謂君何言將如君何也十七年傳君實有臣而殺之其謂君何言其如君何也齊策曰雖惡於後王吾獨謂先王何乎言獨如先王何也故高注曰謂何猶奈何也奈亦如也魏策曰殺之亾之無謂天下何內之無若羣臣何言無如天下何無如羣臣何也漢書禮樂志郊祀歌徧觀是邪謂何晉灼曰謂何當如之何也

申屠嘉

淮陽守申屠嘉等十人念孫案屠字宋本游本皆作徒此本謂王延喆本初刻作徒後改爲屠屠字獨小於衆字而剜改之迹顯然各本皆從之蓋未達假借之旨也酷吏傳有勝屠公索隱引風俗通義曰勝屠即申徒通志氏族略亦引風俗通義曰申徒氏隨音改爲申屠氏

建國千餘歲

朕聞古者諸侯建國千餘歲各守其地念孫案歲字因上文治安皆千餘歲而衍此言千餘者謂千餘國非謂千餘歲也下文各守其地即指千餘國而言則千餘下本無歲字明矣漢書文帝紀無歲字

置傳

大僕見馬遺財足餘皆以給置傳念孫案置傳當爲傳置索隱本出傳置二字引如淳曰律四馬高足爲傳置四馬中足爲馳置下足爲乘置一馬二馬爲軺置則作傳置者是也漢書亦作傳置

歷日縣長

歷日縣長念孫案縣當爲縣字之誤也隸書縣字或作縣縣字或作縣二形相似故縣誤爲縣漢縣竹令王君神道縣字作縣是其證也淮南本經篇縣聯房植縣字亦誤作縣漢書作歷日彌長彌亦縣也故文十四年穀梁傳縣地千里范甯注曰縣猶彌漫也貢子壹通篇彌道數千猶縣道數千也縣與彌聲近而義同故縣或作彌賈生傳彌融漢書作偭蟂獺偭縣古同聲彌之通作偭猶彌之通作縣也若縣與彌則聲遠而不可通矣

孝景本紀

深者二尺

三年秋衡山雨雹大者五寸深者二尺念孫案深者二尺者字因上句而誤衍也雹有大小故言大者五寸若深二尺則平地皆然不得言深者二尺也秦始皇紀二十一年大雨雪深二尺五寸漢書五行志宣帝地節四年五月山陽濟陰雨雹如雞子深二尺五寸皆不言深者二尺五寸也又五行志元帝建昭二年十一月齊楚地大雪深五尺不言深者五尺也初學記太平御覽天部引史記並無者字

史記弟一

志三之一　卅五

史記弟二　　讀書雜志三

高郵王念孫

十二諸侯年表

介江淮

晉阻三河齊負東海楚介江淮索隱曰介音界言楚以江淮爲界一云介者夾也念孫案二說皆非也介者恃也言恃江淮之險也襄二十四年左傳以陳國之介恃大國而陵虐於敝邑介亦恃也漢書五行志虢介夏陽之阸怙虞國之助介怙皆恃也顏師古曰介隔也失之南粵傳欲介使者權顏師古曰介恃也阻負介三字同義隱四年左傳夫州吁阻兵而安忍杜注訓阻爲恃說文負恃也

弗生

穆侯弗生元年念孫案生上本無弗字此後人依晉世家加之也索隱本出晉穆公生四字公字誤當作侯而釋之曰系本世家名費生今晉世家譌作費王或作潰生世本名弗生則生是穆公名費潰弗不同耳據此則穆侯本名生或作弗生者弗發聲耳或作費潰字異而義同也生之爲弗生猶降之爲不降夏本紀帝不降世本作帝降閬之爲毋涼周本紀惠王閬世本作毋涼涼閬古字通毋發聲皇之爲弗皇魯世家惠公弗皇漢書律歷志作惠公皇上一字皆是發聲故索隱以生爲穆侯名無庸加弗字也又

志三之二　一

穆侯上脫去晉字，亦當依索隱補。

堵敖

堵敖熊元年。念孫案：堵敖本作杜敖，此後人依左傳改之也。索隱本出楚杜敖囏四字，而釋之曰：世家作莊敖，劉音壯，此作杜敖，今改爲此作堵敖，劉氏云亦作今改爲亦作杜堵，杜聲相近，與世家乖，不詳其出也。據此則史記本作杜敖，杜、堵聲相近，故左傳作堵敖，莊十四年其作莊敖者，杜譌爲壯，又譌爲莊耳。左傳釋文亦云：史記作杜敖。漢書古今人表亦作杜敖，不得以左傳改史記也。又案：集解引徐廣曰：熊一作勁。勁當爲勤字之誤也。齊語夫爲其君勤也，淮南原道篇四支不勤，今本勤字並誤作勁。說文：囏，籒文艱字。艱，古讀若根，說見古韻標準根、勤聲相近，故囏通作勤，若勁與熊則聲遠而不可通矣。又杜敖上脫楚字，亦當依索隱補。

晏嬰大破之

齊靈公二十七年，晉圍臨淄，晏嬰大破之。念孫案：齊世家曰：晉使中行獻子伐齊，齊師敗，靈公走入臨菑，晏嬰止靈公，靈公弗從。此文晉圍臨淄下，傳寫殘缺，僅餘晏嬰二字，其大破之三字則因下一行晉表內圍齊大破之而衍。晉表以晉爲主，故言圍齊大破之；齊表以齊爲主，齊爲晉所破，則不得言大破之，故知此三字爲衍文也。明程一枝史詮反以晏嬰二字爲衍文，謬矣。

立其弟

齊簡公四年，田常殺簡公，立其弟爲平公。念孫案：弟下本有驁字，驁，平公名也。索隱本出弟驁二字，注曰：五高反，平公也。齊世家、田完世家並云立簡公弟驁，則有驁字明矣。今本脫去驁字，而移索隱於下文齊平公驁元年之下，又改其文曰：驁音五高反，而刪去平公也三字，其失甚矣。

六國表

取小邑　令

秦孝公十二年，初取小邑爲三十一縣，句令，此字上有脫文，爲田，開阡陌。念孫案：取小邑當爲聚小邑，字之誤也。秦本紀曰：并諸小鄉聚，句集爲大縣。彼言集，此言聚，其義一也。令上有脫文。秦本紀曰：集爲大縣，縣一令。商君傳曰：集小鄉邑聚爲縣，置令丞。令字絕句，不與下文連讀，下文爲田開阡陌，別爲一事。秦本紀曰：爲田開阡陌。商君傳曰：爲田開阡陌封疆。爲上皆無令字。

高祖功臣侯者年表

率將

棘蒲剛侯陳武，以將軍前元年率將二千五百人起薛。念孫案：率將二千五百人，當依漢表作將卒二千五百人。上文陽夏侯陳豨以特將將卒五百人，即其證。今本將卒二字誤倒，卒字又誤作率。隸書卒字或作卒，（見漢韓勑造孔廟禮器碑。）形與卒相似，因誤矣。（投壺卒投，大戴禮卒誤作率；齊語十邑為卒，管子小匡篇誤作率。）

蠱逢

曲城圉侯蠱逢，念孫案：蠱逢當依漢表作蟲達，字之誤也。（春秋成五年，同盟于蟲牢，春秋繁露竹林篇蟲誤作蠱；明堂位注，刻之為雲氣蟲獸；晏子春秋外篇，東海有蟲，巢於蟁睫；後漢書馬融傳，乃命壺涿驅水蟲。今本蟲字並誤作蠱。達字本作逹，逹隸或作逢，二形相似。）古有蟲姓，無蠱姓，（廣韻，漢功臣表有曲成侯蟲達。）則蠱為蟲之誤明矣。索隱本作蟲達，注曰：蟲音如字，楚漢春秋云夜侯蟲達，蓋改封也。今本并注文亦改為蠱，（唯逢字未改。）且刪去蟲音如字四字，其失甚矣。（汲古閣所刻索隱單行本，初刻作蟲，後依今本改為蠱，并注內兩蟲字亦改為蠱，而字體較大，筆畫較粗，剜改之迹顯然。）

張越

任侯張越，索隱本作張成，注云：漢表作張越。引之曰：史記作成者，戊之誤也。（戊，今作鉞。）戊與越同音，故漢表作越。戊與成相似，故史記誤作成。（隸書戊戌二字極相似，說見經義述聞禮記。）若史記本是越字，不得誤作成矣。後人依漢表改成為越，又刪去索隱漢表作張越五字，而史記之原文遂不可復考。

彭祖

戴敬侯彭祖，念孫案：彭祖上脫秋字。廣韻秋字注曰：又姓，宋中書舍人秋當。索隱本作秋彭祖，注曰：漢書作祕，音祕。今檢史記諸本並作秋，今見有姓秋氏，據此則史記本作秋，與漢書不同。今本脫去秋字，又依漢書改索隱之並作秋為並作祕，秋氏為祕氏，斯為謬矣。

惠景閒侯者年表

侯劉揭

陽信侯劉揭，念孫案：侯上脫夷字。夷，諡也。索隱本有夷字，漢表同。

建元以來侯者年表

將卒　官卒將

將卒以亥封矣，念孫案：將卒當為將率，率即帥字也。又馮唐傳：臣大父在趙時，為官卒將。卒亦率之譌。集解引晉灼曰：百人為徹行，亦皆帥將也。索隱曰：案國語：闔閭卒百人為徹行，行頭皆官帥。賈逵云：百人為一隊，官帥，隊大夫也。（各本帥字並譌作師，今據索隱單行本改正。）是官率即官帥，漢書馮唐傳正作帥也。隸書率字或作卒，形與卒相近，因譌為卒。（陸賈傳率不過再三過，漢書率作卒；漢書嚴助傳矣將率之功，今本率譌作卒；又君奭率惟茲有陳，史記燕世家率作卒。）

建元以來王子侯者年表

侯劉章　侯劉忠　侯劉延年　侯劉買　侯

劉成

念孫案東野侯劉章侯上脫戴字、繁安侯劉忠侯上脫夷字、鄗侯劉延年侯上脫安字、舂陵侯劉買侯上脫節字、餅侯劉成侯上脫攸字、皆當依漢表及索隱本補、

漢興以來將相名臣年表

元鼎六年

念孫案此年缺御史大夫位、漢書百官表、漢紀孝武紀竝曰、元鼎六年齊相卜式爲御史大夫、索隱本出御史大夫式五字、注曰、卜式也、當據補、

禮書

疏房牀笫

疏房牀笫所以養體也、念孫案宋本游本牀笫下竝有几席二字、荀子禮論篇作疏房檖貌越席牀笫几筵、則此當有几席二字、

臭茝

側載臭茝所以養鼻也、劉伯莊音義曰、臭香也、引之曰、臭當爲臭字之誤也、說文、臭古文以爲澤字、澤謂澤蘭也、士喪禮記、茵著用茶、實綏澤焉、鄭注曰、澤、澤蘭也、取其香、澤字古文作臭、故香草之澤亦作臭、上言椒蘭芬茝、所以養鼻、此言側載臭茝所以養鼻、臭茝即蘭茝也、荀子作睪茝禮論篇同、睪即澤之俗字、

士出死要節

孰知夫士出死要節之所以養生也、索隱曰、志士推誠守死要立名節、仍是養生安身之本、念孫案士即出字之譌、隸書出字或省作士、故歘字省作款、敫字省作敖、斀字省作賣、經傳中士出二字亦往往譌溷、夏本紀稱以出、大戴禮五帝德篇作稱以上士、呂后本紀、齊內史士、徐廣曰、一作出、僖二十五年左傳、謀出曰原將降矣、呂氏春秋爲欲篇謀出譌爲謀士、荀子大略篇、君子聽律習容而後出、今本出譌作士、此作士出死要節者、一本作士、一本作出、而後人誤合之耳、荀子無士字、是其明證矣、

垩涉

然而兵殆於垩涉、集解、許慎曰、垩涉、地名也、念孫案垩涉當依荀子議兵篇作垩沙、字之誤也、墨子備城門篇城上沙、今本沙誤作涉、韓詩外傳、淮南兵略篇、竝與荀子同、今本淮南注、垩沙、地名、此即集解所引許注也、楚策亦云、垩沙之事、死者以千數、

函及士大夫

郊疇乎天子、社至乎諸侯、函及士大夫、集解曰、函、音含、索隱作啗、云啗音含、含謂包容、鄒誕生音徒濫反、今按大戴禮作導及士大夫、導亦通也、今此爲啗者、當以導

與蹈同。後其字足失止，唯有口存，故使解者穿鑿也。錢氏曉徵史記攷異曰：予謂函及者，覃及也。說文，马，嘾也，讀若含。函從马得聲，亦與嘾同義。古文導與禫同。士喪禮中月而禫，古文禫作導。說文，棪，讀若三年導服之導。亦謂禫服也。導與禫通，則亦與覃嘾通，而陷又與嘾同音。是文異而實不異。小司馬疑陷爲蹈之譌，由不知古音之變易也。蹈從舀，陷從臽，舀臽形聲俱別。念孫案錢說導與覃通，導及士大夫，即覃及士大夫是也。大雅蕩篇曰覃及鬼方，爾雅曰覃，延也。言祉自諸侯延及士大夫也。函當爲臽，今作陷。陷字從臽得聲，是臽與陷古同聲，故鄒誕生本作陷，即臽之異文也。陷與覃古亦同聲，故鄒本之陷及，即詩之覃及也。錢以函及爲覃及，非也。函訓爲容，非覃及之義。函與陷亦不同聲。若本是函字，無緣通作陷也。臽字本作函，形與函相似，因譌爲函。裴駰、司馬貞音含，又訓爲包容，皆失之也。後人多見函，少見臽，故經史中臽字或譌作函，說見經義述聞若合而函吾中下。

志三之二　八

上大羹

故尊之上元尊也，俎之上腥魚也，豆之上大羹，一也。念孫案上大羹本作先大羹。今作上者，涉上二句而誤也。索隱本正文作先，注文亦作先。今則并注文亦改爲上矣。荀子禮論篇、大戴禮禮三本篇，並作先。上文云大饗上元尊，俎上腥魚，先大羹，此其明證矣。

廣騖　不外是以　性守

步驟馳騁廣騖不外，是以君子之性守宮庭也。索隱正義皆斷步驟馳騁廣騖不外爲句，是以君子之性守宮庭也爲句。索隱曰：言君子之性守正，不慢遠行，如常守宮庭也。正義略與索隱同。念孫案二說皆非也。廣騖當爲厲騖，字之誤也。經傳中厲廣二字往往相亂。月令天子乃厲飾，呂氏春秋季秋篇作厲服厲飭，淮南時則篇作厲服廣飾。莊子大宗師篇厲乎其似世乎，崔譔本厲作廣。史記平津侯傳厲賢子祿，徐廣曰厲一作廣。儒林傳以廣賢材，漢書廣作厲。漢書地理志齊郡廣，說文水部注廣譌作厲。隸書厲字或作厲，漢議郎元賓碑，撝清厲於海內。執金吾丞武榮碑，蘄然高厲。形與廣相近，因譌爲廣。厲字本作鴷，廣雅曰：鴷、驟、馳、騖、騁，奔也。說文，鴷，次弟馳也。玉篇力世切。古通作厲。楚辭遠遊，颯弭節而高厲，是也。步驟馳騁厲騖，皆兩字平列。若作廣騖，則非其指矣。是以，當爲是矣，聲之誤也。是矣二字，上屬爲句，是謂禮也。言君子率禮不越，步驟馳騁厲騖，皆不外乎此也。若讀至外字絕句，而以是以二字下屬爲句，則文不成義矣。君子之性守宮庭也，性守當爲壄宇，亦字之誤也。隸書壄字或作埜，魏風伐檀釋文曰：壄本亦作埜。集韻，壄亦作埜。管子小匡篇曰：埜而不稅。形與性相近，守宇形亦相近，故壄宇譌爲性守。壄

志三之二　九

與壇古字通，周官壄人故書壄作壇，杜子春讀壇爲壄，又載師以壄里任國中之地，故書壄或作壇，鄭司農云，野讀爲與，壄宇即壇宇也，壇堂基也，獨斷曰，壇，謂築土起堂，宇屋邊也，荀子儒效篇曰，君子言有壇宇，行有防表，漢書禮樂志郊祀歌曰，神之揄臨壇宇，鹽鐵論散不足篇曰，無壇宇之居，廟堂之位，此言君子率禮不越，如在壇宇宮庭之中也，壇宇宮庭，皆指宮室言之，若云性守宮庭則文不成義矣，君子上當有是字，今本脫去，則與上文義不相屬，荀子禮論篇曰，步驟馳騁厲騖不外是矣，是君子之壇宇宮廷也，足證今本之誤，儒效篇又曰，高之下之，小之，巨之，不外是矣，是君子之所以騁志意於壇宇宮庭也，

曲直得其次序

於是中賢房皇周浹，曲直得其次序，引之曰，直字後人所加，索隱曰，委曲得禮之序，則曲下本無直字明矣，荀子正作曲得其次序，

樂書

樂之容

欣喜驩愛，樂之容也，念孫案，容當依樂記作官，字之誤也，鄭注曰，官，猶事也，正義用鄭注爲解，又引賀瑒云，八音克諧，使物欣喜，此樂之事迹也，則正文本作官明矣，今本正義亦誤作容，則與猶事也之訓不合，

知禮樂之道

知禮樂之道，舉而錯之天下無難矣，念孫案，知，當依樂記祭義作致，此後人妄改之也，正義曰，極致禮樂之道，則本作致明矣，

何道出

師涓援琴鼓之，未終，師曠撫而止之，曰，此亾國之聲也，不可聽，平公曰，何道出，念孫案，此本作是何道出，是，此也，道，從也，言此聲何從出也，脫去是字，則文義不明，太平御覽地部引此作是何道出，韓子十過篇作此奚道出，舊本奚道譌作道奚，今據本書及論衡改，論衡紀妖篇作此何道出，皆其證也，

律書

言陽氣之危垝

東至於危，危，垝也，言陽氣之危垝，故曰，危，十月也，念孫案，言陽氣之危垝，垝上本無危字，此是訓危爲垝，故曰，危，垝也，言陽氣之垝，爾雅曰，垝，毀也，言陽氣至十月而毀也，今本垝上有危字，即因上危垝也而誤衍耳，

主風吹萬物而西之軫

清明風居東南維，主風吹萬物而西之軫，念孫案，軫上當有至於二字，主風吹萬物而西之爲句，至於軫爲句，

上文云東壁居不周風東、主辟生氣而東之、至於營室、自此以下、皆有至於二字、是其證、

厤書

又不由人

正不率天、又不由人、則凡事易壞而難成矣、念孫案正與政同、又不由人本作亦不由人、今作又者、後人以意改之耳、索隱本作亦不由人、注云、此文出大戴禮、今本大戴禮誥志篇作下不由人、下卽亦字之誤、則作亦者是也、

度驗

名察度驗、定清濁、引之曰、名察度驗、漢志作名察發斂、應劭曰、名節會、察寒暑、致啟閉分至、孟康曰、春夏爲發、秋冬爲斂、晉灼曰、蔡邕天文志、渾天名察發斂、以行日月、以步五緯、又周髀算經、冬至夏至者、日道發斂之所生也、趙君卿曰、發猶往也、斂猶還也、則當作發斂爲是、史記作度驗者、發字古通作癹、(說見平原君傳)其草書與度相似、又涉上文星度而誤耳、斂驗聲相近、故字亦相通、下文曰、令日順夏至、黃鍾爲宮、林鍾爲徵、太蔟爲商、南呂爲羽、姑洗爲角、自是以後、氣復正、羽聲復清、名復正、變以至子日當冬至、則陰陽離合之道行焉、是律之清濁

志三之二　十二

出於氣之發斂、故曰名察發斂、定清濁、無取於度驗也、薛瓚以爲題名術度候察進退、乃不得其解而曲爲之說、

然

然蓋尚矣、念孫案然猶是也、此承上文言黃帝作厤之事如是、是蓋尚矣、漢書作然、則上矣、亦謂是則上矣也、范望注太元務測曰、然、猶是也、傅靳蒯成傳贊曰、蒯成侯周緤、操心堅正、身不見疑、上欲有所之、未嘗不垂涕、此有傷心者、然可謂篤厚君子矣、亦謂是可謂篤厚君子也、

歲名焉逢攝提格月名畢聚

太初元年、歲名焉逢攝提格、月名畢聚、日得甲子、夜半朔旦冬至、索隱曰、聚、音娵、謂月值畢及娵訾也、畢月雄也、聚月雌也、錢氏攷異曰、爾雅月在甲曰畢、正月爲娵、十一月爲辜、此冬至之月、建子月也、月陽在甲、當云畢辜、而云畢聚者、聚與娵古文通用、天正之月、亦可云娵也、索隱謂月值娵訾、則是建寅之月、非冬至矣、引之曰、此殷厤也、續漢書律厤志論曰、顓頊厤元用乙卯、殷用甲寅、又載劉洪上言曰、甲寅元天正、正月甲子朔旦冬至、七曜之起、始于牛初、乙卯之元人正、己巳朔旦立春、

志三之二　十三

三光聚天廟五度、是顓頊厤以乙卯年之立春爲元、而以其月爲正月、殷厤以甲寅年之冬至爲元、亦以其月爲正月也、正月爲陬、而在甲曰畢、故日月名畢陬、漢書律厤志曰、太初元年前十一月甲子朔旦冬至、歲在星紀婺女六度、故漢志曰歲名困敦、困敦、太歲在子之名、殷厤之甲寅、卽顓頊厤之丙子、說詳太歲攷、正月歲星出婺女、班氏引漢志以證十一月歲星在婺女、則所謂正月者正謂十一月也、蓋漢初用顓頊厤、以建寅之月爲正月、厤元起於立春、至武帝太初元年改厤、太史公自序、太初元年十一月甲子朔旦冬至、天厤始改、而用殷厤建子之月爲正月、厤元起於冬至、是年五月正厤、仍用殷厤之十一月冬至爲元、而正月之在寅月、則又參以顓頊厤法、漢書武帝紀、太初元年夏五月正厤、以正月爲歲首、師古曰、謂以建寅之月爲正也、故太初元年之正月、爲建子之月、而二年之正月、卽爲建寅之月也、漢書武帝紀、太初元年十一月甲子朔旦冬至、不稱正月者、據太初厤追改之耳、唯律厤志所引漢志、尙存正月之文、

焉逢攝提格太初元年

焉逢攝提格太初元年、引之曰、當作端蒙單閼、下文端蒙單閼當作游兆執徐、自此以下、皆後人所改、當以次更正、說見太歲攷、

商横涒灘

商横涒灘、單行索隱本作商橫、赤奮若、下文尙章大淵獻作尙章困敦、焉逢困敦作焉逢大淵獻、端蒙赤奮若作端蒙汭漢、引之曰、此殷厤也、故與爾雅歲名不同、今本旣以爾雅改史記、又幷索隱而改之、大謬、說見太歲攷、

祝犂大荒落四年 [illegible]始四年

祝犂大荒落四年、引之曰、此七字乃後人所加、說見太歲攷、

端旃蒙

端旃蒙者、年名也、念孫案、爾雅之旃蒙、史記作端蒙、此作端旃蒙者、後人𠛬記旃字、因誤入正文耳、

天官書

斗魁

在斗魁中貴人之牢、念孫案、魁上本無斗字、此因集解內在斗魁中而誤衍也、此云在魁中、下文云魁下六星、皆承上斗魁而言、無庸更加斗字、索隱本無斗字、漢書天文志亦無、

名曰三能

魁下六星兩兩相比者名曰三能、念孫案、名字後人所

加、此書稱星名、皆言曰某、無言名曰某者、索隱本無名
字、太平御覽天部引此亦無名字、漢書天文志同、

順入軌道

月五星順入軌道索隱曰、韋昭云、謂循軌道不邪逆也、
順入從西入也、正義曰、謂月五星順軌道入太微庭也、
念孫案順入、一事也、軌道又一事也、順入者、韋氏以爲
從西入是也、軌道者、軌猶循也、謂月五星皆循道而行
不妄出也、賈子道術篇曰、緣法循理謂之軌、是軌與循
同義、漢書賈誼傳、諸侯軌道、謂循道也、後漢書襄楷傳
熒惑入太微、出端門、不軌常道、謂不循常道也、下文曰、

志三之二　十六

其逆入若不軌道、索隱引宋均云、逆入從東入、不軌道、
不由康衢而入也、逆入爲一事、不軌道又爲一事、此尤
其明證矣、

水水

火入旱、句、金兵、句、水今本此下有索隱曰、謂火金水入五潢則各致此災也、宋均云、不言木土者、木土德星、於此不爲害故也、水此字上屬爲句、中有三柱、句、念孫案火入
旱、金兵、水水者、謂火入五潢則爲旱、金則爲兵、水則爲
水也、漢書天文志曰、辰星入五車、大水、中有三柱者、謂五潢中有三柱
也、索隱謂火金水云云、本在水水之下、今本列入上水
字之下、下水字之上、而讀金兵水爲句、水中有三柱爲

句、大謬、

水患

五星犯北落、入軍、軍起、火金水尤甚、火、軍憂、水、患、念孫
案水患、當作水水患、言水犯北落入軍、則有水患也、上
文火入旱、金兵、水水、即其證、今本脫一水字、則文不成
義、漢書天文志、正作水水患、

可以重致天下

填星所居、五星皆從而聚于一舍、其下之國、可以重致
天下、今本脫以字、上文歲星云、可以義致天下、熒惑云、可以禮致天下、下文太白云、可以兵從天下、辰星云、可以法致天下、今據補、正義曰、言五星皆從填星、其下之國、倚重

志三之二　十七

而致天下、漢書天文志、凡五星所聚宿、其國王天下、從
歲以義從、熒惑以禮從、填以重從、太白以兵從、辰以法
韋昭解從填以重曰、謂以威重得、念孫案韋氏、張氏皆
未曉重字之義、重、猶厚也、高誘注秦策及呂氏春秋振
亂篇、並曰、厚、重也、又注呂氏春秋盡數篇、及淮南俶眞
篇、並曰、重、厚也、是厚重二字同義、填星爲土、土德厚重、
虞翻注復卦曰、坤爲厚、又注繫辭傳曰、坤爲重、故五星從填星、則其下之國、可
以厚重之德致天下也、開元占經五星占引春秋運斗
樞曰、填星帥五精聚于中央、黃帝以重厚賢聖起、又引
石氏星經曰、填星所在、五星皆從而聚于一舍、其下之

國可以重德致天下、天官書即本於此、重下無德字者省文耳、上文曰、塡星主德、德即重德也、皆其明證矣、

若水

木星與土合、爲內亂饑、主勿用戰敗、水則變謀而更事、火爲旱、金爲白衣會、若水、錢氏攷異曰、若水當作若木、念孫案錢說非也、若水二字、文與上屬、不與下屬、金爲白衣會若水者、水、謂水災也、漢書高祖紀注曰、若、及也、言木與金合、則爲白衣會及水災也、上文曰、塡星失次下二三宿曰縮、有后戚、其歲不復、不乃天裂若地動、下文曰、月蝕歲星、其宿地饑若亾、文義並與此同、漢書天文志作歲與太白合、則爲白衣之會、爲水、開元占經五星占引巫咸曰、大白與歲星合、爲白衣之會、爲水、此皆其明證矣、

志三之二　十八

爲北軍軍困舉事大敗

火與水合爲焠、與金合爲鑠、爲喪、皆不可舉事、用兵大敗、土爲憂、主孽卿、大饑戰敗、爲北軍軍困、舉事大敗、念孫案上既言戰敗、下不當復言北軍、爲北軍上當有水字、言火與水合、則爲北軍軍困舉事大敗也、漢書天文志、熒惑與辰合、則爲北軍、用兵舉事大敗、晉書天文志、火與水合、爲北軍、用兵舉事大敗、皆其明證矣、

疾

太白所居久、其鄉利、疾、其鄉凶、集解引蘇林漢書注曰、疾過也、念孫案正文疾字本作易、集解引蘇林注、是解易字之義、非解疾字之義、疾行而過謂之易、故蘇林訓易爲疾過、漢書天文志太白所居久、其國利、易、其鄉凶、蘇林解易字曰、疾過也、是其明證矣、開元占經太白占引石氏星經曰、太白所居久、其鄉利、易、其鄉凶、此即天官書所本、天官書又曰、塡星其居久、其國福厚、易、福薄、徐廣曰、易、猶輕速也、天文志又曰、歲星出而易、所當之國、是受其殃、皆足與此易字互相證明矣、後人誤讀疾過也之注、遂改正文易字爲疾、不知蘇林自訓易爲疾過、非訓疾爲過也、

志三之二　十九

天矢

色白五芒、出蚤爲月蝕、晚爲天矢及彗星、將發其國、念孫案天矢當從宋本作天夭、字之誤也、夭與祆同、字亦作妖、書傳中祆祥字多作妖、周本紀、後宮童妾所弃妖子、徐廣曰、妖、一作夭、莊子大宗師篇、善妖善老、釋文、妖本又作夭、漢書天文志作天祆、開元占經太白占引甘氏占曰、太白色白五芒、出早爲月食、晚爲天妖及彗星、是其證、又下文、辰星出蚤爲月蝕、晚爲彗星及天矢、天文志作天妖、則矢字亦是夭字之誤、宋本亦誤作矢、

而倉盖盡

而倉盖盡、爲主位、念孫案、而讀曰如、盖即盡字之誤而衍者也、（漢志作不然倉盡爲主位、盡上無盖字、是也、不然二字亦有誤、）而倉盡爲主位者、如曰倉盡、則其咎在主位也、故漢書天文志引夏氏日月傳曰、日倉盡、主位也、不盡、臣位也、或以而爲衍字非是、

毛羽

枉矢類大流星、蛇行而倉黑、望之如有毛羽然、念孫案毛羽、本作毛目、後人以意改之耳、漢書晉書竝作毛目又開元占經妖星占、引巫咸及海中占、亦作毛目、又引

春秋合誠圖曰、枉矢者、射星也、水流蛇行含明、故有毛目、考工記輈人注、妖星有枉矢者、蛇行有毛目、疏引考異郵曰、枉矢狀如流星、蛇行有毛目、（今本毛目二字竝誤作尾因、據宋本嘉靖本十行本改、）此皆其明證矣、太平御覽咎徵部二引史記正作毛目、

前方而後高兌而卑

前方而後高兌而卑者卻、（兌與銳同、）漢書天文志作前方而後高者銳後銳而卑者卻、晉志作前方而高後銳而卑者卻、武進顧子明曰、下文云氣相遇者、卑勝高、兌勝方、卑與高對、兌與方對、當依晉志作前方而高後兌而卑者卻、今本史記高後二字互易、漢書則高上衍後字、高下又衍者銳二字、

卿雲見

卿雲見、喜氣也、念孫案、卿雲下本無見字、此涉下文見字而誤衍也、凡言某星見某氣見者、其下文必有吉凶之事、（見上下文、）此是以喜氣釋卿雲、猶言卿雲者喜氣也、（卿與慶同、慶卿、喜也、）若加一見字、則隔斷上下文義、上文景星者、德星也、若改爲景星見、德星也、其可乎、藝文類聚祥瑞部引此有見字、漢書天文志有見字、皆後人依誤本史記加之、初學記天部、太平御覽天部、人事部、休徵部、引史

記皆無見字、晉書天文志曰、慶雲、亦曰景雲、此喜氣也、書大傳注曰、天文志曰、若煙非煙、若雲非雲、郁郁紛紛蕭索輪囷、是爲卿雲、此和氣也、此雖小變其文、而亦無見字、蓋喜氣和氣、皆是釋卿雲二字、不當有見字也、

則

有日無雲、不風、當其時者、稼有敗、如食頃、小敗、熟五斗米頃、大敗、則風復起、有雲、其稼復起、念孫案、則者、若也、言若風復起有雲、則其稼復起也、古者則與若同義、高祖紀曰、今聞章邯降項羽、項羽乃號爲雍王、王關中、今則來沛公、恐不得有此、言今若來也、三年問曰、今是大

鳥獸則失喪其羣匹、越月踰時焉、則必反巡、言若失喪其羣匹也、荀子議兵篇曰大寇則至、使之持危城則必畔、遇敵處戰則必北、言大寇若至也、趙策曰彼則肆然而爲帝、過而遂正於天下、則連有赴東海而死矣、言彼若肆然而爲帝也、燕策曰誠得劫秦王、使悉反諸侯之侵地、則大善矣、則不可、因而刺殺之、言若不可也、韓詩外傳曰臣之里有夫死三日而嫁者、有終身不嫁者、則自爲娶將何娶焉、言若自爲娶也、項羽紀項王謂曹咎等曰謹守成皋、則漢欲挑戰、愼勿與戰、高祖紀作若漢挑戰、此尤其明證矣、漢書天文志無則字者、省文耳、或以則爲衍字、失之、

占種其所宜

各以其時、用雲色占種其所宜、顧子明曰、下其字因上其字而衍、漢志無、

鹿解角

鹿解角、念孫案、鹿當從天文志作麋、字之誤也、夏至鹿解角、冬至麋解角、諸書皆然、太平御覽時序部引史記亦作麋解角、

歲星所在五穀逢昌其對爲衝歲乃有殃

略以知日至、要決晷景、歲星所在、五穀逢昌、其對爲衝歲乃有殃、張守節斷晷景歲星所在爲一句、說曰、言晷景歲星行不失次、則無災異、五穀逢其昌盛、若晷景歲星行而失舍、有所衝、則歲乃有殃禍災變也、念孫案、張說非也、晷景上屬爲句、略以知日至、要決晷景者、此言日至測晷景之事也、自歲星所在以下、別爲一事、與晷景無涉、漢書天文志無歲星所在四句、歲星所在者、謂歲星所居之地、非謂晷景歲星行不失次也、五穀逢昌者、逢與豐古字通、士喪禮縫齊倍要、鄭注曰、縫或爲逢、或爲豐、周語道而得神、是謂逢福、說苑辨物篇逢作豐、又淮南天文篇見下、逢昌卽豐昌、非謂逢其昌盛也、其對爲衝者、言與歲星所居之地相對、則爲衝、衝者、相對之名、上文曰、國皇星所出、其下起兵、兵彊、其衝不利、又曰、天風各與其衝對課、假如歲在壽星、則降婁爲衝、歲在大火、則大梁爲衝、非謂晷景歲星行而失舍有所衝也、地當

歲星之衝、則有殃、襄二十八年左傳、歲弃其次、而旅於明年之次、以害鳥帑、周楚惡之、杜注曰、歲星所在、其國有福、失次於北、禍衝在南、淮南天文篇曰、歲星之所居、五穀豐昌、其對爲衝、歲乃有殃、是其明證矣、

天道命

是以孔子論六經、紀異而說不書、至天道命不傳、念孫案、天道命當作天道性命、論語曰、夫子之言性與天道不可得而聞也、此本論語爲說、則命上當有性字、正義

內兩言天道性命，是其明證矣。孔子世家亦曰：夫子言天道與性命，弗可得聞也已。

河戒

朝鮮之拔，歷弗于河戒。單行索隱本及宋本游本竝如是。而王本則於河下鈌一字，載索隱曰：天文志，武帝元封之中，星孛于河戍。東遇反。今本漢志誤作戍亥之戍。其占曰：南戍爲越門，北戍爲胡門。又曰：其河戍，即南河北河也。字竝作戍。宋本游本正文雖作戒，而所載索隱皆作戍，與王本同。若各本及毛刻單行索隱本則盡改爲戒矣。引之曰：作戍者是也。戍讀戍申戍甫之戍。說文：戍，守邊也。戍訓守邊，故南戍爲越門，北戍爲胡門。晉書、隋書天文志竝云：南河曰南戍，北河曰北戍。開元占經南北河戍字前後凡百餘見，皆作戍，不作戒。其歲星熒惑太白辰星四占竝引石氏曰：守南河戍，蠻夷兵起，邊戍有憂。太白占又引甘氏曰：太白守北河戍，邊戍有謀。流星占引巫咸曰：流星犯南河，蠻夷兵起，防戍有憂。彗星占引海中占曰：彗星犯南河，蠻越兵起，邊戍有憂。然則河戍之戍本作邊戍字明甚。上文鉞北、北河、南河、南河，正義曰：南河三星，北河三星，分夾東井南北，置而爲戍。今本正義戍作戒，後人所改也。戍可言置，戒不可言置。南河南戍，一曰陽門，亦曰越門；北河北戍，一曰陰門，亦曰胡門。置而爲戍者，謂置守邊之亭障也。襄十年左傳注：脩其城而置戍。故開元占經石氏中官占引黃帝占曰：南北河戍，一名天高，一名天亭，義取戍邊之人登亭障以候望也。唐書天文志曰：一行以爲天下山河之象存乎兩戍。北戍自三危積石，負終南地絡之陰，東及大華，逾河，竝雷首厎柱王屋太行，北抵常山之右，乃東循塞垣，至濊貊朝鮮，是謂北紀，所以限戎狄也。南戍自岷山嶓冢，負地絡之陽，東及太華，連商山熊耳外方桐柏，自上洛南逾江漢，攜武當荆山，至于衡陽，乃東循嶺徼，達東甌閩中，是謂南紀，所以限蠻夷也。故星傳謂北戍爲胡門，南戍爲越門。以上唐書天文志。一行所論，正取邊戍之義，其字亦當作戍。且一行開元中受詔治新厤，與司馬貞、張守節及作開元占經之瞿曇悉達皆同時人，斷無諸家河戍字不誤，而一行獨誤作戒之理。自傳寫者誤書作戒，而文義遂不可通。隸書戍字或作戒，與戒相似而誤。淺人襲謬承譌，反以作戒者爲正文，而改史記之河戍以從之，則惑矣。惟漢晉隋志未改。且戒界二字，古不同聲。自唐以前之書，無以此二字通用者。後人不知戒爲戍之譌，而以兩戒爲兩界，此誤之又誤也。戒於古音屬志部，界從介聲，於古音屬祭部。自顧書以戒界溷爲一音，而宋人遂以兩戒爲兩界矣。志祭二部，古不相通，說見經義述聞終不可用也下。錢氏史記攷異誤從作戒之本，至作養新錄，又謂戒當爲戍，戍古鉞字、而引東井西曲星曰鉞、鉞北北河、南南河為證、幷欲改天文志星字于河戍之戍為戉、案北河在鉞北、南河在鉞南、則鉞非南北河、不得謂南北河為河鉞也、開元占經石氏中官占引郗萌曰、兩河戍與戉俱為帝闕、上為邉戍之戍、下為斧戉之戉、較然甚明、若改作兩河戉、則不須更言與戉矣、且鉞只一星、何得稱兩河鉞乎、錢說非也、

封禪書

遂覲東后

遂覲東后、東后者諸矦也、念孫案、覲本作見、史公述尚書、每以詁訓之字相代、故五帝紀云、遂見東方君長、此云、遂見東后、東后者諸矦也、以遂代肆、以見代覲、以君長代后、又以諸矦釋后、二篇之文、可以互證矣、後人依尚書改見為覲、不知五帝紀正作見、且上文見四岳諸牧、亦是以見代覲也、又案漢書郊祀志、即本史記、而亦云、遂見東后、則史記之本作見益明矣、

志二之二

羨門子高　最後

而宋毋忌、正伯僑、充尚、羨門子高、最後、皆燕人、念孫案、羨門子高、高上本無子字、此因索隱內羨門子高而誤衍也、索隱本出羨門高三字、注曰、秦始皇使盧生求羨門子高是也、則正文內無子字明矣、郊祀志亦無子字、又案索隱曰、最後猶言甚後也、服虔說止有四人、是也、小顏云、自宋毋忌至最後、凡五人、劉伯莊亦同此說、非也、念孫案、以最後為人名者是也、皆燕人三字、乃總承上文之詞、若以最後為甚後、則與上下文義皆不相屬矣、最疑冣字之誤、說文、冣、積也、徐鍇曰、古以聚物之聚為冣、殷本紀、大冣樂戲於沙邱、集解、徐廣曰、冣、一作聚、周本紀、則固有周聚以收齊、集解、徐廣曰、聚、一作冣、今本冣字並誤作最、又周本紀之周聚、東西周策並誤作周最、趙世家之顏聚、趙策誤作顏冣、又樂記會以聚眾、鄭注、聚或為冣、今本亦誤作最、高唐賦有方之士、羨門高谿、上成鬱林、公樂聚穀、聚與冣古字通、穀有穀音、穀與後聲相近、疑史記之最後即高唐賦之聚穀也、

志三之二

黃金銀

其物禽獸盡白、而黃金銀為宮闕、念孫案、銀上本有白字、後人以金有五色、故言黃金以別之、銀唯一色、不須言白、故刪去白字耳、不知書傳言白銀者多矣、且黃金白銀相對為文、少一白字、則文不成義、世說言語篇注、文選思元賦注、結客少年場行注、石闕銘注、藝文類聚居處部、靈異部、初學記地部、山類海類俱引、釋道部、寶器部、太平御覽地部、珍寶部、引此皆有白字、郊祀志、無白字、亦後人所刪、秦始皇紀正義引郊祀志、亦有白字、

賽

冬賽禱祠，念孫案：賽本作塞，古無賽字，俗書為之。說文無賽字，新附有之。急就篇：謁禓塞禱鬼神寵。顏師古曰：塞，報福也。管子小問篇：令鼓社塞禱。墨子號令篇：寇去事已，塞禱。韓子外儲說右篇：秦襄王病，百姓為之禱，病愈，殺牛塞禱。漢書武五子傳亦云：殺牛塞禱。周官都宗人注：祭謂報塞也。漢無極山碑名曰羊塞神山。又見下。索隱本出冬塞二字，注云：塞音先代反，與賽同。賽，今報神福也。今本正文注文俱改為賽，又刪去與賽同三字，其失甚矣。漢書郊祀志亦作塞，篇內賽字並同。

熒惑太白歲星填星

熒惑太白歲星填星，念孫案：填星下脫辰星二字，當依

志三之二　卅六

郊祀志補。

春三月及時臘

有司請令縣常以春三月及時臘，祠社稷以羊豕。念孫案：三月，當從郊祀志作二月。臘上不當有時字，此因上文歲時字而衍。郊祀志無時字。

釋

古者先振兵釋旅，念孫案：釋本作澤，故徐廣音義曰：古釋字作澤。高祖功臣侯者表，張節侯毛澤之，亦作釋之。惠景閒侯者表，襄成侯韓澤之，漢表作釋之。又周頌載芟篇：其耕澤澤。正義引爾雅作釋釋。夏小正：農及雪澤。考工記：水有時以凝，有時以澤。管子形勢篇：莫知其為之，莫知其澤之。並與釋同。孝武紀亦作澤，後人改澤為釋，則與

音義相左矣。下文澤兵作釋兵，亦是後人所改。

平準書

後絀恥辱

故人人自愛而重犯法，先行義而後絀恥辱焉。念孫案：絀上本無後字，後人以意加之耳。漢書食貨志作先行誼而黜媿辱。師古曰：以行誼為先，以媿辱相黜也。黜與絀同。絀上加一後字，則文不成義矣。

賈滅朝鮮

彭吳賈滅朝鮮，置滄海之郡。索隱曰：彭吳，人姓名，滅朝鮮。彭吳始開其道而滅之也。史記考異曰：案漢書武帝

志三之二　卅七

紀，元朔元年秋，東夷薉君南閭等口二十八萬人降，為蒼海郡。三年春，罷蒼海郡。後元封三年滅朝鮮，相距二十年，不得并為一事。且滅朝鮮者，為荀彘楊僕，亦無彭吳其人也。漢書食貨志但云彭吳穿穢貊朝鮮，置滄海郡，較之史記為確。予又疑滅字當為濊字之誤，濊與薉穢同。賈讀為商賈之賈，謂彭吳與濊朝鮮賈易，因得通道置郡也。小司馬謂彭吳始開其道而滅之，非是。念孫案：錢以滅為濊之誤，是也。賈仍當依漢書作穿。顏師古曰：本皆荒梗，始開通之，故言穿，是也。上言唐蒙司馬相如開路西南夷，鑿山通道，此亦言彭吳通道東夷，置

滄海郡、非謂與濊朝鮮賈易也、隸書穿字或作宜、形與賈相近、因誤爲賈、漢張氏穿中記本造此穿者、穿字作宜、是其證也、

通適

故吏皆通適令伐棘上林作昆明池、念孫案皆通適三字、文不成義、通卽適字之誤而衍者也、索隱本無通字、食貨志亦無、

吾有羊上林中

吾有羊上林中、欲令子牧之、念孫案羊下脫去在字、當依漢書卜式傳補、藝文類聚太平御覽獸部引史記並有在字、

志三之二　卅

楊可

天子既下緡錢令而尊卜式、百姓終莫分財佐縣官、於是楊可告緡錢縱矣、念孫案楊可二字、後人依下文加之也、食貨志作於是告緡錢縱矣、顏師古曰、縱、放也、放令相告言也、無楊可二字、索隱於此處無注、至下文楊可告緡徧天下、始云楊、姓、可、名也、則此處本無楊可二字明矣、

郡國

郡國多姦鑄錢、念孫案郡國下脫民字、索隱本出人多姦鑄錢五字、人卽民字也、食貨志作郡國鑄錢民多姦鑄、是史記漢書皆有民字、

市列肆

今宏羊令吏坐市列肆販物求利、念孫案市列下本無肆字、此涉索隱內市肆而誤衍也、市列卽肆也、故襄三十年左傳注曰、羊肆、市列也、無庸更加肆字、索隱本作坐市列、注曰、謂吏坐市肆行列之中、此是加肆字以申明其義、非正文內本有肆字也、食貨志亦作坐市列、顏師古曰、市列、謂列肆、是史記漢書皆無肆字也、鹽鐵論救匱篇內無事乎市列、外無事乎山澤、漢書西域傳罽賓國有市列、

志三之二　卅一

史記第二

史記弟三　　讀書雜志三

高郵王念孫

吳太伯世家

憾

見舞象箾南籥者曰美哉猶有憾念孫案憾本作感後人依今本左傳改之耳古無憾字俗作感爲之說文無憾字昭十一年左傳唯懟於感釋文感戶暗反即今憾字也宣十二年二憾往矣成二年大國朝夕釋憾於敝邑之地唐石經竝作感宣二年以其私憾襄十六年以齊人之朝夕釋憾於敝邑之地釋文竝作感逸周書大戒篇曰內姓無感外姓無謫韓策曰感忿睚眦之意鹽鐵論備胡篇曰士卒失職而老母妻子感恨漢書張安世傳曰何感而上書歸衛將軍富平侯印杜鄴傳曰而無感恨之隙字竝與憾同又見下索隱本出有感

二字注曰感讀爲憾字省耳胡暗反今既改正文爲憾又改注文曰憾或作感字省耳亦讀爲憾又音胡暗反其失甚矣襄二十九年左傳美哉猶有憾釋文正作感

爾而

爾而忘何踐殺女父乎念孫案此當作而忘何踐殺女父乎而即爾也定十四年左傳作而忘越王之殺而父乎是其證今作爾而者後人依五子胥傳旁記爾字因誤入正文也莊份謂上爾字呼之下而字連下則從爲之辭耳

齊太公世家

所知

崔杼歸

崔氏婦自殺崔杼歸亦自殺念孫案歸上本有毋字毋與無同凡史記有無字多作毋索隱本出崔杼毋歸四字注曰毋音無襄二十七年左傳至則無歸矣乃縊呂氏春秋愼行篇崔杼歸無歸因而自絞也皆其證宋本毋作無而刪去索隱毋音無之注今本又脫無字

魯周公世家

一飯三吐哺起以待士

然我一沐三捉髮一飯三吐哺起以待士念孫案此文當有二本一本作一飯三起一本作一飯三吐哺而後

人誤合之也太平御覽人事部沐類賢類禮賢類待士類引此竝作一飯三起以待士而無吐哺二字此一本作三起之證也後漢書陳元傳注引作一飯三吐哺以待士而無起字此一本作三吐哺之證也考諸書所記言三起者則不言吐哺言吐哺者則不言三起今既言吐哺而又言起則詞意重沓且一本作三起者本以一飯三起爲句而以待士三字則總承上二句言之今作一飯三吐哺起以待士則當斷一飯三吐哺爲句而以起字下屬爲句起以待士斯爲不詞矣

不干所問不犯所知念孫案知當爲咎辭之誤也所問所咎皆承上文而言周語正作所咎

哀姜

文公有二妃長妃齊女哀姜念孫案索隱本哀姜上有爲字於義爲長

衙

遇孟武伯於衞念孫案衞本作衙此後人依左傳改之也索隱本作衙注曰有本作衞者非也左傳於孟氏之衞案衙衞字形相近故衙誤爲衞索隱引左傳孟氏之衞者以明其當作衙不當作衞非正文本作衞也若正文本作衞不得誤爲衞矣又案爾雅四達謂之衞說文衙四通道也則衙即是衞史公述春秋傳多以詁訓之字相代後人改衙爲衞失史公之意矣

燕召公世家

恫恐

國大亂百姓恫恐燕策作恫怨下文衆人恫恐燕策姚本作恫怨鮑本元作恫恐改爲恫怨案作恫恐者是也作恫怨者後人不曉恫恐之義因據大雅思齊篇改之耳索隱曰恫痛也恐懼也念孫案小司馬分恫恐爲二義非也恫亦恐也與神罔時恫之恫異義蘇秦傳秦恐韓魏之議其後也是故恫疑虛喝驕矜而不敢進小司馬以恫爲恐懼是也疑亦恐也或言恫恐或言恫疑其義一也說見後洞疑下

北迫　內措

燕北迫蠻貉內措齊晉念孫案北當爲外字之誤也隸書外字或作夘見漢司隸校尉魯峻碑形與北相近因誤爲北外迫內措相對爲文蠻貉故言外齊晉爲中國諸侯故言內若云北迫則與下句不對矣又索隱曰措交雜也又作錯劉氏云爭陌反各本爭陌反譌作爭錯也今據索隱單行本訂正案劉音是也措者迫也字本作笮說文笮迫也小雅雨無正箋曰甚急笮且危或作筰周官典同侈聲筰鄭注曰聲迫筰又作迮文選歎逝賦注引聲類曰迮迫也釋名曰笮迮也編竹相迫迮也史記漢書通作措漢書梁孝王傳李太后與爭門措指史記同晉灼曰措置字借以爲笮耳師古曰謂爲門扇所笮王莽傳迫措青徐盜賊師古曰措讀與笮同皆其證也外迫蠻貉內措齊晉措亦迫也小司馬讀爲交錯之錯失之風俗通義皇霸篇曰燕外迫蠻貊內笮齊晉即用史記之文

曹叔世家

如公孫彊不脩厥政叔鐸之祀忽諸

余尋曹共公之不用釐負羈乃乘軒者三百人知唯德之不建及振鐸之蘗登不欲引曹之祀者哉如公孫彊

不脩厥政叔鐸之祀忽諸正義解末二句曰至如公孫彊不脩霸道之政而伯陽之子立叔鐸猶尙饗祭祀豈合忽絕之哉念孫案張說甚謬如讀爲而言叔鐸非不欲引曹之祀而無若公孫彊之不脩國政以致絕祀何也文五年左傳臧文仲聞六與蓼滅曰皋陶庭堅不祀忽諸德之不建民之無援哀哉此云知唯德之不建又云叔鐸之祀忽諸皆用臧文仲語

宋微子世家

爲死

今誠得治國國治身死不恨爲死終不得治不如去念孫案爲猶如也言如身死而國終不治不如去也古者或謂如曰爲說見韓策縱韓爲不能聽我下

爲桮

彼爲象箸必爲玉桮爲桮則必思遠方珍怪之物而御之矣念孫案爲桮亦當作爲玉桮此承上文言之不當省玉字羣書治要引此正作爲玉桮

晉世家

唐叔虞

唐叔虞者周武王子而成王弟念孫案唐上本有晉字後人以晉唐不當並稱故刪去晉字也今案昭元年左傳遷實沈于大夏唐人是因以服事夏商其季世曰唐叔虞杜注曰唐人之季世其君曰叔虞下文當武王邑姜方震大叔夢帝謂己余命而子曰虞注曰取唐君之名是唐人之季世與周武王子封於唐者皆謂之唐叔虞而武王子封於唐者實爲晉之始祖故言晉唐叔虞以別之索隱本出晉唐叔虞四字注曰晉初封於唐故稱晉唐叔虞則有晉字明矣

文在其手

及生子文在其手曰虞念孫案文上脫有字當依左傳及鄭世家補初學記太平御覽天部引晉世家皆有有字

有

尤而效之罪有甚焉念孫案有讀爲又（僖二十四年左傳作又）又楚世家處既形便勢有地利有亦讀爲又又與既文義相承又樂毅傳恐傷先王之明有害足下之義有亦讀爲又（燕策作傷先王之明而又害於足下之義）廉頗藺相如傳君有勢我則從君君無勢則去此固其理也有何怨乎有何怨之有亦讀爲又淮陰侯傳項王不居關中而都彭城有背義帝之約而以親愛王諸侯不平有亦讀爲又（漢書作又）吳王濞傳大王誠幸而許之一言則吳王率楚王略函谷關

守滎陽敖倉之粟距漢兵治秦舍須大王大王有幸而臨之則天下可幷有亦讀爲又凡經傳又字多作有說見釋詞

此受次賞

夫導我以仁義防我以德惠此受上賞輔我以行卒以成立此受次賞矢石之難汗馬之勞此復受次賞若以力事我而無補吾缺者此受次賞念孫案上既云此復受次賞則此亦當然若無復字則文義不明太平御覽治道部引此正作此復受次賞

楚世家

坼剖

陸終生子六人坼剖而產焉念孫案剖本作副大雅生民篇不坼不副釋文副孚逼反正義曰坼副皆裂也引曲禮爲天子削瓜者副之是也後人誤讀副爲去聲遂不得其解又見集解有脩狄胷剖生契之語因改副爲剖耳說文副判也籀文作疈太平御覽人事部引史記作坼疈而生是其明證矣

越章王

少子執疵爲越章王念孫案大戴禮帝繫篇越章作戉章索隱引世本作就章戉字古聲與就相近（說見唐韻正）而蹵從就聲蹵然或爲蹙然蹵芻或爲蹙芻（見曲禮及漢書賈誼傳）則作戉者是也戉譌爲戊（即今斧鉞字）故又譌爲越猶宵戉之譌爲宵越矣（見淮南道應篇）

使棄疾殺之

於是靈王使棄疾殺之念孫案此當作使疾殺之疾速也昭四年左傳作王使速殺之是其證也今本疾上有棄字者因下文公子棄疾而誤

卑梁

初吳之邊邑卑梁與楚邊邑鍾離小童爭桑念孫案太平御覽州郡部引此卑梁下有女字是也吳世家曰楚邊邑卑梁氏之處女與吳邊邑之女爭桑伍子胥傳亦曰兩女子爭桑呂氏春秋察微篇亦曰楚邊邑卑梁處女

僞謂楚王

楚威王令齊必逐田嬰田嬰恐張丑僞謂楚王曰念孫案僞讀曰爲人謀而不忠之爲言張丑爲田嬰謂楚王也古作爲之爲通作僞故爲人謀之爲亦通作僞說見秦策蘇代僞爲齊王曰下（僞爲卽爲謂）

搏其士卒

盼子復搏其士卒以與王遇必不便於王矣索隱曰搏

音膞亦有作附讀念孫案膞附二音皆非也搏當為摶字之誤也摶與專同田完世家韓馮摶三國之兵集解徐廣曰摶音專專猶幷合制領之謂也吳王濞傳燕王摶胡衆入蕭關索隱曰摶音專專謂專統領胡兵此言摶其士卒以與王遇意亦同也齊策作整其士卒整與摶意亦相近作搏則非其指矣

二十年

二十年齊湣王欲為從長念孫案索隱本出二十六年四字注曰案下文始言二十四年又更有二十六年則此云二十六年衍字也當是二十年事據此則正文本作二十六年而小司馬以為當作二十年今本依小司馬改為二十年則與注內此云二十六年之語不合故又於注首加八字云俗本或作二十六年然後接以案下文云云甚矣其謬也

志三之三　九

鄒

鄒貫鄒邾者羅騶也念孫案鄒本作騶古多以騶為鄒字封禪書祠騶嶧山吳世家爲騶伐魯陳杞世家滕薛騶夏殷周之間封也田完世家騶忌騶衍孟子傳齊有三騶子韓長孺傳嘗受韓子雜家說於騶田生所漢書地理志魯國騶故邾國王吉傳能爲騶氏春秋文漢有騶氏二鏡銘造孔廟禮器碑陰有騶秉仲御滯陰介泯還碑陰有騶叔義索隱本出騶貫二字注曰鄒總二音今本改騶為鄒則小司馬無庸作音矣下文豢鄒魯之心孟子傳孟軻鄒人也索隱本竝作騶班馬字類及毛晃增修禮部韻略引孟子傳竝作騶宋本同

必萬之於虎

若使澤中之麋蒙虎之皮人之攻之必萬之於虎念孫案必萬之於虎索隱本作必萬於虎矣於義為長

越王句踐世家

怨伐

允常之時與吳王闔廬戰而相怨伐念孫案怨伐二字義不相屬諸書亦無以怨伐連文者伐字蓋因下文而誤衍也文選鵩鳥賦注引此無伐字

志三之三　十

鎮

鎮撫國家念孫案鎮本作填古多以填為鎮撫字小雅采菽篇殿天子之邦毛傳殿鎮也釋文鎮本作填史記高祖紀鎮國家撫百姓漢書作填孝文紀填撫諸侯天官書填星歲填一宿齊悼惠王世家贊大封同姓以填萬民之心蕭相國世家填撫諭告使給軍食平津侯傳宜佐明主填撫國家太史公自序蕭何填撫山西字竝與鎮同索隱本出填撫二字注曰鎮音今改填為鎮而删去其音妄矣

導諛

吳已殺子胥導諛者衆念孫案導諛即諂諛也或作道諛莊子天地篇道諛之人是也又曰謂己道人謂己諛人道人即諂人也漁父篇曰希意道言謂之諂是道與

諂同義故荀子不苟篇非諂諛也賈子先醒篇君好諂諛而惡至言韓詩外傳竝作道諛諂與導聲之轉諂諛之爲導諛猶及之爲導及禮書以及士大夫索隱本作謟及大戴禮三本篇作導及荀子禮論篇作道及案以字當讀爲覃及鬼方之覃集解本以爲作函禮見禮書禫服之爲導服士虞禮記中月而禫鄭注古文禫或爲導喪大記禫而內無哭者注禫或作道說文西棪二字竝讀若三年導服之導玉篇西他念道感二切棪餘母切禫之或爲導西棪之讀導其理一也皆聲轉而字異也

請成越

乃使人厚禮以請成越念孫案文選荅蘇武書注引此作請成於越今脫於字

不貴　不見

吾不貴其用智之如目見豪毛而不見其睫也念孫案此文本作吾患其用智之如目見豪毛而不自見其睫也祇因患譌作貴後人不得其解遂於貴上加不字耳太平御覽引此已誤大戴禮曾子立事篇既知之患其不能行也既能行之患其不能以讓也今本作貴其能以讓也此亦是患譌作貴後人因刪去不字也或增不字或刪不字皆由不知貴爲患之譌耳不自見其睫今本脫自字太平御覽人事部七引此有自字下文曰今王知晉之失計而不自知越之過則有自字明矣韓子喻老篇杜子諫楚莊王曰臣患王之智如目也今本患上有愚字即患字之誤而衍者又脫王字能見百步之外而不能自見其睫語意正與此同

職

殺人而死職也念孫案爾雅職常也言殺人而死因其常也五子胥傳曰事成爲卿不成而亨固其職也季布傳曰季布爲項籍用職耳定元年左傳曰爲宋役亦其職也上文曰故我常從宋義竝與此同

鄭世家

是率諸侯

齊彊而厲公居櫟卽不往是率諸侯伐我內厲公念孫案是當爲卽字之誤也卽若也古謂若爲卽說見句敘傳言我若不往則齊且率諸侯伐我而納厲公也

甫瑕

使人誘劫鄭大夫甫瑕念孫案瑕本作假索隱本出甫假二字注曰左傳作傅瑕此本多假借亦依字讀是史記本作假不得以左傳改之也瑕假聲相近故字亦相通淮南精神篇審乎無瑕莊子德充符篇瑕作假檀弓公肩假漢書古今人表作公肩瑕是其證

娠大叔

當武王邑姜方娠大叔、念孫案、上文成王封叔虞于唐索隱引此娠大叔作動大叔、是史記舊本本作動、而今作娠者、後人不解動字之義、又以左傳作震、震與娠通、故改爲娠也、今案娠震皆動也、爾雅、娠震動也、郭注曰、娠猶震也、說文、娠、女妊身動也、春秋傳曰、后緡方娠、（哀元年）漢書高祖紀、已而有娠、應劭曰、娠、動、懷任之意、左傳曰、邑姜方娠、（昭元年）今左傳作震、大雅生民篇、載震載夙、毛傳曰、震、動也、正義曰、動、謂懷任而身動也、是娠震皆動也、周本紀曰、身動如孕者、是也、凡史公述尙書春秋傳、多以詁訓之字相代、此言方動大叔、亦是以動代震也、至小司馬述本書之文、例不以詁訓之字相代、若本書作娠、小司馬無緣改爲動也、後人不知古訓而輒改爲娠、失史公之意矣、

趙世家

五世而生趙夙

自叔帶以下、趙宗益興、五世而生趙夙、念孫案、生、當爲至、言自叔帶以至趙夙、凡五世也、上文云自造父已下六世至奄父、其證、至與生草書相似、又涉上文奄父生叔帶而誤、太平御覽封建部三引此正作至、

諸大夫朝

諸大夫朝、徒聞唯唯、不聞周舍之鄂鄂、念孫案、文選辯亾論注引此朝上有在字、於義爲長、

城不浸

引汾水灌其城、城不浸者三版、念孫案、浸、當爲沒、字之誤也、文選辯亾論注、太平御覽治道部、引此並作沒、魏世家作湛、（與沈同）湛、亦沒也、秦策及韓子難篇並作沈、說苑權謀篇作沒、趙策作沈、又作沒、

異日

異日王飲酒樂、數言所夢想見其狀、念孫案、異日之文與上他日相複、異日、本作旦日、字之誤也、旦日、謂夢見美女之明日也、（漢書高祖紀注、旦日、明日也、）夜夢美女鼓琴而歌、故明日數言所夢而想見其狀、不待異日也、舊本北堂書鈔樂部二引此正作旦日、（陳禹謨依俗本改爲異日）太平御覽樂部八同

序往古之勳

用力少而功多、可以毋盡百姓之勞、而序往古之勳、正義曰、厚、重也、念孫案、張所見本作厚往古之勳、故訓厚爲重、今案厚與序文義皆有未安、當依趙策作享往古之勳、字之誤也、（漢荆州刺史度尙碑享字作亯、三公山碑作亯、並與厚相似、）享、受也、（見僖二十三年左傳注、晉語注、）言不勞百姓、而坐受往古之功也、

禮也　不必古

故禮也不必一道而便國不必古、念孫案此當依趙策作理世不必一道、今本趙策理字亦譌作禮、姚本云、一作理、而便國不必法古、理世治世也、不必法古、卽承上文何古之法而言、商君傳亦云、治世不一道、便國不法古、今本理世譌作禮也、諜審世也相似、太史公自序雜之原云以世、徐廣曰、一作云己也、古上又脫法字、則文不成義

奇行

且服奇者志淫、則是鄒魯無奇行也、俗辟者民易、則是吳越無秀士也、索隱解上二句曰、鄒魯好長纓是奇服

也、服非其志、皆淫僻也、而有孔門顏回之屬、豈是無奇行哉、念孫案服奇奇行兩奇字皆讀爲奇衺之奇、周官宮正奇衺之民、鄭注、奇衺譎觚非常、閽人、奇服怪民、注、奇服衣非常、此言服正者志未必正、服奇者志未必淫、若謂服奇者志必淫、則是鄒魯之士、儒冠儒服必無奇衺之行也、中國未必無秀民、蠻夷未必無俊民、若謂俗辟者民必易、則是吳越風俗邪辟、必無秀異之士也、小司馬誤以奇行爲善行、故所說皆非

鴟之塞

攻取丹邱華陽鴟之塞、正義曰、徐廣曰、鴟一作鴻、鴻上故關、今名鴻城、在定州唐縣東北六十里、本晉鴻上關城也、又有鴻上水、源出唐縣北葛洪山、接北岳恒山、與鴻上塞皆在定州、念孫案如正義、則鴟之二字乃是鴻上之譌、鴻與鴟草書相近、之本作㞢、與上字亦相近、故鴻譌作鴟、劉晝新論通塞篇、伏若經鴻之汎長風、今本鴻譌作鴟、上譌作之耳、水經滱水注曰、滱水又東流歷鴻山、世謂是處爲鴻頭、疑卽晉書地道記所謂鴻上關者也、關尉治北平、而畫塞於望都東北、去北平不遠、兼縣土所極也、滱水於是左納鴻上水、水出西北近鎭東南流、注於滱水也、以上水經注、鴻上關卽鴻上塞、故水亦有鴻上之名、今保定府唐縣西北七十里有鴻城社、卽正義所云鴻上故關今名鴻

城者也、

主父開之

公子章之敗、往走主父、主父開之、索隱曰、開、謂開門而納之、俗本亦作閒字者、非也、譙周及孔衍皆作閉之、閉謂藏之也、正義本作閉之、云、謂容其入宮閉藏也、念孫案此閉誤爲開、開又誤爲閒也、不言開門納之而但言開之、則文義不明、當從正義本作閉之爲是、列女傳孽嬖傳亦作閉之、

上佼

齊之事王宜爲上佼、而今乃抵罪、索隱曰、佼猶行也、念

孫案：小司馬說非也。佼與交同。說文：佼，交也。管子形勢篇：烏集之佼，雖善不親。形勢解篇曰：與人佼，多詐僞，無情實，偷取一切，謂之烏集之佼。七臣七主篇曰：好佼友而行私請。又明法篇：民務交而不求用。明法解篇交作佼。上交，上等之交也。言齊之事王如此，當爲王之上交，而今反觸罪也。趙策作宜爲上交。又曰：秦與韓爲上交，秦與梁爲上交，皆其證。

入之秦

入之秦不聽主命。念孫案：入之秦當作主入之秦。謂韓王入上黨於秦，而馮亭不聽也。脫去主字，則文義不明。趙策作主內之秦不順主命，是其證。

志三之三　十七

趙氏

趙氏壯者皆死長平。念孫案：氏當爲民字之誤也。燕世家及燕策皆作民。

魏世家

無忌

無忌謂魏王曰。楊倞注荀子彊國篇引此無忌作朱忌。念孫案：作朱忌者是也。作無忌者，後人以意改之耳。史記他篇中或稱信陵君，或稱魏公子無忌，或稱魏將無忌，其但稱無忌者，則承上文而言。今無忌之名不見於上文，上文范痤上書信陵君但稱信陵君不稱無忌。而忽云無忌謂魏王曰，則文義不明。假如平原君名勝，勝字未見於上文，而忽云勝謂趙王曰，其可乎。且下文稱信陵君無忌矯奪晉鄙兵，而此但稱無忌，則是詳於後而略於前，於理尤不可通。魏策作朱己，謂魏王曰。己忌古同聲。鄭風大叔于田箋：忌讀如彼己之子之己。則史記之本作朱忌甚明。楊倞引作朱忌，則唐時本尚未誤。鮑彪注魏策云：朱己，史作無忌。大事記謂信陵之言深切綜練，皆爲俗本所惑。

交彊秦魏之兵

今韓氏以一女子奉一弱主，內有大亂，外交彊秦魏之兵，王以爲不亡乎。念孫案：交當爲支字之誤也。隸書交字或作支，形與支相近。言韓不能支秦魏之兵也。魏策作外安能支強秦魏之兵，是其證。

志三之三　十八

與彊秦鄰之禍　天時

王速受楚趙之約，趙挾韓之質以存韓，而求故地，韓必效之。此士民不勞而故地得，其功多於與秦共伐韓，而又與彊秦鄰之禍也。夫存韓安魏而利天下，此亦王之天時已。念孫案：與彊秦鄰之禍，當從魏策作無與彊秦鄰之禍。此言魏與秦伐韓以求故地，韓亡則魏與秦鄰，而受其禍。今魏存韓而求故地，則故地不勞而得，且韓存則魏無與秦鄰之禍，故曰其功多於與秦共伐韓，而又無與彊秦鄰之禍也。天時，當從魏策作大時，言存韓

安魏而利天下、王之時莫大於此也、秦策曰、今攻齊此君之大時也、是其證、

韓世家

不如出兵以到之　公待秦而到　施三川而歸

楚圍雍氏、韓求救於秦、秦未爲發、使公孫昧入韓、公仲曰、子以秦爲且救韓乎、對曰、秦王之言曰、請道南鄭藍田、出兵於楚以待公、殆不合矣、公仲曰、子以爲果乎、對曰、秦王必祖張儀之故智、楚威王攻梁也、張儀謂秦王曰、與楚攻魏、魏折而入於楚、韓固其與國也、是秦孤也、今本秦孤誤作孤秦、茲據宋本游本及韓策改、下文曰、是齊孤也、楚世家曰、是楚孤也、文義竝與此同、不如出兵以到之、魏楚大戰、秦取西河之外以歸、今其狀陽言與韓、其實陰善楚、公待秦而到、必輕與楚戰、楚陰得秦之不用也、必易與公相支也、公戰而勝楚、遂與公乘楚、施三川而歸、公戰不勝楚、楚塞三川守之、下楚字疑衍、此謂秦塞三川而守之、非謂楚也、韓策無下楚字、公不能救也、索隱解不如出兵以到之曰、到欺也、猶俗云張到、然戰國策作勁、勁、強也、念孫案、小司馬訓到爲欺、而引俗語張到爲證、甚爲無稽、且與下文公待秦而到之語不合、其引韓策作勁而訓爲強是也、出兵以勁之者、陽爲助魏、而實以虛聲勁

之也、魏恃秦而勁、必與楚戰、楚魏相據、秦因取西河之外以歸、故韓策曰、魏氏勁、威王怒、楚與魏大戰、秦取西河之外以歸也、秦策記此事曰、楚攻魏、張儀謂秦王曰、不如與魏以勁之、則作勁者是也、高注曰、勁、猶強也、東周策曰、秦知趙之難與齊戰也、將恐齊趙之合也、必陰勁之、楚策曰、三國惡楚之強也、恐秦之變而聽楚也、必深攻楚以勁秦、韓策曰、故王不如令韓中立以攻齊、王言救魏以勁之、竝與此勁字同義、下文公待秦而到、亦當依韓策作公待秦而勁、謂韓恃秦而勁、必與楚戰、楚策曰、楨恃楚而勁、必與魏戰、勝則秦與韓乘楚、施三川而歸、不勝則秦塞三川而守之、韓不能救也、凡隸書從力之字、或譌從刀、故功譌作切、漢衛尉衡方碑勉亮天功、勮譌作劇、劫譌作刦、從巠之字或書作巠、因譌而爲至、故痙譌作痓、大荒南經、大荒之中有山、名曰去痙、郭音風痙之痙、今本譌作痓、凡醫書內痙字多如此作、輕譌作輊、楚辭九辯、前輊輬之鏘鏘兮、今本輕譌作輊、力與刀、巠與至、形竝相似、故勁譌作到、而周策楚宋不利秦之聽三國也、彼且攻王之聚以勁秦、鮑彪本勁譌作到、正與此同也、說見西周策到秦下、又正義解施三川而歸曰、施猶設也、三川、周天子都也、言韓戰勝楚則秦與韓駕御於楚、卽於天子之都、張設救韓之功、行霸王之迹、加威諸侯、乃歸咸陽也、念孫案、張說甚謬、施讀爲移、移、易也、言與韓乘楚、而因易三川以歸也、韓策作易三川而歸、是其明證矣、田完世家曰、請與韓地、而

王以施三川蔡澤傳曰利施三川以實宜陽秦策同張訓施爲展於義非竝與此同施與移古同聲而通用管子國蓄篇今君鑄錢立幣民庶之通施也輕重甲篇施作移荀子儒效篇充虛之相施易也漢書衛綰傳劒人之所施易施字竝讀爲移施又音以豉反亦與移通大傳絕族無移服喪服傳移作施釋文竝以豉反莊子人閒世篇哀樂不易施乎前崔譔云施移也音以豉反

田敬仲完世家

粟予民

其收賦稅於民以小斗受之其粟予民以大斗念孫案粟予民以大斗文不成義粟當爲稟音彼錦力錦二反

稟予猶給予也謂以小斗收之而以大斗給之也說文稟賜穀也廣雅曰稟予也漢書文帝紀吏稟當受鬻者顏師古曰稟給也中庸既廩稱事釋文廩作稟彼錦反一本又力錦反管子五行篇大常察乎地利故使爲廩者尹知章曰廩給也廩與稟古同聲而通用今本稟作粟者稟粟隸書相似漢楚相孫叔敖碑賑枯稟乏京作稟郃陽令曹全碑以家錢糴米粟粟作稟二形相似又涉下文請粟而誤耳太平御覽器物部引史記作廩是其證

毀言　譽言

自子之居即墨也毀言日至又下文自子之守阿譽言日聞念孫案兩言字皆後人所加毀譽皆言也無庸更加言字舊本北堂書鈔封爵部下刑法部下陳禹謨本竝依俗本加言字藝文類聚治政部上太平御覽封建部一職官部六十四治道部四刑部十一引此皆無兩言字通典職官十五同唯通鑑周紀一作毀言日至譽言日至則所見史記本已有兩言字矣

春溫

夫大弦濁以春溫者君也念孫案濁以春溫文不成義索隱本出大弦濁以溫者君也八字注云案春秋後語溫字作春春氣溫義亦相通也據此則小司馬本無春

字今本作春溫者一本作溫一本作春而後人誤合之耳太平御覽人事部引此作春從別本也陳祥道禮書引作春溫則所見本已誤

醳之愉

攫之深醳之愉者政令也集解徐廣曰一作舒索隱曰醳音釋史記釋字多作醳與下文舍字竝同愉音舒念孫案徐云一作舒者謂醳一作舒非謂愉一作舒也醳之愉下文作舍之愉而舍字古讀若舒說文舒從予舍聲小雅何人斯篇亦不遑舍與車爲韻左氏春秋哀六年齊陳乞弒其君荼釋文音舒公羊荼作舍史記律書舍者日月所舍舍者舒氣也聘禮記發氣焉盈容鄭注發氣舍氣也舍氣即舒氣醳通作舍故又通作舒若愉

字古音在旅部舒字古音在魚部兩字絕不相通故書傳中愉字無通作舒者而字書韻書愉字亦無舒音索隱之愉音舒當作愉音俞（淮南本經篇注曰愉和也劉之渙譯之愉愉改令之寬猛相兆）今作音舒者即因集解內舒字而誤

孔子世家

三人行

三人行必得我師念孫案三人行本作我三人行今本無我字者後人依俗本論語刪之也（何晏注皇侃義疏經典釋文唐石經邢昺疏皆有我字說見石經考文提要）集解引何注言我三人行則史記原文亦有我字當補入

景行行止

詩有之高山仰止景行行止念孫案宋本行止作行之王應麟詩攷引此亦作行之今本仍作行止者後人依詩文改之也案小雅車舝釋文曰仰止本或作仰之又表記引詩高山仰止景行行止釋文曰仰止本或作仰之行止詩作行之是陸本毛詩上句作止下句作之也詩正義曰仰之行之則上下句皆作之未可輒據今本毛詩以改史記也三王世家載武帝制曰高山仰之景行嚮之朕甚慕焉雖嚮與行異文而上下句亦皆作之

陳涉世家

志三之三　卅三

次近所旁

又閒令吳廣之次近所旁叢祠中索隱本無近字念孫案近即所字之誤而衍者也次所謂戍卒止次之所也其旁有叢祠故曰次所旁叢祠加一近字則文不成義矣漢書亦無近字

伍徐

銍人伍徐徐廣音義曰徐一作逢漢書陳勝傳作五逢引之曰徐與逢聲不相近徐當爲徭字之誤也說文徭讀若䌛徭與逢聲相近故字相通趙氏雲崧廿二史劄記謂漢書改徐爲逢非也

外戚世家

寒臥岸下

爲其主入山作炭寒臥岸下百餘人念孫案寒當從漢書作暴字之誤也太平御覽火部引史記亦作暴

奇兩女

臧兒卜筮之曰兩女皆當貴因欲奇兩女索隱曰奇者異之也漢書作倚倚奇依也念孫案奇即倚字也說卦傳參天兩地而倚數釋文倚蜀才作奇周官大祝奇拜杜子春云奇讀曰倚是倚與奇通也顏師古曰冀其貴而依倚之得尊寵是也小司馬訓奇爲異失之

志三之三　卅四

身貌

視其身貌形狀。念孫案：古書無以身貌二字連文者，身當爲體，俗書作軆，因脫其右半耳。藝文類聚人部、初學記中宮部、太平御覽皇親部、人事部引此竝作體貌。宋玉登徒子好色賦曰：體貌閑麗。漢書五行志曰：體貌不恭。

蕭相國世家

乃令蕭何

於是乃令蕭何賜帶劍履上殿，入朝不趨。念孫案：蕭何下脫去第一二字，當依漢書、漢紀補。上文是羣臣以爲曹參位次當居第一，而高祖及鄂千秋皆以爲蕭何當

第一，此處若不言蕭何第一，則上文全無收束矣。蕭何第一爲一事，賜帶劍履云云又爲一事。太平御覽治道部引史記正作乃令蕭何第一。

曹相國世家

東阿

北救東阿。念孫案：阿上本無東字，此後人依漢書加之也。東阿故城在今陽穀縣東北，本戰國時阿邑，田完世家所謂齊威王烹阿大夫者也。漢始置東阿縣，故史記中或謂之阿，或謂之東阿。索隱本出北救阿三字，注云：阿即東阿也。正義曰：今濟州東阿也。則正文內無東字甚明。今本既加東字，又刪去注內阿即東阿也五字，其失甚矣。絳侯世家擊秦軍阿下，亦不稱東阿。

如齊故俗諸儒以百數

參盡召長老諸生，問所以安集百姓。如齊故俗諸儒以百數，言人人殊。念孫案：如齊故俗諸儒以百數本作如齊故諸儒以百數，齊故諸儒四字連讀。如，與而同。言參問所以安集百姓，而齊之故儒以百數，言人人殊也。漢書作而齊故諸儒以百數，是其明證矣。今本史記故下有俗字者，後人不知如與而同，而以如齊故三字連讀，遂於故下加俗字，謂參之治齊，欲如其故俗，不事更張

也。不知參問政於諸儒，而諸儒言人人殊，未知所定，及蓋公教以清靜無爲，然後用黃老之術，而齊國大治。若參之治齊本欲行所無事，則不待蓋公教之矣。皆由不知如之讀爲而，故文義失而句讀亦舛也。

顜若畫一

蕭何爲法，顜若畫一。集解：徐廣曰：顜音古項反，一音較。古岳反。索隱本顜作覯，注曰：漢書作講，文穎云：講，一作較。案訓直，又訓明，言法明直若畫一也。覯音講，亦作講。小顏云：講，和也。單行本如是，今本史記覯作顜，故注文亦有改竄。念孫案：集韻上聲三講：顜，古項切，明也，和也，直也。史記顜若畫一，或作

覲、通作講、又入聲四覺、覲、訖岳切、明也、和也、史記覲若謯一、或作覲、通作較、集韻兩引史記並云、或作覲、與小司馬本同、而說文玉篇廣韻皆無覲字、則覲卽覲之譌也、集解同、凡從見之字隸書或譌從頁、周官大宗伯殷覜曰視、今俗本譌作頫、故覲譌作覲、覲從講聲而讀若港、猶講從冓聲而讀若港也、覲從講聲而讀若角、猶斠從冓聲而讀若角也、見說文、或謂覲爲斠之譌、非也、說文斠、平斗斛也、卽月令角斗甬之角、與此義不同、且斠字從斗、斗與頁形不相近、若本是斠字、無緣譌爲覲也、漢書一本作較、較與覲聲亦相近、

留侯世家

直墮其履圯下今本及漢書張良傳圯字皆作圯、乃後人所改、劉攽宋祁已辯其譌

良嘗閒從容步游下邳圯上、有一老父衣褐至良所、直墮其履圯下、顧謂良曰、孺子下取履、索隱曰、崔浩云、直猶故也、亦恐不然、直、言正也、謂至良所正墮履、念孫案老父墮其履於橋下、而使良取之、欲以觀其能忍與否耳、如小司馬說、則是墮履出於無意、失其指矣、但崔浩訓直爲故、望文生義、於古亦無據、念孫案、直之言特也、謂特墮其履於橋下、而使良取之也、韓詩外傳、客謂屣生曰、臣里母相善婦見疑盜肉、其姑去之、恨而告於里母、里母曰、安行、今令姑呼女、卽束縕請火去婦之家曰、吾犬爭肉相殺、請火治之、姑乃直使人追去婦還之、此直字與直墮其履之直同義、亦謂特使人追還之也、史記梁孝王世家、平王襄直使人開府取罍樽賜任王后、亦謂特使人取罍樽賜之也、直與特古同聲而通用、祭義曰、參直養者也、安能爲孝乎、文十一年穀梁傳曰、不言帥師而言敗何也、直敗一人之辭也、孟子梁惠王篇曰、直不百步耳、是亦走也、莊子德充符篇曰、某也直後而未往耳、齊策曰、衍非有怨於儀、直所以爲國者不同耳、義並與特同、呂氏春秋忠廉篇、特王子慶忌爲之賜而不殺耳、高誘注曰、特猶直也、鄘風柏舟篇、實維我特、韓詩特作直、史記叔孫通傳、吾直戲耳、漢書直作特、

具以酈生語告於子房曰何如

張良從外來謁漢王方食、曰、子房前、客有爲我計橈楚

權者、具以酈生語告於子房曰何如、念孫案、此當從宋本作具以酈生語告句曰、句於子房何如、句於子房何如者、猶言子房以爲何如也、齊策、王斗曰、斗趨見王爲好勢、王趨見斗爲好士、於王何如、言王以爲當何如也、趙策、趙王謂虞卿曰、今者平原君爲魏請從、寡人不聽其於子何如、言子以爲何如也、史記叔孫通傳、二世召博士諸儒生問曰、楚戍卒攻蘄入陳、於公如何、漢書作於公何如、吳王濞傳、上問袁盎曰、今吳楚反、於公何如、皆謂公以爲何如也、語意正與此同、漢書張良傳作具以酈生計告良曰、於子房如何、新序善謀篇作具以食其言告

之，曰，其於子房意如何，皆其明證矣。後人不解於子房何如之語，遂移於子房三字於告字之下，而讀其以酈生語告於子房爲一句，不知稱子房者乃高祖之詞若史公記事之詞，則當稱張良，不當稱子房也。弗思甚矣。

釋箕子之拘

武王入殷，表商容之閭，釋箕子之拘，封比干之墓。念孫案：釋箕子之拘，本作式箕子之門，今本式作釋，門作拘者，後人據禮記、逸周書、荀子及東晉古文尚書改之也。不知他書作釋箕子之囚，此獨作式箕子之門。呂氏春秋慎大篇曰：武王封比干之墓，靖箕子之宮，高注：靖，淨，其宮以異

之，表商容之閭，士過者趨，車過者下。淮南道應篇曰：武王封比干之墓，表商容之閭，柴箕子之門，高注：柴，護之。二書說武王禮箕子之事，與此文相近也。下文曰：今陛下能封聖人之墓，表賢者之閭，式智者之門乎？封聖人之墓即封比干之墓，表賢者之閭即表商容之閭，式智者之門即式箕子之門。若作釋箕子之拘，則與下文不合矣。徐廣音義曰：釋，一作式；拘，一作囚。案：拘一作囚，當爲拘一作門。蓋徐氏所見有二本，一作釋箕子之拘，一作式箕子之門也。今本則又改門爲囚矣，而釋一作式，式字尚未改，則古本猶可考見也。漢書張良傳、新序善謀篇並作式箕子之門。師古曰：式，亦表也。一說，式其門而撫車式，所以敬之。

并葬黃石冢

留侯死，并葬黃石冢。念孫案：并葬黃石下不當有冢字，此涉下文上冢而誤衍也。漢書作并葬黃石。藝文類聚地部、太平御覽時序部臘類及地部引史記亦作并葬黃石。初學記歲時部引作并黃石葬，御覽時序部伏類引作并黃石葬之，皆無冢字。

陳丞相世家

長美色

平爲人長美色。念孫案：當從漢書作長大美色。下文人謂陳平何食而肥，肥與大同義。若無大字，則與下文義不相屬。太平御覽飲食部引史記正作長大美色。

攻下殷王

漢王攻下殷王。念孫案：殷下王字涉上文殷王而誤衍也。攻下殷者，謂攻下殷國。項羽紀：立司馬卬爲殷王，王河內，都朝歌。殷下不當有王字。下文項王怒將誅定殷者將吏，亦但言殷不言殷王也。太平御覽珍寶部引此無王字，漢書亦無。

監護軍長者

諸將盡讙曰：大王一日得楚之亡卒，未知其高下，而即與同載，反使監護軍長者。念孫案：長者，諸將自謂，猶言使之監護我等也。監護下不當有軍字，此因上文典護

軍而衍漢書漢紀皆無軍字

願大王用之

誠臣計畫有可采者願大王用之念孫案願當依漢書作願草書之誤也

絳侯世家

吏事

文帝既見絳侯獄辭乃謝曰吏事方驗而出之念孫案此當作吏方驗而出之不當有事字蓋古文事字作𠰓與吏相似故吏誤爲𠰓今本作吏事者一本作吏一本作事而後人誤合之耳漢書周勃傳無事字

恨

自賓長君在時竟不得侯死吾甚恨之念孫案恨悔也商君傳曰寡人恨不用公叔痤之言也范雎傳曰使臣卒然塡溝壑君雖恨於臣無可奈何鼂錯傳曰公言善吾亦恨之李將軍傳曰將軍自念豈嘗有所恨乎漢書同師古曰恨悔也義竝與此同

三王世家

極臨　西溙

極臨北海西溙月氏念孫案極遠也言遠臨北海也楚辭九歌望涔陽兮極浦王注曰極遠也廣雅同溙當爲溙故正義音臻而訓爲至漢書王襃傳萬祥畢溙谷永傳蟲風三溙王莽傳聖瑞畢溙師古竝云溙與臻同作溙者字之誤耳班馬字類十九臻韻有溙字引史記西溙月氏音臻則所見本已誤

倪

毋倪德集解徐廣曰倪一作非念孫案倪德本作非德徐廣音義本作非一作倪今本非作倪倪作非者皆後人依下文褚先生語改之也索隱本出無非德三字注曰蘇林云非廢也本亦作倪倪敗也孔文祥云非薄也漢書作棐今改正文作倪則與索隱本亦作倪之語不合且正文本作非故孔文祥訓爲薄若作倪則當訓爲敗訓爲背不得訓爲薄矣又下文褚先生曰誡燕王以無倪德索隱曰棐上策云作非德下云勿使王背德也則倪當音扶昧反據此則下文自作倪此文自作非不得據彼以改此明矣

史記弟三

史記弟四　讀書雜志三之四

高郵王念孫

伯夷列傳

可謂善人者非邪

若伯夷叔齊可謂善人者非邪索隱本作可謂善人者邪抑非也注曰若夷齊之行如此可謂善人者邪又非善人者邪念孫案淮南王傳曰公以爲吳興兵是邪非也貨殖傳曰豈所謂素封者邪非也語意並與此同疑索隱本是原文而今本爲後人所改也老子曰是以矦王自謂孤寡不穀此其以賤爲本邪非乎語意亦相似

跖

盜跖日殺不辜索隱本跖作蹠注曰蹠及注作跖並音之石反據此則正文本作蹠集解內當有蹠一作跖之語故云蹠及注作跖並音之石反也今本正文作跖又脫去集解則與索隱不合乃或改其文曰蹠與跖同並音之石反斯爲謬矣正義述正文亦作蹠字

老子韓非列傳

姓李氏名耳字伯陽謚曰聃

姓李氏名耳字伯陽謚曰聃念孫案史公原文本作名耳字聃姓李氏今本姓李氏在名耳之上字聃作字伯陽謚曰聃此後人取神僊家書改竄之耳案索隱本出名耳字聃姓李氏七字注云案許慎云聃耳曼也故名耳字聃有本字伯陽非正也老子號伯陽父此傳不稱也據此則唐時本已有作字伯陽者而小司馬引說文以正之取古人名字相配之義而不從俗本其識卓矣又案經典釋文序錄曰老子者姓李名耳字伯陽史記云字聃文選任西官屬送於陟陽矦詩注引史記曰老子字聃遊天台山賦注及後漢書桓帝紀注並引史記曰老子名耳字聃姓李氏則陸及二李所見本並與小司馬本同而今本云云爲後人所改竄明矣又案文選

反招隱詩注引史記曰老子名耳字明又引列僊傳曰李耳字伯陽然則字伯陽乃列僊傳文非史記文也若史公以老子爲周之伯陽父則不當列於管仲之後矣

始秦與周合而離離五百歲而復合合七十歲而霸王者出焉

始秦與周合而離離五百歲而復合合七十歲而霸王者出焉念孫案此當從宋本作始秦與周合合五百歲而離離七十歲而霸王者出焉今本離合與宋本相反此後人依周秦本紀改之也索隱本出始秦與周合合五百歲而離十一字今本脫一合字據宋本史記補注曰案周秦二本

紀竝云始周與秦國合而別別五百載又合合七十歲而霸王者出與此傳離合正反盎周秦二本紀皆言離五百歲而復合此言合五百歲而離故云離合正反若此文與周秦本紀同則何相反之有

離辭

然善屬書離辭指事類情正義曰離辭猶分析其辭句也念孫案離辭陳辭也昭元年左傳楚公子圍設服離衞杜注曰離陳也是其證枚乘七發云比物屬事離辭連類亦與此同

迺自以爲也故說者與知焉

彼顯有所出事迺自以爲也故句說者與知焉則身危念孫案此當以迺自以爲也故爲句說者與知焉爲句爲成也晉語黍不爲黍稷不爲稷韋注爲成也淮南本經篇五穀不爲不爲高注不爲不成也孟子萬章篇莫之爲而爲者天也言莫之爲而成也韓策身不爲身鶴不爲鶴言不成身不成鶴也也讀爲他他故他事也周官占人以八卦占筮之八故鄭注八故謂八事襄二十六年左傳問晉故服昭三十年公羊傳習乎邾婁之故何休注竝曰故事也謂人主顯有所出事而實自以成其他事此唯恐人之知其謀也而說者與知之則身必危韓子說難篇作彼顯有所出事而乃以成他故說者不徒知所出而已矣又知其所以爲如此者身危是其明證矣他字古或通作也墨子備城門篇城上皆毋得有室若也可依匿者盡除去之也與他同賈子脩政語篇是以明主之於言也必自也聽之必自也擇之必自也聚之必自也藏之必自也行之說苑君道篇自也皆作自他他字本作佗他之通作也猶佗之通作它耳索隱正義皆讀迺自以爲也絕句失之

大忠

大忠無所拂悟辭言無所擊排今本悟辭二字互誤鍾山札記已辯之迺後申其辯知焉韓子說難篇大忠作大意念孫案作意者是也意與言正相對必二者皆當於君心然後可以申其辯智也小司馬以大忠爲臣君不知說難一篇皆

謂進言者之宜順不宜逆意在得君不在匡君也蓋史記意字本作意說文意滿也方言作臆漢巴郡太守樊敏碑作億又說文十萬曰意今作億說文億安也今亦作億是從意之字多與從意者相通傳寫者脫其上半因譌而爲忠矣

孫子吳起列傳

坐爲計謀

於是乃以田忌爲將而孫子爲師居輜車中坐爲計謀念孫案文選報任少卿書注引此坐作主於義爲長

此子三者皆出吾下

此子三者皆出吾下而位加吾上何也念孫案子字本

在三者下、今誤在三者之上、則文不成義、後漢書朱浮傳注引此作此三者子皆出吾下、通鑑周紀一同、呂氏春秋執一篇作三者子皆不吾若也、

自喜名

吳起爲人、節廉而自喜名也、念孫案名字後人所加、自喜、猶自好也、孟嘗君傳贊好客自喜、田叔傳爲人刻廉自喜、鄭當時傳以任俠自喜、皆其證、加一名字、則非其指矣、太平御覽皇親部引此無名字、

五子胥列傳

縣吳東門之上

抉吾眼縣吳東門之上、以觀越寇之入滅吳也、念孫案縣吳東門之上、縣本作著、張略反此後人依吳語改之也、華嚴經音義上引廣雅曰、置、著也、是著與置同義、吳世家曰、抉吾眼置之吳東門、越世家曰、取吾眼置吳東門、此曰、抉吾眼著吳東門之上、其義一也、說苑正諫篇曰、抉吾眼、著之吳東門、語即本於史記、呂氏春秋知化篇亦曰抉其目、著之東門、後人據吳語改著爲縣、不知吳語自作縣、史記呂覽說苑自作著也、匡謬正俗八引史記作抉吾目著於東門、藝文類聚人部、初學記太平御覽人事部、引史記竝作抉吾眼著吳東門之上、此皆其

志三之四　五

明證矣、

乃劫之

乃劫之王如高府、念孫案劫下本無之字、哀十六年左傳曰、白公以王如高府、楚世家曰、因劫惠王置之高府、此曰、乃劫王如高府、其義一也、劫下不當有之字、

仲尼弟子列傳

其地狹以泄

其城薄以卑、其地狹以泄、索隱曰、越絕書泄字作淺、內傳陳成恒篇念孫案泄字於義無取、下文地廣以深、深與淺正相對、則作淺者是也、吳越春秋夫差內傳、亦作淺、蓋泄或作洩、形與淺相近、淺誤爲洩、又誤爲泄耳、又案地可言廣狹、不可言深淺、地當爲池字之誤也、上言城、故下言池、池有廣狹深淺、故此言狹以淺、下言廣以深也、越絕書吳越春秋竝作池字、

排藜藿

原憲亡在草澤中、子貢相衛、而結駟連騎、排藜藿入窮閻、過謝原憲、念孫案藜藿、當爲藜藋、徒弔反字之誤也、藋即今所謂灰藋也、爾雅拜蔏藋、郭注曰、蔏藋似藜、莊子徐無鬼篇曰、藜藋柱乎鼪鼬之逕、藜藋皆生於不治之地、其高過人、必排之而後得進、故言排、越世家曰、莊

志三之四　六

生家負郭披藜藋到門彼言披藜藋此言排藜藋其義一也若藿爲豆葉豆之高不及三尺斯不可以言排矣月令曰藜莠蓬蒿竝興管子小匡篇曰蓬蒿藜藋竝興昭十六年左傳曰斬其蓬蒿藜藋藜藋與蓬蒿皆是穢草故云排藜藋入窮閻若藿則非其類矣魏書李騫傳騫贈盧元明魏收詩曰稍旅原思藋坐羨尹懃荊則騫所見史記本正作藜藋也凡書傳言藜藿者皆謂採以供食故大戴禮曾子制言篇曰聚橡栗藜藿而食之墨子魯問篇曰短褐之衣藜藿之羹韓子五蠹篇曰糲粢之食藜藿之羹此皆與言藜藋者異義不可比而同之也藋藿字形相似故藜藋多譌爲藜藿晏子春秋外篇曰晏子東畊海濱堂下生藜藿門外生荊棘韓子外儲說左篇曰孟獻伯相魯堂下生藿藜門外長荊棘淮南脩務篇曰藜藿之生蠖蠖然日加數寸不可以爲櫨棟晏子韓子與荊棘竝舉淮南言不可爲櫨棟則藿字明是藋字之譌（詳見淮南）而校書者皆莫之或正蓋世人多聞藜藿寡聞藜藋所以沿誤而不知也

冄季字子產

冄季字子產引之曰此本作冄季產字子二字則後人據家語增之也單行索隱本出冄季產三字注云家語冄季字產正義曰家語云冄季字子產是家語以產爲字不與史記同史記原文無字子二字明矣唐書禮樂志作冄季產本於史記也冄季產者冄其氏季其字產其名也左氏春秋僖十六年公子季友卒正義曰季是其字友是其名猶如仲遂叔肸之類皆名字雙舉是其例也家語改爲冄季字產大誤古人無以伯仲叔季爲名者惟杜預注左傳謂祭仲足名仲字仲足他人無此謬也

邽巽

邽巽字子斂索隱本邽作邦云家語巽作選字子斂文翁圖作國選蓋亦由避諱改之劉氏作邽巽邽音圭所見本異也引之曰作邦者是也古本若非邦字何以避諱作國廣韻邦國也又姓出何氏姓苑而邽字下不云是姓然則古無邽姓不得作邽明矣至唐初始誤爲邽故劉伯莊音圭而通典禮十三唐書禮樂志及宋倉頡碑陰并仍其誤索隱謂家語巽作選而不云邦作邽則家語亦作邦可知今本家語作邽者後人以誤本史記改之也

商君列傳

諸庶孽公子

商君者，衛之諸庶孽公子也。念孫案，公字後人所加。玉藻，公子曰臣孽，是公子即爲孽子，既言諸庶孽子，則無庸更言公子。呂不韋傳曰，子楚，秦諸庶孽孫，亦不言諸庶孽公孫也。文選西征賦、長笛賦注，引此皆無公字。

鞅欲變法

孝公既用衛鞅，鞅欲變法，恐天下議己。衛鞅曰，疑行無名，疑事無功。念孫案，鞅欲變法，鞅字因上文而衍。此言孝公欲從鞅之言而變法，恐天下議己，非謂鞅恐天下議己也。孝公恐天下議己，故鞅有疑事無功之諫。若謂鞅恐天下議己，則與下文相反矣。商子更法篇，孝公曰，今吾欲變法以治，更禮以教百姓，恐天下之議我也。公孫鞅曰，疑行無成，疑事無功，君亟定變法之慮，殆無顧天下之議之也。是其明證矣。新序善謀篇同。

收司

令民爲什伍，而相收司連坐。引之曰，收當爲牧字之誤也。俗書收字作収，與牧相似。晏子雜篇顯繇牧之處不足，呂氏春秋論人篇不可牧也，淮南原道篇中能得之則外能牧之，今本牧字並誤作收。方言曰，監、牧，察也。鄭注周官禁殺戮曰，司猶察也。凡相監察謂之牧司。周官禁暴氏曰，凡奚隸聚而出入者，則司牧之，戮其犯禁者。酷吏傳曰，置伯格長以牧司姦盜賊。漢書譌作收司，顏師古以爲收捕司察姦人，非也。辯見下。皆其證也。索隱本作牧司，注云，牧司謂相糾發也，一家有罪，則九家連舉發，然則必先司察而後舉發，舉發而後收捕，不得先言收而後言司矣。索隱之牧司，謂相糾發，後人亦依正文改爲收司，而不知收非糾發之謂也。

小都

而集小都鄉邑聚爲縣。念孫案，都大而縣小，不得言集都爲縣。都即鄉字之誤而衍者也。秦本紀曰，幷諸小鄉聚，集爲大縣。六國表曰，初聚小邑爲三十一縣，皆無都字。

蘇秦列傳

君而不任事

奉陽君妬句君而不任事。念孫案，君而當爲而君，言奉陽君既妬賢，而君又不任事也。趙策作奉陽君妬，大王不得任事，是其證。

取淇卷

據衛取淇卷，則齊必入朝秦。念孫案，卷上本無淇字，此後人據趙策加之也。索隱本出據衛取卷四字，注曰，地理志卷縣屬河南。戰國策云，據衛取淇。正義曰，卷城在鄭州原武縣西北七里，言秦守衛得卷，則齊必來朝秦。據此，則正文內有卷無淇，故索隱、正義皆釋卷字而不釋淇字且正義但言守衛得卷則無淇字明矣又案索隱言戰國策云據衛收淇者謂史記作取卷而戰國策作取淇也後人據戰國策加入淇字則與索隱不合乃或於引戰國策之下加無卷字三字以申明之（單行本無此三字）其意謂史記作取淇卷而戰國策無卷字也不知史記作取卷與戰國策作取淇者不同故索隱曰戰國策云據衛取淇若史記作取淇卷則但云戰國策無卷字足矣何必更言取淇乎此不思之甚也

湯武之士不過三千　卒不過三萬

湯武之士不過三千車不過三百乘卒不過三萬趙策作湯武之卒不過三千人（後漢書鄧禹傳注引趙策卒作士）車不過三百乘無卒不過三萬句念孫案卒即士也既云士不過三千不當又云卒不過三萬蓋史記本作湯武之土不過百里（即所謂湯以七十里文王以百里）車不過三百乘卒不過三千（即所謂革車三百兩虎賁三十人）與趙策小異文選枚乘諫吳王書湯武之土不過百里李善注引史記蘇秦說趙王曰湯武之土不過百里是其證後人據趙策改土不過百里為士不過三千又改下文之三千為三萬斯為謬矣（卒不過三千言其少也若作三萬則非其指矣下文蘇秦說魏王亦云武王卒三千人）

見破於人　見臣於人

今西面而事之見臣於秦夫破人之與見破於人也臣人之與見臣於人也豈可同日而論哉念孫案下兩見字皆涉上見字而衍索隱本出臣人之與臣於人七字注曰臣人謂己為彼臣也臣於人謂使彼臣己也（案索隱誤解當從正義）正義曰破人謂破敵也破於人謂被敵破臣人謂己得人為臣臣於人謂己事他人則無兩見字明矣趙策亦無兩見字

距來

天下之彊弓勁弩皆從韓出谿子少府時力距來者皆射六百步之外索隱曰距來者謂弩勢勁利足以距於來敵也（單行本如是今本史記此數語誤入集解內荀子注引此不誤）念孫案小司馬緣文生義非也距來當為距黍黍來隸書相近故黍譌為來韓策作距來亦後人依史記改之藝文類聚軍器部初學記武部太平御覽兵部並引廣雅曰繁弱鉅黍弓也荀子性惡篇曰繁弱鉅黍古之良弓也（楊倞注黍當為來郎或於小司馬之說）時力距黍皆疊韻字故荀子廣雅並作鉅黍文選閒居賦谿子巨黍異絭同機李善注引史記作巨黍距鉅巨古並通用

不從

故為大王計莫如從親以孤秦大王不從秦必起兵

一軍出武關、一軍下黔中、念孫案、大王不從下脫親字、當依楚策補、從卽容反、

投從約書

乃投從約書於秦、索隱曰、投當爲設、今本並作投、言設者、謂宣布其從約六國之事以告於秦、若作投甚爲易解、念孫案、索隱既云投當爲設、則不當又云作投甚爲易解、蓋正文投字本作設、索隱之投當爲設、今本並作投、本作設當爲投、今本並作設、此是各本皆作設、而小司馬以爲當作投、故曰、作投甚爲易解也、後人既改正文設字爲投、又改索隱以就之、而其義遂不可通矣、

志三之四　十三

愈充腹

臣聞飢人所以飢而不食烏喙者、爲其愈充腹而與餓死同患也、索隱曰、劉氏以愈猶暫、非也、案謂飢人食烏頭、則愈益充腹、少時毒發而斃、亦與飢死同患也、念孫案、小司馬以愈充腹爲愈益充腹、亦非也、燕策作偷充腹、則愈卽偷字也、鄭注表記曰、偷、苟且也、言飢人食烏頭、雖苟且充腹、而與餓者同歸於死也、齊世家桓公欲無與魯地而殺曹沫、管仲曰、夫劫許之而倍信殺之、愈一小快耳、而棄信於諸侯、愈一小快、卽偷一小快也、淮南王傳王亦偷欲休、漢書偷作愈、韓子難一、偷取多獸、淮南人閒篇偷作愈、是偷與愈通也、偷薄字說文本作愉、從心俞聲、唐風山有樞篇他人是愉、鄭箋愉讀爲偷、周官大司徒則民不愉、桓七年公羊傳注、則民不偷、坊記注、不偷於死亾、釋文並音偷、大戴禮文王官人篇欲色嘔然以偷、逸周書偷作愉、荀子王霸篇百姓貴之如帝、親之如父母、爲之出死斷亾而不偷、漢棨陽令楊君碑不愉祿求、趨並與偷同、其心字或在旁、或在下、轉寫小異耳、鹽鐵論非鞅篇、猶食毒肉、愉飽而罹其咎也、彼言愉飽、此言愈充腹、其義一也、愉愈偷字異而義同、

抱柱

信如尾生、與女子期於梁下、女子不來、水至不去、抱柱而死、念孫案、柱上本有梁字、文選獄中上梁王書注、太平御覽人事部、引此並作抱梁柱、而死、燕策及莊子盜跖篇同、

志三之四　十四

北夷

夫以宋加之淮北、彊萬乘之國也、而齊幷之、是益一齊也、北夷方七百里、加之以魯衞、彊萬乘之國也、而齊幷之、是益二齊也、索隱曰、北夷謂山戎北狄附齊者、念孫案、此文言北夷方七百里、加之以魯衞、是北夷之地、去魯衞不遠、小司馬以山戎北狄當之、誤矣、北夷當爲九夷字之誤也、燕策作北夷、亦後人依史記改之、秦策云、楚苞九夷、方千里、魏策云、楚破南陽九夷、李斯上始皇

書云，包九夷，制鄢郢，是九夷之地，南與楚接，此言齊幷淮北，淮北卽楚地也，齊幷宋與淮北，則地與九夷接，故又言齊幷九夷也，秦策言楚包九夷，方千里，此言九夷方七百里，七百里卽在千里之中，故言楚包九夷也，淮南齊俗篇云，越王句踐霸天下，泗上十二諸侯皆率九夷以朝，是九夷之地東與十二諸侯接，而魯爲十二諸侯之一，故此言齊幷九夷與魯衞也，上文言齊舉宋而包十二諸侯，田完世家言齊南割楚之淮北，泗上諸侯鄒魯之君皆稱臣，此言齊幷宋與淮北，又言幷九夷與魯衞，以上諸文彼此可以互證，是今本之北夷乃九夷之誤，而不得以山戎北狄當之也，

此苦言

王何不使辯士以此苦言說秦，念孫案，苦，當爲若字之誤也，此若言，猶云此言，燕策作若此言，上文云，王何不使辯士以此言說秦，下文云，秦王聞若說，若，亦此也，說，亦言也，連言此若者，古人自有複語耳，管子山國軌篇曰，此若言何謂也，地數篇曰，此若言可得聞乎，輕重丁篇曰，此若言曷謂也，墨子尚賢篇曰，此若言之謂也，禮記曾子問篇曰，子游之徒有庶子祭者，以此若義也，鄭讀以此爲一句，若義也爲一句，非是，辯見經義述聞，荀子儒效篇曰，此若義信乎人矣，今本若爲作君，辯見荀子，皆並用此若二字，

塞鄳隘

燧均陵塞鄳隘，念孫案，塞，本作安，此後人依燕策改之也，索隱本作安黽隘，安，卽閼字也，閼亦塞也，說文閼，遮攡也，列子楊朱篇謂之閼聰，張湛曰，閼，塞也，爾雅大歲在甲曰閼逢，李巡曰，萬物鋒芒欲出，擁遏未通，曰閼逢，見一切經音義十七，釋文閼，烏割反，又於虔反，於虔反之音與安相近，閼鄳隘之爲安鄳隘，猶閼逢之爲焉逢，見史記曆書，單閼之爲亶安，徐廣曆書音義曰，單閼，一作亶安，亶閼子之爲亶安子，定十三年左傳亶安子，韓子十過篇作亶閼子，以遏徂旅之爲以按徂旅也，後人依燕策改安爲塞，不知安與閼同字，閼與塞同義，無煩改爲塞也，

趙得講於魏

兵困於林中，林中，魏地，徐廣曰，河南苑陵有林鄉，重燕趙，以膠東委於燕，以濟西委於趙，趙得講於魏，至公子延，因犀首屬行而攻趙，念孫案，趙得講於魏，當從燕策作已得講於魏，言秦兵困於魏之林中，恐燕趙來擊，則以膠東委於燕，以濟西委於趙，已得講於魏，則又移兵而攻趙也，下文曰，兵傷於譙石，遇敗於陽馬，而重魏，則以葉蔡委於魏，已得講於趙，則劫魏，不爲割，是其證，今作趙得講於魏者，

涉上下諸趙字而誤。此謂秦得講於魏，非謂趙得講於魏也。索隱曰，講，和也，解也。秦與魏和也。則小司馬本不誤。

張儀列傳

數讓之

因而數讓之。索隱曰，謂數設詞而讓之。讓，亦責也。數，音朔。念孫案，小司馬讀數爲頻數之數，非也。秦初不見儀，至是始一見，即責以數語而謝去之，未嘗數數責之也。數讀如數之以王命之數。高注秦策曰，數，讓也。廣雅曰，數、讓，責也。數讓連文，猶誅讓連文，古人自有複語耳。

王業

今三川周室，天下之朝市也，而王不爭焉，顧爭於戎翟，去王業遠矣。念孫案，去王下本無業字，此涉上文王業而誤衍也。王讀王天下之王。此言秦不爭於三川周室而爭於戎翟，則不能王天下，故曰去王遠矣。下文司馬錯曰，三資者備而王隨之矣，正對此句而言，則王下不當有業字。索隱本出去王遠矣四字，注曰，王音于放反，則無業字明矣。秦策有業字，亦後人依誤本史記加之。故姚宏校本曰，曾、錢、劉無業字。新序善謀篇亦無業字。

論其故

臣請論其故。念孫案，論本作謁，此後人以意改之也。索隱本作謁，注曰，謁者，告也。今本既改正文作論，又改注文曰，論者，告也。案訓謁爲告，本於爾雅；若論字，則古無訓爲告者。後人之改謬矣。秦策及新序並作謁。

折韓

秦折韓而攻梁，韓怯於秦，秦韓爲一，梁之亾可立而須也。念孫案，折讀爲制，言韓爲秦所制，不得不與之共攻梁也。制、折古字通。呂刑制以刑，墨子尚同篇作折則刑；論語顏淵篇片言可以折獄者，魯讀折爲制。魏策作秦挾韓而攻魏，挾與制義亦相近。

雖無出甲

雖無出甲，席卷常山之險，必折天下之脊。念孫案，雖讀曰唯，唯與雖古字通。大雅抑篇女雖湛樂從，弗念厥紹，言女唯湛樂之從也。管子君臣篇故民迂則流之，民流通則迂之，決之則行，塞之則止。雖有明君能決之，又能塞之，言唯有明君能如此也。楚辭離騷余雖好脩姱以鞿羈兮，言余唯有此脩姱之行，以致爲人所係纍也。莊子庚桑楚篇唯蟲能蟲，唯蟲能天，釋文一本唯作雖。此承上文言秦兵之彊如是，是唯無出甲，出甲則席卷常山而折天下之脊也，不更言出甲者，蒙上而省也。晉侯世家曰，楚唯無彊，六國立者復橈而從之，集解引漢書音義曰，唯當使楚無彊，彊則六國弱而從之。莊子人閒世篇曰，若唯無詔，王公必將乘人而鬬其捷，郭象注，汝唯有寂然不言耳，言則王公必乘人而角其捷辯，以距諫飾非也。語意並與此同。

恃弱國之救

夫待弱國之救、忘彊秦之禍、此臣所以爲大王患也、念孫案待當爲恃、今作待者涉上文待諸侯之救而誤也、上言秦之攻楚急而諸侯之救楚緩、故曰、楚待諸侯之救在半歲之外、此言弱國不可恃、而彊秦不可忽、若改恃爲待、則非其指矣、楚策正作恃弱國之救、楚策上文待諸侯之救、待作恃、亦涉下文恃弱國之救而誤、當依史記改、

兩虎相搏

此所謂兩虎相搏者也、引之曰、搏、本作據、徐廣音戟、正是據字之音、後人不知據字之義、而改據爲搏、則與徐音不合、乃又於音戟上加或字、謬甚、辯見楚策、

飯菽

民之食、大抵飯菽藿羹、念孫案飯菽當爲菽飯、菽飯藿羹、相對爲文、韓策作豆飯、豆亦菽也、姚宏校韓策引春秋後語亦作菽飯、

督過之 過楚 不過

大王之威行於山東、敝邑恐居懾處、不敢動搖、唯大王有意督過之也、索隱曰、督者、正其事而責之、督過、是深責其過也、念孫案督過皆責也、晏子春秋雜篇曰、古之賢君、臣有受厚賜而不顧其國族、則過之、臨事守職不勝其任、則過之、楚辭九章曰、信讒諛之溷濁兮、盛氣志而過之、呂氏春秋適威篇曰、煩爲教而過不識、數爲令而非不從、高誘注曰、過、責也、廣雅同、是督過皆責也、若以督爲過失之過、則當言督過不當言督過之矣、甘茂傳蘇代謂向壽曰、公奚不以秦爲韓求潁川於楚、此韓之寄地也、公求而得之、是令行於楚、而以其地德韓也、公求而不得、是韓楚之怨不解、而交走秦也、秦楚爭彊、而公徐過楚以收韓、此利於秦、索隱過楚謂責楚也、正義謂讓楚之過失以收韓、亦失之、張釋之傳曰、釋之見謝景帝不過也、不過、亦謂不責之也、

趙服

約四國爲一以攻趙、趙服、必四分其地、念孫案服字義不可通、趙服當爲趙破字之誤也、趙策作破趙而四分其地、是其證、

入儀之梁

乃具革車三十乘入儀之梁、念孫案入儀之梁本作入之梁、下文曰、故具革車三十乘而入之梁也、是其證、入下有儀字、則文不成義、此因上下文儀字而誤衍也、齊策作乃具革車三十乘內之梁、內即入也、

喜

乃使其舍人馮喜之楚、索隱曰、此與戰國策同、見齊策舊

本作憙誤也念孫案殷本紀九侯女不憙淫高祖本紀秦人憙封禪書而天子心獨喜其事祕漢書郊祀志作憙又賈誼傳遇之有禮故羣臣自憙桓六年穀梁傳陳侯憙獵晏子僔問篇國家憙音湛湎荀子堯問篇楚莊王以憂而君以憙漢有聞憙長韓仁銘又太尉劉寬碑陰河東郡聞憙泰山都尉孔宙碑逢祈字伯憙郃陽令曹全碑陰故市掾王尊文憙是喜字古通作憙不得以戰國策改史記也又案古今人表之司馬憙中山策作憙趙策曰無憙志而有憂色是戰國策喜字亦通作憙也

不得待異日

陳軫過梁欲見犀首犀首謝弗見軫曰吾爲事來公不見軫軫將行不得待（索隱曰軫語犀首言我故來欲有敎汝之事何不相見）異日犀首見之念孫案索隱本軫語犀首云云本在上文吾爲事來之下其不得待異日五字作一句讀軫言不得待異日故犀首卽出見之也今本列索隱於不得待之下而以不得待爲句異日爲句大謬

秦得燒掇焚杅君之國

中國無事秦得燒掇焚杅（今本此下載索隱曰掇音都活反謂焚燒而侵掠也焚扞音煩烏謂煩蹂而拏掣也戰國策云秦且燒焫獲君之國是說其事也）君之國（此三字上屬爲句）有事（索隱曰謂山東諸國共伐秦）秦將輕使重幣事君之國念孫案中國無事與有事相對爲文秦得燒掇焚杅君之國與秦將輕使重幣事君之國相對爲文索隱掇音都活反云云本在君之國下下注云謂山東諸國共伐秦乃專釋有事二字今本以掇音都活反云云列入燒掇焚杅之下君之國之上而以秦得燒掇焚杅爲句君之國有事爲句其失甚矣單行本亦誤（下文此公孫衍所謂邪索隱曰謂上文犀首云有事秦將輕使重幣事君之國故云衍之所謂今本有事上有君之國三字亦後人所加單行本同）

樗里甘茂列傳

議之

樗里子公孫奭二人者挾韓而議之王必聽之念孫案議下本無之字此涉下聽之而誤衍也羣書治要引此作挾韓而議無之字秦策及新序雜事篇竝同

白起王翦列傳

邢邱

秦嘗攻韓圍邢邱困上黨上黨之民皆反爲趙集解徐廣曰平皋有邢邱正義曰邢邱今懷州武德縣東南二十里平皋縣城是也念孫案邢邱魏地非韓地徐張之說非也此本作攻韓圍邢邢下邱字衍文耳秦策作秦嘗攻韓邢（此脫圍字）困於上黨（衍於字）是其證邢卽陘之借字

也上文曰昭王四十三年白起攻韓陘城拔五城正義
曰陘庭故城在曲沃縣西北二十里案今曲沃縣西北
十里汾水旁有陘庭城即桓三年左傳所謂曲沃武公
伐翼次于陘庭逐翼侯于汾隰者也秦策曰秦攻韓圍
陘韓策曰秦攻陘韓使人馳南陽之地范雎傳曰昭王
四十三年秦攻韓汾陘拔之韓世家曰桓惠王五年秦
拔我陘城汾旁十年秦擊我於太行我上黨郡守以上
黨降趙即此所謂攻韓圍邢因上黨上黨之民皆反爲
趙者也又案宣六年左傳赤狄伐晉圍邢邱杜注曰邢
邱今河內平皋縣平皋故城在今溫縣東秦本紀昭襄

王四十一年攻魏取邢邱懷徐張彼注並與此注同范
雎傳曰使五大夫綰伐魏拔懷後二歲拔邢邱秦策曰
舉兵而攻邢邱邢邱拔而魏請附是邢邱爲魏地非韓
地不得言攻韓圍邢邱也

孟子荀卿列傳

不果所言

梁惠王不果所言則見以爲迂遠而闊於事情念孫案
果信也以爲迂遠而闊於事情是不信所言也廣雅曰
果信也中庸果能此道矣謂信能此道也孟子離婁篇
果有以異於人乎謂信有以異於人也凡書傳言果然

者皆謂信然也

自騶衍與齊之稷下先生如淳于髡愼到環淵
接子田駢騶奭之徒

念孫案此本作自如騶衍與齊之稷下先生淳于髡愼
到環淵接子田駢騶奭之徒自如者統下之詞稷下先
生即指淳于髡諸人而言下文曰自如淳于髡以下又
曰自如孟子至于吁子匈奴傳曰自如左右賢以下至
當戶皆以自如二字連文田完世家曰自如騶衍淳于
髡田駢接子愼到環淵之徒此尤其明證也後人不曉
自如二字之義而移如字於淳于髡諸人之上則文不
成義矣

爲

豈寡人不足爲言邪念孫案不足爲言不足與言也李
斯傳斯其猶人哉安足爲謀亦謂安足與謀也與爲一
聲之轉故謂與曰爲管子戒篇曰自妾之身之不爲人
持接也尹知章注爲猶與也孟子公孫丑篇曰不得不
可以爲悅無財不可以爲悅得之爲有財古之人皆用
之言得之與有財也齊策曰犀首以梁爲齊戰於承匡
而不勝言以梁與齊戰也韓策曰嚴仲子辟人因爲聶
政語言與聶政語也韓詩外傳曰寡人獨爲仲父言而

國人知之何也、言獨與仲父言也、

孟嘗君列傳

一與文等

食客數千人無貴賤一與文等、念孫案文當爲之、字之誤也、上文曰、文果代立於薛、是爲孟嘗君、自此以下、則皆稱孟嘗君而不稱文、此何獨稱文、則與上下文不合、故知文爲之字之誤也、之字指食客言、非指孟嘗君言、太平御覽人事部待士類引此正作一與之等（賓客類引作一與文等、此後人依史記改之、）

偶人

見木偶人與土偶人相與語、念孫案偶、索隱本作禺、注曰、音偶、又音寓、謂以土木爲之、偶類於人也、是舊本作禺、有偶寓二音、後人改禺爲偶、又改注文曰、偶、音遇、斯爲謬矣、封禪書木禺龍欒車一駟、索隱曰、禺、一音寓、寄也、寄龍形於木、一音偶、亦謂偶其形於木也、後漢書劉表傳論曰、其猶木禺之於人也、是偶人之偶古通作禺、（管子海王篇禺筴之商日二百萬、尹知章曰、禺讀爲偶、漢書匈奴傳此溫偶駼王所居地也、班固燕然山銘、斬溫禺以釁鼓、溫禺卽溫偶、）

如有

如有不得還、君得無爲土偶人所笑乎、念孫案如有、如

志三之四　三十五

或也、下文曰、如有齊覺悟、復用孟嘗君、則雌雄之所在未可知也、袁盎傳曰、如有遇霧露行道死、陛下竟有殺弟之名、奈何、皆謂如或也、或與有古同聲而通用、說見釋詞、

意疑孟嘗君

人或毀孟嘗君於齊湣王曰、孟嘗君將爲亂、及田甲劫湣王、湣王意疑孟嘗君、念孫案意下本無疑字、意孟嘗君者、意卽疑也、疑其使田甲劫王也、文選長楊賦注引廣雅曰、意、疑也、呂氏春秋去尤篇曰、人有亡鈇者、意其鄰之子、梁孝王世家曰、梁王陰使人刺殺袁盎及他議臣十餘人、於是天子意梁王（漢書文三王傳同、顏師古曰、意、疑也、）張儀傳曰、嘗從楚相飲、已而楚相亡璧、門下意張儀、直不疑傳曰、其同舍有告歸、誤持同舍郎金去、已而金主覺、妄意不疑、皆其證也、後人不知意之訓爲疑、故又加疑字耳、太平御覽人事部引此無疑字、

爲雄雄者

此雄雌之國也、勢不兩立、爲雄雄者得天下矣、顧子明曰、爲雄下衍一雄字、爲雄二字屬下讀、

朝趨市

君獨不見夫朝趨市者乎、明旦、側肩爭門而入、日暮之

志三之四　三十六

後過市朝者、𢷎臂而不顧、引之曰、朝趨市、當作趨市朝、朝、音潮、下文過市朝者、卽承此文言之、若讀朝暮之朝、則與下明旦相複矣、索隱出朝趨市三字、云、趨、音娶、後又出過市朝三字、云、朝、音潮、謂市之行位有如朝列、因言市朝耳、則所見本已譌爲朝趨市矣、李善注文選籍田賦引此亦譌、李注引朝趨市而不引明旦二字、蓋亦以明旦與朝相複故節之、而不知朝趨市、乃趨市朝之譌也、

平原君虞卿列傳

罷癃之病

躄者至平原君門、請曰、臣不幸有罷癃之病、索隱曰、罷癃、背疾、言腰曲而背隆高也、念孫案、躄非背疾、則罷癃之病、非謂腰曲而背隆高也、罷癃、卽指躄而言、說文、癃、罷病也、廣雅、躄、癃也、是躄爲罷癃之病也、故淮南地形篇、林氣多癃、天官書正義引作林氣多躄、癃躄、躄字異而義同、

志三之四　卅七

發

十九人相與目笑之、而未發也、索隱本發作廢、注曰、鄭氏云、皆目視而輕笑之、未能卽廢棄之、念孫案、廢卽發之借字、召南騶虞篇、壹發五豝、小雅賓之初筵篇、獻爾發功、徐邈並讀如廢、廢發古同聲、故字亦相通、墨子非命中篇、發而爲刑政、上篇、發作廢、列子仲尼篇、發無知、何能情、發不能、何能爲、釋文、發、一本作廢、莊子列御寇篇、先生旣來、曾不發藥乎、釋文、發、司馬本作廢、齊策、王何不廢將而擊之、廢將、卽發將、而目笑之而未發於口也、鄭氏不達、故誤解爲廢棄、然以此知正文之本作廢也、若作發、則不得有此誤解矣、後人改廢爲發、遂失其舊、乃或加發一作廢四字以牽合已改之正文、則其謬益甚矣、

衍文十六

今郝曰、秦善韓魏而攻趙者、必以爲韓魏不救趙也、而王之軍必孤、有以自以爲韓魏至此、凡十六字皆衍文、說見下、王之事秦不如韓魏也、是使王歲以六城事秦也、念孫案、上文趙郝曰、今秦善韓魏而攻王、王之所以事秦、必不如韓魏也、故虞卿復舉其詞而駁之曰、是使王歲以六城事秦也、然則此文當以必王之事秦不如韓魏也爲一句、而必字之下、王之事秦之上、不當有以爲韓魏云云十六字明矣、此不知何處錯簡、與上下文皆不相屬、趙策及新序善謀篇並無此十六字、

志三之四　卅八

子秦地何如毋予孰吉

趙王與樓緩計之、曰、予秦地何如毋予孰吉、念孫案、此本作予秦地如毋予、何孰吉、何如者與也、論語先進篇、方六七十、如五六十、宗廟之事、如會同、如字並與與同義、言予秦地與不予二者孰吉也、新序作予秦地與無予孰吉、是其明證矣、今本如上有

何字者後人據趙策加之也趙策作與秦城句何如不與句今本不與下又有何如二字亦後人不曉文義而妄加之辯見趙策何與孰同義趙策言何如則不言孰吉此言孰吉則不言何如後人又加何字斯爲謬矣後人不知如之訓爲與故妄加何字

彊怒

天下將因秦之彊怒乘趙之獘瓜分之念孫案此怒字非喜怒之怒廣雅曰怒健也健亦彊也後漢書第五倫傳鮮車怒馬李賢注怒馬謂馬之肥壯其氣憤盛也義與此怒字同彊怒連文又與下句獘字對文趙策作因秦之怒乘趙之敝怒與敝對文亦非喜怒之怒是怒即彊也上文曰吾且因彊而乘弱是其證

危哉　危反

危哉樓子之所以爲秦者念孫案此危字非安危之危危讀爲詭詭詐也言其爲秦之計甚詐也樓緩使趙王割地爲和以疑天下而慰秦心實則示天下以弱而益秦之彊名以爲趙而實以爲秦故曰詭哉樓子之所以爲秦者又李斯傳今高有淫佚之志危反之行危亦讀爲詭詭亦反也言其行之反常也曹大家注幽通賦曰詭反也呂氏春秋淫辭篇曰言行相詭不祥莫大焉賈子傳職篇曰天子燕業反其學建本潭本反譌作及今從續漢書百官志所引本或作燕辟廢其學後人以學記改之也左右之習詭其師淮南齊俗篇曰禮樂相詭服制相反是詭與反同義古字或以危爲詭漢書天文志司詭星史記天官書作危淮南說林篇尺寸雖齊必有詭文子上德篇作危

魏公子列傳

閒語

侯生乃屏人閒語索隱曰閒音閑閒語謂靜語也念孫案閒讀閒廁之閒閒私也項羽紀沛公道芷陽閒行謂私行也漢王閒往從之謂私往也王可以閒出謂私出也韓子外儲說右篇秦惠王愛公孫衍與之閒有所言謂私有所言也後漢書鄧禹傳因留宿閒語李賢注曰閒私也

范雎蔡澤列傳

辯口

齊襄王聞雎辯口念孫案辯口本作辯有口謂辯給有口才也太平御覽居處部引此作辯有口才才字後人所加人事部辯類作辯有口陸賈傳曰名爲有口辯士朱建傳曰爲人辯有口武安傳曰蚡辯有口皆其證

湖關

王稽辭魏去過載范雎入秦至湖關念孫案湖下關字後人妄加之也索隱本出至湖二字而釋之曰案地理

志京兆有湖縣本名胡武帝更名湖即今湖城縣也正義說與索隱同皆但言湖縣而不言湖關地理志京兆尹湖有周天子祠二所亦不言有湖關水經河水注河水東逕湖縣故城北昔范叔入關此謂函谷關遇穰侯於此亦但言過穰侯於湖縣而不言湖關又文選解嘲注引史記曰竊載范睢入秦至湖則無關字明矣

秖硯

周有秖硯念孫案硯本作戹此因秖字而誤加石旁耳說文玉篇廣韻皆無硯字惟集韻有之注云玉名范雎曰周有秖硯則北宋時史記本已譌作硯秦策正作秖戹

亾其　亾意亦

意者臣愚而不概於王心邪亾其言臣者賤而不可用乎索隱曰亾猶輕蔑也念孫案小司馬以亾爲輕蔑義不可通亾讀如無或言亾或言亾其皆轉語詞也亾或作無漢書貨殖傳寧爵無刁孟康曰奴自相謂寧欲免去作民有爵邪無將止爲刁氏作奴乎無發聲助也莊子外物篇曰抑固窶邪亾其略弗及邪呂氏春秋審爲篇曰君將攫之乎亾其不與愛類篇曰必得宋乃攻之乎亾其不得宋且不義猶攻之乎韓策曰聽子之謁而廢子之道乎又亾其行子之術而廢子之謁乎是凡言亾其者皆轉語詞也越語曰道固然乎妄其欺不穀邪趙策曰不識三國之憎秦而愛懷邪妄其憎懷而愛秦邪妄亦讀如無魯仲連傳亾意亦捐燕弃世東游於齊乎索隱斷亾意爲一句注云言若必無還燕意則捐燕而東游於齊案小司馬以亾意爲無還燕意亦非也亾意亦者意亦也意亦者抑亦也抑意古字通論語學而篇求之與抑與之與漢石經抑作意墨子明鬼篇豈女爲之與意鮑爲之與莊子盜跖篇知不足邪意知而力不能行邪意並與抑同大戴禮武王踐阼篇黃帝顓頊之道存乎意亦忽不可得見與荀子脩身篇不識步道者將以窮無窮逐無極與意亦有所止之與秦策誠病乎意亦思乎意亦並與抑亦同或言意或言意亦或言意亾墨子非攻篇爲其上中天之利而中中鬼之利而下中人之利故譽之與意亾非爲其上中天之利而中中鬼之利而下中人之利故譽之與非命篇不識昔也三代之聖善人與意亾昔三代之暴不肖人與或言無意賈子瑰瑋篇陛下無意少聽其數乎或言亾意亦皆轉語詞也齊策作意者亦捐燕棄世東游於齊乎意者亦轉語詞也意者猶言抑者漢書敘傳其抑者從橫之事復起於今乎

繆爲

范雎繆爲曰秦安得王秦獨有太后穰侯耳念孫案爲猶謂也言范雎以此言謬謂宦者也繆與謬同謂爲一聲之轉故謂或曰爲說見秦策蘇代僞爲齊王曰下

田文

臣居山東時聞齊之有田文不聞其有王秦策田文作

田單飽彪曰，史之田文非也。文去齊至是已十餘年，不得近舍單遠論文也。吳師道曰，姚氏云，後語亦作文。愚謂舉齊事言，不必一時。念孫案田文當依秦策作田單。後語作文者，校書者依誤本史記改之耳。吳曲爲之說，非也。張載注魏都賦，引史記正作田單。

萬世之後

臣竊爲王恐，句 萬世之後有秦國者，非王子孫也。念孫案秦策作臣竊爲王恐，恐萬世之後有國者，非王子孫也。此脫一恐字，則與下文義不相屬。

爲友　結友

貴而爲友者，爲賤也；富而爲交者，爲貧也。念孫案上句友字亦當作交。隸書交字或作文，形與友相似，又因下文勝之友而誤。索隱本作貴而爲交。注曰，言富貴而結交，情深者，爲有貧賤之時，不可忘之也。則上句亦作交，明矣。又廉頗藺相如傳，臣嘗從大王與燕王會境上，燕王私握臣手曰，願結友。友亦交之誤。文選恨賦注、太平御覽治道部引此並作願結交。

持國秉政

吾聞先生相李兌曰，百日之內持國秉政，有之乎。念孫案政字後人所加。索隱本出持國秉三字，而釋之曰，案左傳云，國子寔執齊秉。〔見哀十七年傳。今本秉作柄。〕服虔曰，秉，權柄也。據此則秉下本無政字。持國秉，即持國柄也。蔡侯世家許負相蔡侯曰，君後三歲而侯，侯八歲爲將相，持國秉，是其明證矣。〔說文柄或作棅，書傳通作秉。齊語治國家不失其柄，管子小匡篇作秉。史記天官書二十八舍主十二州，斗秉兼之。周官鼓人注，鐃如鈴，無舌有秉，並讀與柄同。〕後人不知秉爲柄之借字，故妄加政字。太平御覽方術部引此作持國秉政，亦後人依史記加之。人事部引此正作持國柄。

曷鼻

先生曷鼻巨肩，魋顏蹙齃膝攣。念孫案曷讀爲遏。〔商頌長發篇則莫我敢曷，荀子議兵篇引此曷作遏。〕遏鼻者，偃鼻也；偃鼻者，仰鼻也。〔廣雅，偃，仰也。〕故徐廣曰，曷一作仰。列女傳辯通傳曰，鍾離春極醜無雙，臼頭深目，卬鼻結喉。是也。偃遏一聲之轉，偃鼻之爲遏鼻，猶偃豬之爲遏豬，千金堰之爲千金遏也。〔襄二十五年左傳規偃豬，鄭注周官稻人曰，偃豬，畜流水之陂也。禹貢滎波既豬，某氏傳曰，滎澤波水已成遏豬。遏豬即偃豬也。文選沈約三月三日詩東出千金堰，李善注，堰一作堨。水經穀水注引河南十二縣境簿曰，河南縣城東十五里有千金堨，即千金堰也。堰音偃，又於建反。堨音遏。〕小司馬不解曷鼻之義，而以爲鼻如蝎蟲，其失甚矣。

不

豈不辯智之期與。念孫案豈不，豈非也。〔上文曰，豈非士之願與。〕又游俠傳，不可謂不賢者矣。不賢者，非賢者也。非不一聲

之轉故謂非爲不說見釋詞

不知止　不知足

吾聞欲而不知止失其所以欲有而不知足失其所以

有念孫案止足二字互誤足與欲爲韻止與有爲韻有

古讀若以見詩及楚辭

樂毅列傳

嚪秦

令趙嚪秦以伐齊之利嚪與啗同念孫案索隱本嚪下有說

字是也集解引徐廣曰嚪進說之意則正文內有說字

明矣說秦伐齊其大指在嚪之以利故曰嚪進說之意

高祖紀曰使酈生陸賈往說秦將啗以利義與此同也

以身得察

臣竊觀先王之舉也見有高世主之心故假節於魏以

身得察於燕念孫案察讀爲交際之際際接也見爾雅及左傳

昭四年注孟子萬章篇注言假魏節使於燕而以身得接見先王也

際與察古同聲而通用淮南原道篇施四海際天地文子道原篇作施於四海察於天

地

最勝

夫齊霸國之餘業而最勝之遺事也念孫案最當爲冣

字之誤也冣與驟同冣古聚字周官獸醫注趣聚之節釋文聚本亦作冣驟聚冣三字古

聲相近故驟亦通作冣驟勝者數勝也齊嘗破燕滅宋取楚之淮

北故曰驟勝之遺事也燕策正作驟勝

顧反

具符節南使臣於趙顧反命起兵擊齊念孫案顧反

者還反也文選沈約鍾山詩注引蒼頡篇曰顧旋也穆

天子傳吾顧見女郭璞曰顧還也故還反謂之顧反屈

原傳曰使於齊顧反諫懷王呂氏春秋觀表篇曰郈成

子爲魯聘於晉過衛右宰穀臣止而觴之顧反過而不

辭韓子外儲說左篇曰曾子之妻之市其子隨之而泣

其母曰女還顧反爲女殺彘趙策曰公子魏牟過趙趙

王迎之顧反至坐前淮南人閒篇曰陽虎赴圍而走顧

反取其出之者以戈推之皆謂還反也

不化

子胥不蚤見主之不同量是以至於入江而不化索隱

曰言子胥懷恨故雖投江而神不化猶爲波濤之臣也

念孫案小司馬誤解化字化者變也至於入江而不化

猶言至死不變耳燕策作故入江而不改改亦變也上

文曰吳王不寤先論之可以立功故沈子胥而不悔不

悔與不化意亦相近

廉頗藺相如列傳

廣成傳舍

舍相如廣成傳舍、念孫案傳下本無舍字此涉索隱傳舍而誤衍也、索隱本出廣成傳三字而釋之曰廣成是傳舍之名、若正文本作廣成傳舍則索隱爲贅語矣、太平御覽居處部引此有舍字則所見本已誤、左思魏都賦廣成之傳無以疇張載注引此作舍相如廣成傳與小司馬本同足正今本之誤、

請奉盆缻

請奉盆缻秦王以相娛樂、念孫案奉當爲奏字之誤也、奏進也、言請進盆缻於秦王前也、上文秦王曰寡人竊聞趙王好音請奏瑟、故相如亦曰趙王竊聞秦王善爲秦聲、請奏盆缻秦王以相娛樂、請奏盆缻正與請奏瑟相對、今本奏作奉、則非其指矣、文選西征賦注、太平御覽器物部引此並作奏、上文又云相如奉璧奏秦王、

大功

我爲趙將有攻城野戰之大功、念孫案大字後人所加、攻城野戰之功、對下文徒以口舌爲勞言之、而其大自見、無庸更加大字、文選西征賦注、後漢書寇恂傳注、太平御覽兵部、人事部、疾病部引此並無大字、羣書治要及通鑑周紀四同、

廉頗　畏匿之

令君與廉頗同列、廉君宣惡言而君畏匿之、念孫案廉頗當爲廉君、下文作廉君、即其證、今作廉頗者涉上文而誤、文選盧諶覽古詩注、曹攄感舊詩注、引此並作廉君、羣書治要同、畏匿之、覽古詩注引作畏匿、感舊詩注引作畏之匿、案作畏之匿者是也、今本之字在匿字下、則文不成義、

秦破趙殺將扈輒

秦破趙殺將扈輒於武遂城、念孫案趙字本在殺字下、秦破殺趙將扈輒於武遂城作一句讀、上文云大破殺匈奴十餘萬騎、下文云大破殺趙葱、皆以破殺連文、史記中若是者多矣、今本趙字在殺字上、則當以秦破趙爲句、秦破謂破其軍、非謂破其國、不得言秦破趙明矣、索隱本正作破殺趙將扈輒、

魯仲連鄒陽列傳

過而爲政於天下

彼即肆然而爲帝過而爲政於天下、則連有蹈東海而死耳、吾不忍爲之民也、索隱解過而爲政於天下云謂以過惡而爲政也、正義讀至過字絶句、解云言秦得肆志爲帝、恐有烹醢納筦偏行天子之禮過失也、徐孚遠

曰此解非也言秦未能幷滅六國若尊之太過使得稱帝則爲政於天下矣念孫案司馬與張固失之而徐亦未爲得也過而爲政於天下指秦言之非謂尊之太過也案高誘注呂氏春秋知士篇曰過猶甚也言秦若肆然而爲帝甚而遂爲政於天下則吾有死而已不忍爲之民也過與大義亦相通秦策曰弊邑之王所甚說者無大大王唯儀之所甚願爲臣者亦無大大王言無過大王也魏策曰吾所賢者無過堯舜吾所大者無大天地大亦過也韓策曰夫羞社稷而爲天下笑無過此者矣蘇秦傳過作大然則過而爲政於天下猶言大而爲

政於天下耳呂氏春秋注訓過爲甚甚與大義亦相通故趙岐注孟子梁惠王篇曰甚大也

來吾君

子安取禮而來吾君念孫案來下脫待字當依趙策補

辭讓使者三　解紛亂

魯連辭讓使者三終不肯受念孫案辭讓下不當有使字蓋衍文也趙策作辭讓者三藝文類聚人部太平御覽封建部人事部引此竝作辭謝者三文選左思詠史詩注江淹上建平王書注引此竝作辭謝皆無使字又案諸書引史記作辭謝而今本作辭讓疑後人依趙策改之也又下文爲人排患釋難解紛亂文與趙策同而類聚人部御覽人事部文選詠史詩注北山移文注後漢書桓榮傳論注荀彧傳注引史記皆無亂字

反外

食人炊骨士無反外之心念孫案外當爲北北古背字說文北乖也從二人相背韋昭注吳語曰北古之背字管子君臣篇爲人君者倍道弃法而好行私謂之亂爲人臣者變故易常而巧官以諂上謂之騰亂至則虐騰至則北北卽此所謂反北也言雖至食人炊骨而士卒終無反背之心也齊策作士無反北之心是其證隸書外字或作外見漢司隸校尉魯峻碑形與北相近故北誤爲外漢書劉向傳孝文皇帝居霸陵北臨廁張釋

之傳北誤作外方言燕之北鄙今本北誤作外是其證

而能

捐子之心而能不說於田常之賢漢書作而不說田常之賢文選同新序雜事篇作能不說於田常之賢念孫案能與而同漢書作而新序作能其實一字也下文獨化於陶鈞之上而不牽於卑亂之語新序而作能是其證也史記作而能者一本作而一本作能而後人誤合之耳能字古讀若而故與而通說見經義述聞能不我知下

包堯舜之術

雖包堯舜之術挾伊管之辯念孫案包本作𦤎此後人以意改之也索隱本作𦤎注曰𦤎被堯舜之道則舊本作𦤎明矣新序漢書文選竝作𦤎

史記弟四

史記弟五　讀書雜志三

高郵王念孫

屈原賈生列傳

濯淖

濯淖汙泥之中索隱曰濯音濁汙音烏故反泥音奴計反念孫案上言洗濯下言淖則文不相屬濯字當讀直教反（濯淖竝讀宗）濯淖汙泥四字同義說文曰潘淅米汁也又曰周謂潘曰泔又曰滫久泔也廣雅曰濯滫也曹憲音直皃反士喪禮渜濯棄于坎鄭注曰沐浴餘潘水釋文濯直孝反喪大記濡濯棄于坎皇侃疏曰濯謂不淨之汁也廣雅曰淖濁也是濯淖皆汙濁之名

不獲

不獲世之滋垢皭然泥而不滓者也念孫案獲者辱也言不爲滋垢所辱也鄭注士昏禮曰以白造緇曰辱是也下句泥而不滓卽承不獲言之廣雅曰獲辱也又曰濩辱汙也濩亦獲也古聲義同耳

懲違

懲違改忿兮抑心而自彊念孫案違非違逆之違懲止也違恨也言止其恨改其忿抑其心而自彊勉也廣雅曰懲、悷、很、恨也悷與違同無逸曰民否則厥心違怨否則厥口詛祝、違、亦怨也、詛、亦祝也、正義以違爲違命、失之、辯見經義述聞、邶風谷風篇中心有違、韓詩曰、違、很也、很、亦恨也、班固幽通賦違世業之可懷、曹大家曰、違、恨也、楚辭違諷作違、王注以違爲酉違、失之、

含憂

含憂虞哀兮、索隱曰、楚詞作舒憂娛哀、念孫案含當爲舍、字之誤也、隸書舍或作含、又作舍、皆與含字相似、舍卽舒字也、說文、舒從予舍聲、小雅何人斯篇亦不遑舍與車盱爲韻、史記律書、舍者日月所舍、舍者、舒氣也、左氏春秋哀六年齊陳乞弒其君荼、釋文、荼、音舒、公羊荼作舍、聘禮記發氣怡焉鄭注曰、發氣、舍息也、舍息、卽舒息、是舒與舍古同聲而通用、王注楚詞曰、言已自知不遇、聊作詞賦以舒展憂思、樂已悲愁、是舒憂娛哀義本相承、若云含憂、則與娛哀異義矣、

有命

人生有命兮、各有所錯兮、念孫案有命當從宋本作稟命、此涉下句有字而誤也、楚辭作民生稟命、王注曰、言萬民稟受天命而生、

曾傷爰哀、永嘆喟兮、世溷不吾知、心不可謂兮、

浩浩沅湘兮、分流汩兮、脩路幽拂兮、道遠忽兮、曾唫恆

志三之五　二

悲兮、永歎慨兮、世旣莫吾知兮、人心不可謂兮、懷情抱質兮、獨無匹兮、伯樂旣歿兮、驥將焉程兮、人生有命兮、各有所錯兮、定心廣志兮、餘何畏懼兮、曾傷爰哀、永嘆喟兮、世溷不吾知、心不可謂兮、知死不可讓兮、願勿愛兮、明以告君子兮、吾將以爲類兮、引之曰、曾傷爰哀四句、乃後人據楚辭增入、非史記原文也、曾唫恆悲四句卽曾傷爰哀四句之異文、特史記在道遠忽兮之下、楚辭在余何畏懼兮之下耳、後人據楚辭增入、而不知已見於上文也、浩浩沅湘兮以下、每句有兮字、而增傷爰哀世溷不吾知二句下、獨無兮字、與楚辭相合、其增入

志三之五　三

之跡、尤屬顯然、永嘆喟兮、集解引王逸注曰、喟、息也、則後四句之增、蓋在裴駰以前矣、又案此四句、似當從史記列於道遠忽兮之下、今循其文義讀之、世旣莫吾知兮、人心不可謂兮、懷情抱質兮、獨無匹兮、皆言世莫能知也、定心廣志兮、餘何畏懼兮、知死不可讓兮、願勿愛兮、皆言已不畏死也、其敘次秩然不紊、蓋子長所見屈原賦如此、較叔師本爲長、

自投

於是懷石、遂自投汨羅以死、索隱本自投作自沈、念孫案下文云、自屈原沈汨羅後、又云、側聞屈原兮、自沈汨

雜又云觀屈原所自沈淵則作自沈者是也東方朔七諫亦云懷沙礫以自沈、

而寶康瓠

斡棄周鼎兮而寶康瓠索隱本無而字念孫案下句云騰駕罷牛兮驂蹇驢則無而字者是也漢書文選兮字竝在寶康瓠下亦無而字

請對以臆

服乃歎息舉首奮翼口不能言請對以臆念孫案索隱本臆作意注曰協音臆正義曰協韻音憶據此則正文本作請對以意謂口不能言而以意對也今本作臆者後人以意與息翼韻不相協而改之也不知意字古讀若億正與息翼相協明夷象傳獲心意也與食則得息國則爲韻管子戒篇身在草茅之中而無懾意與惑色爲韻楚詞天問何所意焉與極爲韻呂氏春秋重言篇將以定志意也與翼則爲韻秦之罘刻石文承順聖意與德服極則式爲韻論語先進篇億則屢中漢書貨殖傳億作意皆其證也此賦以意與息翼爲韻故索隱正義竝以意爲協韻下文好惡積意與息爲韻正義亦云協韻音憶若臆字則本讀入聲何煩協韻乎又案文選作請對以臆亦是後人所改據李善注云請以意中之事對則本作意明矣而

今本幷李注亦改作臆惟漢書作請對以意顏師古曰意字合韻宜音億索隱正義皆本於此今據以訂正、

其生若浮兮其死若休

其生若浮兮其死若休念孫案漢書文選竝作其生兮若浮其死兮若休五字則上句亦當與漢書文選同今案其生兮若浮其死兮若休澹乎若深淵之靜氾乎若不繫之舟四句文同一例且浮休舟三字皆於句末爲韻則索隱本是也今本作其生若浮兮其死若休蓋涉上文句法而誤、

養空而游

養空而游念孫案游當爲浮字之誤也索隱本作浮注曰言體道之人但養空性而心若浮舟也漢書文選竝作浮服虔曰道家養空虛若浮舟也皆其證上文其生兮若浮義亦同也、

呂不韋列傳

且自大君之門

且自大君之門而乃大吾門念孫案且當爲盇字之誤也盇何不也言何不自大君之門而乃大吾門也若作且則與而乃二字義不相屬矣太平御覽居處部引此作盇自大君之門顧乃大吾門高誘呂氏春秋注序作

何不大君之門、乃大吾之門邪、皆其證、

所養母

莊襄王所養母華陽后、念孫案養字後人所加、莊襄王乃夏姬所生、而華陽后爲夫人時、立以爲適嗣、故曰莊襄王所母華陽后、對下文眞母夏姬而言也、索隱本出所母華陽后五字、注曰、劉氏本作所生母、生、衍字也、今檢諸本並無生字、據此、則養字亦後人所加明矣、後人不解所母二字之義、故妄加養字、

刺客列傳

范中行氏

故嘗事范中行氏、念孫案范中行氏、本作范氏及中行氏、今本無氏及二字者、後人依趙策刪之也、不知古人屬文或繁或省、不得據彼以刪此、下文言范中行氏者、前詳而後略耳、亦不得據後以刪前、索隱本出事范氏及中行氏七字、解云、范氏謂范昭子吉射也、中行氏中行文子荀寅也、則有氏及二字明矣、羣書治要引此亦作范氏及中行氏、

釋

卒釋去之、念孫案釋本作醳、古多以醳爲釋字、管蔡世家、鄭降楚、楚復醳之、魏世家、與其以秦醳衛、不如以魏醳衛、孔子世家、陽虎因囚桓子、與盟而醳之、張儀傳、掠笞數百不服、醳之、燕策、王欲醳臣、漢石門頌、醳艱即安、析里橋郙閣頌、醳散關之嶃漯、北海相景君銘、農夫醳耒、並以醳爲釋、索隱本作醳、注曰、音釋、又田儋傳乃釋齊、索隱本亦作醳、注曰、古釋字、今本皆改醳爲釋、而刪去其注、後人之妄也、

衆終莫能就　請益其

臣欲使人刺之、衆終莫能就、念孫案衆與終一字也、鄘風載馳篇、衆穉且狂、衆即終字、猶言終溫且惠、終窶且貧也、說見經義述聞、史記五帝紀、怙終賊刑、徐廣曰、終一作衆、周頌振鷺篇、以永終譽、後漢書崔駰傳、終作衆、是古字多借衆爲終也、今本作衆終莫能就者、一本作衆、一本作終、而後人誤合之耳、或讀臣欲使人刺之衆爲句、非也、欲使人刺之、與衆字意不相屬、韓策作臣使人刺之、終莫能就、是其明證矣、又下文請益其車騎壯士、可爲足下輔翼者、韓策益其作益具、於義爲長、

生得失

今殺人之相、相又國君之親、此其勢不可以多人、多人不能無生得失、生得失、則語泄、索隱本出不能無生得五字、解云、戰國策作無生情、言所將人多、或生異情、故語泄、此云生得、言將多人往殺俠累、後又被生擒、而事泄、亦兩通也、念孫案如索隱說、則史記本作不能無生

得。齊語若不生得以戮於羣臣，猶未得請也。昭二十三年公羊傳：君死于位曰滅，生得曰獲。項羽紀：楚下滎陽城，生得周苛。淮陰侯傳：有能生得廣武君者，購千金。今本得下有失字，乃後人以意加之也。又索隱引韓策作無生情，而今本亦作無生得失，則又後人據史記改之也。

皮面

因自皮面決眼，自屠出腸。索隱曰：皮面，謂以刀剺其面皮，欲令人不識。念孫案：如小司馬說，則當云剺面皮，不當云皮面矣。今案：廣雅曰：皮，離也。又曰：皮，剝也。然則皮面者，謂以刀自剝其面也。王褒僮約曰：落桑皮椶。皮之爲言猶披也。續列女傳曰：聶政自披其面。是皮與披同義。

購縣之

韓取聶政屍暴於市，購問莫知誰子。於是韓購縣之，有能言殺相俠累者予千金。念孫案：購縣之，當爲縣購之，謂縣金以購之也。下文曰：王縣購其名姓千金。韓策曰：縣購之千金。皆其證。

目攝之

荊軻嘗游過榆次，與蓋聶論劍，蓋聶怒而目之。荊軻出，人或言復召荊卿。蓋聶曰：曩者吾與論劍，有不稱者，吾目之。試往，是宜去，不敢留。使使往之主人，荊卿則已駕而去榆次矣。使者還報。蓋聶曰：固去也。吾曩者目攝之。索隱曰：攝猶整也。謂不稱己意，因怒視以攝整之也。正義曰：攝猶視也。念孫案：索隱解攝爲整，不合語意。正義解攝爲視，古無此訓，皆非也。攝讀爲懾。鄭注樂記曰：懾猶恐懼也。言曩者吾怒目以懼之，彼固不敢不去也。恐謂之懼，使人恐亦謂之懼。昭十二年左傳楚子圍徐以懼吳是也。恐謂之懾，使人恐亦謂之懾。呂氏春秋論威篇威所以懾之是也。襄十一年左傳：武震以攝威之。釋文曰：攝，如字。又之涉反。是懾與攝通。衞將軍驃騎傳：懾慴者弗取。漢書作攝讋。樂記：柔氣不懾。說苑脩文篇作攝。韓詩外傳曰：上攝萬乘，下不敢敖乎匹夫。

揕其匈

臣左手把其袖，而右手揕其匈。集解：徐廣曰：揕，一作抗。索隱曰：揕，謂以劍刺其胸也。抗，拒也。其義非。念孫案：抗與揕聲不相近，揕字無緣通作抗。抗當爲抌。俗書從冘之字作冗，從亢之字作亢，二形相似，故抌譌爲抗。說文：抌，深擊也。廣雅曰：抌，刺也。集韻：抌、揕竝陟甚切。揕之爲抌，猶湛之爲沈也。燕策作右手揕抗其胸，抗亦抌字之譌，且亦是一本作揕，一本作抗，而後人誤合之耳。姚宏校本云：一無抗字。是其證矣。列子黃帝篇：攩拯挨抌。釋文云：抌，方言擊背也。一本作抗，違拒也。亦未知抗即抌之譌耳。

腐心

此臣之日夜切齒腐心也。引之曰。腐讀爲拊。爾雅曰。拊拊心也。郭注謂椎胷也。燕策正作拊心。索隱訓腐爲爛非是。

李斯列傳

郡小吏

年少時爲郡小吏。念孫案。索隱本郡作鄉。注曰。劉氏云掌鄉文書。據此。則劉與小司馬本皆作鄉。鄉謂上蔡之鄉也。今本鄉誤爲郡。又於注內加郡一作鄉四字。斯爲謬矣。太平御覽獸部引此作郡。則所見本已誤。藝文類聚獸部引此正作鄉。

胥人者去其幾也

胥人者去其幾也。成大功者在因瑕釁而遂忍之。索隱解上二句曰。胥人猶胥吏小人也。去猶失也。幾者。動之微。言小人不識動微之會。故每失時也。正義曰。胥相也。幾謂察也。言關東六國與秦相敵者。君臣機密。並有瑕釁可成大功而遂忍之。念孫案。索隱誤解胥字。正義則大誤矣。胥者。須也。見孟子萬章篇趙注。漢書敘傳應劭注。須。待也。去。當爲失字之誤也。言人有釁可乘。不急乘其釁而待之。是自失其幾也。故下文曰。成大功者在因瑕釁而遂忍之。又曰。今怠而不急就。諸侯復彊。雖有黃帝之賢。不能幷也。怠而不急就。即此所謂胥也。

竈上騷除

夫以秦之彊。大王之賢。由竈上騷除。由與猶同。騷與埽同。足以滅諸侯成帝業。太平御覽人事部引此。竈字上有老嫗二字。念孫案。索隱曰。言秦欲幷天下。若炊婦埽除竈上之不淨。不足爲難。據此。則正文內有老嫗二字明矣。

阿縞

阿縞之衣。錦繡之飾。徐廣曰。齊之東阿縣。繒帛所出。念孫案。徐以上文云江南金錫。西蜀丹青。故以阿縞爲東阿所出之縞也。今案。阿縞之衣。與錦繡之飾相對爲文。則阿爲細繒之名。非謂東阿也。阿字或作𦄂。廣雅曰。𦄂

縞練也。楚辭招魂。蒻阿拂壁。蒻與弱同。阿。細繒也。言以弱阿拂牀之四壁也。王注以蒻爲蒻席。阿爲曲隅。皆失之。辨見楚辭。淮南脩務篇。衣阿錫。曳齊紈。高注曰。阿。細縠。錫。細布。列子周穆王篇張湛注同。漢書禮樂志。曳阿錫。佩珠玉。如淳曰。阿。細繒。錫。細布。司馬相如傳。被阿錫。揄紵縞。張揖注與如淳同。

快耳目

夫擊甕叩缻。彈箏搏髀。而歌呼嗚嗚快耳目者。眞秦之聲也。念孫案。聲能快耳。不能快目。目字後人所加。文選無目字。舊本北堂書鈔樂部六出彈箏快耳四字。引史

記彈箏搏髀而歌嗚嗚快耳者、亦無目字、(陳禹謨依俗本增目字、)藝文類聚樂部四、太平御覽樂部十四、所引竝無目字、

秋霜降　水搖動

故秋霜降者草華落、水搖動者萬物作、念孫案索隱本出水搖者萬物作六字、注曰、水搖者、謂冰泮而水動也、據此、則正文內本無動字、蓋因注文而誤衍也、此二句原文當本作霜降者草華落、水搖者萬物作、今本作水搖動、則多一字、後人不達、又於上句內加秋字以對下句耳、不知霜降水搖、相對爲文、若秋霜降與水搖動、則參差不協、且下句不言春而上句獨言秋、亦爲不類矣、

又案索隱訓搖爲動、則正文內本無動字、後人不知動爲衍文、又改注文之水動爲搖動、以牽合正文、甚矣其謬也、

足以爲寒心

禍及子孫、足以爲寒心、念孫案此本作足爲寒心、足下有以字、則文不成義、文選報任少卿書注、引此正作足爲寒心、燕策曰、夫以秦王之暴而積怨於燕、足爲寒心、又其一證矣、

直馳道

又作阿房之宮、治直馳道、念孫案直馳道當作直道馳道、秦始皇紀、二十七年治馳道、集解應劭曰、馳道天子道也、若今之中道然、六國表曰、始皇三十五年爲直道、道九原、通甘泉、蒙恬傳贊曰、蒙恬爲秦塹山堙谷通直道、是直道與馳道不同、今本直下脫道字、則文義不明、羣書治要引此正作治直道馳道、

蒙恬列傳

敦於事

帝以高之敦於事也、赦之、念孫案敦於事、勉於事也、爾雅曰、敦勉也、曲禮曰、敦善行而不怠、大戴禮五帝德篇曰、長而敦敏、秦會稽刻石文曰、和安敦勉、

張耳陳餘列傳

嫁庸奴亾其夫去

外黃富人女甚美、嫁庸奴亾其夫去、抵父客、集解於亾其夫下注曰、一云其夫亾也、念孫案一本是也、嫁字後人所加、亾字本在其夫下、庸奴其夫爲句、亾去爲句、抵父客爲句、漢書作外黃富人女甚美、庸奴其夫、(師古曰、言不恃賴其夫、視之若庸奴、)亾邸父客、(如淳曰、父時故賓客也、)是其證也、因亾字誤在其夫之上、遂與庸奴二字義不相屬、後人不得其解、輒於庸奴上加嫁字、而讀嫁庸奴爲句、(廿二史劄記謂所嫁者乃庸奴、故逃之、非也、既爲富人女而又甚美、則無嫁庸奴之理、)亾其夫爲句、其謬甚矣、徐

廣讀其夫亾爲句、亦非

竊聞公之將死

竊聞公之將死故弔念孫案聞字當從漢書蒯通傳作閔、閔憂也、

淮陰侯列傳

特劫於威彊耳

項王所過無不殘滅者、天下多怨、百姓不親附、特劫於威彊耳、念孫案彊讀勉彊之彊、彊下當有服字、劫於威三字連讀、彊服二字連讀、言百姓非心服項王、特劫於威而彊服耳、下文云、今楚彊以威王此三人、秦民莫愛

志三之五　十四

也、語意正與此同、今本脫去服字、則當以威彊連讀、而讀彊爲彊弱之彊、非其指矣、漢書及新序善謀篇彊下皆有服字、顏師古曰、彊音其兩反、是其證、

何所不

今大王誠能反其道、任天下武勇、何所不誅、以天下城邑封功臣、何所不服、以義兵從思東歸之士、何所不散念孫案三所字皆後人所加、索隱本出何不誅三字注曰、劉氏云、言何所不誅也、又出何不散三字注曰、劉氏云、用東歸之兵、擊東方之敵、無不散敗也、則正文內無三所字明矣、漢紀有三所字、亦後人據誤本史記加之

漢書新序並無三所字、鹽鐵論結和篇、夫以天下之力勤何不摧、以天下之士民何不服、句法與此同、

欲反漢

漢之敗卻彭城、塞王欣翟王翳亾漢降楚、齊趙欲反漢與楚和、念孫案欲反漢當依宋本游本作亦反漢、亦者承上之詞、此時諸侯皆反漢而與楚、非但欲反也、漢書正作齊趙魏亦皆反、與楚和、

倍則戰之

吾聞兵法、十則圍之、倍則戰之、念孫案宋本戰下無之字是也、十則圍之者、言我兵十倍於彼則圍之也、倍則

志三之五　十五

戰者、言我兵倍於彼則與之戰也、戰下不當有之字、此涉上句而誤衍耳、太平御覽兵部一引史記無之字、漢書及通典兵十三並同、孫子謀攻篇、十則圍之、五則攻之、倍則分之、敵則能戰、能、乃也、古謂乃爲能、說見漢書能或滅之下言兵數相敵、乃與之戰也、今本戰下有之字、亦涉上文而衍御覽引孫子亦無之字

能

今韓信兵號數萬、其實不過數千、能千里而襲我、亦以罷極、念孫案此能字非才能之能、能猶乃也、言信兵不過數千、乃千里而襲我、亦已疲極也、又自序述佞幸傳

已。非獨色愛，能亦各有所長，能亦乃也。言非獨以色見愛，乃亦各有所長也。乃與能古聲相近，故義亦相通，說見釋詞。

須臾

足下所以得須臾至今者，以項王尚存也。念孫案此須臾與中尉道不可須臾離異義，須臾猶從容延年之意也。言足下所以得從容至今不死者，以項王尚存也。漢書賈山傳願少須臾毋死，思見德化之成也。少須臾即少從容，亦延年之意也。故武五子傳奉天期兮不得須臾，張晏曰不得復延年也。從容須臾語之轉耳。

懷諸侯之德

案齊之故，有膠泗之地，懷諸侯之德。念孫案此當從游本作懷諸侯以德，今本以作之者，涉上兩之字而誤。漢書正作懷諸侯以德。

東殺龍且

南摧楚人之兵二十萬，東殺龍且，西鄉以報。念孫案東殺龍且本作遂殺龍且，後人改遂爲東者，欲與上南下西相對耳。不知摧楚兵、殺龍且本是一事，若云南摧楚兵，東殺龍且，則分爲二事矣。漢書漢紀竝作遂斬龍且，

知者決之斷也

故知者，決之斷也；疑者，事之害也。念孫案知者決之斷當作決者知之斷，下句疑者事之害，正與此相反也。有智而不能決，適足以害事，故下文又申之曰，智誠知之，決弗敢行者，百事之禍也。

韓王信盧綰列傳

後復破之

至晉陽與漢兵戰，漢大破之，追至于離石，後復破之。念孫案此言漢兵破匈奴於晉陽，復追破之於離石，復上不當有後字，後即復之誤也。篆書復字作復，後字作後，隸書復字作復，後字作後，形竝相似，故復誤作後。穆天子傳比及三年，將復而野；管子任法篇令出而復反之；荀子成相篇恨復遂過不肯悔；趙策復合與踦重者，皆非趙之利也，今本復字竝誤作後。史記齊悼惠王世家已而復聞齊初與三國有謀；絳侯世家復擊破綰軍沮陽，漢書復字竝誤作後。今作後復破之者，一本作復，一本作後，而後人誤合之耳。漢書韓王信傳無後字。

代上谷

閒冒頓居代上谷，高皇帝居晉陽，使人視冒頓，還報曰可擊。上遂至平城。念孫案閒冒頓居代上谷，衍上字。漢書作居代谷，是也。管子輕重戊篇曰，代王將其士卒葆於代谷之上。鹽鐵論伐功篇曰，趙武靈王踰句注，過代谷。漢書梅福傳曰，孝文皇帝起於代谷。水經㶟水注曰，代谷者，恒山在其南，北塞在其北，谷中之地，上谷在東，代郡在西。主父偃傳曰，高皇帝閒匈奴聚於代谷之外而欲擊之，御史成進諫不聽，遂北至於代谷，果有

平城之圜是代谷與平城相近若上谷則去平城遠矣文案漢之沮陽爲上谷郡治即唐之嬀州也今本云冒頓居代上谷而正義於上谷下注云今嬀州則張氏所見本已誤衍上字

黥之

上自擊東垣東垣不下卒罵上東垣降卒罵者斬之不罵者黥之念孫案黥當從高祖紀作原原之謂宥之也今作黥者原誤爲京（隸書原或作原京或作京二形相似故原誤爲京檀弓是全要領以從先大夫於九京也鄭注京蓋字之誤當爲原）後人又加黑旁耳若不罵者亦黥之則人皆不免於罪矣

志三之五　廿八

田儋列傳

非直手足戚也

蝮螫手則斬手螫足則斬足何者爲害於身也今田假田角田閒於楚趙非直手足戚也何故不殺漢書作非手足戚何故不殺漢紀作豈有手足之戚何故不殺念孫案此則非直手足戚也直字當爲有字之誤（直字俗作真形與有相近）

無不　莫能圖

無不善畫者莫能圖何哉念孫案無不當爲不無莫能圖當爲莫圖此言田橫之高節與其客之慕義從死天下非無善畫者何故不爲之作圖故曰不無善畫者莫圖何哉今本不無作無不莫圖作莫能圖則非其指矣索隱本出不無善畫者莫圖何哉九字（今本不無作無不乃後人依誤本改之）注曰言天下非無善畫之人而不知圖畫田橫及其黨慕義死節之事何故哉是其證

樊酈滕灌列傳

肩蔽

亞父謀欲殺沛公令項莊拔劍舞坐中欲擊沛公項伯常肩蔽之念孫案肩當爲屛字之誤也漢書作屛蔽謂以身屛蔽之非謂以肩蔽之也項羽紀曰項莊拔劍起舞項伯亦拔劍起舞常以身翼蔽沛公彼言翼蔽猶此言屛蔽矣

志三之五　九

張丞相列傳

即

是後戚姬子如意爲趙王年十歲高祖憂即萬歲之後不全也念孫案即猶或也言高祖憂萬歲之後趙王或不全也即與或古同義越語大夫種曰有帶甲五千人將以致死無乃即傷君王之所愛乎言或傷君王之所愛也爾雅釋地曰西方有比肩獸焉與邛邛岠虛比爲邛邛岠虛齧甘草即有難邛邛岠虛負而走言或有難

也。即訓為或，又訓為若，互見酷吏二傳。

有堅忍質直

御史大夫周昌，其人有堅忍質直。念孫案，堅忍質直上不當有有字，蓋衍文也。太平御覽職官部引此無有字，漢書周昌傳作其人堅忍伉直，亦無有字。

子類

封為北平侯，孝景前五年，蒼卒，子康代侯，八年卒，子類代侯。集解徐廣曰：類，一作顪，音聵。索隱單行本注曰：案漢書云傳子至孫毅，有罪，國除。今此云康代侯，八年卒，子顪代侯，則顪即毅也。以上索隱注 今漢書張蒼傳作類，又

志三之五　手

史記高祖功臣侯者表作預，漢表作類。念孫案，此字本作顡，或作顪，並讀如聾聵之聵。今本史記、漢書作類，即顡之譌也。易林家人之咸，視聽聾類，今本類譌作顙。說文：顡，癡顡，不聰明也。從頁，豪聲。豪音毅 玉篇音毅，又音聵。集韻顡、顪並與聵同音。顪字注曰：漢有北平侯顪，即此所謂子顪代侯者。故徐廣曰顡一作顪，音聵。也。若作類，則不與顪、聵同音矣。隸書類字或作類，見漢外黃令高彪碑形與顡相似，故顡譌作類。功臣表作預，索隱引漢書作毅，皆顡之譌也。

他官

鉛所穿非真廟垣，乃外堧垣，故他官居其中。念孫案，他官二字義無所取，當從漢書作冗官。顏師古曰：冗謂散號，如今之散官是也。周官稾人掌共外內朝冗食者之食，注：冗食者，謂留治文書，若今尚書之屬諸上直者。釋曰：冗，散也。外內朝上直諸吏謂之冗吏，亦曰散吏，以上直不歸家宿，稾人供之，因名冗食者。案冗食者上直外內朝，與此言冗官居其中同義。冗與它字形相近，當是冗譌為它，後人又改為他耳。

酈生陸賈列傳

三皇

繼五帝三皇之業。念孫案，三皇當從漢書漢紀說苑奉使篇作三王。漢承周秦之後，故云繼五帝三王之業。若作三皇，則非其指矣。太平御覽奉使部引史記亦作三王。

志三之五　主

劉敬叔孫通列傳

臚句傳

大行設九賓，臚句傳。念孫案，臚下本無句字，此後人依漢書加之也。索隱本出九賓臚傳四字，注曰：漢書云設九賓臚句傳。蘇林云：上傳語告下云臚，下傳語告上云句。則漢書有句字，而史記無句字明矣。集解引漢書音義曰：傳從上下為臚。但釋臚字而不釋句字。又其一證也。又案索隱引韋昭云：九賓則周禮九儀也，謂公侯伯子男孤卿大夫士。漢依此以為臚傳也。又漢書百官表

天鴻臚應劭曰郊廟行禮讚九賓鴻聲臚傳之也應劭韋昭皆但言臚傳而不言臚句傳與史記同是言臚即可以該句也後人於史記加入句字則與注內漢書云臚句傳之語不合乃或刪去此語以牽合已誤之正文其失甚矣

莫能習

先帝園陵寢廟羣臣莫能習念孫案莫能習當從漢書作莫習莫習者謂羣臣未習此禮非謂莫能習也能字後人所加北堂書鈔設官部藝文類聚職官部引史記竝無能字

志三之五　圭

季布欒布列傳

黃金百斤

楚人諺曰得黃金百斤不如得季布一諾念孫案百與諾爲韻百古讀若博莊子秋水篇聞道百以爲莫己若百與若爲韻漢書鄒陽傳鷙鳥纍百不如一鶚百與鶚爲韻蔡邕獨斷諸祝辭歲取千百與宅壑作爲韻斤字後人所加也漢書食貨志馬王匹百金辭讚曰秦以一溢爲一金漢以一斤爲一金見平準書集解此言黃金百即是百斤無煩加斤字也漢書季布傳無斤字

項王所以遂不能西徙以彭王居梁地

方上之用於彭城敗滎陽成皋閒項王所以遂不能西徙以彭王居梁地與漢合從苦楚也徙宋本作徒念孫案此當從漢書作項王所以不能遂西句徒以彭王居梁地與漢合從苦楚也宋本遂字誤在不能上今本徒字又誤作徙遂致文不成義太平御覽人事部引史記正與漢書同

袁盎鼂錯列傳

與

妾主豈可與同坐哉念孫案與猶以也故漢書作以貨殖傳曰智不足與權變勇不足以決斷仁不能以取予與亦以也互文耳以與一聲之轉故古或謂以爲與說見釋詞

志五之五　圭

乃以刀決張道從醉卒直隧出

乃以刀決張道從醉卒直隧出集解如淳曰決開當所從亾者之道張音帳漢書顔師古注義同念孫案道與決張義不相屬如顔皆以道爲道路之道上屬爲句非也道讀曰導下屬爲句隧字當在直字上醉卒隧三字連讀直出二字連讀今本直字誤在隧字上則文不成義漢書作道從醉卒直出醉卒隧者當醉卒之道也謂決開軍帳導之從醉卒道直出也說苑復恩篇作乃以刀決帳從醉卒道出宋本說苑從醉誤爲醉從今本又誤爲率從醉卒道即醉卒隧也隧訓爲道則上道

字非謂道路明矣

後曹輩

梁刺客後曹輩果遮刺殺盎安陵郭門外念孫案後曹下本無輩字曹即輩也且後曹二字即承上後刺君者十餘曹而言則曹下愈不當有輩字蓋因上集解內有如淳曰曹輩而誤衍也漢書無輩字

張釋之馮唐列傳

一人

廷尉奏當一人犯蹕當罰金念孫案一人二字於義無取當從宋本作此人此涉上文有一人從橋下走出而誤也藝文類聚水部引史記作一人亦後人依誤本史記改之初學記地部太平御覽儀式部引史記並作此人漢書同

昂

匈奴新大入朝那殺北地都尉昂念孫案昂本作卬淺學人改之也索隱本作卬注云都尉姓孫名卬今既改正文爲昂又刪去注內名卬二字矣孝文紀匈奴傳及惠景閒侯者表並作卬漢書漢紀同

萬三千

遣選車千三百乘彀騎萬三千念孫案萬三千下脫去

匹字蘇秦傳曰車千乘騎萬匹又曰車六百乘騎五千匹皆以乘匹對文此亦當然太平御覽兵部引此正作彀騎萬三千匹漢書馮唐傳同李牧傳亦云具選車得千三百乘選騎得萬三千匹

南友

西抑彊秦南友韓魏念孫案友當從宋本游本作支字之誤也太平御覽兵部九引此正作支漢書同

田叔列傳

劇易處

邑中人民俱出獵任安常爲人分麋鹿雉兔部署老小當壯劇易處念孫案劇易下本無處字部署老小當壯劇易者當丁也劇難也（今俗作劇）言部署其人之老小丁壯及事之難易也羣書治要引六韜龍韜篇曰知人飢飽習人劇易後漢書章帝紀曰駕言出游欲親知其劇易列女傳曰執務私事不辭劇易（李賢注劇猶難也）是古謂難易爲劇易也劇易下不當有處字太平御覽人事部資產部獸部引此皆無處字

扁鵲倉公列傳

終日

終日扁鵲仰天歎曰念孫案此終日非謂終一日也終

日猶亘久也言中庶子與扁鵲語亘久扁鵲乃仰天而歎也呂氏春秋貴卒篇曰所爲貴鏃矢者（今本鏃譌作鎩辯見淮南兵略篇）爲其應聲而至終日而至則與無至同言亘久乃至則與不至同也（高注終一日乃至失之）素問脈要精微論曰言而微終日乃復言者此奪氣也亦謂亘久乃復言也亘久謂之終日猶常久謂之終古矣（鄭注考工記曰齊人之言終古猶言常也）

破陰絕陽之色已廢脈亂

上有絕陽之絡下有破陰之紐破陰絕陽之色已廢脈亂故形靜如死狀念孫案破陰絕陽以下十字文不成義此本作破陰絕陽（句）色廢脈亂（句）故形靜如死狀（句）上文血脈治也正義引此文云色廢脈亂故形靜如死狀是其證也今本色上有之字乃涉上文兩之字而衍其已字卽色字之誤而衍者耳太平御覽方術部引此有之已二字乃後人依誤本史記加之其人事部脈類引此無之已二字

疑殆

亘工取之拙者疑殆念孫案此殆字非危殆之殆殆亦疑也古人自有複語耳言唯亘工爲能取之若拙工則疑而不能治也襄四年公羊傳注曰殆疑也論語爲政篇思而不學則殆言無所依據則疑而不決也又曰多聞闕疑愼言其餘則寡尤多見闕殆愼行其餘則寡悔殆亦疑也悔亦尤也變文協韻耳（大雅生民篇庶無罪悔鄭箋曰無有罪過襄二十九年公羊傳天苟有吳國尚速有悔於予身何注曰悔咎也）呂氏春秋去尤篇以黃金殶者殆莊子達生篇作以金注者殙殙迷也殆卽疑殆之殆亦迷惑之意也

體病

後五日桓侯體病念孫案體病當爲體痛字之誤也桓侯之病由腠理而血脈而腸胃而骨髓至此則病發而體痛故養生論曰桓侯以覺痛之日爲受病之始若言體病則非其指矣太平御覽人事部方術部引此作體病則所見本已誤文選爲石仲容與孫晧書注引此正作體痛韓子喻老篇新序雜事篇亦作體痛

所

受讀解驗之可一年所念孫案一年所猶言一年許也許與所聲近而義同小雅伐木篇伐木許許說文引作伐木所所漢書疏廣傳數問其家金餘尚有幾所顏師古曰幾所猶言幾許也是其證下文曰要事之三年所又曰今慶已死十年所又曰腎部上及界要以下者枯四分所又曰十八日所而病愈續滑稽傳曰率取婦一歲所者卽棄去漢書游俠傳曰原涉居谷口半歲所積

弓注封高四尺所正義曰所是不定之辭義並與此同

蹷人中　前溲

齊郎中令循病衆醫皆以爲蹷人中而刺之臣意診之曰涌疝也令人不得前後溲飲以火齊湯一飲得前溲再飲大溲三飲而病愈（今本病誤作疾據宋本及太平御覽引改）念孫案蹷人中人當爲入字之誤也蹷亦作厥釋名曰厥逆氣從下厥起上行入心脅也故曰蹷入中太平御覽方術部引此正作蹷入中下文齊北宮司空命婦出於病衆醫皆以爲風入中病主在肺刺其足少陽脈臣意診其脈曰病氣疝客於旁光難於前後溲事與此相類也又案一飲得前溲前下當有後字言一飲而前後溲始通再飲則大溲也大溲二字兼前後言之則上句原有後字明矣太平御覽引此正作一飲得前後溲下文齊王太后病臣意飲以火齊湯一飲即前後溲事與此相類也

順清

并陰者脈順清而愈念孫案清讀爲動靜之靜上文肝氣濁而靜徐廣曰一作清下文病重而脈順清清並與靜同

流汗出滫

病得之流汗出滫滫者去衣而汗晞也滫劉伯莊音巡引之曰滫當爲滫讀與脩同王風中谷有蓷篇暵其脩矣毛傳曰脩且乾也釋名曰脯又曰脩脩縮也乾燥而縮也小雅湛露傳曰晞乾也是脩晞皆乾也作滫者假借字耳流汗出滫者流汗出而乾也故下文曰滫者去衣而汗晞也隸書循脩二字相似故滫譌作滫（繫辭傳損德之脩也釋文曰脩馬作循莊子大宗師篇以德爲循釋文循本亦作脩史記樂書朕唯未能循明也漢志循作脩商君傳湯武不循古而王索隱曰商君書作脩古漢北海相景君碑陰故循行都昌台邱遷金石錄曰案後漢書百官志注河南尹官屬有循行一百三十人而晉書職官志州縣吏皆有循行今此碑陰載故吏都昌台邱遷而下十九人皆作循行他漢及晉碑數有之亦與此碑陰所書同豈人循脩字畫相近遂致訛謬邪隸續曰循脩二字隸法只爭一畫書碑者好奇所以從省借用）考說文玉篇廣韻皆無滫字集韻滫松倫切流皃引史記汗出滫滫既誤沿劉氏之音又誤以滫滫二字連讀而訓爲流皃其失甚矣

關內

齊北王召臣意診脈諸女子侍者（各本脫臣字據宋本補）至女子豎豎無病臣意告永巷長曰豎傷脾不可勞法當春嘔血死病得之流汗流汗者同法病內重毛髮而色澤脈不衰（此文有脫誤）此亦關內之病也念孫案關內當爲內關上文齊侍御史成自言病頭痛臣意診其脈曰此內關之病也此文云此亦內關之病也亦字即承上文言之下文齊丞相舍人奴從朝入宮臣意望其色有病氣即

告官者平曰此傷脾氣也當至春鬲塞不通不能食飲法至夏泄血死脈法曰病重而脈順清者曰內關內關之病人不知其所痛心急然無苦奴之病得之流汗數出炙於火而以出見大風也事與此相類以上三人皆內關之病內關之病死不治故三人皆如期而死內關猶內閉也靈樞經終始篇曰脈口四盛且大且數者名曰溢陰溢陰爲內關內關不通死不治此之謂也

諸客坐

齊王黃姬兄黃長卿家有酒召客召臣意諸客坐念孫案諸客上脫與字太平御覽引此作與諸客坐

卽弄之

黃氏諸倩見建家京下方石卽弄之念孫案卽弄之三字文不成義太平御覽引此作取弄之於義爲長

病蟯　寒薄吾

臨菑氾里女子薄吾病甚臣意診其脈曰蟯瘕病蟯得之於寒溼念孫案病蟯之蟯因上文而誤衍也凡篇內稱病得之於某事者皆不言其病名（竝見上下文）以病名已見於上文也又下文臣意所以知寒薄吾病者寒字亦因上文而衍凡篇內稱所以知某之病者皆不言其致病之由（亦見上下文）亦以致病之由已見上文也或謂寒字當在薄吾下非也宋本無寒字

皆異之

病名多相類不可知有數者皆異之無數者同之念孫案皆當從宋本作能字之誤也此言病同名而異實唯有數者能異之無數者則不能也索隱本作能異之注曰謂有術數之人乃可異其狀也是其證

古傳方

臣意聞菑川唐里公孫光善爲古傳方念孫案古傳方當作傳古方索隱曰謂好能傳得古方也正義曰謂全傳寫得古人之方書皆其證

邪逆順

及氣當上下出入邪逆順念孫案邪下脫正字太平御覽引此作邪正逆順

吳王濞列傳

盜鑄錢

濞則招致天下亾命者盜鑄錢念孫案盜鑄錢當依正義作盜鑄錢字之誤也文選吳都賦蕪城賦注引此竝作盜漢書亦作盜

億亦

願因時循理棄軀以除患害於天下億亦可乎念孫案

億讀爲抑、與之與之抑、文王世子注、億可以爲之也、正義曰億是發語之聲、億亦、卽抑亦也、漢書作意亦、繫辭傳作噫亦、茲字異而義同、說見經義述聞噫亦下、

及

王苟以錯不善、何不以聞、及未有詔虎符、擅發兵擊義國、念孫案及當爲乃、言王何不以聞、而乃擅發兵也、漢書亦誤作及、又朝鮮傳將率不能前、及使衞山諭降右渠、及亦當爲乃、言前以將帥不相能、乃使衞山往諭右渠也、漢書正作乃、

魏其武安列傳

子姪

蚡往來侍酒魏其、跪起如子姪、引之曰、古者唯女子謂昆弟之子爲姪、男子則否、子姪當依漢書作子姓、顏師古曰、姓、生也、言同子禮、若己所生、是也、凌稚隆反以姓爲姪之譌、謬甚、古謂子孫曰姓、或曰子姓、說見呂氏春秋子姓下、

郡國諸侯

天下士郡國諸侯、念孫案國字後人所加、郡諸侯謂郡與諸侯也、漢書百官表曰、列侯所食縣曰國、此言郡諸侯、卽是郡國、若既言諸侯、而又言國、則文不成義矣、索隱本出士郡諸侯四字、注曰、謂仕諸郡、及仕諸侯王國者、猶言仕郡國也、則正文內無國字明矣、漢書亦作郡諸侯、顏師古曰、郡及諸侯、猶言郡國也、是其證、徐孚遠曰、索隱說小曲、天下士、士人也、郡國諸侯、列侯也、言此兩種皆附武安、案徐以士爲士人、是也、而不知正文內本無國字、且云郡國諸侯、列侯也、斯爲謬矣、

李將軍列傳

大軍誘之

今我留、匈奴必以我爲大軍誘之、大軍本或作大將軍、非、史詮已辯之、必不敢擊我、念孫案大軍誘之、當作大軍之誘、言匈奴必以我爲大軍之誘敵者、不敢擊我也、上文曰、匈奴數千騎見廣、以爲誘騎、是也、若云大軍誘之、則非其指矣、漢書李廣傳正作大軍之誘、

如

漢法、博望侯留遲後期、當死、贖爲庶人、廣軍功自如、無賞、念孫案自如者、自當也、謂廣爲匈奴所敗、又能敗匈奴、其軍功與過自相當、故無賞也、漢書自如作自當、是其證、又匈奴傳匈奴自度戰不能如漢兵、亦謂不能當漢兵也、漢書作不能與漢兵、如與聲相近、與亦當也、說見漢書朝鮮傳恐不能與下、古者如與當同義、衞策曰、夫宋之不足如

梁也寡人知之矣高注曰如當也漢書董仲舒傳乘富貴之資力以與民爭利於下民安能如之哉言民不能當之也

軍曲折

因問廣食其失道狀青欲上書報天子軍曲折正義曰言委曲而行迴折使軍後大將軍也念孫案軍曲折軍上當有失字廣食其軍與大將軍軍相失故曰失軍報失軍曲折者報失軍之委曲情狀也漢書作失軍曲折師古曰曲折猶言委曲是也正義謂委曲而行迴折失其指矣

史記第五

史記第六　讀書雜志三

高郵王念孫

匈奴列傳

橐駞　驒騱

其奇畜則橐駞驢鸁駃騠騊駼驒騱念孫案駞當爲佗漢書匈奴傳作橐佗字或作它大宛傳驢騾橐它以萬數是也又作他楚策趙代良馬橐他是也作駞者俗字耳索隱本作橐他注曰他或作駞今則正文注文俱改爲駞下文請獻橐他一匹他字尚未改又刪去或作駞三字矣說文佗負何也徐鍇曰史記匈奴奇畜有橐佗則徐所見本正作佗也又驒騱索隱本作驒奚注曰鄒誕本奚字作騱案驒字徐廣音顛而騱字無音則本作奚可知漢書亦作奚皆古字假借也今則正文改爲騱又改注文曰鄒誕本騱字作奚矣

彎

士力能彎弓念孫案彎本作毌此後人據漢書改之也史記彎弓字或作貫陳涉世家士不敢貫弓而報怨五子胥傳貫弓執矢是也說文毌穿物持之也是毌爲古貫字六國表田完世家並云齊宣公伐衞取毌丘正義引括地志曰故貫城即古貫國故貫弓之貫又作毌也索隱本出毌弓二字注曰上音彎今本既

改毋爲彎，又改注文曰彎音烏還反。不知毋爲彎之俗字，故必須音釋。若本是彎字，則無須音釋矣。凡史記彎弓字，索隱皆無音。何不思之甚也。

侵燕代

南并樓煩白羊河南王，侵燕代，悉復收秦所使蒙恬所奪匈奴地者。念孫案：侵燕代三字，因下文遂侵燕代而衍。冒頓既至河南，并樓煩白羊，遂復收秦所奪地，二事正相因。秦所奪地，即河南地也。若加入侵燕代句，則別爲一事，與上下不相聯屬。且下文遂侵燕代四字爲贅語矣。漢書、漢紀並無侵燕代三字。

青駹馬　烏驪馬

其西方盡白馬，東方盡青駹馬，北方盡烏驪馬，南方盡騂馬。念孫案：青駹、烏驪下本無馬字，後人依上下文加之也。西方盡白馬，東方盡青駹，北方盡烏驪，南方盡騂馬，皆五字爲句。其馬色之一字者，則加馬字以成文；兩字者，則省馬字以協句。爾雅釋地之說八方，東西南北之下皆有方字，而東南、西南、西北、東北之下皆無方字，例與此同也。後人不知古人屬文之體，而於青駹、烏驪下各加一馬字，則累於詞矣。藝文類聚獸部上、太平御覽獸部五引此，青駹、烏驪下皆無馬字。

令約

匈奴無入塞，漢無出塞，犯令約者殺之。念孫案：令約當爲今約，謂犯今日之約也。漢書正作今約。

負私從馬

乃粟馬發十萬騎，負私從馬凡十四萬匹。念孫案：負私從馬，文不成義，當依漢書作私負從馬，寫者誤倒耳。負從馬者，負衣裝以從之馬也，非公家所發，故曰私負從馬。顏師古曰：私負衣裝者，及私將馬從者。分私負與從馬爲二事，亦非。正義曰：謂負擔衣糧，私募從者。則所見本已誤爲負私矣。下文曰：糧重不與焉。正義言負糧，亦非。

士卒

初漢兩將軍大出圍單于，所殺虜八九萬，而漢士卒物故亦數萬，漢馬死者十餘萬。念孫案：卒字後人所加。漢士與漢馬對文，士即卒也，無庸更加卒字。索隱本及漢書皆無卒字。

今單于能即前與漢戰

今單于能即前與漢戰，天子自將兵待邊；單于即不能，即南面而臣於漢。念孫案：能即當爲即能，即能與即不能，文正相對。漢書西南夷傳注曰：即，猶若也。昭十二年左傳：即欲有事，何如？言若欲有事也。莊三十二年公羊傳：寡人即不起此病，吾將焉致乎魯國？言若不起此病也。僖三十

三年傳爾即必於殺之叔孫言爾若死也案二十七
年傳我即必文能固納公乎言我若死也爾雅釋地西
方有比肩獸與邛邛岠虛比為邛邛岠虛齧甘草即
有難邛邛岠虛負而走言若有難也僖二十三年左傳
公子若反晉國則何以報不穀若世家作子即反國何
以報寡人昭七年傳我若獲沒必以說與何忌於夫子
孔子世家作吾即沒若必師
之尤其明證也詳見釋詞言單于若能與漢戰則天
子方自將待邊若不能則南面而臣於漢也酷吏傳曰
所治即上意所欲罪予監史深禍者即上意所欲釋予
監史輕平者所治即豪必舞文巧詆即下戶羸弱時口
言雖文致法上財察龜策傳靈龜卜祝曰某欲求某
物即得也頭見足發內外相應即不得也頭仰足肣內
外自隨是即與若同義今本作能即者後人不解即字
之義而顛倒其文耳後人倒能字於上者斷今單于能
為句以對下文單于即不能又斷
即前與漢戰為句以對下文即南面而臣於漢也不知
即能前與漢戰之即謂為若與即南面而臣於漢之即
不同且單于即不能者謂不能與漢戰也不言與漢戰
者義見於上而文省於下也若發端之句不云單于能
與漢戰而但云單于
能則文不成義矣漢書匈奴傳正作即能前與漢戰

衛將軍驃騎列傳

大將軍

驃騎所將常選然亦敢深入常與壯騎先其大將軍軍
亦有天幸未嘗困絕也董份曰常與壯騎先其大將軍
為句軍亦有天幸承上文來皆言驃騎也王右丞詩衛
青不敗由天幸則是以大將軍別起為句矣不知太史
公此傳專右大將軍而貶驃騎謂驃騎受上寵又有天
幸所以不困絕而成功也念孫案先其大將軍本作先
其大軍謂驃騎敢於深入嘗棄其大軍而先進也上文
曰與輕勇騎八百直棄大軍數百里赴利是其證也棄大
軍漢書亦誤作棄大將軍蓋篇內
稱大將軍者甚多因而致誤矣棄大軍而先進則寡
不敵眾易致困絕故下文曰軍亦有天幸未嘗困絕也
若云先其大將軍則其字之義不可通矣王右丞詩衛
青不敗由天幸此是誤記霍事為衛事非以大將軍別
起為句也如以大將軍別起為句則上文常與壯士先
其六字不能成句矣恐右丞不如是之鹵莽也董氏知
正右丞之失而不知將字之為衍文亦誤也漢書衛青
霍去病傳無將字

使人先遣使向邊境要遮漢人令報天子要邊

渾邪王與休屠王等謀欲降漢使人先遣使向邊境要
遮漢人令報天子要邊念孫案自使人至要邊十八字
蕪累不成文理蓋正文但有使人先要邊五字其遣使
向邊境要遮漢人令報天子十三字乃集解之誤入正
文者也當在使人先要邊之下今誤
入使人先之下要邊之上索隱本出先要邊
三字注曰謂先於邊境要候漢人言其欲降漢書作使
人先要道邊此皆其明證矣

平津侯主父列傳

意忌

爲人意忌外寬內深索隱曰謂外寬內深意多有忌害也念孫案小司馬以意爲志意之意非也意忌二字平列意者疑也內多疑忌故曰外寬內深也陳丞相世家曰項王爲人意忌信讒酷吏傳曰張湯文深意忌義並與此同古者謂疑爲意說見孟嘗君傳

恐竊病死

恐竊病死無以塞責索隱曰案人臣委質於君死生由君今若一朝病死是竊死也念孫案小司馬說甚迂恐竊當爲竊恐寫者誤倒耳漢書作恐病死無以塞責意亦同也

澤鹹鹵

地固澤鹹鹵不生五穀念孫案鹹字後人所加集解引瓚曰其地多水澤又有鹵則鹵上本無鹹字又引徐廣曰澤一作斥漢書作澤鹵漢紀作斥鹵是澤鹵卽斥鹵斥鹵之閒加一鹹字則文不成義矣又案夏本紀海濱廣潟徐廣亦曰潟一作澤又作斥禹貢作斥河渠書溉澤鹵之地索隱曰澤一作舄本或作斥舄鹵澤鹵並與斥鹵同薛瓚以澤爲水澤鹵爲鹹鹵分澤鹵爲二義亦失之

下脩近世之失　脩其故俗　後世脩序

夫上不觀虞夏殷周之統而下脩近世之失念孫案脩與失義不相屬脩當依漢書作循謂因循近世之失而不改也又下文秦不行是風而脩其故俗脩亦當依漢書作循上文云變風易俗與此正相反也又太史公自序扁鵲守數精明後世脩序弗能易也脩亦當爲循周頌閔予小子傳曰序緒也言後世皆循其緒莫之能易也隸書循脩相似傳寫易譌說見管子廟堂旣脩下

朝鮮列傳

朝鮮不肯心附樓船

朝鮮大臣乃陰閒使人私約降樓船往來言尚未肯決左將軍數與樓船期戰樓船欲急就其約不會左將軍亦使人求閒郤降下朝鮮朝鮮不肯心附樓船以故兩將不相能念孫案朝鮮不肯心附樓船朝鮮二字蒙上而衍此言樓船不會左將軍左將軍亦不肯心附樓船故曰兩將不相能非謂朝鮮不肯心附樓船也漢書不肯上無朝鮮二字

西南夷列傳

巴蜀

始楚威王時使將軍莊蹻將兵循江上略巴蜀黔中以

西念孫案蜀字因上文巴蜀而衍莊蹻將兵循江上自巴黔中以西至滇池不得至蜀也漢書作略巴黔中以西是其證又貨殖傳巴蜀寡婦淸蜀字亦因下文巴蜀而衍索隱曰漢書作巴寡婦淸巴寡婦之邑淸其名也

地方三百里

蹻至滇池地方三百里念孫案此言滇池方三百里池下不當有地字索隱本及漢書皆無地字池地字相似又因下句地字而誤衍也下句云旁平地肥饒數千里乃始言池旁之地耳

開蜀故徼

秦時常頗略通五尺道諸此國頗置吏焉十餘歲秦滅及漢興皆棄此國而開蜀故徼念孫案開當爲關言秦時常於諸國置吏及漢初則棄此諸國而但以蜀故徼爲關也何如傳悉復收秦所使蒙恬所奪匈奴地者與漢關故河南塞彼言關故河南塞猶此言關蜀故徼矣下文曰巴蜀民或竊出商賈即謂出此關也若云開蜀故徼則與上下文皆不合矣關字俗書作開唐顏元孫干祿字書曰開關上俗下正關字俗書作開二形相似故關誤爲開楚策大關天下之匈淮南道應篇東關鴻濛之光說文管十二月之市物關地而牙故謂之管今本關字並誤作開漢書西南夷傳正作關蜀故徼

道西北牂柯

蒙問所從來曰道西北牂柯牂柯江廣數里出番禺城下念孫案道西北牂柯下亦當有江字道從也言從西北牂柯江來也索隱本出道牂柯江四字漢書漢紀並作道西北牂柯江江廣數里是其證

司馬相如列傳

相如乃與馳歸家居徒四壁立

相如乃與馳歸家居徒四壁立念孫案馳歸下脫成都二字當從宋本補文選左思詠史詩注引此亦有成都二字漢書同家居徒四壁立本作居徒四壁立居即家也家居二字古聲義並相近故說文曰家居也周官典命注曰國家國之所居索隱引孔文

祥云家空無資儲但有四壁而已家字正釋居字故漢書作家徒四壁立宋本及各本皆作家居徒四壁立則文不成義此後人依漢書旁記家字而寫者因誤入正文也汲古閣單行索隱本本作居徒四壁立後補入家字而字形長短不一補刻之迹顯然文選詠史詩注引作居徒四壁立六帖二十二曰司馬相如居徒四壁則無家字明矣

不能復

是以王辭而不能復何爲無用應哉念孫案能字後人所加此言王不敢言游戲之樂苑囿之大又以客禮待

先生是以辭而不復非無以應也若云不能復則卽是無以應與下句義相反矣漢書文選及藝文類聚產業部引此竝作王辭不復索隱本作王辭而不復皆無能字

卭都

通零關道橋孫水以通卭都念孫案卭都本作卭筰此淺學人改之也上文言卭筰冄駹皆請爲內臣下文言朝冄從駹定筰存卭則此不得但言通卭都也索隱本出通筰二字（案此脫卭字）注曰案華陽國志云相如卒開僰道通南中開越巂郡韓說開益州唐蒙開牂柯斬筰王首置牂柯郡則正文內有筰字明矣漢書正作通卭筰

結軼

結軼還轅念孫案索隱本軼作轍注曰音轍漢書作轍據此則史記本作結轍（孝文紀結轍於道田完世家伏式結轍而馳凡史記莊子戰國策轍字多作軼）與漢書不同今本依漢書改爲結軼又刪去注內音轍漢書作轍六字而加入軼車迹也四字斯爲謬矣

阻深

阻深闇昧得燿乎光明索隱本阻深作曶爽注曰三蒼云曶爽早朝也曶音昧字林又音忽念孫案作曶爽者是也漢書漢紀文選竝作曶爽曶說文作昒尙冥也封禪書昧爽郊祀志作昒爽顏師古曰昒爽未明之時也昒音忽曶爽與闇昧義相近若作阻深則與下句得燿乎光明義不相屬蓋後人見上文有山川阻深之語而妄改之也乃或於注內加阻深漢書作曶爽七字以牽合已改之正文則其謬益甚矣

綢繆

綢繆偃蹇怵㚟以梁倚念孫案綢繆本作蜩蟉淺學人改之也漢書作蜩蟉張揖曰蜩蟉掉頭也顏師古曰蜩徒釣反蟉盧釣反音義與綢繆迥別索隱本正作蜩蟉注曰蜩音徒弔反蟉音來弔反徒弔之音與雕相近故集解引徐廣曰蜩一作雕今幷集解索隱內之蜩字皆改爲綢而不知其與徒弔之音不合也

泳沫

適陝游原迥闊泳沫念孫案沫本作末泳末與游原相對今作沫者因泳字而誤加水旁耳文選亦誤作沫唯漢書不誤

葴斯　沆瀣　楟㮏　荔枝　娬媚　杳渺

葴[illegible]

念孫案索隱本葴斯作葴析（子虛賦葴斯苞荔索隱本斯作析注曰針斯二音析

漢書作斯孟康云斯禾似燕麥埤蒼又云生水中華可食廣志云涼州地生析草皆如中國燕麥是也今本漢書作析張揖曰析似燕麥蘇林曰析音斯文選作菥案說文無菥蘄二字則作析作斯者是也析斯聲相近故古字通用其作菥作蘄者皆因上下文而誤加艸耳又案此賦言析草主於高燥則非埤蒼所云生水中華可食者張揖孟康以爲似燕麥是也

沆瀣作沆溉 上林賦澎濞沆瀣索隱本瀣作溉注曰溉亦作瀣司馬彪云沆瀣沆溉沸潰云鼓怒鬱鰒之皃也正義曰溉胡代反案索隱正義竝作溉蓋舊本相承如是說文無瀣字則作溉者是也今本既改溉爲瀣又改索隱之溉亦作瀣爲蓋亦作溉斯爲謬矣漢書文選竝作瀣

楟榛作楟柰 楟榛厚朴索隱本榛作柰

荔枝作離支 榙樑荔枝索隱本荔枝作離支注曰晉灼云離支大如雞子皮麤剝去皮肌如雞子中黃其味甘多酢少離字或作荔音力智反案說文荔艸也似蒲而小不以此爲荔枝字索隱本及漢書文選竝作離支是古皆通用離支也今本正文及注皆改爲荔枝又改注內之離字或作荔爲荔字或作離斯爲謬矣

娬媚作嫵媚 娬媚姌嫋索隱本娬作嫵注曰埤蒼云嫵媚悅也通俗文云頰輔謂之嫵媚案漢書文選竝作嫵說文嫵媚也則作嫵者是

杳渺作杳眇 大人賦紅杳渺以眩湣兮集解及索隱本宋本渺竝作眇集解曰漢書音義曰杳眇眩湣闇冥無光也索隱曰晉灼云杳眇遼也案漢書正作眇上文上林賦俛杳眇而無見字亦作眇此獨作渺者後人妄改之耳說文無渺字古書中杳眇字亦無作渺者

葳蕤作威蕤 封禪書紛綸葳蕤索隱本葳作威注曰胡廣云威蕤委頓也張揖云亂皃案漢書文選竝作威說文無葳字則作威者是也凡威蕤之威或作葳者皆因蕤字而誤上文子虛賦錯翡翠之威蕤張衡東京賦羽蓋威蕤字竝作威又案威蕤與紛綸連文張揖以爲亂皃是也陸機文賦紛威蕤以馺遝義與此同胡廣以爲委頓失之

較之今本皆爲近古

淮南衡山列傳

奉以二千石所不當得

聚收漢諸侯人及有罪亾者匿與居爵或至關內侯奉以二千石所不當得索隱曰所不當得謂有罪之人不當得關內侯及二千石念孫案小司馬說非也所不當得衍不字漢書作奉以二千石所當得如淳曰賜亾畔來者如賜其國二千石也薛瓚曰奉畔者以二千石之秩祿也集解引此二說爲解則正文內本無不字明矣

遂考

上郎令丞相御史遂考諸縣傳送淮南王不發封餽侍者皆棄市念孫案遂當從宋本作逮逮捕也考問也言捕問之也漢書正作逮 師古曰逮追捕之也

道從長安來

諸使道從長安來念孫案道卽從也漢書作諸使者道長安來顏師古曰道從也鄭注禮器曰道猶由也從也鼂錯傳道軍所來集解引薛瓚曰道由也大荒西經風道北來郭璞曰道猶從也引韓子十過篇曰玄鶴二八道南方來是道與從同義今本史記作道從長安來者一本作道一本作從而後人誤合之耳索隱引姚丞云道或作從是其明證矣 漢書西南夷傳道西北牂柯江漢紀道作從

爲僞 僞爲

使徐福入海求神異物還爲僞辭曰念孫案僞上本無

爲字僞卽爲字也還僞辭者求神異物不得既還而爲之辭也後人誤讀僞爲詐僞之僞故又加爲字不知無其事而爲之辭卽是詐僞無庸更言僞也太平御覽珍寶部引此作還僞辭曰是其證堯典厥塈讒說殄行五帝紀作殄僞僞與爲同字爲與行同義昭二十五年左傳臧昭伯之從弟會爲讒於臧氏魯世家爲作僞此傳下文使人僞得罪而西僞失火宮中漢書竝作爲是史記爲字多作僞也又堯典平秩南僞僞衛包改作訛今據周官馮相氏注影宋本周官釋文及羣經音辨改正五帝紀作南爲今本爲作譌亦後人依衛包改之今據索隱改正唐風采苓篇人之爲言正義曰定本作僞言月令毋或作爲淫巧鄭注曰今月令作爲爲詐僞成九年左傳爲將改立君者釋文爲本或作僞爾雅造爲也王風兔爰傳作僞也楚策孫子爲書謝韓詩外傳作僞書今本作僞書亦後人所改逸周書史記篇上衡氏僞義弗克僞義卽爲義荀子儒效篇其衣冠行僞已同於世俗矣行僞卽行爲衣冠行僞四字平列下文其言議談說已無以異於墨子矣言議談說亦四字平列考韓詩外傳正作衣冠行爲楊倞注以爲行僞而謬矣凡荀子爲字多作僞楊注皆失之又正論篇曰不能以義制利不能以僞飾性禮論篇曰無性則僞之無所加無僞則性不能自美正名篇曰心慮而能爲之動謂之僞慮積焉能習焉而後成謂之僞性惡篇曰人之性

惡其善者僞也論衡本性篇引此而釋之曰性惡者人生皆得惡性也僞者長大之後勉使爲善也案此篇內爲字皆作僞淮南俶眞篇曰趨舍行僞詮言篇曰道理通而人僞滅義竝與爲同是諸書爲字亦多作僞也又此傳下文僞爲丞相御史請書僞爲左右都司空上林中都官詔獄書而爲字亦後人所加僞卽爲字也漢書伍被傳作爲丞相御史請書爲左右都司空上林中都官詔獄書是其證

王氣怨結而不揚涕滿匡而橫流

於是王氣怨結而不揚涕滿匡而橫流卽起歷階而去念孫案氣怨結而不揚二句指伍被而言非指淮南王而言王字衍文也若指淮南王而言則與下文卽起歷階而去不相承接矣漢書伍被傳作被因流涕而起是其證通鑑漢紀十一作王涕泣而起蓋所見史記本已衍王字因以致誤耳

汲鄭列傳

段宏

濮陽段宏念孫案索隱本段宏作段容注曰漢書作段宏據此則史記本作段容而今本作段宏則後人據漢書改之也凡隸書厷字或作右形與各相似故從厷從各之字傳寫往往相亂漢書成帝紀中山憲王孫雲客漢紀作中山憲王孫宏又外戚

傳中書門田宮漢紀作田閉說文閉所以止扉也今本爾雅閑作閎越語王孫雒今本雒作雄海外西經肅愼之國有樹名曰雄常雄或作雒呂氏春秋難言篇李治之遇淫辭篇作李雄

儒林列傳

從容

寬在三公位以和良承意從容得久念孫案從容者從諛也言以承意從諛故得久居其位也汲黯傳從諛承意是其證下文曰董仲舒以宏爲從諛酷吏傳贊曰杜周從諛諛容一聲之轉從諛之爲從容猶縱臾之爲從容漢書衡山王傳曰日夜縱臾王謀反事史記作從容鬼臾區之爲鬼容區矣漢書郊祀志問於鬼臾區師古曰藝文志云鬼容區而此志作臾區臾容聲相近蓋一也

因以起其家

孔氏有古文尚書而以今文讀之因以起其家逸書得十餘篇索隱曰起其家逸書五字解曰起者謂起發以出也引之曰當讀因以起其家爲句逸書二字連下讀起與起也家家法也後漢書順帝紀曰先能通經者各令隨家法儒林傳曰立五經博士各以家法教授徐防傳曰漢立博士十有四家漢世尚書多用今文自孔氏治古文經讀之說之傳以敎人其後遂有古文家論衡感類篇說命瞻曰古文家以周公齐是故天雷雨以悟成王是古文家法自孔氏興起也故曰因以起其家漢書藝文志曰凡書九家謂孔氏古文伏生大傳歐陽大小夏侯說及劉向五行傳許商五行傳記逸周書石渠議奏也劉歆傳曰數家之事皆先帝所親論今上所考視謂逸禮古文尚書春秋左氏也是古文尚書自爲一家之證書序正義引劉向別錄曰武帝末民間有得泰誓者獻之與博士使讀說之數月皆起後漢書桓郁傳注引華嶠書曰明帝問郁曰子幾人能傳學郁曰臣子皆未能傳學孤兄子一人學方起上曰努力教之有起者即白之是起謂其學興起非謂發書以出也逸書已自壁中出何又言起發以出邪

酷吏列傳

罪常釋閒即奏事

罪常釋閒即奏事上善之集解駰案罪常釋閒爲句引徐廣曰詔答閒也如今制曰聞矣念孫案如徐說則罪常釋閒四字義不相屬恐當依漢書作聞字之誤也罪常釋爲句謂其罪常見開釋也此結上之詞閒即奏事爲句閒即猶今人言閒或也此起下之詞閒即奏事上善之對上文奏事即讀而言兩即字竝與或同義言湯奏事或遇譴責則謝罪曰正監掾史某固爲臣議如上責臣臣弗用以至於此閒或奏事而上善之則曰臣非知爲此奏乃正監掾史某爲之也下文曰所治即上意所欲罪予監史深禍者即上意所欲釋予監史輕平者所治即豪必舞文巧詆即下戶羸弱時口言雖文致法上財察此四即字亦與或同義

上黨郡

補上黨郡中令念孫案此本作補上黨中令今本上黨下有郡字者因索隱內上黨郡而誤也索隱本出上黨中令四字注曰謂補上黨郡中之令若正文內本有郡字則索隱爲贅語矣又案篇內所稱郡名凡一字者其下必加郡字若兩字者則不加郡字此文上黨下本不當有郡字而漢書亦有疑後人依誤本史記加之也

補其爲可使者

楊可方受告緡縱以爲此亂民部吏捕其爲可使者念孫案索隱本出求爲可使四字注曰謂求楊可之使據此則正文本作求爲可使者今本作捕其爲可使者疑後人依漢書改之也

徙諸名禍猾吏

徙諸名禍猾吏與從事集解引徐廣曰有幾刻之名索隱本作徙請名禍猾吏漢書作徙請召猜禍吏應劭曰徙但也猜疑也取吏好猜疑作禍害者任用之念孫案此當作徙請召猾吏與從事上文云猾民佐吏爲治是也索隱本作徙請名禍猾吏名卽召之譌禍卽猾之譌而衍者也（隸書猾禍相似說見漢書高紀禍賊下）今本作徙諸又徙請之譌漢書作徙請召猜禍吏猜禍二字皆猾字之譌（此是一本作猜一本作禍而寫者又誤合之也）禍猾吏猜禍吏名禍猾吏皆文不成

義

以焄大豪

舞文巧詆下戶之猾以焄大豪集解徐廣曰焄音熏索隱本作熏注曰熏猶熏炙之謂下戶之中有姦猾之人今案之以熏逐大姦漢書作動顏師古曰治下戶之狡猾者用諷動大豪之家念孫案史記舊本當作勳勳卽動之譌故漢書作動也（樂記讙以立動鄭注動或爲勳）其作熏作焄者又皆勳之誤也（呂氏春秋離謂篇衆口動天高注動感動也今本動天作熏天此亦是動誤爲勳又誤爲熏也）因文求義當以作動者爲是索隱熏炙之說其失也迂矣

小羣盜

小羣盜以百數念孫案盜字後人所加上文大羣至數千人羣下無盜字卽其證蓋前既云盜賊滋起故後但云大羣至數千人小羣以百數無庸更言盜也漢書無盜字

能因力行之

然獨宣以小致大能因力行之難以爲經念孫案因當爲自言獨宣能自力行之而他人則不能故曰難以爲經也隸書因字或作囙（見漢泰山都尉孔宙碑魯相史晨饗孔廟後碑）形與自相似故自誤爲因漢書作能自行之是其證

推減

天水駱璧推減。集解徐廣曰：一作咸。索隱曰：推減，上音直追反，下音減，一作咸，是也。謂推繫之以成獄也。念孫案：推減者，椎咸之譌。咸又成之譌也。椎即椎擊之椎，故音直追反。若推字，則當音尺追、湯回二反，不當音直追反矣。咸有減音，故云音減。（萬石君傳九卿減宣，漢書作咸宣。服虔曰：咸音減損之減。攷工記輈人注：輪軹與軫轐大小之咸。釋文：咸本又作減，同洽斬反。㮚氏注：消湅之精不復咸也。釋文：咸，洽斬反，本亦作減。）若本是減字，則不得云音減矣。且咸與成字相近，故徐廣曰咸一作成也。注內推繫乃椎擊之譌。椎擊之以成獄，故曰椎成，所謂搒楚之下何求而不得也。今本椎咸譌為推減，又刪去索隱內「下音減」三字，以牽合已誤之正文，斯為謬矣。

蝮鷙

京兆無忌、馮翊殷周蝮鷙。索隱曰：蝮音蝮蛇，鷙音鷙鳥。言其酷比之蝮毒、鷹擊。念孫案：小司馬說甚謬。蝮讀為愎。愎鷙皆很也。言其很戾不仁也。廣雅曰：愎鷙，很也。宣十二年左傳：剛愎不仁。杜預曰：愎，很也。漢書匈奴傳：天性忿鷙。顏師古曰：鷙，很也。愎字從复得聲，故與蝮通。字又作復。趙策曰：知伯之為人，好利而鷙復，是也。（韓子十過篇復作愎。）又作覆。管子五輔篇曰：下愈覆鷙而不聽從，是也。

大宛列傳

大王長

大夏與大宛同俗，無大王長，往往城邑置小長。念孫案：王長當依漢書、漢紀作君長。上文曰：條枝往往有小君長。即其證。太平御覽四夷部引史記正作大君長。

破匈奴西城數萬人

漢遣驃騎破匈奴西城數萬人。凌稚隆曰：西城，漢書作西邊。念孫案：邊與城形聲俱不相近，若史記本是邊字，無緣誤為城也。城當為域字之誤也。（呂氏春秋勿躬篇平原廣域，漢書敘傳方今雄桀帶州域者，今本域字並誤作城。又漢書天文志為其環域千里內占，史記天官書域誤作城。）域者，界也。史記作西域，漢書作西邊，其義一也。下文曰：單于復以其父之民予昆莫，令長守於西城。城亦域之誤。（上文曰：昆莫之父，匈奴西邊小國也。）又漢書作破匈奴西邊，殺數萬人，史記脫殺字。

善眩人

以大鳥卵及黎軒善眩人獻于漢。念孫案：眩上本無善字，後人以上文云條枝國善眩，因加善字也。不知此言眩人，即是善為眩術之人，無庸更加善字。漢書張騫傳正作眩人。顏師古曰：眩讀與幻同。後漢書陳禪傳：西南夷撣國人獻幻人。幻人即眩人也。索隱本出犂軒眩人

四字注曰韋昭云眩人變化惑人也則無善字明矣

偵而輕之

王中生去大軍二百里偵而輕之漢書偵作負師古曰負恃也恃大軍之威而輕敵也念孫案如漢書注則史記偵字乃偩字之誤淮南詮言篇自偩而辭助高注曰自偩自恃也史記太史公自序曰栗姬偩貴又曰偩愛矜功偩並與負同後人多見負少見偩故偩誤爲偵矣

瑤池

禹本紀言河出崑崙崑崙其高二千五百餘里日月所相避隱爲光明也其上有醴泉瑤池念孫案瑤池本作

華池後人多聞瑤池寡聞華池故以意改之耳論衡談天篇曰太史公曰禹本紀言河出崑崙其高二千五百餘里其上有玉泉華池藝文類聚山部太平御覽地部白帖崑崙山類引史記並作華池又文選遊天台山賦嗽以華池之泉李善注引史記曰崐崘其上有華池又洪興祖楚辭補注離騷篇曰禹本紀言崑崙山高二千五百餘里其上有醴泉華池此注即本於史記是洪氏所見本尚作華池而今本作瑤池則元以後淺人改之也又案海內西經崑崙之虛方八百里高萬仞郭璞曰自此以上二千五百餘里上有醴泉華池見禹本紀是

禹本紀自作華池與他書言瑤池者異也

本紀所謂崑崙者

惡覩本紀所謂崑崙者乎念孫案索隱本出惡覩夫謂崑崙者乎八字注曰惡於何也言張騫窮河源至大夏于窴於何而見昆侖爲河所出據此則正文本作惡覩夫謂昆侖者乎夫字即指禹本紀而言今本作惡覩本紀所謂崑崙者乎疑是後人增改漢書作惡睹所謂昆侖乎亦無本紀二字又昆侖作崑崙亦是俗改

余不敢言之也

至禹本紀山海經所有怪物余不敢言之也念孫案索

隱本出余敢言也四字注曰余敢言也謂山海經難可信耳據此則正文本作余敢言也也與邪同昭六年左傳今亘有加下臣弗堪無乃展也魯語主亦有以語肥也論語爲政篇子張問十世可知也雍也篇仁者雖告之曰井有仁焉其從之也孟子告子篇然則飲食亦在外也也字並與邪同顏氏家訓音辭篇邪者未定之詞北人即呼爲也字荀子正名篇注也當爲邪大戴禮五帝德篇請問黃帝者人邪抑非人邪樂記正義引此邪作也淮南精神篇其以我爲此拘拘邪莊子大宗師篇邪作也史記張儀傳此公孫衍所謂邪秦策邪作也余敢言邪即是不敢言後人不達而增字以申明之殊爲多事乃或改注內之余敢言也爲余不敢言者以牽合已增之正文則其謬益甚矣

游俠列傳

況

陽翟薛況念孫案況本作兄古多以兄爲況字見大雅桑柔召旻二篇管子大匡篇及漢樊毅脩華嶽碑又呂后紀之酈兄漢書翟方進傳之賓兄儒林傳之稚子兄又尹翁歸傳翁歸字子兄皆讀爲況索隱本出薛兄二字注曰音況今本改兄爲況而刪去其音斯爲妄矣

臧命作姦剽攻不休及鑄錢掘冢

以軀借交報仇藏命作姦剽攻不休及鑄錢掘冢固不可勝數念孫案及當爲乃休乃鑄錢掘冢爲一句休上不字後人以意加之也此因乃譌作及後人不得其解遂於休上加不字以曲通其義耳漢書作臧命作姦剽攻句休乃鑄錢掘冢句顏師古曰不報仇剽攻則鑄錢發冢也是休字下屬爲句貨殖傳曰起則相隨椎剽休則掘冢此又一證也

佞幸列傳

抗

高祖至暴抗也念孫案抗本作伉淺學人多見抗少見伉故改伉爲抗耳索隱本出暴伉二字注曰伉音苦浪反言暴猛伉直酷吏傳贊云郅都伉直是也今并注文亦改爲抗不知正文作伉故須作音若作抗則不須作音矣何弗思之甚也

滑稽列傳

幸雨立

女雖長何益幸雨立我雖短也幸休居念孫案幸雨立本作雨中立今本雨上幸字涉下幸休居而衍又脫去中字遂致文不成義太平御覽天部引此作幸雨立亦後人依史記改之初學記人部御覽人事部樂部引此竝作雨中立

宦署

金馬門者宦署門也念孫案宦下脫去者字藝文類聚太平御覽居處部及文選兩都賦別賦注引此竝有者字

行十餘日

爲治齋宮河上張緹絳帷女居其中爲具牛酒飯食行十餘日念孫案此謂居齋宮中十餘日也十餘日上不當有行字蓋涉下文浮行數十里而誤衍耳太平御覽方術部引此無行字

治鄭

子產治鄭民不能欺念孫案治鄭本作相鄭今作治者因下文治單父治鄴而誤索隱本於下文兩治字皆避諱作理而此獨作相是正文本作相非作治也

日者列傳

誇嚴

夫卜者多言誇嚴以得人情索隱曰謂卜者自矜誇而莊嚴說禍福以誑言也念孫案莊嚴與矜誇事不相類嚴讀爲譀說文曰譀誕也誇譀也廣雅同廣韻引東觀漢記曰雖誇譀猶令人熱誇譀猶言誇誕此謂卜者多言誇誕以惑人譀與嚴古今字也管子法法篇國毋怪嚴毋雜俗毋異禮嚴亦與譀同怪譀猶怪誕耳

龜策列傳

松根

伏靈者今作茯苓千歲松根也念孫案松根本作松脂後人以上文言茯苓在地中故改爲松根不知茯苓乃松脂所化非松根也淮南說山篇下有茯苓上有兔絲高注曰茯苓千歲松脂也博物志引神仙傳曰松脂入地千年化爲茯苓藝文類聚木部引元中記曰松脂淪入地中千歲爲茯苓太平御覽藥部引典術曰松脂入地千歲爲茯苓又御覽及爾雅翼竝引龜策傳曰茯苓者千歲松脂也皆其明證矣又案呂氏春秋精通篇曰人或謂兔絲無根兔絲非無根也其根不屬也伏苓是然則松脂入地爲茯苓茯苓之氣上爲兔絲謂茯苓爲兔絲之根則可謂爲松根則不可

滿百莖

傳曰天下和平王道得而蓍莖長丈其叢生滿百莖念孫案滿百莖本作百莖共根今本有滿字無共根二字者後人依上下文改之也不知上下文言滿百莖皆褚先生之語此言百莖共根乃褚引古傳之文不與上下同也藝文類聚草部太平御覽百卉部引此竝作其叢生百莖共根無滿字上文蓍百莖共一根徐廣曰劉向云蓍百年而一本生百莖此洪範五行傳語見藝文類聚春秋繁露奉本篇曰蓍百莖而共一本皆其證也邢昺爾雅釋魚疏引史記作滿百莖則所見本已誤

有神龜在江南嘉林中

有神龜在江南嘉林中引之曰水經泿水注云灌水導源廬江金蘭縣西北東陵鄉大蘇山卽褚先生所謂神龜出於江灌之閒嘉林之中蓋謂此水也東北逕蓼縣故城西而北注決水今灌水出光州商城縣北流入決水漢書地理志曰廬江郡金蘭西北有東陵鄉灌水所出又曰雩婁有灌水北至蓼入決是此傳原文本作神龜出於江灌之閒且其地在江北非在江南今本云神龜在江南蓋後人多聞江水少聞灌水故以意改之耳

務以費民

務以費民民字與常郎方聚張嘗倚行群成享冥光綱

民亾十六字爲韻。念孫案民當爲岷，岷字古讀若芒，本在陽部，故與常、郎諸字爲韻。說文岷從民亾聲，字或作䟫，通作萌。管子輕重乙篇則以陽爲甿，與兵、糧爲韻；韓子八姦篇五曰民萌，與牀、旁、兄、殃、行、彊、方爲韻；揚雄幽州牧箴僭我邊萌，與廱、塘、忘、亾、傷爲韻。其成、冥二字則閑用耕部也，若民字則在眞部，去陽部較遠矣。

理達於理

理達於理，文相錯迎。念孫案理達於理，文不成義，理達當爲程達。程、理右半相似，又涉下理字而誤也。程與呈古字通。廣雅程，見、示也。張衡西京賦假僊程材，薛綜曰程猶見也。杓䡾爲光，其理縱橫，呈達於外，故曰程達於理，文相錯迎也。太平御覽方術部引此正作程達於理。

志三之六　卅八

諸靈數𠛮

諸靈數𠛮，莫如女信。集解徐廣曰音策。索隱本作莿，注曰莿音近策，或莿是策之別名，此卜筮之書，其字亦難可憑。念孫案說文、玉篇無𠛮、莿二字，此皆莿之誤也。今本作𠛮者，因徐廣音策而誤；索隱本作莿者，莿字俗書作莿，因誤而爲莿。說文莿，茦也，從艸刺聲。玉篇音刺。刺與策聲相近，故索隱曰莿音近策。莿字又有策音，故徐廣音策。集韻策，著也，或作莿，義即本於徐廣。

求財

求財買臣妾。顧子明曰財下脫物字，前後文並作求財物。

貨殖列傳

幣

無息幣。索隱本幣作獘。念孫案太史公自序維幣之行，以通農桑，索隱本亦作獘，注曰獘音幣帛之幣，是史記幣字通作獘也。今本皆改獘爲幣，幷删去其音矣。古字多以獘爲幣。管子四時篇謹禱獘梗，鹽鐵論錯幣篇故教與俗改，獘與世易，太元元挩古者實龜而貨貝，後世君子易之以金，獘字並與幣同。莊子則陽篇搏幣而扶翼，釋文作獘。秦策必卑辭重幣以事秦，趙策受其幣而厚遇之，姚本並作獘。趙策啟關通幣，史記虞卿傳作獘。宋本、游本、王本皆如是。史記司馬相如傳發巴蜀士民各五百人以奉幣帛，漢書作獘。

志三之六　卅九

什倍其償

求奇繒物，閒獻遺戎王，戎王什倍其償，與之畜。念孫案索隱本償作當，注曰謂戎王償之牛羊十倍也。當字漢書作償。據此則史記自作當，與漢書不同，而今本作償，則後人依漢書改之也。案當者，直也，見廣雅。謂什倍其物之直也。又案償之爲言猶當也。漢書匈奴傳漢出三千

餘騎入匈奴捕虜得數千人還匈奴終不敢取當取當即取償也（秦策曰亾於秦而取償於齊）廣韻償當也則當與償亦同義無庸改爲償

果隋

楚越之地果隋嬴蛤不待賈而足索隱曰隋音徒火反正義曰隋今爲種（今本種譌作搖）音同果種猶種疊包裹也今楚越之俗尚有裹種之語楚越水鄉足螺蛤魚鼈民多採捕積聚種疊包裹煮而食之班固不曉裹種之方言脩太史公書述地志乃改云果蓏嬴蛤非太史公意班氏失之也引之曰說卦傳艮爲果蓏京房作果墮墮與

隋通則果隋即果蓏班氏不誤守節不識古字乃以唐時俗語說之甚矣其謬也

走死地如騖

其在閭巷少年攻剽椎埋劫人作姦掘冢鑄幣任俠并兼借交報仇篡逐幽隱不避法禁走死地如騖其實皆爲財用耳念孫案宋本游本走死地如鶩下皆有者字是也上文不避湯火之難下下文不擇老少下皆有者字

千章之材

山居千章之材集解徐廣曰材一作楸駰案韋昭曰楸木所以爲轅音秋漢書作千章之萩孟康曰萩任方章者千枚也念孫案史記材字當爲秋字之誤襄十八年左傳伐雍門之萩釋文萩本又作秋莊子人閒世篇宜楸柏桑釋文楸作秋史記朝鮮傳封韓陰爲萩苴侯漢書萩作秋

醬千甔

醯醬千瓨醬千甔念孫案下句醬字當從漢書作漿此涉上句而誤也北堂書鈔酒食部太平御覽飲食部引史記並作漿千甔

鯫千石

鮐鮆千斤鯫千石鮑千鈞集解徐廣曰鯫音鯫鯫魚也（本作鮿音輒膊魚也說見下）索隱曰鯫音輒一音昨苟反小魚也又曰注鯫音輒膊魚也膊音鋪博反破鮑不相離謂之膊聲類及韻集雖爲此解而鯫生之字見與此同鯫者小雜魚也（自鯫音輒以下至此今本皆刪去唯單行本有）念孫案鯫音昨苟反字從魚取聲說文白魚也鮿音輒字從魚耴聲（耴音輒）玉篇膊魚也（方言膊暴也燕之北郊朝鮮洌水之閒凡暴肉謂之膊）兩字絕不相通此文以鮐鮆爲一類鮿鮑爲一類鮿音輒字從耴不從取世人多見取少見耴故鮿誤爲鯫今俗書鮿字作鯫誤與此同也鯫千石鮑千鈞當作鮿鮑千鈞（鮐鮆千斤鮿鮑千鈞相對）

爲文鮿下不當有千石二字蓋因上文榻布皮革千石而誤衍也當依漢書刪徐廣注鮿音輒鮿魚也當作鮿音輒膊魚也索隱引徐廣注正作鮿音輒膊魚也正義同考漢書正作鮿鮑千鈞顏師古曰鮿膊魚也卽今不著鹽而乾者也鮿音輒是其證矣索隱不用徐廣之說乃云鯫音輒一音昨苟反小魚也且云鯫生之字與此同是直不辨鯫鮿之爲兩字矣且鮿爲膊魚鮑爲鹽漬魚見玉篇二類相近故以鮿鮑連文若改鮿爲鯫而訓爲小魚比之於鮑斯爲不類矣正義說亦與索隱同誤

椎髻

賈椎髻之民念孫案椎髻索隱本作魋結注曰上音椎下音髻今改魋結爲椎髻而刪去其音斯爲妄矣陸賈傳尉佗魋結箕踞朝鮮傳魋結蠻夷服西南夷傳魋結耕田索隱竝曰上直追反下音計正與此同漢書陸賈傳貨殖傳竝作魋結李陵傳西南夷傳朝鮮傳竝作椎結史記漢書皆無髻字方言覆結謂之幘巾楚辭招魂激楚之結獨秀先些字竝作結說文無髻字

拙

田農拙業念孫案拙本作掘故徐廣音義曰古拙字亦作掘也後人改掘爲拙則與音義相左矣班馬字類引此正作掘淮南說林篇所頭者在外則內爲之掘亦以掘爲拙

用之富

田農掘業而秦揚以蓋一州掘冢姦事也而曲叔以起博戲惡業也而桓發用之富行賈丈夫賤行也而雍樂成以饒念孫案桓發用之富本作桓發用富用亦以也一切經音義卷七引蒼頡篇曰用以也與上下三以字互文後人於用下加之字則失其句法矣史記多以以用互文秦楚之際月表序曰以德若彼用力若此天官書曰歲星出常東方以晨入於西方用昏老莊申韓傳曰儒者用文亂法而俠者以武犯禁游俠傳曰魯人皆以儒教而朱家用俠聞自序曰智足以應近世之變寬足用得人皆其證也皐陶謨曰侯以明之撻以記之書用識哉管子小問篇曰臣聞取人以人者其去人也亦用人荀子非相篇曰故君子之度己則以繩接人則用抴呂氏春秋疑似篇曰此褒姒之所用死而平王之所以東徙也韓子揚權篇曰下匿其私用試其上上操度量以制其下皆以以用互文

太史公自序

糲粱

墨者亦尚堯舜道言其德行曰糲粱之食藜藿之羹漢

書司馬遷傳同念孫案服虔曰糲粗米也賈逵注晉語曰粱食之精者見文選陸機君子有所思行注是糲粗而粱精不得以糲粱連文粱當爲粢字之誤也粢粱字形相近傳寫往往譌溷曲禮稷曰明粢釋文一本作明粱淮南人閒篇飯黍粱今本粱誤作粢爾雅曰粢稷桓二年左傳曰粢食不鑿玉藻曰稷食菜羹論語鄉黨曰疏食菜羹粢食稷食疏食異名而同實也粢與糲皆食之粗者李斯傳曰堯之有天下也粢糲之食藜藿之羹韓子五蠹篇曰堯之王天下也糲粢之食藜藿之羹淮南精神篇曰珍怪奇味人之所美也而堯糲粢之飯藜藿之羹主術篇曰堯太羹不和粢食不毇皆其證也列子力命篇

志三之六

北宮子謂西門子曰朕衣則裋褐食則粢糲子衣則文錦食則粱肉以粢糲與粱肉對言淮南人閒篇陳駢子對孟嘗君曰臣之處於齊也糲粢之飯藜藿之羹以身歸君食芻豢飯黍粱今本粱誤作粢上文云芻豢黍粱下文云服輕煖乘牢良與粱爲韻今據改以糲粢與黍粱對言是粱精而粢粗可言糲粢不可言糲粱也

聖人不朽

聖人不朽時變是守漢書司馬遷傳朽作巧顏師古曰無機巧之心但順時也念孫案史記原文葢亦作聖人不巧今本作朽者後人以巧與守韻不相協而改之也不知巧字古讀若糗正與守爲韻韓子主道篇不自操事而知拙與巧索問徵四失論更名自巧妄與咎爲韻參同契非種難爲巧與濁爲韻皆其證也上文云以虛無爲本以因循爲用以虛無爲本即所謂聖人不巧也以因循爲用即所謂時變是守也又云有法無法因時爲業有度無度因物與合亦是此意此皆言道家無爲之術故顏師古曰無機巧之心但順時也韓子揚權篇亦云聖人之道去智與巧若改爲聖人不朽則與時變是守之義迥不相涉矣索隱本出聖人不朽四字正義云言聖人教迹不朽滅則所見本皆誤

志三之六

諸侯謀之

惠之早霣諸呂不台崇彊祿產諸侯謀之殺隱幽友大臣洞疑念孫案諸侯謀之本作諸侯之謀之是也若詩言先君之思燕婉之求雅子之好之類言呂后崇彊祿產而謀劉氏故下文即云殺隱幽友也後人以謀與台疑韻不相協故改之謀爲謀之而不知謀字古讀若媒詳見唐韻正正與台疑爲韻且呂后稱制之時諸侯未敢謀之也

洞疑

殺隱幽友大臣洞疑索隱曰洞是洞達爲義言所共疑也引之曰索隱以洞疑爲共疑其說迂而難通洞讀爲

恫恫疑恐懼也古呂后殺隱王如意幽幽王友而大臣皆恐也蘇秦傳秦恐韓魏之議其後也是故恫疑虛喝驕矜而不敢進索隱以恫爲恐懼是也疑亦恐也雜記曰五十不致毀六十不毀七十飲酒食肉皆爲疑死鄭注疑猶恐也大戴禮曾子立事篇曰君子見善恐不得與見不善恐其及己也是故君子疑以終身荀子宥坐篇其赴百仞之谷不懼大戴禮勸學篇懼作疑管子小問篇曰駮食虎豹故虎疑焉是疑亦恐也燕世家曰衆人恫恐恫恐卽恫疑也作洞者假借字耳馮衍顯志賦亦曰終悇憛而洞疑

來古

比樂書以述來古索隱曰來古卽古來也言比樂書以述自古以來樂之興衰也念孫案小司馬倒釋來古二字非也比樂書以述古來則文不成義來古卽往古也來與往義相反而謂往爲來者亦猶亂之爲治故之爲今擾之爲安也大雅文王有聲篇遹追來孝遹辭也來往也孝者美德之通稱言上追前世之美德也前世之美德故曰往孝所謂追孝于前文人也鄭箋訓遹爲述來爲勤謂述追王季勤孝之行失之辯見經義述聞晉語自今以往知忠以事君者與譽同呂氏春秋上德篇作自今以來呂氏春秋察微篇自今以往魯人不贖人矣淮南道應篇作自今以來是來卽往也呂氏春秋淫辭篇自今以來秦之所欲爲趙助之趙之所欲爲秦助之韓策顏率曰自今以來率且正言之而已矣本書秦始皇紀曰自今以來操國事不道如嫪毐不韋者籍其門皆謂自今以往也

高祖

維高祖元功輔臣股肱念孫案祖上本無高字後人以此是述高祖功臣因加高字耳今案應劭注漢書文帝紀曰始取天下者爲祖故但言祖而其義已明無庸加高字文選吳都賦注漢高祖功臣頌注弔魏武帝文注三引此文皆作維祖元功則無高字明矣下文述荊燕世家云維祖師旅劉賈是與又其一證也

其極則玩巧幷兼茲殖

其極則玩巧句幷兼茲今本此下殖索隱曰玩此字音五官反巧音苦孝反殖上屬爲句爭於機利句念孫案此以其極則玩巧爲句貨殖傳曰故其民益玩巧而事末也幷兼茲殖爲句爭於機利爲句索隱本玩音五官反云云本在玩巧下今本列入茲字之下殖字之上則是以其極則玩爲句巧幷兼茲爲句殖爭於機利爲句矣大謬

姜姓解亡

田闞爭寵姜姓解亾 徐廣曰解一作還 念孫案姜姓解亾殊為不詞解當為鮮字之誤也凡從魚之字或譌從角漢北海相景君銘元元鰥寡鰥字作鰥史記賈生傳細故慸薊兮薊字作觧皆其證也漢魯峻石壁殘畫象鮮明騎鮮字作觧俗書解字作觧二形相似故鮮字譌而為解月令穀實鮮落呂氏春秋季夏紀淮南時則篇竝作穀實解落墨子魯問篇鮮而食之節葬篇作解而食之爾雅釋山小山別大山鮮釋文曰鮮或作觧字文選吳都賦嶰澗閴李善引爾雅曰小山別大山曰嶰皆其證也 鮮之言斯也小雅瓠葉箋曰今俗語斯白之字作鮮齊魯之間聲近斯爾雅釋詁釋文曰鮮本或作尠沈云古斯字斯與鮮聲相近故字相通阮氏伯元揅經室文集曰尚書無佚曰文王懷保小民惠鮮鰥寡鮮即斯字言文王惠斯鰥寡即祖甲保惠于庶民不敢侮鰥寡之義斯者語詞故漢石經及漢書谷永傳竝作惠于鰥寡為孔傳訓鮮為少失之也釋山曰小山別大山鮮言小山之別離於大山者曰鮮鮮即斯故釋言曰斯離也 謂田恒與闞止爭寵弑簡

公專齊政而姜姓斯亾也鮮與還聲相近故徐廣曰一作還若作解則聲與還遠而不可通矣

傳兵論劍

非信廉仁勇不能傳兵論劍 顧子明曰此本作非信仁廉勇不能傳劍論兵書信仁為一類廉勇為一類劍論與兵書對文顏師古曰劍論劍術之論也言非信仁廉勇之人不能傳此二術也上文云在趙者以傳劍論顯漢書司馬遷傳同服虔曰世善劍也晉灼曰史記吳起贊曰非信仁廉勇不能傳劍論兵書也見集解是其證今本仁廉二字倒轉劍論兵三字上下錯亂又脫去書字

不既信

不既信不倍言義者有取焉 念孫案不既信不失信也方言廣雅竝云既失也

統業

維我漢繼五帝末流接三代統業 念孫案統業當從漢書作絕業字之誤也絕業與末流相對為文下文秦撥去古文焚滅詩書云云正申明絕業二字之意司馬相如云反衰世之陵夷繼周氏之絕業意與此同也若作統業則非其指矣文選頭陀寺碑文惟齊繼五帝洪名紐三王絕業李善注引史記正作絕業

俟後世聖人君子

俟後世聖人君子 念孫案此本作以俟後聖君子今本無以字有世人二字皆後人所改也哀十四年公羊傳曰制春秋之義以俟後聖以君子之為亦有樂乎此也史公之言即本於此案傳稱君子有樂乎此本指孔子言之此稱以俟君子則指後賢言之雖意有不同而文出於彼詩譜序曰其諸君子亦有樂於是與亦指後賢言之與公羊文同而意異索隱本出以俟後聖君子六字注曰此語出公羊傳是其證後人不知而以意改之謬矣漢書正作以俟後聖君子

索隱本異文

案史記漢書每多古字漢書顏注卽附於本書之下凡字之不同於今者必注曰古某字是以後人難於改易而古字至今尙存史記則索隱正義本係單行其附見於本書者但有集解一書注與音皆未賅備是以史記中古字多爲淺學人所改後人以集解索隱正義合爲一書乃不肯各仍其舊而必改從今本以歸畫一殊失闕疑之義今正義已無單行本唯汲古閣所刻索隱本尙存其今本中正文注文皆經改易者已附辯於各篇之下其餘異文尙多略記百餘字以資考正如磐石作盤石孝文紀此所謂磐石之宗也索隱本磐作盤他皆倣此慸滯作苦滯樂書則無慸滯

之音矣黃鍾作黃鐘律書黃鐘長八寸七分一菽作叔天官書戎菽爲髯作頿封禪書有龍垂胡髯下迎黃帝佞作倿魯世家生子佞第作弟晉世家君第毋會陳丞相世家陛下第出僞游雲夢司馬相如傳長卿第俱如臨邛暮作莫五子胥傳吾日暮塗遠礪作厲勝自礪劒嶺作領商君傳魏居嶺阸之西効作效蘇秦傳今茲効之虛喝作虛猲是故恫疑虛喝驕矜而不敢進歷作厭張儀傳吾請令公歷事輝作燿賈生傳覽德輝而下之爐作鑪天地爲鑪缻作缶李斯傳擊甕叩缻鎰作溢鎰金百鎰壍作塹南塹之埶異也愈作俞蒙恬傳若知賢而愈不立嚮作鄉韓王信傳及其鋒東嚮肮作亢劉敬傳不搤其亢佯作詳田叔傳以爲任安爲佯邪稚作穉匈奴傳右谷蠡王伊稚斜韢作轊司馬相如傳軼野馬而韢騊駼驄作驄驄郎凌烽作熢聞烽擧燧燔贍作澹淮沈贍蕭撰作選譔選列傳倣作放日者傳倣文王八卦戲作檝貨殖

傳將千頃以二者相較則索隱本皆古字而今本皆俗書也又如子貢作子贛孔子世家唯子贛廬於冢上盤作槃平原君傳毛遂奉銅槃訊作誶賈生傳訊曰箕倨作箕踞張耳陳餘傳高祖箕倨詈誚作譙樊噲傳誚讓項羽裙作帬萬石君傳取親中裙廁腧齧作齚魏其武安傳杜門齧舌自殺鄗作鎬司馬相如傳酆鄗潦潏崖作厓蔡之無崖野作埜馬蹄野網作罔酷吏傳昔天下之網嘗密矣皆與說文相合又如蒼作倉項羽紀異軍蒼頭特起將相名臣表張蒼爲計相救作捄十二諸侯表吳王夫差十一年救陳高苑作高宛高祖功臣侯者表高苑制侯丙倩莊作壯棘陽莊侯杜得臣涅陽莊侯呂勝中水莊侯呂馬童菌莊侯張平陸梁作陸量陸梁侯須毋恭作共惠景閒侯者表管恭侯劉罷軍楊虛恭侯劉將廬建元以來王子侯者表卒不恭侯劉漢陪作倍建元以來王子侯者表陪繆侯劉明條侯作脩

侯將相名臣表中尉條侯周亞夫噍殺作焦殺樂書其聲噍以殺大荒落作大荒落歷書祝犂大荒落四年協洽作汁洽作噩作作鄂涒灘作汭漢並同上藩作蕃天官書環之匡衛十二星藩臣婺女作務女同上橢作隋平準書三曰復小橢之管作筦欲擅管山海之貨犂鉏作犂且齊世家犂鉏曰闞止作監止闞止有寵焉徐州作徐州田常執簡公于徐州費王作弗王晉世家子繆費王立荀躒作荀櫟趙世家荀躒言於晉侯熒惑作營惑孔子世家匽夫而熒惑諸侯者圯作圮留侯世家步游下邳圯上旗作期三王世家降旗奔師佚作軼母侗好佚寓作偶老子韓非傳大抵率寓言也端木賜作端沐賜漆雕開漆雕哆漆雕徒父漆雕並作漆彫公伯僚作公伯繚公堅定作公肩定申黨作申堂公西葴作公西箴並仲

尼弟子傳舫作枋張儀傳舫船載卒得作德孟嘗君傳齊湣王不自得屩作蹻躡屩而之見洒作灑范雎傳羣臣莫不洒然變色易容者馳作施譬若馳韓盧而搏蹇兔也愍作憒屈原傳離愍之長鞠誹作非誹俊疑桀賈誼作賈義賈生傳洛作雒呂不韋傳食河南洛陽十萬戶匣作柙刺客傳秦舞陽奉地圖匣辯作別李斯傳辯白黑而定一尊渡作度淮陰侯傳陳船欲渡臨晉萆作卑萆山而望趙軍狡兔作郊兔狡兔死湩作重匈奴傳以示不如湩酪之便美也盧胸作盧朐築城鄣列亭至盧朐稽且作稽沮衛將軍驃騎傳捕稽且王敝作獘主父傳敝中國靡勞浸作勞寖西南夷傳其旁東北有勞浸靡莫諸蔗作諸柘司馬相如傳諸蔗猼且雕胡作彫胡東蘠雕胡卹削作戌揚袘卹削媻姍作媻姍勃窣作勃猝媻姍勃窣上金隄鄠作豐鄠鄗潦潏踰作隃踰波趨浥鷛鶏作鷛渠煩鶩鷛鶏鷫鴇作箴疵箴疵鵁鶄鮮枝作鮮支鮮枝黃礫楷棌作荅遝楷棌荔枝胥餘作胥邪胥邪胥餘卉吸作卉歙瀏蒞卉吸嫺作閑姣冶嫺都筰作笮邛筰之君長浸潯作浸淫浸潯衍溢眩湣作泫湣紅杳眇以眩湣溪作逢溪涌原泉經作徑大宛傳經匈奴導作道爲發導驛抵康居黎軒作犂軒北有奄蔡黎軒譎作適滑稽傳譎諝之者竿作个貨殖傳竹竿萬个鼂作帆太史公自序鼂錯與鼂亦可見古書多假借之字故并記之

史記弟六

志三之六　四

四史發伏·史記

[清]洪亮吉

清光緒八年小石山房刻本

四史發伏

四史發伏目錄

右四史發伏十卷陽湖洪北江先生譔先生宏才博學著書滿家其已刻者沾溉宇内未刻者近亦稍出此書抄自鄭丈蔭雲亥豕迷目脱誤亦多前年緘致先生季子子齡大令大令出原稾一一校正補脱并屬洪太守爲之序貽書寄還會余門人顧生湘見而悦之請任剞劂梓人遲滯至今秋始蕆工復挍讀一過而志其後云世之言考据者喜毛舉細故自矜其博而於學實無裨

益桐城姚氏薑塢先生則讀書有得實事求是其所訂正乃精心融貫窔穴奥微故確覈如茲曰發伏者殆以疑訛之端伏而末顯發之匪易然既有所伏烏可不有以發之以質諸前人詔之後人哉咸豐三年七月既望後學太倉季錫疇識

四史發伏卷一

史記

陽湖洪亮吉稚存著

五帝本紀太史公曰案此太史公蓋卽楊惲所稱正義以爲遷自號恐非虞憙云古者主天官皆上公非獨遷此與如淳引太史公位在丞相上說同皆不足據

夏本紀舜又歌曰案此皋陶歌以申戒之詞云舜誤也

殷本紀殷復興巫咸任職案咸當作賢巫咸子也

子帝太丁立案竹書紀年作文丁名托殷不宜有兩太丁當以紀年爲是

啟母賤不得嗣案啟與紂異母史記最確呂氏春秋紂同母三人長微子啟次仲衍次紂生啟時母尚爲妾父欲立啟太史爭之云云語尤不足信康成取之誤也

周本紀夏后氏政衰去稷不務案以尚書前後敘之稷之卒當在夏末受禪之先於五臣爲最早今不窋以夏后氏政衰時失官相距已遠明非后稷子可知此遷說疎處不必遠引證佐始見其妄也

子慶節立國於豳案詩篤公劉于豳斯館則公劉時已遷豳不至慶節也此恐誤

武王上祭於畢注馬融曰畢文王墓地名也案古無墓祭之禮自融一言作俑後儒遂以爲墓祭始於文王并以爲始於唐堯後漢書蘇竟傳曰武王上祭畢星求助天也說

在融之前可破其妄

武王亦答拜索隱云武王不應答商人之拜太史公失辭耳案遷此言本之逸周書

命閎夭封比干之墓案越絶書武王未下車卽封比干之墓黄帝之後於祝帝堯之後於薊案呂氏春秋祝作鑄薊作梨東伐淮夷殘奄案書序作踐奄

一年共王滅密案左傳齊桓公取密姬生懿公豈密後復續封耶 又案莒有密邑城陽淳于縣東北有密鄉

號曰共和注引魯連子云衛州共城縣本周共伯國共伯和行天子事號曰共和厲王死共伯使諸候奉王子靖爲宣王而共伯復歸於衛案衛蓋指衛州共城縣言正義誤認作衛國遂引衛世家世子共伯事以證之無論年歲不相當且合共衛爲一國又并共伯及武公和爲一人其悞已不足辯顧反欲借此證紀年及魯連子之非又可謂倒黑白矣

子釐王胡齊立案不應與上厲王同名恐有悞

惠王奔温案左傳五大夫奉子頹以伐王不克出奔温此以惠王奔温誤也

襄王乃賜晉文公珪鬯弓矢爲伯案左傳在襄王二十年此言十七年當依左傳

景王愛子朝欲立之案此下亦與左氏説異

故令人謂韓王曰索隱據戰國策云或人爲周君謂魏王

案是時南陽地屬韓以遷説爲是

秦本紀元鳥隕卵女脩吞之案此乃因簡狄事附會之不足信

大業取少典之子曰女華案新唐書宰相世系表言大業生女華未知何據又言女華生臯陶亦與此不同恐皆附會

爲紂石北方索隱云石下無字則不成文意亦無所見案今攷文義當是紂字下有脱字不如索隱説也徐廣引皇甫謐云作石椁於北方蓋因下報得石棺句約畧言之非本脱椁字也

邑之秦案崔靈恩毛詩集注秦在虞夏商爲諸侯至周爲附庸則秦本建國疑伯翳卽封于秦故孝王云伯翳爲舜主畜故有土下言使復續嬴氏祀明虞夏商之秦亦嬴姓可知後世裔至周封爵或斷故孝王又封非子以爲附庸也崔説當有據

滅小虢注輿地志云此虢文王母弟虢叔所封是曰西虢案西虢不滅於秦輿地志誤正義謂是羌之别種較是

襄公之弟名雍秦出也案左傳公子雍母曰杜祁則非秦出可知遷誤

子惠公立案不應有兩惠公疑有誤

子惠文君立案君字宜作王

公子通封於蜀案詳攷前後疑秦無封通於蜀事又下言

相莊殺蜀侯來降若係秦所封公子莊既殺安敢復來降乎疑蜀侯或名通遷誤以爲公子通也通逐於周愼靚王五年言代蜀取之貶蜀王更號爲侯使陳莊相蜀于赧王四年言蜀相殺蜀侯不言何名蓋亦不信遷說

秦始皇本紀追尊莊襄王爲太上皇案莊襄王已死故曰太上皇後世遂以此號尊其生父恐非

列侯武成侯王離案此序列侯倫侯始及丞相漢書霍光傳首及列丞相暨將軍御史大夫始及列侯但可見二代法式不同處

爲桂林象郡南海案尙有閩中郡合前所置三十六郡爲四十郡

使郎中令爲內應徐廣曰一云郎中令趙成案成單官郎中令則上應云與其壻咸陽令閻樂弟郎中令趙成不應至此始云頭中令成也明別是一人非成可知

陳利兵而誰何案誰何蓋言誰敢奈何如淳及索隱說恐未諦

項羽本紀與樊噲夏侯嬰靳彊紀信等四人注漢書作紀成案功臣表成以將軍從擊破秦疑漢書作成爲是

人或說項王曰案漢書作韓生未知所本楚漢春秋及法言又作蔡生

楚雖三戶案三戶當以索隱說爲是高誘呂覽解范蠡楚三戶人吳越春秋文種爲宛令至三戶南公所言三戶蓋郎此下紀又云項羽使蒲將軍日夜引兵渡三戶注孟康曰津峽名也在鄴西三十里此則鄴三戶非宛三戶也六國時鄴地亦不屬楚正義不知三戶有二誤合爲一又引服虔諸說以證之并云項羽果渡三戶津破章邯是南公之善讖殊誤

故因環封三縣案張耳嬖臣申陽皆封王而餘祇侯此餘所尤不平者

乃陰令衡山臨江王擊殺之江中案義帝徙長沙道蓋出九江衡山臨江故羽陰令二王及九江王布殺之黥布傳言遣將追殺之郴縣明二王雖受羽命而不奉行故布獨遣將擊殺耳使二國欲殺義帝當其道出衡山臨江時何以不殺而使之至郴縣乎布傳從事後實書故漢書高帝本紀等皆從之此紀及下高帝紀本羽之始謀而言皆史法之可以互見者

高帝本紀字季索隱云高祖長兄名伯次名仲不見別名則季亦是名案此說誤高祖次兄名喜見史記漢書何云不見別名乎又蕭何曰劉季固多大言呂公曰相人多矣無如季秦漢人雖淳樸未有面呼人名者况呂后亦曰季所居上云云明伯仲季皆三人字可知項岱云高祖小字季即位易名邦說亦恐無所據

沛公左司馬得泗州守壯殺之索隱曰顏師古云得司馬之名非也後云左司馬曹無傷自此以下更不見替易處

蓋是左司馬無傷得泗州守殺之案功臣表費侯陳賀斥丘侯唐厲俱以左司馬入漢則爲左司馬者不止曹無傷一人索隱說恐鑿

別將司馬尼案漢書作𡰪𡰪古夷字此作尼係傳寫之誤

趙相貫高等事發覺夷三族案張耳傳貫高曰今吾三族皆已論死蓋當時實坐此罪後高祖賢高等并其族赦之明未嘗夷三族可知還此語蓋不實當以漢書高帝紀爲正

楚隱王索隱云世家作幽王名悍負芻之兄案此楚隱王即陳涉索隱乃分爲二殊誤又幽王非楚賢君不應置守冢漢書只作楚隱王無陳涉二字則非一人可知

敖賜謚爲魯元王案元非公主謚則此謚元亦未確況功臣侯表明言敖謚武侯此云謚元非也至言子偃亦爲魯元王更妄

孝景本紀封故相國蕭何孫係爲武陵侯案何傳及功臣表係作嘉疑此紀舊脫一嘉字疊作二孫字後人遂依字改作係也漢書景帝紀則又因此而誤又案何傳及功臣表俱作武陽此云武陵亦誤 罷諸侯御史中丞案漢書景帝紀及百官表皆言罷諸侯御史大夫此作中丞誤

孝武本紀第十二索隱云此篇褚先生所補韋稜云褚顗家傳褚少孫梁相褚大弟之孫宣帝時爲博士案褚少孫爲博士不得在宣帝時張宴云仕於元成之間說近之

六國世表秦靈公十年案本紀以爲靈公十三年獻公二十四年始皇五十一年俱與表異今攷宜從表

衛悼公壹元年案悼公之立在魯哀公二十六年此以悼公元年當威烈王元年誤

趙武公元年案公字誤

衛從濮陽徙野王案本紀作君角誤

高祖功臣侯表堂邑國千八百戶案漢書表止云六百戶恐誤

周呂國佐高祖定天下功侯案呂后本紀長兄周呂侯死事注徐廣曰高祖八年卒蓋亦據功臣表知之今攷高紀八年高祖東擊韓王信餘寇於東垣則澤當以此時死事而漢書表云六年封封三年薨蓋畧也

建成國　六年正月丙戌案漢書表作四月蓋傳寫之誤案此類甚繁不克盡舉

元年五月丙寅案五當作九

鄼國高后二年懿侯同元年同祿弟案何傳及漢書表皆云高后封何夫人同爲鄼侯則同繫祿毋安得云弟又漢初婦人不聞別有謚而此云懿侯同恐亦非確下又云同有罪更封何小子延更非

潁陰侯定齊淮南及下邑案漢書表下作八今攷嬰傳下下邳壽春降彭城後復云降留薛沛鄼蕭相攻苦譙凡八縣則此表下字宜作八爲是

元朔五年侯賢行賕罪國除案漢書表作坐丁傷人首匿免盡旣坐匿子又爲行賕冀得脫免後事俱發故免侯二表可以互見

汾陰　孝惠四年哀侯建平開方元年四年有罪絕案漢書表開方嗣十六年薨不云有罪絕則此三字蓋衍案下侯意元年下有有罪絕三字後人或誤移於上耳

梁鄒　元光元年頃侯嬰齊元年案漢書表作三年元光四年侯山柎元年案此元光宜作元鼎傳寫之誤

贅　孝景中元六年封賀子侯最元年後元五年最薨案此則最嗣侯應六年而漢書表言紹封二年薨未識誰誤

海陽　案遼西郡有海陽縣當屬搖毋餘所封索隱云海陽亦南越縣地理志闕恐誤

曲成　孝文後五年復封恭侯捷元年案漢書表作文帝十四年捷復封

芒　孝文九年侯昭有罪國除案此有闕文應云孝文九年侯昭元年十三年有罪國除

棘丘　高后四年侯襄奪侯案漢書表作元年

昌武元朔元年侯得坐傷人二旬內死弃市案應作元朔三年下元字誤

斥丘　擊破籍武城案漢書表作侯成武師古注曰初封成武侯也今攷此表云云以擊破藉於武城或降下武城地非屬之所封未知誰誤

臺　案此濟南郡之臺縣索隱云以臨淄郡有臺鄉縣非臨淄漢時亦不作郡

平棘　高后八年侯辟彊元年案漢書表作孝文五年

栒　孝景中四年侯河有罪國除案漢書表言四年薨不言有罪免未知誰是

橐　孝文三年共侯應元年案漢書表作七年今攷當以漢書爲是

猗氏　二千四百戶案漢書表作一千一百戶又案二表戶數不同者歷多褚先生所補表尤甚今不克盡舉

吳房　孝景後元年去疾有罪國除案漢書表作後三年

閼氏　以代太尉案漢書表作代大與師古曰大與主爵祿之官恐師古以字誤曲說

龍　索隱廬江有龍舒縣蓋其地案漢書表作龍陽則應云屬武陵未知誰是

長脩　元封四年侯相夫坐爲太常擅繇太樂令論案漢書表作三年今考百官公卿表宜以此爲是

汾陽　從起陽夏案漢書表作櫟陽

戴　侯安期案漢書表作安侯彭

郎　元鼎元年遂坐賣宅縣官故貴國除案漢書表云坐掩搏奪公主馬髡爲城旦二說不同未知孰是

搏陽　孝景中五年侯遬奪爵一級案漢書表作孝景元年

戚　案漢書表孝文元年賁侯長嗣此闕
壯　元光五年侯廣宗元年案漢書表元光五年節侯周
嗣至元朔二年始云侯廣宗嗣此并作一世誤
成陽　建元元年侯信罪鬼薪國除案漢書表作有罪要
斬二說不同未知誰是
蘭　以中涓從案漢書表作中尉
惠景間侯者年表南宮　高后八年侯買坐呂氏事誅國
除案漢書表云侯生嗣孝武初有罪爲隸臣蓋侯買後復
續封至孝武初始絕也
安陽　案地理志汝南縣班固注侯國索隱以爲屬馮翊
誤左馮翊無安陽縣
俞　元朔二年侯賁元年案漢書表言孝景中六年賁嗣
侯二十二年當元狩六年免今攷二表年月皆不合蓋賁
以中六年嗣侯至元朔六年免正二十二年元朔二字傳
寫誤作元狩耳當以漢表爲正
建元以來侯者年表浩　封凡三月案漢書表言正月封
一月免一字蓋誤
江陽　案郎南陽郡紅陽縣索隱云屬東海誤東海無江
陽縣
富民以下褚先生補　鼚何奴不至貧誅死案漢書表作詐增虜獲
自殺
平昌　五千戶案漢書表作六百戶百字蓋誤下樂昌侯
即作六千戶
漢興以來將相名臣年表孝惠五年八月乙丑參卒案漢
書表作己丑攷當以漢書爲是
十一月乙亥勃復爲丞相十二月乙亥灌嬰爲丞相案不
得連月皆有乙亥漢書表不著日辰較是
元鼎五年八月周坐酎金自殺九月辛巳石慶爲丞相案
漢書表九月辛巳周下獄死丙申慶始爲丞相未知誰是
太初二年二月丁卯公孫賀爲丞相案二月丁卯應從漢
書表作閏月丁丑
征和元年冬賀坐爲蠱死案漢書表在二年四月壬申
甘露三年七月丁巳于定國爲丞相案漢書表作五月甲
午當以漢書爲是
鴻嘉元年三月禹卒案卒應作免蓋傳寫之誤
孝文九年御史大夫敬案漢書表在七年
元狩二年御史大夫湯案應在三年
建始三年褚廷尉尹忠爲御史大夫案漢書表作諸吏左
曹光祿大夫
禮書寢兕持虎注索隱云持虎者以猛獸皮文飾倚較及
伏軾故云持虎案楊倞注荀子謂以虎皮爲弓衣武士執
持者也詩曰虎韔鏤膺今攷於持字義倞說爲長
然而兵始于垂涉案荀子作垂沙楊倞注垂沙地名未詳
漢地志沛國有垂鄉豈是耶今攷楚世家懷王二十八年

秦與齊韓魏共攻楚殺楚將唐昧取我重丘而去重丘漢
地理志屬平原郡去沛之乘鄉尚遠徐說恐非
有特牲而食者不得立宗廟案持牲而食則士大夫以上
矣不當云不得立宗廟遷此書本引荀子之言荀子原文
作持手而食較是注持其手而食謂農工
兩者合而成文以歸太一索隱云太乙者天地之本也案
徐注荀子太一謂太古時
樂書中尉汲黯進曰案漢書百官公卿表及黯傳黯皆未
曾爲中尉疑屬都尉之誤又案下言丞相公孫宏云云宏爲丞相時黯已徙主爵都尉遷右內史矣
歷書故疇人子弟分散案疇人當以注樂彥說爲是汲冢
周書史疇爲禹卜畋得皋陶蓋史疇之後世爲天官也
太初元年歲名焉逢索隱云漢書作閼逢亦音焉與此音
同案漢書不云音焉則亦同爾雅作于葛切可知
天官書其一明者太一常居也案鄭康成注乾鑿度云太
一者北辰神名
四曰司命五曰司中六曰司祿案惟孝經援神契與此合
漢晉二志其說互異未知所本
廷藩西有隋星五曰少微士大夫案少微只四星
兩兩相比曰司空案司空諸家俱作司寇
丙丁江淮海岱也案此下與淮南子同
國皇星大而赤注孟康曰歲星之精散所爲也五星之精
散爲六十四變志記不盡案俱詳晉天文志
五殘星　去地可六丈大案下蓋有缺文正義以大字配
下賊星作句云大賊星者一名六賊星恐非
地維咸光亦出四隅去地可三丈案漢志作二丈
封禪書而宋毋忌正伯僑充尚羨門子高最後皆燕人案
師古注漢書以最後爲人名恐非當從索隱說
其令郡國縣立靈星祠案詩序絲衣章高子曰靈星之尸
也漢舊儀又云古時歲再祀靈星靈星春秋時太牢禮
欲祠出周鼎注徐廣曰後三十七年鼎出汾陰案汾陰所
得之鼎非周鼎也當時有司以愚其主耳此注蓋亦爲所
瞞
少翁以方蓋夜致王夫人索隱曰漢書作李夫人此言王
夫人新論亦同未詳案李夫人死時少翁之誅已久漢書
謬也論衡亦作王夫人
置酒壽宮案玩下置壽宮北宮句則此酒字當衍漢紀亦
無酒字
有司與太史公注引桓譚新論以爲太史公造書書成示
東方朔朔以爲平定因署其下太史公者皆東方朔所加
之也案遷之史記成於武帝末年疑朔時已死不及見矣
又新論所言多妄恐不足信此蓋屬遷外孫楊惲所稱無
疑
樂成侯上書言欒大注徐廣曰樂成侯姓丁名義索隱引

韋昭說云郊祀志樂成侯登而徐廣云姓丁名義未詳案漢書功臣表樂成侯丁義以元鼎二年嗣三年坐言五利侯不道弃市則廣說爲是疑郊祀志登字誤也

河渠書其後莊熊羆言臨晉案漢書只作熊

功無已時吾山平注徐廣曰東郡東阿有魚山或者是乎案通典東阿縣有魚山一名吾山漢武瓠子歌曰吾山平兮鉅野溢謂此山也

四史發伏卷一終

四史發伏卷二

陽湖洪亮吉稚存著

史記

吳太伯世家太伯卒注皇覽云太伯冢在吳縣北梅里聚去城十里案續志劉昭注無錫縣東皇山有泰伯冢去墓十里舊宅井猶存今攷當以昭說爲是皇覽誤

子熊遂立案吳越春秋章子熊子遂此并作一世疑誤

齊太公世家二年伐滅郯注徐廣曰一作譚索隱此郯乃東海郯縣不當作譚字案春秋宣八年魯侯齊侯平莒郯成七年吳伐郯八年四國會伐郯昭十六年郯人會齊人盟蒲隧十七年郯子如魯是郯未嘗滅也杜預云譚國在濟南平陵縣通典濟南郡春秋時屬齊桓公從齊奔莒或先過譚此記郯字自當從左傳作譚索隱說非

魯周公世家煬公築茅闕門六年卒案六年應從漢書作十六年若依此則自伯禽始封至眞公十四年厲王奔彘魯世家較周本紀已短六十四年也

燕召公世家燕人共立太子平是爲燕昭王案燕昭王與太子平當屬二人索隱說恐亦未諦應從紀年及趙世家燕王爲公子職較是

陳杞世家垂益夔龍後不知所封案風俗通伯益治水封於梁又案前人以伯翳伯益爲一人據此可識其誤劉歆進山海經表亦云伯翳與益主驅禽獸明是兩人

衛康叔世家右公子爲太子取齊女未入室而宣公見所

欲爲太子婦者好而自取之案據此說則新臺一詩可
以不作當從詩正義云自齊始來未至於衛公聞其美恐
不從已故築臺要之說爲近實此云見而取之非也
太子伋同母弟二人其一曰黔牟二曰昭伯案詳左傳桓
十六年文黔牟昭伯不得爲伋同母弟又服虔曰昭伯衛
宣公之長庶伋之兄則同母之說盖妄
晉唐叔世家翼晉君都邑也案諸侯譜晉穆侯遷都於絳
孝侯改絳爲翼
獻公子八人案此下明著介子推言獻公子九人此言八
誤
使狐偃將上軍狐毛佐之案此亦用左傳文而於狐毛上
截去讓於二字則偃竟以弟先兄矣非也
命趙衰爲卿欒枝將下軍先軫佐之案趙衰已讓於欒枝
先軫矣衰固尚未爲卿也横著此句於欒枝上亦非
楚世家摯紅卒其弟弑而代立案旣云摯紅卒則延所弑
者爲何人序致殊不清晰當從譙周古史攷及宋均樂緯
注爲是
大夫蘇從乃入諫案此及說苑作蘇從吳越春秋作伍舉
呂氏春秋作成公賈韓非子作右司馬御新序作士慶諸
本不同未知誰是
孔子在陳聞是言曰楚昭王通大道矣案韓詩外傳作莊
王誤

越王勾踐世家後二十餘世至於允常案吳越春秋少康
之庶子曰無余傳世十餘至君無壬壬生無繹繹卒或爲
夫譚夫譚生元常（注元常作允）以吳越春秋約之無余至允常
亦止二十餘世與世家同今攷少康元年壬午至周敬王
元年壬午凡一千五百六十一年又九年而吳伐越始見
春秋共一千五百七十歲則世家二十餘世之說恐非唯
輿地志言越侯傳國三十餘葉歷殷至周說爲近之
鄭世家而號鄶果獻十邑竟國之案韓非子鄭襲鄶取之
紀年晉文侯十四年鄭人滅虢十六年鄭遷於溱洧
聲公五年鄭相子產卒案子產以鄭定公八年卒安得至
聲公時還誤（又案以子產爲鄭成公少子更誤）
趙世家烈侯卒弟武公立注譙周曰系本及說趙語者竝
無其事蓋別有所據案三晉皆自侯僭王無稱公者恐誤
太子死注徐廣曰是年周赧王卒或者太子云天子乎案
廣說誤書法無曰天子死者索隱謂趙太子史失名說近
之
韓世家韓姬弑其君悼公案此悼公爲誰又於昭侯事中
攙入悼公恐誤
田齊世家以陳氏爲田氏注應劭曰始食采地由是改姓
田氏案田陳直皆一字詩正義陳完奔齊以國爲氏而史
記謂之田氏則陳之爲田非改姓也劭說誤（正義說亦非）
乃使人遷晏孺子於駘而殺孺子荼案無此序法下孺子

柰三字疑有舛錯

孔子世家孔子年十七魯大夫孟釐子病且死云云案釐子卒在昭二十四年是時孔子年三十四不得云十七遷蓋以左傳昭七年有孟僖子病不能相禮下言及其將死云云遂誤以釐子死在此年故云孔子年十七耳不知左傳此文蓋終言之遷不考前後輕率立言非也賈逵以釐子卒時孔子年三十五蓋據公羊傳襄二十一年孔子生之文

陳涉世家復以陳爲楚案此句重出疑有舛錯

遁逃而不敢進案李善注文選言遁逃史記作逡巡今此亦作遁逃疑後人所追改始皇紀又兼作逡巡遁逃漢書作逡巡

外戚世家弟薄昭封爲軹侯索隱曰軹縣在河內恐地遠非其封長安南有軹道亭或是所封也案外戚世家竇廣國封章武侯彭祖封南皮侯皆屬渤海田勝封周陽侯屬上郡較河內更遠何獨疑軹遠非封地乎又昭以帝舅之尊不當僅封一亭索隱恐誤漢書恩澤侯表孝惠子亦封軹侯豈亦軹道亭耶索隱誤可知

荊燕世家定國有所欲誅殺臣肥如令郢人案此當謂定國有所欲誅之臣其人官肥如令名郢人故郢人等懼誅反告定國耳似此解少直捷遼西郡有肥如縣屬燕國注中引師古說亦近是唯言定國別欲誅其臣又欲誅肥如令郢人是於郢人外又强添出一人恐誤

曹參世家子宗代侯征和二年中宗坐太子死國除案漢書功臣表宗坐與中人奸闌入宮掖門入財贖完爲城旦與此不同未知誰誤

酈侯世家於是呂澤夜立見呂后案澤以高祖八年死事此安得復云澤況上旣言建成侯則此澤字宜作釋之爲是然攷功臣表釋之以高祖六年正月封封九月薨今以此傳證之則九月月字當作年表云孝惠三年漢書表作二年以此證之年當以三年爲是耳侯則嗣高祖六年至孝惠三年正九年釋之以此年薨至明年而侯則嗣也以世家證年表以史記證漢書封卒年月歷歷不爽錢少詹大昕史記考異亦言澤宜作釋之而不知坐一人封卒之歲爲證故尙置疑詞也

陳丞相世家戶牖富人有張負注索隱曰負是婦人老宿之稱猶武負之類也案下言邑中有喪張負見平於喪所又言負隨平至其家則負是丈夫可知以爲婦人非也

絳侯周勃世家子建德代侯十三年爲太子太傅坐酎金不善元鼎五年有罪國除案漢書功臣表建德元鼎五年坐酎金免百官表建德以元鼎五年爲太常下又言杜相爲太常是建德免官及國除皆在五年此傳旣序致不清而漢書乃云爲太子太傅坐酎金免官後有罪國除恐更誤又案此言十三年而表作十二年此言爲太子太傅而表言爲太常皆不同豈建德免太常及國除後復爲太子太傅耶

三王世家今諸侯諸子封至諸侯王索隱曰謂立膠東王子慶爲六安王常山王子平爲眞定王商爲泗水王也案

眞定泗水之封在元鼎三年上距去病等上表封三王時尙有四年安得反引索隱誤惟六安王之封在元狩二年靑翟等蓋指此

太僕臣賀行御史大夫事案此時張湯尙爲御史大夫而云賀行其事湯豈以病在告耶又漢書百官公卿表不載賀何時爲太僕今攷此年三月中表曰二千石賀而此復云太僕賀行御史大夫事疑賀爲太僕亦在元狩元年書此可以補百官表之缺

太常臣充案百官表元狩六年太常欒賁而此表言太常臣充蓋四月前尙充爲太常表失載耳

管晏列傳子孫世祿於齊有封邑者十餘世案叔牙曾孫牽國國之孫牧皆見左傳叔牙之後蓋不絕於牧故云十餘世也仲尼弟子列傳田常作亂於齊憚高國鮑晏明鮑晏後尙有人索隱引世本以管仲之後當之恐誤

司馬穰苴傳齊景公時案蘇子由古史辨穰苴爲齊湣王時人然吳起傳李克曰起用兵司馬穰苴不能過也則春秋時自有穰苴與戰國策所載者當屬兩人古史蓋未深攷

仲尼弟子列傳回年二十九髮盡白早死案家語二十九而髮白三十二而死列子顏子壽十八李鍇尙史以爲諸說皆誤顏子卒於伯魚之後案譜孔子七十而伯魚卒是顏子之卒當在孔子七十一之年顏子少孔子三十歲是享年四十有一矣史記不書卒年而云年二十九髮盡白亦誤當是三十九也此說較是

言偃吳人字子游案說文偃作㫃象旌旗之游字子游

孔子卒原憲亡在草澤中案家語作隱於衛較是

商君列傳秦封之於商十五邑號爲商君案紀年秦封衛鞅於鄔改名曰商

蘇秦列傳於是說韓宣惠王曰案應作韓昭侯遷誤

秦兵不敢窺函谷關十五年案此張儀說趙王之辭遷本此立說未爲無據古史駁之恐誤

陳軫篇大國果傷小國亡案是時未有亡國說恐誤

犀首篇魏之陰晉人也案國策魏字作韓鮑彪注陰晉時屬韓此言魏遷誤

甘茂列傳而內行章義之難注徐廣曰一云內句章昧之難案句章地名屬會稽昧楚將唐昧謂二十八年齊秦韓魏共攻楚殺昧也當以廣說爲是

孟子荀卿列傳倘亦有牛鼎之意乎案牛鼎承上伊尹負鼎百里奚飯牛而言索隱引呂覽函牛之鼎恐誤

魏公子無忌傳徧贊賓客注索隱曰贊告也謂以侯生徧告賓客案此說誤此蓋公子徧以賓客名贊於侯生前耳故下言賓客皆驚也

毛公藏於博徒案毛遂及傳詩之大毛公亨小毛公萇皆趙人何趙毛氏之多賢

范睢列傳詳爲不知永巷而入其中正義永巷宮中獄也

案此說下云王來而宦者怒云云則此永巷乃宮中之巷往來出入之所非獄也

廉頗列傳取陽晉索隱曰陽晉衛地後屬齊今趙取之司馬彪郡國志云今衛國陽晉城是也有本作晉陽非晉陽在太原雖亦趙地非齊所取案趙世家又作昔陽昔陽在并州樂平縣東亦非齊地

田單列傳封田單號曰安平君案單又號平都君或後所益封

屈原列傳殺其將唐眛案年表及樂毅傳皆言敗唐眛於重丘樂毅傳又言眛爲楚相

呂不韋列傳子楚夫人豪家女也案錢少詹大昕云不韋資助之遂爲豪家案子楚在趙本自有夫人後見不韋姬說之復取而生政耳此夫人是指子楚之正配若政生母爲邯鄲之倡則資之安得爲豪家乎

賈誼列傳賈嘉最好學至孝昭時列爲九卿案末二語豈褚先生所增耶然攷漢書百官表昭帝時九卿無嘉又陸德明釋文誼傳左傳至其孫嘉二傳趙人貫公漢書貫公爲河間獻王博士（河間獻王傳立毛詩左氏博士皆在景帝時）貫公之爲博士當在景帝時嘉何由反至昭帝時始爲九卿耶末二語疑妄人所增恐不足據

張耳陳餘列傳故耳走漢案合觀韓信傳蒯通所言知張耳背項王奉項嬰頭而歸漢此傳蓋略而不書耳

李斯列傳衛君殺其父而衛國載其德案此未知所指玩下孔子著之不爲不孝二語則似指出公輒言然止可言逐其父不可言殺也蓋高此時倉卒立論不必盡實耳

黥布列傳番陽民殺布茲鄉田舍注正義曰英布家在饒州鄱陽縣北百五十二里案今六安州志儒學東岡及英山皆載有布墓此蓋後人因布封六故僞爲之不足信也

淮陰侯列傳漢十一年陳豨反上自將而往案豨反及上自將征之皆在十年此十一年誤

陳豨篇不知始所以得從案功臣表言豨以特將前元年從起宛朐而此言不知所以得從蓋遷略虖

迺封豨爲列侯案今本列字有作烈者誤

至高祖七年七月案七年應作十年傳寫之誤

斬陳豨將侯敞王黃于曲逆下案下言王黃曼丘臣皆生得樊噲傳亦言虜大將王黃則是王黃有二此所斬者乃陳豨將下生得者屬韓王信所使耳

樊噲列傳號臨武侯注正義曰桂陽臨武縣案是時桂陽未屬漢噲安得封此且傳明言號臨武侯則固權以美號賜之與夏侯嬰號昭平侯傅寬號通德侯等同非有實邑也下云賜食邑杜之樊鄉始有實封耳正義誤

酈商列傳更食曲周五千一百戶案功臣表言四千八百戶豈後定封時復減三百戶耶

韋丞相篇至第二子其名元成案漢書韋賢傳長子方山

次宏次舜少子元成則元成乃賢弟四子褚先生誤也
匡丞相篇數年郡不尊敬御史徵之以補百石案褚先生
所載多與漢書本傳不同疑當以漢書爲正
傅寬列傳以魏五大夫騎將從爲舍人案功臣表又言以舍
人從至霸上始爲騎將與傳前後異
鄃成侯緤列傳諡爲貞侯案功臣表貞作尊漢書功臣表
作制未知誰是
朝錯列傳與雒陽宋孟及劉禮同師案漢書禮作帶
錯乃穿兩門南出案申屠嘉傳言一門與此異
上令錯衣朝衣斬東市案吳王濞傳及漢書鼂錯傳皆言
使中尉召錯紿載行市錯衣朝衣斬東市蓋錯尚不知當
死衣朝衣以朝故中尉紿行市斬之耳非故令朝衣也遷
說似誤
吳王濞傳漢後五十年案云五十年者約略之詞自此年
至景帝三年濞反實四十二年集解引徐廣乃自漢元年
數之以足五十年之數非也
張廷尉列傳與梁相山都侯王恬開注徐廣曰漢書作啟
案漢書功臣表作恬啟張釋之傳止作恬豈以其犯景帝
諱遂并下一字删之耶
匈奴列傳齊襄公復百世之仇案百世應從漢書作九世
衛將軍驃騎列傳與侯妾衛媼通生青案下言青同母兄
衛長子姊衛子夫則衛媼非侯妾可知漢書作主家僮衛
媼較通
故冒姓爲衛氏案索隱言所冒之姓爲父與母皆未明今
攷傳言媼長女衛孺明著其姓衛則次女少兒亦衛姓可
知自子夫以下始言冒姓明子夫及孺等已屬同母異父
蓋衛媼先嫁衛氏生男長君（下言子夫男弟步廣皆冒衛姓而長君不言冒則長君本姓衛也）
女孺少兒疑夫沒後始爲主家僮與人通而生子夫
以及男弟步廣或不欲明指所通之人又或所通之人非
一故皆冒其先夫姓曰衛至後通鄭季復生青也媼前後
事跡蓋如此索隱疑媼之父母家姓衛而謂子夫等所冒
之姓爲父與母皆未可明蓋不察耳
平津侯列傳字季案漢書公孫宏傳不書字又案鄒長倩
遺宏書又云次卿足下則宏又字次卿
封平津侯案漢書恩澤侯表戶三百七十三本傳戶六百
五十未知誰是
子度嗣案表度作慶蓋傳寫之誤
主父偃傳孝武元光元年中以爲諸侯莫足遊乃西入關
見衛將軍衛將軍數言上案衛將軍師古注漢書以爲衛
青然青素不薦士恐非又青傳元光五年始爲車騎將軍
前此不過官大中大夫耳非將軍也疑此薦偃者爲衛將
軍之官非姓衛師古說恐誤
太皇太后詔大司徒大司空注徐廣曰此詔是平帝元始
中王元后詔後人寫此以續卷後索隱曰如廣所云則又

非褚先生所錄也案此疑馮商受詔續太史公書時所錄入

南越王尉佗傳自號爲南越武帝注韋昭曰生以武爲號不稽古也案殷本紀湯曰吾甚武號曰武王則生而號武古亦有之

太史公曰案自此以下數小論皆用韻語此范蔚宗諸贊所本

司馬相如傳長卿故倦遊注郭璞曰猒遊宦也案倦遊當從漢書文穎注疲猒遊學博物多能爲是郭註誤

乃拜相如爲中郎將注索隱曰四百石五歲遷補大縣令案漢書百官公卿表中郎將比二千石此云四百石未知何據索隱或從中郎誤耳漢制中郎比六百石

楊雄以爲靡麗之賦案此下繫漢書相如傳贊語後人混入此者

儒林傳兒寬位至御史大夫注徐廣曰元狩元年案應作元封元年傳寫誤也

淮南厲王長傳臣倉臣敬臣逸臣福臣賀案上序廷尉臣賀在中尉臣福之上此言臣福臣賀疑屬錯簡

伍被傳集解楚人或言其先伍子胥後案被對王言臣聞子胥諫吳王云云則被非子胥後也

郭解傳楊季主子爲縣掾舉徙解案漢書作楊季主子爲縣掾高之文義較明

佞倖傳然獨鄧中令周文仁案文字疑衍

滑稽列傳昔者齊王使淳于髡獻鵠於楚案此節蓋褚先生補淳于髡傳後後人誤移至此耳

太史公自序莊王之賢乃復國陳注正義曰楚莊王都陳案此注誤楚襄王二十三年秦拔郢始東北保於陳城安得云莊王即都陳乎此蓋指春秋宣公十一年莊王因申叔之言復封陳而言正義誤也

卒破子羽於垓下注徐廣曰堤塘之名也案廣注項羽本紀垓下云在沛之洨縣此復云堤塘之名蓋互見耳

四史發伏卷二終

質疑删存·史記

[清]張宗泰

清光緒十九年刻聚學軒叢書本

質疑刪存卷中　聚學軒叢書第一集

甘泉張宗泰　貴池劉世珩校刊

封禪書齊桓涉流沙辯

封禪書述齊桓公曰寡人北伐山戎過孤竹西伐大夏涉流沙東馬懸車上卑耳之山南伐至召陵登熊耳以望江漢齊世家同（管子封禪篇闕今本乃據史記文補者）按大夏有二一卽太原在春秋時爲晉地若流沙則在禹貢雍州域外卽伐晉亦不得越境而涉之況僖九年會于葵丘宰孔曰齊侯不務德而勤遠畧故北伐山戎南伐楚西爲此會也東畧之不知西則否矣杜預釋例宋地陳留外黃縣東有葵丘是宰孔所謂西者尙在今河南歸德府境（春秋大事表考城縣下宋葵丘在縣治東）則桓公征伐會盟所及俱未至晉故獻公聞宰孔之言而歸（惟是年冬齊侯以里克殺奚齊卓子討晉亂及高梁而還杜注高梁晉地在平陽縣西南平陽今山西平陽府臨汾縣也是時晉都絳遠在晉陽之東南）而況流沙沙卽史大宛列傳月氏所繫而臣之者其地在今西域之西而流沙自古以居延澤當之在今甘肅之北一西西北雖在域外而道亦歧出且大夏之名至張騫使月氏方知其地而卑耳之山史記索隱云在河東大陽大陽今山西蒲州府平陸縣西北去流沙數千里不待涉之始至大抵一時夸大之詞不可爲據又或出後世附會不定桓公當日實有此語今按齊語末一戰帥服三十一國以下云云多與史文相類疑史卽本此而其

中亦有西服流沙西吳句西吳卽虞也釋例河東大陽縣東北吳城是是仍卽今平陸縣地（河渠書於是天子已用事萬里沙正義引括地志云萬里沙在華州接縣東北二十里也然此亦誤孝武本紀天子旣出無名乃禱萬里沙應劭曰萬里沙神祠也在東萊曲城孟康曰沙徑三百餘里紀文此下接過祠泰山遂至瓠子而河渠書云發卒數萬人塞瓠子決于是天子已用事萬里沙則二萬里沙實一地禱萬里沙乃過泰山則其沙在東萊可知卽使如括地志所云其沙亦在冀河之西與卑耳山西吳地理先後不合）太史公不加考證而收之亦好奇之過也唯漢書郊祀志西伐東馬縣車上卑耳之山無大夏涉流沙五字班書較遷史爲謹嚴

秦始皇南渡淮水之衡山乃天柱山考

秦始皇帝本紀於過彭城下云乃西南渡淮水之衡山正義引括地志衡山一名岣嶁山在衡州湘潭縣西四十一里是始皇所之之衡山卽今南嶽衡山矣按二十八年始皇帝東行上太山並勃海以東窮成山登之罘南登瑯邪遣徐市入海求仙人還過彭城西南渡淮之衡山南郡浮江至湘山祠自南郡由武關歸證之封禪書上巡南郡至江陵而東登禮灊之天柱山號曰南嶽浮江自尋陽出樅陽過彭蠡北至瑯邪並海上一是由海上而歸先渡淮而之衡山之南郡一是自京師而出先至南郡江陵次登禮天柱而後至瑯邪以兩文參校則本紀之衡山卽封禪書之天柱不得爲衡州之衡山可知或秦時已以天柱爲南嶽故遂被以衡山之名不待漢孝武始移其祀也正義不得其說亦知衡山當次

之浮江下而以欲至衡山釋之太史公以漢人言秦漢之事其次序如此當必無誤依文讀之自可得其實不必曲爲之解

漢孝景前四年中四年兩日食辨

太初未正厤以前班書每冠年以冬十月而孝景前四年中四年兩十月日食紀皆書於年末劉攽以爲記事之誤今按孝景前三年二月壬午紀作壬子今按五行志作壬午是從之詳考日長編晦日有食之則四年十月庚戌朔戊戌乃三年九月十九日中三年九月戊戌晦日有食之紀志同三年九月戊戌晦則四年十月己亥朔矣戊午在十月二十日紀雖未言後一食晦朔焉有日食月之二十日者乎一則月無是日一則月有是日而不當食期況五行志本無此二食疑前四年之十月戊戌晦即中三年之九年戊戌晦而誤以九月本在年終而下即接四年此必殘闕本三年四年無前中字可憑故誤補於年末而中四年之十月戊午又不知因何而誤斷非班氏本文然劉氏得考其誤書是宋本即如此但不能考干支之不符則所見猶疏通鑑孝景前四年中四年俱載此兩食而前四年之十月亦不在年首然後知杜預長厤雖未能該括列國而爲功於魯之方策者不少

辯兩戒之誤

井西一星史記天官書作鉞漢志作戉近來考證家定爲戉以戉即鉞之本字也然二書之敘南北兩河其義似別史記東井爲水事其西曲星曰鉞鉞北北河南南河是兩河夾鉞也漢志之敘井鬼七宿也曰東井西曲星曰戉諸本俱誤作戌今據考證家改定北北河南南河不重言戉上北南二字似指井言按史記北北河上鉞字當是衍文以鉞在井西而北南兩河則在井東鉞與北河東西平列不相夾且兩河所夾者河亦不夾井漢志雖無戉字於星之部位尚未合南北兩河亦爲戉戌與戍似此近本漢志誤戍作戌之漢志元封中有星孛于河戍近本漢志戍作戌可證上曰戍之當爲戍由占曰南戍越門北戍胡門是也而史記正義不知自何時誤戍爲戒云南河三星北河三星分夾東井按此更可證上北北河上鉞字之爲衍文南北置而爲戒一曰陽門亦曰越門北河北戒據此則上一曰陽門上當脫南河南戒四字一曰陰門亦爲胡門兩戒謂三光之常道也一行不知漢志有明文而沿史記注誤字遂以兩戒爲定名不知若分南北言亦當作界固不得作戒也戉戒戍戌戒史漢無善本因形相近而所誤歧出苟不合而證之未有得其一是者按戌與戍自不相關井西近參參之下有罰字亦作伐井之西有鉞以類從也漢志之戍斷是戉之誤不得因下有戍而據戍爲戉之形似也

歲首之月辯

漢紀書冬十月於歲首顏師古太初元年五月正厤以正月爲歲首注未正厤以前謂建亥之月爲正此以正月爲歲首者史追正其月名顏意似以各年首冬十月爲追正也書時例始春秋周以建子之月爲春爲正宋人誤會伊訓十有二月之文轉援漢書之冬十月爲證誤矣

賓雞删存卷中　卌三

賓雞删存卷中　四

史記辨證

[清]尚鎔

清光緒五年盱南三餘書屋重刻持雅堂全集本

史記辨證

重刻持雅堂全集序

嗟乎士之獨抱遺經窮年矻矻著書立說沒齒一編者其志足尚而其遇可悲哉我江右自順治以來若易堂程山諸子懷瑾握瑜隱居求志遺書既出一時學士大夫爭爲傳播聲稱到今益遒積厥躬久而益顯理固然矣晚近文人紛于科舉奪于境遇求所謂篤志好古猶爲予所及見而其書足以傳其言足以立則南昌尚宛甫先生其人也先生早負逸才姿稟邁絕等倫嘗館于邑中王氏讀書樓藏書之富爲四部淵海卷帙幾與范氏天一閣相埒先生往往假讀十行俱下過目成誦五旬而竟其天資敏贍如此弱冠聲名藉甚當時名公碩彥皆折節願與之交同邑吳懷哲與先生窮經稽古合志同方時有姜吳尚史之稱益先生之學汎濫宏博出入經史百子靡所不窺而于歷代政治學故興廢得失上下三千年如指諸掌而尤熟于司馬班固陳壽之書所著史記辨證三國志辨微發前賢作史之微旨闡後賢論史所未及精研確考獨抒特見卓然可信今傳後其文章既得力于史漢又嘗踰嶺浮湘渡洞庭泛大江吞吳越上淮揚周覽天下名山大川故疏宕奇氣尤與史遷合轍先生力貧爲學僅聚

茂才道光辛卯遊大梁視其故人婁澗筠司馬于氾水時先君子方刺史許昌延之講學于州之聚星書院予因得奉教于先生先生嘗從予覆閱　四庫全書提要翌日貽序于予畧謂　國家稽古右文巖棲穴處之流凡有一書譔述無不名氏登于天府著作附在石渠而西江自順治甲申至乾隆癸卯百四十年之中別集著錄闕無一人是知俗學之誤人有志者所當深省也嗚呼是可以見先生志事之所存矣先生主許昌講席五年丙申卒于唐縣書院澗筠司馬彙其遺著爲之鏤板并其自鐫詩文論史各刻偕其喪歸諸其家先生屢娶皆無子最後爲樊孺人秀州古香先生女深明大義頻年江右屢遭兵燹先生家亦被毀遺書散失樊孺人至寄食民家以存活予既敬先生之篤信好學而又悲其遇之窮而更恐其書之刊行未久鋟板之已歸散失也乃以家所藏存全部爲之重刊安福劉庸夫愚英年嗜學亦好古士也屬任讎校而以其詩文前後刻合爲一編又以其撰著所未成者畧分四部彙入于所著聚星札記并以餘心壺給諫集中先生遺稿序弁于文集俾後之學者讀先生之書知先生之志慨乎如見其人遂與易堂程山諸子并垂不朽非僅我鄉

文獻之徵也高安蕭浚蘭序

自序

讀史記者宋以前死於章句罕知體要明以來溺於文詞罕知義法評註雖多皆非遷之知已也鏴曩作史記證原若于卷旋失其槀去年秋高安龠謙谷刺史聘鏴主書院講席每商榷史事輒言全史始史記遷智足以知聖才足以續經其史記精義甚多非好學深思心知其意未易與言也越三月大雪鏴閒坐無聊不揣檮昧取史記百三十篇皆爲通釋復作證原十卷凡三十四日而畢功但無書備考不能蒐稱傳引未免疏漏貽譏耳至語多淺近則欲爲讀史者作指南使不望洋而歎也今春錄出呈刺史刺史以證原未當因改名辨證云

大清道光十二年歲在壬辰二月十日南昌尚鏴喬客書於許州聚星書院

史記辨證卷一

南昌尚　鏴喬客著　　安福劉　愚庸夫校字

五帝本紀三則

五帝始皇帝者以姓氏可考也尙書雖載堯以來然傳記所言帝繫姓亦孔子所傳也遷首言黃帝姓公孫二十五子其得姓者十四人末言自黃帝至舜禹皆同姓而異其國號以章明德以其所表見皆不虛也漢志載黃帝之書十八種紀皆不著以其言不雅馴也本紀以述皇王大宛傳引禹本紀此遷之所本也劉勰謂取式呂覽通號曰紀蓋未覈案大宛傳耳

黃帝紀尙略述事迹顓頊帝嚳二紀寥寥渾渾以無可考也顓頊書黃帝之孫帝嚳書黃帝之曾孫此紀傳聯貫之體也黃帝書葬橋山而顓頊帝嚳不書葬地皇覽謂二帝冢在東郡堯亦不書葬濟陰皆遷之疏略

堯舜二紀多引虞書所謂擇其尤雅也與今書字句多異者遷據孔安國之古文尙書也老蘇謂遷不應割裂二典是徒以文論史而不知史當紀實也舜誅四凶紀言舜歸而言於帝請流放黜殛者此因禹錫元圭告厥成功知舜不自專擅

也前人多言遷不見左傳故所言每與傳乖異今觀舜紀言舉十六族及流四凶族事知言者妄而不學也後紀傳世家引左傳尤多舜年二十以孝聞三十而堯舉一篇凡兩見者史記本成一家之言故多不避重複也

夏本紀三則

夏禹名曰文命此與舜紀言舜名重華必皆出孔安國古文尚書知舜與重華協於帝大禹謨文命敷于四海皆姚方興梅賾僞撰也紀又全載禹貢者猶堯舜紀之引二典也

紀言帝太康失國昆弟五人須于洛汭作五子之歌知梅賾古文尚書雖綴輯左國而成歌事不失實不得因左傳夏有觀扈漢書洪陽有畔觀之語而疑五子非賢也自禹至桀名皆冠以帝與殷紀帝外丙等皆遷所增加也自太康迄相爲羿浞所篡至少康乃誅浞中與今遷言太康崩子中康立中康崩子相立相崩子少康立不序羿浞者此史家回護之法本春秋之書隱公薨也路史傳羿浞而不序湯武以求勝于史記知其未諳史法矣

紀言孔甲好方鬼神呂氏春秋載孔甲破斧之歌即其明徵也

殷本紀

書言自成湯至於帝乙罔不明德恤祀而紀亦言殷道衰是遷別有所本較書言爲得實蓋天下無六百年皆賢主之理且武乙射天亦明德耶武乙令人爲行天神言假人以爲天神猶伊周攝行政之行也周武王東伐至盟津盟津即孟津音相同故古書多互見也

周本紀二則

殷周紀兩言西伯陰行善猶李士謙言耳鳴陰德易所謂內文明而外柔順以蒙大難也武王上祭于畢馬融以畢爲文王墓地名此古人謂陵之始知蔡邕古不墓祭之說非確論也太師疵少師彊抱其樂器而犇周古今人表因此遂以太師摯少師陽爲殷紂時人漢儒多取以注論語不知疵彊自屬殷摯陽自屬魯不得因太師少師而強合也

西伯書卒於殷紀以其爲殷臣也書崩於周紀以其受命稱王也三國志武帝紀書曹操死曰王崩他傳曰薨蓋仿此然周康王昭王皆書卒未知何意至厲王書死以其失國也三國志書孫皓死亦仿此密康公納三女亡國事見國語柳子厚曾非之遷載於紀諸以爲幽王嬖褒姒亡周作張本也平王四

十九年書魯隱公即位者以春秋托始於此也威烈王二十三年書命韓魏趙爲諸侯通鑑遂托始於此

秦本紀

秦作本紀者以昭襄滅周而霸天下猶項羽之代秦而霸天下亦作本紀也且秦先世事迹甚多不便書於始皇紀故分爲兩卷也魏書紀魏道武以前二十八帝實本於此栢翳即伯益曼公四年書魯公子翬弑其君隱公者以武公能誅弑出子之賊傷魯不如秦故牽連而並書也武公十一年書初縣杜鄭滅小虢鄭即鄭桓公封邑虢爲西虢與杜鄭皆在關中非虞虢檜虢之虢也繆公十二年書齊管仲隰朋死本紀世家之例書外諸侯不書外大夫遷以二人輔齊創霸破例而書其死也孝公書生者以其朝天子也武王書死者以其窺周室也惠王十四年更爲元年此後世改元之始也昭襄已滅周與孝文莊襄猶書卒以其未稱帝也未及始皇并天下乃書其崩見因始皇而作紀也又及二世之殺子嬰之滅惡秦無道并結之以示戒也殽之役言百里奚蹇叔同哭師本公羊傳

秦始皇本紀 三則

始皇本呂不韋子紀第言莊襄王見不韋姬悅而娶之生始皇者略於紀而詳於傳史家回護之法也始皇將并天下彗星四見大飢二蝗疫地動夏凍大旱大雪各一詳書于策見其兵爭干和並無受命之符也四年十月百姓納粟千石拜爵一級此粥爵之始也三代頌功德皆勒于鐘鼎至始皇乃刻石石鼓乃宇文周所刻非周宣王時物紀載五碑皆三句一韻古無韻字以韻爲一均此古人立碑之始也張良擊始皇于博浪沙誤爲盜所驚者嚴上下之名分也盧生入海還奏圖書曰亡秦者胡此讖緯之始也或謂秦讖于是出道在秦先然始皇因此遂北擊胡南取越築長城起阿房使天下益怨秦之亡形已見矣

二世宜另作本紀乃附於始皇紀末蓋遷初創紀傳之史故史例多不純也贊中引賈誼過秦論三篇以其深切著明也晉書惠懷愍三紀贊中引干寶晉紀總論仿此

贊後復自秦襄公序至二世而結以漢明帝之論前人以前一段爲秦史後段爲班固等所附齡案後漢書楊終受詔刪太史公爲十餘萬言此段或終所爲耶史記在漢時祗稱太史公漢書東平王宇傳有明證

項羽本紀

遷史才橫絕千古即項羽本紀可見其爲羽作紀每爲班固

劉知幾所訶然雖稱字稱王而前後紀秦漢之年書之曰死與後世載記無異則仍是傳體也紀中不書田儋魏咎之興亡突出田榮使端緒不分明是遷之疎失且漢王分藝之咎亦當隱惡贊中言羽將五諸侯滅秦分裂天下而封王侯政由羽出號爲霸王位雖不終近古以來未嘗有此遷所以爲作本紀同於古帝王也

史記辨證卷二

南昌尙　鎔喬客著　　安福劉　愚甫夫校字

高祖本紀

高祖姓劉氏字季不書諱邦者本春秋不書魯侯名之例也書高祖好酒及色狎侮諸客與蕭何多大言少成事之語漢猶近古故遷不諱惡也始書高祖繼書沛公書漢王後乃書帝書上因時而記實也高祖尊太公爲太上皇仿始皇之追尊莊襄王也高祖葬長陵不書于紀而書于贊亦遷史例不純也

呂后本紀

論史法當作孝惠本紀而以兩少帝八年附于後然孝惠既因見人彘而不聽政兩少帝立又皆呂后稱制故于太子即位爲帝書元年號令一出太后常山王義爲帝書不稱元年者以太后制天下事也（吳志不書孫亮雖與元年仿此例）古史紀實述書孝惠七年于前兩少帝八年于後統爲呂后紀一以責孝惠仁弱失權一以責漢大臣依阿釀亂也後班固雖作孝惠紀仍不廢呂后紀新唐書亦作武后紀謚皆紀實也然呂后李審食其遷當諱于本紀（漢書元后傳卽因此紀變例）

孝文本紀

孝文自代王入爲帝此外藩承大統之始宋昌三議皆關于事勢宜孝文即位之夜即拜爲衛將軍然史漢俱不爲立傳何耶詔書賜民爵一級此後世給老人冠帶之始據漢書則孝惠元年已然十三年以勸農之道未備除田之租稅或疑田除租稅漢何以供國用鎔案孝惠即位之初減田租復十五稅一鄧展曰漢初十五稅一儉于周十稅一中間廢今復之漢書孝文二年詔賜天下民今年田租之半十二年詔賜民今年田租之半然則十三年除田之租稅乃除一年租稅也且漢自高祖四年初爲算賦漢儀注民年十五以上至五十六出賦錢人百二十爲一算算賦如今之丁錢田租如今之糧漕免一年田租尚有算賦未嘗不可供國用也李奇謂農與賈俱出田租本末無異故除田租豈似永除田租者不特無此理且後此孝景元年除田半租復何說耶

孝景本紀　孝武本紀遷本名今上本紀褚少孫改

前人謂孝景今上二紀爲孝武所見而廢今二紀乃褚少孫所補鎔案孝景紀尚略具體裁孝武紀則全抄封禪書不書他事以漢書孝武紀較之相去不可道里計

三代世表二則

漢志帝王世譜二十五卷古來帝王年譜五卷今皆不傳桓君山謂太史公三代世表旁行斜上並效周譜其即效世譜年譜與表雖譜三代而皆始于黄帝從黄帝至禹四世至桀二十世從皇帝至湯十七世至紂四十六世此猶或可信至謂從黄帝至武王十九世是周以十九世敵夏殷七十世斷無此理矣國語謂后稷始基靖民十五王而文始平十六王而武始居蓋指其賢者而言猶孟子言殷聖賢之君六七作也

末有褚先生一篇論卑筆弱結以霍光爲黄帝後尤妄誕不經乃褚少孫所附入而後人仍而不削也

十二諸侯年表

諸侯始于魯而終于吳凡十三而年表云十二者蘇明允以爲不數吳也遷謂孔子與于魯而次春秋七十子口受其傳魯君子左邱明懼弟子異端失其眞故具論其語成左氏春秋今按年表多採左氏而不免牴牾如左氏謂鄭莊公即位封弟段于京祭仲進諫而年表乃云是年祭仲生鄭子儀在位十四年而年表則爲子嬰鄭世家亦作子嬰其始于共和元年者以共和以後始可表也以庚申紀于周上是爲甲子紀年之

始（或謂徐廣所加）

六國表　秦楚之際月表

以秦次周而不稱七國者以秦代周有天下也以魏韓趙次秦者以三家分晉而秦始得志于山東也然燕噲書死不書滅齊滅燕亦不書致後人紛紛聚訟何耶月表有補項羽高祖二紀所未及者如章邯殺田儋田榮走東阿魏咎自殺魏豹走東阿及豹救趙諸事是也其以漢次項趙齊後者以沛公起九月時在三國之後也政年表爲月表者以其事煩也

漢興以來諸侯年表

功莫大于淮陰故表首列楚然漢初分封過古制以致反者四起故遷以後之諸侯削弱爲强幹弱枝尊卑明而萬事得所自淮陰以反滅英布彭越相繼滅於是元勳皆盡而列侯成功與淮陰侯俱以致戰功多之曹參遂爲功臣之首矣故次以高祖功臣侯年表而首列平陽（參封平陽侯）

高祖功臣侯年表

古帝無殺僇功臣者自高祖處置不善始故遷察其首封所以失之者曰異哉所聞又謂春秋尚書有唐虞之侯伯如巢伯申伯是也首國名次侯功者以其有五品之功不宜輕廢辱也高祖既作俑子孫遂輕於廢辱至太初見侯惟五故曰綱亦少密焉然恐直言取戾故以身無兢兢於當世之禁責備侯國云（陳嬰附載項羽紀後事不見觀此表乃知羽死嬰屬漢封堂邑侯）

惠景間侯者年表

漢定天下封功臣異姓而王者八國旋即滅亡惟長沙王吳芮傳五世以無子國除而惠帝復封芮庶子淺爲便侯此表從便侯序起以見長沙之忠惠帝之厚也呂后時封吳陽爲沅陵侯亦長沙王芮庶子

建元以來侯者年表

惠景間侯者或以繼絕或以補遺或以有功除呂后封諸呂外可議者少表以濟紀傳之窮故使人觀之不厭也建元以來侯者自平津牧邱周子南君之外皆因武帝之開邊而封故此表純是刺譏而使人領取於言外（褚少孫附孝武孝昭孝宣侯國於後全不如遷意可謂狗尾續貂）

建元以來王子侯者年表

王子侯一百六十二人雖推恩分邑實因主父偃之策削弱諸侯也然旋坐酎金失侯者多至五十五人則是錫盤帶而終朝三褫矣而遷反盛推天子之德豈所謂諱莫如深耶

漢興以來將相名臣年表

此表五層上列帝年次大事記次相位次將位次御史大夫遷謂賢者記其治不賢者彰其事作此表然何以無序論豈果褚少孫所補耶且高祖二年爲義帝發喪惠帝四年除挾書律何以不書於大事記耶新唐書宰相方鎭二表胡宏皇王大記皆祖此而作

史記辨證卷三

南昌尚鎔喬客著　安福劉愚庸夫校字

禮書

遷創史體以紀傳世家所未詳者列于年月表蓋恐人人作傳則不勝其繁也又以禮樂律歷天文河渠祀典刑法紀傳有所未備乃效禮經作八書除三國志南北史之外皆效其體但題目不同耳禮書首言至大行禮官觀三代損益徙致慨於周衰禮廢次言秦禮不合聖制漢皆襲之孝文當改禮而以爲無益於治罷去定儀禮之議晁錯欲明古制於孝景之時反致身僇孝武招儒士定儀其可稱者惟太初之元改正朔而已他皆無足述也於是終將禮之體用反覆推明蓋思古傷今欲俟聖人而不惑矣

樂書

禮樂二書皆言今上即位非褚少孫所補明矣

漢禮既非古而樂亦然至武帝極意聲色以李延年爲協律都尉所作所歌尤非雅樂汲黯既諫而不悅公孫宏遂阿主以取容遷故論乎於是以虞周之儆戒發其端以趙高之阿二世刺其相已乃痛陳古人之論古樂新聲者以爲規諷而終以平公之聽樂致災夫平公所聽黃帝之樂也尚以德薄

而致災況武帝好聽俗樂乎然則遷之用意良苦矣

律書此亦非褚少孫所能補

六律爲萬事根本其於兵械尤所重遷蓋本易之師出以律作此書以諷武帝之佳兵也故言誅伐雖不可偃於天下然如秦二世之結怨匈奴二世當作始皇結禍於越勢非寡也及威盡勢窮閭巷之人爲敵國咎生於窮武不知足甘得之心不息也末遂極稱文帝之弭兵以爲和樂而律事僅附著於篇天干地支古稱十母十二子辰巳之巳言陽氣已盡則古音以矣

歷書

古有黃帝歷顓頊歷夏殷周魯歷據張蒼傳贊漢初用顓頊歷至武帝元封七年以遷等請改正朔定歷數乃造太初歷以七年爲太初元年以建寅之月爲歲首其歷術甲子篇則後人所附篇中所謂大餘者氣盈也小餘者朔虛也合日月之氣盈朔虛以成歲三年而一閏也

天官書

天官書源出堯典洪範首序五宮次歲星次衆星占驗之術遷先人世典天官其父談又學天官於唐都此書當有所傳若其謂斗魁戴筐六星曰文昌宮一曰上將二曰次將三曰貴相四曰司命五曰司中六曰司祿在斗魁中貴人之牢文昌之祀始於元因此附會猶合禮于六宗之典不必言祀張惡子也

封禪書

淫祀始于秦亦莫盛于秦齊桓公欲封禪因管仲之言而止至始皇乃上太山之巔立石頌德明其得封且採燕齊方士之說祠入神羨門之屬於是方士益爲迂怪以齊威燕昭入海求三山紿之然卒不得奇藥而死無德而用事此世主所當鑒者也乃武帝甘蹈其覆轍致方士百端欺詐旋悟旋迷雖封禪徧名山其效何如哉王充以此等爲謗書亦武帝自貽伊戚矣

河渠書

塞河開渠所以通漕溉田也然武帝聽臣下之言輕用民力廣興水利總是一片侈心其著者在宣房雖導河北行二渠復禹舊迹使梁楚無水災然命從官自將軍以下皆負薪塞瓠子益非其道矣遷所以悲而作書

平準書二則

物盛而衰固循環之勢然使武帝不改文景之恭儉何至府

廬傾空正供不給言利之臣競進哉且使公卿得其人猶可救敝乃公孫宏以經飾詐張湯以酷爲能桑宏羊以爭利爲平準於是主心日以侈秕政日以煩吏道日以雜致民不死於兵則死於政不死於政則死於歲求如卜式之略知國體者亦難得矣故以式言結之此篇多補序法如天子乃思卜式之言下序式事大農顔異誅下序異事有此方不平直明史多效之

吳太伯世家　三則

世家以紀王侯將相世家始太伯者與列傳之始伯夷皆嘉其讓國折衷於孔子之言也遷序至壽夢乃云自太伯作吳五世而武王滅殷封其後爲二其一虞在中國其一吳在夷蠻（吳虞古通）十二世而晉滅中國之虞中國之虞滅而夷蠻之吳興大凡從太伯至壽夢十九世此史家提要之法也遷固以後史家多不講此法使如散錢委地無繩索以貫之矣

吳光弑王僚春秋三傳月而不日此與刺客傳皆言四月丙子不知遷何所本也

季札初聘魯北過徐君徐君好札劍口弗敢言札心知之爲使上國未獻還至徐徐君已死乃解其劒繫徐君之冢樹銘案札聘魯在襄公二十九年此時徐事無考後三十二年吳滅徐徐子章禹奔楚徐即今徐州札聘魯必過此而襄城靈樹鎮乃有札挂劒處何其去之遠耶或謂章禹奔楚或流寓襄城而卒札於王僚末再使晉觀諸侯之變或道出襄城故有挂劒之事然遷明以挂劒屬初使時且札再使晉在魯昭公二十七年越三年章禹始奔楚合左傳史記觀之事皆不合靈樹挂劒其爲附會無疑矣

齊太公世家　三則

世家次列齊太公者以周有天下太公之謀猷居多也丁公乙公癸公以天干謚者時去殷未遠用殷法也序桓公事採左傳陳完來奔而申以田成子常之祖者（改恆爲常避文帝諱）言齊極盛于桓公衰伏其中也三書管仲死者以齊霸之衰三子之爭權五公子之爭立皆由於管仲之死也中言是時周室微惟齊楚秦晉爲强晉初與會獻公死國内亂秦穆公僻遠不與中國會盟楚成王初收荆蠻有之夷狄自置惟齊爲中國會盟而桓能宣其德故諸侯賓會亦史家提要之法此法本國語之鄭語篇

頃公朝晉欲尊王晉景公景公不受不知遷何所本

本紀與世家每序周秦及列國之大事欲使人易明時埶也至世家屢書孔子卒則變例之特筆

魯周公世家 二則

周有天下以後勳勞莫大於周公故次齊以魯其序魯事多採尚書左國至字句不同則據所師授漢人引經傳多如此惟金縢一篇忽截一段於周公卒後不知何故且成王所謂小子其迎者何所迎耶近人因護漢儒於此等亦曲爲之說眞大惑不解

遷謂悼公之時三桓勝魯如小侯然三桓亦略無表見末云魯起周公至頃公凡三十四世此史家總結法唐劉允濟著魯後春秋二十卷起悼公至戰國惜其書久佚

史記辨證卷四

南昌尙鎔喬客著　安福劉愚庸夫校字

燕召公世家 召音紹

燕世家當本燕王喜時燕史故書孝王三年子今王喜立今王喜元年遷仍而不改偶失檢也遷謂召公與周同姓當得其實論衡以召公爲文王庶子者非也但遷旣言成王時自陝以西召公主之自陝以東周公主之又言召公治西方甚得民和巡行鄉邑決獄棠樹下據毛詩則在文王時矣當是文王時爲召伯決獄棠下成王時爲三公則專主陝西也

管蔡世家

蔡世家稱管蔡世家者以蔡叔度有世家管叔鮮亦宜有世家也周公閔管蔡失道作棠棣之詩其言絕痛蔡叔有子仲公旣言於成王復封於蔡仲管叔有後公能不言於王而復封於管乎管即今鄭州遷始序武王同母兄弟十人詳其名與國未言伯邑考其後不知所封知武周亦必封其後也次言武王發其後爲周有本紀言次言管叔鮮作亂誅無後次言魯蔡曹衛皆有世家言[illegible]有世家言[illegible]世家各篇也此等精蘊遷從吳濞反滅國景帝欲續封推出班固已不能追蹤矣

曹叔世家　陳杞世家

曹世家因世本略識世系無甚意義其著意者共公不聽釐負羈被辱伯陽寵公孫彊亡國書以示戒而已陳世家兩序陳完以其代齊續陳也楚平王復封陳立惠公惠公立書探續哀公卒時年而爲元空籍五世者美其得法也杞世家僅載世系者以其無甚表見也書杞後陳亡三十四年者明陳杞合爲世家之意也書杞小微其事不足稱述者以其降爲子且即夷也又總序舜禹契稷皋陶伯夷伯翳之後者以其唐虞之際有功德臣故大書特書不一書也至滕薛騶夏汭黄胡沈之屬則弗論弗采矣贊書楚滅陳而田常得政於齊卒爲建國百世不絕楚惠王滅杞其後越王句踐興喜明德之後絕而復續也（騶即邾夏即齊桓公所伐之大夏）

衛康叔世家　三則

遷稱燕於姬姓獨後亡以爲召公之烈衛君角至秦二世始滅更在燕後遷論贊不及者以衛雖有康叔武公而後嗣醜亂太多不足以久延社稷未若燕少失德也贊謂余讀世家言是衛舊有世家爲遷所取法世家各紀本國之年三國志蜀吳六主傳仿此梁武帝作通史以蜀吳列世家其遠法衛而近法遷乎

遷謂武公弑兄共伯而自立呂東萊以柏舟詩髧彼兩髦之句徵之知共伯父母在蚤死武公在位五十五年年九十餘歲知武公即位在四十外非弑兄明甚也又謂宣公愛夷姜而生子伋云云洪容齋謂宣公在位十九年雖初年即烝夷姜生伋勢必十五前後始爲娶齊女齊女生子壽朔朔能譖壽壽能代伋死亦非幼少事勢皆不合不知遷何以有此說也此二事皆關倫常之大故引舊說附正之

宋微子世家　二則

魯閔公宋微子皆名啟遷避景帝諱改爲開微子與箕子比干爲三仁故兼序其事以見微子抱器奔周之由其引箕子洪範及黍麥之詩者以箕子封朝鮮後事無考不能作世家故附見於此也

宣公讓國于弟穆公穆公立宣公子與夷遷既引左氏以宣公爲知人論贊復引公羊謂春秋譏宋之亂自宣公廢太子立弟國以不安者十世襄公敗于泓世家既引左氏言國人皆怨公論贊復引公羊而褒襄公有禮讓一篇之中自相牴牾宜遺後人之議也又謂襄公修仁行義其大夫正考父美

之故追道契湯高宗所以興作商頌雖本韓詩章句然又與國語異且襄公時安得有正考父亦泛引之失也正考父戴武宣時大夫

晉世家 四則

自昭侯封文侯弟成師於曲沃成師遂傾晉弒昭侯子鱓又弒孝侯鱓子稱又弒哀侯小子侯侯緡三君凡六十七歲卒代晉爲諸侯雖周平桓南伐曲沃卒不能制此等篡弒自來諸侯所未有也然稱使韓萬弒哀侯卽桓叔之子而獻公亦盡殺桓莊之族於是棄親任疏惠懷文成悼五公皆自外入立卒以公族無人六卿分晉至幽公之時晉獨有絳曲沃與韓趙魏反朝其君遷詳書於策可見晉以此始亦以此終矣成師爲桓叔鱓爲莊伯

史記多補序法此篇自重耳立後補序十九年事迹多至一千四百言爲報施定霸作張本也

重耳生十七年而亡亡十九年而反國年三十七左國有明證遷謂處狄時年四十三反國時年六十二不知遷何所本也

倘書文侯之命唐宋人謂平王命文侯仇遷與馬鄭謂襄王命文公重耳近人尊漢學多以遷爲允然左傳謂鄭伯傅王用平禮是文侯曾受平王之命且襄王有命重耳文四句與此大不同則遷說亦或有誤矣

楚世家

周之封國惟楚強最久然熊渠之僭王也以周夷王時王室微諸侯或不朝熊通之自立爲武王也趙佗自立爲武帝仿此以晉鄭魏魯宋畔周相侵相殺然則蠻夷之強由中國失道致之也春秋之時成王莊王靈王最強幸齊晉與吳角之周賴以不滅列國亦多賴以偷全昭王少將相非人遂致吳入郢而惠王至威王七世猶強及懷王十六年爲張儀所欺楚於是始弱以底滅亡金仁山謂春秋之所惡在楚以其強而無道也遷所書始末較左國爲詳可以考見得失矣

越世家

十二諸侯年表不數吳以其用夷禮則夷之也世家何以數越以句踐能尊周室有禹之遺烈也然句踐以其苦身僇力二十二年滅吳而霸乃致范蠡去國文種自殺貽謀不善故身死而復弱矣無彊與中國爭強又不及句踐遠甚適足以自亡耳末附范蠡事最詳史家附傳之法莫善於此

鄭世家

鄭自桓公寄帑於虢檜徙於洛東武公遂滅虢檜而建都新邑南至氾南西至陽城東至鄢陵北至河與制地方千有餘里至莊公遂天下莫强乃身死而諸子爭國內亂頻仍五霸迭興外患屢逼自文穆以後君弱臣强地多爲大夫私邑於是居天下之中爲齊晉秦楚所制奔命不暇子產雖救時之相秪知以詞命爲文德而不能大有爲鄭遂坐以待亡矣觀遷與左國所載可知國不再振之由也

史記辨證卷五

南昌尙　鎔喬客著　　安福劉　愚庸夫校字

趙世家　三則

遷素好奇於趙世家益見首載造父日馳千里次屠岸賈攻趙氏次索孤兒次公孫杵臼與孤兒被殺次程嬰自殺次扁鵲論簡子疾次簡子語妖夢次當道者說夢次原過得竹二節次襄子受三神之令次武靈王夢處女鼓琴歌詩次吳廣納孟姚次武靈王論胡服次孝成王夢衣偏裻(音篤)之衣乘龍飛上天不至而墜見金玉之積如山次史敢占夢皆好奇之過然其源出於左邱明篇中是時王少成兌專政畏誅故圍主父主父初以長子章爲太子後得吳娃愛之爲不出者數歲生子何乃廢太子章而立何爲王吳娃死愛弛憐故太子欲兩王之猶豫未决故亂起以至父子俱死爲天下笑豈不痛乎此段亦提要法但豈不痛乎一語雜論斷非史傳正體贊言秦既虜遷趙之亡大夫共立嘉爲王王代六歲秦進兵破嘉遂滅趙以爲郡當書於世家末不宜入贊中

魏世家

此篇雅贍得體較趙韓世家爲優其書李克論相與信陵諫

王毋親秦伐韓兩段尤爲警策信陵之諫與范雎遠交近攻之言一縱一橫皆深明天下之大勢秦法雎言遂并天下魏不用信陵故削弱以至於亡遷謂天方令秦平海內魏雖得阿衡之佐無益非也

韓世家

韓自列爲諸侯其君既無趙武靈之雄才又無魏文侯之雅量其相僅一申子修術行道國賴以少安其國較趙魏爲弱事迹亦無足紀載故遷序次甚簡而略采國策以文之然國策有尙靳求救於秦太后一事語甚穢褻遷不載有識

田敬仲完世家 四則

史通謂諸侯大夫家國本別三晉與田氏自未爲君以前齒列陪臣屈身藩后而前後一統俱歸世家使君臣相雜升降失序又謂田齊列號東帝抗衡西秦而沒其本號惟以田完制名求之人情孰謂其可所論皆史家正法然三晉以趙魏韓制世家之名亦未爲失蓋其先世雖爲大夫事迹亦宜序於篇首若如史通言將另作列傳耶至田齊世家以田敬仲完制名蓋本春秋存陳之意且爲孔子世家開端也但田和以前序事與齊太公世家繁複少消納是則遷之失耳

威王封卽墨大夫烹阿大夫與譽阿大夫者最足爲治國之法然騶忌陷田忌卒不能察何明於小而暗於大耶

秦孝公朝天子書於秦本紀趙肅侯朝天子書於趙世家威王亦朝天子何以不書以其罵天子母婢且自稱爲王也末言始君王后賢一段百餘字總序王建所以亡詳明痛切最有筆力

孔子世家

自孔子以前無聖人不爲帝王者伊周之不爲帝王以太甲成王賢也孔子既不得位不能作本紀然曾爲魯大夫於是以爲陳齊大夫之田敬仲作世家開其端而次以孔子王安石駁遷不應爲世家蓋心不知其作意也遷序孔子事多紀年歲特異於衆以其爲古今一人也而語或乖謬則據所傳授而然又謂君子疾沒世而名不稱吾道不行吾何以自見於後世乃因史記作春秋反覆致意蓋以已之史記因繼春秋而作贊春秋卽自贊也末言高皇帝過魯以太牢祠孔子諸侯卿相至常先謁然後從政益見其宜爲世家也贊以至聖作結遂爲萬世稱孔子之定號遷眞智足以知聖人者矣

陳涉世家

項羽既作本紀羽季父項梁因召平矯陳涉命拜爲上柱國是項出於陳也遷謂涉所置侯王將相竟以亡秦由其首事而項亦其將相之一故列涉於世家也涉之反秦以扶蘇項燕爲名見秦之亡由於外扶蘇立二世也末有褚先生引賈誼過秦論複重可厭褚豈忘始皇贊中遷曾引之耶

外戚世家 三則

外戚而曰世家因其父兄弟姪封侯也首言三代之興由賢后而放殺以淫嬖又引易詩書春秋之義以明夫婦爲人道之大倫婚姻不可不兢兢乃漢興以來惟高帝之呂后景帝之薄后武帝之陳后婚姻得其正然呂后以王諸呂貽禍薄后陳后以無子被廢而薄太后以憐色幸竇太后以誤籍幸王太后以强納幸衛皇后以謳者幸各生子而貴豈非命哉然非王侯之士女究不可以配人主故詳序其始末以示譏雖曰實錄遷亦幸免崔浩國書之僇矣

諸呂則載於呂后紀竇嬰田蚡衛青則各爲列傳凡外戚之無足重輕者始著於此篇其分別如此漢書多從其例如霍光王商史丹傅喜馮野王諸人不入外戚傳是也

褚先生附載三篇惟尹夫人見邢夫人一段序次頗佳至武帝譴死鉤弋夫人爲拓跋魏作俑最爲忍毒褚乃稱爲賢聖其無識如此

楚元王世家

始言楚元王劉交次言高祖長兄伯伯蚤卒封其子信爲羹頡侯又言王次兄仲於代伯仲皆諱名者以其爲帝兄也後漢書因此遂書光武兄劉縯爲伯升元王不諱名者以其爲少弟也序仲不及其子吳王濞者以濞謀反降爲列傳在後也序仲不及其棄代降侯者宜序於濞傳首也趙王高祖子孫當與齊悼惠王同爲世家附書於此者以趙王遂與楚王戊同反故牽連而並書也

荆燕世家

燕王劉澤事多與齊哀王相涉似宜附於齊世家然與荆王劉賈皆疏屬故合爲世家賈有開國功後又爲英布所殺不聞立後續封是漢之闕典田生游之資以畫干澤受澤金二百斤欲報之德遂因呂后之幸臣導呂后王諸呂以次封澤爲瑯琊王致諸呂擅權幾亡劉氏荀悅漢紀謂治天下宜禁三游（謂游俠游說游行也）殆因田生等而發乎遷謂事發相重豈不爲偉蓋以澤勸立文帝而偉之也（文帝改封澤爲燕王）

齊悼惠王世家

悼惠王子惟朱虛侯章最賢亦惟章有大功於漢文帝入立乃以其初欲立齊哀王之故絀其功後二年雖封爲城陽王章自以失職奪功不久而死遷序章始末甚詳葢深爲文帝惜也其五世孫荒王元年以後事遷所未載不知何人所續年表謂荒王父惠王即位七年薨此云十一年卒又謂荒王名賀此則名順語亦不合殆避昌邑王諱耶

史記辨證卷六

南昌尙　鎔喬客著　　安福劉　愚庸夫校字

蕭相國世家

以蕭何之恭謹無過而高祖乃再三疑之賴鮑生召平等之計始免於難況韓彭之迹涉於亢者安能免於葅醢乎卒以爲民請苑械係廷尉倘非王衞尉敢諫何亦庾死獄中矣功臣首何而高祖之猜忌尙如此遷所以深刺之也何薦韓信爲將以定亂薦曹參爲相以守成以人事君有古大臣識量

曹參世家二則

遷序參事前則一敢戰將軍後則一素餐宰相夫蕭何之法守而弗變可也然是時惠帝年少制於呂后諸呂之禍已萌牙參若知大體安得不導帝自强早爲之所乎且參不事事日與醉吏歌呼相和開魏晉人任達之風更非道矣葢參本一武夫欲安集齊國尙聞人言而未知所定一旦得言黃老之蓋公便以爲得宰天下無以復加寶藏拙而苟安也幸百姓離秦之酷從參休息無爲得保功名而沒耳故何世家題曰相國參世家則直舉其名以受何之薦不甚稱相國之任也

漢有天下由蕭何之相韓信之將張良陳平之智謀及信不善終降爲列傳遂以參次何然良曰留侯世家平曰陳丞相世家與何之稱相國相同參非其匹祗以代信之匱耳

留侯世家

張良在高祖時爲漢甚至及惠帝升遐呂后稱制之初乃使其子辟彊導呂后拜祿產爲將以危劉氏何其老而悖耶遷不書良使辟彊蓋爲良諱也其圯上老人穀城黃石事古今豔稱當是時人因良願從赤松游一語附會而成遷作史好奇故詳書於世家耳（或謂良祠黃石與南史王懿祠白狼皆以神道惑衆）

陳丞相世家

平世家兼序王陵始終者亦史家附傳之法也平之黨呂較張良爲尤甚附陵于其世家者所以深媿之也平幸因陸賈之言交驩周勃得成誅諸呂立文帝之功故稱丞相以予之

絳侯周勃世家

漢之開國功臣蕭曹張陳而外獨取周勃爲世家者以惠景間誅諸呂滅吳楚勃父子功最大故不與樊灌同爲列傳也勃以被甲持兵見守尉致人告變猶爲自取然賴薄太后而生亞夫于多買葬器罪其子可也何忍致亞夫于死地景帝天姿刻薄于殺亞夫與誅晁錯見之

梁孝王世家

文帝子四人長景帝次梁孝王武次代孝王參次梁懷王勝當題曰文三王世家乃遷獨書梁孝王而以參勝附于首者謂其能距吳楚也然覬覦神器刺殺大臣功亦不掩罪矣究於史例不純

五宗世家

景帝子十四人其一爲武帝其十三爲王而生母五人同母者爲宗親故曰五宗世家也河間獻王最賢宋人謂漢若以獻王爲天子董仲舒爲相汲黯爲御史大夫漢治必復於古遷序獻王事甚略不如漢書之淵懿當參觀乃明

三王世家

此篇直書奏制及封策不加一語在史記別爲一體據褚少孫言則非遷原文然後有太史公論贊謂天子恭讓羣臣守義文詞爛然可觀是以附之世家則又似原本未佚者但三王不序何后妃所出與五宗世家不同知爲褚所補耳

伯夷列傳二則

劉勰謂左邱明得春秋微言原始要終創爲傳體傳者轉也

轉受經旨以授于後公穀及韓詩內外等傳亦猶是也至史家以傳制名則自遷始

此傳朱子謂會楊升菴辨之是矣但篇中自其傳曰伯夷叔齊孤竹君之二子也至遂餓死于首陽山二百餘字不雜一語論斷是史家正傳體前後文雖多皆論贊也前人每以此與屈原傳並稱爲變體不知彼夾序夾議自非正體此序事不雜論斷安可目爲變體耶

管晏列傳

遷因孟子有並論管晏語遂創爲合傳然略大事詳小事又開後世別傳體篇中自管仲曰吾始困時以至知我者鮑子皆本列子力命篇前人註史記無一引及者何耶

老子韓非列傳

漢人最尊黃老遷父談亦然遷則紀黃帝而不采其書雖稱老子隱君子而以申韓與之同傳後人讀太史公自序謂以談論六家之要旨爲遷之論說遂謂遷先黃老而後六經豈非一邱之貉

司馬穰苴列傳二則

前人多以穰苴爲子虛然齊景公與晉爭雄晉不能制當亦恃有良將但孫武小試立斬吳姬穰苴臨軍先誅莊賈似皆周秦好事者所爲遷好奇而采之耳

齊桓創霸以王子城父爲大司馬齊景復霸以穰苴爲大司馬而皆由管晏所薦而皆不載于左國嘗謂左邱明爲內外傳若早如史記則周與列國之事必甚顯明乃貪詞多而序事少遂致千載而下疑案甚多

孫子吳起列傳

以兵法干時君自孫武始今所傳者則皆孫臏之言也吳起學兵法于曾豈所謂司馬法耶春秋以前皆車戰戰國始有騎戰於是談兵者蠭起而殺人益多矣今觀孫吳之所行所言猶爲近古遂相傳以爲武經

伍子胥列傳

子胥傳兼序白公亦史家附傳法其書己卯楚昭王出奔據左傳則在十一月乃遷書日不書月遂爲平淮西碑書庚申之祖錢辛楣駁韓文公不當獨書日蓋忘其出于史記也

仲尼弟子列傳二則

爲仲尼弟子作列傳此史家儒林傳之先聲首引孔子言受業身通者七十有七人皆異能之士遂據論語諸書次爲列

傳又言自子石已右三十有五人頗有年名及受業聞見于書傳其四十有二人無年及不見書傳者紀於左三國志蜀志末以王嗣常播衛繼三人皆劉氏王蜀時人故錄於篇創仿遷此法但遷誤以闕止爲穿我既失之誣謂弟子以二端難有若又近於戲前人已辨之矣

篇中引孔子之語不如貧而樂道論語偶脫落道字遂生宋後多少虛機

商君列傳

周末文勝敝已久而猶不變於是周與魯鄭日削弱以待亡而老莊商韓楊墨孫吳蘇張諸人各出其所能思變尚文之敝以圖功而商鞅相秦十年最有效使鞅變法之後導以德禮則身名俱泰秦亦不至如虎狼爲天下所共疾乃詐力是矜身受爲法之敝而貽秦禍於無窮遷於韓非與鞅詳序其刑名法術皆以少恩譏之足爲天資刻薄者戒矣

蘇秦列傳　張儀列傳

自商鞅爲秦變法而秦日强暴六國於是始畏秦蘇秦首爲縱以擯秦故以秦次鞅張儀首爲橫以離六國故次於秦後秦儀爲縱爲橫以一口倏變六國之心眞天下之辯士遷文采國策驪濟淵雲亦極文字之偉觀陳軫公孫衍以與張儀不善而附於傳末即范蠡附越世家之法也然不曰公孫衍而曰犀首亦史例不純

樗里子甘茂列傳

秦武王立逐張儀而以樗里子甘茂爲左右丞相二人雖智然非吞并之雄才此周與六國所以復成縱勢也春秋尚詞命猶有禮教之遺戰國尚游說惟知譎詐之策今按左傳國策所載多時人所擬非事實也然甘羅以十二歲童子能强張唐相燕又能說趙王割五城則與外黃舍人兒說項羽免坑同一奇異可想其時之風氣矣

史記辨證卷七

南昌尚　鎔喬客著　安福劉　愚庸夫校字

穰侯列傳

穰侯相秦專且久而又有白起爲將此秦吞幷之時也乃敗韓於伊闕而不進取韓兩至大梁而不力取魏是徒知蠶食而不知虎吞也卒以越三晉伐齊自廣其封邑遂爲范雎所逐憂死於陶昭王亦稱帝而不終矣

白起王翦列傳

范雎遠交近攻之策第以傾穰侯及相秦之後未嘗力攻魏昭王三十四年秦圖大梁越二年雎始用事魏公子傳謂以圍梁爲雎報魏齊之怨雖伐韓者三而不從南直攻鄭反與趙相持於長平以致竭力而多殺且害白起於杜郵智更在穰侯之下矣於是吞幷六國又待李斯與王翦還以起翦合傳次穰侯傳後其意甚微

孟子荀卿列傳

此篇首一段是論贊論史傳正體自孟子騶人也至作孟子七篇爲孟子列傳自荀卿趙人至因葬蘭陵爲荀卿列傳還前以騶衍淳于髡等襯孟子之不遇後以公孫龍吁子等襯荀卿之著書不過帶序耳若豈與仲尼菜色陳蔡一段仍作論贊觀可也遷意尤重孟子故篇首提孟子發端結處復言自如孟子至於吁子世多有其書不論其傳文雖千頭萬緒其實一線穿成非夾序夾議之變體也末云蓋墨翟宋之大夫善守禦爲節用或曰並孔子時或曰在其後人多以數語爲突出妄加刪削不知此因漢人以孔墨並稱孟子拒楊墨而發且荀卿傳有推儒墨道德之行事興壞一語已爲墨翟伏其根也人第贊此傳之奇而鮮知其嚴正蓋史學不傳久矣

孟嘗君列傳

自齊宣王喜文學游說之士於是期會於稷下者且數百千人孟嘗君少時即以門下不見一賢者責其父及代立於薛遂招致諸侯賓客及亡人有罪者食客多至三千人平原信陵春申皆聞其風而起者也其好客自喜雖不能致正人然是時選舉路絕士非此無以自見遷於孟嘗等傳所以不甚責客也

平原君虞卿列傳

平原君初受馮亭之降亦未爲失失在不能阻趙王易將耳其勢窮而不出魏齊尤有烈士之風也虞卿與之合傳乃以

棄相印從魏齊亡之故其畫策甚工及困於大梁信陵何以不因侯嬴之語言於王而用之耶

魏公子列傳

孟嘗於馮驩平原於毛遂皆因事而知其賢若信陵於侯朱毛薛一聞其名卽深相結乃眞不恥下交者也而存趙救魏卒受四人之報好客如信陵庶非徒豪舉耳遷故極力寫之

春申君列傳

春申上客皆朱履較平原尤爲豪舉然食客三千朱英欲報德而不用其言李園勸納妹而反受其禍蓋身爲楚相乃欲以女子陰移人國未有能免禍者也結云是歲秦始皇帝立九年矣嫪毐亦爲亂於秦覺夷其三族而呂不韋廢天然妙對特書之以示戒

范雎蔡澤列傳

戰國尙游說而六國有智謀之士非唯不能重用反困辱之使入秦於是楚辱張儀而儀卒虜懷王之身魏辱范雎而雎卒斷魏齊之首是助秦敗國也雎澤雖非正人然名遂身退其智有足多者遷合傳洋洋數千言氣脈緊凑無一懈筆宜劉知幾以來皆極推之也

樂毅列傳

戰國多傾危之士如蘇張范蔡皆是也而樂毅行事獨近正其報燕惠王書尤有左國渾厚之遺蒯通讀其書而泣何以勸韓信酈食其也遷載其前後事甚悉蓋甚重其爲人

廉頗藺相如列傳

趙之末世以廉藺趙李爲存亡故合傳也廉藺功尤偉故以二人統趙奢李牧也其合傳聯貫之法則相如傳末云其明年趙奢破秦軍閼與下又奢傳云趙奢於是與廉頗藺相如同位又云廉頗奔大梁其明年乃以李牧爲將而攻燕又牧傳云趙悼襄王元年廉頗既亡入魏趙使李牧攻燕首尾一片此合傳之最宜最工者

田單列傳

申包胥之復楚也猶以秦兵而田單之復齊也獨以卽墨單不借外援於他國者以湣王結怨深也智深勇沈卒走燕軍而復齊疆土此少康以後未有之奇功也齊雖封單於安平後復使之奔趙齊眞少恩矣宜其不復振與末補序畫邑人王蠋見齊之亡而復存由蠋之徇義單之善謀畫音獲卽孟子去齊宿於晝之晝誤作畫單奔趙見國策

魯仲連鄒陽列傳

不同時而合傳者前如管晏以其皆爲齊相也白起王翦以其皆爲秦將也後如屈賈以賈誼過湘水投書弔屈原也若魯仲連持高節不仕鄒陽爲上客被讒操行不同何以合傳遷之意蓋以士之懷才抱智者入世秖有兩途能如仲連之輕富貴則患不罹身否則曳裾王侯之門欲希榮而難免禍大抵皆如鄒陽耳於是取爲合傳以齊人也一語聯貫前人罕知其用意也漢書以陽與枚乘同傳則失人而能爲之矣

屈原賈生列傳屈音窟

屈原傳夾序夾議以變體極寫離騷即是自寫史記賈生傳不載治安策人或議其疏不知屈賈合傳以其遷謫江南同遭讒謗也故只載漁父懷沙弔屈原及服鳥賦以深致同病同憂之意至賈生所陳之政事秖宜撮其要若如漢書所載則前後文體不稱矣篇末有孝昭時列爲九卿一語乃後人所增

呂不韋列傳

方秦昭王時將勇兵強日夜思并吞六國而六國未滅呂不韋已以邯鄲姬暗移其祚直書于史見恃力者先亡也不然不韋雖好客并平原信陵比何必爲作專傳耶

刺客列傳

此殆遷悶坐蠶室偶憶五人事遂爲傳之以自娛耶曹沫見公羊傳專諸見左氏傳豫讓聶政荆軻見戰國策然遷序聶政較國策更精采

李斯列傳

李斯始禍始皇之封建繼從趙高之廢立終阿二世之督責秦亡於二世實亡於李斯也遷將二世趙高事詳序於其傳垂戒深矣然斯諫逐客書抱范蔡之餘波拾離騷之香草真文中巨觀

蒙恬列傳

遷責王翦不能輔秦建德固其根本責李斯不補主闕嚴威酷刑責蒙恬不能強諫振急修和且責翦以偷合取容責斯以阿順苟合責恬以阿意興功眞古之良史可爲萬世馭將相之明鑒矣

史記辨證卷八

南昌尙　鎔喬客著　　安福劉　愚庸夫校字

張耳陳餘列傳二則

王翦蒙恬李斯爲秦將相烹滅諸侯不能輔秦以德義秦亡徵決矣初發難者陳涉也涉已列爲世家於是以張耳陳餘次蒙恬傳之後耳餘輔涉亡秦者也貫高亦刺客之流不與刺客合傳而附書於張敖傳者以能直立然諾媿耳餘相倍之戾也

甘公勸張耳歸漢謂漢王入關五星聚東井先至必霸以此爲受命之符而拓拔魏高允以爲妄遷乃書於史然則遷亦不知天文也

魏豹彭越列傳

傳魏豹者以其兄咎事徒見於月表端緒不明也以彭越合傳者越曾爲豹相國也前書高祖慢張敖致貫高謀逆在漢之七年此復書豹畔漢王亦以慢罵如奴無上下禮節則在漢二年矣合後數傳觀之見功臣之怏怏不服皆高祖之無禮使之也

黥布列傳

彭越反形未見已聽人言夷其族況復臨同功一體之韓信布能不反乎然布乃猛將非大將也故兵雖精强而薛公知其出下計且布爲項羽坑秦卒弑義帝賊虐如此雖不反亦必滅亡耳

淮陰侯列傳

高祖於其臣無一不侮慢者獨淮陰登壇受殊禮感激最深故高祖雖屢奪其軍而不疑蒯通雖屢勸其反而不聽其意祇欲南面稱王俾世血食耳而其禍在於急欲王當是時良平徒知躡足而不諒其心於前蕭何徒知保身而不白其冤於後遂使三代下第一之將材死於一婦人之手幸遷爲列傳精奇雄健使千載讀之猶如生

韓王信盧綰列傳

因淮陰而憶及同姓名之韓王信故復作韓王信列傳盧綰何以與之合傳以俱畔漢而亡入匈奴也末附陳豨者以豨之反雖因周昌搆釁亦韓王信令王黃等說誤之也事相聯貫遂合傳焉

田儋列傳

遷於張耳陳餘傳結趙局魏豹傳結魏局韓王信傳結韓局

盧綰傳結燕局故復傳田儋以結齊局焉上篇言陳豨待賓客如布衣交以致隨之者千餘乘然麾下卒受漢購而敗豨因憶田横得士從洛陽者不受官在海島者皆自殺相越豈不甚遠哉故篇末以田横作結并貶及亂齊驕淮陰之蒯通為結客者作鑑焉

樊酈滕灌列傳

嘗題樊酈夏侯灌列傳去其夏侯之氏獨書滕公之號亦史例不純也序四人戰功與曹參周勃略同參以代淮陰為世家勃以安劉氏為世家其實六人不過一時戰將隨人指揮非如淮陰執大將旗鼓者也雖位為將相序次不甚著意焉

張丞相列傳 二則

此篇以御史大夫搏弄首尾而附傳周昌趙堯任敖曹窋申屠嘉五人或直序或突序或補序各極其妙末云自申屠嘉死後景帝時陶青劉舍今上時許昌薛澤莊青翟趙周皆娖娖廉謹為丞相備員而已無所能發明功名有著於當世者此遷所以不為立傳也後來諸史凡官至宰相雖無一長可取亦為立傳讀此可悟其非矣

贊後有韋賢魏相丙吉黃霸韋元成匡衡等續傳不知何人所為此六人漢書皆有傳以之較此相去不啻天淵又言于定國在張廷尉語中史漢張釋之傳皆無定國事不知此何說也

酈生陸賈列傳

酈生事已見篇首篇末復序其初見之異聞者必當時別有記載遷故兩存之乃史家傳疑之法也不附於弟商傳末而與陸賈合傳者以其同為漢初之說客也朱建附於傳末者以其與賈善且說閎籍孺計出辟陽侯善處呂后母子也然不及酈陸遠矣建何以稱平原君遷不言其由建止英布反遷謂語在黥布語中然布傳無止布之語建子使匈奴死節遷何以不書其名此皆遷之疎畧也

傅靳蒯成列傳

據張晏之說此在十篇有錄無書之列非遷原文然與樊酈滕灌列傳一種筆墨又似遷所作況篇末有太史公論贊也

漢書以三人與樊酈等同傳位置較安

劉敬叔孫通列傳

劉敬定國都叔孫通定朝儀遷遂合傳然敬勸高祖徙豪強開十六國移民之禍通為高祖籌時變開公孫宏阿世之端

史於通多微詞亦以其爲訣儒也

季布欒布列傳二則

此遷傳氣節之士爲脂韋者戒也季布欒布以有氣節而存丁公以無氣節而殺高祖無學術所見乃能如此亦所謂天授非人力也

欒布爲燕相燕齊皆爲布立社號曰欒公社此爲官立生祠之始也

袁盎鼂錯列傳

袁盎以傾危爲直諫洪景盧以爲小人是也鼂錯請削諸侯以尊京師與賈誼言欲天下治安莫若衆建諸侯而少其力同一遠慮況吳濞爲反謀數十年削亦反不削亦反不待智者始知也而竇嬰袁盎乃以錯爲非策乎昔淮南王居處驕甚盎諫文帝曰諸侯太驕必生患可適音謫削地是削地之謀首發於盎淮南之親尚可削吳何不可削乎盎漢初之公卿粗直無學術相矜以任俠相習於苟安不欲人與聞國事建萬世之長策故賈誼陳政事絳灌短之錯更法令嬰盎爭之盎又素與錯不善錯嘗使吏案其受吳王財物抵罪詔赦爲庶人吳楚反聞錯欲請治盎遂爲盎所陷斬於東市夫諸侯共反乃斬謀臣以謝之即使罷兵成何國體況吳楚兵並不罷乎幸吳不用田祿伯桓將軍之計使周亞夫得成大功不然一軍據武關一軍據洛陽謀臣死於內亞夫雖有將略恐難支也大蘇謂錯不宜令景帝自將而身居守不知錯若出將亦必爲嬰盎所陷不能成功惟魏叔子散黨與暴吳罪之策最善惜錯有智囊之名未能籌及耳遷於吳濞傳後謂錯爲國遠慮禍反近身最爲平允然於盎多恕詞豈所謂習俗移人邪大蘇論本漢書錯傳

張釋之馮唐列傳

袁盎鼂錯互相傾卒皆不得良死張釋之以長者爲廷尉持議平致條侯等結爲親友馮唐論將帥因以明魏尚之冤視盎錯之相傾何如耶且景帝賞盎而誅錯視文帝之待張馮何如耶四傳相連具有微意但傳中武帝立當是今上立不知何人所改也

萬石君張叔列傳

傳石奮張歐而以衞綰直不疑附傳於其中以其皆長者也周仁不足比數偶憶及遂附見耳論史傳正體當題曰石奮張歐列傳或題石衞直張列傳亦可仁當附於佞幸傳中也傳

中武帝凡五見豈楊終所删改耶

田叔列傳

自張釋之以至張歐多長者而田叔爲尤難其隨趙王稱孟舒案梁事爲魯相眞天下長者袁盎亦稱爲長者視此厚薄何如耶然則數傳直作一篇讀可也褚少孫附田仁任安事錄力雖不高可爲取人者之鑒

扁鵲倉公列傳

此史家方技傳之祖也扁鵲所見之桓侯裴駰以爲田桓公午所活之虢太子傳元以爲虢亡已百二十餘年安得有虢謂西然春秋昭公元年諸侯會於虢此東安知東虢滅於鄭虢無復封如曹君耶倉公所治之病賴文帝詔問而傳想存於故府故遷得以備書耳

史記辨證卷九

南昌尙　鎔喬客著　　安福劉　愚庸夫校字

吳王濞列傳

文帝不聽賈誼晁錯之計削吳地以遏亂萌致濞刼六國同反幸文帝之德澤在人故天誘其衷田桓進奇謀而不用以敗於梁壁下耳然錯若有魏叔子之策救六國而專事吳斷不至天下騷動爻死而身死矣

魏其武安侯列傳

序魏其武安傳皆未了卽止至灌夫傳乃結仍是廉藺合傳法遷於竇嬰多褒語以其有平吳楚之大功也其實田蚡雖小人竇灌亦粗鄙可笑反不如一調停之籍福故皆不得其死耳

韓長孺列傳

觀田叔韓安國之釋梁事所謂仁義之人其言藹如井徒以口舌爭勝也漢武襲匈奴自安國爲護軍始然安國本不欲用兵故恢首發難而自殺安國壓無功而善終且觀安國之赦田甲則田蚡殺罵座之灌夫李廣殺止行之醉尉毫無識量矣宜遷以忠厚稱之序王恢馬邑之謀不如漢書詳密

李將軍列傳

陳平傳序王陵李廣傳序程不識人皆知爲附傳法不知項羽紀序范增廣傳序李蔡亦附傳法也遷因李陵獲罪序其事甚潦草漢書則異樣精采其爲商所續與抑班彪父子所作也（中有武帝立三字亦非遷原文也）

匈奴列傳 二則

匈奴傳凡九千言惟序冒頓時事結構最精其中歷載文帝和親之書未復載武帝復讎之詔遷蓋以德不能化用兵自不能已但不當窮兵黷武也其不載匈奴遺呂后之書諱惡得體

冒頓是匈奴一大轉關武帝是擊匈奴者一大轉關中行說爲匈奴欺漢王恢爲漢詐匈奴皆燕人也亦一奇事

衛將軍驃騎列傳 二則

衛青仁勇有良將之才觀其辭三子之封赦蘇建之死受封而不驕不益封而不怨且有大將氣度矣人以青出身微賤每稱李廣而薄青非也霍去病祗一戰將武帝以其從青出有功遂退青而貴去病帝亦少恩矣其因青而附傳者十四人因去病而附傳者二人開後人多少附傳法末云自衛氏興大將軍首封其後枝屬爲五侯凡二十四歲而五侯盡奪衛氏無爲侯者帝之少恩亦見矣篇中武帝凡七見不知何人改竄

李蔡已附李廣傳復附此傳者猶淳于髡已附孟子傳而滑稽傳復詳序之張騫已附于此傳而大宛傳復詳序之范蠡子貢亦然遷意蓋因事類序故不避重複然一人兩傳後史無遵其例者

平津侯主父列傳

公孫宏曲學阿世以致爲相封侯後舉匡張孔悉踵其術取三公皆所謂闒僞敗事者也主父偃雖太橫然能諫伐匈奴削弱藩國較宏之畧無匡救者殊勝遷因偃諫伐匈奴遂錄徐樂嚴安言世務二書此又一附傳法也贊後載平帝褒宏之詔乃王莽所爲以宏詐爲恭儉與己類也又全載漢書宏傳之贊豈以史記刺宏未當故附于後以示褒耶無識甚矣

南越尉佗列傳

此與下三傳一例而南越獨題尉佗者以其由尉而爲帝王能剛能柔有雄才大畧不同東越朝鮮西南夷諸君長也然遷於匈奴傳兩載文帝書文帝賜佗詔甚佳何以不載佗報

書亦節錄未完善此則隨意筆削當取漢書合觀之

東越列傳 二則

閩越王無諸與東甌王搖佐漢擊楚受高惠之王封固皆漢之功臣也迨其後閩越擊東甌致東甌徙擊南越致南越亡餘善雖殺閩越王郢得封東越王然旋爲繇王居股所殺以致民皆內徙東越地遂虛夫閩越首開兵端猶越人相攻擊之常也餘善既爲漢救郢乃復數反覆拒漢是亡東甌南越者閩越也亡閩越者餘善也故題東越以罪之若論史傳正體篇首當曰東越王餘善者其先閩越王無諸

觀莊助詰田蚡之語舌鋒之利屈令千人皆廢乃知武帝之好大喜功實助開其機也

朝鮮列傳 二則

史記題目或稱官或稱侯或稱字號序事亦然蓋遷初易編年爲紀傳猶沿左傳稱謂例未盡純如此篇序楊僕忽曰樓船將軍忽曰樓船忽曰將軍楊僕皆非史傳之正體也

衛山公孫遂皆以奉使失機宜被誅荀彘雖成功亦坐爭功相嫉乖計棄市用法如此宜其吞滅之易

西南夷列傳

此傳提挈照應無法不佳是遷得意之筆其兵端乃開於枸醬竹杖亦一奇也滇王謂漢使曰漢孰與我大及夜郎侯亦然俗謂夜郎自大語出於此柳州游黃溪記效其篇首提挈法人多稱之然頗嫌痕迹未化昌黎送鄭尚書序分明從此篇出而工於脫化遂各擅千古之奇

司馬相如列傳 三則

一部史記載文無若此傳之多者夫以賈誼晁錯董仲舒之疏策皆大有關係乃一篇不載而獨全載相如靡麗之詞乎

劉炫劉知幾皆以此傳爲相如自序然漢書司馬遷揚雄二傳述其自序末皆言遷雄自序云爾此傳既相如自序遷雖不明言漢書何以不明言也張溥一百三家集因二劉之言從病免家居茂陵截住以前此爲自序之文然前此賦奏天子以爲郎之下謂無是公言天子上林廣大山谷水泉萬物及子虛言楚雲夢所有甚衆侈靡過其實且非義理所尚故删取其要歸正道而論之則明係遷之論斷亦非全取相如自序矣後讚從中揚雄以爲靡麗之賦云云及漢書相如傳與此畧無異同乃知遷當時實删取其要此傳乃妄人取漢書補足非史記之原文也

史通雜說云馬卿爲自序傳具在其集中子長因錄斯篇削爲列傳班氏仍舊曾無改奪尋固于馬楊傳末皆云遷雄之自序如此至於相如篇下獨無此言蓋止憑太史之書未見文園之集案漢志謂相如賦二十九篇豈未見文園之集但其時無集名而他文又皆不著錄故史通遂憑臆議之又案隨書經籍志相如集一卷唐書藝文志則二卷張溥所編則一卷溥又言自序有闕文未知劉知幾所見之自序與溥同焉否也

武帝雄才大畧志狹中區而相如上林大人諸賦更欲以楮墨勝之此屈宋大言之流弊也然就詞賦而論則子虛上林與枚乘之七發如岱華於西京後更無鼎峙者矣朱子極詆相如之文未免以人廢言也

史記辨證卷十

南昌尚　鎔喬客著　　安福劉　愚庸夫校字

淮南衡山列傳二則

文帝入立不治辟陽侯罪而淮南王長殺之亦一快事序淮南罪狀以諸臣章奏代之後史多效其法

以武帝吞滅四夷兵威火熾而淮南王安以愚懦之姿乃欲弄兵潢池可謂不量力之甚矣且未發先辦一走越之計尤爲可笑其父子兄弟兩世謀反卒未出國門一步視吳濞之戰敗梁壁亦不可同日道也

循吏列傳

此遷刺武帝寵用酷吏賊虐烝民而爲傳也首曰何必威嚴次序孫叔敖子產公儀休石奢李離五人不拘時代不用聯貫備淨隱厚斯爲不媿循吏而漢臣無一足與其數矣

汲鄭列傳二則

汲黯鄭莊居郡漢廷無直臣武帝益縱欲妄行矣遷所以思而作傳也鄭莊非其比以與黯善且推轂士夫故合傳也此篇首尾完善漢書畧爲删節便如點金成鐵矣

篇中誠有味其言之也一語雜論斷非正體漢書好改史記

何以不知改此語也

儒林列傳 二則

使公卿皆如汲黯則主既不認爲非使公卿皆如鄭莊則士復不失其所然二人好黄老非儒者也故復傳儒林焉漢至武帝始黜百家重儒術而是時方外攘四夷内興神仙土木治詩之申培轅固以正直罷歸治春秋之董仲舒以廉直不容於朝出爲諸侯相而兒寬承意從容乃得爲御史大夫公孫宏希世用事乃得封侯爲丞相是亦葉公好龍矣

自遷創爲儒林傳而漢後從祀孔庭者多儒林傳中人遷學術宏深得力於春秋之教而不獲與仲舒並從祀者蓋後人讀史記先以是非謬於聖人先黄老而後六經等語横於胸中未深求其用意也

酷吏列傳 四則

武帝欲效唐虞之治而社稷臣汲黯眞儒董仲舒皆棄而不用所用惟諛儒酷吏安能致治故以酷吏次儒林傳之後

武帝用法煩苛以武健嚴酷者爲能是猶縱虎狼於通衢傷人多矣遷將十人聯貫爲一傳首言昔秦網之密以刺今而思漢初吞舟之漏亦寓深之義也文精采之至出鬼入神直如鑄鼎象物篇中兩言武帝即位後人所更

郅都伉直引是非争天下大體似不宜入此傳然景帝之時民朴質畏罪自重而都獨先嚴酷致行法不避貴戚列之於首罪其始作俑也但楊僕勇將入之此傳則失宜

張湯傳尤精悍序其事未竟哭云湯爲御史大夫七歲敗後歷序其致敗之由而以趙禹始爲酷急晚節治加緩而名爲平以壽卒於家作結局詞比事得春秋懲善抑惡之道

大宛列傳 三則

因擊匈奴而通使月氏因使月氏而知大宛因此出不便而南通大夏道於西南夷因大夏道不通而結婚於烏孫始尚欲藉烏孫以斷匈奴右臂終則直爲善馬而伐宛自張騫通使以及李廣利出兵死者不知幾千萬所得惟善馬數十匹耳自古勞師襲遠未有輕用民力如此者也漢所使之國雖多而始終於大宛故題爲大宛列傳

大宛即今安集延在伊犁之西布魯特之外紀曉嵐以大宛爲哈薩克不知今之哈薩克乃古之康居國也

卜式附見平準書蒯通附見淮陰傳伍被附見淮南傳張騫附見大宛傳以諸人祇應附見也漢書乃一一傳之致書傳

氣色大減顧亭林已議其失矣

游俠列傳 二則

遷雖因救李陵遭禍交游莫贖激而爲此傳然首列朱家劇孟其行猶近正也武帝詔徙郭解公孫宏論族郭解非不明也然武帝知解不貧何以不知遷無罪宏知解行權富族何以不知汲黯直諫當容此遷所以發憤於游俠也

後漢書獨行傳柳子厚宋清傳其源皆出於此若漢書所續游俠傳列萬章樓賦陳尊原涉四人皆暴豪失節不足道也

佞幸列傳

文帝惜百金不爲露臺而愛幸鄧通乃至賞賜巨萬以十數文帝恭儉尚如此若武帝窮奢極欲又何怪寵嬖之多乎詳序鄧通蓋爲玩人喪德者戒也

滑稽列傳 二則

此遷游戲之文也遷謂淳于髡後百餘年楚有優孟倒置如此蘇子由所以譏其疎淺而不學也漢書無滑稽傳然東方朔傳即倣此茅坤以爲漢書第一是知游戲之小文不知史漢之義法明末古文所以多近小說家也昌黎毛穎傳亦祖滑稽傳而作

褚少孫所附六章亦頗有致然西門豹不當附此傳蘇子由亦嘗論之

日者列傳　龜策列傳

前人以二傳爲褚少孫所補然觀日者傳有太史公贊語且龜策傳首有太史公論中有今上即位少孫自言求原傳不得不知何以有此語也其附載宋元王得龜事鏗鏘可喜而其事則近於子虛

貨殖列傳 三則

此篇段段雜論斷亦史傳變體遷謂布衣匹夫之人不害於政不妨百姓取與以時而息財富知者有采焉作貨殖列傳遷蓋譏漢之君臣害政妨百姓與民爭利也文如淮陰將兵多多益善又如建章之宮千門萬戶極天下之大觀

大學於篇末反覆言貨財悖入悖出之害直將漢以來亡國之覆轍預燭其幾所以爲有用之書也遷論孟子傳云自天子以至庶人好利之弊何以異哉此史記以貨殖傳爲殿之深意

史記但言河渠未言地理故此篇序天下之形勢與其風俗物產漢書以前數段入貨殖傳以後數段入地理志但地理志增以天文分野及詩書之說大同而小異耳

太史公自序五則

序司馬氏之世系序其父談之言行序己之事迹序己作史記之故末復總序百三十篇紀載之由如大海回風生紫瀾也後班固漢書有敘傳沈約宋書魏收魏書李延壽南北史皆有自序皆祖遷遺法遷又本離騷首章之自序也

遷字子長見史通雜說然漢書遷傳不載註史記漢書者亦皆不載惟荀悅漢紀有司馬子長之語亦未明言遷之字史通不知何所本也近見註徐陵集者云遷字子長見漢書荒謬可笑

篇中上大夫壺遂附見漢書韓安國傳言遂與遷等定漢律歷官至詹事其人深中篤行君子上方倚欲以爲相會其病卒遷述其言蓋以爲交游之賢者非徒引之以發難也

昔人謂杜預註左傳顏師古註漢書明知其失不加駁正以爲左邱明班固之佞臣班固謂遷採經摭傳分散數家之事甚多疏略或有牴牾亦其涉獵者廣博鎔於史記之失每加辨證亦猶壺遂發難班固作贊之意不欲爲其佞臣也

史記拾遺

［清］林茂春

清稿本

史漢刊誤補註引用書目

閩中　林茂春　𢒸還　學

武英殿本証誤
王海　王應麟
漢書評林　凌稚隆
胡三省通鑑注　胡三省
後漢補遺　姚之駰
大事記補題　呂祖謙
三國志注　裴松
亭林日知録　顧絳
涑水通鑑考異　司馬光
源流至論　林駉
商濬稗海　商濬
容齋五筆　洪邁
演繁露　程大昌
隋書志　李淳風等
梅氏歷算全書　梅文鼎
百川學海　左圭
秘笈　陳繼儒
鄭世子樂書　朱載堉
文獻通攷　馬端臨
袁宏後漢紀　袁宏
山堂攷索　章俊卿
楚詞注　王逸

太平御覽　李昉
史記評林　凌稚隆
史剡　司馬光
蘇氏古史　蘇轍
方氏通雅　方以智
李善文選註　李善
黄氏日抄　黄震
吳氏刊誤補遺　吳仁傑
困學紀聞　王應麟
望漢史記補注　方苞
津逮秘書　毛晉
錢文子兵志　錢文子
山河兩戒考注　徐文靖
水經注　酈道元
陶九成説郛　陶宗儀
義門讀書記　何焯
杜氏通典　杜佑
欽定一統志
荀悦前漢紀　荀悦
章潢圖書編　章潢
通志略　鄭樵
續通典　宋白

事物原始　高承
潛邱劄記　閻若璩
學林　王觀國
攷古質疑　葉大慶
金石録　趙明誠
唐荆川稗編　唐順之
古今釋疑　程大昌
兩漢會要　陳霆
管城碩記　徐文靖
漢魏叢書
古文苑注　章樵
班馬異同　王益之
北堂書抄　虞世南
藝文類聚　孫愐
金石文字記　顧炎武
石墨鐫華　趙崡
漢官舊儀　衛宏
通鑑外紀　劉恕
讀史管見　胡宏
史通　劉知幾
大事記　呂祖謙
甕牖閒評　袁文
江永律吕管見　江永
徐氏日知録　徐嘉炎

册府元龜　王欽若
御製理數精蘊
五經算術　李淳風
能改齋漫録　吳曾
逸史　吳琯
槎菴小乘　來斯行
榕邨語録　李光地
古今黈　李冶
説文繫傳　徐鍇
漢魏七十三家　張溥
鶡辨　薛鳳吉
雍録　程大昌
玉篇　顧野王
元和姓纂　林寶
金薤琳瑯　都穆
皇王大紀　胡宏
真西山讀書記
東觀漢紀　劉珍等
吕東萊集　呂祖謙
戰國策注校　吳師道
熊方補後漢年表　熊方
萬氏歷代史表　萬斯同
吹景集　董斯張
太平寰宇記　樂史

山堂攷索遺抄 陳絳，
讀史記十表 汪越，
班馬異同 倪思
通鑑地理通釋
繹史 馬驌
路史 羅泌
三輔黃圖
集古録 歐陽修
東漢會要 徐天麟
漢藝文志攷證 王應麟
兩漢筆記 錢時
名義攷 周祈
初學記 徐堅
卮林 周嬰
曝書亭集 朱彝尊
攷古圖 呂大臨
樂書 陳暘
方言新注 戴震
廣博物志 董斯張
古今攷 程大昌
古文四聲譜 夏竦
班馬字類 婁機
史漢舉正 陳景雲
十七史商榷 王鳴盛、

隸釋 洪适
史記疑問 邵泰衢
竹書統箋 徐文靖
通鑑前編、金履祥
古歷代史兵制 陳傅良
兩漢博聞 楊侃
元和郡縣志 李吉甫
西漢會要 徐天麟
漢制攷 王應麟
寶刻叢編 陳思
學齋佔畢 史繩祖
藝文類聚 歐陽詢
示兒編 孫奕
楊升菴集 楊慎
禮書 陳祥道
晉書志 魏徵
金石例
續後漢書 郝經
古今釋疑 方中履
古今攷續編 方回
復古編 張有
山草堂集 郝敬
道古堂集 杭世駿
羣書拾遺 盧文弨

鍾山札記 盧文弨
郡縣令長攷 錢大昭，
史記訂本 陳子龍
函海 李調元
畏壘筆記 徐昂發
通鑑釋文辨誤 胡三省
十七史詳節
五禮通攷 秦蕙田
雲谷雜記 張淏
漢祿攷 龔景瀚
漢爵攷 杭世駿
四庫館攷證 紀昀
陔餘叢攷 趙翼
筆乘 焦竑
前漢書攷異 錢大昕
史記攷異 錢大昕
史漢是非同異 劉青芝
詩經正義 孔穎達
書經正義 孔穎達
七脩類稿 郎瑛
荀子注 楊倞注
蒿菴閒話 張稷若
李穆堂集 李紱
兩漢金石録 翁方綱、

貸園叢書 李文藻
說文解字讀 段若膺
爾雅正義 邵晉涵
古樂經傳 李光地
續漢志考異 錢大昕
山海經廣註 吳志伊
尚書通考 黃鎮成
野客叢書 王楙
知不足齋叢書 鮑廷博
習學記言 葉適
史記攷 陳仁錫
晉書地理志 畢沅
史記紀疑 劉青芝
補後漢年表 錢大昭
後漢書攷異 錢大昕
史記志疑 梁玉繩
周禮太平經國 鄭伯謙
禮記正義 孔穎達
春秋正義 孔穎達
周禮正義 賈公彥
淮南子 許慎
朱子榕邨語録
少室山房筆叢 胡應麟
潛研齋問答 錢大昕

韓門綴學 汪師韓

經史問荅 全祖望

漢書辨証 方世舉

漢書舉正 陳景雲

漢書正訛 江其龍

釋名疏証 畢沅

經集纂訓 阮元

二十一史劄記

通鑑地理糾謬 補

漢書辨疑 錢大昭

後漢書纂訓 惠棟

述學 汪中

五雅通義 補 王引之

讀史漫録 于慎行

史記拾遺

閩中 林茂春 暢園

史記一百三十卷

陳振孫書録解題云漢太史令夏陽司馬遷撰宋南中郎參軍河東裴駰集註班固云遷據左氏國語采世本戰國策述楚漢春秋接其後事迄於大漢斯以勤矣十篇缺有録無書張晏曰遷沒之後亡景武紀禮樂兵書漢興將相年表三王世家日者龜策傳靳歙傅寛傳列元成之間褚先生補作武紀三王世家日者龜策傳言辭鄙陋非遷本意也顏師古曰本無兵書張說非也今案此十篇者皆具在褚所補武紀全寫封禪書三王世家但述封拜策書二列傳皆猥釀不足進而其餘六篇景紀取疏略禮樂書謄荀子論禮河間王樂記傳靳列傳與漢書同而將相年表迄鴻嘉則未知何人所補也褚先生者名少孫裴駰即注三國志松之之子也始徐廣作史記音義駰本之以成集解

史漢拾遺卷一　　閬中　林茂春　暢遂　學

五帝本紀舜踐帝位三十九年
王應麟曰書正義云舜年六十二為天子大禹謨朕宅帝位三十有三載乃求禪禹孟子云舜薦禹於天十有七年是在位五十年明矣史記謬

殷本紀百姓思盤庚乃作盤庚三篇
興書序違

太甲既立三年至迎而授之政
謂太甲歸亳之歲已為即位六年遷說妄也

遂作高宗肜日及訓
與書序相違

自中丁以來　比九世亂
皇王大紀曰以其世攷之自沃丁至陽甲立弟者九世中丁之名誤也

大戊
大戊為大甲之孫三代表云大戊小甲弟則亦是沃丁弟太甲子書正義謂本紀世家必有一誤

周本紀大姜生季歷
左傳正義曰如史記之文似王季與太伯別母遷言疎謬太伯虞仲避季歷適荆蠻若有適庶不須相避知其皆同母也

詩人道西伯蓋受命之年稱王
劉道原曰遷不見古文尚書以文王受命七年而崩孔安國見武成篇故泰誓傳曰周自虞芮質厥成諸侯並附以為受

命之年至九年文王卒劉歆三統歷以為九年

武王祭於畢觀兵盟津
歐陽脩曰伯夷傳又載父死不葬之說皆不可為信

襄王後母曰惠后生叔帶
按左傳曰母弟俱是惠后所生正義曰史記謬也

舜封棄於邰號曰后稷
詩正義曰稷之功成實在堯世其封於邰必是堯之封故箋傳皆以為堯本紀以后稷之號亦起舜時其言不可信也

呂后本紀
鄭夾漈曰遷遺惠而紀呂無亦獎盜乎

樂書得神馬渥洼水中為太乙之歌後伐大宛得千里馬為歌

中尉汲黯進曰云云丞相公孫宏曰黯誹謗聖制
唐說齋曰按漢書武帝紀元鼎四年秋馬生渥洼水中作天馬之歌太初四年春貳師將軍廣利斬大宛王首獲汗血馬來作西極天馬之歌而元狩二年春三月丞相宏薨則先元鼎四年已八年矣汲黯傳渾邪王降之歲汲黯坐法免官隱田園者數年至更立五銖錢復起為淮陽太守居淮陽十歲而卒按武紀昆邪之降在元狩二年而行五銖錢在五年又十歲則元封四年也其去太初四年尚六年則汲黯之卒亦久矣今樂乃云得大宛馬而作天馬之歌汲黯嘗有言而公孫宏又從而譖之不亦得誣厚古人哉況黯在武帝時始為謁者遷滎陽令稱疾歸乃召為中大夫又出為東海太守又召為主爵都尉又公孫宏請徙為右内史數歲而免官又數歲而起為淮陽太守則未嘗為中尉也假使黯[illegible]言在馬生

遷注之亡年則弘之以固已久矣漢書司馬遷傳言史記十篇有錄無書而注言樂書亦亡則此非遷之作明矣使遷在當時而乖舛如此不亦繆乎

天官書西宮咸池

困學紀聞吳氏仁傑曰蒼龍朱鳥元武各總其方七宿而言咸池自在二十八宿之外別一星名晉天文志所謂天潢南三星曰咸池魚囿者是已豈昕總西方七宿哉又列參白虎於昴畢之後何其類例之駮也

越王滅吳誅太宰嚭

通鑑外紀左傳哀廿四年閏月哀公如越季孫懼因太宰嚭而納賂焉在吳亡後二年也嚭入越亦用事安得吳亡即誅哉

燕世家召公疑之作君奭

書正義曰此篇是致政之後言留輔成王之意其文甚明遷妄為說爾

衛世家武公殺兄篡國

呂東萊曰武公在位五十五年國語又稱武公年九十有五猶箴儆於國計其初即位其齒蓋已四十餘矣使果弒共伯而篡立則共伯見弒之時其齒又加長於武公安得謂之蚤死乎髦者子事父母之稱飾諸侯既小斂則脫之史記謂釐侯已葬而共伯自殺則是時共伯已脫髦矣詩安得猶謂之髧彼兩髦乎是共伯未嘗有見弒之事武公未嘗有篡弒之惡也

鄭世家宣王庶弟

按年表云宣王母弟　詩正義曰世家年表自乖異

魯世家迎哀公復歸卒於有山氏

孔穎達春秋傳正義云專稱國人施罪於有山氏不得云復歸而卒於其家也遷妄耳

晉世家鄂侯郤立六年卒子哀侯立

詩正義曰左傳隱五年曲沃莊伯伐翼翼侯奔隨秋王命虢公伐曲沃而立哀侯於翼六年翼九宗五正頃父之子嘉父逆晉侯於隨納諸鄂晉人謂之鄂侯則哀侯之立鄂侯未卒世家言卒非也

作晉文侯命

鄭夾漈曰于時去文侯十有五世而誤以文侯為重耳

夢天謂武王曰余命女生子名虞

左傳正義曰邑姜方震而夢明是邑姜夢矣安得以為武王夢也薄姬之夢龍據其心燕姞之夢蘭為己子彼皆夢發於母此何以夢發於父是遷之妄

陳世家其後曰姓嬀氏

左傳正義曰世本舜姓姚氏虞思猶姓姚也至胡公周乃賜姓為嬀謂胡公之前已姓嬀妄也

楚世家帝嚳命曰祝融

詩正義曰楚語稱顓頊命南正重司天以屬神命火正黎司地以屬民則黎為火正高陽時也言高辛者以重黎屬顓頊命之歷及高辛仍為此職故二文不同也黎實祝融重為南正而楚世家同以重黎為祝融謬也世家又云帝嚳誅重黎而以其弟吳回為重黎後復居火正為祝融鄭語以八姓為

黎後者以吳回繫致之後復居黎職故本之黎也左傳少皞氏有子曰重顓頊氏有子曰黎史記為重黎為一人又言以吳回為重黎皆謬

莊王即位三年伍舉入諫曰願進隱

按莊王時有嬖人伍參其子伍舉在康王時康王莊王之孫呂氏春秋審應覽云荊莊王立三年不聽而好讔成公賈入諫曰願與君王讔新序云士慶然則非伍舉也

燕世家孟軻謂齊王伐燕此文武之時不可失也愚按此本國策

考亭朱子曰或問勸齊伐燕有諸史記蓋傳聞此說之誤

三代世表稷契皆為帝嚳之子堯亦帝嚳之子

左傳正義曰世族譜取史記之說又從而譏之棄縣則舜之五世從祖父也而及舜共為堯臣堯則舜之三從高祖而妻其女此史記之可疑者

宰予與田常作亂

龜山楊氏曰田常為亂於齊齊君蓋弗勝也宰予附田常則誰得而殺之使其為齊君而死則予何罪焉當是時闞止字子我死於田常之亂是必傳之者誤而為宰我也

孟子列傳梁惠王謀欲攻趙孟軻稱太王去邠

葛氏曰於孟子無所見但有對滕文公之語

魯世家開金縢書

呂子進曰攷之於書啟金縢之書在周公未薨前而無揃蚤事此蓋一事傳之者不同耳

張釋之傳事孝文帝十歲不得調張廷尉事景帝歲餘為淮南王相

洪氏曰漢百官公卿表文帝即位三年釋之為廷尉至十年書廷尉昌廷尉嘉又二人凡歷十三年景帝乃立而張歐為廷尉則是釋之未嘗十年不調及未嘗以廷尉事景帝也

匈奴傳其後三百有餘歲戎狄攻太王亶父

王氏遠曰自后稷五傳而得公劉自亶父三傳而武王滅商則公劉在夏之中衰而亶父宜在商之季世不啻五六百年而曰三百歲未知何所据

田敬仲世家歸乎田成子

史通曰田常見存而遽呼以謚此之不實昭然可見

周本紀秦取九鼎寶器而遷西周君於𢈈狐秦始皇本紀還過彭城齋戒禱祠欲出周鼎泗水使千人沒水求之弗得

潏水李氏曰是時泗水在彭城宋之分九鼎何緣而至宋夫取九鼎者秦昭襄王也始皇乃莊襄之子也世數年歲相去不遠始皇東游過彭城於泗水欲出周鼎竟不得兩說牴牾如此

宋世家殷所以興作商頌

曹氏曰自戴公至商襄公凡一百五十有一年正攷甫既佐戴公而能至於襄公之時作頌何其壽耶朱子曰太史公蓋本韓詩之說頌皆天子之事非宋所有其辭古奥亦不類周世之文

微子遂持其祭器造于軍門

今以論語攷之微子則先去箕子奴次之比干死又次之聖人之言固有次第且微子已行矣則武王伐商之際何反歸於國以取面縛之辱也蔡氏沈曰左傳微子適周乃在克商

之後所謂去者特去其位而逃遯於外耳

殷本紀太師少師挾其祭樂器以奔於周

劉氏度曰以書攷之太師即箕子也少師即比干也若已殺比干囚箕子則所謂太師少師奔周者又何人也

趙世家屠岸賈誅趙氏殺趙朔趙同趙括又云公孫杵臼取他兒代武死

左傳正義曰欒書將下軍則於時朔已死矣不得與同括俱死也晉君明諸臣強無容有屠岸賈輒廁其間如此專恣呂成公曰史記失於傳聞之差是時晉室正盛而云索莊姬子於宮中晉宮中自有紀綱不容如此趙朔已亡而云與同括同時死以二者攷之見其誤

陳世家桓公鮀卒弟佗其母蔡女故蔡人為佗殺五父及桓公太子免而立佗是為厲公太子免之三弟長者名躍中曰林少曰杵臼與蔡人共殺厲公而立躍是為利公

詩正義曰按左傳桓五年文公子佗殺太子免而代之則是佗自殺免非蔡人為佗殺免也六年蔡人殺陳佗莊二十二年傳曰陳厲公蔡出也故蔡人殺五父而立之五父與佗一人不得云佗殺五父也六年殺佗十二年陳侯躍卒則厲公即是躍躍既為厲公則無復利公矣既誤以佗為厲公又妄稱躍為利公世家言佗死而躍立立五月而卒然則躍亦以桓六年卒矣而春秋躍卒在桓十二年非徒五月皆史記之謬

周本紀武王追思先聖乃褒封　帝舜之後於陳

禮記正義曰追思先聖乃封之與樂記未及下車義反當以記為正　愚按史公之言是也

自序獵儒之遺文旧禮義之統紀　作孟子荀卿傳

鄭氏曰孟子距楊墨荀卿亦非孟子儒墨固異矣豈嘗獵其遺文哉

仲尼弟子傳子貢一出存魯亂齊破吳強晉而霸越

通鑑外紀曰戰國之時齊魯交兵者數矣一不被伐安能存哉田氏弱齊一當吳兵安能亂哉吳不備越而亡勝齊安能破哉四卿擅權晉以衰弱偷兵休卒安能強哉越從吳伐齊滅吳乃強此安能霸哉十年之中魯齊晉未嘗有變吳越不為是而存亡遷之言華而少實哉

張叔傳未嘗言按人

呂成公曰景帝誅鼂錯時丞相翟青中尉嘉廷尉歐劾奏錯之大逆無道錯當腰斬父母妻子同產無少長皆棄市廷尉歐即張歐也安得為不案人哉則歐固謹於細而略於大也

酷吏周陽由傳與汲黯俱為忮司馬安之文惡俱在二千石列同車未嘗敢均茵伏

呂成公曰吾觀汲黯廷折公孫宏質張湯揶衛青所謂眼高四海空無人也彼周陽由孤豚腐鼠何足以辱同車而反謂黯不敢均茵馮班固之陋至此愚按班史實本於史記

封禪書封禪七十有二君

皇王大紀曰自史遷載管仲言上古封禪之君七十有二後世人主希慕之以為太平盛典然登不徧於四岳封非十有二山入懷晏安丁行五載一巡守之禮制出崇泰侈無納言計功行賞之實鋪文告成明示得意而非所以教諸侯德也

泥金檢玉遂其侈心而非所以教諸侯禮也心與天道相反事與聖賢相悖此太平之典方舉而天災人禍隨至者多矣梁許懋曰燧人之前世質民淳安得泥金檢玉結繩而治安得鐫文告成是故攷彝典可以知後世封禪之失稽懋言可以知史遷著書之謬

孔子世家匡人拘孔子　使從者為甯武臣於衛

胡釗堂曰穆公末武子之子相已與孫良夫將臣侵齊武子非老則卒矣穆公卒歷定公獻公凡三十七年至靈公三十八年而孔子來使有兩武子則可若猶俞也其年當百有五六十矣何子長之疎也

鄭世家虢鄶果獻十邑桓公竟國之

詩正義曰詩譜武公卒取十邑如世家則桓公皆自取十邑馬遷見國語有史伯為桓公謀取十邑之文不知桓身未得故傳會為此說耳外傳云皆子男之國虢鄶為大則八邑各為其國非虢鄶之地無由得獻之桓公也　左傳正義曰案鄭語桓公始謀未取之也武公始國非桓公也全滅虢鄶非獻邑也遷之言皆謬

齊世家齊頃公如晉欲上尊景公為王

左傳正義曰此時天子雖微諸侯並盛晉文不敢請隧楚莊不敢問鼎又齊弱於晉所較不多豈為一戰而勝即以王相許準時度勢理必不然齊侯朝於晉將授玉遷之意所以有此說者當讀此傳將授玉以為將授王遂飾成為此謬辭耳

西伯昌與呂尚陰謀脩德以傾商政

葉石林曰其說蓋出六韜唐說齋曰此特戰國變詐之謀非文王之事

晉世家申生母齊桓女也同母女弟為秦穆夫人夷吾母重耳母女弟也

左傳正義曰按傳申生之母本是武公之妾武公不年齊桓始立不得為齊桓女也號射惠公之舅狐偃文公之舅母不得為姊妹也皆遷之妄

杞世家其殷後則初封武庚於殷墟復以叛而誅之更命微子為殷後

詩正義曰書序微子之命是宋為殷後武成王始命之樂記武王投殷之後於宋其實武王之時始封於宋未為殷後也成王命為殷後當爵為公地方百里史記以為成王之時始封微子於宋與樂記又乖

宋世家左牽羊右把茅

書正義曰面縛縛手於後故口銜其璧又得安得左牽羊右把茅也

司馬相如傳贊揚雄以為勸百而風一

江棨曰雄沒於遷甚久遷得引雄辭何哉蓋後人以漢書贊附益之（以上俱係困學紀聞錄出）

夏禹本紀姓姒氏

何焯曰姓姒云者其後子孫多遂以為姓而當時則其氏也

秦始皇本紀封其樹為五大夫

五大夫第九爵也

發北山山石椁

都字疑衍

律歷志方士唐都巴郡落下閎與焉 漢書誤入

徐文靖曰史記律書注引益部耆舊傳曰閎字長公明曉天文隱於落下落下益巴郡之地名也小顏以為姓落下非

律歷書疇人子弟分散

程大昌曰疇人疑籌人也從算歷言之比疇列之疇於義為悝

徐文靖曰汲冢周書文王將畋史編卜之有曰臣太祖史疇為禹卜畋云云則是史疇之後世掌天官故以精於算歷者為疇人子弟也

天官書赤帝行德天牢為之開正義曰天牢六星在北斗魁下主秉禁暴亦貴人之牢也

按史記平準書曰官與牢盆如淳曰牢廪食也古者名廪為牢也天牢乃天廪屯積之所故天牢六星在北斗魁文昌間文昌第一星曰上將第二星曰次將春秋合誠圖曰天牢主守將荊州占曰客星入天牢其國得邑土則是天牢主守將所以張守其牢廪同列於上將次將之間故曰天牢而石氏星經天牢六星貴人牢與貫索同占是以天牢為狴牢之牢而史記正義因之斯其謬矣 顧記

天官書斗魁中貴人之牢曰天理

按春秋合誠圖曰天理四星在斗中司三公也如人喉在咽以理舌語宋均注曰斗為天之喉舌主出政教巫咸曰北斗天理主貴者水官也援神契曰天理紡修紀中情糺察也蓋言糺察萬物之情理土三公貴者事也甘氏曰天理執平首鞫𣌾頭巫咸曰天理者平獄之官蓋天理大理字近而訛當是大理司貴人之牢遂誤以為天理也 顧記

天官書陰德三星

按漢志亦云三星而石氏星經陰德二星主天下紀綱陰德遺周給患賑財之事則少一星晉志尚書西二星曰陰德陽德則又以二星分為二座

斗魁戴筐六星曰文昌宮

按大唐開元占經瞿曇悉達曰石氏星經文昌六星一本作七星陸績渾天圖曰文昌中有一星在司祿內名為主祿是明有七星也

杓攜龍角衡殷南斗魁枕參首

石氏星經曰北斗第六七指角第三四五指南斗第一二指觜

章璜曰杓為斗端以冬至日躔星紀牛初加戌中則斗綱之端連貫營室織女之紀指牽牛之初又自牛初連貫平星角前後各九十一度此謂杓攜龍角玉衡中斗南斗十二度建星臨之冬至牛初加戌中則玉衡當斗艮中相距元辰左右各九十一度此之謂衡殷南斗魁為斗首參星在中冬至牛初加戌中則斗魁在未天綱在坤鴻藉申中參宿如首伏枕然此之謂魁枕參首其去元辰杓魁亦各九十一度是則天綱星紀交會之本始

柳七星張三河

開元占經曰三河河內河東河南是也

河渠書蜀守冰鑿離碓 注引杜預益州記云云

胡渭曰隋經籍志有益州記三卷李氏撰而無杜預之書李氏名膺字公亂汎〻益州別駕初學記引任豫益州記曰郫江者大江之支也亦曰涪江亦曰湔水在蜀與洛水合又劉逵蜀都賦注丙穴下劉昭注補郡國志廣都縣下並引任豫益州記此杜預當是任豫豫通作預任與杜字形相似而誤

封禪書八神一曰天主

凌以棟曰據後武帝至梁父禮祠地主之句則此八神名俱當在主字爲句舊以主屬下句者非

置酒壽宮神君

按武紀無酒字宋本無重壽宮神君四字

見神於先後宛若

按唐孫顧神女傳漢武帝起柏梁臺以處神君神君者長陵女嫁爲人妻死而有靈其姒宛若祠之遂聞言宛若爲主民人〻多往請福衛太子來敗一年神君乃去

平準書天子不能具醇駟將相或乘牛車

程大昌曰漢初馬少故言惟天子之車然後有馬然亦不能純具一色至將相則時駕牛也自吳楚誅後諸侯惟是衣食租稅無有橫入故貧者或乘牛車則此之以牛而駕自緣貧窶無資可具非有禁約也漢車元成以列侯侍祠天雨淖不駕駟馬車而騎至廟下有司劾奏削爵則舍車而騎漢已有禁矣

賓嬰　引繩批根

案博雅曰根據〻〻也轉注略曰根今本誤作根株之根非也又案韻會引引繩批根云根與根通蘇林注之意也三字衍

周本紀虎賁三千人

千字當從書序作百字

項羽記

日知錄鴻門之會（沛公）但稱羽爲將軍而樊噲則稱大王其時羽未王也張良曰誰爲大王畫此計者其時沛公亦未王也又如黃歇上秦昭王書先帝文王武王其時秦亦未帝此皆臣下尊奉之辭必以書法裁之此不達古今者矣

背關懷楚

日知錄謂舍關中形勝之地而都彭城如師古之解乃背約非背關也

蘇秦傳秦得百二

日知錄古人謂倍爲二秦得百二言百倍也齊得十二言十倍也

孝文紀天下人民未有嗛志

與樂毅傳先王以爲慊於志同皆歉足之意

三年復晉陽中都民三歲

正義曰晉陽故城在汾州平遥縣西南此當言中都故城在汾州平遥縣西南言晉陽誤也然此註已見卷首中都下

文帝前后死

竇氏妾也諸侯皆同姓謂無甥舅之國可娶索隱解非

十一月晦日有食之

漢書多有食晦者蓋譽朔參差之失其云十二月望日又食此當作月耳

民或祝詛上以相約結而後相謾

謂先共祝詛巳而欺負乃相告語也故詔令若此者勿聽治
註並非
孝武紀
紀云其後三年有司言元宜以天瑞命不宜以一二數一元
曰建元二元以長星曰元光三元以郊得角獸一曰元狩云
本封禪書是建元元光之號皆自後追為之而武帝即位之初亦
但如文景之元尚未有年號也
天官書疾其對國
對國謂所對之國如漢書五行志所謂歲在壽星其衝降婁
左氏傳襄二十八年歲棄其次而旅於明年之次以害鳥帑
周鄭惡之杜氏解謂失次於北既衝在南者也
四始者候之日
謂歲始也冬至日也臘明日也立春日也正義專指正月旦
非也
星霣如雨
此乃宋閔公之五年言襄公者史文之誤正義以僖公十五
年隕石於宋五註之非也
封禪書成山斗入海
謂斜曲入之如斗柄然古人語也匈奴傳漢亦棄上谷之斗
辟縣造陽地以予胡又云匈奴有斗入漢地直張掖郡
各以勝日駕車辟惡鬼
勝日謂五行相克之日也索隱非
天子病鼎湖甚
按湖當作胡鼎胡宮　見漢書楊雄傳南至宜春鼎胡御宿昆
吾是也故卒起奉甘泉而行右內史界索隱以為胡縣在今
之閿鄉絕遠且無行宮　三輔黃圖宜春宮在長安城東南
杜縣東近下杜御宿苑在長安城南御宿川則鼎胡當在其
中間也
唯受命而帝者心知其意而合德焉
按此即謂武帝服虔以為高祖非
奉車子侯暴病一日死
死於海上非死於泰山下也索隱所引新論之言殊謬
河渠書引洛水至商顏下
服虔曰顏音崖崖當作岸漢書古今人表屠岸賈作屠顏賈
是也師古註謂山領象人之顏額者非其指商山者尤非劉
攽已辯之
楚世家西起秦患北絕齊交則兩國之兵必至
此兩國即謂秦齊也索隱以為韓魏非也
越世家乃發習流二千
習流謂士卒中之善泅者別為一軍索隱乃曰流放之罪人
非也庾信哀江南賦彼鋸牙而鉤爪又巡江而習流
不者且得罪
言欲兵之
趙世家吾有所見子晰也
晰者分明之意易大有象傳明辨晳也即此字音折又音制
索隱誤以為鄭子晳之晳
魏世家王之使者出過而惡安陵氏於秦
安陵氏魏之別封蓋魏王之使過安陵有所不快而毀之於

秦也

絳侯世家此不足君所乎

謂此豈不滿君意乎蓋必條侯辭色之間露其不平之意故帝有此言而條侯免冠謝也

建德代侯坐酎金不善元鼎五年有罪國除

當云元鼎五年坐酎金不善國除衍有罪二字

梁孝王世家乘布車

謂微服而行使人不知耳無降服自比喪人之比

伯夷傳其重若彼　其輕若此

謂俗人之重富貴也　謂清士之輕富貴也

管晏傳豈所謂見義不為無勇者耶

此言晏子之勇於為義也古人著書引成語而反其意者多矣後人持論過高以晏子不討崔杼為無勇非太史公之指

高帝紀孔將軍居左費將軍居右

孔將軍蓼侯孔藂也費將軍費侯陳賀也費獨以爵者以功臣陳姓者多也

封禪書巫咸之興自此始

按馬融書傳云巫男巫也名咸殷之巫也　按巫咸本商賢相易歸藏云黃帝將戰筮於巫咸則為黃帝時人郭璞為巫咸山賦序言巫咸以鴻術為帝堯醫則為帝堯時人至莊子言鄭有神巫曰季咸列子言神巫季咸自齊來處於鄭則為春秋時人

晉世家聞其入綿上山中　號曰介山

按離騷曰介子忠而立枯兮文公寤而追求封介山而為之禁兮報大德之優游莊子曰介子推自割其股以食文公文公後背之子推怒而去抱木而燔死

周本紀二相行政號曰共和

按竹書紀年厲王十二年出奔彘十三年共伯和攝行天子事號曰共和此與左傳王子朝所稱諸侯釋位以間王政之語合史公以二相行政為共和非也

秦始皇本紀末云宣公初志閏月

顧絳曰然則宣公以前皆無閏每三十年多一年與諸國之史皆不合矣則秦之所用者何正耶

仲尼弟子傳公孫龍少孔子五十三歲

按漢書注公孫龍趙人為堅白異同之說者與平原君去時去夫子近二百年殆非也且云少孔子五十三歲則當田常伐魯之年僅十三四歲爾而曰子張子石請行豈甘羅外黃舍人兒之比乎

尉佗傳真定人

按盧綰傳高帝十一年冬更東垣為真定此當云東垣人

殷本紀武王乃釋微子復其位

徐孚遠曰武王既立武庚而又復微子之位則是微子與武庚同在故都也厥後武庚之叛微子何以初無異同之迹然則武王克商微子未嘗來歸也

田叔傳

按傳既云司直田仁主閉守城門坐縱太子下吏誅死而下又云仁發兵長陵令車千秋上變仁仁族死陘城今在中山國此古人附注備攷之文當小注於下而誤連書之者也（日知錄）

匈奴傳黃金犀比

按國策趙武靈〻〻賜周紹胡服衣冠具帶黃金師比注曰蓋依章主術訓武靈王貝帶鵕冠而朝注鵕鷄讀曰私鈚吳師道曰漢書黃金犀比師古云胡帶之鉤延篤說同大事記引又謂師比史記胥紕師犀胥一也

荊軻傳設九賓

吳師道曰大事記相如奉璧入秦秦王齋五日後乃設九賓禮於庭註引正義韋昭云九賓則周禮九儀也劉伯莊曰九賓者周王之備禮天子臨軒九服同會秦趙安得九賓但亦陳設車輅文物爾不得以周禮九賓儀為釋愚按前漢書大行設九賓恐即秦儀也

中庶子蒙嘉

按新序鄒陽書作蒙恬蓋悞後語蒙類注云蒙恬弟也

田光僂行見荊卿

鮑彪云僂致敬貌禮一命而僂　愚按僂行老貌是時田光已老故上云臣精已消亡老人行多僂背

孔子弟子列傳

按姓氏里居詳朱彝尊攷中

孟荀

按孟子字子輿史記不載而趙岐註孟子亦云未詳惟劉孝標云子輿困臧倉之訴五臣注以為孟子字

荀卿傳以為蘭陵令

王應麟曰蘭陵縣在漢屬東海郡今沂州承縣

酷吏傳楊僕　為荀彘所縛

事詳漢書朝鮮傳

曹參傳顏若亘一

顏字漢書作講然章懷後書注李善文選注俱引作較當從較字為易曉

「扁鵲傳鄗君

時號亡已久當是附會其事」

「齊桓侯

韓非子作扁鵲見蔡桓侯按蔡桓侯當魯宣公世相隔二百餘年」

龜筴傳宋元王

按宋有元公無元王

高祖功臣年表

顧炎武曰子長作史記在武帝太初中高祖功臣年表平陽侯下云元鼎三年今侯宗元年今侯者作史記時見為侯也下又云征和二年侯宗坐太子死國除則後人所續也卷中書征和者二後元者一惠景間侯者年表書征和者一後元者三建元以來侯者年表書征和者二漢興將相年表有天漢太始征和後元以至昭宣元成諸號歷書亦同楚元王世家書地節二年齊悼惠王世家書建始三年者二曹相國世家書征和二年皆後人所續也

始皇本紀秦師涉入戰於鴻門

何焯曰謂周章之師

高帝紀白登之圍用陳平祕計　應劭注云平使画工圖美女云云

按水經注引孫暢之畫記亦同蓋皆本桓譚新論譚去高祖時猶近得於所聞當覈而他書云平造木偶美人運機關舞城上閼氏望見以為生人慮冒損納之遂勸退軍是徒以意言之耳

文帝本紀臣謹請陰安侯頃王后

梅崖師曰當時勸進乃以二婦人為首以其最尊且親也

文帝本紀百金中人十家之產

程大昌曰周人之金以鎰計鎰二十兩也漢人之金以斤計斤方寸而重一斤也惠帝初即位賜視作匠　者將軍四十金鄭氏曰四十金四十斤金是也食貨志黃金一斤直萬錢則漢云一金者皆為金一斤按斤十六兩與鎰二十兩有別

高帝紀作未央宮

程大昌曰史記高帝八年蕭丞相營作未央宮立東闕北闕前殿十年宮成索隱云無西南二闕者厭勝之法也秦　舊宮皆在渭北而立東闕北闕取其便也予以為厭勝之說無據謂秦舊宮在北而立北闕以便於事理有之也東闕雖於渭北方鄉不相干凡漢之朝貢自關東來者多則謂立東闕以便事是也其後武帝大治甘泉宮在長安西故立鳳闕高二十餘丈於其東南北西三面無見焉亦便事之義也後漢都洛亦南宮北宮兩宮相省四隅各自立闕其曰朱雀元武蒼龍白虎者兩宮四面皆有而亦同名不復如前漢虛方不設者矣洛陽故宮名所載於南宮四闕之外更添玄闕曰此南宮北面之闕予疑其誤也按漢蔡質漢官典職曰南宮至北宮相去七里以　里之遠中間谷容雙闕則南宮之元武自應與北宮之朱雀對起或者見兩宮中間有雙闕者二疑其重複故以南宮之元武為其宮北闕而忘其北闕已名元武不當復出矣

諸侯表　數

按說文讀如躍今刊本多誤作數

酷吏傳趙禹篇得相監司

司似當讀為伺謂互相監察也何記

王溫舒以治獄至廷史　失之旁國郡國梨來

廷下漢書有尉字　梨來漢書作追求

楊僕傳以牧司姦盜賊

牧應作收本漢書

光祿徐自為曰

祿下漢書有勳字

大宛列傳初騫行時百餘人去十三歲

騫以建元中奉使至元朔元年從擊匈奴封侯是未及十年此云十三歲疑有誤

日者列傳下有禱者

禱古稠字

貨殖列傳千金之子不死於市

言知榮辱恥犯法也以上何記

商君傳

傳云以鞅為大良造將兵圍魏安邑降之此必安邑字誤其下文曰惠王使使割河西之地獻於秦以和而魏遂去安邑徙都大梁乃是自安邑徙都之事耳安邑魏都其王在焉豈得圍而便降秦本紀昭王二十一年魏獻安邑若已降於五十年之前何煩再獻乎 簡錄

英布傳

隨何說英布當書九江王不當書淮南王歸漢之後始立為淮南王也蓋採之諸書其稱未一 顧錄

淮陰傳先云范陽辯士

先云范陽辯士蒯通後云齊人蒯通一傳互異

「韓王信說漢王語乃淮陰侯韓信語也以同姓名而誤 韓王信傳

燕樂毅

燕王遺樂閒書恐即樂毅事而傳者誤以為其子

扁鵲傳姓秦氏名越人

愚按周禮釋文引史記姓秦名少齊越人今史無少齊二字據此則越人當非名字但上云渤海郡鄭人則非越人矣下又云越人非能生死人也此當自生者越人能使之起耳非自稱其名而何　戰國策載扁鵲有醫秦武王一事史公未入採錄

淮南王安傳

按愚按王坐東宮以下十三字尋其文義當在部署兵所從入句下蓋錯簡也下王曰二字亦非衍文蓋少間復言故複用以別之如張耳陳餘傳泄公曰然泄公曰上多足下故赦足下連用兩泄公曰史記每有此文法

舜本紀

王觀國曰以史記文攷之舜壽百歲也然尚書舜典曰舜年三十登庸三十在位五十載陟方乃死蓋三十登庸三十在位服堯喪三年其一在三年之數為天子五十年凡壽一百一十有二歲此孔子所定之書則知史記為誤矣

陳杞世家當周厲王時杞武公生

王觀國曰孔子作春秋當周平王四十九年去厲王已六十年則知杞武公在春秋前也然春秋襄公六年三月壬午杞伯姑容卒姑容者杞桓公也自襄公六年去隱公元年一百六十一年矣以世家攷之自杞武公至杞桓公卒之年纔一百一十有三年是杞武公生在春秋中也然則世家謂周厲王時生武公益誤也

吳世家十七年餘祭卒

王觀國曰按十二諸侯年表餘祭嗣位四年被弒魯襄公二十九年也餘祭既弒矣年表猶書五年終于十七年丹七年乃魯昭公十一年也魯昭公十二年表方書吳餘昧元年豈餘昧被殺吳國歷十三年無王越十二年然後餘昧始立耶以此攷之則年表之誤可知也年表吳王十七年亦不書餘祭卒亦年表之失也

魯世家魯公伯禽子考公酋弟煬公熙子幽公宰弟魏公濆子厲公擢弟獻公具子真公濞弟武公敖子懿公戲

按左傳音義濆作費擢作翟弟獻作子鄭戲作獻　孔穎達疏引世本攷作考宰作圉魏作微真作順與今史記不同恐別有所據

自序篇末　第七十

王觀國曰古之犯五刑犯法者待之以宫刑司馬遷坐舉李陵降匈奴而下蠶室其辜與刑頗不從類按衛宏漢官舊儀注云云及張晏注云遷没之後坐景紀武紀由此觀之則司馬坐舉李陵而下蠶室實武帝私憤怨之刑故辜與刑所以不從類也景帝之紀亡則知當時諱其書無敢傳者耳

虞卿傳虞氏春秋

按虞氏春秋書傳言節義稱號揣摩政謀八篇者是也本以譏刺國家得失未有傳春秋而志揣摩者也　刑叔注十二諸侯表

陳世家

按世家自曹莊公之後僖公夷昭公旺各立九年今攷春秋經文自赤歸至於班卒共十八年合之于史則各據九年疑赤即僖公而世家誤作夷也

十二諸侯年表

項安世曰十二諸侯乃列十三國者秦後為帝作本紀矣故從世家稱十二諸侯猶六國列七國而稱六也或謂子長擯吴非也陳表而杞不表吴表而越不表皆以譜牒無傳爾二國並有世家亦非黜之也曹世家不見于自序而附于管蔡者皆毋弟也如楚王遂附楚元王世家也

項羽　孔將軍居左

按功臣表有蓼夷侯孔藂以執盾前元年從起碭師古曰前元年謂胡亥元年也案即孔將軍

伯夷　許由

按莊子釋文云許由槐里人

楚漢以來侯者年表絲誦侯杅者

按漢書地理志河東郡有狐讘縣又景武昭宣功臣表有絲讘侯杅者顔注絲讀與狐同以此知史記絲讘乃狐讘也杅姓者名　按地理志北海郡下絲侯國師古注絲即執字

建元以來王子侯年表城陽頃王子絲侯劉息

按漢書顔注絲即絲字徐廣云作報誤

十八侯位次

王觀國曰今攷十八侯位次張良本無戰勞而居第三張良陳平佐高祖定天下而不預十八人之列蕭何以謀主而佐漢張良陳平一體蕭何居第一而良平乃不預其末耶若謂以封位寄户計而張為則蕭何五千户而張良為萬户也若謂以封之先後則張良在六年正月丙午封而曹參以下則在十二月甲申封也以此觀之則其位次果非公論矣高后二年復差列侯之位一百五十三人可謂衆矣而張良居六十二在鄂秋之下陳平居四十七在辛毋害之下不應位次之降如此竊謂高帝崩高后專制諸吕雖未用事而高后已有疑大臣將相之心時陳平為丞相承詔差功臣則主差功臣者平也平多智謀輙自降其名位所以示無争功之心而為自全之計也

六國年表

王觀國曰周元王元年徐廣曰元年乙酉皇甫謐曰元年癸酉又周貞定王元年徐廣曰元年癸酉皇甫謐曰元年癸亥按章衡編年通載周元王元年歲在乙丑周貞定王元年歲在癸酉以此知徐廣之説為是而皇甫謐之説非也

項羽傳項王按劍而跽

見噲而爲作勢欲起也

高后紀又比殺三趙王滅梁趙燕以王諸呂

三趙王皆高帝子趙王如意梁王恢淮陽王友也呂産王梁

呂禄王趙呂通王燕

乃馳告丞相太尉

丞相二字疑衍

盧綰傳欲急滅豨等豨等已盡

刊本落豨等二字照漢書補入（監文似今）

屈原傳屈平既嫉之

方廷珪曰後幅令尹子蘭聞之大怒二十八字宜移在此句下乃脱簡也

鄭莊傳當時傳翁然稱鄭莊鄭莊使視決河

鄭莊四字當連讀正見傾慕之意使視決河依漢書另作一句（韓昌黎孔戣墓誌有云士之宜在天子左右者皆曰孔君孔君云做此句法）

韓信傳今戰而勝之齊之半可得

龍且謂戰勝之後項王必以其半封己故云齊半可得

此所謂智勇俱困者也

智刖漢王勇乃項羽

魏信陵傳客有說公子曰

按客國策作唐雎

商鞅傳名田宅臣妾衣服以家次

顏籀曰以家次者如漢賜夏侯嬰北第第一之類

蔡澤傳夏育太史敫叱呼駭三軍

國策注太史敫豈君王后之父耶

勾踐終負而殺之

按負字國策作棓蓋福之彂記言賜劍死○按古倍作負

李斯傳由竈上騷除

騷音掃如掃除竈上不淨甚易也

封禪書益夜致王夫人

王字漢書作李

置酒壽宮神君壽宮神君

武紀無酒字爲當宋本無重壽宮神君四字

獨五月嘗駒

五月從武紀作五帝爲當

孫執升曰史原無武紀武帝事非立朝者所宜書是史家之體也武帝事散見於八書中篇篇是武紀也褚先生乃獨摹封禪書以補之謬矣

平準書贊

鄧文潔曰史遷此贊乃平準書發端觀其上述三代下及秦漢文理相續可槩見已不然首云漢興接秦之弊似無原委由贊中不叙漢事似欠結束至於烹弘羊天乃雨蓋未了之辭後人遂截首一段移爲書末之贊誤矣（本柯維騏說）

呂后紀遂發兵東詐奪琊琊王兵

按此與劉澤本傳不符

吳王濞傳年老爲劉氏祭酒

按胡廣曰凡祭祀者賓得主饌老者舉酒祭地言爲長也

歷書疇人子弟分散

方以智曰按漢儀注民二十二為正為衛士材官曰疇官猶言常規官法也管子曰人與人相疇家與家相疇言習為常也後山以為籌人言籌算也弱侯曰儔輩也與亮采惠疇之疇同

衛青傳所將常選

用常所選也

三代世表

王鳴盛曰褚少孫補世表末忽綴一段稱大將軍霍光為黃帝後按光緣去病以后姊子貴任光為郎可謂瑣瑣廡仕不足道也光擅權為此言以貢諛陋且妄哉

秦始皇紀並海上北至瑯琊

按始皇紀曰並海上北至瑯琊又曰遂並西至平原津又曰並海南至會稽又封禪書曰並海上北至碣石又大宛傳曰並南山欲從羌中歸前漢郊祀志曰始皇遂登會稽並海上又曰二世元年東巡碣石並海又曰皆在齊北並渤海又溝洫志曰並北山東至洛三百餘里王觀國曰並步浪反其字與傍字遵字同

衛綰傳不譙呵綰

按漢書作不孰何綰　王楙曰疑史記謂不誰何綰傳寫誤以為譙呵也又如史記謂大將軍出竄渾漢書則曰出寘渾漢書謂翕黎為何綦侯功臣表則為烏黎漢書謂調雖為常樂侯功臣表則曰稠雎此類甚多往往因其文字而魚魯之耳

李廣傳誅妄校尉

按妄漢書作部為易解

外戚世家鈎弋夫人

王士禛曰常疑漢武殺鈎弋事不可解以為精雄之主不近人情事亦有之攷之西京雜記鈎弋夫人從事甘泉告上曰妾相運為陛下生一男年十七妾當死今必死于此不得歸矣願自愛言終而卒香聞十餘里因葬雲陵上哀悼之發冢開視惟衣履存乃為起通靈臺于甘泉據此則鈎弋去來皆非常人常理安得有去去不得活之語耶　愚按史記所載非實而西京雜記更屬無稽不足取証惟漢書外戚傳云倢伃從幸甘泉有過見譴以憂死因葬雲陽最為近理

呂后紀黎明孝惠還徐廣注云云

程大昌曰犁黎古字通黎黑也黑與明相雜欲曉未曉之交也猶曰昧爽昧暗爽明亦明暗相雜也

司馬相如傳

顧緣曰子虛之賦乃游梁時作當是侈梁王田獵之事而為言耳後更為楚稱齊難而歸之天子則非當日之本文矣若但如今所載子虛之言不成一篇結構

按相如游梁時梁孝王好營宮室作曜華宮築東苑方三百里為複道自宮連屬於平臺二十餘里賦末言在諸侯之位不敢言游戲之樂苑囿之大益所謂以諷諫也

上林賦諸蔗猼且　闞駰曰猼且蘘荷

按楚詞醯豚苦狗膾苴蓴只王逸注苴蓴蘘荷與（蓴音博）闞注同按賦既有茈薑蘘荷不宜複舉猼且漢書作巴且文穎曰巴蕉芭蕉音近則以為巴蕉是也　字典猼且即巴蕉（尔疋且月即焦月）

茈薑蘘荷　猼且

崔豹古今注蘘荷似巴蕉而白色其子花生根中花未敗時可食　苴本通巴張儀傳苴蜀相攻索隱曰苴音巴

芷若射干

按王觀國謂此射干二字非衍每句俱四字句法既匀於韻為協一為草類一為獸類與下射干不害重複

鵁盧　箴疵

按盧是黑色雖非水鳥揖說非也郭璞曰盧鸕鷀也蒼頡曰鸕鷀似鶂而黑　箴疵說文作鸃鴜

柔橈嫚嫚

按鍾鼎文曼即顧字加女為嫚以二目斜視也

西南夷傳冉駹為汶山郡

按蜀岷江岷字說文作崏省作岷漢人隸書作汶列子貉不踰汶謂川江非汶水也殷敬順已辯之史冉駹汶山郡司馬溫公類篇曰汶音岷据史引禹貢岷嶓既藝及岷山之陽岷山導江皆作汶蓋古字通用也三國志蜀後主至湔登觀坂觀汶水之流王右軍與周益州撫書曰要欲一游目汶嶺五代蜀王王建貶衛尉少卿李鋼為汶川尉條無黨注汶讀作岷又按敘州驛名汶川舊志作㳇川　丹鉛總錄

袁盎　調為隴西都尉

顧炎武曰此今日調官字所本調有更易之意猶琴瑟之更張乃調也如淳訓為選未盡

張耳　今王事高祖甚恭

何焯曰此與下高祖俱誤當從漢書作皇帝

貨殖　金穰水毀木飢火旱

朱仕琇曰其金木水火者就歲所纏方位而名之者耶

貨殖傳南易西通武關鄖關

王應麟曰按漢志漢中郡長利縣有鄖關長利今商州上津縣武關在商洛縣正義失之

貨殖傳貪賈三之廉賈五之

李光地曰蓋說似未是貪賈以十計而五三之謂得十之三分餘也廉賈以十計而五之謂息十之二也

封禪書其牛色白鹿居其中彘在鹿中

吳思齊曰愚意前狸牛乃俎豆之實而太乙五帝決非一牢牛鹿彘序法乃列牲之次第即醴齊在中殽胾在左之類是也諸解俱未明

魏其武安傳引繩批根

吳思齊曰引繩者矯枉以直也批根者直窮到底也

周本紀卜龜兆不吉羣公皆懼惟太公強之

按書正義曰太公六韜云卜戰龜兆焦筮又不吉太公曰枯骨朽蓍不踰人矣

「天官書西宮咸池

困學紀聞引吳氏曰咸池別一星名晉天文志所謂天潢南三星曰咸池魚囿者是已豈所以總西方七宿哉」

樂書作十九章

王應麟曰攷漢志安世房中歌十七章郊祀歌十九章索隱誤

呂后紀為呂氏右袒

王應麟曰按儀禮鄉射疏云凡事無問吉凶皆袒左是以士

喪禮及大射皆袒左唯有受刑袒右故覲禮乃云右肉袒注云刑宜施於右是也以此攷之周勃誅呂氏之計已定爲呂氏者有刑故以右袒令之非以覘人心之從違也

虞卿傳

顧炎武曰樓昌樓緩恐是一人虞卿進說亦是一事記者或以爲趙王不聽或以爲聽之太史公兩收之而不覺其重爾

屈原傳

顧炎武曰傳云雖放流睠顧楚國繫心懷王不忘欲反卒以此見懷王之終不悟也似屈原流放於懷王之時又云令尹子蘭聞之大怒卒使上官大夫短屈原于頃襄王頃襄王怒而遷之則實在頃襄之時矣放流一節當在此文之下太史公信筆書之失其次序爾

商山四皓

按顧起元曰會稽續志云黃公之賢列于四皓南史阮孝緒緒云漢道方盛黃綺無聞山林是皆以黃爲姓矣王貢廓傳序四皓字名當讀爲綺里季夏而後人誤讀爲夏黃公然彼攷宋世商於人有得四皓神坐乃西漢所書鑿石爲位以祭者一曰園公一曰綺里季一曰夏黃公一曰甪里先生路史史曰夏里黃公姓廓崔名廓字少通齊人隱居夏里甪里先先生則係泰伯之後姓周名術字元道京師謂之霸上先生生甪里亦其號耳　愚按陳留志韋庚字宣明襄邑人嘗居居園中故世謂之園公與河內軹人甪里先生綺里季夏黃公公爲友　按春秋短長曰建成侯招四皓妻髮蛻臥不起不屬使者三請不可乃反留侯問使者問狀貌所近而推得之之舍人中老者爲隱衣冠抵掌而談商山甚悉然則四皓乃贋耳　又按常宣七修類稿引作唐秉

管晏傳贊輕重九府

按索隱云云宋張淏曰輕重與九府自是兩篇名貞但見李奇以圜法爲錢故指九府爲錢之府蔵謂輕重爲論錢之輕重遂合輕重于九府非也九府篇劉向時已亡而輕重篇今固存也

廉頗傳三遺矢

元李治曰三遺矢或謂所挾之箭三度遺之或謂矢陳也欲有所陳三度遺忘或謂矢即矢溺之矢一飯之中凡三遺矢言在坐不能自禁其汚穢狼藉三說皆謬廉頗智將非闘將也時方閒處兼同使者餐飯不應三遺箭也臯陶矢厥謨矢雖訓陳要之史筆貴于辭達三遺陳已不成語況以矢轉訓陳乎惟矢溺之說爲最近然非在坐不能自禁也只是比及飯畢三次登溷耳誣其老而氣弱臟腑虛滑云

商山四皓

按皇甫謐高士傳載綺里季姓朱名暉字文季又按索隱引陳留志園公父名黃公更廓曰廣鄞志又以黃公姓黃蘇州志載甪里先生宅在太湖中今包山有甪里邨郎瑛曰甪里既稱泰伯之後必蘇人或寓居于軹也

郎瑛曰或疑此四人爲無有以其能隱于秦者漢初一書即肯來耶是張良假之者也後不言之可知矣予又意不應各書詳載如此而齊東野語復辨如彼東觀餘論又辨園當作圈最詳則尚當有之也

尉佗傳甌駱相攻南越動搖

元李治曰此誤也當云東甌興兵南越動搖

犂旦皆降伏波

李治曰犂開也取耕墾之意或以昏明分色襟言之亦得漢書作遲旦

貨殖傳富無經業則貨無常主

敬齋古今黈曰則字衍文

平津侯主父列傳引太皇太后詔大司徒大司空索隱云云

徐文靖曰按儒林傳後云董仲舒子及孫皆以學至大官又賈誼傳云孫賈嘉好學此皆非太史公本文及褚少孫所補也班固目錄曰馮商長安人成帝時待詔金馬門受詔續太史公書十餘篇後漢楊終傳肅宗時受詔刪太史公書為十餘萬言無怪乎史記所錄往往有少孫已後事

李斯傳此禽鹿視肉人面而能疆行

徐文靖曰山海經有視肉虖交郭璞圖贊曰視肉有眼而無腸胃莊子曰人而不學謂之視肉學而不行謂之撮囊則視肉自是一物此言貧賤而不為計者如就禽之鹿視肉之類雖人面而能強行為能免于貧賤哉非禽獸但知視肉而食之類

酈食其傳

王楙曰史記酈生正傳與朱建傳尾所述酈見高祖事不同太史公曰平原公之子與余善是以得具論之豈非以此兩存之乎

孟嘗君傳亦知齋之廢孟嘗君乎

按傳云文卒謚為孟嘗君今觀此詞則孟嘗非謚也謚法亦無是例

東越列傳不戰而耘

按此耘字蓋抎字之誤古字抎與隕通呂覽季夏紀云昭王抎於漢中高誘曰抎隊音曰顛隕之隕徐廣曰耘義當取耘除非也楚策黃鵠折清風而抎矣隕同

張耳陳餘傳貫高箯輿

程大昌曰公羊傳齊人歸公孫敖之喪筍將而來也按竹筍也編箯皆以竹篾編比而成輿也古者有車車以轅繫馬而行已而有輦輦者設杠以人肩之既有輦則以竹為輿智起於是矣淮南王安曰輿轎而入領始名轎也

孔子世家子夏之徒不能贊一辭

按李善文選注引此曰子游子夏之徒今本無子游二字

貨殖傳南陽西通武關鄖關　正義云云

困學紀聞漢志漢中郡長利縣有鄖關長利今商州上津縣武關在商洛縣正義失之視錄

孔子世家亦講禮鄉飲大射於孔子冢

日知錄禮教出於聖人之門豈有就冢而祭至鄉飲大射尤不可於冢上行之蓋孔子教於洙泗之間所葬之冢在講堂之後孔子既沒弟子即講堂而祀之且行飲射之禮太史公不達以為祭於冢也

尉佗傳真定人也

顧炎武曰此未當當云東垣人盧綰傳高帝十一年冬更東垣為真定

天官書旬始

河圖稽燿鉤曰填星散為旬始主招横春秋考異郵曰旬始照其下必有滅主

天官書王朔所候决于日旁

王朔望氣者姓名見李廣傳

封禪書獨見旗星出如瓜

何焯曰旗當從漢書作填故下云信星昭見

始皇本紀昌平軍從於郢

軍當作君卽上所謂相國昌平君反之於郢故下項燕得立以為王也（仝上）

五帝本紀詩言志意

何焯曰按趙明誠書孔子廟置卒史碑云華陽國志云趙戒字志伯而此碑乃作意伯疑避桓帝諱此志字其亦後漢人所改與

趙世家

敬侯十一年魏韓趙共滅晉分其地成侯十六年與韓魏分晉封晉君以端氏此文重出

周本紀

歐陽脩曰遷作本紀曰武王卽位九年祭於文王之墓然後治兵於盟津至作伯夷列傳則又載父死不葬之說不可為信

三王世家毋倨德

按郝楚望訴倨與倌同方以智曰班固幽通賦滔滔而不荒兮卒捐身乎世既注荒避也又按漢書作棐德棐與菲同薄也

樂書

汗簡曰史記樂書及馮煥殘碑皆以嘆為譙

五帝本紀

李治曰史遷紀五帝黄帝高陽高辛帝堯帝舜而所謂少昊者絶不稱道甚可疑也按帝繫本紀家語五帝德皆云少昊卽黄帝子青陽是也杜預左傳注少昊金天氏之號次黄帝然則黄帝崩後少昊卽位為得其實故孔安國以黄帝為三皇之末以少昊為五帝之首而次及高陽高辛也遷謂玄囂降居江水此妄也當是昌意先降江水後降若水耳皇甫謐云黄帝在位百年而崩而通鑑舉要歷云黄帝在位六十五年謐又云顓頊在位七十五年舉要歷云顓在位一十八年豈少昊在位之年或在黄帝六十五年之後或在顓頊一十八年之前也耶

夏本紀啓立有扈不服遂滅之

高誘淮南注云有扈夏啓之庶兄以堯舜舉賢禹獨與子故伐啓啓亡之

始皇本紀為我遺滈池君

按樂資春秋後傳曰使者鄭容入函谷至平舒見素車白馬曰吾華山君願以一牘致滈池君子之咸陽過滈池見一大梓樹有文石取以叩樹當有應者已書與之鄭容如其言見宮闕如其言王者居謁者出受書入有頃云今年祖龍死按此本小說曰史文附益不足据姑録之

舜本紀大録

方以智曰大攏為大録孔叢桓譚皆同張萱云大攏者古為

壇國外會諸侯按大傳曰柖樂興於大麓報事還歸談然作大唐之歌此亦一證

封禪書神農封泰山封泰山禪云云炎帝封泰山禪云云

按炎帝即神農下二句疑衍

鄗上之黍至比翼之鳥

王觀國曰蓋王者登封告成則四海珍異之物畢萃焉以言其感格之所致也

五帝本紀

王觀國曰本紀首叙五帝一曰黃帝二曰顓帝三曰帝嚳四曰帝堯五曰帝舜按周禮外史掌三皇五帝之書鄭氏注曰楚靈王所謂三墳五典也孔安國尚書序曰伏羲神農黃帝之書謂之三墳言大道也少昊顓頊高辛唐虞之書謂之五典言常道也三皇五帝自古聖人言之著矣孔子傳易曰庖犧氏之王天下也始作八卦作結繩而為網罟神農氏作斲木為耜揉木為耒日中為市黃帝堯舜氏作垂衣裳而天下治然則孔子未書不稱三皇也史遷削去三皇惟取五帝豈以伏羲神農為不足紀與若謂三皇洪荒不可紀則五帝之顓頊帝嚳亦與三皇等矣史紀顓頊帝嚳而削三皇何耶黃帝在三皇之數紀五帝乃取黃帝為五帝而獨遺少昊又何耶

呂后紀太后悅其哭乃哀

按呂后獨生惠帝惠帝無子取後宮子為太子者欲繼統出於惠帝也帝崩太子幼太后心疑大臣未有自全之策及陳平請用諸呂太后哭乃哀者蓋由是繼統出于惠帝諸呂名位既崇庶可以固呂氏之宗而享富貴之安也

秦本紀武安皮牢拔之

按評林本安下脫君攻二字

項羽本紀

何焯曰鈍吟云自秦亡後天下之權在項羽故作本紀按當時羽實主約漢封巴蜀羽為之也故太史公用共工之例列于本紀

高祖本紀皇帝在後

何焯曰皇帝二字史駁文也時高祖尚未即皇帝位本亭林說

貨殖傳以末致財用本守之以武一切用文持之

按末謂逐商賈本謂務積聚武謂競巧利文謂習禮義也。「又曰武謂競強力以爭利文謂習禮義重犯法也」

封禪書黃帝得寶鼎神策

李光地曰神策即蓍策也此一段傳聞只是黃帝作曆事耳黃帝得策作曆正與取竹造律同一符應卿自不解

若有象景光屑如有望

按此即上郊拜太一有司云祠上有光者是贊說非

匈奴傳破得休屠王祭天金人

按續博物志霍去病討休屠王獲其祭天金人武帝以為神仙列於甘泉

轅固　與黃生爭論上前上曰毋食馬肝未為不知味

按淳于意醫案齊淳于司馬病曰我之王家食馬肝食甚飽注馬肝能殺人論衡曰食走馬之肝殺人氣困為熱也

蘇秦傳革抉㕮芮

按㕮與瞂同即楯字芮其繫也

秦始皇紀五百石以下不臨遷勿奪爵

顧炎武曰五百石以下秩卑任淺故但遷而不奪爵其六百石以上之不臨者亦遷而不奪爵也古文簡古兼二事為一條

山鬼固不過知一歲事也

其時已秋歲將盡矣今年不驗則不驗矣山鬼豈能知來年之事哉

祖龍者人之先也

謂稱祖乃亡者之辭無與我也皆惡言死之意

從井陘抵九原

蓋始皇先使蒙恬通道自九原抵甘泉塹山堙谷千八百里若徑歸咸陽不果行遊恐人疑惴故載轀輬而北行

天官書

今天官家所傳星名皆起於甘石如郎將羽林三代以下之官左更右更三代以下之爵王良造父三代以下之人巴蜀河間三代以下之國春秋時無此名

項羽紀搏牛之蝱不可以破蟣蝨

言蝱之大者能搏牛而不能破蝨喻鉅鹿城小而堅秦不能卒破

蔡澤傳豈道德之符而聖人所謂吉祥善事者與

豈下當有非字 愚按國策原有非字

魯仲連傳鄒魯之臣生則不得事養死則不得賻襚

謂二國貧小生死之禮不備索隱謂君弱臣強者非

賈誼鵩鳥賦斡流而遷兮

按說文云斡蠡柄也从斗倝聲楊雄杜林說皆以為軺車輪斡烏括切按倝字古案切說文既云倝聲則不得為烏括切矣聲類字林並音管

楚世家乃自立為楚武王

蓋言自立為王後謚為武王耳古文簡故連屬言之如管蔡世家楚公子圍弒其王郟敖而自立為靈王衛世家鄭世家皆云楚公子棄疾弒靈王自立為平王司馬穰苴傳至常曾孫和因自立為齊威王又如韓世家晉世家作六卿而韓厥在一卿之位號為獻子與此文勢正同劉炫云號為武王非謚也此說鑿矣項梁立楚懷王孫心為楚懷王尉佗自立為南越武帝此後世事爾

樊酈絳灌

三人皆姓而勃獨爵以功臣周姓者多也顏師古引楚漢春秋謂別有一人名絳灌者非 按汾陰侯昌陸慮侯竈魏其侯止酈成侯絲高景侯成博陽侯聚皆周姓

封禪書乃令人上石立之泰山巔

嶽頂無字碑世傳為秦始皇立按秦碑在玉女池上李斯篆書高不過五尺而銘文并二世詔書咸具不當又立此大碑也因取封禪書反覆讀之知為漢武帝所立也上泰山封而不言刻石是漢石無文字之證後漢書祭祀志亦云上東上泰山乃上石立之泰山巔然此則此無字碑明為漢武帝所立而後之不讀史者誤以為秦耳 以上俱日知錄

炎帝封泰山

上云神農封泰山神農即炎帝此炎帝疑當作黃帝

周世家其罰百率

按五經異義云夏侯歐陽說云墨罰疑赦其罰百率古以六兩為率古尚書說百鍰鍰者率也一率十一銖二十五分銖之十三也百鍰為三斤鄭氏以為古之率多作鍰

微子世家曰霁曰涕

按霁尚書作蒙鄭王本皆作霁又作霧與霁通尒疋曰天氣下地不應曰霁　又按古文尚書以悌為圛史記作涕涕即悌也古書篆字作立心與水相近故誤從水

魯世家負子

按負子金縢作丕子白虎通曰天子曰不豫言不復豫政也諸侯曰負子子民也言憂民不復子之也公羊傳屬負茲禮記音義隱曰天子曰不豫諸侯曰不茲然則負子即不茲也負與丕音相近負讀為陪禹貢陪尾史記作負尾子又與茲同

郊祀志皆嘗鬺亨上帝鬼神

廣雅曰鬺飪也音傷韓詩采蘋曰于以鬺之維錡及釜

魯世家負子之責

按何休公羊解曰諸侯有疾稱負茲士稱負薪郭璞尒疋注茲蓐席也

淮南王安傳有耐罪以上赦令除其罪

按前漢高惠孝文功臣侯年表宣曲侯丁通有罪耏為城旦鬼薪又按玉篇耏如時切頰須也廣韻耐奴代切須也史家或用耐或用耏蓋義通也諸注訓耐為頰鬚毛者是謂能任其罪者非

匈奴列傳不參彼己

馮鈍吟曰參彼已者即兵法云知彼已也注引詩云云似失之

西南夷列傳注應劭曰今蜀郡岷江

馮鈍吟曰岷江當作汶江

司馬相如列傳贊

何焯曰楊雄以下二十八字係漢書贊語一本削去

酷吏列傳義縱篇而平氏朱彊杜衍杜周

何焯曰漢書注平氏杜衍二縣名

楊僕傳尸亡去歸葬

顧炎武曰言家人竊尸而逃也　焯曰漢書作妻亡去歸葬

大宛列傳初騫行時百餘人去十三歲

何焯曰騫以建元中奉使至元朔元年從擊匈奴封矦是未及十年此云十三歲疑有誤

游俠列傳近世延陵

顧炎武曰延陵謂季札

龜策列傳邦福重寶

何焯曰福音副從衣匡謬正俗引東京賦仰福帝居亦從衣與福祿之福異

貨殖列傳千金之子不死於市

按古者刑人于市不死市者知榮辱恥犯法也

楊平陽陳西賈秦翟

何焯曰索隱陳蓋衍字以下有楊平陽陳掾此因衍也

盡椎埋去就

顧炎武曰椎埋當是推移二字之誤

孫臏傳重射

謂以千金射也索隱解爲以爲好射非

批亢擣虚

按索隱云亢言敵人相亢拒非也此與劉敬傳搤其肮之肮同張晏曰喉嚨也下文謂據其街路是也以敵人所不及備故謂之虚

蘇秦傳前有樓闕軒轅

軒轅當從軒懸周禮注軒懸者闕其南面

殊而走

説文槃傳曰斷絶分析曰殊謂斷支體而未及死

樗里子傳今伐蒲入於魏衛必折而從之

此文誤當依索隱所引戰國策文爲正

甘茂傳其居於秦累世重矣

謂歷事武王惠王武王昭王

孟子荀卿傳始也濫矣耳

濫者汎而無節之謂猶莊子之注（洸）洋自恣也註引濫觴之義以爲初者非

儻亦有牛鼎之意乎

謂伊尹負鼎百里奚飯牛之意藉此説以干時非有仲尼孟子守正不阿之論也

平原君傳非以君爲有功也而以國人無勲

當作一句讀言非國人無功而不封君獨有功而封也

魏信陵傳徒豪舉耳

謂特貌爲豪傑舉動非真欲求有用之士也

仲尼弟子列傳少孔子三十歲

閻若璩曰三十下當脱七字蓋生於魯昭公二十八年丁亥卒於哀公十二年戊午方合三十二歲之數

蘇秦列傳當敵則斬堅甲鐵幕

何焯曰索隱幕字絶句顔朗仲云斬字絶句謬也

孟嘗君列傳謚爲靖郭君

按古人謚字多作名字歸字解吕不韋傳謚爲帝太后老子傳謚曰㛮與此一例王子淵洞簫賦幸得謚爲洞簫兮則作名字解

魏信陵傳如姬資之三年

何焯曰資之謂以資財求客報仇

范雎傳爲其割榮也

何焯曰謂割去素所尊榮之人索隱説非

黥布列傳孰能爲我使淮南

顧炎武曰當云使九江歸漢後乃封淮南也

大倉公傳臣意年盡三年三十九歲也

顧炎武曰按徐廣注高后八年意年二十六當作年盡十三年三十九歲也脱十字孝文本紀十三年除肉刑

封禪書康后與王不相中

三蒼曰中得也周官師氏掌國中失之事杜子春云中當爲得按此與周勃傳勃子勝之尚公主不相中中皆訓爲得

亳人謬忌

按謬忌後俱作薄忌疑有誤

蘇秦　革抉㕮芮

按咳與敺同即楢字伊尹商書已載鮫駮集韻作戯為其弊也

鼂錯傳制策曰高皇帝親除大害去亂從

梅崖師曰班固西京賦云横被六合蓋謂西為横國策云蘇秦始將連横又曰横成則秦帝是也南北為從楚懷王為從約長又曰從合則楚王是從横俱就地之一西一南而言之也

賈誼傳鵩賦單閼之歲

陳絳曰黄氏日抄云鵩賦稱單閼之歲蓋丁卯也時絳侯已就國灌嬰已死則絳灌無則由譖誼大事記移之甲子歲然當缺疑耳余按風俗通劉向嘗對成帝曰大中大夫鄧通以佞幸見愛擬於至親文帝又為微行數幸通家及帝嘗從騎獵大中大夫賈誼數諫止之是時誼與鄧通俱侍中同位誼又惡通為人數庭譏之由是疏遠遷為長沙太傅既之官不自得及渡湘水投吊書曰闒茸尊顯佞諛得意以哀屈原離讒邪之咎亦因自傷為鄧通等所愬也則誼之不安跡於朝乃為鄧通非絳灌也宋景文謂賈生思周鬼神不能排鄧通之譖正用此事王浚儀謂漢書無之則失攷也

哀帝賛卞射 漢書

魏鶴山曰甘延壽傳試弁為期門哀帝賛卞射註並以卞為手搏

淮陰侯傳容容無所倚

顧炎武曰容容即顒顒字

老子韓非列傳迺遂去至關

抱朴子云遇尹喜於散關

閻若璩曰老子去周至關或作散關或作函谷關余以列仙傳之流沙之西高士傳去入大秦過西關證之散關洵是至趙景真書昔者李叟入秦及關而嘆此關則函谷關酈道元注必以尹喜候氣當於西入關而不於西出關者過矣

封禪書東廵碣石

按通鑑地里通釋曰碣石凡有三騶衍如燕昭王築碣石宮此碣石特宮名耳在幽州薊縣西三十里寧臺之東非山也秦築長城所起自碣石在高麗界中當名為左碣石其在平州南三十餘里者即古大河入海處為禹貢之碣石亦曰右碣石。玆云碣石右碣石也

河渠書東海引鉅定

顧亭林曰河渠書東海引鉅定溝洫志因之東海疑是北海之誤按地理志齊郡縣十二其五曰鉅定下云馬車瀆水首受鉅定東北至琅槐入海又千乘郡博昌下云博水東北至鉅定入馬車瀆而孝武紀曰征和四年春正月行幸東萊臨大海三月上耕於鉅定還幸泰山修封計其道里亦當在齊去東海遠矣

商鞅傳以鞅為大良造將兵圍魏安邑降之

顧炎武曰此必安邑字誤其下文曰魏惠王使使割西河之地獻於秦以和而魏遂去安邑徙都大梁乃是引安邑徙都之事耳安邑魏都其王在焉豈得圍而便降秦本紀昭王二十一年魏獻安邑若已降於五十年之前何煩再獻乎也

秦本紀親巡遠方黎民

按泰山刻石作親輙遠黎

樂毅傳室有語不相盡以告隣里
　謂一室之中有不和之語乃不自相規勸而告之隣里此為
　情之薄矣正義謂必告者非　顧錄
魯仲連傳鄒魯之臣生則不得事養死則不得賻襚
　謂二國貧小生死之禮不備索隱謂君弱臣強者非
楚攻齊之南陽
　南陽者泰山之陽孟子一戰勝齊遂有南陽　注內濟字應改齊字
張敖傳要之置
　置驛也如曹相國世家取祁善置田橫傳至尸鄉廐置之置
　漢書馮奉世傳燔燒置亭
盧綰傳匈奴以為東胡盧王
　封之為東胡王也以其姓盧故曰東胡盧王
田榮傳榮弟橫收齊散兵得數萬人反擊項羽於城陽
　按城陽正義以為濮州雷澤縣非也漢書城陽郡治莒史記
　呂后紀言齊王乃上陽城之郡孝文紀言以齊劇郡立朱虛
　侯章為城陽王而淮陰侯傳言擊殺龍且於濰水上齊王廣
　亡去信遂追北至城陽皆此地按戰國策貂勃對襄王曰昔
　王不能守王之社稷走而之城陽之山中安平君以敝卒七
　千禽敵反千里之齊當是時闔城陽而王天下莫之能止然
　為棧道木閣而迎王與后於城陽之山中王乃復反子臨百
　姓則古齊時已名城陽矣
無不善畫者莫能圖
　謂以橫兄弟之賢而不能存齊　愚按顧說非也蓋謂橫之
　賓客皆賢而莫能為橫圖存即昌黎所云何五百人之擾擾

亦[而]不能脫夫子於劍鋩者是也即本此意
陸賈傳數見不鮮
　意必秦時人語猶今人所謂常來之客不殺雞也賈乃引此
　以為父之於子亦不欲久恩當時之薄俗可知矣
扁鵲傳醫之所病病道少
　言醫之所患患用其道者少即下文六者是也
武安傳與長孺共一老禿翁
　謂爾我皆垂暮之年無所顧惜當直言以決此事也索隱非
匈奴傳
　因匈奴犯塞而有衛霍之功故序匈奴於衛將軍驃騎傳之
　前
南越尉佗傳發兵守要害處
　按漢書西南夷傳註師古曰要害者在我者為要於敵為害
　也此解未盡要害謂攻守必爭之地我可以害彼彼可以害
　我謂之害人身亦有要害素問岐伯對黃帝曰脈有要害後
　漢書來歙傳中臣要害
司馬相如傳其為禍也不亦難矣
　衍亦字
鄭當時傳高祖令諸故項籍臣名籍
　謂奏事有涉項王者以戶其名曰項籍也
游俠傳近世延陵孟嘗
　延陵謂季札以其徧游上國與名卿相結解千金之劍而繫
　冢樹有俠士之風也
貨殖傳洛陽街居在齊秦楚趙之中

說文街四通道　鹽鐵論燕之涿薊趙之邯鄲溫魏之溫軹韓之滎陽齊之臨淄楚之宛邱鄭之陽翟二周之三川皆為天下名都居五諸侯之衢跨街衝之路 以上俱本顧錄

酷吏王溫舒傳失之旁郡國黎來

按尉佗傳犁旦漢書作遲旦是犁與遲通犁来猶言遲来

李斯傳山東羣盜兵大至

與本紀不合

乃召始皇弟授之璽子嬰即位

本紀以為二世兄子

自序而曰我有以治天下何由哉

談之學本於黃老故獨推崇道家如此班孟堅譏其遷論大道則先黃老而後六經不知遷固述談之言與遷無與也談當竇太后崇尚黃老故所見如此至遷當武帝世表章六經又非以黃老是尚矣

天官書國皇星大而赤　注記不盡

記上脫一志字　按河圖曰歲星之精流為國皇巫咸曰國皇之星大而赤類南極老人星春秋合誠圖曰國皇主內寇司馬彪天文志孝靈光和中國皇星見東南角去地一二丈如炬火狀

客星

按黃帝占曰客星者周伯老子王蓬絮國皇溫星凡五星張衡曰老子四星及周伯王蓬絮芮各一錯乎五緯之間其見無期其行無度宋中興志瑞星十二四曰王蓬芮 按王蓬絮一星芮一星中興志合王蓬芮為一星謬也甚

叔孫通傳　綿蕝

按蕝本音與蕞同注云蕝即蕞徐廣曰蕞子外反升菴引纂文曰蓓今之纂字包愷作既悅切賈逵曰束茅以表位也方以智曰按此則蓓即綿蕝之蕝強篆巴作弖卩作弓說文蓓音巴切從卩不從巳其篆文所造耶抑叔通耶

平準書鑄鍾官赤側

方以智曰即赤銅錢嘗見青綠古錢其質地皆赤應劭所云子紺錢子蓋紫之訛耳

貨殖傳汧雍地重

陳仁錫曰索隱云云非也地重猶言土厚耳方以智曰謂言關中之地近天子多公卿富厚貴重也

孝穆居雍隙隴蜀之貨物而多賈

方以智曰舊以隙為句非也當以隙屬下為句言開隙於隴蜀之間也

東越列傳不戰而耘

按耘蓋抎之誤古抎與隕通墨子天志篇國家滅亡抎失社稷戰國策齊宣王曰寡人愚陋守齊國唯恐失抎之左傳隕子辱矣說文引作抎子辱矣是抎與隕通也

蘇秦傳習於鬼谷先生　張儀傳與蘇秦俱事鬼谷

按唐志有樂臺注鬼谷子三卷注作樂壹疑誤

屈原傳漁父篇溫蠖

郝楚望曰溫蠖合音為污

平準書磨取鋊

鋊音裕五音韻譜磨礱漸銷曰鋊

商鞅傳讀鞅開塞書

楊慎曰開塞乃其第七篇謂道塞久矣今欲開之必刑九而賞一刑用于將過則大邪不生賞施于告姦則細過不失索隱云云益未嘗見是篇妄爲之說耳（孜証作焦竑說）

殷本紀祖伊曰王勿殁

何焯曰殷之及王多曰祖某此祖已疑王之兄弟其下云祖伊亦仿此孔氏以祖爲其氏而云祖伊祖巳之後恐非

封紂比干之墓

何焯曰當作封比干之墓封紂子武庚祿父此傳寫之誤

伯夷列傳青雲之士

楊慎曰京房易占青雲所覆其下有賢人隱

孝文本紀乃循從代來功臣

何焯曰循漢書作修是也功下無臣字

太史公自序易著天地陰陽四時五行

馮鈍吟曰此下方是子長言六經前是史談之言也父子意不同孟堅不分別而并譏之未爲審篤

申呂肖矣序傳贊齊世家條

顧絳曰肖乃削字脫其旁耳與孟子魯之削也滋甚義同徐以爲痟者非

魏其武安列傳蚡以肺腑爲京師相

表文曰史記漢書肺腑二字亦有作肺附者古人多假借用字蓋喻親族猶人之有肺腑常相依者也註家不能深考其義遂有肝肺相附之說予謂作附處下當云附讀與腑同而徐廣註史記卻于腑字下音爲附字殊非作史者之意耳

貨殖傳廉吏久久更富　貪賈三之廉賈五之

顧炎武曰放於利而行多怨廉者知取知予無求多於人義然後取人不厭其取是以取之雖少而久久更富廉者之所得乃有其五也註非

酷吏傳張湯爲小吏乾沒

三國志傅嘏傳豈敢寄命洪流以徼乾沒裴松之注有所射徼射不計乾燥之與沉沒而爲之也晉書潘岳傳其母數誚之曰爾當知足而乾沒不已乎張駿傳從事劉慶諫曰霸王不以喜怒興師不以乾沒取勝盧循傳姊夫徐道覆素有膽決知劉裕已還欲乾沒一戰魏書宋維傳維見乂寵勢日隆便至乾沒北史王劭傳贊爲河朔清流而乾沒榮利梁書止足傳序其進也光寵夷易故愚夫之所乾沒抱朴子忘髮膚之明戒尋乾沒於難冀乾沒大抵是徼幸取利之意春申君傳沒利於前而易患於後也即此意

燕世家今王喜

此蓋仍舊文而未及改者

貨殖傳行賈丈夫賤行也

愚按行賈謂作市中牙儈也與上所云商賈異

春申君列傳王又割濮磨之地

磨新序作歷本一字磨乃[illegible]之誤

荀卿傳阿之吁子焉　自如孟子

吁別錄作芋　如字疑衍

封禪書　徐市

按徐市即徐福市即古芾字故與福音通

大宛傳破月支氏王以其頭為飲器

按前漢匈奴傳單于以徑路刀金留犁撓酒以老上單于所破月氏王頭為飲器者與漢大臣共飲血盟以此知所謂飲器飲酒器也舊注以為椑榼虎子誤矣

盧綰傳孫封惡谷侯

按漢書作亞谷古惡亞通詛楚文云告于丕顯大神亞馳禮記作惡馳宋時有玉印曰周惡父劉原父以為即條侯亞夫父（按父當作夫疑訛）是其証也

趙世家今騎射之備

按國策作騎射之服按易服牛乘馬說文引服作犕牛乘馬然則史記備亦當作犕字形相近而訛

日者傳不見奪糈

按古者卜筮先用精鑿之米以享神謂之糈淮南說山曰巫用糈藉楚詞巫咸將夕降兮懷椒糈而要之說文曰貨財卜問曰貶从貝疋聲讀若所然則日者傳奪糈糈當作貶胥與疋同　按古者毆卜百工皆有常餼以食於上謂之糈今得財亦謂之糈相沿之稱也

周本紀武王既入立于社南

按古者立位同字古文春秋經公即位為公即立古鐘鼎文如周毛父敦銘及盄和鐘立字釋者皆以為位○按周書克殷解文云王入即位于社本作位字

黃帝本紀幼而狥齊

按狥齊家語作叡齊大戴禮作慧齊方以智曰爾雅徇徧也齊速也狥乃徇之訛言聖慧徧知而神速也

酷吏傳尹齊屍亡去歸葬

陳絳曰此必其屍屬恐為怨家所得一夕篡取去史筆高簡少襯墊耳應劭風俗通云淮陽太守尹齊其治嚴酷死未及殮怨家欲燒之屍亦飛去夫自淮陽至茌平不啻數百里屍能自飛亦能自徙有是理邪

齊世家宰我為臨淄大夫與田常作亂以夷其族

徐文靖曰按齊世家云子我夕賈逵云即監止也及按田完世家云子我者監止之宗人也常與田氏有隙又云子我率其徒攻田氏不勝出亡田氏之徒追殺子我及監止夫監止子我本一人也而誤為兩人則子我之誤為宰我者當必以宰予闞止並字子我乃致斯誤楊用修按李斯傳言趙高之短於二世曰田常為齊簡公臣下得百姓上得羣臣陰取齊國殺宰予於庭遂弒簡公斯去宰予未遠斯言當得其實如斯所言則宰我之死仇牧之類也司馬遷遂誣以作亂作亂本無明文而與難獨有此証不然幾厚誣賢者

陳平　主臣

方以智曰舊注甚曲蓋發語敬謝之辭謂主在上臣在下自然敬恐也

趙凡夫曰當是草書皇恐二字訛為主臣

平準書

馮廷櫆曰桑大夫均輸之法大概驅農民以效商賈之為平準書云令遠方各以其物貴時商賈所轉販者為賦而相灌輸此說未明班固採其語云令遠方各以其物如異時商賈所轉販者而相灌輸此說漢然矣

廉藺趙奢列傳秦伐韓軍於閼與

閻若璩曰閼與有二一為韓之閼與一為趙之閼與趙奢列傳秦伐韓軍於閼與趙世家惠文王二十九年秦韓相攻而圍閼與此韓之閼與也魏世家哀王八年昔者魏伐趙拔閼與秦本紀昭襄王三十八年中更胡傷攻趙閼與不拔列傳始皇十一年翦將攻趙閼與破之此趙之閼與也水經注梁榆水逕梁榆城南即閼與故城也趙奢破秦於此梁榆城在今遼州和順縣括地志閼與聚落今名烏蘇城在潞州銅鞮縣西北二十里趙奢破秦軍處銅鞮今沁州郡國志上黨涅縣有閼與聚劉昭注云史記趙奢破秦兵閼與涅在今武鄉縣隋地理志武安縣有閼與山元和志閼與山在縣西南五十里即趙奢拒秦處按韓閼與當并沁州與武鄉者為一何者涅故城在武鄉縣西五十五里而武鄉在沁州東北六十里則涅在沁州之北矣閼與又在涅縣西則在沁州西北可知相距幾何正屬一邑趙閼與的在和順縣觀始皇本紀十一年王翦攻閼與橑陽二邑比隣橑陽今遼州和順距本州四十里若到沁州閼與城幾二百餘里各為一邑可知至武安之有閼與則是唐人誤會史遷文義見武安西南有山蒙以閼與之名山豈有口自鳴為非閼與哉奢傳云秦伐韓軍於閼與閼與乃韓邑自何[illegible]邯鄲四百里故奢言道遠險狹譬鼠鬥穴中以閼與必穿太行太行山過而沁州武鄉亦多載山也若果在武安武安屬今彰德府磁州去邯鄲僅六十里何須奢卷甲而趨之二日一夜至乎然史記實有疏處蓋秦伐韓軍於閼與此一枝兵也秦軍軍武安西鼓譟此又一枝兵也秦當日兵分三晉三晉無歲不被兵所在多有還若作時秦軍有軍武安西者自明軍中候有一人言急救武安奢立斬之非斬其犯令乃斬其妄言惑衆心也奢受命救閼與不救武安秦間來入乃從閼與軍至者閒還報秦將大喜曰夫去國三十里而軍不行乃增壘閼與非趙地也此句亦妙蓋閼與原韓地非關邯鄲奢自不應來救故懈而不設備奢遂窮日夜力趨至據山以擊破之山自在今沁州武鄉間此間豈少山哉括地志因疑山在洺州謂其太近恐潞州閼與聚城是其所距秦處真為先得我心矣

年表趙惠文王二十九年秦拔我閼與

按此閼與閻百詩謂屬韓地與三十年秦擊我閼與不拔僞趙地者異史遷混而一之蓋誤

秦二世本紀論陳利兵而誰何

通雅曰誰何漢有大誰卒師古注主問非常之人黃圖曰王褒帶劍入北司馬門至非常室中乃公車大誰也集韻或作譙史記衛綰傳景帝不譙呵綰注譙音誰呵音何

說略曰誰何問之也漢書有誰何卒注誰與高帝誚讓項羽之譙同何與呵同譙呵如今關城盤詰之例

日知錄曰誰譙同[illegible]詩室人交徧譙我[illegible]而呵之焦氏易林當年少寡獨與孤處雞鳴犬吠無敢誰者揚雄衛尉箴二世妄宿敗於望夷闕欒橋搜戟者不誰

兒良王廖

呂氏春秋王廖貴先兒良貴後此二人者皆天下之豪士也

注王廖謀兵事貴先建茅也兒良作兵謀貴後　按漢四種兵書有良椎謀一篇

約從離横　文穎孟康注云云

按据國策從合楚王横成秦帝語孟説為長

楚世家楚雖三戸　此又見項羽本紀

按左傳哀四年傳云以畀楚師於三戸然則三戸地名也舊注瓚説不從作地名者蓋以文勢求之耳

魏世家襄王十二年與秦相張儀會齧桑

按左傳年晉敗狄於采桑蓋在今山西之吉州采桑即齧桑也郡國志河東郡有采桑津是也徐廣云在梁與彭城之間非是

高祖紀轅生説漢王　三年

按集古録漢袁良碑云當秦之亂隱居河洛高祖破項實從其冊天下既定還宅扶樂歐陽公未知為何人王伯厚云轅與袁同蓋即此轅生也

五星聚於東井

案分野之次分野之次自東井十六度至柳八度為鶉首秦之分野高允以金水當附日十月日在箕尾五星不當聚井譏漢史之失蘇子瞻志林曰漢元年十月乃今之八月八月而得七月節日猶在翼軫金水聚井[illegible]邇耶今案漢紀元年冬十月張蒼傳云以高祖十月至霸上故因秦以十月為歲月則是十月乃夏正之十月蘇氏謂今之八月誤矣竊謂是時沛公至霸上真人所在星象應之亦猶之雲氣在芒碭間耳況日行黄道每歲有差古今歲星之疾遲遠近或難以一律論也

貨殖傳當魏文侯時李克務盡地力

王應麟曰食貨志李悝為魏文侯作盡地力之教貨殖傳云云以藝文攷之李克七篇在儒家李悝三十二篇在法家盡地力者悝也非克也貨殖傳誤　[illegible]悝　李克子夏弟子為魏文侯相

賈誼傳見細德之險微　漢書

王應麟曰据顏注則微當作徵　按文選作徵宜據以刊正　見險證而去色斯舉矣見幾而作

項羽紀説者曰人言楚人沐猴而冠耳

按法言以為蔡生漢書以為韓生

李斯傳注辯士隱姓名遺秦將章邯書曰云云

王應麟曰此書在善文中隋志善文五十巻杜預撰

高紀與父老約法三章耳

王應麟曰與父老約為句下云法三章耳唐高祖入京師約法十二條蓋倣此語而失之　何焯曰刑法志中稱約法者非一不必好新反為唐人笑後漢楊終上疏亦有約法三章之語終與班固同時人

貨殖傳其民羯羠不均

按説文曰羯羠[illegible]也又曰[illegible]手殺皆[illegible]者為羯謂劇劇也○按羊外柔而内很其民之猥瑣争忿似之

聶政傳卒於邑悲哀而死政之旁

蓋自刎也

河渠書東海出鉅定

何焯曰亭林云東海疑是北海之誤按地里志齊郡縣十二其五曰鉅定下云馬車瀆水首受鉅定東北至琅槐入海又千乘郡博昌下云博水東北至鉅定入馬瀆而孝武紀曰征和四年春行幸東萊臨大海二月上耕于鉅定還幸泰山脩封計其道里亦當在齊去東海遠矣溝洫志同

魯世家人或譖周公周公奔楚

徐文靖曰据國策季歷葬于楚山之尾季婦鼎銘曰王在成周王徙於楚麓括地志終南山一名楚山在雍州萬年縣南五十里周公奔楚當是因流言出居依於祖考之墓地

天官書西北戎菽為注為成者

何焯曰者當作也

蘇秦列傳臣竊以天下之地圖至豈可同日而論哉

歸有光曰所以言從之利實擇交而得之意

夫夫衛人者至願大王孰計之

歸有光曰所以言橫之害實擇而不得之意

儒林列傳伏生篇

馮鈍吟曰衛宏云云按此言妄也濟南潁川相去不至甚遠青之與豫何至語言不通俗言語或有小小異同書是文字何至以土語傳此妄一也伏生有孫亦治尚書使女傳言二妄也濟南張生千乘歐陽生自是伏生弟子其書不出鼂錯錯雖十不得二三張生同郡人必得真本三妄也史云秦時藏書壁中至漢定乃得十九篇是伏生已有本不假口授四妄也伏生口不能正言未聞與明鼂生受書必應寫本伏生豈不一視五妄也顏籀載此言於漢書注使宋人因此生疑竟無辨者不可解也

司馬相如傳贊

蔣大慶曰相如傳贊乃班固所作而史記乃謂太史公曰全與漢書同還在從前侍馮進公于漢書以相如作後且引揚雄以為靡麗之賦勸百諷一此班固作贊明然矣何為史記乃以為太史公之語而襍于其間耶因反覆究之公孫弘傳乃載平帝元始中王元后詔賜弘子孫爵徐廣註云後人寫此及班固所稱以續卷後乃知相如之贊亦後人寫入而託之太史公也

太史公曰

李紱曰太史公曰四字皆史記本文非後人所加亦非遷之尊其父也如果為後人所加則加于每篇之首可矣安得類設壺遂問語中並答辭以待後人之加之且酷吏傳序引孔老之言直接信哉是言文理甚順乃亦代添太史公曰何不憚煩如是如謂遷尊其父凡有論議歸之於親則杜周等傳於談後十餘年何得仍稱太史公論斷不亦自誣其親哉蓋太史公乃太史令當官之稱談遷父子並為此官宜並得稱故其自序初自稱名至補太史令後乃亦稱太史公況以太史公為官名已行如淳所引衛宏之說行得注中不可信耶漢儀則固有是官也則凡稱太史公曰猶後世史書稱史臣曰已耳

廉頗藺相如傳秦王與羣臣相視而嘻

為相如所精覺故因而為笑也索隱解誤

霍去病傳

野客叢書漢書載霍去病合短兵鏖皐蘭下殺折蘭王斬盧侯王銳悍者誅全甲獲醜執渾邪王子師古注全甲謂軍中之甲不喪失也史記於斬盧胡王下卻言誅全甲此三字較之漢書所言其文理是也記之文存沉之誤後人不改回其誤而為之注耳

酈生傳

王楙曰酈生正傳與朱建傳尾所述酈見高祖事不同太史公曰平原君之子與余善是以得具論之豈非以此兩存之乎

始皇紀丞相隗林

[illegible]

王楙曰觀丞鐵秤權銘則曰隗狀非林也久遠書訛也

盧綰傳孫封惡谷侯

按漢書作亞谷侯有人得漢周惡夫印或疑惡非亞字劉原父謂亞惡二字古者通用（複刪）

封禪書巫咸之興自此始

按世本巫咸作筮錄藏曰昔黃帝將戰筮於巫咸周禮筮人有巫咸郭璞云巫咸以鴻術為帝堯醫師此上古之巫咸也至商之巫咸竹書紀年云太戊十一年命巫咸禱于山川楚辭巫咸將夕降兮懷椒糈以要之則以巫咸為[illegible]之巫咸說同

秦本紀曰封其樹為五大夫

按五大夫秦之第九爵本紀有五大夫趙嬰五大夫楊樛五大夫本一官非封五松為大夫

孔子弟子傳子貢一出存魯亂齊破吳強晉霸越

蘇轍曰予觀春秋左氏傳齊之伐魯本於悼公之怒季姬而非陳恒吳之伐齊本怒悼公之反覆而非子貢吳齊之戰陳乞猶在而恒未在事凡太史公所記皆非也蓋戰國說客設為子貢之辭自託於孔子而太史公信之耳

伍子胥列傳中道乞食

通雅吳越春秋瀨上擊綿女子發其飯漿與員投水死女子無姓氏今讀李太白貞女碑乃知女子史姓溧陽黃山里人清英潔白事母純孝手柔荑而不龜自守未適其自投時年三十矣

酷吏傳馮當暴挫㨗璞鋸項驗壁推減般周蝮鷙

方以智曰暴挫言暴虐以挫人鋸項如鋸之刻挫如鉆之鈎讁也推減能故深文以出入罪也蝮鷙狀之而已猶鷹擊乳虎毛鷙為治也古人亦隨意造字如此何責之輩耶

魏世家欲啜汁者衆

按左傳哀三年富父槐曰無備而官辦者猶拾瀋也注瀋汁也與此足互証　郝敬曰啜汁猶俗云染指沾餘瀝也

鄒衍傳始也濫耳

戰國策橫人濫口利機淮南子不濫於辯相如虛詞濫說濫即濫也說文引詩觱沸濫泉濫監字通

張湯傳始為小吏乾沒

通雅如淳注非也蘇鶚謂乾沒如陸沉隋書王劭贊乾沒營利宋子京撰劉待制墓銘吏得傍緣乾沒乾猶言乾徬之也沒猶言沒為己有也　北史藝術傳蕭吉欲乾沒自進云云

天官書建四時移節度並繫於斗

盛百二曰按天官書以齊七政為北斗又云建四時移節度並繫於斗是即以斗柄所指定月建之說也抑知陶唐時斗柄並不當月建乎又日月五星之行遲速各異故用璣衡測知其度立法步算以齊其不齊若專[illegible]斗柄[illegible]即以北斗七星分屬日月五星何齊之有

范雎傳張禄

按兩山筆談云范雎入秦為張禄學者益不知秦先時自有張禄也初孟嘗君悅張禄先生奉之黃金文織禄辭不受謂孟嘗君曰秦四塞國也遊宦者不得入焉願為君吾為丈尺之書寄我於秦王往而遇乎固君之人也往而不遇乎雖人求閒謀固不遇矣孟嘗君因為之書寄之秦王往而大遇孜田文之卒在范雎未入秦之先則張禄入秦居雎前久矣雎入秦踵名張禄豈禄嘗有聞於諸侯秦特令雎冒其名以誑鄰國耶

殷本紀太師疵少師疆

方以智曰史記列太師疵少師疆于師摯八人之後誤合兩事為一又按抱祭疵踈周者即太師疵少師疆而尚書微子篇亦稱為父師少師故訛傳微子抱祭疵踈周

楚世家

按史遷謂重黎為顓頊之曾孫是一人也至歷書又謂顓頊命南正重司天命火正黎司地是二人也据左傳重為少皞氏叔黎為顓頊氏子則為二人明矣蘇子由曰重出於少昊黎出於高陽當高陽之世重黎實二人至帝嚳世火正無稱重黎重黎誅而以吳回為重黎然楚之先實黎而非重也

按許慎注淮南子云祝融顓頊之孫老童之子吳回也一名犁為高辛氏火正一云老童即卷章按楚世家犁先祝融其後吳回代之則許慎誤矣

楚世家熊槐　頊襄

按方勺泊宅篇云史記楚子無熊相攷自楚自成王來未嘗與秦難及懷王熊槐蘇秦合從而楚為長今碑詛楚文熊相率者侯之兵以加臨我益史記誤以熊相為槐耳其後五年懷王怒張儀復攻秦故碑文云今又悉興其衆以逼我邊境是歲秦襄王二十六年

始皇本紀　泰山碑

方以智曰御史大夫則大夫也莒公亦曰夫守有大如千人書千千今弦檀弓曰夫夫是也莊子曰且而屬之夫夫則字益如此此李斯所得据也大人貫替為夫則大夫同文義亦可知

親巡碑作窺𨾦昭隔內外隔或為融古字相借

卻掃篇云東平劉斯立常登泰山絕頂其石埋土中似方非人止榻其一面其三字皆有字而殘闕末有制可曰可三字通雅曰秦瑯琊臺刻石從臣姓名五大夫作五大大泰山篆亦如此或曰古大與夫同恐不然余[illegible]行[illegible]各[illegible]行用大夫始鼎及秦權銘黔首大安皆用大字益古人簡省凡字點畫相近及首同者多假借用之

秦始皇本紀自琅邪北至榮成山

武曰太平寰宇記秦始皇登勞盛山望蓬萊後人因謂此山一名勞盛山誤也勞盛二山名勞即勞山盛即成山史記封禪書七曰日主祠成山成山斗入海漢書作盛山古字通用齊之東偏環以大海海山之上蔓大有崖二山故始皇登之史秦始皇紀自琅邪北至榮成山正義曰榮成山即成山也按史及前代地里志並無榮成山余向疑之以爲其文在琅邪之下成山之上必勞字之誤後見王充論衡引此正作勞成山乃知晉人傳寫之誤唐人亦未之詳考也遂使勞山并盛之名成山冒榮之號今特正之

禮書禮由人起至所以損社稷也

本荀子

故堅革利兵至刑錯而不用

本荀子議兵篇

天地者生之本也至流澤狹也

本荀子禮論

天官書類狗所墮及望之如火光

何焯曰及下脱炎火二字按漢書亦無炎火二字今從柯氏

本譜

天官書天之五佐爲經緯

何焯曰經字疑衍

天官書天棓四星

仙山曰巫咸星簿讃曰天棓應節度漏省時注曰天棓鼓桴也謂應刻漏時節也石氏曰天棓星明軍鼓鳴。按此天棓解作桴筏之桴非

家駒駒如畏

按駒駒一作薆薆即謹慄之意音窮曲躬也

趙世家屠岸賈

郎瑛曰劉向新序邵子經世書皆林史記趙世家書之全仁山前編又復踵修二三大儒因襲承訛遂爲定論殊不知信史不如信經春秋既曰晉殺其大夫趙同趙括胡傳據左傳以註之未聞有屠岸賈之事也若以馬遷趙世家之說爲信則事在晉景公之三年已誅趙括趙同趙嬰齊而立武矣安得如晉世家所云十七年又誅同括而立武耶且景公十七年正魯成公之八年左氏之言正附夫子之經晉世家爲可信矣然則三年之事非妄乎或者止書誅趙同趙括庶合春秋左傳豈應又併趙朔滅之而有立武之事耶立武之事晉世家未踰年趙世家至于十五年之久馬遷亦自矛盾也諸儒獨據趙世家之言而不參會於晉世家是以錯耳以趙世家論之既曰岸賈不聽韓厥之言不請景公之命然則韓厥不可告君乎其後韓厥對君曰吾宗獨滅趙宗似又景公知之也縱使景公不知成公之姊匿於宮岸賈聞產索于宮事變尚章景公獨可不知乎苟權臣嬌命上下無敢誰何固有之矣然則背戾于聖經差錯了年分不惟失仁山舊氏治門本傳于理于情亦自牴牾也或曰仁山既疑有二事子曰仁山既疑之則當折其岸賈所滅之趙非趙朔之族同括之殺而復立武庶幾不背聖經與傳也

陳世家哀公卒時年而爲元空籍五世矣

楊慎曰惡其人而併滅其年籍也

……夷滅阢阢國懼禍

　按重一阢字疑衍又阢一作阬

楚世家周天子賀秦獻王

　按秦無獻王乃公也

秦二世論末惠公享國十年葬車里康景　葬傳公西城雍

　按康景二字疑衍或下有缺文　按秦紀及此紀無傳公疑

即景公也

儒林　有　至出入不悖所聞者

　劉青芝曰句有字至者字爲一句漢書删者字此師古所以

誤解聞字也

匈奴　因并衆降匈奴

　劉青芝曰李廣利降匈奴在征和四年史公不應叙及其爲

後人所增無疑

兩粤　即藏其先武帝璽

　劉青芝曰先武帝陀自尊號爲南越武帝也漢書增入武帝

字殊難解

蒙恬　二十三年殺項燕二十四年虜楚王

　張照曰此與年表同與本紀不合本紀二十三年虜荆王二

十四年項燕自殺

張耳　乃卒爲請決嫁之

　余有丁曰卒爲請決乃父客爲之注誤　李光縉曰卒爲請

決云者父爲請之張耳如呂公請之沛公願爲季箕帚妾者

是也

恐天下解也

　凌稚隆曰按漢書注解謂離散其心也

頭會箕斂

　此段集解明有脱落漢書注服虔曰吏到其家人人頭數出

穀以箕斂之

左提右挈

　張照曰謂彼此扶助猶云相救若左右手也徐廣以挈爲契

未詳何義

要之置

　觀索隱語則置下有一厠字漢書同

黥布　聚兵數千人

　監本脱人字今添

言此三人者

　言字疑衍

淮陰侯　遂謝蒯通

　張照曰戰國策安得有韓信蒯通之事索隱誤

自立爲大王

陳子龍曰本代王訛爲大者北音相誤也

田儋　非直手足戚也　墳墓矣

董份曰斬手足則戚甚矣今三田於楚趙無親非特斬手足之戚也而使秦得志則墳墓斷戲非但蝮螫之害身也故曰何爲不殺註全謬

反擊項羽於城陽

顧炎武曰正義以爲濮州雷澤縣非也漢書城陽郡治莒史記呂后紀言齊王乃上陽城之郡孝文紀言以齊劇郡立朱虛侯章爲城陽王而淮陰侯傳言擊殺龍且於濰水上齊王廣亡去信遂追北至城陽皆此地按戰國策貂勃對襄王曰昔王不能守王之社稷走而之城陽之山中則古齊時已名城陽矣

樊噲　從攻圉東郡守尉

圉漢書作圍注圍地名

以待大王

張照曰按此等稱謂非追書也直是當時稱尊奉之辭

擊章平軍好畤

按高紀明云雍王弟章平正義子字疑芳字之誤

酈寄　趙王自殺除國

徐孚遠曰趙除國於酈寄傳無涉蓋刪截舊文未淨者

欲取平原君爲夫人

孝武即位始尊皇太后母臧兒爲平原君此乃追書之

子康侯遂成立

功臣表無成字漢表有之

子懷侯世宗立

功臣表無世字漢表有之

子侯終根立　坐法國除

功臣表云坐祝詛誅國除漢表云嗣二十九年後二年祝詛上要斬

夏侯嬰　後獄覆

陳沂曰證之已證其不傷矣後又有翻覆故嬰坐繫且受掠也

嬰與蕭何降泗水監平

楊慎曰降降之也嬰與何或用兵或招降之也張説非是

賜所奪邑五百户

劉辰翁曰賜所奪邑恐是嬰以他故奪邑至是復賜之耳漢書注亦有是説

子侯頗尚平陽公主

張照曰按此平陽主不知何人若即是武帝姊則曹壽之前不聞先有所適漢書衛青傳云平陽侯曹壽有惡疾就國乃詔青尚平陽公主則曹衛之間更無其人武帝時又不聞有兩平陽公主

灌嬰　坐行賕有罪國除

漢表元朔五年坐子傷人首匿免千户

張蒼　封爲高景侯注徐廣曰元年封

張照曰高祖元年尚是沛公周苛圍未死其誤必也依長歷計之一本作九年封者是

謂御大夫周昌

御下明脱史字
高后崩不與大臣共誅吕禄等免
歸有光曰漢書云高后崩與大臣共誅諸吕後坐事免攷吕
后紀漢書為是
張蒼為計相時緒正律歷
楊慎曰時字連計相讀為是故後言至于為丞相卒就之
復使人脅恐魏丞相
索趙廣漢傳云使中郎趙奉壽
而丞相司直繁君
索趙廣漢傳司直蕭望之也繁君名延壽見望之傳時丙吉
為丞相褚先生誤
在張廷尉語中黄霸條
張廷尉傳並無于廷尉語
陸賈　何渠不若漢
董份曰渠漢書作遽與遂通
朱建　而聽梁父侯遂反　臣瓚曰布不用梁父侯計
張照曰傳寫之訛多一不字
傅寬　陽陵侯
照曰漢地理志陽陵故弋陽景帝更置高帝時不容先有此
名年表索隱注楚漢春秋作陰陵
靳歙　身得江陵王
照曰共尉嗣臨江王此乃因其所都而以江陵王稱之
周緤　居為太常有罪國除
漢表云坐為太常收赤側錢不收完為城旦

張耳　今已張大楚王陳
師古曰言張建大楚之國而王于陳也
淮陰侯　以木罌缻渡軍
楊慎曰取罌缻百千以木縛之浮于水以代舡蓋軍事取速
成用成器也非如韋昭之説　愚按以木者謂若浮槎以渡
罌瓶者軍中汲水之器繫之于腰以便泅也
以麾召諸將易置之
馮鈍吟曰漢使至韓信必有証驗故漢王詐稱使者入信軍
偏裨皆漢將故得麾召易置之非他國敵人所能為也宋人
妄論可笑
夏侯嬰　面擁樹乃馳
余有丁曰按楊慎云服虔説是愚謂依此則不應下文繞説
欲斬嬰者十餘疑蘇説近之蓋初載徐行雍抱之乃疾馳也
酈食其　田間將二十萬之衆
劉攽曰此時何緣更有田間按田横傳乃是田解
陸賈　無久恩公為也
董份曰無久恩無字須挽上數見句讀言無見不鮮美之物
以久恩戒也
扁鵲　則邪氣辟矣而究氣愈深
董份曰辟者辟去之意究氣者即前所謂寒熱氣究也言邪
氣雖去而究鬱愈深也
虢太子死　國中治穰過於衆事
説苑作趙太子死　韓詩外傳作吾聞國中卒有壤土之亡
得無有急乎

乃使弟子　三陽五會
按韓詩外傳曰扁鵲入砥鍼厲石取三陽五輸為先軒之士八拭之陽（說苑作軒光之竈八成之湯）子同藥子明炙陽（說苑作子容搏藥子明吹耳）子游柴摩子儀反神子越扶形于是世子復生
元里公乘陽慶　正義云云
張照曰公乘蓋以爵為氏如壺關三老公乘興是也公乘為陽慶之氏非爵也
故濟北王阿母注鄭慈已者
按文疑有脫訛
吳王濞　以故無賦
按如淳說是正義轉謬
即使人鏦殺吳王
越絕曰東甌越王弟夷烏將軍殺濞
魏其　除關
徐孚遠曰索隱非也漢立關以稽諸侯出入至此罷之示天下一家之義也
天下士郡國諸侯愈益附武安
徐孚遠曰索隱說小曲天下士士人也郡國諸侯列侯也言此兩種皆附武安
生貴甚
照曰言蚡生而為太后弟貴甚言其不學無術也
不好面䛕
照曰蓋面諛也傳寫之訛或謂面䛕以喜悅親附意蓋於面非口諛也若然則諸家必有注解今無之故知非也

魯仲連　今齊湣王已益弱
鮑彪戰國策注云衍湣王字今乃襄王爾史亦誤
過而為政於天下
徐孚遠曰此解非也言秦未能并滅六國若尊之太過使得稱帝則為政於天下矣
天子下席注安王
彼烈王太子宜為顯王
齊湣王將之魯
徐孚遠曰前言齊湣王已益弱據此則在出亡以後恐前誤也
生則不得事養　賻襚
徐孚遠曰此解非也言鄒魯國小而貧不能備生死之禮
栗腹以十萬之眾五折於外
吳師戰國策補註曰魯仲連說燕將下聊城史不著年其事引栗腹之敗此事其在其後為燕王喜五年凡三十四年此蓋二事誤亂為一也田單由即墨起復齊七十餘城不聞聊城尚為燕守至三十餘年今曰攻之歲餘不下可見為此時燕將守聊城事也史稱㲊破齊不下者獨莒即墨單縱反間亦言二城而燕世家書聊莒即墨策亦有三城不下之言果一時事則聊城亦為齊守而非燕將為燕守者此語因聊城不下而引與莒即墨亂也改田單傳自復齊後無可書之事齊襄王十九年趙割地求單為將次年遂相趙距聊城之役凡十六年單豈得復為齊將哉此因歲餘不下之言聊〔〕墨之混而誤指以為單也仲連言栗腹敗燕國亂〔〕城〔〕

齊方阡以勢將必拔其言初不涉潛襄昭惠之際可謂ゝ
南陽魏攻平陸閔王時楚取淮南北單復齊後蓋已暇ゝ
聞楚魏交攻之事二事必在後也燕將懼讒懼誅連書亦無
此意此因樂毅而誤也史又稱燕將得書自殺單遂屠聊城
尤非事實齊所殺燕將惟騎劫耳不聞其他此因騎劫而訛、
也連之大意在於罷兵息民而忍坐視屠之哉策所云解兵
而去者當得其實而史不可信也史誤因策通鑑大事記稱
田單誤又因史也節錄

賈誼　至孝昭時列為九卿
淩稚隆曰按馮遷卒于漢武末年此言賈嘉至孝昭時列為
九卿此句蓋後人所增

呂不韋　至大期
張照曰大期猶詩言誕彌厥月也史以此明始皇之的ゝ
韋子言及大期而非期乃子楚猶不悟也若如徐廣言期十
二月則又何以信其為不韋子耶

刺客　豫讓拔劍三躍而擊之
按國策無此文國策補注曰或以其怪而刪之歟

聶政　臣所以降志辱身
秦藩本此下有索隱言其心志與身本應高潔今乃卑下其
志屈辱其身論語孔子謂柳下惠降志辱身是也共三十四
字

嚴仲子乃察舉吾弟
秦藩本此下有索隱案察謂觀察有志行乃舉之劉氏、
猶選也·六十八字

秦有荊軻之事
張照曰按年表自韓景侯元年癸酉至秦始皇二十年、以
共一百八十二年自列侯三年甲申盜殺俠累至始皇甲
荊軻刺王共一百七十一年自哀侯六年庚戌韓嚴弒其君
至始皇甲戌共一百四十五年正義不知如何計算蓋傳寫、
訛謬多矣

連結一人之後交
照曰後疑應作厚夫與國之大患相較固不當論交之先後
也況丹與樊於期交必舊矣何以云後也

跪而蔽席
蔽疑作撇音瞥孟荀列傳平原君側行撇席

李斯　夫忠臣不避死而庶幾
董份曰庶幾有他望也言忠臣不避死而幾他望也古鈔
與異同索隱解非

鑠金百鎰
徐孚遠曰鑠訓美非也鑠金謂鎔金於冶熱不可舉也故下
文搏必隨手刑

宦者韓談
徐孚遠曰史記談皆作同此仍談後人所改也

尉佗　封六子廣德爲龍亢侯
按年表索隱曰龍晷邑此注云龍亢屬譙國其說岐矣
云廣德所封止是龍有亢者誤也
司馬相如　右以湯谷爲界
陳子龍曰湯谷日出之區應在齊東而云右恐左字之誤正
義所云北向天子亦無據劉奉世漢書刊誤亦云右當爲左
葴橙若蓀
焦氏筆乘曰葴橙李善本作葴持葴音針乃馬藍又作寒將
即寒蔣善本蓋誤以將作持也張揖曰葴持缺故特詳之
故遣中郎將往賓之
徐孚遠曰賓說非也謂以賓見諸侯禮接之
揚雄以爲靡麗之賦　不已虧乎
王若虛辨惑曰前漢書全引此文語予嘗疑之按遷傳與
著其死之歲月然云遷已死後其書稍出宣帝時遷外孫楊
惲祖述其書遂宣布焉則其死不過在昭宣之間耳而雄以
成帝元延之初始自蜀遊京師年七十一卒於王莽天鳳五
年逆而推之宣帝之二十年雄乃始生遷著書時安得雄之
言乎是必孟堅所續而後人誤附於史記耳
淮南　廷尉臣賀
照曰百官公卿表張釋之以孝文三年爲廷尉終文帝世不
遷此廷尉賀不知何人疑有訛字
一尺布
容齋續筆曰高誘作淮南烈解叙及叔重註說文其辭乃云一
尺繒好童童一升粟飽蓬蓬兄弟二人不能相容

王使郎中令斥免
余有丁曰郎中令郎中之長斥免蠹被也
臣聞微子　麥秀之歌
呂氏春秋及宋世家皆以箕子
令我令樓緩
徐孚遠曰周被陳定皆著姓名緩不得獨去姓樓緩當是與
古人姓名同也
陳定發南陽兵守武關注春秋時闕文
闕文疑秦地二字之誤
王安自剄殺　徐注元狩元年十月死
按年表安在四十三年徐廣殆以負正十月當爲元朔六年
故只作四十二年乎否則二字狩字誤
衛山傳贊信哉是也
一本是下有言字
循吏　失刑則刑失死則死
韓詩外傳曰法失則刑刑失則死
鄭莊　其先鄭君
徐孚遠曰景帝時莊猶年少鄭君非莊父明矣或其祖也
儒林　胥靡申公
楊慎曰列子云胥靡登高不懼胥隸也靡末也胥靡末隸微
賤之人徐注腐刑無據
酷吏　遂使書獄
劉奉世曰謂案牘耳非律令也
猾民佐吏爲治

張照曰猾民畏縱之嚴反為吏耳目助治公務以自効呂
解最得如索隱所云則是今之把持官吏也

王溫舒免中尉（毛本作爲中尉）
歸有光曰漢書作王溫舒爲中尉而宣爲內左內史按溫舒
未嘗免作爲字是張湯免溫舒自中尉徙廷尉意即此時

大宛　爲發導驛抵康居
凌稚隆曰觀後書烏孫發導譯送騫還則此驛亦當作譯

其少從率多進孰於天子
余有丁曰進孰或是進見而孰於天子故得以進言若老成
者憚行役不肯言矣注孰美之說未必然也

徙其城下水空以空其城
照曰兩空字或作穴今攷其文義蓋上空字是穴字耳水
猶水源觀後文甚明蕩敗之說非是蓋欲奪其水非灌之
也灌以水則又何渴乏之有

禹本紀　大宛傳論
困學紀聞曰三禮義宗引禹受地記王逸注離騷引禹大傳
豈即太史公所謂禹本紀者歟

伍子胥　遂滅鄧魯之君以踈
張照曰此與左傳及魯世家俱不符且與下文召魯衛之君
會之橐臯句相刺謬疑文有誤　陳仁錫曰滅當作威

管晏列傳愼權衡
徐孚遠曰權衡鈞石之類蓋與民取平之意正義非

晏子懼然　正義引皇覽云云
徐曰此註雜入越石父事中爲不倫

穰苴列傳齊景公
蘇子由古史曰太史公爲司馬穰苴傳言齊景公拔以爲將
遂以成功歸爲大司馬大夫高國害之譖而殺之其言甚美
世皆信之予以春秋左氏考之未有燕晉伐齊者也而戰國
策稱司馬穰苴執政者也湣王殺之故大臣不附意者穰苴
湣王之臣嘗爲湣王却燕晉而戰國雜說遂以爲景公時耶
習學記言曰左氏前後載齊事甚詳使有穰苴暴起立功不
應遺落也況伐阿甄鄄侵河上皆景公時所無大司馬亦
齊官還故稱田乞田豹由此怨高國若不攷信于左氏者
作書之人夸大其詞而遂信之爾

吳起　即封吳起爲西河守
徐孚遠曰前既爲西河守矣此又云蓋離引而未刪正　照
曰徐說非也即封吳起蓋加以封耳下乃云爲西河守甚有
聲名而不得爲相今并作一句讀遂疑此句重出

公叔爲相
張照曰戰國策公叔疑爲魏公叔痤非韓公族也公叔痤爲
魏將而與韓趙戰澮北禽樂祚賞田百萬祿之反走再拜
辭以讓吳起之後則非害起者也此與國策參差不同

伍子胥　遂滅鄧魯之君以歸
按此與左傳及魯世家俱不符且與下文召魯衛之君會

槖臯句相刺謬疑文有誤

孔子弟子　以為能通孝道注鯫穀百乘

鯫韓詩外傳作鯖轉

樊遲少孔子　梁鱣少孔子

家語作四十六歲　家語作三十九歲

叔仲會　索隱

按魯峻石壁画像云少孔子五十歲

商君　作為築冀闕

董份曰既云作為又云築何也疑有衍字

蘇秦　六國從親以賓秦

張照曰賓字國策原作擯若索隱之意則竟以為主賓、賓

既以為賓未聞伐賓之義

鐵幕

徐孚遠曰鐵幕疑是障面而劉言臂脛之衣是重言甲。詐

五家之兵

王維禎曰五家之兵管子之制也高誘注欠明

驕矜而不敢進

驕矜國策作高躍

而燕王不復官也

官國策作館

齊伐宋宋急

余有丁曰傳中前言舉宋此復言宋急者何也据齊表此

是前段必誤

齊紫敗素也而價十倍

董份曰此正轉敗為功之意非言齊國困敝也

則莫若挑覇齊而尊之

國策挑作遂

燕秦符

張照曰符者節信也張儀傳云借宋之符燕秦符者絕之也

楚世家云齊折楚符而合于秦辭作徵兆非

乘夏水而下江

張照曰宜為夏水之口夏水通漢亦通江似不得以夏瀆之

水為解也

兵傷于譙不遇敗于陽馬

國策作離石馬陵

張儀　則從境以東

國策作從竟陵以東

五戰而三勝

徐孚遠曰越滅吳楚滅越懷王時吳之屬楚久矣安得更矣

人五戰此言誤也

楚王大怒

徐孚遠曰當言大王今言楚王亦誤

熱啜

按注引左傳穀梁公羊傳又無之

館豎子止之

國策作管與止之

臣主與王何異也

徐孚遠曰軫言己之為秦王計不後于楚王也索隱言

俱宜待二國之弊非也

甘茂　蜀侯煇相壯反

按華陽國志秦滅蜀封公子通爲蜀侯以陳壯爲相壯反蜀侯通秦誅通壯封子煇爲蜀侯煇爲後母所譖自殺與此異

則置之鬼谷

按國策作槐谷補註曰春秋後語注槐里之谷今京兆始平之地與此異

白起　白起爲大良造攻魏至攻垣城拔之

按此與秦本紀魏世家六國表所載互異

趙孝成王與平陽君

按平陽君趙豹趙世家注云戰國策曰惠文王母弟也

孟嘗　見木偶人　相語

徐孚遠曰索隱非也涇陽亦質于他國安得此土偶

春申　徧天下有其二垂

張照曰秦盡有西方之地而又克蜀凡楚之上流攻取殆盡則所謂二垂者指西南兩面耳正義未嘗合地圖繹之于東也

黃濟陽嬰城

鮑彪戰國策注曰嬰猶縈也蓋二邑環兵自守

范睢　鄭安平爲趙所圍急

圍監本訛困

樂毅　乃遺樂間書

顧炎武曰燕王遺樂間書恐即樂毅事而傳者誤以爲其子樂間樂乘怨燕不聽其計

戰國策補注曰新序以此爲燕惠王遺樂毅書致之毅、王書云今足下使人數之以罪而史所載惠王讓毅與效之語前燕王使人讓毅云云當是此章之首蓋錯簡也日云樂間樂乘怨不用其計於乘何與史趙世家孝成王十五年廉頗破殺栗腹虜慶秦樂間則是間爲將而破虜燕世家則云奔趙又趙孝成王十六年廉頗圍燕以樂乘爲武襄君二十一年孝成王卒廉頗將攻繁陽取之使樂乘代之頗攻乘乘走據策史所記多舛故知此書非樂間事而新序之語爲是云

樂瑕公教樂臣公

按田叔傳學黃老術於樂巨公所臣與巨必有一誤

廉頗　龐煖破燕軍

張照曰燕世家云劇辛故居趙與龐煖善戰國策云齊人有馮煖者史記作馮驩似即馮煖不言其歸趙也虞般佑高士傳鶡冠子楚人馮煖嘗師事之煖後顯於趙鶡冠子懼其薦己乃與煖絶索隱解龐煖即馮煖不知何據

秦多與趙　郭開金爲反間

戰國策秦王資頓弱以金北遊燕趙而殺李牧

田單　宣言曰

言監本訛王

夫始如處女

四語出孫子九地篇

索隱述贊羣鳥惑衆五牛揚旌卒破騎劫皆復齊城

五牛揚旌一句監本誤刻于其田單之謂耶句下今改正

田叔　仁發兵長陵令車千秋上變仁仁族死
此錯簡當削之發兵而族死者任安也

陘城令在中山國
此句不類太史公語此本訓注而後誤以為本文也

衛青　自衛氏興至無為侯者
自衛氏興下此節脫簡也當在坐法失侯下誤置傳末爾

平津侯　太皇太后詔大司徒大司空
此一節乃褚生所續者

班固稱曰　一節删去是

南越　女盡嫁王子兄弟宗室
九字為一句

朝鮮　左將軍擊朝鮮浿水西軍
湖本軍字屬下句讀非也

為浬陽侯
浬監本作溫誤

英布傳論　自愛姬生於妬媢　毛本作自愛[illegible]
顏氏家訓云媢當作娟娟妬也意英布之誅為意賁赫耳不得言媢

袁盎　主亡與亡
徐孚遠曰言盡節致命也如淳說疎

百金之子不騎衡
水經注作立不倚衡

張釋之　用紵絮斮陳蕠漆其間
蕠集韻音䋈黏著也漢書水經注皆去此字

下廷尉廷尉治
凌稚隆曰一本無重廷尉字

王遷立乃用郭開譖
按文義王遷立三字疑衍

及郡國車士
車疑騎字之誤　衛將軍傳[illegible]是車士之[illegible]騎字未決　不見[illegible]

萬石君　慶為太僕
按漢書百官表慶未嘗為太僕與傳異

田叔　復召孟舒以為雲中守
容齋隨筆極舒魏尚皆以文帝時為雲中守皆坐匈奴入寇獲罪皆得士死力皆用他人言復故官事切相類疑其只一事云

相當從入苑中　正義云云
徐孚遠曰疑苑中即是相國舊地正義引其說而未竟

上遣拜為司直
照曰遣字疑還字之訛蓋言武帝東巡還乃拜為司直

車千秋上變仁仁族死
按此文必有訛脫既以坐縱太子誅豈又以車千秋訟公

子寃而更族誅乎況文亦不類

問占著名數

照曰平準書云各以其物自占注郭璞云占自隱度也占

正宜用此解不宜解作卜字

魏其　君何不自喜田蚡

張照曰不自喜猶言不自愛下文所謂無大體是也注未合

○愚按不自喜謂過於激怒也

韓長孺　求爲帝太子　及殺故吳相袁盎

劉奉世曰刺漢謀臣在漢已立太子之後此云求爲太子誤

大臣不聽故刺之與諸傳不同當是此傳誤

智足以當世取舍而出於忠厚焉

董份曰知當世取舍者智也智者宜或失於薄而安國乃

忠厚貪嗜於財宜其所舉皆汙墨而安國又舉廉士太史

以稱之也索隱謬　徐孚遠曰出於忠厚言意本忠厚也

隱解出爲去非也觀贊語自得之

李廣　以良家子從軍

徐孚遠曰蓋自以才力從大將軍取功名非卒伍也如淳說

不分明

公孫敖新失侯爲中將軍

劉奉世曰按青去病傳是歲出塞無中將軍而敖傳是也

校尉從大將軍此傳誤也

儒林　太皇竇太后

當作竇太皇太后

匈奴　燕北有東胡山戎

張照曰索隱引續漢書蓋有訛脫字今據後漢烏桓傳云烏

桓者本東胡也漢初匈奴冒頓滅其國餘類保烏桓山因以

爲號焉隨水草放牧居無常處又曰父子男女相對踞蹲、

髠頭爲輕便

漢亦尚關市不絕以中之

徐孚遠曰如淳之說非也謂中其欲使不至時入塞

殺代郡太守恭及

漢書恭及作恭友顏注太守姓名也衛青傳作代郡太守

則及爲友無疑

匈奴傳論贊

張照曰案索隱讀作以便偏指不參句彼已將率句席中

廣大句氣奮人主句因以決策句誤也應作以便偏指句·

參彼已句將率席中國廣大氣奮句人主因以決策句

言匈奴者務讇納其說以便中其一偏之見而不以彼已之

害短長參之其將帥則席中國威勢以奮其氣人主就此甚

決策是以無功也

衛青　人奴之生得無笞罵

照曰人奴之爲一句生得無笞罵即足矣爲一句生讀如生

乃與噲等爲伍之生說亦可通

校尉僕多有功　索隱云云

按僕多祇一見於漢表耳史漢驃騎傳及建元以來侯者年

表皆作僕多

常與壯騎先其大將軍軍至困絕也

董份曰嘗與壯騎先其大將軍爲句軍亦有天幸承上

夏下符壹好皇帝後尉屠睢內插船云士

仍興之勞

凌稚隆曰仍興漢書作仍興注重興功旅之勞也

逴行殊遠

照曰逴漢書作卓隸辨曰祝睦後碑懿德逴優按卓古通逴

楚辭哀時命處卓卓而日遠兮卓一作逴

元封元年嬗卒

封禪書奉車子侯暴病一日死

遂開河西酒泉之地　正義謂凉肅等州

照曰謂字上疑脱酒泉二字

公孫宏　又使尉佗屠睢　攻百越

照曰按淮南子人間訓曰秦皇利越之犀角象齒翡翠

乃使尉屠睢發卒五十萬爲五軍則此佗字疑衍

弘爲舉首

王若虛辨惑曰舉首下意似不足豈有闕文乎

後聖不循

董份曰後聖聖字恐當是世字言禹聖德後世不能循也

始之盛也

凌曰一本始作治

始以蒲輪迎枚生

徐孚遠曰封泰山用蒲輪恐傷草木也迎賢人用蒲輪

車安也索隱非是

游俠　侯之門仁義存

余有丁曰此即上文饗其利者爲有德意也索隱注未明

近世延陵

楊慎曰延陵吳季札也不必引延陵生太史公作傳〻不名

者必其顯著者也或曰季札豈游俠耶余曰太史作傳既重

游俠矣必援名人以尊之若貨殖傳之援子貢也子貢既入

貨殖傳季札獨不入游俠乎故曰延陵孟嘗春申平原信陵

之徒皆因王者親屬藉於有土若趙之延陵生不可言王者

親屬也

且無用待我待我去

王若虛辨惑曰疑重用待我字

佞幸　仁寵最過庸不乃甚篤

楊慎曰仁寵最過爲句庸不乃甚篤爲句不否同索〻

已非解又可笑

滑稽　昔者齊王使淳于髡獻鵠

凌曰按此淳于髡事誤入於此

日者　比周賓正

徐孚遠曰賓正猶擯正也徐說煩曲不明

家產子　後乃有之

張照曰若卜而後收子則子之不得收者多矣古之人豈信

天理絶人命若是索隱之說謬矣蓋言生子必視其日日占

其吉凶其後亦俱有應云爾

龜策　宋元王時

事出莊子外物篇褚先生誤元公爲元王

敎爲象郎
陳子龍曰郎之與廊古字通用也象郎似以象飾室之名或作繪象如後世画室之意二義俱通觀後閔之象郎知究是室也
與天帝爭疆
殷本紀作武乙
貨殖　天下壤壤
鹽鐵論作天下穰穰
之陶
括水經注云定陶縣則曾州近之
夫歲孰取穀予之絲漆璽卤取帛絮與之食
卤各本並作出　程一枝曰璽字屬上句讀出字本作卤字形相近而訛也
夫燕亦勃碣之間　注碣石在西
杭世駿曰西下宜有北字
以故呰窳
徐孚遠曰觀下文偷生無積聚則羸弱病足之說非也
爲督道倉吏
班馬異同曰督道者倉所在地名耳猶後傳注漢宮闕也稱細栁倉也
自序其在衛者相中山
呂氏春秋司馬喜難墨者師於中山王前
以傳劍論顯　晋注
按序傳作不能傳兵論劍與晋注所引異必有一誤

蒯聵玄孫爲武信君將
劉敞漢書刊誤曰此言當始皇時爲武信君將則武信君非武臣也項梁亦號爲武信君皆非始皇時
使人儉而善失真
董份曰墨者儉是矣若名家言儉似不可曉蓋此乃檢字字因上有儉字而誤耳解曰檢者法也又曰檢者束也下文察繳繞即檢束之意
遭李陵之禍
董份曰謂陵降而大史公救之帝怒下蠶室也正義謬疏
貨殖
張照曰史以貨殖傳終所以見先王詩書禮樂之澤至当之世而蕩然無遺蓋傷之也末用非也二字作結彰彰可而後儒猶謂馬遷重貨殖而薄仁義寧得稱知言哉
楚世家子幽王悍立
廖道南曰幽王即李園女弟所生子于黄歇歇進于考王者楚紀絕矣故下著秦相呂不韋卒有意
越句踐世家後二十餘世
茅坤曰越不通上國故不能譜世系

史記考証 從四庫館本録出以南監本作底

五帝本紀黄帝紀南至於江登熊湘注在商州上洛縣
刊本脱上字据唐書地理志增
青陽降居江水注豫州新息訛息縣 据唐書地理志改
葵橋山注在上郡陽周訛周陽縣 据漢書地理志改
帝嚳高辛 天下之歸嚳其德 天下之歸因其名
案通鑑音釋引此文天下俱作天子與漢書古今人表注ㄟ
自言其名注曰夋訛岌 据索隠改
帝堯紀嗣子丹朱開明注丹水故城又丹水故爲縣
案漢書地理志丹水縣属宏農郡無丹朱縣今据改
受終于文祖注黒帝汁旧脱光紀之府
爲摯注孤執字脱二 皮帛 庶人執鶩訛麃 据國語改
放讙兜于崇山注不畏風雨禽旧脱獸
遷三苗于三危注三危山有三旧脱峯 据地理今釋所引括
志增
二十八年而崩注堯葬濟陰丘壠皆小 刊本皆小二字訛乙
山字据漢書劉向傳改
虞舜紀陶河濱注方得爲陶舜訛舜陶之陶也 据水經注改
歴山之人皆讓畔注韓子歴山訛云農相侵畔訛略 据韓非子改
謂之八愷注史克對季文子
按左傳此係季文子使史克對魯宣公之詞索隠誤
天下謂之渾沌注南海之帝爲儵北海之帝爲忽 刊本儵ㄟ
脱五字据莊子增

顧弟弗深攷注史記訛漢書
夏本紀浮于濟漯注濟水出平原漯脱陰縣東 据地理志増
濰沂其治注沂水出泰山盖縣艾汶山 据水經注改
雲土夢作爲治注楚子訛王船濟江入訛寢于雲中
汶嶓既藝注岷山在益岷州溢樂洛南一里 据唐書地理志
改
澧水所同注而水經以沮澧水出北地 据水經注改
終南敦物注垂華山古文以爲敦物 据地理志改
注終南山一名地肺脯 据經典釋文引三秦記改
浮于積石注今名小積石山
析城注析城山在澤州陽城縣脱三字西南七十里 据元ㄟ
縣志改增
至于太華注太華即敦物 按漢書地理志乃垂山此以大
當之誤
過九江注駉按孔安國三字誤作國語二字曰 据尚書孔傳改
至于合黎注一名窮石名山
道河積石注其水停居脱冬夏不增減潛行地中脱四字其衍句
出積石 据漢書西域傳改
南至華陰注至華陰山北而東行 按尚書孔傳無陰字
東至于盟津注孟津在河陽陰 据下引十三州志改
道沇水注南當鞏之北南至倒二字入于河 据水經注改
癸甲生啓注蓋今文尚書脱漏陋
受豕韋之後注豕韋防姓 案國語鄭語云彭姓彭祖豕韋⊙
豕韋實彭姓此引世本作防姓誤

殷本紀湯歸至于泰卷陶張注坰陶古銘反
既葬伊尹于亳注大天霧三日　据通鑑前編改引此文改
得說于傅險注沙澗水北出脫虞山東脫南逕經傳巖北
經註增改
王嗣敬民注民事無非天所嗣常也　刊本衍時天時三字
訛祀字据尚書孔傳改
子帝太丁立　案太丁當依竹書紀年作文丁
益收狗馬注二七百七十五三年　据竹書紀年改
大聚最樂戲于沙丘　据通鑑前編引此文改
九侯注相州滏陽縣　据唐地理志改
西伯伐飢注一作阢肌
衣其寶玉注逸脫周書云
周本紀周后稷名棄注右扶風美陽脫二字縣岐山在脫二
据地理志增
封棄於邰注一名武功城在雍州武功脫二字縣西南
后稷卒注大荒經曰黑水青水
按攷山海經此係海內經文黑水青水作西南黑水與山
國於豳注即漢漆沮衍縣　据地理志刪
季歷娶太任注太姜有呂台氏女　据列女傳改
伯夷叔齊在孤竹注殷時諸侯孤脫竹國也　据伯夷傳注增
姓墨胎脫氏　按据伯夷傳注增
于是虞芮之人注括地志云又閒原　按又字應在括地志下
封尚父於營丘注水出其前而左曰營丘
按爾雅作水出其左營丘無前而二字

封召公奭於燕注城薊內則西北隅有薊丘　据水經注改
注燕山在脫薊幽州漁陽縣東南
封弟叔鮮於管注周武王弟叔鮮脫所封
我南望三塗途　注三塗在陸渾澤縣脫南　据左傳注增
注東北接碣石西北脫二字接嶽山　考地理志增
注一名太岳在洛西而北恒脫山在洛東北　攷地理志增
黥辟疑赦注鋝鍰亦六兩　鋝鍰量　据周禮注改
王御不參一族注婦妻官也　据國語注改
宣王既亡南國之師注南國江漢之間門　据國語注改
伐陸渾之戎注陸渾在秦晉脫西北　据左傳注增
北取趙藺離石注西河郡脫有趙衍藺離石二縣　据漢書地
理志增刪
因以應為太后養地注今潁川城父縣應鄉是也
城父二字舊本誤倒据地理志改
秦本紀騄耳之駟注騎騟騟　按騟訛騟据穆天子傳改
為西垂大夫注漢隴西西郡縣是也　据封禪書正義改
初為鄜畤注秦文公夢黃蛇自天而衍下屬之衍地其口脫二
止于鄜衍　据封禪書刪增
古之人謀二字互倒　當据秦楷改
子共公立注名緞　按春秋共公名稻年表名和此疑誤
子哀公立注作畢埋公据始皇本紀改
作為咸陽注即秦公徙都之者　按秦下應脫孝字
齊敗魏馬陵注澗谷深峻脫　据通鑑集覽增
歸商君注商今州商洛縣在商脫州東九八十衍九里　据[illegible]

集覽改
檮里疾攻魏焦　刊本檮訛檮 [illegible]
九鼎入秦注秦昭王取九鼎其然一飛入泗水
蒙驁攻魏高都注蘇忿生七衍十二邑　据左傳刪
始皇本紀五年燕盧長平注三二訛邑名　据毛本改
八年河魚大上注劉向所謂魚豕蟲之孽　据漢書五行志改
九年車裂以徇注取太后遷之咸陽宮
案通鑑作遷太后於雍萯陽後乃迎太后遂歸咸陽此咸
疑萯字之訛
十四年取宜安注在常山州訛蔡城縣　据通鑑集覽改
十七年內史騰攻韓　按六國表騰作勝
廿七年出雞頭山注原州平脫高縣　据唐地理志改增
過回中焉注回中宮在岐雍訛州雍縣脫二字西四十里一　据通鑑
集覽增改
二十八年由武關歸注少脫習商縣武關也　据左傳注增
三十四年謫為城旦注四歲刑也訛　据通鑑集覽改
三十七年渡海渚注舒州同周安縣　据唐地理志改
臨浙江注晉灼曰其流東至會稽山陰而西折故稱浙、折音折
刊本訛作江水至會稽山陰為浙江音折今据漢書注增改
北至榮成山注即成脫山也
秦直其位注位得在水火脫之間
項羽本紀下相人也注在泗州宿宣豫預縣　据唐地理志改
軍彭城東注彭城古彭祖二字訛作相字國也　据楚世家註改
行至安陽注隋脫改已氏

夜引兵渡三戶注王浚伐鄴　刊本浚訛俊据晉書改
洹水南殷虛上注盤庚遷於北冢二字訛作此汲冢三字　据竹書紀年
改
在車衡左方上注之涎注訛柱　据漢書註改
乃封侯公為平國君注和平邦郡國　据漢書注改
舉九江兵注分為九北江　据地理志注改
於是項王乃欲東渡烏江注注水經云水又北　按此七字疑
衍通鑑集覽引括地志云云中間無此七字
馬童面之注故難親視斫之　据漢書注改
吾聞漢購我頭千金注以一斤金為一千金　据漢書食貨志
改
封楊武為吳防侯注堂唐谿氏　据吳楚世家改
高祖本紀隆準而龍顏注李斐曰準鼻也　刊本李斐訛文穎
為亭長時注使得帶印綬紱　据漢書注改
慓悍猾賊索隱方言云　刊本作一云誤　又劉音匹妙反、
本脫劉字　猾賊漢書作禍賊也刊本脫猾賊二字
後元年秦王子嬰封皇帝璽符節注青囊白素裹
刊本訛作青布索白索据續漢輿服志改
實不用其命注當時是謂之四月　据漢書注改
四年虜中吾指注或云中脫胸而捫足
六年縣隔千里注與諸侯相懸隔地衍絕千里也脫
八年蕭丞相營作未央宮注公車司馬脫亦在北焉
九年始大人以臣無賴注江淮謝之間
呂后本紀子朝為軹侯注在懷州濟絡源原縣東南　据秦本

紀注改
適奉天子法駕注天子所脫乘金根車　五時副車皆脫駕四
馬　据蔡邕獨斷增
孝文本紀夏啓以光注至王啓始傳父爵
大將軍陳武　按陳字漢書作臣服虔曰柴武也此應訛
臣謹請與陰安侯注羹頡侯信終母
元年古之有天下者莫衍不長焉
二年句以告朕　句訛曰
故惘然念外人之有非注惘音下板反
六年羣臣請處王蜀嚴道邛都注邛都縣本邛脫都國　本志
嚴道脫地
十七年　軍句注注山險名也在脫雁門陰館　据漢書注增
毋車及兵罷注服虔曰脫三字不施輕車介士也　据漢書注增
奏武德文始注冠冕衣脫服法五行色　据顏注增
孝景本紀三年膠西王卬注故平脫昌侯　据年表增
齊王將廬注將脫廬　又廬脫漢書作閭
中三年匈奴王率其徒來降注容城侯徐盧虛應易侯僕黯之
据年表改
中五年封十侯注亞谷王侯盧他之隆龍慮侯陳衍留嬌　据年
表刪改
後元年更命中大夫令為衛尉　旧脫令字据百官公卿表補
孝武本紀泰一佐曰五帝注國語注　案此三字當改作春秋
緯所引蒼帝靈威仰云云見文耀鉤國語注無之
黃帝名神斗協　据周禮注改

游水發根注在臨淮淮脫浦　据地理志增
神君最貴者太乙二字旧訛大夫　据封禪書及漢郊祀志改
宋之社亡注使不脫通天地之氣
為餟食注餟祭酹酹也　据說文改
若云欲脫見天子　据封禪書增
而以雞卜注持雞骨用卜　据正義及漢書注改
三代世表序余讀諜　案諜字絕句觀索隱訓諜為系謚之書
甚明各本移下句記字于索隱之上連此句讀失其解今据
毛本改
帝顓頊梏起黃帝至顓頊三世號為高陽刊本脫號高陽三字
据本表例增
帝俈第三梏蟜極生高辛高辛為帝俈　各本為訛二　注黃
帝曾孫　各本曾訛乎
衛表康叔封脫考孝訛伯
陳表幽公甯衍公衍　据世家刪
楚表熊渠熊無康衍三字　按世家云毋康蚤死未立今据刪
十二諸侯表魯表真公濞濞注慎公嚊單　据毛本改
莊公弟叔牙鴆死子般　按左傳叔牙為季友所鴆共仲使圉
人犖賊子般于黨氏非叔牙鴆死子般也此有脫訛
宣公倭訛倭
秦表莊公其脫元年　据索隱增　祠白日帝
鄭表莊公三十三年以壁加加魯　昭公忽脫元年
蔡表桓侯十三四年
楚表王伐隨告脫夫人心動　据左傳增

蔡表蔡穆侯肸肹元年
宋表襄公十三年注公脫傷股
六國表秦表始皇四年七月蝗蔽天天脫下疫脫　太后入咸
陽大索逐客脫二字　並据本紀增
魏表文侯十八年受經子夏　案世家在周安王二年通鑑在
　威烈王二十三年此作十八年三處互異
韓表韓姬弑其君注記訛認　据監本及索隱改
趙表簡子四十三年注定公三四十七年　据晉世家改
四十八年衛莊公飲大夫褚師比脫三字不解履　据左傳增
齊表平公十七年乃今知所說以亡　据左傳補
秦楚之際月表趙表趙王歇十一年章邯破失邯鄲　据通鑑
改

義帝元年一月案此六字刊本及各本俱訛入第一格考義帝
項羽及十八王共二十國依本奏上文及六國表例止當爲
二十格或從十二諸侯年表例多上一格標年干支則爲二
十一格而上一格仍空不紀年月事乃爲合體各本史記以
義帝元年一月標列上一格諸侯前懷王爲義帝列第二是
以義帝年月事占兩格也下文二月一格云徙都江南郴紀
義帝事二格西楚霸王云云又以三格楚表事訛移二格不
與前接以下相仍第三格竟空或訛衍他格文殊失表體非
史遷之舊今改從十二諸侯年表例空第一格作年干支之
地二格通紀義帝事義帝亡後即空第三格通紀項籍事四
格以下仍依原文
一月第三格索隱高祖及十八諸侯受封之月案此表以一月
分國二月諸侯受封三月都漢漢書表則以一月諸王受封
二月都國比此移前一月故索隱於一月二月下俱引漢書
表及應劭語以明其異各本此注訛入二月第三格二月注
又訛入三月第三格並據毛本索隱改入一月第二格又索
隱一月作正月無義帝元年四字與此異
二月第三格都彭城案此三字各本誤入二格其三格內有都
江都三字考十八王無都江都者今刪改
漢興以來諸侯年表序太原以東至遼陽集解遼東遼陽縣刊
本脫陽字據漢書地理志增
梁表都睢陽刊本睢訛淮據梁孝王世家徐廣注及漢書文王三
王傳改
代表初王喜四年匈奴攻代王棄其國案高祖紀七年十二月
辛卯立子如意爲代王九年正月徙如意王趙則代表八九
二年當繫之如意不得爲喜三年四年也又脫如意二字今
改　又正月丙子初王恒元年刊本正訛二案高祖紀立恒
在是年春信反之前漢書在正月信反之後其下有記書冠
以二月則初封實在正月漢表亦云正月丙子今據改
齊表文前元年六格初置城陽國刊本城訛成國訛郡據齊
悼惠王世家及漢書地理志改　又十五年十格分爲膠西
都宛檢齊悼惠王世家正義引此表作都高宛考地理郡國
志宛屬南陽郡高宛前漢屬千乘郡後漢屬樂安郡俱與膠
西無涉又考地理志高密國云故齊文十六年別爲膠西國
治高密則宛字當作高密訛密爲宛又脫高字耳徐廣注樂
安有宛縣蓋廣所見本已作高宛故以樂安高宛當之而後

人又誤删高字舛謬極矣　又頃王遒元年索隱濟南王辟
光之子檢毛本子作孫考齊悼惠王世家及漢書表傳頃王
遺靖王建之子懿王志之孫此及毛本索隱俱誤　又荒王
順元年刋本順訛賀據齊悼惠王世家及漢書年表高五王
傳改
高祖功臣侯年表序百年之閒見侯五正義陽阿侯齊仁刋本
阿訛河據校宋本改後表並改
孝景格下後元二年案景帝紀中二年後二年以下不加元年
漢表亦無元字此訛衍
汝陰侯第二格致孝惠魯元刋本致訛至案此字漢書表作全
今據本書夏侯嬰傳致孝惠魯元于豐句改
陽夏侯第三格自立爲燕王刋本脱王字據陳豨傳及漢書表
增
南安侯第二格索隱亞將漢表作重將刋本重訛連毛本同
漢書顔師古注改
東茅侯第二格補韓王信爲將軍刋本脱王字據漢書表增
陽阿侯第三格索隱漢表云齊侯其石刋本脱索隱二字據毛
本增　又八格元鼎四年恭侯章元年元封元年埤山侯仁
元年據索隱及漢書表稱章改封埤山則埤山二字當冠恭
侯章上不當在侯仁上此誤
涅陽侯第三格索隱五侯斬項羽皆謚壯漢表以爲壯避諱皆
改作嚴刋本壯訛莊脱爲壯二字據毛本及項羽本紀集解
改增
平棘侯第六格有罪爲鬼薪刋本脱爲字據漢表增

栢侯至第二格漢表師古曰二馬曰駢駢鄰謂駢兩騎爲單冀
也刋本脱一駢字據漢書注增
栒侯第二格從曹咎軍案漢書表從下有　字此脱
虆侯刋本虆訛虆索隱同蓋因漢書作虆師古音公老反而誤
案地理志山陽郡虆臣瓚音拓水經泗水注亦作虆今據改
清侯第三格簡侯空中同元年刋本脱同字據毛本索隱及漢
書表水經注增
繁侯第一格索隱恐别有繁縣志闕案地理志繁縣屬蜀郡索
隱蓋未之考也
離侯第三格索隱光禄大夫滑堪刋本滑訛潸據毛本及漢書
表改
長修侯第八格元封三年刋本三訛四據本表侯相次嗣位年
數及漢書表改
土軍侯第一格索隱西河有土軍縣刋本西訛兩據毛本及地
理志改
汲侯第一格索隱漢表作伋伋與汲並縣名屬河内案地理志
河内有汲縣無伋縣又今漢表亦作汲非伋字考地理志河
内郡有波縣水經濟水注云波縣故城漢高帝六年封公上
不害爲侯國據此則漢表及索隱俱當作波傳寫誤耳
衍侯第三格簡侯翟盱索隱盱音况于反刋本盱訛盱于訛千
據毛本及漢書表改
陽義侯第一格索隱縣屬丹陽刋本丹訛宜案宜陽縣名非郡
名據毛本改
戚侯第一格索隱漢志闕案地理志東海郡有戚縣郡國志亦

同索隱蓋未之考

壯侯第八格元光五年侯廣宗元年漢表是年節侯周嗣又元朔二年侯廣宗嗣此無節侯周一世疑脫

廿泉侯第三格以都尉從軍侯案漢表侯下有五百戶三字此脫　又三格壯侯王竟元年刊本脫壯字據毛本索隱增

惠景閒諸侯年表郳侯第一格索隱一作洨刊本洨訛汶據毛本改

靖郭侯刊本靖郭訛清都據毛本索隱改

周陽侯索隱縣名屬上郡後周陽注同案漢書地理志上郡縣名陽周不名周陽此及索隱並誤

垬侯索隱縣名屬東平刊本平訛年據毛本及漢書地理志改

乍丘侯刊本乍訛瓜據毛本索隱及漢書地理志改

南郇侯索隱河内有郇亭音蘈刊本蘈訛穎據毛本改

江陽侯索隱縣名在東海案漢書地理志江陽屬犍為郡此云東海誤

索隱述贊本枝分蔭肺腑歸誠刊本肺訛外又咸開青社俱受丹旌刊本旌訛青又吴芮有聲刊本芮訛便並據索隱改

建元以來侯者年表平津侯第五格三年侯度元年刊本度訛慶七格同據毛本索隱及漢書外戚侯表改

安樂侯刊本安樂訛樂安據毛本索隱及漢書功臣表改

龍頟侯索隱崔浩音洛刊本洛下衍屬齊二字又今河間有龍頟村刊本間訛關頟下衍崔字並據毛本刪改

從驃侯第二格以匈河將軍案漢書功臣表作以匈奴河將軍又六格侯破奴坐酎金國除刊本脫破字今增

煇渠侯索隱僕多所封則作煇渠刊本僕訛侯又則一邑分封二人也刊本脫一字又五格三年七月壬午刊本午訛年並據毛本增改

褚氏補表陽平侯蔡義案漢書外戚表作陽平節侯王義

索隱述贊南討甌越刊本甌訛閩又長平鞠旅刊本旅訛旋並據毛本改

建元以來王子侯者年表廣望侯刊本廣望訛望廣據毛本索隱及漢書地理志改

蓋胥侯索隱漢志在泰山案漢書地理志泰山郡蓋下無胥字

皋狼侯第四格劉遷元年刊本遷訛據毛本索隱改

廣陵侯第四格虒侯劉表元年刊本虒訛常據毛本索隱改

被陽侯刊本被訛披據漢書王子侯表及地理志改

定侯第四格索隱漢表作敷侯刊本敫訛數下同據毛本及說文改

牟平侯第四格恭侯劉渫元年刊本渫訛㻡下同據毛本索隱及漢書王子侯表改

兆陽侯第四格索隱漢表名狩燕刊本狩訛將據漢書王子侯表改

昌侯第五格劉羌元年刊本羌訛差下同據毛本索隱改

雩段侯刊本段訛殷據漢書地理志改

文城侯集解一作六城刊本文訛六六下脫城字據毛本索隱及漢書地理志改增

彭侯第五格劉彊元年刊本彊訛偃六格同據毛本索隱及漢書王子侯表改

栒侯索隱表作栒音㑺栒在扶風與栒别也刊本栒字栒字互
訛又五格劉賢元年刊本賢訛買六格同並據毛本及漢書
王子侯表地理志改
臯虞侯第六格元年五月丙午侯劉建元年案自此至末改漢
書王子侯表俱係元封年分所封應在七格此在六格元鼎
年分誤
漢興以來將相名臣年表孝惠五年第二格八月己丑參卒刊
本已訛乙據漢書惠帝紀改
孝文二年第二格揖為梁王刊本揖訛揖據漢書文帝紀改
孝景二年第二格閼為臨江王餘為淮陽王刊本閼訛閼陽訛
南據漢書景帝紀王子侯表改
元朔四年第二格匈奴入殺定襄代上郡刊本脱定字今增
五鳳二年第三格四月己丑刊本四訛五據漢書宣帝紀百官
公卿表改
甘露元年第三格三月丁巳刊本巳訛未據漢書百官公卿表
改
索隱述贊陳平作相刊本陳平訛平津據毛本改

禮書篇目注君臣朝廷儀缺
側載臭茝注側持持也　據儀禮注改
汝潁以為險注東至下蔡入淮也地
尚俎尊而脱俎上衍腥魚　據小戴禮增刪
三侑侑之弗食也　據荀子注改
注情文俱盡乃言見禮之至備也　據荀子注改
審禮詐僞缺四字自消滅矣　據王鏊本增
樂書篇目注今樂記惟雖有十一篇
習常肄舊熟舊而已
注怒在隨心心隨怒　與政通矣注言徵以八音和否
一倡而三歎注先文王之道
樂者為同注是為脱同也
治定制禮注三明天地脱應禮樂也
以歌南風注孝子歌之之歌言也得父母生長　據禮記疏改
其舞行及遠　及訛綴下同　據上文索隱改
大泰章章之也
禮樂見天地之情注是見地之脱情也
區萌達注菽豆之屬　案句上當有曲出曰區四字此脱
是故德成而上注上堂上脱也
奮末廣賁之音注廣大衍之也
而逆氣應之注皆有本　案依下文德者性之端也正義此皆
字上當有三明邪正四字
耳目聰明注故視聽聰明　二字訛倒
聽者性之端也注皆不可偽也　刊本訛可為也

復亂以飭歸注以整歸德衍也　据禮記鄭注删

封帝堯之後於祝注平原郡即祝阿縣也

律書壹稟於六律注終於南事呂而六十律畢　据續漢志改

辰者言萬物之蜄也注振美蕤于辰　据漢志改

上九商八羽七角六宫五徵九　案文獻通攷云此十二字恐傳寫之訛當是宫九徵六商八羽五角七共十字

神生於無形注無形爲太虛陽氣　据下文改

歷書察度驗注以爲道義衍之發斂景人衍之長短　据續漢志删

其更以七年爲太初元年注四年衍千六百一十七歲　据漢書志删

横艾淹茂注玄默黓　据爾雅改

徙維執徐三年　案此下有閏十三三字刊本脱据監本增

祝犂大荒落四年　案此下有十二二字刊本脱今增

天官書中宫旁三星三公注占以徙從爲不言　据宋史天文志及文獻通攷改

前列直斗口三星注又音值直訛　從毛本改

抵營室注營室七星　按星經營室止二星此七字訛

魁海岱以東北也注海岱代郡也　案海岱與代郡絶遠此代字誤

建衛十二星注上相兩星間　按刊本相訛將

右執法上將相間名曰右掖門

郎位注光潤有常之吉也　据星經改

五曰少微注在太微西　南北列　据星經改

兩河天闕間爲關梁注闕丘二星在南河二字舊互倒東舊脱天子之雙闕　据星經改增

西宫昴畢爲天街注陰西南象脱坤維是爲衡石注白虎宿中東脱西直　主葆旅事注葆采菜訛禾也訛野生曰旅　並据漢書天文志注增改

北宫婺女注爾雅云須女謂之婺女　按爾雅無此文攷星經云須女四星亦曰婺女此爾雅當作星經

塡星其一名曰地侯注以塡主木衍土故也

太白注晨出東方二百四十日而入入四十日四字舊脱又入西方　据漢書天文志增

日方南金居其南注謂之日南是是也二字衍地于日爲近南也　据周禮注删

金曾謂太白也　据漢書改注改

圜以靜　按刊本圜訛圓据宋本改

月行中道條六月者一而五月者凡五百一十三月而復始　按依索隱説當作而五月者五凡百一十三月而復始　此五字凡字誤倒

本曰火　按漢書火作人孟康曰人與星氣相應也此火字誤

蕭索輪綸囷　据宋本改

夫天雷電蝦虹　据漢書天文志改

比數雨兩　据漢書天文志改

率日食一升注孟康曰正脱月一日雨　据漢書天文志增

封禪書篇目注封者金泥脱銀繩　石古訛泥金繩　据白虎通增改

其口止於鄜衍注三輔謂山阪陵間爲衍也　据漢書改

故有吳陽武畤注有吳陽地脫也　据漢書注增
禪云云注山在蒙陰陽縣　据漢書郊祀志改　注山在兗州
博城野縣西南　据唐書地理志改
作畦畤櫟陽注畤中各有一二土封
以天齋也注當天中央中齊　据漢書郊祀志改
水曰河祠臨晉注姓呂名脫公子
鳴澤注在易州涞淶水縣北　据唐書地理志改
而雍有日月參辰注漢書衍舊儀
杜主故周之右將軍注宣王田于圃田脫　据漢書郊祀志注
增
立靈星祠注右角為天大大庭
神明之墓也注謂濛北谷也　据郊祀志改
穿蒲池溝水注或作溝訛蘭　据漢書注改
黃錘集解黃縣錘縣皆在東萊　案本書孝武紀集解作黃錘
人姓名與此互異
為酘食羣神臣從者　据孝武本紀及郊祀志改
河渠書乃厮二渠注漢書作釃灑
三江五湖注具區洮兆滆
自中山西邸瓠口為渠注田于何河所　据溝洫志改　又注
中山脫一名仲山
戲皮氏汾陰注皆治此也
湯問其事　湯訛阿　据溝洫志改
是時東流郡燒草　案東流郡漢書溝洫志作東郡此流字衍
宜刪

搴長茭兮注茭竿芋也
所以引致土上石者也
太史公贊徐廣曰云云　案此注與本文全不比附乃他處錯
簡在此
平準書散幣於邛僰注臨邛屬蜀僰　据地理志改
東至滄海之郡　案至漢書食貨志作置此訛
二曰以脫重差小
官與牢盆注今世人言雇手牢衍盆　据漢書志注刪
欽左趾注張斐裴
索隱述贊引羊心訏討
吳太伯世家申公巫臣注馬鄗陵之會
楚公子圍注楚子麇麋卒
公子光伐楚注鍾離屬九江二字訛江南　据地理志改
王夫差元年注太伯至壽夢十九代年諸樊已下六王二十五
代年
趙鞅將伐吳注魯襄公之代伐
齊世家子莊公購立索隱年世表家及系本
伐滅郯注蓋亦不當作譚郯字
城楚邱注楚邱濟脫陰脫城武武城縣南　据毛本增改
楚莊王彊　年表彊作侶
崔宗邑注濟南陽東朝陽縣
監闞止有寵焉　据索隱及毛本改
四乘如公注昭子是桓子公之子
魯世家是為魯公注凡樊將邢茅胙祭也

季氏文亡則魯不昌
燕世家召公奭注召穆康公虎
桓公十六年注譙周云系本家襄伯生宣伯無桓公脫
管蔡世家次曰成叔武注在脫濮州雷澤縣在衍東南九十里
封姊武於成注後漢郡國訛地理志
衛世家因殺州吁于濮注東北至離狐孤分為二　据地理志
及水經注改　濮水受泲沛水
宋世家滅阢國脫　阢國懼二字衍懼　据毛本删
王道平平注言辯下治也　据尚書孔傳改
是為微仲注猶稱脫微　据家語增
曰大夫華元為右師注公子鮑曰旧本二字訛在華元下　華元請得為右
師
鄭受命于楚伐脫宋　据左傳增
殷有三仁焉注微子仁仕之窮也
晉世家使人迎公子重耳於翟注使屠岸夷告公子重耳於翟
刊本夷告訛迎夷吾　据國語改
齊伐魯取隆注在東宛縣東
攷漢地理志無東宛縣惟琅邪有東莞注孟康曰故鄆邑今
鄆亭是也此所引蓋以孟注誤作志文而莞又訛宛
楚世家四曰會人注會人者鄶鄭是也　是為會鄶人　邛姬
姓所出
楚武王注得銅鼎而銘名曰　据郡國志注改
是歲滅庸注今脫房州竹山邑縣令衍是也　据唐地理志改
伐陸渾注允尹姓之戎

楚國折鉤之喙正義喙許衛反　刊本此段訛在上無阻九鼎
下令移正
靈王曰用桓公注用曾召陵之禮意也
將欲入鄢注原出襄州義清縣　据唐地理志改
三晉來伐楚注三晉公子二字衍攷年表無此二字伐我至乘桑邱
以河山為塞注河蒲州河
索隱述贊文既伐代中
越世家子教寡人伐吳七術注遺歎粟藁　按越絕書遺歎作
貴糴此誤
則葉陽翟危注河南脫陽翟縣也　据唐地理志增
則陳上蔡不安注今豫州上蔡邑衍縣也
不足以備秦注累石為固楚舊本二字互倒襄王
以至無假之關者注漢中巴邑巫
封三錢之府注古者有毋權平子
鄭世家始朝周桓王注桓王公即位　据國語注改
是為釐公注作斃頑原
鄭相子產卒注墓在洪涇水上　据水經注改
敗韓兵於負黍注故周國邑也
趙世家徐越為內史注少府內史周官　按此釋內史不當及
少府少府二字衍
侵齊至長城注在濟齊州平陰縣　据唐地理志增改
與燕會阿注以徐淣兗二水　据水經注兗當作淣
燕趙即此地　案文義燕下當有會字
起壽陵注在常山州

築長城注在漳水之北　案趙南界無漳水此漳字疑漳水字
之譌
十年秦取我中都及西陽　刊本中西二字互訛据本注改
孟姚也注舜然後封虞
為野臺注在定州樂縣　据唐地理志樂上當有新字
西有林胡樓煩注趙邊邑二字旧互倒也
並為二字舊互倒趙西境也
趙希並將胡代趙與之兵注與音余與　注在并州井脫陘縣
與秦會中陽注在汾州隰偃城縣南　据唐地理志改
廣卿秦樂間注皆燕將姓名脫也
拔武遂方城注方城故衍在幽州　据通鑑集覽刪
封長安君以饒注明長安君縣是歸也
魏世家伐秦敗我武下注一名武之衍平城
齊敗我觀注國語注云觀國
魏伐楚敗之陘山注在鄭州新鄭脫縣
秦拔我新垣注未詳端的所在脫之處也
不如用梟也注博骰頭有刻為梟形者　据通覽集覽改
決晉水以灌晉陽之城注趙襄保堡晉陽
廣得韓將鱣申差於濁澤注齊湣王七年敗魏趙觀澤濁澤定
誤矣　案刊本趙觀澤三字訛作世家云据年表改
田完世家伐晉毀黃城注在魏州冠氏縣　据唐地理志改
取魯之郕注郕魯孟氏脫邑
昔日趙攻甄注北合在即墨字上也　按注八字與本文全不
相比疑他處訛衍

將遣陳過直注在渭州直脫城縣　据唐地理志增
而聞竇鳴犢舜華之死也注又作竇犨脫鳴犢　据家語增
戰於郎注孔子自陳至衛也　陳衛二字互訛
陳涉世家而遣故上谷卒史使韓廣
鄧說將兵居郟注今汝州郟城縣二字舊互倒是
臘月注二世二年脫字十月　据本史表增　注宗懍稟荊楚記
云
陳王故消人注消人如知謫者　据漢書注改
涉之為王沈沈者注以沈沈為談談　按談談疑潭潭之誤韓
愈集符讀書城南云潭潭府中居應本此
外戚世家序及繼體守文之君注守文者衍猶守脫法也
周之興也以姜原注有邰氏女之女
封田蚡為武安侯注在洺州武安縣　洺訛洛据唐志理志改
褚先生貧出橫城門注在雍淮州咸陽縣
武帝年七十乃生昭帝注此褚先生之誤記
楚元王世家櫟釜注以杓櫟釜　櫟訛歷
都彭城注三十六縣郡也　据漢書改
破棘注州衍即梁棘壁也
邯鄲遂降注邯鄲洺洛州縣
述贊王於夫彭城
荊燕世家弗與矣注言不復與我為友與也　注不復得與汝
相知也　並据漢書注改
齊悼惠王世家殺三趙王注梁王恢徙王燕趙
宦者徐脫甲　据漢書增

蕭相公世家何獨先入人收秦丞相御史
曹相國世家取臨濟注高苑縣西北二里有北狄故城
雍簗注括地志云云　按此段多訛脱据唐書地理志及周秦
本紀正義當云故雍城在岐州雍縣南七里故簗城一名武
功城在雍州武功縣西南二十二里古邰國也
留侯世家其先韓人也注城父在汝州郟城脱縣東三十里韓里
也　按韓里疑韓地之訛
東見倉海君注元年東夷濊君南閭等　按武帝本紀元年上
當有元朔二字
游下邳圯上注應劭云汜圯水之上也
鯫生注本姓解　按漢書瓚注作鯫姓疑此解字乃鯫字之訛
放牛桃林之陰索隱在弘農閿鄉南谷中　按刊本訛作在農
南門鄉谷中据漢書注改
及立蕭何相國注良脱勸高祖立之　据漢書注增
陳丞相世家諸將盡讙注漢書作皆怨　案今漢書亦作盡讙
與索隱所据本異
常給事於中注不立在治處使便止宮中也
子簡侯悈　悈功臣表作悝
絳侯世家夜襲取臨濟注東郡壽良梁縣　据漢書地理志改
擊趙賁軍尸北注北謂尸鄉縣之北
拜亞夫為中尉注中尉秦官脱
亞夫以中尉為太尉注百官表主云
梁孝王世家以武為代王注在汾州平遥通縣　据唐地理志
改

而徙代王王清河注在貝州清陽脱縣　据唐地理志增
迎梁王于關下　按關漢書作闕疑此誤
削梁八城　按八城漢書作五縣
五宗世家注同司母者
為賈人権會注若今之和知市矣　据漢書注改
程姬有所避注脱袿袿裳
亦以妬媢注鄒氏作媢媢
三皇王世家明天地施之屬
伯夷列傳注卞隨自投于稠桐水　据莊子改
竟以壽終注直華陰縣山潼鄉
管晏列傳於柯之會注濟州東阿河也　据唐書地理志
老莊申韓列傳迺著書注名閔尹令子
盜跖胠篋注胠脱篋猶言開篋
注寧死無為留骨而貴乎　据莊子改
申不害者京人也注京縣故城在鄭州滎陽蓓脱五字縣東南
韓非者注廣王安韓遂非亡　据韓世家改
注又悲非姦邪諂諛之臣
汎濫博文注博文闕
孫子吳起　悼王既葬注肅王臧臧也
封夫槩于堂谿注今豫州吳房脱縣　据唐地理志增
號為白公注在象州褒信縣脱二字南　据唐地理志增
仲尼弟子傳介山子注不克不忌　按此下一段序伯夷叔齊
及趙文子隨武子之行與本文不相蒙檢毛本無之此仍明
監本誤衍

為武城宰注魯武城邑舊倒二字
子夏居西河注在汾州隰傴城縣　据唐地理志改
宓不齊注兗州永昌脫郡舊單父縣地也東門脫有子賤碑漢
脫世所立　据顏氏家訓增　誤為宓　刊本宓訛密下宓從
　音綿句亦訛
為單父宰注我之謂任在人子之謂任在力　据說苑改
仁則吾弗知注未足知以為仁　据論語注改
商君　子觀我治視秦也　据王鏊本
蘇秦　注雒陽乘脫軒里衍之人也　据趙策改
西有雲中九原注九原郡城脫
南有嘑沱易水注東至參合谷　据地理志改　又易水出易
州易脫縣　据唐地理志增
西迫強秦注貝冀深燕趙
奉陽君妬而君舊倒二字不任事　据趙策改
劫韓包周至自搖兵注趙邯鄲危脫故須衍危起兵自守
據衛取淇卷注卷丘兵衍權反
趙涉河博關　按關字戰國東衍及張儀傳俱作關　毛本亦作[illegible]
召陵舞陽注潁川有昆陽舞陽脫縣　据地理志增
禽夫差于干遂注萬安山西南一里太湖　刊本訛字多今据
　春申君傳注改
過衛陽晉之道注陽晉故城脫
楚得枳而國亡注秦拔楚鄢西陵脫二字
魏無虛頓丘注是頓丘州　致藺離脫石　已趙得藺于魏
張儀　苴蜀相攻擊注因取苴與巴焉　刊本訛作曰滅蜀巴

二郡据華陽國志改　巴子城在合州石鏡鏡縣南
塞斜谷之口注洛州緱維氏縣
而距扞關注魚腹縣脫有扞水衍扞關　据通鑑集覽
作為金斗注則名為料杼
樗里子甘茂　注智伯欲伐仇脫酉國　据韓非子增
甘茂至謂向壽曰　按戰國策至下有魏字此脫
魯人有與曾參同姓名者　魯國策作費
　注故云大脫項橐
穰侯　守梁七仞之城注騶衆小脫爾雅曰
白起王翦　燒夷陵注今郟硤州
趙軍長平注長平故城在澤州高平縣西衍北二十脫二字一里
　据元和郡縣志改
南定鄢郢漢中注在襄州率[illegible]道縣　漢中今梁襄州之地
　並据元和郡縣志改
怚恒而不信人　据王鏊本改　毛本亦作怚
孟嘗君　會齊宣王東阿南注東阿濟齊州縣也
平原君注鄭乎曰賴環也　刊本環訛在鄭上
是助秦自目攻也
負羈矢注如今之胡簏麗而短也
春申君　王襟旋以東山之險
齊右壤注謂濟渭州之南北也
曰城故吳墟注闔閭今蘇州也　案闔閭句下宜有所都二字
又改攻破楚門為昌門
范雎　待我于三亭之南注蓋岡字亭誤為南

注華陽君脫羋戎
乃得見于離宮注在雍州脫長安北
齎盜糧者也注一作藉音亦同二字舊倒
則其國斷而爲三注宜陽令衍二
三歲不上計注凡郡國長治民
睚眦之怨必報注謂相嗔而怒目切齒　刊本訛作怒而見齒
也据毛本改
高平拔之注春秋二字舊訛作秦時周桓王以與鄭
令馬服子代廉頗將注趙曰馬服言能服馬也　刊本趙字訛
在上句並脫能字　据毛本改增
贊　雎厄於魏齊
廉頗　大破之取陽晋　刊本陽晋二字互倒
田單　適人開戶注易將及劓被卒
魯仲連鄒陽　不肯仕宦官任職　据監本改
故國不敢入於鄒　据王鏊本
白虹貫日注聶政刺韓傀傫
卞和獻寶注成王名惲悼　据年表改
王奢去齊之魏注齊臣人也
食以駃騠注馬父驘子　据匈奴傳改
甯戚飯車下牛注矸者石自淨貌也
窟穴巖藪之中耳　刊本藪訛巖
屈原賈生　大破楚師於丹淅注丹陽今枝岐江　据後漢郡
國志改
懷王悔追二字舊倒張儀不及

傷懷永哀　据楚詞改
鳳皇在笯兮注尾繫擎武　据王鏊本
浩浩沅湘兮注零陵縣陽脫海山北入衍至江　据說文增
遂自投汨羅以死注湘相陰縣　据唐地理志改
獨與道息注不以心捐捐道死不以人入助天　据莊子改
呂不韋　注陽翟今河南府縣也
奇貨可居注處於廓城　刊本廓訛郲攷戰國策高誘註廓城
趙邑吳師道注云字書無廓字龍龕手鑑音脚令据改
太子門下無貴者　案戰國策此句下有君之府藏珍珠寶玉
八字諸本皆脫
楚有春申君注孟嘗平春原申死稍在前　据年表及傳改
遂遷太后於雍注棫減陽宮
刺客　聶政者注在懷州川濟源縣
多人不能無生得失注言將多人二字舊倒往
案史正文生得失索隱作生得以生擒解之明唐時本無失
字應是後人誤增
故重自刑以絕從注其姊妄　爲已隱　複衍云字
恣荆軻所欲注太子捧脫金丸
將軍豈有意乎脫　据監本增
設九賓注設文交物
中銅柱注燕太子篇脫云
李斯　上蔡人也注徙下上蔡
以作注溉渠注自中脫山西脫邸瓠郃口爲渠　据河渠書及
溝洫志增改

李文用商鞅之法　案文當作公
令青臣等　按青臣即上僕射周青臣諸本作周臣青訛
水搖動者萬物作　注氷洋訛水洋
張耳　頭會箕斂　注家家人頭數
　案漢書服虔注作吏到其家人人頭數出穀以箕斂之
要之置廁脫
魏豹　昌邑人也　注爲昌邑脫國　據地理志
楚命蕭公角　注蕭縣屬令楚
黥布　何爲　謂廢上中計
以故長沙哀王　注芮之孫回回
贊　注媢是媢娼也　據毛本
淮陰　齊趙亦反漢與楚和　刊本亦訛欲據下云擊趙代擊
　齊則齊漢此時已反漢和楚不得言欲據漢書改毛本原作亦
箄山而望趙軍　案箄說文云蔽也从竹畀聲刊本作箄訛
醳兵　注劉裴氏　按劉當作裴
與信夾濰水陣　注東北至都昌二字互倒入海
爲百姓請命　注不死亡三字訛作亡故
守儋石之祿　注石斗石二字訛倒也
蒯通說不聽　注漢書因衍及戰國策
韓王信　封頹當爲弓高侯注屬營陵
陳豨者宛朐人也注屬濟齊陰
適豨爲列侯注以特將將脫卒　從起脫宛朐　據功臣表
　增
自立爲代大王

破豨將張春于聊城　案此聊城當是廊城即戰國策呂不韋
　所謂秦子異人質於趙處於廊城者亦魯連射書燕將之聊
　城也舊本俱誤
田儋　相橫走博陽　案漢書作走博蘇林曰泰山博縣也疑
　此陽字衍
入海居島中注海州東海北縣有島山　據唐地理志改
樊酈滕灌　沛人也注沛徐州縣也
與司馬层尼戰碭東　據高祖本紀索隱及曹相國世家正義
　改
從攻長社轘轅　注轘轅關門
別擊西丞白水　注今廣平脫魏縣也
雍輕車騎于雍南破之注扶風雍昌衍縣
至雲中注今晉朔州　據王氏本
將軍太衍卜衍太僕解福　據監本刪
破雍將軍焉烏氏
徐行面雍樹注南陽人　漢書作南方人
留公旋高密于
述贊滕灌更王　按滕公夏侯嬰及灌嬰俱未封王此更上二
　字疑誤
張丞相　然心知其不可注昌期以口吃
任敖者故沛獄吏注曾魯孫越人
太上皇廟堧垣注宮官外垣也
子侯去病代注無侯此去病
桃侯劉舍舍爲丞相

酈生陸賈　而聽梁父侯注布不衍用梁父侯計　據漢書臣
瓚注改
乃奉百金往稅　案稅漢書作税顔古師古注云其字從衣說
文云贈終者衣被曰稅
沛公遠據雪足杖茅　據王鏊本
述贊　始冠官側注
傅靳蒯成　子頃侯須侯立　孩謚法無須字據表改毛本作頃侯不誤
蒯成侯緤者注漢書作鄘蒯
緤子居代侯注沛郡有鄘多縣一　據地理志改　表云子應不
同也者
婁敬　脱輓輅注輓脱者
今陛下起豐擊衍沛　按高帝本紀無擊沛事據漢書删毛本無擊字亦不誤
叔孫通　迺令羣臣習肄隸
注值所作複道下脱　據漢書注增
季布　置廣柳車中注諸飾色所聚
數招權注招求來也
徙徙以彭王居梁地
吳軍反時　按漢書軍作楚疑此誤
贊　身屨典軍搴旗者數矣　索隱本作身覆軍無典字
袁盎鼂錯　陛下竟為以天下之大二字誤倒　據監本
引却慎夫人坐注豫設供帳脱待之　據漢書注增
謂丞史曰注丞及相史也
張釋之　堵陽人也注哀帝改為順陽　考地理志此注在博
山不釋堵陽又哀帝作明帝疑此誤

南友韓魏　友漢書作支毛本亦作支
其軍市租注案漢書脱市肆
及郡國車士注車戰軍之士　據漢書注改
萬石張叔　為便坐注别坐他之處
孝文時以治刑名言注合于六經家也　所說六家之二也此
說非說二字誤脱此　據漢書注增
扁鵲倉公視見垣一方人注則眼服通神也
盡見五臟癥結注六府謂大小腸胃脱膀胱
鑱石橋引注抗毒熨　刊本抗訛杭毛本索隱訛机改索隱此
字音玩莫身體使調則作抗為是今據改
因五藏之輸注出於谷全谷　據難經改
論得其陰注暮募在陰ㄦ俞在陽
腹為陰五藏幕皆在腹　刊本腹訛腸據下文背為陽五藏俞
皆在背句知此當是腹字今並改
忽忽承睞注音接挾
代則脈絡有過注遂上魚為溢　按魚下脱際字
經主病和者注其自骨高　刊本訛作骨自高
脈法曰脈來數疾病　據宋本改
言蹶陰之絡結小腹也　案素問靈樞難經脈蹶俱作厥此誤
贊　小腸謂受之穀
溫五藏主藏意榮　據玉函素問注改
兩足各有三脱陰　據上足三陰之脈句增

吳王濞傳卒踐更注為卒者雇二字舊倒　注皆當迭送為脫之
又行者出錢三百入官　案漢書注作又行者當自戍三日不
可往便還因便住一歲一更諸不行者出錢三百入官　据
此注當有脫
西走蜀漢中注走音奏後
如得列將人戶邑三千　据王鏊本
初脫吳楚反書聞　据漢書增
楚兵輕注輕遣脫正反　据左傳釋文增
北至城陽注城陽國故齊　句上衍城陽志云四字　据地里
志刪
且以銖錙
魏其　輙令財取為用注令自二字舊倒裁度
沾沾自喜耳注沾一作怗怙　或曰沾音瞻𤿟
學槃盂諸書注黃帝史使孔甲　凡二十九六篇
立曲旃注禮大夫建立旃曲旃
引繩批根注批根賔客衍也棄之者不與交通也脫　根根格括
辟倪兩宮閒注辟碎普係反
注駒馬傌加著鞍下脫
且帝寧能為石人耶注言徒有其形脫耳　並据漢書注改
武安侯坐衣襜褕注衣今蔽前謂之襜　据爾雅改
韓長孺　見大長公主注景帝妹　按妹毛本漢書注作姊毛本作姊不作妹
悅一邪臣浮說注漢書作訹說文訹誘也　刊本訹訛怵
李將軍　不擊刀斗注銷銚即鈴也
然亦遠斥候注許慎註脫淮南

諸侯多中首虜注本秦義法
匈奴　橐駝注背肉似橐故云橐也　刊本橐訛駝脫也字
又包恺音托他衍
駃騠　注廣志音決蹄也　舊刻音訛云　索隱本廣志作廣
異志
周西伯昌伐畎夷氏注山海經云云
弦山海經作黃帝生苗龍苗龍生融吾融吾生弄明弄明生
白犬白犬有北牡是為犬戎與此注異
而營雍注上郡雕彫陰泰昌山
遂取周之焦穫注涇陽縣城北舊倒二字
齊桓公注名諸兒　案春秋及世家僖公名祿父此誤以襄公
名當之
或居于陸渾注允九姓之戎居陸渾脫
翟貘狄之戎　据地理志
燕北有東胡山戎索隱以父之名字為姓　刊本作以之名爲
號為姓据毛本改
後有所愛閼氏注今日始覩靚紅藍　後當為脫足下致其種
至朝那膚施注云云　按注疑有脫字當作膚施秦縣漢因不
改
歷射丁零靈注訛同
係雩淺注係胡計反　刊本誤作計係音　据毛本改
傌二駟注二脫駟八疋馬也
攻祁連山注南脫北百里
令吾太子為質注幾音古紀反言無所冀望也　刊本誤字多

至盧朐注盧朐脫匈奴地名　又五原郡稒相陽縣　西北得
支就城縣　西北得虖河城作牢城河三字旧訛　宿虜城
按此注括地志當是地理志之訛今据改
鬲襄公復九百世之讐　注雖百世可知衍也
衛青　長史安注律都軍官長脫史
斬單于太父行藉若侯產　按此句當依漢書張晏及顏師古
注作單于祖父行藉若侯名產為是本注索隱謂藉若是匈
奴祖之行第產即大父之名竟為斬單于祖矣失其辭
殺折蘭王注今鮮卑有是其蘭姓
滅隴西北地平上郡戍卒之半　据王鏊本
將軍路博德平州人注西河郡今汾邠州　据唐地理志改
南越　置桂林注桂鬱林　据秦本紀改
用為南海龍川令注即穴滿東衍泉　据漢書注刪
要之不可以悅說好語入見
先武王帝注李奇郃曰
城中皆降伏波注漢書史記二字衍　六作遲明
皆得為侯注封為隨脫桃侯
述贊　越椎椎南面　卒從剿棄絕　据索隱本
東越王無諸注從虫門蛩聲　据說文改
都東甌注永兆嘉記
屯豫章梅嶺注在洪崖雀山
入白沙武林注白沙坑沙　注据毛本
朝鮮　嘗略屬真番注番音寒蓋反
西南夷　自同師以東注作桐師鄉

冉駹最大注九氐羌　据後漢書
司馬相如　盤紆茀鬱　茀訛芾
白柎符　桊衍注衍音弋戰單反　箴蔪注蔪析漢書作析蔪
又斯禾似燕麥　桊漢書斯禾二字作析字　又皆如中國三字訛作中國苗
燕麥是也
其埤卑溼　則生藏莨蒹葭注似萑萑而細小　据爾雅釋文
又江東人呼為烏蓝燕　据爾雅注改
神龜蛟鼉注小頭細頸有白嬰　舊本訛脫　又鼉似蜥蜴
而大　据山海經注改
木蘭注葉冬夏常如似春冬　据廣雅改
楂梨梬栗　据文選改
鄭女曼姬注夫人鄭曼脫
觀乎成山注言在山小游觀
出入涇渭注幵笄頭山　酆鄗潦潏注潏湧通出聲
禺禺鱋魶注魶音音榻衍二字納
鵁鶄注鶄鵁鴋也
邛壚峄崙注云　隱轔鬱崙注云　按漢書注引郭璞說上句
作皆其形勢也下句作皆堆壠不平貌與此正義異
櫟櫧注櫧似柃椪　襍樝注棻亰園而岐
穀蜓注山海脫經　綺白虎注著白虎文之綺也
格蝦蝦蛤　掩細桸注在昆明池脫南桸市
淮南干遮注淮南鼓脫員四人　据漢書樂志增
西望崑崙之軋注出于崑崙西北隅　刊本誤字多今据上下
文義改　黃河海出東北隅

招翠黄乘龍於沼集解皆黄其何不徠下　刊本訛作紫黄湛
河不下來今据漢書禮樂志改
淮山衡山　子賜爲陽周侯　案陽周舊刻作周陽非也周陽
乃淮南王舅所封今据惠景間侯者年表改
男子之所死者一言耳注一二計耳　据王鏊本
汲鄭　賈買人與市者
爲大農僦人注音即郎就反
儒林　坑術士注溫湯陽之處　温湯陽西南三百衍里　以爲
脱秦坑儒處
見高祖於魯南宫　按注所引南宫當作泮宫
逸書得十餘篇注與安國書脱云
何河圖乃有百篇邪
酷吏　投鉆鉆
大宛　與堂邑氏故衍胡奴甘父　据漢書張騫傳删
東流注鹽澤注鹽澤去脱玉門陽脱關
安息注南自乘海乃通大秦　据漢書西域傳改
且西則條支注土多地金銀奇寶
大秦在安息脱條支西　植擲之茲息
安息長老傳聞注長安衍耆衍老
西有弱水流沙水
先儒多引大荒西經云云　檢大荒西經無此文覩下云與大
荒西經合則此非大荒西經明矣四字誤
太子有子曰岑娶　按娶漢書西域傳作陬
賛　注冢惠嶺山　据毛本及尚書傳改

游侠　與子季次原憲　延世延陵注故何有延陵之歸
乘不過軥牛注大牛當軛小爲軥牛四字旧脱　据毛本增
瞷氏注音間瞯
至踐更時脱之注欲得顧更錢賤者
注以趙他羽與公子爲二脱人
史輒隨沒入之注別有物賜通二字舊脱史輒沒入
滑稽　恭韝鞠跽注褏袂衿也
注河伯華陰陽潼鄉人　遂爲河伯娶婦衍二字也
即發民鑿十二渠注令吾臣皆如西門豹之爲人臣也　舊本
多訛今据溝洫志改
以富漳　魏之河内名　注左思魏都脱賦
龜策　即以篝籌燭此地
因以醮謀酒　謹以梁卵㶒黄注㶒灼脱龜木也
注及命兆召之辭
貨殖　饒材竹穀纑注穀音谷又音雊作雊三字反訛
龍門碣石注龍門山在徐州　攷唐地理志河中府龍門縣先
爲泰州治後隸絳州後隸河中府不言徐州此徐字應誤
筋骨銅鐵注山上有舊二字脱赭其下有鐵　据管子增
設輕重九府注外府泉府二字旧脱天府　職金職幣二字旧脱　据漢
書食貨志增
人民矜懻忮注今北以土　跕屣注躡跕屣也
陶睢陽注今宋州宋城地
陳在楚夏之交注夏都許衍陽城
吴廣陵注今海州郡

江南注徙都宛陵城　又二郡乃南是楚南楚之地耳

鄣關注亦作徇　攷地理志漢中旬陽有旬水或作洵不作徇

果隋蠃蛤注述地志云乃改故云

濁氏連騎注椒末椒薑粉扮

自序注命南方衍正重司天

程伯休父注然棻班二字舊訛後棻彪之序　据王鏊本

賜死杜郵注李里二字旧倒皆葬高門注夏陽縣故城脫東南

談爲太史公注則令郡州縣所上圖國書

茅茨不翦注屋屈蓋曰茨

食土簋注一作塯溜

鄉射鄒嶧注嶧鄉山在鄒縣北各二十二里　据王鏊本

諡法解

諫爭不威曰德宜次在綏柔士民曰德後

協時肇享曰孝享舊作亨非

柔德考舊作安非衆曰靖

布綱舊作剛誤治紀曰平

在追補前過曰剛之前

象方益平曰敬舊脫逸周書有次在夙夜警戒曰敬句後

未家短折曰殤舊誤戴謚前宜移在殤謚首

義亦難曉宜削去

柔質爱周書作受諫曰慧

好內怠政曰煬舊脫據周書補在煬謚首

博聞一作文多能曰憲

溫柔聖善曰懿聖舊作賢誤

資輔共就舊誤倒曰齊

耆義舊作意大度舊作慮曰景

彊毅果敢曰剛舊脫此條據逸周書補編

大慮行節曰考舊作孝非

見美堅長曰隱按此條周書前編皆無之

凶年無穀曰荒當作穅

思慮不爽曰愿舊作厚非

思慮果遠曰超舊作明非

怠政外交曰攜舊脫今據周書補次堅謚後　又案末後有除殘去虐曰湯此不應有宜刪之

按正義所載諡法解本是兩重後人改爲一列文多閒雜兼多譌脫與逸周書亦不盡合末後三十餘諡美惡雜糅俱宜改正盧文弨

史記舊有集解索隱正義三注明監本所刻猥雜
混并且其文十刪四五非古本之故正義三十卷舊
自單行不與正文相附至明震澤王氏所刻始散入
正文句內舊本之卷帙次第遂無可考然尚有宋
刻較常熟毛氏稍可至索隱亦係單行小司馬以
己意更定者原附全書之後不以入註毛氏照宋板
重刻條理井然勝[illegible]正義本遠甚[illegible]
錄庫本改証附識於此時乙卯臘月十有六日暢
園居士跋

五帝本紀堯賜舜絺衣

郝京山曰絺衣即袗衣孟子舜被袗衣袗單也論語當暑袗絺綌凡縐之希薄者皆可名絺不獨葛耳皐陶謨藻火粉米黼黻絺繡謂以絺縐刺繡藻火等於衣即所謂袗衣也古禮衣皆用單士冠禮兄弟畢袗玄即玄端亦單衣也

周本紀麋鹿在牧蜚鴻滿野

郝京山曰楊慎謂蜚鴻馬名言養無用害有用也愚謂此田野荒廢閭里蕭條之狀即小雅鴻雁於飛註誤信冢書為古不欲以小雅解故為鑿說耳若以蜚鴻為馬馬在野亦是常事詩云鴻雁于飛集於中澤即滿野之謂流民之比

秦本紀德公二年初伏以狗禦蠱

郝京山曰四時以生氣相代春木生夏火秋金生冬水夏季火盛生土秋金遇夏火畏伏匿於土故庚日為伏庚金也時土氣盛故祀社毒氣曰蠱狗善守百邪畏之殺而懸諸郭門以禦之也

孝公作咸陽築冀闕

郝京山曰闕即天子之象魏兩觀并峙其中闕然也冀與亟立也取四方冀望之意

始皇本紀琅邪臺頌辭搏心揖志器械一量

郝京山曰搏古專字左傳如琴瑟之摶壹揖輯通齊也一量同度量也

盧生侯生相與謀曰秦法不得兼方

人學一方欲其專精也

貨殖巴寡婦清傳水居千石魚陂

索隱筆記陂讀為陂言養魚一歲收千石唐皮日休釣侶詩一斗霜鱗換濁醪注云吳中買魚論斗酒乃論斤

封禪書五寬舒之祠官以歲時致祭禮

方苞曰按文當連官字為句而與以歲時致禮相屬對上條親郊祀句為義蓋謂諸祠則寬舒之五祠官歲時致禮不親祠也前文屢言祠官寬舒等明非一人其以五字冠句蓋倒文法索隱所謂因寬舒建五壇而云者曲說也

又按漢書郊祀志五下有牀字五牀山名漢書後文並見在近京師之鄠縣諸祠下則此史記或係脫文蓋如漢書則于下凡六祠句尤為脗合

二世紀雖監門之養不觳於此矣

郝京山曰觳猶酷也監門之養對下文臣虜之勞不烈於此烈亦酷也觳者尖削之稱足尖謂觳士喪禮明衣裳長及觳特牲饋食記佐食俎折觳折音斛與觚通觚量酒器有稜角考工記鬲實五觳庾實二觳旊人豆實三而成觳觳受斗二升形尖方故名莊子其道大觳不圓滿之意

項羽本紀與軍蒼頭特起

郝京山曰特起謂挺立為王與蒼頭異欲貴之故下文嬰母戒以未嘗見汝先有貴者

搏牛之蝱不可以破蟣蝨

郝京山曰蝱蝱屬牛蠅大如指牛身有蝱有蟣蝨欲搏其蝱不可望拔其蟣蝨言欲撲大姑置其小喻伐秦不得兼救趙也

聞漢軍四面皆楚之歌 項羽本紀

郝京山曰如注所云是雞鳴人報曉之歌此言楚歌聲高而長如雞之鳴所謂激楚之音始今吾鄉山歌是也

吾聞購我頭千金

郝京山曰秦以一鎰金為一斤漢以一斤金為一金漢書注凡言賜若干金者一金予萬錢非實金也言賜金若干及言黃金者實金也此千金與以錢千萬耳

天官書城郭門閭閭臯枯槀

郝京山曰漢志閭臯作潤息是也而息當作澤古澤從水從臯歷書秭鴂先澤澤訛作臯潤澤反枯槀若作潤息無謂

秦始皇紀河魚大上輕車重馬東就食

郝京山曰黃河魚西上入渭水秦人皆輕車重馬就食於東車乘畜載曰輕馬負人多曰重水溢西上則東方水患可知河魚西上則東方魚多可知言秦人穀不熟而東就魚鼈食也註未明

項羽本紀馬童面之

郝京山曰漢書張叔傳獄事不得已為涕泣而面封之註不忍視因而封其獄辭凡人相向曰對面相背曰背面一作偭

高祖本紀留飲酒讎數倍

郝京山曰讎酬古字互通詩無言不讎讎報也高祖飲其酒必以價數倍酬償之（按此說非也果爾則下文何以言折券棄債乎）

王媪武負貰酒

郝曰媪音奧上聲婦人長老之稱王武二姓王家之媪武家之負負媍同即婦字貰音世與賒同

趙世家造父取驥之盜驪驊騮騄耳

郝京山曰盜驪猶竊驪一作温驪見秦紀馬青黑而色淺似驪曰竊即盜意

簡子見當道人曰譆吾有所見子晰也

郝京山曰按註人名晰非也晰明也詩庭燎晰晰言我曾識子分明蓋憶昔夢中所見也

魏世家請為天下鴈行頓刃

郝敬曰雁行猶顏行漢書嚴助傳越人蒙死徼幸以逆執事之顏行前行曰顏史作鴈蘇秦傳使弱燕為雁行而强秦敝其後鴈與顏通雁飛大者居前頓刃頓挫秦人之兵

韓世家乃警公仲之行將西購於秦

郝京山曰甘茂傳樗里子與魏講罷兵註講讀購和也古字通

蕭相國世家素恭謹入徒跣謝

郝京山曰罪人不冠曰徒不履曰跣訓詁家知跣為不履不知徒為免冠跣之言洗赤足也徒空也空頭曰徒所謂囚首也

留侯世家表商容之閭釋箕子之囚

按樂記武王釋箕子之囚使之行商容而復其位鄭康成曰容為禮容商家樂官後世禮署稱容臺行商容者使仍用商禮不改其物即詩有容白其馬之類示不臣也据世家本紀又人姓名與樂記異

陳丞相世家平謝曰主臣

郝敬曰揚子太玄戚首小戚臣臣大人之門註臣臣卑賤意

對主稱臣仰伏託芘乞憐待罪之辭也

五宗　趙王彭祖擅權至使使即縣爲賈人榷會

郝敬曰榷較同估計之名儈即今市井牙行商賈會聚之家

王使人爲市儈估計專利也

老子列傳則蓬累而行

郝敬曰蓬累猶葥蒲齊語首戴茅蒲韋昭注作葥蒲以竹葥

皮爲笠也貴人乘軒賤者戴笠

張儀傳貫頤奮戟者

郝敬曰貫頤奮戟謂其髭鬚怒立如戟貫兩頤勇士猝怒之

狀

平原君　晉鄙嚄唶宿將

郝敬曰嚄唶勇猛叱怒之貌項羽喑啞叱咤古人用字合二

爲一音者此類是也喑啞爲嚄叱咤爲唶

李斯列傳宛珠之簪

郝京山曰宛讀蘊音尹禮記大喪積而不宛註蘊同陷入之

義今簪上嵌珠也

扁鵲　按抗毒慰

郝京山曰毒如亭毒之毒治也易以此毒天下去毒曰毒猶

治亂曰亂也

倉公傳　望之殺然黃察之如死青之茲

郝京山曰殺讀上聲甚也唐白樂天詩白日憑軒照東風莫

殺吹自註殺上聲說文茲黑也從二亖左傳何故使吾水茲

言察之如死物之青黑也殺黃而茲即詩所謂我馬玄黃病

色多玄黃也

診其人時愈順　病者安穀者過期

郝京山曰愈順人尚肥也安穀謂進食也期免期

匈奴列傳文帝遺單于比余一　黃金胥紕一

郝京山曰楚辭小腰細頸若鮮卑只註帶頭也言腰細如帶

東東胡鮮卑好服此故以名淮南主術訓趙武靈王具帶鵕

鸏而趙國化之註鵕鸏二字三音私紕頭也與胥紕音

通

禹本紀青州其篚檿絲

按檿之言黯也音掩尚書作檿山桑也蠶食其葉絲小而堅

合俗名山繭色黯然黑謂之檿絲堅韌中琴瑟之絃

殷本紀西伯伐飢國

按書作伐黎黎飢色也書云黎民阻飢爲其民失食而弔伐

之古文字轉注類此

秦本紀秦襄公元年以女弟繆嬴爲豐王妻

郝敬曰襄公當周幽王世周無豐王或疑爲幽字之誤幽王

娶申女不聞有繆嬴妻從夫謚不宜別稱繆天子之妃不宜

稱妻殆西戎之君如後所稱亳王戎王獂王之類耳

始皇本紀碣石頌羣臣頌烈請刻此石垂著儀矩

楊慎曰古碑文作刻此樂石謂以泗濱浮磬爲碑石後人不

解樂石妄改也之

會稽刻石頌三十有七年

郝敬曰每句四言獨此多一字誤也三十當作卅字昔音颯

韓愈孔戣志銘云孔氏卅八吾見其孫白而長身正與同此

同　又按親巡遠方黎民碑作窺巡遠黎

抬翠黃乘龍於沼集解訾黃其何不徠下　刊本訛作紫黃湛
河不下來今據漢書禮樂志改
淮山衡山　子賜為陽周侯　案陽周舊刻作周陽非也周陽
乃淮南王男所封今據惠景間侯者年表改
男子之所死者一言耳注一二計耳　據王鏊本
汲鄭　賈買人與市者
為大農儼人注音即郎就反
儒林　坑術士注溫湯陽之處　溫湯陽西南三百衍里　以為
脫秦坑儒處
見高祖於魯南宮　按注所引南宮當作泮宮
逸書得十餘篇注與安國書脫云
何河圖乃有百篇邪
酷吏　投缿銗
大宛　與堂邑氏故衍胡奴甘父　據漢書張騫傳刪
東流注鹽澤注鹽澤去脫玉門陽脫關
安息注南自乘海乃通大秦　據漢書西域傳改
其西則條支注土多地金銀奇寶
大秦在安息脫條支西　植擲之滋息
安息長老傳聞注長安衍耆衍老
西有弱水流沙水
先儒多引大荒西經云云　檢大荒西經無此文觀下云與大
荒西經合則此非大荒西經明矣四字誤
太子有子曰岑娶　按娶漢書西域傳作取
賛　注冢悳嶺山　據毛本及尚書傳改

游俠　與子季次原憲　近世延陵注故何有延陵之號
乘不過軥牛注大牛當軶小為軥牛四字旧脫　據毛本增
瞯氏注音間閑
至踐更時脫之注欲得顧更錢踐者
注以趙他羽與公子為二脫人
吏輒隨沒入之注別有物賜通二字舊脫吏輒沒入
滑稽　帣韝鞠脆注褎袂衿也
注河伯華陰陽潼鄉人　遂為河伯娶婦衍二字也
即發民鑿十二渠注令吾臣皆如西門豹之為人臣也　舊本
多訛今據溝洫志改
以富漳　魏之河內名　注左思魏都脫賦
龜策　即以篝篝燭此地
囙以醮譙酒　謹以粱卵焍黃注焍灼脫龜木也
注及命兆召之辭
貨殖　饒材竹穀纑注穀音谷又音雖作雖反三字訛
龍門碣石注龍門山在徐州　攷唐地理志河中府龍門縣先
為秦州治後隸絳州後隸河中府不言徐州此徐字應誤
筋骨銅鐵注山上有舊脫二字赭其下有鐵　據管子增
設輕重九府注外府泉府旧脫二字天府　職金職幣旧脫二字　據漢
書食貨志增
人民矜懻忮注今北以土　跕屣注躡跕屣也
陶睢陽注今宋州宋城地
陳在楚夏之交注夏都計衍陽城
吳廣陵注今海州郡

江南注徙都宛陵城　又二郡乃南是楚南楚之地耳

鄖關注亦作徇　攷地理志漢中旬陽有旬水或作洵不作徇

果隋嬴蛤注述地志云乃改故云

濁氏連騎注椒末椒薑粉扮

自序注命南方衍正重司天

程伯休父注然柴班二字舊訛後柴彪之序、據王鏊本

賜死杜郵注李里二字旧倒　皆葬高門注夏陽縣故城脫東南

談爲太史公注則令郡州縣所上圖國書

茅茨不翦注屋屋蓋曰茨

食土簋注一作搯溜

鄉射鄒嶧注嶧鄉山在鄒縣北各二十二里　據王鏊本

謚法解

諫爭不威曰德宜次在綏柔士民曰德後

協時肇享曰孝享舊作厚非

柔德考衆曰靖舊作安非

布綱舊作刚誤治紀曰平

在逞補前過曰刚之前

象方益平曰敬舊脫逸周書有次在夙夜警戒曰敬句後

未家短折曰殤舊誤戴謚前宜移在殤謚首

義亦難曉宜削去

柔質受周書作受諫曰慧

好內怠政曰煬舊脫據周書補在煬謚首

博聞一作文多能曰憲

溫柔聖善曰懿聖舊作賢誤

資輔共就舊誤倒曰齊

耆意舊作義大慮舊作度曰景

彊毅果敢曰剛舊脫此係據逸周書補編

大慮行節曰考舊作孝非

見美堅長曰隱按此條周書前編皆無之

凶年無穀曰荒當作穢

思慮不爽曰愿舊作厚非

思慮果遠曰趕舊作明非

怠政外交曰攜舊脫今據周書補次堅謚

後又案末後有除殘去虐曰湯此不應有宜刪之

按正義所載謚法解本是兩重後人改爲一列文多間雜兼多譌脫與逸周書亦不盡合末後三十餘謚美惡雜糅俱宜改正　盧文弨

史記舊有集解索隱正義三注明監本所刻猥襍混并且其文十刪四五非善本也攷正義三十卷舊自單行不與正文相附至明震澤王氏所刻始散入正文句內舊本之卷帙次第遂不可考然尚有宋刻於常熟毛氏稱之曰索隱亦係單行小司馬以己意更定者原附全書之後不以入註毛氏照宋板重刻條理井然勝舊監本正義本遠甚盧抱經依録庫本攷証附識及此時乙卯臘月十有六日暢園居士跋

五帝本紀堯賜舜絺衣

郝京山曰絺衣即袗衣孟子舜被袗衣袗單也論語當暑袗絺綌凡繒之布薄者皆可名絺不獨葛耳皋陶謨藻火粉米黼黻絺繡謂以絺繒刺繡藻火等於衣即所謂袗衣也古禮衣皆用單士冠禮兄弟畢袗玄即玄端亦單衣也

周本紀麋鹿在牧蜚鴻滿野

郝京山曰楊慎謂蜚鴻馬名言養無用害有用也愚謂此田野荒廢閭里蕭條之狀即小雅鴻雁於飛註誤信家書為古不欲以小雅解故為鑿說耳若以蜚鴻為馬焉在野亦是常事詩云鴻雁于飛集於中澤即滿野之謂流民之比

秦本紀德公二年初伏以狗禦蠱

郝京山曰四時以生氣相代春木生夏火秋金生冬水夏季火盛生土秋金遇夏火畏伏昧於土故庚日為伏庚金也時土氣盛故祀社毒氣曰蠱狗善守百邪畏之殺而懸諸郭門以禦之也

孝公作咸陽築冀闕

郝京山曰闕即天子之象魏兩觀弁峙其中闕然也冀與文也取四方冀望之意

始皇本紀琅邪臺頌辭摶心揖志器械一量

郝京山曰摶古專字左傳如琴瑟之摶壹揖輯通齊也一量同度量也

盧生侯生相與謀曰秦法不得兼方

人學一方欲其專精也

貨殖巴寡婦清傳水居千石魚陂

芥隱筆記波讀為陂言養魚一歲收千石唐皮日休釣侶詩一斗霜鱗換濁醪注云吳中買魚論斗酒乃論斤

封禪書五寬舒之祠官以歲時致祭禮

方苞如曰按文當連官字為句而與以歲時致禮相屬對上條親郊祀句為義蓋謂諸祠則寬舒之五祠官歲時致禮不親祠也前文屢言祠官寬舒等明非一人其以五字冠句蓋倒文法索隱所謂因寬舒建五壇而云者曲說也

又按漢書郊祀志五下有牀字五牀山名漢書後文疊見在近京師之鄠縣諸祠下則此史記或係脫文蓋如漢書則于下凡六祠句尤為脗合

二世本紀雖監門之養不觳於此矣

郝京山曰觳猶酷也監門之養對下文臣虜之勞不烈於此烈亦酷也觳者尖削之稱足尖謂觳士喪禮明衣裳長及觳特牲饋食記佐食俎折觳折音斛與觚通觚量酒器有稜角考工記鬲實五觳庾實二觳旊人豆實三而成觳觳受斗二升形尖方故名莊子其道大觳不圓滿之意

項羽本紀異軍蒼頭特起

郝京山曰特起謂擁立為王與蒼頭異欲貴之故下文嬰母戒以未嘗見汝先有貴者

搏牛之虻不可以破蟣蝨

郝京山曰虻蝱屬牛蠅大如指牛身有虻有蟣蝨欲搏其虻不可望破其蟣蝨言欲撲大姑置其小喻伐秦不得兼救趙也

聞漢軍四面皆楚之歌　項羽本紀

郝京山曰如注所云是雞鳴人報曉之歌此言楚歌聲高而長如雞之鳴所謂激楚之音如今吾鄉山歌是也

吾聞購我頭千金

郝京山曰秦以一鎰金為一斤漢以一斤金為一金漢書註凡言賜若干金者一金予萬錢非實金也言賜金若干及言黃金者實金也此千金與以錢千萬耳

天官書城郭門閭閨臬枯槀

郝京山曰漢志閨臬作潤息是也而息當作澤古澤從水從臯歷書秭鴂先澤濼訛作臬潤澤反枯槀若作潤息無謂

秦始皇本紀河魚大上輕車重馬東就食

郝京山曰黃河魚西上入渭水秦人皆輕車重馬就食於東

車飫畜載曰輕馬負人多曰重水溢西上則東方水患可知河魚西上則東方魚多可知言秦人穀不熟而東就魚鱉食也註未明

項羽本紀馬童面之

郝京山曰漢書張叔傳獄事不得已為涕泣而面封之註不忍視因而封其獄辭凡人相向曰對面相背曰背面一作偭

高祖本紀留飲酒讐數倍

郝京山曰讐酬古字互通詩無言不讐讐報也高祖飲其酒必以價數倍酬賞之按此說非也果爾則下文何以言折券棄債乎

王媼武負貰酒

郝曰媼音與上聲婦人長老之稱王武二姓王家之媼武家之負負婦同即婦字貰音世與賒同

趙世家造父取驥之盜驪驊騮騄耳

郝京山曰盜驪猶竊驪一作温驪見秦紀馬青黑而色淺似驪曰竊即盜意

簡子見當道人曰譆吾有所見子晰也

郝京山曰按註人名晰非也晰明也詩庭燎晰晰言我曾識子分明蓋憶昔夢中所見也

魏世家請為天下鴈行頓刃

郝敬曰雁行猶顏行漢書嚴助傳越人冢死徼幸以逆執事之顏行前行曰顏史作鴈蘇秦傳使弱燕為雁行而驕秦漱其後鴈與顏通雁飛大者居前頓刃頓挫秦人之兵

韓世家乃警公仲之行將西購於秦

郝京山曰甘茂傳樗里子與魏講罷兵註講讀購和也古字通

蕭相國世家素恭謹入徒跣謝

郝京山曰罪人不冠曰徒不履曰跣訓詁家知跣為不履不知徒為免冠跣之言洗赤足也徒空也空頭曰徒所謂囚首也

留侯世家表商容之閭釋箕子之囚

按樂記武王釋箕子之囚使之行商容而復其位鄭康成曰容為禮容商家樂官後世禮書稱容臺行商容者使仍用商禮不改其物即詩有容白其馬之類示不臣也据世家本紀又人姓名與樂記異

陳丞相世家平謝曰主臣

郝敬曰揚子太宣戚首小戚臣臣大人之門註臣臣卑賤意

對主稱臣仰伏託芘乞憐待罪之辭也
五宗　趙王彭祖擅權至使使即縣爲賈人榷會
郝敬曰榷較同估計之名儈即今市井牙行商賈會聚之家
王使人爲市儈估計專利也
老子列傳則蓬累而行
郝敬曰蓬累猶萌蒲齊語首戴茅蒲韋昭注作萌蒲以竹萌
皮爲笠也貴人乘軒賤者戴笠
張儀傳貫頤奮戟者
郝敬曰貫頤奮戟謂其鬚髯怒立如戟貫兩頤勇士奮怒之
狀
平原君　晉鄙嚄唶宿將
郝敬曰嚄唶勇猛叱怒之貌項羽喑啞叱咤古人用字合二
爲一音者此類是也喑啞爲嚄叱咤爲唶
李斯列傳宛珠之簪
郝京山曰宛讀蘊音尹禮記大喪積而不宛註蘊同陷入之
義今簪上嵌珠也
扁鵲　按抗毒熨
郝京山曰毒如亭毒之毒治也易以此毒天下去毒曰毒猶
治亂曰亂也
倉公傳　望之殺然黃察之如死青之茲
郝京山曰殺讀上聲甚也唐白樂天詩白日慿輕照東風莫
殺吹自註殺上聲說文茲黑也從二玄左傳何故使吾水茲
言察之如死物之青黑也殺黃而茲即詩所謂我馬玄黃病
色多玄黃也

診其人時愈順　病者安穀者過期
郝京山曰愈順人尚肥也安穀謂進食也期死期
匈奴列傳文帝遺單于比余一　黃金胥紕一
郝京山曰楚辭小腰細頸若鮮卑只註帶頭也言腰細如帶
束東胡鮮卑好服此故以名淮南主術訓趙武靈王貝帶鵕
鸃而趙國化之註鵕鸃二字三音私鈚頭也與胥紕俱
通
禹本紀青州其篚檿絲
按檿之言黯也音掩尚書作檿山桑也蠶食其葉繭小而堅
合俗名山繭色黯然黑謂之檿絲堅韌中琴瑟之絃
殷本紀西伯伐飢國
按書作伐黎黎飢色也書云黎民阻飢爲其民失養而弔伐
之古文字轉注類此
秦本紀秦襄公元年以女弟繆嬴爲豐王妻
郝敬曰襄公當周幽王世周無豐王或疑爲幽字之誤幽王
娶申女不聞有繆嬴妻從夫謚不宜別稱繆天子之妃不宜
稱妻殆西戎之君如後所稱亳王戎王獂王之類耳
始皇本紀碣石頌群臣頌烈請刻此石垂著儀矩
楊慎曰古碑文作刻此樂石謂以泗濱浮磬爲碑石後人不
解樂石妄改也之
會稽刻石頌三十有七年
郝敬曰每句四言獨此多一字誤也三十當作卅字書音颯
韓愈孔戣志銘云孔氏卅八吾見其孫白而長身正與同此
同　又按觀巡遠方黎民碑作寴巡遠黎

貨殖　程鄭皆次如苴

郝敬曰訾貲通如氏苴氏皆平陵富家

西域　安息出一封槖駝

疑即罽賓所出封牛

大宛　然不能飢渴　常提掖搜索

能耐也搜索恐私齎文書也無傳出關曰闌出上集猶上達也

王莽　功亡原者賞不限

按原再也如原筮原廟之原

高帝本紀乃吕竹皮為冠所謂劉氏冠也

按蜀史郤垢費省資時服之後更石鶡尾冠非公乘以上不得冠公乘秦第八爵本書注已具

周本紀太史儋見秦獻公曰始周與秦國合而別別五百歲復合合十七歲而霸王者出焉

杭世駿曰太史公稱此言者凡四皆錯雜不出于一其稱十七歲者惟周本紀與封禪書同秦本紀則云七十七歲老子列傳則云七十歲諸家皆無所糾正獨顏師古注漢郊祀志始以十七歲為正

天官書旬始　其怒青黑

郝京山曰帑與孥同左傳歲旅於明年之次害鳥帑即鳥孥尾為孥妻亦為孥

箕為敖客

按箕形似口又主八風口舌風生如髡衍儀秦輩仰動人主故為敖客文士有口才者多傲倪

天官書匈三星三公

方氏苞曰三公距黃道甚遠無金火守之之理註誤

蔣西谷曰或金火之流星

後勾四星末大星正妃餘三星後宮之屬也

今所傳勾陳六星大者為第三並天潢為七即後勾四星餘三星也別有四輔星居極旁微小

左三星曰天槍右五星曰天棓

按槍在紫宮之右棓在左疑傳寫之誤詩緯云在為左右蓋誤矣

左角李右角將

左角右角東宮角宿也石氏云左角為天田右角為天門誤

門內六星諸侯

今以三星為三公三星為九卿

月五星順入軌道司其出所守天子所誅也

出謂自太微庭過五帝坐而東也所守謂將相執法羣位守者留而不去也

其逆入若不軌道以所犯命之中坐成形皆羣下從謀也

犯者獵其匊也一度內始為占中坐五帝座之中一星也以所犯命之者凡所犯各以其星所主命其禍災也惟犯中坐成禍災之形尤大即羣下從謀其上也其犯旁四坐禍災亦大於他星但不若中坐之甚耳

火入旱金兵水水

蓋以水字連下句非也火入五潢則旱金入則兵水入則水耳

義失者罰出歲星歲星贏縮以其舍命國

方苞曰五星之行贏縮有常度精歷算者皆預推古歷於此法或未詳也或贏縮或以其所舍止星壓命其所值之國歲星自有行度古歷未容以日月之行度揆之是以時見贏縮　贏當從贏

熒惑熒惑為勃亂

行熒惑二字

主勿用戰敗

方苞曰主勿用為句凡事皆勿用而以戰則敗也戰尤重事故特言之易爻辭潛龍勿用

主孽卿

主其禍孽卿當之也

七寸以內必之矣

方氏苞曰七寸謂一度之內也

五星皆大其事亦大皆小其事亦小

五星通占獨係填星下者以土居中央備四時之氣也其曰禮德義殺刑盡失而填星乃為之搖動義亦如此

察日行以處位太白

太白平行距冬至與日同度一歲行度比日行度止差一二分故察日行以處其距限之位

動搖躁躁圜以靜靜

太白動搖而躁則兵亦躁太白圜以靜則兵亦靜也

行勝色色勝位

行謂順逆遲疾之色度色謂明暗躁靜位謂所壓宮宿

凡候歲美惡至四時之卒始也

方氏苞曰言歲始有三或以冬至日為產氣之始萌也或以臘明日王者之歲首也或以立春日四時之卒而復始也

數至十二日日直其月至日風雲占其國

直當也以其日晴雨占所當之月水旱也則法也竟終也為千里內占法如此若為天下候則終竟正月蓋月周歷二十八宿然後可以所歷之宿辨分野而為天下占也

是以秦晉好用兵復占太白至常主夷狄此其大經也

前言太白辰星主引弓之國此言秦晉雖在河山以南而近西北故其民亦好用兵而復以太白為占蓋以秦晉對引弓之國則太白又主中國而胡貉則獨占辰星也

此更為客主人

街南街北雖有一定之限而太白辰星則更為客主人蓋以街南對街北則太白為客而以秦晉對引弓之國則太白又為主人而辰星為客也

余觀史記攷行事百年之間至此其大度也

甘石法五星逆行日月薄蝕皆以為占及遷以所聞見百年中考之則五星無出而不逆行變色者日月薄蝕以所行南北同度有時相值此乃其行度之大凡不宜以為占也曰觀史記攷行事者見逆行薄蝕之占與事不相應也前言未有不先形見而應隨之者此復言不應何也上所述秦漢間皆星變非逆行薄蝕之比也諸呂作亂日蝕晝晦蓋連晝晦而為言

此天之五官坐位也

宮當作宮即篇首所列五宮也

夫常星之變希見而三光之占亟用

常星五宮經星也終古不易故其變希見三光日月五星也經緯見伏有過時過行贏縮有度故其變時見而占亟用曰希見亦間有見時也春秋書恒星不見其變大或有小大明暗亦小變也

為天數者必通三五終始至則天官備矣

即前所謂必貴三五也故曰終始古今深觀時變蓋合古之時變以參究今之時變也粗謂天官所傳三光之占精謂與政事俯仰而為大人之德符故同是變而其占有應有不應其應有過有不及也

城郭門閭閨臬至魚鼈鳥鼠觀其所處

此承上言不獨山川谿澤之變異地常見象即一方之衰旺外而觀其城郭門閭之潤澤枯槀內而觀其宮廟邸第以及人民所止居與謠俗車服其象必有先見者矣不特此也民所飲食其本在五穀草木之華實其豐登荒耗觀其所聚倉府廄庫及四通之路其象必有先見者矣至于六畜禽獸所產之去就觀其所處山林川澤田疇其象必有先見者矣如淵深林茂草豐泉潔必諸產之所就也反是則所去也或謂此節申明上候息耗非也前文義已明著無容覆演宮廟邸第亦觀其潤澤枯槀魚鼈鳥鼠亦有去就象於上而辨係於下者古文簡奧也

自河山以南者中國

關隴代北諸山也正義華山誤

上而疾未盡其曰過參天

方氏苞曰曰當作日蓋行疾未盡其當行之日而遽過也

諸此雲見以五色合占而澤摶密其見動人乃有占

摶圜厚也言雖以五色合占然必潤澤博密光氣動人乃有占其浮散之雲雖略似諸物形無占也

兵必起合鬭其直

七字乃諸星下脫文　漢志合作占

炭動鹿角解蘭根出泉水躍略以知日至要決晷景

炭當作灰冬至日極南晷景極長過此則漸短其物候四略可以知日至而決其運度要在晷景之長也正義以晷景連下誤

為國者必貴三五　天人之際續備

五謂五百歲一大變三謂三大變一紀三紀而大備也二紀上下已各千歲矣然必通三紀以次相續上下各千歲者五然後天人之際以相續而備而其變應無不可攷矣（以上方氏補注）

東井輿鬼晨出曰大音

音宋本作晋

以三月居與營室

何義門曰居字疑衍

自初生民以來

陳卧子曰天官書獨無序篇末有太史公論自初生民以來至天官備矣一章蓋本書之首序而錯簡在後耳

孝惠紀號曰高祖謚曰高皇帝

當作太祖班氏漢書即正之曰高帝紀

禮書寢兕持虎鮫韅彌龍所以養威

郝京山曰兕虎猛獸以其皮為車上茵褥坐臥倚凭之也鮫韅以鮫魚之皮飾馬腹帶也彌龍以金飾衡為龍形也彌末也

樂書高祖過沛詩三侯之章

左傳昭公二十三年童謠鸜鵒跦跦公在乾侯侯音兮與跦叶三侯即三兮

歷書秭規先滜　註鷤鴂之先鳴

郝京山曰楚辭今本作鵜鴂鵜鴂秭鳺二鳥也秭鳺之鳺從夫亦作規一名杜鵑一名布穀一名鵻鳩滜作嗥鵜同鳴也秭規春先百鳥鳴乘陽氣變化若鵜鴂之鳺從夬通作鵙一名伯趙五月夏至陰生始出至七八月將化詩七月鳴鵙八月載績是麻成之候草木將萎故楚詞云使百草為之不芳得陰氣之威者也史繕寫誤傳解者不辯多誤以子規為鵜鴂也

商本紀

按湯子歸太丁未立而卒帝武乙子亦歸太丁立為帝是生帝乙則商有兩帝名太丁者遷紀誤也

秦本紀

按秦之祖大業其母女脩吞玄鳥卵而生大業生大費是為伯翳即伯益也舜嘗命伯益為虞若子上下草木鳥獸好事者因謂其祖為鳥種虞掌山林因變伯益為柏翳柏木也翳茂盛也又費之言茀也蔽茀木陰也大費之後有鳥氏者有名若木者其後又有鳥身人言者又有蜚行曰飛廉者其後又有善御馬曰造父者又有善養馬曰非子者皆因緣伯益若子草木鳥獸之說而俏飾為之耳　郝說

夏本紀

郝敬曰注云鳴條在安邑則是夏畿內何以云桀走而遂放之秦紀云費昌當夏桀時為湯御以敗桀于鳴條夫以御敗則是桀走而追及之也然淮南子云湯敗桀于歷山與妹喜同舟浮江奔南巢山死然則鳴條南巢皆江南地故鄭玄以鳴條為南夷地世傳舜葬蒼梧孟子云舜卒于鳴條則鳴條不在安邑明甚豈南北有兩鳴條抑鳴條即蒼梧之別稱歟

秦本紀繆公學著人

按著人即閹寺奄人也商君之用以景監二世之滅以胡亥秦寺人之禍所從來也繆公烏得而辭其罪哉

漢高本紀

郝京山曰高祖母媼夢與龍接生高祖故貌猶龍所謂隆準龍顏也王媼見其醉卧常有龍呂后亦謂季所居上有雲氣范增望氣龍成五彩當世信以為龍種儻有之高祖劉累之後劉累則夏后氏之豢龍者史於夏紀帝孔甲特詳劉累御龍本末于此載劉媼遇龍事信以為有之矣子長之好奇類此

商本紀

按酒池肉林甚言狼籍暴殄如所謂積禽若丘陵云爾記云紂廣沙邱苑臺以酒為池懸肉為林此孟浪語

始皇紀華陰平舒道

按括地志平舒故城在華州華陰縣西北六里

發閭左適戍

方芭曰秦發適戍入閭取其左蓋家取一人

當陽君黥布之兵相收

蔣西谷曰周頌我其收之傳收聚也　望溪曰相收者彼此合為一也

乃厚賜田宅金錢封君昆弟寓於長安外戚世家

方望溪曰封公二字疑衍或曰田宅金錢皆封公家所有以予之賜修成公君亦曰公田百頃是也

娙何秩比中二千石

方望溪曰郡守諸侯王相外二千石也娙娥秩比九卿故曰中二千石崔浩云漢制九卿已上秩一歲滿二千斛又漢官儀云中二千石俸月百八十斛則為中外之中明矣而浩又謂中猶滿也師古因謂實得二千石恐未安諸侯王相亦實得二千石以不若九卿之貴故以中別之

荆燕世家弗與矣

望溪曰與音預言田生得金以歸不復與我之事矣蓋諷之也故田生感其言而如長安

五宗世家吏求捕勃太急至所疑囚者

望溪曰吏求捕諸證佐於勃甚急使人擊掠勃左右勃恐語洩遂擅出漢所疑囚使遁匿也漢所疑囚即與姦諸証左

分子弟户邑至尊建百有餘國

望溪曰王子侯者雖同為諸侯而有土有民為尊皇子以列侯家居長安為卑故曰尊卑相踰

陛下讓文武躬自切及皇子未教

讓文武者以制詞周封八百及康叔親屬有十諸語而言也躬自切者以制詞朕之不德而言也及皇子未教者以制詞以未教成者彊君連城而言也

儒者稱其術或誖其心

方芭曰儒者稱其術即李斯所謂令下各以其學議之也或誖其心即李斯所謂入即心非也蓋帝恐群臣封諸子之議儒者或稱其術以議之或口不言而心非之必當日口語及此而未筆於制詞故略舉以復也

商君　而相收司連坐

蔣西谷曰與酷吏傳收司姦盜賊同義漢書註云收捕司察也

蘇秦　西河之外至三晉之半

方望溪云西河上雒三川皆秦所并三晉之地晉國之故秦禍幾失亡三晉之半也

甘茂　而公必亡是自為責也

望溪曰亡音無向壽實楚故人言楚善變而壽必以為無變是自負楚變之責也

孟子荀卿　先序今以上至黃帝學者所共術大並世盛衰

大當作及傳寫誤也蓋先序戰國以上至黃帝事為學者所共稱述者然後及並世盛衰也

始也濫耳

言始為汎濫無端崖之詞以動人聽耳

管蔡世家十人為輔拂

焦弱侯曰此十人者豈大誥所謂民獻有十夫者耶

仲尼弟子　公孫龍

朱彝尊曰家語稱龍衛人若爲堅白異同之論者乃趙人樂正子輿謂其行無師學無友非孔子弟子可知

漆雕徒父　商澤字子季

家語名從字子文（或作友）　李朱改作秀

石作蜀　公夏守首

按朱改以石作爲姓則蜀其名也　首朱改作守

公堅定

堅朱本作肩

顔祖字襄

按祖一作相字子襄　司馬貞曰家語無此人朱彝尊曰按孟子昔者曾子謂子襄曰或是語顔祖亦未可定

罕父黑字子索

罕索朱改作宰索

步叔乘

按步或作少廣韻注云孔子弟子有少𣏟乘係複姓朱彝尊曰按風俗通云凡氏于字伯仲叔季是也氏有大叔仲叔則有少叔無足異者

伯虔

按宋思陵贊曰有虔子析全魯之彥當必有本以爲魯人也

南宮适

朱彝尊曰明季夏洪（一作宏）基輯孔子弟子傳略以南宮縚适括字子容爲一人以仲孫説閲謚敬叔者爲一人至于説苑所載南宮邊子謂是适字之譌然漢書古今人表既有南容又有南宮敬叔又有南宮邊子顔師古注于南容則云南宮縚于敬叔則名南宮适是縚與适适與邊子均未可混爲一矣

邽巽

按索隱本邽作邦文翁石室圖作國選

申黨字周

按黨史記舊本作棠又按文翁石室圖有申棖申棠　陸德明曰申棖鄭康成曰（云）蓋孔子弟子申續史記云申棠字周家語云申續字周也　王應麟曰史記申棠字周家語申續字周今史記以棠爲黨家語以續爲續傳寫之誤也後漢王政碑云有羔羊之絜無申棠之欲亦以棖爲棠則申棠申棖一人耳史索隱謂文翁圖有申棠申棖今所傳禮殿圖有申黨無申棖

樂欬

朱彝尊曰左傳公山不狃率費人襲魯孔子命申須句樂頎勒士衆下伐之杜預注以二人爲魯大夫改樂欬家語作樂欣欣與頎偏旁相同疑頎即是欣且文云孔子命之其爲弟子未可知也

奚容蔵

按孔門弟子有複姓今攷廣韻奚容箴衛人少叔石作左邱恙複姓也

公伯寮

朱彝尊曰孔門弟子史記有而家語無者公伯寮鄭國申棠鄡單秦冉顔何也家語有而史記無者琴牢薛邦申續陳亢縣亶也蓋以文翁禮殿之圖瑞林放魯峻石壁畫象之子服

何禮雜記之孺悲射義之公罔之裘序點左傳之仲孫何忌仲孫閱晏子之鞠語孟子之牧皮莊子之常季又家語與此孫仲會合傳有孔璇又別見者惠叔蘭別見孔子世家者有顏涿聚通計九十八人愚按論語左邱明樂記賓牟賈未嘗增入故云九十八人

叔仲會　注孔族

据家語族乃璇之訛字

子夏居西河

容齋隨筆曰史記書子夏少孔子四十四歲孔子卒時子夏年二十八矣是時周敬王四十一年也至威烈王二十三年魏始為侯去孔子卒時七十五年矣則子夏已百三歲矣方為諸侯師豈其然乎

鄭世家請衛君還

四字於上下無着疑衍

趙世家使廚人操銅枓

方苞曰及從者為句行斟為句行斟謂行羹汁張儀所謂進熱啜是也

娃嬴孟姚也

既曰娃嬴又曰孟姚者廣因王夢中謌曰曾無我嬴故特名其女曰娃嬴而實非嬴姓故着其實曰孟姚也

北地方從代道大通

方始也從屬也先是襄子已取代而隔於中山道不通故十九年主父北略地中山至於房子遂之代今滅中山起靈壽則北地始屬於代而道大通也仝上

天下屬行以謀王也

方苞曰屬行相屬而起兵也齊策伐犀首屬行而攻趙

負遺俗之累

必遺棄舊俗乃能成萬世之功而世人必相訾謷故云

任驁民之怨

驁民猶違衆也獨行其意民將以為驁而怨之

悼襄元年大備

疑是大為戒備之意君死強敵外侵大臣內鬨故戒嚴也

齊之事王宜為上佼

佼戰國策作交

封禪書或問禘之說至視其掌

方苞曰禘雖典祀然不知其義禮亦虛行況以封禪致物怪接僊人蓬萊士乎

羣儒既已不能辨明至而不能騁

方氏苞曰不能辨明者謂不能辨其非接仙人求不死之術也不能騁者見詩書古文無封禪之說不敢如方士之騁其誣誕也

五寬舒之祠　句官以歲時致禮

五寬舒之祠明太時后土二祠而外皆寬舒成之而遺不與其議也曰薄忌太乙以別於遺與議之太時也

究觀方士祠官之意

言推究其意專為道諛逢君之惡而不主於敬鬼神之祀

具見其表裏

言以儒術文之用自託於古帝王之功至德洽者表也而妄意於上封則不死裡也

儒林傳孔氏有古文尚書安國以今文讀之

按孔安國尚書序云科斗書廢已久時人無能知者以所聞伏生之書攷論文義定其可知為隸古定更以竹簡寫之孔穎達曰就古文體而從隸定之故曰隸古以雖隸而猶古也陸游老學菴筆記云隸為隸書古為科斗前一簡作科斗後一簡作隸書釋之洪氏隸辨曰由前之說以隸書筆作古體非漢世通行之隸由後之說則隸自隸而古自古未可合而名之也

酷吏傳以法誅通飲食坐連

王鳴盛曰漢書作通行飲食坐相連彼尹賞傳云捕長安中輕薄少年惡子數百人皆劾以為通行飲食羣盜又長后傳繡衣御史暴勝之等奏殺二千石誅千石以下及通行飲食坐連及者通飲食之義如此後書陳寵傳疏曰逃亡之科憲令所急通行飲食罪致大辟注通行飲食猶今律云過致資給與同罪也

酈生陸賈

王西莊曰傳末提行起附平原君朱建傳事此傳寫者誤提行當聯寫觀論贊則附建事當亦是子長筆惟其建勸黥布勿反語在布傳而裴駰云布傳無此語此為可疑但太史贊言平原君子與余善是以得具論之則知此段仍子長筆也至此下又重述酈生初見高祖沛公及說下陳留事語皆重見何用贊出恐褚先生妄附益耳其中誤以籍孺閎孺為一人索隱已譏之而今皆與元之相亂何也

自序　敘傳

鍾山札記曰太史公自序即史記之目錄班固之敘傳即漢書之目錄後人以其艱於尋求復為目錄以繫於首後人又誤認目錄為作者所自定致有據之妄訾警本書者夫孟荀列傳以兩大儒總括之何嘗為淳于髡慎到騶奭於其列哉佞幸等傳以事名篇與八書差相類固未嘗一一標姓名也譏漢書者謂范蠡子貢白圭非漢人而入漢書以為失於限斷其實班氏何嘗為范蠡諸人立傳即彼蜀卓宛孔閭里猥瑣之流其亦豈屑屑為之標目與夫因人立傳者同哉明毛毛氏梓史記集解葛氏梓漢書正文其前即據自序敘傳為目錄亦為便於視者而尚不失其舊在諸本中為最善矣

項籍傳韓信破齊羽使從兄子項它為大將　顏注高紀云項敫此云項它紀傳不同未知孰是

王鳴盛曰攷高紀於是役但書龍且不言項聲師古云云不知何據南監板竟無此注當是傳寫脫去攷其實當作項敫史記高紀以是役為龍且與周蘭二人曹參傳云從韓信擊斬龍且虜亞將周蘭則是役楚所遣將凡有三人矣但項聲項它皆是楚將曹參傳有東擊龍且項它定陶破之灌嬰傳擊項羽將龍且魏相項佗軍是二人皆嘗與龍且同事所以史書致誤其實灌嬰傳降彭城虜柱國項佗其事在破斬龍且之後相距甚遠項它如果與龍且同救齊其時龍且死周蘭被獲全軍盡沒不應它獨得免故非知救齊乃項聲非它也

儒林傳余讀功令至廢書而嘆也

方望溪曰廢書而歎歎儒術自是而衰也漢興天子公卿皆不說儒術而諸老師尚守遺學不肯曲以阿世故武帝一獨之而遺經竝出凡此皆聖人之遺化也自叔孫通以禮儀爲太常諸弟子共定者爲選首始喟然嘆興於學則稍掇於功利矣至公孫弘以春秋至三公而天下靡然鄉風弘既曲學阿世以至富貴不能興禮彰教乃置博士弟子使試太常補卒史誘以利祿自是天下多文學之士而儒者之道熄矣

其令禮官勸學至以廣賢才焉

制所下二事令禮官勸學講議洽聞使皆協洽興禮以爲天下先如改制度易服色是也弘議古者政教未洽不備其禮對此蓋言禮之未易興也太常議與博士弟子崇鄉里之化以廣賢才欲士興於學也宏議爲博士置弟子郡國縣道上秀民對此

先用誦多者至文學掌故補郡屬

誦多者誦諸經多也通一藝以上補掌故缺故先用誦多者不足乃取掌故也上云通一藝以上補文學掌故缺是舊有是官而弘請以博士弟子補其缺也此獨稱掌故者博士弟子新補者也稱文學掌故者舊爲掌故者也誦多者高第秩比二百石者也中二千石屬即左右內史大行卒史郡屬即太守卒史先用誦多者補中二千石屬不足乃擇通一藝者足之而舊掌故補郡屬也

竇嬰　跪起如子姪

按爾雅女子謂昆弟之子曰姪春秋傳姪其從姑是也古者兄弟之子皆曰子或曰從子而顏氏家訓謂兄弟之子北土多呼爲姪案此乃六朝以來俗稱耳古無是也漢書作子姓當是禮記喪大記注子姓謂衆子孫也

貨殖　安陵杜杜氏

齊召南曰言安陵縣及杜縣之杜氏皆富也

田蚡　王太后賢之

按在景帝時秪合稱皇后不合稱太后也漢書作王皇后稱賢之爲是

趙世家嬴姓將大敗周人於范魁之西而亦不能有也

方氏苞曰嬴姓將大謂秦將興也雖敗周而不能有謂二世而亡也

左衽界乘

界一本作介甲也此指武靈王變服習騎射事左衽變服也介乘謂甲而乘馬習射

北地方從代道大通

方始也從屬也先是襄子已取代而隔於中山道不通故十九年主父北略地中山至於房子遂之代今滅中山起靈壽則北地始屬於代而道大通也

秦以牛田之水至不可與爲難

牛田則地利盡水通糧則饒輸使能蠶食郡國者乘上乘戰有萬人之勇者裂中國善地以予之則士爭用命故曰其政行不可與爲難也仝上

功臣表軹侯李朔
按衛青傳作涉軹侯史炤曰軹河内邑胡三省曰食邑於齊郡之西安非河内之軹縣
鄧通傳出徼外鑄錢　顔注西南謂之徼
胡三省曰攷匈奴傳侯應上議曰孝武攘匈奴於幕北建塞徼起亭隧是北方之塞謂之徼朝鮮傳曰朝鮮屬遼東外徼是東方之塞亦謂之徼豈特西南謂之徼哉直言徼以邀遮爲義豈不簡而當乎
匈奴傳五月大會龍城祭其先天地鬼神
按史炤釋文西方胡皆事龍神故名大會處爲龍城胡三省曰匈奴非西方胡且三處皆其會祭之地不應龍城獨以事龍神得名愚按晉書姑臧城本匈奴所築地有龍形故曰龍城然則龍城蓋以地形而得名也
汲鄭傳非苦就行放析就功
方苞曰明知所行之非而故爲艱苦以成之如湯爲三公而家（產）不過五百金及造請諸公不避寒暑是也析言破律以就其功如湯興皮幣造白金籠鹽鐵出告緡（令）是也
張丞相傳吹律調樂人之聲音及以比定律令
蔣濟（西）谷曰比定者以舊律相比而定新律即文帝十三年張蒼馮敬議請定律事詳見漢書刑法志
律書上生者至三其法
方氏苞曰倍其實三其法即所謂三分損一也四其實三其法即所謂三分益一也
置一而九三之以爲法○實如法得長一寸凡得九寸
方苞曰得萬九千六百八十三○實如法者即以法之數除實之數也十七萬七千一百四十七爲實萬九千六百八十三爲法十七萬七千一百四十七爲萬九千六百八十三之九倍故得九寸
十二諸侯年表魯悼公元年三桓勝魯
西莊云此當在定王元年今誤入四年與世家牴牾
魯共公元年
据世家此當在烈王二年今誤入元年
晉世家知伯滅
按年表誤十四年爲十三年當据左傳正義所引正之
楚世家王翦破楚　孫檢注以楚地爲楚（秦）郡
按秦郡震澤王氏刻本作三郡今武英殿本從之
龜策列傳
史通曰尋列傳所編者惟人而已至於龜異（東）物不類肖形而輒與黔首同科俱謂之傳不其怪乎且龜策所記全爲志體向若與八書齊列而定以書名庶幾物得其朋同教相應者矣
陳完世家使田忌田嬰將　大敗之馬陵
按竹書紀年曰顯王二十五年與齊田肦戰於馬陵魏策作田肦集韻云肦與朌同今史作田嬰誤也　竹書統箋曰上云太子爲上將軍過外黄則從汴州外黄退至濮州東北六十里也時趙韓共擊魏戰南梁韓急請救于齊齊師至大梁敗魏馬陵豈合更渡河北至魏元城哉徐廣説定非

霍去病傳誅全甲

顧炎元曰觀書法則全甲疑是王之下王子之上作金甲固非若作足不失落尤非全甲似當作渾身貫甲之謂蓋精兵也周留青日札此條刪

蕭何傳以文無害爲沛主吏

顧炎元曰蕭何以文無害爲沛主吏掾趙禹爲丞相亞夫吏府中皆稱其廉平然亞夫不任曰極知禹無害然文深不可居大府張湯給事内府史爲寗氏掾以湯爲無害言大府師古注無害言最勝又曰傷害也言無能傷害之者觀後漢百官志秋冬遣無害都吏案訊諸囚注案律有無害都吏如今言公平吏漢書音義曰文無所枉害蕭何以文無所害爲沛主吏掾正如此也乃知無害吏亦漢律中語

周本紀世家

郝京山曰漢初尚書失傳金縢所記周公請代武王事不詳本末故世家更稱成王病公揃蚤沉河請代成王也又以成王感風雷出郊爲賵魯郊之本皆外錯附會

燕世家

郝京山曰書君奭爲召公將告老而周公勉留之本序稱二公相成王召公不悦蓋成王有過舉故召公欲去篇中云嗣子孫大弗克恭遏佚前人光必有所指事非爲不悦周公踐祚也周公無踐祚之事明堂位妄也

管仲列傳贊輕重九府

張淏曰輕重與九府自是兩篇名司馬貞但見李奇以圜法爲錢故指九府爲錢之府藏謂輕重爲論錢之輕重遂合輕重於九府非也九府篇劉向時已亡而輕重篇今固存也柷

商本紀辛母正后立爲嗣

按吕氏春秋載紂之母生微子又生仲衍其時尚爲妾已而爲妻生紂與史遷異但微子母既正位爲后則子以母貴何緣太史敢争然則此書仍當以遷書爲正吕氏或出傳聞之異辭耳

周本紀

按夏書紀帝糸云帝俊即帝嚳生稷稷生台璽台璽生叔均叔春秋外傳謂夏氏之衰不窋始失官守是不窋生當夏季稷後既有台璽叔均則不窋非稷子明矣

按漢書匈奴傳夏道衰公劉失其稷官竄於西戎婁敬亦言周自后稷封邰十有餘世而公劉避桀然則公劉爲商世諸侯距棄稷十餘世師古以爲稷之曾孫而康成遂謂與公太康並世誤甚

齊世家

按東坡志林云李斯上書諫二世謂田常爲簡公臣布恩施德陰取齊國殺宰予於庭是宰予不從田常爲常所殺也蘇子由古史以爲子我者闞止也與田常争齊政爲常所殺以其字亦曰子我故戰國之書誤以爲宰予又劉向别録田成子與宰我争宰我夜伏卒將以攻田成子令于卒中曰不見栓節毋起鴟夷子皮聞之告田成子成子因遂殘宰我

張淏曰歿諸東坡子由所辯未免以李斯劉向之言爲惑然鴟夷子皮范蠡者也田常之亂在周敬王三十九年時蠡方在越與句踐謀吴後八年始變名易姓爲鴟夷子皮國語及

蠡傳可考其妄已不待言矣按左傳哀公十四年齊簡公之在魯也闞止有寵焉及即位使爲政成子憚之諸御鞅言於公曰陳闞不可竝也其擇焉弗聽夏五月壬申成子兄弟如公子我屬徒攻闈與大門皆不勝乃出陳氏追之殺諸郭關庚辰陳恒執公於舒州公曰吾早從鞅之言不及此說苑正諫篇齊簡公有臣曰諸御鞅諫簡公曰田常與宰予此二人甚相憎也臣恐其相攻雖叛而危之不可顧君去一人簡公曰非細人之所敢議也居無幾何田常果攻宰予於庭弑簡公於朝簡公喟然而太息曰余不用鞅之言以至此患也說苑所云與左氏正同獨以闞止爲宰予者則後人誤以闞氏之子我爲宰氏之子我最分明太史公作傳實以家語弟子解謂宰予與田常作亂不知家語不全出於孔氏子弟之手多爲好事者以意增損孔安國嘗病之矣東坡之辯固足雪其恥而尚以宰予爲常所殺是宰予猶死于非命也以今所攷常之所殺乃闞子我也則宰予之枉可一雪矣

洪容齋曰子路之死孔子曰天祝予哭於中庭使人覆醢其悲如是不應宰我遇禍略無一言孟子所載三子論聖人賢於堯舜等語疑是夫子沒後所談不然師在而各出意見議之無復質正恐非也然則宰我不死於田常原更可證矣

楚世家懷王十一年蘇秦約六國伐懷王爲長

按時蘇秦已死戰國策作李兌約五國伐秦

懷王槐

按西溪叢話據詛楚文熊相疑楚懷王名世家作槐當是熊誤耳

樂書律數九九八十一以爲宮至六十四以爲角

攷亭朱子曰沈适疑史記此說止是黃鐘一均之數非衆律之通法今詳通典云十一辰宮商之法亦如之蓋若以十一律爲宮六用此數以乘本律之分數而損益之如林鐘爲均則以八十一爲五十四二十七爲十八之類是也

黃鐘長八寸十分一宮太呂長七寸五分三分二太簇長七寸十分二或曰商或曰角夾鐘長六寸七分三分一姑洗長六寸十分四羽仲呂長五寸九分三分二徵蕤賓長五寸六分三分二林鐘長五寸十分四角夷則長五寸〇〇三分二商南呂長四寸十分八徵無射長四寸四分三分二應鐘長四寸二分三分二羽

右皆依朱子正本　朱子曰凡律數十誤作七者五皆因本字而誤屈其下垂之筆本司馬貞沈适之說其夾蕤夷三律誤字則今以算得之

李厚菴曰按史記律數下又注宮商角徵羽字者八餘四律無之其黃鐘下有宮太簇下有商有角姑洗下有羽林鐘下有角南呂下有徵字晉志以爲求其理用罔見通達仲呂下有徵夷則下有商應鐘下有羽字蔡元定亦謂未詳其義疑後誤增也愚謂此數律所注皆有闕佚蓋其四以別四方之聲而其五以備黃鐘一均之聲也月令春月其音角夏月其音徵秋月其音商冬月其音羽今用春秋書首月之義以別四方之聲故於太簇曰角仲呂曰徵夷則曰商應鐘曰羽也若黃鐘一均之聲則黃鐘爲宮太簇爲商故於太簇之下商角竝注班固亦曰寅木也爲仁其聲商也爲義即此意也後人不知而疑爲羨其一故云或曰商或曰角非本注之舊矣

姑洗當為角而曰羽林鍾當為徵而曰角南呂當為羽而曰徵此三者蓋字之誤所當與寸分譌錯例亡改正者爾

西山蔡氏曰大要律書用相生分數相生之法以黃鍾為八十一分今以十為寸法故有八寸一分漢前後志諸家用審度分數審度之法以黃鍾之長為九十分亦以十為寸法故有九十分法雖不同其長短則一故隋志云寸數並同

子一分 至 亥一十七萬七千一百四十七分六萬五千五百三十六

西山蔡氏曰此即三分損益上下相生之數其分字以上者皆黃鍾之全數子律數寅寸數辰分數午釐數申毫數戌絲數其丑卯巳未酉亥則三分律寸分釐毫絲之法也其分字以下者諸律所取於黃鍾長短之數也假令子一分則一為九寸是黃鍾之全數丑三分二則一為三寸三三如九亦是黃鍾之九寸三分取其二故林鍾得六寸寅九分八則一為一寸亦是黃鍾之九寸九分取其八故太簇得八寸也其上下相生之叙則晉志所謂在六律為陽則當位自得而下生於陰六呂為陰則得其所衝而上生於陽者是也丑為林鍾卯為南呂巳為應鍾未為大呂酉為夾鍾亥為仲呂大呂夾鍾仲呂止得半聲必用倍數乃與天地之氣相應其寸分毫釐絲皆積九以為法

又曰徑圍之分以十為法而相生之分釐毫絲以九為法何也曰以十為法者天地之全數也以九為法者因三分損益而立也全數者即十而取九相生者約十而為九即十而取九者體之所以立約十而為九者用之所以行體者所以定中聲用者所以生十二律也

生鍾術曰以下生者倍其實至氣始於冬至周而復生

李厚菴曰下生上生之術即淮南所謂倍而以三除之四而以三除之者是也商羽角宮徵者相生之次也上九者言以九為上也必以九為上而以徵居之者欲使宮得五為中數也蓋自五至一為五聲大小之次自九至五為五聲相生之次而宮之為五不異也置一而九三之得一萬九千六百八十三寘以為寸法又置十七萬七千一百四十七之實而以寸法約之則得九寸矣此黃鍾之宮上下相生之本蓋音之始數之始而亦氣之始也

又曰人知五聲之清濁應洪範五行之叙不知五聲之相生亦應月令四時之節蓋徵生商者夏而繼以秋也商生羽者秋而繼以冬也羽生角者冬而繼以春也惟宮生徵角生宮於相生之義不合然土於四時實無位故不可以相繼論太史公言上徵而窮於角亦此意也

神生於無形 至 其欲存者故莫貴焉

李厚菴曰天地之間神則乘於氣氣則麗於形神不可知也至於形之理則如物類然有可區別故未形則未類同形則同類皆可別識也聖人知天地而識其別故因可見者以得其不可見者以我之神存天地之神亦何微渺之不效其情哉蓋形者道之華也故核其華則道者明矣非心思睿聖而耳目聰明安能存神於形而得形之情乎夫神者物皆受之而不能知其去來者也神之去來物之休咎禍福存亡死生繫焉可不畏哉操則存舍則亡故存神者貴矣律呂者聖人

所以存天地之神也天地之神形於氣發於聲成於數寓於器器數非神而神之所寓也故以器數而存神則可不能存神而求之器數則離矣

殺氣相并而音尚宮

李厚菴曰兵書云太史吹律聽聲宮則兵和士卒同心音尚宮故國語稱武王畢陳布戎布令施舍皆以宮聲者此也

神生於無形成於有形然後數形而成聲

方望溪曰神者樂之精華所以動天地感萬物之實理也生於無形者太虛之絪緼也成於有形者播於樂器然後聲生而神寓也數者十二律三分損益之數也播於有形之樂器然後其自然之數一一形見而成宮商角徵羽之聲也

故曰神使氣氣就形至類而可班類而可識

方望溪曰神使氣者以天地之神而運於人之氣也氣就形者以人之氣而就乎樂器也凡音之高下疾徐皆以人氣之大小緩急調劑而成故曰就也既播於有形之樂器則其理如物類之群分而有可別矣方其未播於樂器初無宮商清濁之可別所謂未形而未類也既播亦樂器則鍾磬管絃凡同形者音必相似所謂同形而同類也然雖同形同類而一器之中其音之清濁高下又各自有別類而可班者制器而可別其度也類而可識者審音而可識其分也凡此皆天地陰陽之理自然而有別者也

聖人從天地識之別至徵若聲

方望溪曰聖人知天地之理而識其所以別者故能從有以至未有而得細於氣微於聲者所謂神也有者器數之既形也未有者器數之未形也聲氣辨於既有器數之後而神存於未有器數之先故從有以至未有然後可以探聲氣之本而得其神也

然聖人因神而存之至而成形之情哉

方望溪曰然聖人雖識天地之神而苟無以存之衆人不能用也故制爲器數以存之則其理雖微眇必因器數而各効其情矣効者呈也情者實也華者器數之形道者神理之蘊也核其器數而無差忒則神理之運亦可得而明矣非天地之神本具於聖人之心而作律之聖人又秉其聰明之獨擅以核乎氣數之分豈能存天地之神而使聲氣之實理各効於氣數之中哉聖人辨器數以著聲音之實理所謂成形之情也

神者物受之而不能知至故莫貴焉

方望溪曰神者天地之所以鼓物故神之去來物之衰旺視焉而物常受之而不能知而其情畢効於聲樂故聖人畏而欲存之唯欲存之故設爲器數而神亦於是乎存其欲存之者聖心聰明之所寓也故莫貴焉

商八羽七角六宮五徵九

邢雲路曰即是上文聲律數太蔟八寸爲商姑洗七寸爲羽林鍾六寸爲角南呂五寸爲徵黄鍾九寸爲宮其曰宮五徵九誤字也　黄宗羲曰羽一徵二角三商四宮五者其大小之序而商八羽七角六宮五徵九者其相生之序也角宜生徵五徵宜生宮九雲路謂誤字者是也

置一而九三之以爲法實如法得一

黃宗羲曰置一而九三之者置子一而三之爲丑再三之爲
卯二十七如是者九爲酉之一萬九千六百八十三乃寸法
也實者十二律之實滿寸法得一寸黃鐘之實十七萬七千
一百四十七凡爲一萬九千六百八十三者九故得九寸他
律不滿寸法之實則以分法厘法毫法絲法收之
魏世家王之使者出句而惡安陵氏於秦句
方苞曰言過計而惡安陵氏於秦也
隨安陵氏而亡之　方苞曰隨以兵也
孔子世家季氏饗士孔子與往
方苞曰季氏饗士卒欲用之古者既葬金革之事弗避孔子
所居在季氏分地故要絰而往庶人召之役則往役之義也
故陽虎曰季氏饗士非敢饗子而正義謂饗文學之士誤矣
禹致羣神於會稽山
方苞曰蓋禹致羣神而秩祀於會稽也韋昭謂羣神謂主山
川之君誤矣致與周官致禽同義蓋屬聚之謂
山川之神至其守爲神
言山川之神足以綱紀天下而爲神者多即其守土之君也
蓋上世守土者有明德或神明之胄則死即爲神以主其山
川如春秋所稱臺駘爲汾神之類
分異姓以遠方職使無忘服
職職貢也服所服事也周書畢命纘乃舊服
故所居堂弟子內後世因廟藏
當作故弟子所居堂內傳寫誤倒也仝上

三代世表稽其歷譜諜
方望溪曰十二諸侯年表序歷人取其年月譜諜獨紀世謚
則此稽歷與譜諜也
漢興諸侯年表而內地北距山以東
北當作比其外接胡越而內地比次距山以東也與下漢郡
八九十形錯諸侯閒犬牙相臨正對
高祖功臣侯年表居今之世至豈可緄乎
漢武以列侯莫求從軍坐酎金失侯者百餘人遂不敢斥言
其非故微詞以見義言古之道篤於仁義以安勳舊而今任
法刻削不同於古帝王殊禮異務各以自就其功豈可混
而一之乎刺武帝用一切之法以侵奪羣下而成其南誅北
討之功也方補注
惠景閒侯者年表當世仁義成功之著也
望溪曰仁義之著謂追修高祖時遺功臣及諸侯子弟若肺
腑外國歸義封者成功之著謂從代來及吳楚之勞
司馬相如　封禪文
吳仁傑曰長卿言符瑞大都不過三事服虞謂麟指武帝獲
白麟事在元狩元年招康謂乘龍指余吾水中神馬事獨騶
虞無所攷見故劉敞疑元狩以前當有此瑞于棭建章宮後
閣重櫟中有物出焉其狀若麋武帝詔東方朔視之朔曰所
謂騶牙也長卿所指豈謂是乎山海經曰騶吾爲珍獸故有
騶虞珍羣之語蓋以其出於建章宮後莫知其所從來故云
厥塗靡從天瑞之珍

封禪書至梁父而德不洽
方氏苞曰梁父二字衍
乾稱蜚龍鴻漸於般
蜚龍在天利見大人言君之得臣也鴻漸於磐飲食衎衎言臣之遇君也武帝以欒大爲天所遺士故引此注誤
遭聖則興
承上文鼎神物遭聖則興以隱喻鼎出爲瑞非直指汾陰鼎出事正義誤
蓋若獸　集獲壇下
即指武帝射麃事服虔注誤
秋及臘閒祠三歲天子一郊見
三歲天子一郊見其二歲或祠以秋或祠以臘故曰閒
其下則有玉牒書書祕
太乙明堂贊饗具載其文而此書獨祕蓋以登僊禱也
皆至太山
還承上天子獨與侍中奉車子侯上太山故曰皆至謂從行公卿侍從儒者也
推歷者以本統
十一月朔旦冬至爲得歷數之本統故云
平準書一黃金一斤
方苞曰一黃疑當作十貫以字形相近而誤
以稽市物物踊騰糶
稽留市物俟物價騰踊而糶之也
及徒復作得輸粟縣官以除罪
方苞曰復除也徒當作者得入粟以除之也既曰徒復作又曰得輸粟縣官以除罪者明景帝時獨徒作者許除罪至武帝則一切當刑者皆可贖也
於是大農陳藏錢　有司言
陳奏也既曰大農陳又曰有司言者大農陳奏有司計要之質詞如此也與後大農上鹽鐵丞孔僅咸陽言同義
使屬在所縣
在所應爲所在誤倒也
令民得畜牧邊縣　以除告緡
民能於新秦中畜牧受馬母於官而孳其息者則除其家不告緡也
因南方樓船卒　擊南越
昆明池所作樓船雖以習水戰不過用爲游觀而近粵之地別有習戰之樓船故特言南方樓船卒以別之南越傳令罪人及江淮以南樓船十萬師以往討之是也索隱謂即昆明池樓船二十餘萬人豈昆明池所能容乎
不敢言擅賦法矣
軍所過縣吏擅賦法以多取於民而衆亦不敢以爲言也
諸官各自市　故騰躍
先是水衡少府大僕大農各受緡錢弘羊欲併隸大農也諸官各自市者儲以待用及貴而糶之也
令遠方各以其物　而相灌輸
方苞曰前此已稍置均輸以通貨物然猶官自輸故宏羊以爲賦輸或不償其蹴費今曰相灌輸民以次相輸如灌也名

為不加賦而私費不啻倍之矣故當時論其弊即謂農民重苦女工再稅也

或錢或布或刀

布刀各為一物舊注誤

河渠書魚沸鬱兮柏冬日

方苞曰迫冬日則水當睽竭矣而汎濫不止故睹魚之沸鬱而以為憂也

延道弛兮離常流　北渡迂兮浚流難

延道引道河之道也弛傾圮也延道傾圮故水離所常流之地　禹引河北載之高地今決而鬭南則北渡迂遠欲浚使復流其勢甚難

搴長茭兮沈美玉

祭川必沉玉疑搴茭亦為祭也管子淵深而不涸則沉玉極矣

薪不屬兮衛人罪

東郡燒草以致薪柴少故曰衛人罪也

頹林竹兮楗石菑

頹林竹即所謂下淇園之竹以為楗也以竹為楗於外而填石與菑草於中　方補注

疏斷為二渠復禹舊迹

鄭夾漈曰攷之据河渠書云云是以二渠出于禹也及攷之禹迹河自龍門至於大陸皆為一流至秦河決魏都始有二流子長之論其誤指秦時所決之渠以為禹迹也明矣

始皇本紀復土酈山

郝京山曰始皇葬酈山既窆棺還以所穿土培其上謂之復土漢文帝紀郎中令武為復土將軍註掌穿壙填瘞事者

高祖本紀高祖常繇咸陽縱觀至當如是也

郝京山曰繇役也按縱觀非一人一事獨見皇帝歎羨舊注誤

高祖為亭父長

郝京山曰秦法十里一亭亭有長有兩卒名亭父又名亭父又名求盜求捕盜賊也

贊曰文之敝小人以僿

郝京山曰僿與博塞之塞報賽之賽音義同今世俗角戲謂之賽七王紛爭亦賽也故曰周秦之間可謂文敝矣子云者則不遜者文勝則而僿也

呂后本紀高祖微時妃

按妃與配同左傳嘉偶曰妃水火配也俱讀作配

孝文本紀元年天下人民未有嗛志

郝京山曰嗛與歉慊并通不足而欲曰嗛從口與歉同己足而快曰慊從心從口音銜佞倖傳太后因此嗛韓嫣銜恨即不足之意從心音恰大學此之謂自慊快足也禮書入焉而嗛亦不足之意與慊異漢書作未有嗛志以慊用也

毋布車及兵器至纖七日釋服

郝京山曰按禮大喪出入所乘車及兵器皆以布裹之遺詔不必也既葬後服大小功布漸易以緦麻然後從吉是未喪（按喪字當是葬字之訛）亦粗衰也三年之喪實二十七月而此既以日

易月不妨畧多合三歲之全月也

孝景本紀禁天下食不造

郝京山曰造作也與穀通古穀糳鑿俱音作鑿精米曰糳左傳粢食不鑿凡糲米十爲粺九爲鑿八爲侍御禁不鑿教民疏食救飢荒也穀一音毇

孝武本紀至中山晏溫有黃氣蓋焉

郝京山曰晏溫封禪書作曣𥇖猶氤氳日出遲曰晏谷曰日出太早則雨晏則晴

孝文本紀使者冠蓋相望結軼於道

郝京山曰漢書作結轍使車往來交錯轍如結也古轍軼通

賜太尉勃金五十斤

郝京山曰漢書注凡言賜若干金者一金予萬錢非實金也言賜金若干及言黃金者實金也按此云賜太尉勃金五十斤則是實與金八萬兩也陳平灌嬰各二十斤襄平東平典容各金千斤則是共金七千斤爲金十一萬二千兩況徧及諸臣當賜者不知若干人則傾府庫之藏不足豈其然乎當時必别有條例即所稱賜金若干者未必全是金大段古人賞數以多爲名如云萬鍾萬鎰九百十萬皆細數以見多如漢制三公號萬石實月穀三百五十斛中二千石月各百八十斛二千石百二十斛比二千石百斛以下遞減不及全數之半少者不及十之七八皆非必實給也

蒙恬使傳使者以蒙恬屬吏吏置胡亥

方望溪曰胡亥二字衍

以是籍於諸侯

劉氏　曰諸侯皆記其惡於史籍是也春秋傳非禮也勿籍

栱鄜滕灌　别擊西丞白水至於雍南破之

方氏苞曰雍輕車騎秦兵之屯於雍者蓋擊西縣丞於白水北雍輕車騎於雍南皆破之也文義正與下從擊秦車騎壤東類此以雍秦地故不言秦耳

直不疑　其所臨爲官如故

其官屢遷所臨涖之地雖異而接人處已皆如故也

倉君公　年三十九歲也

蔣西谷曰上言受慶方一年所尚未精要事之三年此言受讀之年盡三年時年三十九歲出治病即有驗如下文所云也

匈奴傳立號曰萬騎

方望溪曰二十四長中雖數千騎者亦立號曰萬騎也

以便偏指　不參彼己

以便人主之偏指也　不參酌彼己之勢

衛青傳校尉句王高不識

不識在匈奴時爲句王降漢後爲校尉

常先其大將軍

蔣西谷曰大將軍青於去病爲親故曰其

汪武曹曰將字衍常先其大軍也

公孫宏　恐竊病死

方望溪曰竊恐字偶倒也

南越　介漢使者權

介恃也春秋傳介恃楚衆以憑陵我社稷以敝邑又嬰齊魯

之常隸也敢介大國以求厚焉

揭楊令定自屬定漢
光與揭楊皆自輯其吏民以屬漢是謂自定也

滇　秦時常頻略通五尺道
略封略也按封略而通道也

司馬相如　正陽顯見覺寤黎烝
望溪曰龍至陽之物其顯見於世所以昭漢受命之符以覺寤衆庶也

依類託寓諭以封巒
言天不必諄諄然命漢封禪而因物類之祥以寄寓其意而諭之也

酷吏　詐刻傳出關
望溪曰詐刻符冡也

上所是受而著讞決法至揚主之明
承上意著讞詞決其法因載其事於廷尉律令中俾後有疑事得比例絜度所以揚主之明

吏苛察盜賊惡少年
吏當作使溫舒為方略使豪惡吏苛察盜賊及惡少年即投缿購告言姦是也苛譴也周官世婦職大喪比內外命婦之朝暮哭不敬者而苛罰之

章大者連逮證至數百里會獄句
章內連逮證案者遠近俱來會獄以聽鞫也

吏因責如章告劾不服以笞掠定之
內史與外吏相表裏因如章內所列罪狀狀以令承服伏其告劾外吏枉撓而不肯遽服者強以笞掠定之

游俠　二者皆譏而學士多稱於世云
望溪曰謂二者實皆可譏而學士則多見稱於世蓋有感于俠客之獨為儒墨所排擯也

功名俱著於春秋固無可言者
言其行事具載國史也鄙瑣齷齪不足道也蓋謂公孫宏張湯等輩

竊鉤者誅竊國者侯侯之門仁義存
望溪曰諸侯之門必有稱誦其仁義者以見世俗毀譽不足憑也語本莊子竊鉤者誅喻俠客之扞文罔也竊國者侯喻宏湯誣上殘民以竊高位也侯之門仁義存譏世人不知宏湯之醜而稱美之也

今拘學至而取榮名哉
望溪曰此譏拘學始或抱義及不為世所取則竊其初志以為不若與世浮沉而取榮名也所謂榮名者即以術取卑相卿大夫非君子所謂榮也曲學阿世為卑鄙之論以儕於俗乃與世浮沉以取榮名之謂

始皇本紀及行所游天下傳令樂人弦歌之
謂行游天下所歷之地皆為詩以紀之也

張耳　今已張大楚王陳
陳勝初起為狐鳴曰大楚興陳勝王此言今已張大楚而王於故陳地也

又不如立其兄弟
如疑當作知　全上

秦本紀孟戲中衍

望溪曰索隱以爲二人非也果二人則下其玄孫曰中衍當爲何人之裔與蓋一爲名一爲號而並舉之猶遂族郭解翁伯之類

蜀相壯殺蜀侯來降

按九年代蜀滅之十一年公子通封於蜀則秦所立也据此年蜀相壯殺蜀侯來降則故蜀君也史記多一事而異書非自相牴牾傳聞異辭末由得其實故並存而不廢

薛文以金受免

九年薛文來相秦十年免中間無金受相秦事金受名別無所見恐傳寫之誤蓋薛文以受金免而樓緩代相耳

秦以垣易蒲阪皮氏

望溪曰十五年攻魏取垣索隱謂垣即蒲阪復謂以垣易蒲坂皮氏其說自相矛盾蓋垣亦魏邑秦既取之復以易魏之蒲坂皮氏也　前書取垣復予之而此書以垣易則復取垣於魏可知矣前書取魏皮氏而此書以垣易蒲坂皮氏則皮氏復爲魏取可知矣

始皇本紀百姓内粟千石拜爵一級

平準書民多買復及五大夫徵發之士益鮮則民納粟拜爵求免徵發也

食貨殖　臨淄女子彈弦蹝足　躡利屣

按利屣者以屣首之尖銳言之則蹝足之風意古已有之矣

封禪書添陰得鼎無款識

游宦紀聞款謂陰字是凹入者識謂陽字是挺出者

漢興以來將相名臣年表高帝二年立太子

原本屬大事記列今本屬上横行誤也當更之

五年入都関中

原本在大事記列今本屬上横行誤也當更之

二世本紀魚爛不可復全

春秋梁亡傳魚爛而亡言自内潰也

始皇本紀飾省宣義 複錄

方苞曰飾整齊也即下防隔内外禁止淫佚也省考察也即察其爲寄豭逃嫁者宣義示以殺之無罪子不得母之義也

人樂同則

謂人喜法則之画一也

秦本紀惡來革者

方苞曰惡來其號而革其名或惡來其名而革其號也古有以一字爲號者如張釋之字季是也

亦皆推鋒爭死

推當作摧摧鋒者乘勝之辭時穆公見窘晉師得雋爭死以摧其鋒也 仝上

劉澤　齊人田生

楚漢春秋云田生字子春　筆乘續云陶詩聞有田子春節義爲士雄即此人

武紀與王不相中得

按三蒼訓中爲得封禪書亦無得字蓋衍字也

禮書乃以太初之元 一段

紀疑曰此見古禮不存而漢所謂禮如是而已

黃帝紀存亡之難
方望溪曰世傳醫經皆黃帝與岐伯問難語存亡之難疑即
謂此
旁羅日月星辰水波土石金玉
羅列也旁羅謂紀日月星辰之纏次辨水波土石金玉之性
質無不該徧也
帝嚳紀其服也士
服與尚書有服在大僚之服同義上古四民不分至帝嚳則
服用者皆士人也
帝舜紀南撫交阯至東長鳥夷
索隱謂字缺少非也首以撫字該之下三方則直序其地而
西戎上不復重言其方耳
禹本紀聲為律身為度稱以出
望溪曰稱稱量也惟其聲之稱以出故高下疾徐應律也惟
其身之稱以出故動作威儀可度也
周本紀我維顯服及德方明
顯服與尚書自服於土中同義言我思修明政事當及我德
方明四方歸往之日而大營土中為朝會之地也
以存亡國宜告
此隱括洪範而為言也鯀殛禹興存亡之迹也九疇皆有國
者所宜用也
自為質欲代武王
以身為質於神也即金縢所謂以旦代某之身

佞佞幸傳仁寵最過庸乃不甚篤
方苞望溪曰庸用也謂帝雖寵愛之而任用則不甚篤也春
春秋傳士伯庸中行伯君信之亦庸士伯
貨貨殖 務完物無息幣以物相貿易腐敗而食之
謂務取完善之物可久藏且易售也其腐敗者則自食而勿
勿市於人
與時逐而不責於人
不以財物貸人而責其息
節駔儈
駔儈所以成貫按節出入不失其時仝上
然其贏得過當愈於纖嗇
言所贏利過當視務生於纖嗇者更愈之
自序太史公留滯周南 故發憤且卒
方苞曰封禪書載諸方士以封禪為合不死之名致怪物接
僊人蓬萊士之術而特書諸儒不能辨明封禪事故於此著
其父之發憤已不得與從事而辨明方士之妄也
有能紹明世至意在斯乎
著其父雖兼論六家要指而自寄與教子則一於儒也紹明
世者繼孔子而明世教也
律居陰而治陽至不容翲忽
方氏苞曰神化之幽潛為陰形象之顯見為陽律存天地微
妙之神而能感神人格禽獸知吉凶勝負故曰居陰而治陽
歷用象數之顯以推步日月星辰之行四時五氣之變故曰
居陽而治陰更相治即治陰治陽也律失之忽微則氣不應

歷失之忽微則度必忒故曰閒不容翻忽
獵儒墨之遺文明禮義之統紀至列傳
方苞曰荀卿序列儒墨道德之行興壞則獵儒墨之遺文謂荀卿也傳稱天下方務從橫戰伐而孟子乃述唐虞三代之德則明禮義之統紀謂孟子也　絕惠王利端謂孟子也列往世興衰謂荀卿也
自孔子卒　文辭粲如也
方苞曰傷武帝不能依古崇庠序以興教化而儒術反變為文學辭之學也詞若褒美義存譏刺也
各有俗所用欲循觀其大指
各有俗所用為句言日者因其國俗各有所用卜筮之法欲循觀其大指故作此傳也天官書國殊窟穴家占物怪即各有俗所用之謂
魯世家使子服景伯子貢為介適齊齊歸我侵地
左傳云歸成
衛綰　對曰死罪實病
陳子龍曰於古君老不事太子綰不敢質言故稱病益見謹厚也

酷吏　張湯以知陰陽人主與俱上下
方靈皋曰湯知事之陰陽及帝之陰陽也名美而實惡者事之陰陽也內多欲而外施仁義者武帝之陰陽也武帝興事開釁財匱姦生欲假刑威以劫之而湯陽慕儒術湯因請博士弟子用尚書春秋亭疑法所謂知陰陽皆此類也
二世本紀下調郡縣轉輸菽粟芻藁皆令自齎糧食
方靈皋曰下令調郡縣轉輸菽粟芻藁以給當食者而轉輸之人皆自齎糧不得食咸陽三百里內穀也此漕轉以給京師之始
項羽紀呂馬童面之
蔣西谷曰面與偭同史記夏侯嬰傳面擁樹馳漢書張歐傳為涕泣面而封之皆作背字解
歷書蓋聞昔者黃帝合而不死名察度驗定清濁起五部建氣物分數
方靈皋曰此詔書中語合而不死即封禪書所謂黃帝迎日推策後率二十歲復朔旦冬至凡三百八十年而僊登於天蓋方士之誕語也合者至日適與朔旦合也名察者五星二十八宿之名於是而辨也度驗者其宿離遲速之度皆可驗也定清濁者即下所謂氣實正羽聲復清也起五部者即下所謂黃鍾為宮林鍾為徵太蔟為商南呂為羽姑洗為角也氣者在天之節氣也物者十二律之管也建氣物分數者唯知其消息損益之分數然後能立十二管以應十二月之氣也
今日順夏至

方苞曰至當作正即歷書所謂日辰之度與夏正同也

名復正變以至子日當冬至

名復正變義難通豈謂五正數二變聲之名皆復其舊歟以至之至疑當作甲

禮書豈人力也哉

方苞曰言皆天理之自然非人力所强設也

歷書以理星度未能詹也

古卜筮之官名詹尹似有占驗符合之義觀下十一月甲子朔旦冬至已詹可見

昔黄帝合而不死至建氣物分數　律書

焦氏筆乘曰注家至此爲說各異至謂不死爲仙仙既無稽律曆又名察度驗皆無訓釋予以爲武帝病言曆者於星度執泥死法苟用其說輒推步不行惟黄帝舊法嘗揔會星辰次舍部位而其法可以展轉推求律呂相生不至死泥故曰合而不法死也其曰不死猶今語所謂得活法而文中子以爲圓機者也史記黄帝推筴之語曰黄帝得寶鼎神策是歲己酉朔旦冬至得天之紀周而復始於是黄帝迎日推策後率二十歲復朔旦冬至凡二十推三百八十年此其謂終而復始者正展轉相生之法故孟康謂黄帝作歷終而復始無窮己之意既已得其終而復始之法則星可推歷可起故曰名察度驗名察者以星之名而考察其所次度驗者即其躔度以知其所行故清濁五部氣物分數皆可稽考而歷立矣　此録程大昌古今考

攷古編

吴世家

王西莊曰餘祭在位十七年卒弟餘眜立則似餘祭并無被殺之事矣其實餘祭在位僅四年餘眜則在位十七年倒錯二王之年數耳索隱於世家辨之

自序

王西莊曰篇首自談爲太史公以下凡六稱太史公皆指談自太史公曰先人有言云云凡四稱太史公皆自謂下文靡不畢集太史公此則又屬其父其下仍云太史公則標明其父子相繼爲太史令故得並稱末結太史公又屬自稱

魯世家咨於固實

周語咨於故實固與故通

文學掌固

攷固與故通唐六典尚書省有掌固十四人下即引史記文學掌固爲註云掌故主故事也史漢本亦爲此固字與周禮夏官之掌固其職自殊

周勃世家許負相之

按此負字如高祖紀王媼武負之負如淳注俗謂老大母爲阿負是也劉向列女傳云魏曲沃負者魏大夫人如耳之母也亦同

呂后紀足下非劉氏

五行志云呂氏立呂氏子宏爲少帝

始皇本紀倫侯昌武侯成

方苞曰獨不具姓疑秦之同姓也

寫蜀荆地材皆至

朱東御曰寫之義當爲傾訴同我心寫兮

飾省宣義

方望溪曰飾整齊也即下防隔內外禁止佚淫也省攷察也即察其爲寄豭逃嫁者宣義示以殺之無罪子不得母之義

二世本紀不稱始皇帝至不稱成功盛德

前稱平聲後稱上聲金石刻詞當始皇時止稱皇帝今易世不稱始皇則久遠之後如後嗣爲之也正義誤不稱成功盛德謂使人疑後嗣所爲則不稱始皇之成功盛德也

項羽紀秦種族其家

望溪曰種當作踵

文帝紀未有嗛志

戰國策齊桓公夜半不嗛注嗛快也　漢書作懕

十一月望日又食

方望溪曰日當作月詔但言十一月晦日有食之可見並書月食者以與日食同月也景帝後二年十月日月皆食亦並書

民或祝詛上至而後相謾

謾者告首而以陷之也

宮殿中當臨者

詔云毋發人男女哭臨宮殿中當哭臨者謂羣臣命婦內外宗也

張耳　一身無餘

指三族論死極狀其慘

周本紀武王至紂死所至懸之太白之旗

蒿菴閒話云信如此言豈特非聖人已也新語云紂死紂之官衛舉紂之軀棄之王門之內外民之觀者皆進蹴之武王乃使人帷而守之此爲近情史乃舍此而錄彼何也

越世家

張稷若曰注誤當自爲之解越不伐楚則不伯王度其所以不伐楚之故爲不得晉之好耳今日晉固不肯伐楚矣使其肯伐楚必將覆楚之軍殺楚之將楚之葉陽翟危而陳上蔡不安矣故二晉之事越不至於破楚不止也得晉之故如此越乃悼於得晉何也

越王曰

張稷若曰越王曰我之欲得晉不必使之與人戰也但得其聚兵大梁分楚之兵力而我可得志矣使者曰若但欲使晉分其兵力不知楚之兵力已分不必晉也且王之所求於晉楚交兵而後圖之也晉楚不鬭則越兵不起不知越兵不起則晉楚亦不鬭是知二五而不知十也越兵一起晉楚必鬭而晉楚越之交合而楚可圖矣

復讎

張稷若曰索隱解讎字爲犨字之譌似可從不然則復讎二字連上讀言小者不能伯而復讎也

持滿者與天定傾者與人節事者以地

蒿菴閒話云持滿者與天持滿者當本之天道也定傾者與人定傾之道當盡人之事因人之情也人字內兼彼己節事者以地舉事而欲得其節因地之勢地之利以爲宜也觀越之

初伐吳吳之伐齊北會諸侯於黃池越之後世散於海上及蠡之逃去可得持滿與天之辭觀蠡之數越事吳遣少子見莊生可得定傾與人之說解觀其辭每出齊又去齊止陶可得節事以地之解注家以爲天與之人與之地與之誤甚矣

秦本紀銘曰帝令處父　以華氏死

方苞曰蜚廉所自爲也蓋雖報得石槨而紂已死無所用故蜚廉以爲天實賜己而竊言以欺世耳

是爲宅皋狼

正義以孤增居皋狼而生衡父非也蓋宅皋狼孤增別歸耳下皋狼生衡父衡父生造父則人而非地明矣河西有皋狼縣則以皋狼居之而得名耳

以女弟爲繆嬴爲幽王妻

方苞曰不曰后而妻蓋夫人嬪婦之類時秦僻陋故史以書妻書耳

伐楚取召陵丹犂臣

丹犂臣爲句言二國臣屬於秦也與下蜀相壯殺蜀侯來降韓魏徐楚趙皆賓從立文正相類据正義丹犂臣蜀爲句則下云相壯不知何國之相且三國臣蜀亦無爲載於秦史

發卒受地韓南陽假守騰

發卒受韓南陽地而使内史騰爲假守也

下隱宮徒刑者七十餘萬人

方靈皋曰下隱宮及送徒作阿房者共七十餘萬人也蔣西谷曰玩上下文不當插入下隱宮事蓋隱括宮刑徒刑者七十餘萬人分作阿房或作驪山也

魯世家發書視之信吉

方氏苞曰六字衍

燕世家燕相將渠以處和

處居間也趙重將渠故燕特相之居間主和議也

宋世家今汝無故告予顛躋

方苞曰躋升也升高而顛傷必重以神明之後而墜命亡氏則忝祖尤甚也

晋世家且言何以易之

謂重耳之言非恒人不可忽也

楚世家楚國寇之上

言令尹居國如寇之在上不可復加也

越世家夏路以左

方苞曰楚辭哀郢過夏首而西浮夏路以左即夏首以西也自商以至夏首皆近秦之地

鄭世家公怒溉逐羣公子

蔣西谷曰五帝紀帝嚳溉執中而徧天下徐廣曰古既字作水旁既盡也與日有食之既同義

方望溪曰溉當作概屬下句蓋怒己子之以罪死而羣公子概被逐也

請衛君還

望溪曰四字於上下無着疑衍

律書雖妙必效情句核其華

按楊用修以情核其華爲句

伯夷列傳猶考信於六藝
方望溪曰六藝以六經而言也許由卞隨務光雖見於諸子而六經不載孔子又無稱焉是以不敢傳疑也
豈以其重若彼其輕若此哉
言自聖人論之豈以若彼之富貴逸樂為重若此之困窮禍災為輕乎蓋君子之所謂重輕與俗異故曰道不同不同不相為謀
管晏傳上服度則六親固
方望溪曰服如自服於土中之服謂行政也上所服行有制度則民親睦
老子　或言二百餘歲
蓋謂老子隱去其年壽所極世人亦莫知其真故與老萊子太史儋相混也
李耳無為　自正
此言著書言道德者乃李耳而老萊子太史儋別為二人也
韓非　非如吾知之有以說之難也
方望溪曰非吾知其事之成敗利鈍而有術以處之之難也
非必其身泄之也　身危
不必有心泄其事而偶語及其所匿亦不免於危
穀其　難以為棋持重
方婺如曰此倒句法本當言難以持重為相也
韓非　周澤未渥也而語極知
望溪曰極知盡知其事與心之隱也
迺自以為也故

方苞曰他當作他如晉欲伐陸渾之戎而假於祭雒也
論其所愛則以為借資　謂借資於所愛也
慮事廣肆　慮事周遍而備陳之也
大忠無所拂辭悟言無所排擊
方苞曰大忠悟言皆謂所說之人也彼自以為甚忠信則應之如響而辭無所拂彼自言有獨悟則無攻其瑕隙
直指是非以飾其身
飾當作飭謂直指是非以匡飭君身也
莊子散道德放論
散推衍也推衍老子所論道德之意而放言也仝上
樂毅　是以至於入江而不化
不變化其本志也國策作不改或字之訛也
屈原　各有所錯分
方苞曰錯與措通置也窮達禍福各有措置處也
李斯　即以屬吏繫於陽周
蒙恬之死於後趙高語出之故於此不言其死狀
則舍為天下役何事
方望溪曰舍除去也言既不能行聖人之術以督責天下則除去為天下役更何所事乎與荀子是猶力少而任重舍碎折無適也辭意略同
始皇本紀今年祖龍死
閻百詩曰嘗疑今字必明字之譌其證有二始皇崩於沙丘在三十七年始皇曰山鬼固不過知一歲事識其明年之事彼豈能預知乎幸其言不驗可謂妙辭但苦無文字可據耳

讀太白古風詩曰壁遺鎬池君明年祖龍死乃知太白唐時所見史記本尚無譌

儒林轅固　安得司空城旦書乎

楊慎曰此蓋太后怒詈轅固之言意欲入以罪條比于城旦騆謂比儒書于律令非也儒家外自有刑名家何得以律令比之

酷吏張湯　載以牛車有棺無椁

徐孚遠曰三長史以賈人居物陷湯今其薄葬如是使天子知其廉後卒棄誅三長史此母之智也

溫舒　以焄大豪

董份曰溫舒不能即禽有埶之家故巧試下戶而熏逼大豪使之知懼耳

尸亡去歸葬

楊慎曰尸亡去者謂齊死而遺命其家潛逃歸葬耳徐注事涉神恠且不達文義

大宛　烏孫　故服匈奴

董份曰故舊也舊服于匈奴

徙其城下水空以空其城

孚遠曰徐註不分明謂別穴低處引去城下水使城中乏水也

大宛傳末　禹本紀

王應麟曰五禮義宗引禹受地記王逸注離騷引禹大傳豈即太史公所謂禹本紀耶

始皇本紀

楊慎曰始皇本紀後有低兩字一段班固漢明帝時所謂秦紀也其事雖略而其文法最古太史公所以謹錄之欲以互證而備遺也亦如酈生傳後又附酈生書之例今本作平頭刻不復低兩字人亦不知為何意也索隱注亦昧此惟魏了翁古今考僅存其說

衛青傳　攻祁連山

丹鉛總錄云匈奴中有天山又名盧山又名寘顏又名祁連非有二也揚雄疏運府庫之財填盧山之壑衛青傳起冢象盧山漢書作象天山史記青傳攻祁連山小顏曰即天山也匈奴謂天曰祁連史炤通鑑釋文曰青嶺絕幕至寘顏山即盧山也寘音顛與天聲相近

封禪書　沕潏曼羨

楊慎曰曼羨即曼衍

黃帝本紀　旁羅日月星辰

尚書考靈曜曰冬至日月在牽牛一度求昏中者取六項加三旁蠡順除之鄭玄注蠡猶羅也楊慎曰据此則旁羅乃測天度之器如今之日晷地羅也

律書

沈适曰律書所論二十八舍十二律多皆臆配殊無義理至於言數亦多差舛如所謂律數者八十一為宮五十四為徵七十二為商四十八為羽六十四為角此止是黃鍾一律均耳十二律各有五音豈得定以此為律數如五十四在黃鍾則為徵在夾鍾則為角在中呂則為商兼律有多寡之數有

實積之數有短長之數有周徑之數有清濁之數其八十一
五十四七十二四十八六十四止是實數積耳

黄鍾寸長八七分一大吕長七寸五分三分一太蔟長七寸七分二
夾鍾長六寸二分三分一姑洗長六寸七分四中吕長五寸
九分三分二至應鍾長四寸二分三分二

沈适曰此尤誤也此亦實積耳非律之長也蓋其間字又有
誤者疑後人傳寫之失也餘分下分數目凡七字皆當作十
字誤屈其中畫耳黄鍾當作八寸十分一太蔟當作七寸十
分二姑洗當作六寸十分四林鍾當作五寸十分四南吕當
作四寸十分八凡言七分者皆是十分

言萬物之旲落且就死也

郝京山曰莊子謋落無所容言廓落無依泊也謋易老早彫
　故彫落謂謋落謋旲聲近相通

天官書

郝敬曰星座有尊卑如官曹列位故曰天官

中宫天極星

即所謂北辰也其星五在紫微垣中云極者當天頂極也極
北爲陰極南爲陽日月五星行陰則無光行陽則能照是爲
昏明之限故謂中極索隱具　刪

直斗口三星隨北端兊

隨與隋通音妥垂也兊與鋭通三星隋長北端尖漢書端作
耑兊作鋭　愚按隨當與撱同爲狹長貌

金爲白衣會

按金星與填星合則國有大喪哭臨之事凶事尚白

日月暈適風雲此天之客氣

郝京山曰按適猶偶也謂忽然昏暗無光非常然也漢天文
志日月薄食暈適背穴抱珥虹蜺皆客氣也

平準書江南水耕火耨

以火燒草下水則草浥爛成力省地饒舊註非

晋世家必得蕭同姪子

按左傳作蕭桐叔子男子年少稱叔女子年少稱姪叔次伯
姪次姑婦子稱叔猶男子稱姪互通

越世家習流二千　君子六千人

按習流水軍善游者君子君養之猶子者家兵也

孔子世家眼如望羊

望羊猶望洋遠視貌

項羽本紀贊背關懷楚放逐義帝

郝敬曰舊註非也謂羽棄關中思東歸與放殺義帝兩事自
失計耳

三代世表

郝敬曰本紀始五帝世表始三代以五帝不可詳三代之王
三代之王皆五帝苗裔遠者傳疑近者頗有明故唐虞皆出
黄帝据表四世得堯九世得舜然則舜何得與堯同時祖姓
同出而舜娶堯女不瀆倫乎黄帝四世生禹隔四代而後當
舜禪何禹壽之綿遠也商祖契周祖稷皆黄帝玄孫契十三
傳得湯稷亦十三傳至王季王季距湯所六百年而相爲兄
弟此代年差訛已甚皆所謂疑則傳疑故畧其年表其世世
且不詳而况年乎洪荒事渺不著謂之表者表其疑爲爾

秦始皇本紀太史贊采賈生之言

王西莊曰秦始皇本紀太史公贊采賈生之言賈生過秦上中下三篇若如今本史記則遷所采乃倒其次以下篇為上篇上篇為中篇中篇為下篇又陳涉世家末有褚先生曰吾聞賈生之稱曰云云即用過秦上篇若果本紀內已有此篇則兩處重出不但史公必不如此即庸陋如褚先生亦不應至是今試取賈誼原書尋繹之上篇是專責始皇中篇亦數始皇罪惡而下半却歸罪二世下篇則兼責子嬰故每並稱三主其次第甚明再取徐廣及裴駰司馬貞注詳翫之則知司馬遷當日實取過秦中下二篇為始皇本紀贊上篇為陳涉世家贊而中下篇亦仍賈生原次未嘗倒其文班固所見司馬氏元本本如此徐廣亦見之秦紀贊中秦孝公〻云至攻守之勢異也一段乃魏晉間妄人所益後人見其〻無世家贊重出疑出褚少孫手于是又妄改世家贊太史公曰為褚先生曰

始皇本紀贊　賈誼司馬遷曰向使嬰有庸主之才至未嘗絕也

上司馬遷三字衍未嘗絕也之下脫司馬遷曰四字

項羽本紀懷王都盱眙　裴注引鄭元曰

按鄭德有漢書注而康成不注史記常熟毛氏索隱跋謂宋刻鄭德誤作鄭元良是

高紀　老父曰鄉者夫人兒嬰皆似君

按似君漢書作以君是即上文所夫人所以貴者此男之意如淳漢書注引論衡作似為据然則似者亦謂[illegible]貫之相同耳非必謂呂后貌似高祖也荀紀悅漢紀作夫人兒子蒙君之力蓋從以君之意

五宗世家臨江哀王閼于

按閼于漢書去于字只作閼景紀亦然

三王世家

按武帝六男遷叙閎旦胥三王為世家不列戾太子及昌邑哀王髆者太子前已定儲位自不當入世家至巫蠱之敗又宜隱諱矣髆封於天漢四年遷書只訖太初而止故有所不及書也

五宗世家

王西莊曰五宗十三人皆景帝子以其母五人所生號為五宗殊屬無理漢書改為景十三王傳是也

孝武本紀　裴駰注太史公自序云云

王西莊曰遷實卒於昭帝初觀景帝本紀末云太子即位是為孝武皇帝衛將軍驃騎傳末段亦屢稱武帝按其文義皆非後人附益間有稱武帝為今上者史記作非一時入昭帝未久即卒不及追改也惟賈生傳末述賈生之孫嘉與余通書至孝昭時列為九卿此孝昭二字則是後人追改其文當為今上耳

二世本紀雖萬世不軼毀今始皇為極廟云云

鍾山札記云雖萬世不軼毀自當在今始皇為極廟之下語方順此理之極易見者不必拘守缺疑之義而憚為之更易也

李斯傳皆不敢於此矣

按莊子其道大觳宜茂以註觳音恪當作殼外心也據此則
此觳字亦當作空虛解
封禪書亳人謬忌
謬忌後俱作薄忌疑有誤薄字豈即亳字之通邪
吳嶽
按尔疋河西嶽職方雝州其山鎮曰嶽山蓋周之西岳故亦稱爲吳亦下
云導岍及岐漢書地理志扶風汧縣吳山在西古文以為汧
山俗謂之吳山又合稱吳嶽吳或作虞其實一山也史公分
吳山吳嶽為二誤已
夏本紀
孔穎達左傳襄四年疏云夏本紀禹生啓啓生太康為羿所
距太康弟仲康立尚書孔安國云羿廢太康而立其弟仲康
為天子則仲康羿之所立但竹握其權衰元年傳稱有過澆
殺斟灌以滅后相相依斟灌故澆滅之是相立為天子乃出
依斟灌則相之立也蓋亦羿立之矣此傳言羿代夏政亦不
脩民事寒浞殺羿言取其國家則羿必自立為天子也當是
逐出后相羿乃自立相依斟尋斟灌夏祚猶尚未滅蓋與羿
並稱王也及寒浞殺羿因羿室而生澆澆已長大自能興師
始滅后相相死之後始生少康少康生杼杼又年長乃堪誅
殪方始滅浞而立少康計大康失邦及少康紹國尚有百年
乃滅有窮據此傳文夏亂甚矣而夏本紀云仲康崩子相立
相崩少康立都不言羿浞之事是馬遷之疎也

孟荀
全祖望曰以史公謂孟荀同時固未必然劉中壘以為後百
餘歲亦未必然蓋同時而又同居于齊不應一無問答而使
其後百餘歲則已入秦人一統之世矣大抵孟子游齊當宣
王荀子游齊當湣王據經典序録子夏之詩三傳為孟仲子
仲子再傳為荀子則時代可推矣
司馬相如　賛
劉青芝曰此與詩之諷諫何異以上其博引取意處自是史
公筆伏其為原文無疑揚雄以下乃班掾所自為以寓其不
足相如之意與史公意正相反後人誤綴之贊末并詩公所
論皆非也
項梁傳士卒食芋菽
劉辰翁曰芋字漢書作半字是
漢高帝本紀　復之六歲食之一歲
劉曰食之即免租稅耳未必給之也
環水楚軍
劉曰環水或地名或水自環其地以為洪水自環則無此兵
法注家好奇猶可以資小兒引用甚非事實非筆意
七年　自平城過趙雒陽
多雒陽二字
絳侯世家所將卒當馳道為多
辰翁曰從來者以褚傳誤之馳道即御前之道也
處尊位以厭

劉曰厭之如厭勝之厭無謂宜如厭亦音厭耳

以胥絮提文帝

劉曰提謂〻兵也音弟是如婦飛提提謂莫盡屈也急欲抵之狀

張耳　貫高不侵為然諾

劉曰即輕諾者寡信不侵又好皆欲高上為人所難先人意所欲皆侵也

高祖本紀　見蛟龍於其上

此猶范増言吾使人望其氣皆成龍耳漢書作交龍是敷（龍）交也此非人理不知為蛟為龍但見其上有如此或感其氣不可知交字大碍

王媼武負似是二人

按王媼武負似是二人故又言武負王媼以別之（下又言兩家總明）

按楚漢春秋高祖封負為鳴雌侯

樊噲　咸陽灌廢邱

辰翁曰灌或以（為）水攻或以為地名以筆勢言之地名是

婁敬　脫輓輅

輓與輅同音

相如　名犬子

必當時俗語以為最點靈識者漢書以為愛也

倏眒倩淛

劉曰謂似斜視貌

怠而後發

謂別往也

水蟲駭波鴻沸

水蟲即龍耳鴻沸即大沸也

闓易

辰翁曰疑闓字去聲通用謂其光豔橫生旋轉容易之見○愚按闓與豔通毛詩豔妻魯詩作閻妻谷永對策閻妻驕扇是闓豔古通之証

心惻于側

惻當是惻字舊註是

欲略通夜郎

漢書註行取曰略與東略之不知意同經略之也

躬胝

漢書低厲低蓋虛字猶履也厲者勞苦謂其僕僕從事也

鄭當時　常置驛馬

為傳遞欲速甚也

如恐不見

謂見棄也

張湯　以湯為無害

猶言莫能破也

義縱

劉辰翁曰以告縛為亂民捕其為告縛者此在酷吏中本是得民之事而以此充罪殆義縱欲獨行其義張湯亦欲獨行其意耳

推咸

顯即推減疑即挫字與銛項字奉朴擊致人罪責請求耳又

邪都以東所不為耳

侫倖鄧通　嗜𤨏

嗜宜如齰與啗異漢書作𪗾山角反亦通

貨殖句踐　糶二十病農九十病末

辰翁曰二十八十九十皆言斗

務完物無息幣

完者無不有也息幣即無藏幣

子貢　廢著

雖當時語竟似發著耳猶化居也

惟褒斜綰轂其口

綰轂猶綰轄謂總轄處

其俗纖儉

纖者纖靡有侈無儉非纖嗇之謂

羯羠不均

如羊很闘也

滑稽　喜隱好為滛樂

辰翁曰喜隱者自恃其明與知也故其人也遠於游説不然

皆不足稱也

飲可八斗而醉二參

二參者以二參之謂有進于前此不是重前

卑疪而前纖趨而言

劉曰疪纖皆有意窩正謂貪得只切口欲求利不顧貪與暴

槖布　其計亟無復之耳

之字疑云字謂其無謀無復可言耳

韓長孺　匈奴負戎馬之口

管子書目匈奴為崎宼謂其負戎馬之足也

匈奴　、今閭渫惡至闟然更始

辰翁曰渫惡猶惡薄言很下貪降其進取之利自謂兩界皆

有降者各顧己利耳漢書作貪降其趣降如字訓下殆不可

解略然無所覆闟勝俞

來者不止

辰翁曰如服則舍之謂今所遣釋前所降漢者單于亦勿復

問其降漢之罪此俱去前事與相往細等不足重出

燕上谷之什斗辟縣

什即斗字之誤

吳王濞　搏胡衆入蕭關

辰翁曰搏音團謂生聚其衆入關漢書作轉非團猶塊也

叩蚡　相提而論

相提二字雖不可曉意者亦對客不能忘言之類非加㦗也

蟄將軍

蟄宜音蜂蟄之蟄漢書作典無訓（畀按典當是典字　典盤同音故借用）

引繩披根

辰翁曰引繩兩人共以揩絶人也謂兩人共引一繩撤却到

底不使得復入直恨恨之語批猶批頰之批必如此乃可覩

而不足者乃可㧺

首鼠

首鼠者出穴探入存亡言安國探主意也兩端自別為句較

勝首鼠無兩端義自喜為自矜重耳

高祖本紀

劉曰梅鋗功多封十萬户侯漢初所未有然當公者令甲不見所謂梅鋗者豈羽死鋗殁故不遇高帝耶士之有功或不得其時與無等耳

匈奴傳贊而務讇納其說以原偏指不參

陳仁子曰謂稅者諛匈奴皆患其直徼求一時横倖但務讇進其說以自便其偏指不參詳始終利害也

貨殖　盡椎埋去就

辰翁曰當是盡推移識去就

惠景間侯者年表

盧文弨曰表中脫去楊丘一侯漢書王子侯表在楊虛之前據史記索隱在楊虛之後今從索隱補之其楊虛侯中有以楊丘之文誤入者故并正之

楊虛
齊悼惠王子侯
四年五月甲寅孝侯劉將廬元年
十六年矣將廬爲齊王閭
十二
除

今本史記以恭侯爲將廬之謚又於爲齊王下云有罪國除此乃以楊丘之文誤入者亦足以見史公本有而傳寫誤脫耳恭侯名平漢書作安今從索隱之文

史表之誤不可勝指今即此同卷前後之文聊正一二於左

楊丘
齊悼惠王子侯
四年五月甲寅恭侯劉平元年
十六年
十二侯偃八三
四年侯偃有罪國除
元年

便　元年九月癸卯頃侯吳淺元年

今本脫癸卯二字侯誤作王

軑　第七格先書十下書元光元年侯秩元年又書二十下書元封元年

今本誤以十與二十合作三十脫去元光以下八字

沛　第四格先書元年四月乙酉侯呂種元年次書六下書七年更爲不其侯又書一下書八年侯種

今本中間誤連書七一二字又七年更三字脫

上邳　第五格先書一下書二年侯郢客爲楚王國除

今本一字反寫在後又二年誤作元年又上衍孝文二字案首行已著各帝年分侯下案格可知前亦有出寫后者皆後人妄增

陽信　第五格元年十一月辛丑夷侯揭元年

今本十一月誤作二月又本誤作三月表字脫下軑侯元年正月誤作四月今侯梁脫今字又凡中幾年後幾年於中後下連元字者皆衍文

紋　第六格三年六月乙亥莊侯富元年次書四下書前七年悼侯澄元年又書一下書中元年敬侯發元年又書九

今本三年六月乙亥誤作元年四月乙巳則仍是前封休侯之年矣又一字誤作二其餘與漢書表異同不備著

俞　第六格六年四月丁卯侯欒布元年次書六下書中五年侯賁元年又書五第七格書十三下書元朔二年侯賁元年又書十一下書元狩六年

今本侯賁元年作侯布薨大誤史無此例侯賁者不得其嗣之名也又五字脫又十三誤十二或誤十又十一或誤脫十字或脫一字

恒　第六格三下書六年賜薨不得其嗣

今本作賜死不得及嗣大誤賜乃其名後人誤與有罪賜死之文相涉遂妄改之不得其嗣史公常有此文法

益　第七格先書二十下書元狩三年侯偃元年又書八下書元鼎五年

今本先書二下書十八誤

塞　第七格先書三次十二次十三

今本連書三十二誤

史記有吾鄉梁伯子玉繩刊正極精細此外不及備舉者彼皆一一正之矣　震澤王氏本更多舛誤不可勝摘

五帝本紀黃帝生於壽邱崩葬橋山

按壽邱在今陝西延安府曲阜本名壽邱舜作什器之處宋大中祥符元年軒轅黃帝降於延恩殿云曲阜城中有壽邱帝所生處因改曲阜曰仙源縣至金天會中避宣聖諱改壽邱為壽陵

少昊葬雲陽

按春秋傳言少昊氏有四叔世不失職遂濟窮桑羅長源謂窮桑在西垂雲陽縣今隸耀州甘泉宮即武帝之泰時顓頊繼少昊者故帝王世紀云顓頊亦自窮桑遷商邱而杜元凱遽以窮桑為在魯北蓋以定四年傳封伯禽於少昊之墟逆之而樂史之所記乃在曲阜此又襲杜氏之誤者也

夏本紀有扈氏

高誘淮南注有扈夏啟之庶兄以堯舜與賢禹獨與子故伐啟啟亡之

楚世家楚雖三戶

金壘子曰三戶猶云三閭楚王族三姓昭屈景耳是時楚亡僅存家族南公知終亡秦者楚人故以為言及漢興詔遷楚昭屈景三姓實關中此可見其族存之驗

韓王　以張良為韓申徒

方以智曰申徒即司徒莊子有申徒狄漢有申屠嘉屠與徒同蓋以官為氏者宋羅璧識遺云史通譏遷固謂韓王名信都亦誤矣潛夫論拜良為信都又曰信都者司徒也楚漢春秋作信都注信音申此與史記申徒可互推古人信與申通司因信轉之故

夏本紀

按李石續博物志黃帝產昌意歷顓帝窮蟬敬康句芒蟜牛瞽瞍而後及舜則顓帝後凡六世其云顓帝産鯀鯀産文命是為禹則顓頊只二世恐無是理矣今按漢律歷志引帝繫曰顓頊五代而生鯀鯀生禹似為得實而山海經有云黃帝生駱明駱明生白馬白馬是為鯀與帝繫五代生鯀之說約略相似足知史遷誤也

項羽本紀桃侯平皋侯玄武侯

按桃平皋為邑名則玄武亦必邑名也按竹書顯王十七年晉取䕶澤玄武䕶澤地理志為河東屬縣則玄武亦必河東近地

燕年表君噲及太子皆死

按竹書云燕子之殺公子平不克燕世家云齊大勝燕子之亡二年燕人共立太子平是為燕昭王是太子平未與君噲俱死也表誤

周本紀武王即位修文王緒業九年觀兵

方苞如曰修文王緒業九年句九年者即大統未集之九年也修文王緒業九年猶言修文王九年緒業史每有此倒句法

上祭于畢東觀兵

按孔安國傳云三年喪畢觀兵孟津方苞如曰祭于畢乃三年喪畢之祭

文帝紀元年莫不長焉

凌稚隆曰班史去不字是

帝舜紀東長鳥夷

按韓非子作島夷說苑作東至長夷島

周本紀西伯蓋受命之年稱王

按歐陽公辨文王無受命稱王之事但大雅有殺之詩言文王受命王十朋曰蓋受方伯之命史公言稱王實誤

田敬仲世家嫗乎采芑歸乎田成子

按韓非子作謳乎其已乎苞乎其往歸田成子乎

秦本紀魚國十二

按此與韓非子說苑李斯傳同　孫詒穀曰皆非其實也李斯傳言并國二十文選斯上始皇書作三十漢書韓安國傳作十四並非唯匈奴傳言八國服秦近之

仲尼弟子

葉蓓閒話仲尼七十子太史公取弟子籍出古文者為列傳然與家詒少異荀卿稱仲尼子弓子弓最高第弟子然而莫詳也漢文石室圖仲尼弟子別有林放蘧伯玉申棖申黨史記所不載

伍子胥傳止中道乞食

按國策伍子胥橐載而出昭關夜行晝伏至於蔆夫無以餬其口

蘇秦傳常苦出辭斷絕人之交也

方氏苞曰苦出辭猶出苦辭也或傳寫誤倒凡斷人之交必出苦言蘇代云何不以苦言說秦王是也

滑稽　言不可極至以諷諫焉

紀疑曰史公推見之意如此非見語也

孫臏傳齊軍既已過而西矣

閻百詩曰龐涓與韓戰南梁南梁今汝州在大梁之西南六百里所云齊軍既已過而西矣一句殊不可解按輿圖思之恍悟是相承傳寫之譌原本應是齊軍既已退而東矣退而東者誘敵之計也下文從魏地退而減竈以見士卒之散亡略盡涓見之果大喜倍日并行逐之又已入齊境矣通鑑亦知過而西之不可通也削此句

老子　爲膠西王大傅家于齊

按魏書釋老志有收圭師李譜文云是老子之元孫

隱君子也　不知所終

按莊子稱老聃死秦失弔之三號而出明老子亦死水經注盩厔有大陵世謂之老子陵是老子有葬地世或以爲神仙妄也　釋法琳辯正論曰老子生於瀨鄉葬於槐里

外戚世家景帝心嗛之

說文嗛口有所銜也漢書作心銜之是嗛與銜同意

天官書魁枕參首

即夏小正所云斗柄縣在下箸參之中者也

司馬相如　蜥胡穀蛇

按山海經曰即公之山有獸焉其狀如龜而白身赤首名曰蛇　畢沅曰此蛇字說文云蠏也疑是爲字之假音然案山海經說如龜白身云云形又不合

封禪書七十二家

按管子地數云封禪之王七十二家無七字刪

西域　西有大河　南流注于河

按山海經云敦甍之山敦甍之水出焉西流注於泑澤蓋即此水也又南流注於河水經注云大河右會敦甍之水其水出焉耆之山北敦甍之山自西海逕尉犂國又屈而南逕渠犂國西蓋亂河流自西南注也

項羽本紀江東

邱光庭曰今人言項羽起於江東者多以爲浙江之東按古人稱江東皆謂楚江之東也項羽起於江東即蘇州也故漢書稱項羽避仇於吳中其論用兵之道吳中士大夫皆出其下尋羽之行止無入浙東之文也或曰羽殺會稽守貫守通會稽非浙東乎答曰秦江東爲會稽郡其治所在吳吳即今蘇州也羽殺貫守通之後起吳中子弟八千人非蘇州而何

禹本紀禹辛日娶妻甲日生啓

邱光庭曰按虞書益稷篇云娶于塗山辛壬癸甲啓呱呱而泣孔安國注禹申日娶塗山氏之女甲日復往治水復往之後而啓生焉而司馬遷以塗山之女聘禹之後四日之內而生啓故聞其呱呱泣啟而不入愛子是禹疑其妻而惡其子何勤勞之有　禹所以言此者以己勤於治水不顧其家不私其子所以能成大功耳

舜本紀漁雷澤　時負夏

按山海經雷澤有雷神龍身而人頰鼓其腹在吳西漢志會稽吳縣具區在西古文以爲震澤據此則雷澤今太湖也正義改經文在吳西字爲則雷字遂指爲舜所漁之雷澤非也

按括地志云雷澤在濮州雷澤縣郭外西北

鄭玄曰負夏衛地孫奭孟子疏云今之東郡是也

樂毅　燕王遺樂閒書曰紂之時商容不達身祇辱焉以冀其變

韓詩外傳曰商容嘗執羽籥馮於馬徒欲以伐紂而不能遂去伏於太行及武王克殷立為天子欲以為三公商容辭曰吾嘗馮於馬徒欲以伐紂而不能愚也不爭而隱無勇也愚且無勇不足以備乎三公固辭不受命

甘羅　項橐七歲為孔子師

按董仲舒對策云此亡異於達巷黨人不學而自知孟康注人項橐也隸釋載逢盛碑又以為后橐

李斯　禽鹿視肉

按南華逸篇云人而不學謂之視肉學而不行謂之撮囊劉晝孟曰視肉猶南方無損獸

高祖紀　楚雖三戶

畏壘筆記張守節說識新異可喜然恐當以韋昭臣瓚之說為正昔人有諺云豺狼殺虎寡可害衆一夫足以務于三戶可以亡秦亦言寡可敵衆弱可敵強也

趙世家　王夢衣偏裻之衣

胡三省曰偏裻自衣背縫中分左右各一色所謂偏衣也

五帝本紀　伯夷讓夔龍舜曰然

劉青芝曰孔安國云然其推賢不許其讓舜然其言即以命夔龍何得云不許其讓也若前平水土舜然禹之言而仍以禹往鄭亘以為不聽其讓明得之矣

韓非傳　大忠無所拂悟

鍾山札記韓非說難云大忠無所拂悟今本史記乃以下句辭言無所擊排之辭字與悟互易案非本書作大意無所拂忤辭言無所擊摩悟古與忤通用呂氏春秋蕩兵篇百姓之以悟相侵也立見亦是以悟為忤索隱正義所見本尚是拂悟索隱解云不拂悟於君正義云拂悟當為咈忤古字假借耳不知後何以互譌

五子胥傳　遂滅鄒句魯其君以歸

鍾山札記魯其君虜鄒君也魯與虜古通用後人不知以鄒魯為二國而其字不可通乃改為之字謬甚白虎通王者不臣篇引韓詩內傳云師臣者帝友臣者王臣臣者霸魯臣者亡亦是以魯為虜言視其臣與奴虜等也

越句踐世家　適齊為鴟夷子皮之陶為朱公

鍾山札記此與越語莫知其所終極微異乃呂氏春秋悔過篇云范蠡流乎江離謂篇又云范蠡子胥以此流天言流乎江亦可解流為浮至其與子胥並言則真若沉於江矣賈誼書耳痺篇建寧本作范蠡負室而歸五湖負即背也蠡之去不與其妻子偕行也潭州本作范蠡負石而蹈五湖此則與流江之說又相近蓋子胥既死吳王載以鴟夷而浮之江而范蠡乃自號為鴟夷子皮意當時因此誤傳遂皆有流江之說

殷本紀　紂有炮烙之法

按江鄰幾雜志引陳和叔云漢書作炮格今案索隱引鄒誕生云烙一音閣又云為銅格（今本譌烙）炊炭其下使罪人步其上

又楊倞注荀子議兵篇音古責反覩鄒楊所音皆是格字無疑今諸書皆爲後人改作炮烙矣

貨殖傳貪賈三之廉賈五之

見聞搜玉曰貪賈所得宜多而反少廉賈所得宜少而反多何也廉賈知取知予貪賈知取而不知予也以予爲取則其獲利也大矣（評林引作羅大經語）

環淵楚人學黄老道德之術著上下篇

按漢書藝文志有蜎子十三篇按枚乘七發使蜎詹何之倫使之論天下之精微理萬物之是非淮南子雖有鉤鍼芳餌加以詹何蜎蠉之數猶不能與罔罟爭得也宋玉集玉與登徒子皆受釣於玄淵七畧蜎子名淵李善曰三文雖殊其人一也

楚有尸子長盧

按漢書藝文志有長盧子九篇

五帝紀堯知子丹朱之不肖至而卒授舜以天下

藁菴閒話此史遷以世俗之見妄測聖人也以事實論之以天下授舜天下固利矣丹朱亦不病授丹朱天下固病矣丹朱亦不利聖人舉動如天施地生萬物咸若豈有欲利天下而獨病其子之理

文帝紀遺單于比余

按比余漢書作比疏廣雅云比櫛也蒼頡篇靡者爲比麁者爲梳

商本紀箕子

司馬彪莊子注曰箕子名胥餘

刺客　聶政

按韓策云東孟之會聶政陽堅刺相兼君鮑彪注堅政之副猶秦舞陽傳云獨行仗劍與荣異

商鞅　不如殺之

按魏策公叔痤謂惠王痤有御庶子公孫鞅願王之以國事聽之也爲弗能聽勿使出境魏策止言勿使出境而史記乃云不如殺之此非人情當以魏策爲正

灌夫　坐乃起更衣

按漢書顔注謂久坐者皆起更衣以其寒煖或變又論衡云更衣之室可是臭矣是謂更衣即如廁也予謂古者延賓必有更衣之處合二說其義始備

夏本紀吾言底可續　索隱曰即班固所謂踈略牴捂是也

徐昂發曰此（頁）言非也蓋古書久遠訛缺失次正如來始滑及辛壬娶塗山癸甲生啓之類皆訛缺之文不應太史公臨文不檢乃爾

吳起　魯君疑之謝吳起

徐昂發曰此段文義斷續不屬其爲殘缺之文無疑

始皇本紀上鄒嶧山立石與魯諸生議刻石頌秦德

鍾山札記云此文似有脫誤嶧山刻石乃七篇中之第一篇也史記必不特刪此篇疑此上鄒嶧山下即當云刻石頌秦德便接以其辭曰云云如後數篇之式頌文接（之後）以與魯諸儒生議封禪望祭山川之事其立石二字與議刻石之議字皆衍文刻石不須議也并下立石封之石字亦係誤衍觀張晏臣瓚之說可見本無石字

顓頊紀依鬼神以剬義

淮南主術篇人君揃策廟堂剬有司高誘注剬音端說文剬斷齊也譬剸截也如此則剬即是剸字方以智曰古專耑不分猶互區魁渠之殽若索隱以為古制字則形近而訛或連義而借也

齊世家呂尚蓋嘗困窮年老矣

按荀子曰太公行年七十有二齫然而齒墮矣然而用之者文王說苑云呂望年七十釣於渭渚韓詩外傳六同据此則俗傳八十而遇文王殆非也

留侯張良　大父開地相韓昭侯宣惠王襄哀王

徐昂發曰按此班書亦同王符皇甫謐並以良為韓公族姬姓秦索賊急乃改姓名良既為韓公族以索賊急改姓名乃繫一生大事不應馬班並沒而不書恐符謐之說未得其實荀子云韓之張去疾趙之奉陽齊之孟嘗可謂篡臣也注云去疾張良之祖案荀卿當戰國末其言去疾為篡臣當必不謬但此言去疾史記名開地同異莫攷為可疑耳

韓非　秦下吏治非李斯遺非藥遂自殺

按晉李軌注法言云非西入關干秦王伏劍死雲陽與史記不同

刺客傳聶政

吳師道國策補注載大事記云韓世家烈侯三年聶政殺韓相俠累十三年烈侯卒子文侯立十年卒子哀侯立六年韓嚴殺其君哀侯聶政之刺與哀侯之弒相去遠矣而聶政傳乃謂嚴仲子事哀侯與相俠累有郤使政刺累與世家不合國策又曰聶政刺相兼中哀侯許異蹵哀侯而殪之故哀侯為君許異終身相焉蓋俠累既死烈侯猶在位十年故謂之終身相此烈侯三年事國策誤以為哀侯耳若從世家則哀侯既弒許異將誰相哉徐昂發曰六國表與世家合於聶政傳則失之大抵承國策之訛

李牧　李牧司馬尚欲反

徐昂發曰趙策王令人代武安君至韓倉數之曰將軍戰勝王觴將軍將軍為壽於前而捍匕首當死武安君曰繓高誘注李牧名病鉤身大臂短不能及地起居不敬恐懼死罪於前故使工人為木材以接手繓請以出示因出袖中以示倉倉曰受命於王賜將軍死臣不敢言安武君北面再拜賜死縮劍將自誅乃曰人臣不得自殺宮中過司馬門右舉劍將自誅臂短不能及銜劍徵之於柱以自刺補注引大事記曰牧之恭如此傳乃謂牧不受命趙使人微捕得之斬之非也豈非因廉頗不受代事而誤載耶秦策謂秦王資頓弱金北遊燕趙而殺李牧史稱秦多與趙寵臣郭開金為反間殺牧而廉頗傳稱頗之仇郭開與使者金使毀頗張燁之傳云趙王遷立其母倡也用郭開讒卒誅李牧列女傳云趙悼后者邯鄲倡女既寡悼襄王以其美而取之李牧諫不聽後生子遷立為幽閔王后通於春平侯多受秦賂使王誅其良將李牧諸說皆可互考乃史因廉頗不受代事而誤以為牧恐郭開韓倉亦未能免於死外耳

方苞曰按戰國策牧以臂短用木接之郭開誣以懷刃而賜死文甚明其曰反曰捕斬者趙史之誣詞也六國惟趙史尚存故遷不敢錄異聞而於後論發之

越世家大敗越殺王無疆　索隱云云

按竹書紀年顯王三十六年楚圍齊于徐州遂伐於越殺無彊徐文靖曰据此楚殺無彊之後尚有四十六年而紀年乃終安得謂紀年不得録乎又吳越春秋無彊子玉王子尊尊子親親失瑯琊爲楚所滅勾踐至王親歷八主稱霸二百二十四年而紀年止殺越無彊史記天官書越之亡熒惑守斗蓋是年事也蔡如松曰越王句踐至無彊七世唐書世系表無彊子蹄更封於歐陽餘山陽

韓世家魏敗我將韓舉　索隱云云

徐文靖曰据竹書韓趙各有一韓舉非一人先在趙而後入韓也先時齊田肦戰于平邑獲邯鄲韓舉當威烈王十四年後十年王陟歷安王二十年烈王七年顯王卅八年慎靚王六年又加隱王三年相距九九十四年魏復敗韓舉豈仍爲一人乎又按韓世家文侯七年伐齊至杂丘趙世家肅侯二十三年韓舉與齊魏戰死于杂丘則趙之韓舉死矣此當是鄭將如韓世家之所説不得云趙將也

文侯七年伐齊至杂丘

按地理志泰山郡有桑邱則杂乃桑之譌

田完世家使田忌南攻襄陵

按鮑彪注襄陵屬河東魏邑也正義謂在兖州鄒縣非

秦本紀昭襄王九年魏公子勁爲諸侯

按水經注汲郡古文謂衛將軍文子爲子南彌牟其後有子南勁紀年勁朝於魏後魏惠成王如衛命子南爲侯

越世家景翠之軍

按韓世家楚圍雍氏徐廣注謂周赧王三年紀年亦説楚景翠圍雍氏甘茂傳云秦救韓擊楚敗楚襄城殺景缺然則景翠楚將名也

宋世家頭曼

按竹書有宋景公欒廣川書跋載至味舊鼎其銘曰宋公欒餘鼎董逌謂宋世家無公諱欒者而孫炎以欒爲頭曼合聲以辨周秦之語古今人表作兜欒

韓世家韓哀侯二年滅鄭

徐文靖曰据竹書韓滅鄭在周安王二十一年魏武侯六年又按鄭世家鄭君乙二十一年韓哀侯滅鄭蓋索隱誤記爲魏武侯之二十一年也其云魏武侯二十三年晉桓公邑哀侯于鄭亦誤也

晉世家

按晉世家出公奔齊道死知伯乃立昭公孫曾驕爲晉君是爲哀公趙世家知伯乃立昭公曾孫驕是爲懿公年表出公十八年次哀公忌二年次懿公驕十七年皆自相矛盾考竹書紀年出公十七年奔齊又六年卒晉不應曠年無君年表晉世家皆有哀公忌是也　又按懿公竹書作敬公

越世家不壽卒子王翁立

按竹書紀年於越子不壽見殺是爲盲姑次朱勾立是朱勾即史王翁也吳越春秋又作不揚

無彊立

按吳越春秋云勾踐卒子興夷即位一年卒子翁立卒子不揚立卒子無彊立勾踐至無彊僅五世又攷竹書紀年無疆

上有王之侯及無顓凡七世其名俱與史記不同

子王之侯立　注　菼蠋卯

蠋當從竹書作蠋　按淮南子越王翳逃山穴越人薰而出之遂不得已据莊子此乃越王無顓之事非翳也

勾踐卒子王鼫與立

按竹書貞定王四年於越子勾踐卒是為菼執次鹿郢立樂資春秋後傳曰越語謂鹿郢為鼫與　十年鹿郢卒子不壽立按吳越春秋勾踐子興夷孫不壽是鹿郢即興夷也　二十年不壽見殺次朱勾立見上即王翁　考王十四年朱勾卒子翳立　安王二十六年太子諸咎弒其君翳越人殺諸咎越滑吳人立孚錯枝為君按夏之符姑鄰備考云越世子諸咎弒其君翳莽之大横山之下是時越遷于長干也世家云翳卒子王之侯立是之侯即孚錯枝也　烈王元年大夫寺區定越亂立初無余是為莽安按索隱以無余之即王之侯今考孚錯枝為吳人所立踰年即為越人所殺蓋不成君故不數之是也　顯王四年寺區弟思弒其君莽安次無顓次立按莊子以無顓為子搜　顯王十二年無顓卒是為菼蠋卯次無彊立

二十餘世至於允常

高氏越史曰夏自少康至桀中十二世按少康元年壬午至周敬王元年壬午凡二千五百六十一年吳之伐越見春秋昭公三十二年敬王十年也至是二千五百七十年矣越之傳國至於允常何止二十餘世耶　考證

晉世家魏文侯立幽公子止是為烈公

按止為幽公子史表作幽公弟攷竹書威烈王六年魏文侯立幽公子止是表誤也

燕世家是為燕昭王　注

按竹書紀年謂燕子之殺公子平不克索隱遺不克二字而云殺公子平轉謂紀年為謬可笑

魏世家哀張儀卒

徐文靖曰襄王五年予秦河西地國策樛留謂韓王曰魏兩用犀首張儀而西河之外亡儀卒在襄王七年史記云十年誤又稽古錄周赧王五年秦武王元年張儀與秦武王有隙乃去秦相魏遂卒於魏据竹書儀卒在赧王三年非五年也

韓世家宣惠十一年始稱為王　注

按紀年魏惠王與威侯會巫沙在顯王三十八年鄭宣王來朝在赧王二年當魏襄王之五年相距凡十有七年是索隱誤也

周本紀天不饗殷自發未生于今六十年乃今有成

方婺如曰武王云云是逸周書度邑篇語天不饗殷自發未生二句為一截于今六十年麋鹿在牧蜚鴻滿野天不饗殷乃今有成為一截大意言商天之棄商久矣自發未生時已然矣然且遲之遲而久之至近今六十年智藏瘝在乃始損滅此即孟子久而後失之意

周既不祀

劉青芝曰此句與替末以奉其先祭祀對看索解既為盡固非王鏊以為此下當有缺文亦非

伏生　教濟南張生及歐陽生
按隋志作伏生授張生張生授歐陽生據此蓋衍張生授三字

酷吏　上德不德至是謂無德
按王弼註云上德之人唯道是用不德其德無執無用故能有德下德求而得之為而成之則立善以治物故德名有焉求而得之必有失焉為而成之必有敗焉善名生則有不善應焉

河渠書
通典曰魏史起為鄴令起進曰魏之行田也以百畝鄴獨二百畝是田惡也漳水在其旁西門豹為鄴令不知用是不知也于是遂引漳水溉鄴以富魏之河內史公云西門豹引漳水溉鄴誤

穨穿洛以溉重泉
通典曰重泉在今馮翊郡界今有乾坑是熊羆之所穿渠

井渠之生自此始
生字通典作開

韎固　入圈刺豕
愚按此蓋竇后加以罪隸之役示辱之之意

申培　無傳疑疑者
愚按似衍疑字

序傳六國年表擅其號
愚按其疑作共謂擅共主之號也

豫讓
按呂覽載趙襄遊囿中使青荓視梁下豫讓卻寢叱青荓青荓退而自殺青荓者豫讓之密友也疑即此人

呂不韋　至大期
金壘子曰大期注云十二月何緣審是陽翟賈人兒耶譙周謂人為之則恐無此造化固有姙身十四月生非人能為之也人心欲趣云秦謂先于六國故駕其辭

二世本紀
按風俗通云秦相趙高指鹿為馬束蒲為脯二世不覺又潘岳西征賦云野蒲變而成脯苑鹿化以為馬但脯蒲事未見出處藝文類聚於蒲下引史記曰趙高將為亂先設驗獻蒲以為脯惑二世有言蒲者誅之今按史記無此文野容叢書謂蒲脯事見漢人稗說臧榮緒晉書常引以為言

高帝紀商山四皓
按應曜淮南人漢初與四皓同被徵不至時人為之語曰商山四皓不如淮南一老見海錄碎事．出天中記

高祖功臣表　棘蒲陳武封
棘蒲註家未詳所在今按地里志常山平棘縣應劭曰伐晋取棘蒲通致曰今趙州城中有棘蒲社

平準　白選　重差
方以智曰謂此以半斤差為三等也今誤解以重差復小為二品三品之名則非矣皆名白選也

龜策　神龜出于江淮之間
按淮當作灌蓋誤字也酈注水經云灌水導源廬江金蘭縣西北大蘇山諸先生所謂神龜出于江灌之間蓋謂此也

河渠　東方則通溝江淮之間於吳則通渠三江五湖

胡渭曰通溝於淮即夫差所開之邗溝通渠于江即闔廬所開之胥溪也

平準　居官者以為姓號

方苞曰如倉氏庾氏之屬

功臣表序黃河如帶泰山如礪

顧起元曰帶衣帶也礪礪石也言設使河徼而如帶石泐而如礪盟不可改也讀者多失其義

孔子弟子　子夏為魏文侯師

顧起元曰宋永亨搜採異聞錄云史記載子夏少孔子四十四歲孔子卒時子夏年二十八矣後一年元王立歷貞定王考王至威烈王二十三年魏始為侯去孔子卒時七十五年則子夏已百三歲矣方始為諸侯師豈其然乎此辯甚確余謂子夏退而老於西河之上弟子從者甚衆文侯或少時或為大夫時師之後人舉其事追叙之因稱魏文侯耳

甘羅

資暇錄世云甘羅十二為秦相大誤也史記羅事相呂不韋戰國策云為不回說趙有功始封為上卿不曾為丞相也相秦者年庚子是羅祖名茂

陸賈　無久慁公為也

方苞曰言凡物數見則不覺其鮮好故戒一歲止再三過無久慁汝為也公即謂其子賈任達故稱子為公非莊語也鼂錯父亦稱錯為公怒辭也

魏豹彭越　其雲蒸龍變欲有所會其度句

焦竑曰言欲適時行志與所蘊適相際也如六以尺寸度內耳可證而用修云其度以故為句

吳王濞　此少年推鋒之計可耳

楊慎曰推鋒謂一往不復顧也孰知利鈍正在此哉

孫臏　齊軍既已過而西矣

曾之升曰閻百詩釋地謂此句是相承傳寫之譌原本應是退而東者誘敵之計耳余按前惠王二十八年齊使田忌孫臏伐魏敗魏桂林据括地志云故桂城在曹州乘縣東北是齊境也今馬陵惠王三十年事据虞喜志林云在濮州鄄城縣六十里有陵澗谷深峻亦齊境也孫子兩用擣虛之計解韓趙之圍又皆誘而使東以反攻其不意而後敗之則所謂誘敵之說誠然至傳所云過而西竊謂無可疑者按紀年穰疵帥師及鄭孔夜戰於梁赫梁赫即南梁也括地志云故梁在汝州臨汝距大梁千里而汝州在大梁之西南六百里千里甚矣豈無偵者消聞信必在齊師及竟之先比去韓而趍而齊師已過而西矣故傳言使齊軍入魏地三日入之云者明是西非東也西行前三日預設減竈之法若士卒之亡過半也者而乃退而之東以誘使必追而消果倍日并行以逐之龐涓生阿甄之間熟悉其山川形勢知馬陵道陿可以伏兵夫然而刻其到期置之死地涓之大千能且不及料何有於中哉

韓王信

按漢書載有漢高帝賜信書責讓之云云此若信所以亡胡之故史公省此一節非事迹便不明

田榮列傳田橫入海居島中

按張守節云云杜佑通典云海州東海縣田橫所保是唐人皆以橫所居海島在海州今按北齊書及北史俱云楊愔避讒東入田橫島齊神武令光州刺史搜訪以禮發遣光州隋改東萊郡即墨縣有田橫島史文明甚按是時海州南屬蕭梁楊愔不得越境至此合齊書北史及隋志考之則田橫所居海島在東萊不在海州也採陳景雲說

蘇秦　寧為雞口毋為牛後

按延篤戰國策音義曰尸雞中之主從牛子然則口當為尸後當為從俗傳寫誤也

范蠡浮海出齊變姓名自謂鴟夷子皮

按說苑曰宰我伏卒將以攻田成令曰不見旌節毋起鴟夷子皮聞之告田成田成因為旌節以起宰我之卒而攻之遂殘之韓子曰鴟夷子皮事田成子成子去齊之燕子皮從之淮南子曰齊簡公專任大臣故使陳成田常鴟夷子皮得成其難今按蠡棄國相而逃變易姓名避禍若浼豈肯復屈身篡逆為之謀主耶此蓋出戰國傾危之習其言不足信也

商鞅　五羖大夫死

按史記蒙毅曰昔者秦穆公殺三良而死罪百里奚而非其罪風俗通謂秦繆違黃髮之計而遇殽之罪敗殺賢臣百里奚以子車氏為殉故謚曰繆今按趙良所述如是但子論奚相秦而顯其君於天下可傳於後世見殺之說蓋流傳之誤也

褚先生補

焦氏筆乘曰觀張湯傳贊如淳注曰班固目錄馮商長安人成帝時待詔金馬門受詔續太史公書十餘篇劉歆七略云商與孟柳頗序列傳未卒會病死然則續貂者有商與柳不獨褚先生矣又後漢楊終傳肅宗時終受詔刪太史公書為十餘萬言則今之史記豈得為還本書也

魯世家斷斷如也

紀疑曰照後揖讓之禮看對反函何其亂也看如徐廣錄作鬬爭之貌便無抑揚不成文理

絳侯世家贊足已不學三句

劉青芝曰謂條侯自恃不達權變守正不能遜順卒致餓死為可惜耳弁菴以足己不學言絳侯守節不遜言條侯何其支離也

三王世家

劉氏記疑曰震川云三王世家本不缺褚先生淺陋遂謂求其世家不可得者言三王世家世不可得詳耳褚先生所謂求其世家不可得者言三王世家不可得詳耳非謂史公文失其傳也曰從長老取其封策書則封三王三策其為褚先生所增無疑編列其事而傳之策封始末策文義意並三王家世俱為敘出以補史公之缺震川譏其淺陋誤矣贊云燕齊之事無足采者故史公不詳其家世天子恭讓羣臣守義自指去病以下奏請詔制文辭可觀故附錄世家全無及封王三策意則凡謂史記原文即有此三策及謂廷臣之議亦褚先生所補皆非也好覽觀太史公之列傳列傳即敘傳也敘傳云三子之王文辭可觀

趙世家　娃嬴孟姚

楊慎曰戰國注以嬴為娃非也索隱云舜之後按上文云余思虞舜之勳故命其胄女孤姚以配而七代之孫盖舜封於虞亦曰吳城虞吴音相近故舜後亦姓吴非獨泰伯虞仲之裔

宣帝紀　瘐死獄中　焦竑曰瘐瘉通詩云交相為瘉瘉病也

按說文束縛捽抴為臾楊脅曰臾瘐古字通

大宛　蒟醬

丹鉛總錄嵇含南方草木狀云蒟醬蓽茇也大而紫曰蓽茇小而青曰蒟醬可以調食故曰醬今永昌人猶以蓽茇為豆豉是可證也自本草注以蒟醬為檳榔萋子非也佐檳榔萋子自名扶留藤見蜀都賦嵇含狀亦具列於檳榔條下與蒟醬全不同

留侯世家

王氏談錄云公言今陳留立祠祀張子房非也所封留在沛今彭城有留城是也昔宋武北征過陳留下教修復其失豈已久矣

蕭何

資暇錄曰蕭何封酇侯舉代呼為醝有呼贊者則反掩口而哂深可討也鄧氏分明云屬沛郡者音嵯屬南陽者音贊又茂陵書云蕭何國在南陽合二家之說音贊不音醝明矣

賈誼　世謂隨佃夷為溷兮

按伯文選作隨服虔曰卞隨也据下句蹻跖為兩人則作隨夷為是

虞卿　與魏齊閒行卒去趙困於梁

王懋竑曰范雎以秦昭王之四十一年為相魏齊即以是年奔趙匿平原君所四十二年誘執平原君魏齊與虞卿亡走魏後五年秦破趙長平則昭王之四十七年而周赧王之五十五年也雎傳所叙甚詳及攷虞卿傳卿為趙計事皆在長平後與雎傳不合故古史致疑魏齊死後虞卿復歸相趙然如所云則史竊愁著書之言亦無當矣通鑑叙誘执平原君事于赧王之四五十六年則與卿傳合然秦以五十六年正月罷兵其歲九月又攻邯鄲此數月之中秦未必能誘致平原君而平原君亦未必敢往与古史所云未知孰是

匈奴　今帝即位至往来長城下

劉青芝曰言武帝初立匈奴本親漢迨馬邑之誘始也

游俠　而弟子志之不倦

劉曰此行之軌於正義者

且緩急人所時有也至非虛言也

劉青芝曰古来聖賢多遭困阨如德拯救必以為德言已遇阨無人援之此所以發憤傳游俠而致美也侯之門仁義存言仕族門者即以仁義歸之非必其果有也即上文鬻其利為有德之意索隱解非

今拘學抱咫尺之義至又曷可少哉

拘學即上次憲等卑論儕俗與世浮沉即上以術取宰相卿大夫者言獨行君子不似輔翼世主以著功名輩也亦有所長本拘學来不同日而語著拘學自分以形俠客昔人謂賤

處士而貴奸雄非知言者　至如朋黨宗疆比周云云則言游俠固遜正術學狀亦非暴豪所可竊也

秦楚之際月表豈非天哉

言漢無德無力只有天命耳此史公微意也

張安世　持橐簪筆　趙充國傳同

按魏志明帝見殿中侍御史簪白筆側堦而立問曰此何官也辛毗曰御史簪筆晉志古者貴賤皆執笏笏者有事則書之故昔簪筆今之白筆是其遺象通雅曰索隱注簪筆此乃以目擊本朝之制揣摩古人耳其實安世西門豹之簪筆猶之載筆帶筆豈必插筆於首乎晉有此制宋紹興中禮官言皇子七梁額花冠金鍍銀立筆金元志亦有貂蟬立筆金立筆銀立筆之多以昭官階今無此制愚按古人尚質所云筆實筆也後乃明假仿其遺制以為官階之別索隱所云未嘗不是

淳于髡傳帣韝鞠𦜕

方以智曰帣韝即今之絡袖董偃類篇曰囊有底曰帣帣本作韝董偃綠幘傳韝張充放紲脫韝皆謂臂上帣韝也𦜕又與跽同小跽也如今之半跽武安傳半膝席是也　韝扞臂也四字補在曰帣句下

貨殖傳榻布　注白疊布

按南史高昌國出艸實如繭曰白疊子可為布唐書地理志隴右道厥賦有毛毼白氎氎者字書加毛耳

史記將相表

按表云八年七月辛巳審食其為太傅九月丙戌復為丞相後九月免漢書百官表高后七年七月辛巳左丞相食其為太傅八年九月丙戌復為丞相以長歷推之八年七月無辛巳九月無丙戌二表皆誤

樊酈傳戰龍脫

按龍脫趙世家作龍兌詳在孝成王十九年在易州

張儀　虎賁之士跿跔科頭也

按集韻曰偏舉一足曰跿跔或謂是筋斗方以智曰按是拍張嗔拳之飛腳懸踶也

倉公傳橋引案杌　見扁鵲傳

方以智曰言撟摩也杌音玩則陽篇言撟恝橋運謂撟然而恝也呂覽橋言無擇高注橋戾也

李斯傳羣臣百官皆畔不適

方苞曰不適不如君所也與尚書民不適有居字義同

按適古通敵雜記訃於適者荀子天子四海之內無客禮告無適也注俱云讀適為敵范雎傳攻適伐國田單傳適人開戶與此義俱同皆作敵解

斯具五刑

按前書刑法志令曰當三族者皆先黥劓斬左右止笞殺之梟其首菹其骨肉於市故謂之具五刑

倉公傳領以莨菪

按本草莨菪一名天仙子其子服之令人放蕩浪狂蕩故名

秦二世紀不觳於此矣

按管子淖而不舠剛而不觳莊子天下篇其道大觳注謂無潤澤也蓋粗薄之義　爾雅曰觳盡也故索隱從之

封禪書棗大如瓜
　通雅曰凡言外域果實大者甚多且非本物此言大如瓜則
　火棗之實非棗也
樂書級兆疾徐
　按樂記作綴兆張氏引石經作級兆
倉公傳望之殺然黃
　方以智曰殺然與洒然通
河渠書山行即橋
　方以智曰凡蹻有橫梁者工匠皆呼曰橋今之肩輿亦謂其
　如橋也山行之橋本是轎類則自漢以前之音嚴助傳淮南
　上書輿轎而隃嶺注平聲則自漢以前之音也
趙世家卻冠秫絀
　按戰國作鯷冠秫縫一本作鮭冠黎紲方以智曰秫綦鍼也
　言女工內畢之拙秫謂鉥也儀禮外畢斬衰也內畢齊縫向
　內也卻對者絺綌之綌借用卻也舊說鯷鮭以魚皮為冠者
　非也蓋言其粗耳
呂后紀
　金壘子曰王深寧据禮云云雅有攷證然勃以事變倉卒人
　心惶惑之時乃不正明大義所在而徒以色授意予諭人於
　不言之表毋已迂乎且戰國齊王孫賈將討淖齒歸于市中
　曰欲與我誅者袒右於是市中從者四百人陳勝詐稱公子
　扶蘇項燕以從民望乃袒右而稱大楚斯又何說耶由此觀
　之袒左袒右皆出于一時號令之權宜本非有意于其間也
薄后　以胃絮提文帝
　按蕭該音義提音抵又吳王濞傳引博局提吳太子荊軻傳
　夏無且以藥囊提荊軻淮南說林握火提人提字俱作擲字
　解
魏世家與其以秦醳魏不如以魏醳魏
　按戰國策王欲醳臣則臣請眛醳事淮陰傳醳兵郁閣銘醳
　散關之嶃漯楊著碑醳榮投黻景君碑農夫醳耒通雅曰古
　醳皆用作釋
自序上會稽探禹穴
　楊慎曰上會稽愬吳越也探禹穴言巴蜀也後人不知其解
　遂以為禹穴在會稽而作地志者以禹廟旁小坎如舂臼者
　當之按蜀之石泉禹生之地謂之禹穴其谷杳深人迹不到
　近修蜀志搜訪古碑刻有禹穴二字乃李白所書始知會稽
　禹穴之誤（按公紹注禹注於蜀之廣柔不白明縣石紐）
禹本紀蔡蒙旅平
　楊慎曰蔡山在雅州蒙山在雲南今名蒙樂山上有碑具列
　其事鄭元蔡沉孔穎達夏僎皆所未至而謬云在右雅州不
　厭複乎
周本紀麋鹿在牧蜚鴻滿野
　楊慎曰詳此文据貫而言非喻也紂有鹿臺以養鹿故曰麋
　鹿在牧蜚鴻馬名若白蟻紫燕之類蓋良馬也養麋鹿而棄
　良馬故曰麋鹿在牧蜚鴻滿野言其養無用而害有用也此
　說為近
荊軻
　顏氏家訓應劭風俗通云太史公記高漸離變名易姓爲人

庸保匿作於宋子久之作苦聞其家堂上有客擊筑於傍徨
能無出言樂伎癈者懷其伎而寢癈也今史記並作非徊或
作傍徨不能無出言是為俗傳寫誤爾
留侯世家今陛下能制項籍之死命乎曰未能也至夲能也
毛奇齡曰此皆張良自為問荅並非良問而漢高荅者○按
漢書俱作張良語
相如賦揵耆擢尾
說文揵豎也　註中豎字當是竪字之譌
高惠功臣表
按表云孝惠三年哀侯祿元年高后二年懿侯同元年班志
則載孝惠六年哀侯祿薨高后二年封何夫人祿同母為侯
二表所紀異索隱疑其事爰日齋叢抄云呂后欲侯呂氏先
封高帝功臣欲王呂氏先封孝惠後宮子四年封呂嬃為臨
光侯亦先封功臣妻矣
大宛　大月氏傳身毒國在大夏東南而卑濕暑熱
孔氏祺說曰後漢西域傳天竺一名身毒今浮屠像多赤足
此卑濕暑熱之驗也又云其民乘象以戰今浮屠像亦騎象
云
天官書王良
按王良漢書作王梁今按國策商子大良造史記商君傳作
大良造史記梁孝王世家良山漢書作梁山可証二字古通
楚元王
賓退錄云高帝封兄子信為羹頡侯雖以其母櫟釜之故然
按括地志實有羹頡山在嬀州懷戎縣東南十五里注史記
者失不引此小顏注漢書但云頡山一音戛言其母戛羹釜
也小司馬索隱又直謂爵號耳非縣邑名皆弗深攷也
夏侯嬰
沈約袖中記云漢丞相夏侯嬰墓在飲馬東入道南今俗人
謂之曰馬冢
封禪書康后與王不相中
三倉曰中得也複刪至武帝本紀作與王不相中得則衍一得
字
賈誼傳鵩賦僒若囚拘
楊慎曰僒若囚拘蘓林音欺全反師古云蘓音是也南唐張
佖辯之曰說文窘音渠隕切李善文選註窘因拘之貌五臣
注窘困也其字並不從人惟孫強新加字玉篇及開元文字
有作僒然者皆音渠隕切疑蘓音誤今誼從說文音余按此
句漢書作僒若囚拘史記作欄若囚拘窘當音渠隕反欄當
音斯全反欄即今栓字也史記漢書所見異辭當各從本文
解之蘓蓋以史記之音而移之漢書宜其誤而不通也
李斯傳視肉
楊慎曰山海經狄山有視肉注聚肉形如牛肝有兩目食之
無盡尋復生如故陶弘景刀劍錄漢章帝鑄一金劍投於伊
水中以厭人膝之怪按水經云伊水有一物如人膝頭有爪

人浴軱沒不得出宋江鄰幾雜志云徐積廷評監稅廬州河次得一小兒手無指懼而埋之案白澤圖所謂封食之多力者也視肉蓋此類今絕不聞

張良　南有巴蜀之饒北有胡苑之利

楊脊曰史記漢書皆不解胡苑之義或改苑作戎非也按漢官儀引郎中侯應之言曰陰山東西千餘里單于之苑囿也又胡人歌曰失我燕支山令我婦女無顏色失我祁連山使我六畜不蕃息所謂胡苑之利當是此義

項羽本紀　項羽軍漳南

史炤釋文漳南漳水之南山海經注水出荊山胡三省辨誤曰項羽軍漳南與章邯相持在唐相州滏陽縣界下文項羽引兵度三戶孟康注在鄴西南三十里此豈荊山之漳水哉

樂書　而衛靈公之時

楊慎曰此以下正義曰出褚意今按衛靈公濮水聞琴聲師涓師曠之事一段見韓子當是褚先生取韓子補之

韓非　大忠無所拂悟

按悟韓非本書作忤　盧文弨曰今本誤以下句辭言無所擊排之辭字與悟互易複刪

平準書　而下河漕及官自糴乃足

劉青芝曰言官多奴婢衆必合漕及糴乃足用索隱以為不如官糴乃足似未會及字語氣也

先本後末以禮義防于利

禮義本也利末也唐殷虞周之盛以禮義為本及其衰也則崇末而趨利矣一質一文終始之變言自有此盛衰之變耳

古者嘗竭天下之資財至末

力耕不足糧饟紡織不足衣服以供外攘內興之用可謂竭天下之財以奉其上矣借秦喻漢不待言言古者亦嘗如此無足異也事勢之流相激使然然物盛則衰時極而轉者故云爲足怪焉愈平淡愈憤激也升菴曰富者不佐縣官而故告緡民奸法而用酷吏皆事勢相激使然似武帝不得已者豈史公意哉　仝上

秦本紀

劉青芝曰按張儀傳儀相秦四歲立惠王為王蓋惠王以十三年也而此紀十三年書魏為王韓亦為王都未書秦惠王為王至更元五年獨書王遊北河自是史公缺處而六國表惠王十三年亦不書惠文君立為王亦缺

芝生殿防內中　封禪書

防當作房隸釋云隸法房字其戶皆在側作方故後人多誤作防

惠景間侯者年表序　肺腑

按肺腑二字索隱注作木札木皮據此則如中山王所云葭莩及蔡邕獨斷所云瓜葛也至魏其傳又與此注自相矛盾要以後說為是

呂成侯呂忩

按徐廣音義曰呂在宛縣高后四年封昆弟子忩為呂城侯今本忩作忿或傳寫之誤

項羽本紀　楚雖三戶

按此三戶謂楚遺民也南公引兵度三戶則地名也截然兩義

若牽作拖之解則此二句義不可通矣 自記

伯夷列傳文辭不少概見

記疑曰此言孔子未嘗序列不指詩書也伯夷叔齊云云上說孔子序列　其傳曰是引舊傳語非史公傳之也　然耶非耶上二字言伯夷是怨下二字言天道之非趣舍有時照重此輕彼句看　若此類指夷齊顏淵青雲二字應如舟卷解謂聖賢立言傳世者孔子是也

其上蓋有許由冢云

紀疑曰此引古來讓國者作陪舜禹之讓六藝可以考信其餘許由卞隨務光皆恍惚不足据也引泰伯之讓正以孔子之序列為主由光不見于孔子序列益不足訂矣

天道無親至是耶非耶

劉青芝曰此言夷齊積仁絜行而餓死以見天道之不然史公一腔憤氣借此發之

道不同至其輕若此哉

劉曰此言天道雖不可信而人當各從其志斷不肯操行不軌而輕擇地而蹈者

得夫子而名益彰

劉曰此以完通篇以孔子序列為主之旨

管晏列傳吾願為之執鞭

紀疑曰蓋史公遭腐刑其平生交游無如解驂贖石父者有激而云不然何獨於晏子而願執鞭也

孫子吳起列傳齊軍既已過而西矣

劉青芝曰涓急齊軍後所以見其識略

孫子謂田忌曰

此是追敘語

孟荀合傳始也濫耳

劉青芝曰濫汎濫也始字正對歸字言衍之術其究雖止乎仁義節儉惜其始之立論過於恍惚漫延不可信耳索隱以濫為初始也初耳成何文理至謂衍術所施可為後代宗本不特識解卑陋亦與上下文義不屬

尚亦有牛鼎之意乎

劉青芝曰言衍之阿世苟合或如牛鼎之意乎故設此揚詞顧寧人曰借此說以干時非孔孟守王之道似以衍君自耳此意而責之非是牛鼎即上文負鼎飲牛索隱紕繆

食貨志大公為周立九府圜法

張淏曰攷周官天府掌寶器貨賄春官之屬初無預於貨財之事而職內職歲職幣職金四者在司會皆為掌財之官亦師古乃略去職歲以三者附太府等為九牽強特甚況太公立法之時周官尚未建也又太公為周立法之後退而復行於齊至管仲時其法猶存故仲著書有九府之篇且齊猶用之則九府非周官決矣爾雅有九府予意太公所謂九府恐即此爾不然則九府不過自為掌財之一官耳亦不容異說也

張安世傳持橐簪筆 漢書已録

按晉輿服志八坐尚書荷紫以生紫為祫囊綴之服加于左肩昔周公負成王制此服衣至今以為朝服或云漢世用盛奏事負之以行 刪

淮南　薄昭與淮南厲王書齊桓殺其弟以反國

按荀子謂桓公殺兄越絕書謂子糾桓公兄也皆與昭不合蓋文帝為厲王兄昭特避就以為之諱耳

樊噲傳從攻項籍屠煮棗　顏注云云

按功臣表有煮棗侯西溪叢話云攷後漢地里志濟陰郡冤句有煮棗城此正在大河之南也可補漢史之缺

貨殖傳迺用范蠡計然遂報疆吳

洪容齋曰唐馬總意林述内有范子十二卷云計然者葵丘濮上人姓辛字文子其先晉國之公子也為人有内無外狀貌似不及人少而明學陰陽見微知著其志沈沈不肯自顯天下莫知故稱曰計然時遨遊海澤號曰漁父范蠡請其見越王計然曰越王為人烏喙不可與同利據此則計然姓名出處皎然可見裴駰注史記亦知引范子北史蕭大圜云留侯追蹤於松子陶朱成術於辛文正用此事曹子建表引文子李善注以為計然師古蓋未能盡也

齊世家

按齊伐燕孟子以為宣王史遷以為湣王葉大慶曰攷齊世家無宣王伐燕事至燕世家雖云齊宣取十城後因蘇秦之說復以歸燕乃在燕易王時非噲也以六國年表攷之齊宣王立於周顯王二十七年凡立十九年而薨乃顯王四十五年也子湣王立湣王四年燕噲方立是噲不與齊宣同時也噲立五年而遜國又三年而齊破燕即周赧王之元年時宣王死而湣王立十一年矣然則伐燕乃湣王非宣王也然又攷戰國策燕王噲既立大信子之子之南面行王事三年燕大亂孤軻謂齊宣王曰今伐燕此文武之時不可失也據國王因令章子將五都之兵因北地之衆伐燕燕王噲死齊大勝子之亡據國策則齊宣伐燕與孟子脗合司馬公作通鑑乃於周顯王三十六年云齊威王薨子宣王立顯王四十八年云燕易王薨子噲立據此則齊宣正與燕噲同時赧王元年燕國大亂齊伐燕且舉孟子答問之言甚悉是歲齊宣王薨子湣王立然則齊宣十九年通鑑亦與年表同獨年表以宣王立于顯王二十七年通鑑以宣王立于顯王三十六年為異故自是次第有差爾然攷史記紀傳世家之與年表其所後歲月未免自戾越世家云越王無疆北伐齊齊威王使人說越越遂釋齊伐楚楚大敗之殺無疆北破齊于徐州按此則破齊徐州正齊威王時也年表于徐州之圍乃載于顯王三十六年為宣王之世豈非遷之自戾乎然則徐州之圍既為宣王之時則齊宣非立於顯王二十七年可見而通鑑所載為得其實是知伐燕為宣王明矣

宋世家昭公四年宋敗長翟緣斯于長丘

按緣斯之敗魯世家載在宋武公之世而宋世家及年表又以為宋昭公四年事葉大慶曰攷左傳宋武公之世敗狄於長丘獲長狄緣斯則知宋世家年表所載為誤也考其所以誤蓋由魯文公十一年即宋昭之四年魯以是年敗狄於鹹獲長狄僑如左氏因舉前緣斯之事以載長狄之始末爾遷遂誤認為同時事而以為宋昭之四年註家不攷之左氏以正其誤但云未詳亦太鹵

趙世家探雀鷇而食之

胡三省曰爾雅生哺鷇生噣雛釋云鳥子生而須母哺食者為鷇謂燕雀之屬也生而能自啄者為雛謂雞雉之屬也鷇音居候翻

始皇本紀寫蜀荊地材

胡三省曰寫讀如字寫之為義除也盡也杜預注左傳云寫器令空郗夫人語二弟云傾筐倒寫皆除盡之義

儒林弟子傳仲尼既沒弟子散遊諸侯子路居衛

攷檀弓子路死於衛孔子哭於中庭命覆醢是孔子在時子路已死矣班書儒林傳敘子張居陳子羽居楚云云獨無子路居衛一句蓋亦覺史記之謬（恩按子路當是子貢之訛）

孔子世家顏剋曰　由彼缺也

按包咸論語注陽虎嘗暴於匡夫子弟子顏剋時又與虎俱行後剋為夫子御至于匡匡人相與共識剋又夫子容貌與虎相似故匡人以兵圍之　顏剋正義引琴操誤作顏淵

顓頊

顏氏家訓頊當為許綠反錯作許緣反

六國表

閔百詩云惠王九年秦魏戰于少梁六國表秦云虜其太子魏云虜我太子此太子即名申後死于齊者中相距二十二年必虜後復歸魏為太子復令之將龐涓兵豈非惟不仁且不智甚矣　曹寅谷曰按秦本紀獻公二十三年與魏晉戰少梁虜其將公孫痤魏世家九年與秦戰少梁虜我將公孫痤痤是魏相即衛公孫鞅所事者故明年痤卒而鞅乃奔秦表誤為太子耳且即是太子亦是痤不是申趙世家所謂秦獻公使庶長國伐魏少梁虜其太子痤是也閔說誤

貨殖　老子曰至則幾無行矣

劉青芝曰必用此為務不用貨殖也以貨殖為無行史公豈崇勢利哉

雖戶說以眇論終不能化

眇論即至治之極不用貨殖也

是故本富為上至姦富最下

數語綰合上下本富上文素封者是也末富下文卓氏以下是也至秦陽以下皆姦富矣奇勝即姦也

秦本紀左丞相斯從

劉青芝曰後陰謀乃趙高與李斯事此處宜並敘趙高名自是史公疏筆

天官書

柚堂筆談史記及班書於天官甚略至晉隋書而始備然以校步天歌則晉志缺四十八官隋志尚缺五官替府天市之斗宗人積水鐵鑕隋志有而晉志缺者凡四十四官曰輔曰天田曰亢池曰天乳曰日曰天輻曰罰曰市樓曰斛曰列肆曰車肆曰帛度曰屠肆曰司命曰司祿曰司危曰司非曰匏瓜曰敗瓜曰車府曰人星曰杵臼曰奚仲曰月曰厲石（以上中官）曰十二國曰離瑜曰敗臼曰雷電曰土功吏曰土功曰霹靂曰雲雨曰鈇鉞曰外屏曰天溷曰土司空曰左更曰右更曰芻藁曰天陰曰屏曰天廁曰天矢（以上外官）晉志有而隋志缺曰者二官宗正下脫宗人天樽下脫積水

夏周本紀

羅泌曰嘗見漢劉聡所書呂梁碑碑中序虞舜之世云舜祖幕幕生窮蟬窮蟬生敬康敬康生喬牛喬牛生瞽瞍瞽瞍產舜質之史記並同而不言出自黃帝此可以洗二女同姓尊卑爲婚之疑

又他碑所載后稷生台璽台璽生叔均叔均而下數世始至不窋不窋下傳季歷猶十有七世而太史公作周紀拘于國語十有五王之說乃合二人爲一人又刪縮數人以符十五之數不知國語之說十五王皆指其賢而有聞者非謂后稷至武王千餘年而止十五世太史公亦迂哉

田蚡　共一老禿翁

顧炎武曰謂爾我皆無慕之年無所顧惜當直言以決此事也

蘇秦傳始將連橫

高誘國策注連關中之謂橫合關東之謂從

十二諸侯年表陰晉人犀首爲大良造

司馬彪曰犀首魏官若今虎牙將軍　吳師道曰按年表云云則非官名而韓策摎留以犀首張儀並言何爲一人獨以官稱乎恐犀首或姓名也魏亦有犀武

秦紀

吳師道曰按秦紀書韓趙魏燕齊帥匈奴伐秦年表韓魏趙楚燕五國伐秦不勝楚世家書蘇秦約從六國共攻秦楚懷王爲從長至函谷關秦擊之六國皆引歸齊獨後至有不同

按楚世家特詳者以從長故當以爲正年表諸國皆書不勝齊獨後而不敗故畧而不書欲紀不言楚者豈以世家文已明欲修色之戰虜韓申差年表在次年而紀於此淺當之則紀誠有誤也

甘茂傳張儀西并巴蜀

按秦策儀與司馬錯議不同故紀表並言錯定蜀而茂傳之言如此何也水經云秦自石牛道使張儀司馬錯尋路伐蜀滅之華陽國志云蜀王伐苴侯苴侯奔巴求救於秦惠文王使張儀司馬錯伐蜀滅之是二人同往也

扁鵲傳

按扁鵲既與趙簡子同時則是時虢亡已久焉有虢君虢太子耶齊無桓侯韓非子引作蔡桓侯按蔡桓侯當魯宣公卅與簡子相隔二百餘年又按國策鵲有醫秦武王事秦武王元年爲周赧王五年簡子在晉昭頃定公時當周景王敬王之世相去亦二百餘年此傳事多附會想後人附益其說以神其術耳不可盡信

穰侯傳攻趙韓魏於華陽

按華陽國策作陘山一役也

秦紀黃歇說秦昭王　王又割濮磨之北　春申傳

按鮑彪國策注引楚紀注建寧郡南有濮夷後志當陽縣注荊州記沮水西有磨城子胥所造　吳師道曰江漢南之濮乃書所謂彭濮之濮沮水磨城遠不相涉下文北屬之燕可見濮即衛之濮上(濮)水(出東郡濮陽南入鉅野)索隱云磨地近濮按史表有磨侯程黑索隱云表作歷歷縣在信都地邑並無磨愚按此字作磨與歷通猶樂毅書磨室之類新序正作濮歷則其字甚明　田東郡濮陽南入鉅野者也

鬼神狐傷無所食血
按狐傷國策作狐祥鮑注狐之為妖者新序作黃洋二字
范睢傳而不概於王心耶
按概字國策作闔字鮑注合同索隱引策作闔豈古今字訛耶
今有義渠之事急
按國策秦惠王七年義渠君大襲秦大敗秦師于李帛之下又按漢匈奴傳秦昭王時義渠　王與宣太后亂有二子太后詐殺王於甘泉大事記赧王四十四年秦滅義渠　鮑彪曰蓋修李帛之怨
崔杼淖齒管齊
鮑彪曰管猶管榷之管專之也
蔡澤傳綈為綱成君
吴師道曰雁門子延水東逕剛成澤燕人疑此即其所邑歟
燕世家齊湣王伐燕
按年表齊宣王立十九年卒僭王立燕噲七年當湣王十年書噲子之皆死燕世家伐燕作湣王而孟子與國策俱作宣王則是史誤也通鑑作宣王二十九年伐燕視史記下移十年宣王伐燕即薨次年湣王立宣閔之年或亂而失次耳
樗里傳智伯欲伐仇猶
按仇猶國策作厹由高誘注狄國括地志云并州孟縣外城俗名原仇山正義已具　又按修文御覽引呂覽中山有夙繇者後人多引作夙繇則承呂覽之訛本也
鄒陽傳亦見長公主事果得不治漢書
張耒曰鄒陽傳云云此則陽與安國同救孝王殺盎也及韓安國傳所稱見長公主事自以孝王僭天子游戲宮至諫王殺勝詭無見長公主事此則安國見長公主自以游戲事在前非勝詭事也明鄒陽傳中所載誤記安國所解前事為今事耳
賈誼傳傅說胥靡兮　徐廣注云云
按孔安國書傳傅氏之巖在虞虢之界通道所經有澗水壞道常使胥靡刑人築護此道說賢而隱代胥靡築之以供食此以知胥靡者乃服役之刑徐注誤
蕭何
資暇録蕭何封為鄼侯鄒氏分明云屬沛郡者音嵯屬南陽者音贊又茂陵書云蕭何國在南陽合二家之説音贊不音嵯明矣　積録
自序　太史公遭李陵之禍
劉青芝曰靈皋謂褚少孫妄增太史公三字篇首談為太史公則不得復以自稱余謂上文太史公曰先人有言太史公曰唯唯皆少孫妄增乎攷百官表談以太史丞為太史令即官太史公或太史令即稱太史公父子同官同稱固無嫌耳如師古云司馬談為太史令遷尊之為公其自稱公也又何居
春秋以道義
下文失其本已本即義也
大宛　然張騫鑿空外國由此信之
劉青芝曰此言窮兵始自張騫至騫死後其禍猶未息也
然西至敦煌

劉青芝曰見武帝甘心宛馬而不畏天災也
而漢蔑使十餘輩至傳末
此見武帝貴異物開邊釁之未已也
張騫　居匈奴西
紀疑曰史記居匈奴中蓋寬句為下文曰亡地班掾改巾蓋
无作西字文義那得明
孟荀　鄒衍與齊之稷下先生至末
紀疑曰言衍之徒各干世主終是阿世苟合則非真以衍有
牛鼎之意益明矣舉世皆猒孟子持方枘圓其困齊梁宜哉
霍去病　流落不耦
孔氏襍說括註流字合作留

天官書老人星見治安不見兵起
按此星本文及注皆誤老人星中原常不見五嶺以南始見
之唐開元十二年使者自交州還言八月中望老人星下列
星燦然明大者甚衆自西法入而南極諸星始有其名其可
指數者烏喙七鶴十二孔雀十八異雀十二三角形三蜜蜂
四十字架四小斗九南船五海石五海山六夾白三附白一
金魚五飛魚七蛇首四蛇腹四蛇尾七馬腹三馬尾四波斯
十一火鳥十水委三然亦有異名烏喙一曰氣光鶴一曰水
正孔雀一曰南尾上五星曰附光右二星曰司寒異雀一曰
中辰三角一曰開陽蜜蜂一曰小環金魚一曰河源飛魚一
曰地柱蛇一曰列精馬尾馬腹統曰南衡波斯上五星曰天
環下五星曰陽德火鳥一曰南隱蛇之類又有滿剌加等行至滿剌伽國始見

律書建罰狼弧
按二十八星原於演禽家欲以合乎四七之數以分配七政
而歷家承用之實則治歷明時不必拘此凡近乎黃赤二道
之星皆可用茲有建罰狼弧無斗觜井鬼與夏小正有南門
鞠織女月令旁及建張魯歷及甄曜度並以斗易建含井鬼
而用狼弧同一例也
昴謂之留畢謂之濁柳謂之注
盛百二曰特牲禮宗人執畢注云畢如叉形似畢星故名焉
按此濁同獨一作箸叉魚者也柳星勾形如注故工記輈注
則利準注云輈之揉者形如注星昴同留後人音卯非也昴
為酉宮之宿昴從日下酉不從卯留即昴之倒文也
按昴舊七星西法以測微鏡望之中有三十七星

溫星
黃帝占曰客星色白而大狀如風動搖名曰溫星常出四隅
出東南有兵出東北曝三千里出西北如之出西南大水
周伯
荊州占曰周伯星煌煌所至之國大昌馬氏通攷曰宋真宗
景德二年四月戊寅周伯星出氐南騎官西狀半月有芒角
〻〻曰天下無兵國大昌
王蓬
荊州占曰蓬星一名王星狀如夜火之光多卽至四五少卽
一二何法盛中興書曰晉孝武太元二十年九月有蓬星如
粉絮東南行歷虛危　宋中興天文志周伯王蓬芮皆上世
不仕之人

南極

按開元中測影使者太相元太云交州望極纔出地三十餘度以八月自海中望老人星殊高老人星下衆星燦然其明大者甚衆圖所不載莫辨其名大率去南極二十度以上其星皆見乃自古渾天以為常沒地中伏而不見之所也今西洋南極星圖即靈憲所云海人之占唐志所云莫辨其名者也坤輿圖說天下有五大州利未亞州其地南至大浪山航海過大浪山已見南極出地三十五度矣管城碩記

昴謂之留

陳子龍測議昴宿皆云七星或云六星近測之實三十六星

光芒者曰黃鍾宮汲古本

小字宋本光作九者作音

鬼積尸

按積尸氣與天漢同古作一星西測有三十六星

王良

按步天歌有策一星在王良上西王良作六星旁又有客星云是萬歷癸酉始見

甘石星經

按甘德七録云楚人戰國時作天文星占八卷石申七録云魏魏人戰國時作天文八卷

大火

盛百二曰大火說者以為心星愚以為乃大火之尾宿攷工記龍旂九斿以象大火注云尾有九星故象之尒雅大辰房心尾大火謂之大辰則大火之兼尾宿審矣

昔之傳天數者趙尹臯

按後漢永建初李郃上書曰趙有尹史見月生齒齕畢大星占有兵變趙君曰天下共一畢知為何國也下史於獄其後公子死謀殺君如史所言按尹史即尹臯也其占驗僅見於此趙世家不載天文志注云本李氏家書

臯唐甘石

臯即尹臯

傳說

困學紀聞莊子傳說乘東維騎箕尾而比於列星古賦有云傳說奉中闌之祠注云傳說一星在尾北後河中蓋後宮女巫也說為商良相豈為後宮女巫祈子而禱祠哉此天官之難明者也

渾天

困學紀聞信都芳曰渾天覆觀以靈憲為文蓋天仰觀以周髀為法劉智謂黃帝為蓋天顓頊造渾儀春秋文曜鈎謂帝堯時立渾儀而本朝韓顯符渾儀法要序以為伏羲立渾儀未詳所出

天漢

方以智曰埤雅曰河精上為天漢楊泉物理論曰水氣發而升精華浮上西學以窺天鏡窺之皆為至細之星如郎位旄頭而微望之則若河耳或曰無數小星不可別似白光耳

軒轅黃龍體

通雅曰玄象博識曰五行五緯五事而二十八宿何不言中央耶石氏星經曰中宮黃帝其精黃龍為軒轅首枕星張又

靈憲言黃耳軒轅於中與蒼龍朱雀白虎玄武為五獸然後知土位夏季軒轅承寄居鶉火主雷雨之神後宮之象雷電風雨霧霜露雲虹蜺背商抱珥十四變皆主之亦猶土之無定位而金木水火賴以成歟 [illegible]

天精而景星見

按注精即晴直翁引作天暒漢書作姓亦作暒正訛主姓方以智曰姓不見經傳从夕生無義反不若晴字之為當也六書統夕古月字子才以為晴古文奇字收𡖅為古晴字則晴正合古文徐鉉不知耳古精亦通晶晶為星光易林陽晶隱伏即陽精

朱鳥鶉首

按師曠禽經赤鳳謂之鶉鶡冠子鳳鶉火之禽精陽之精也

崔豹古今注曰禮記行前朱鳥鸞也

宣夜

按晉書天文志宣夜之書亡惟漢秘書郎郗萌記先師相傳云天了無體質仰而瞻之高遠無極眼瞀精絕故蒼蒼然也譬之旁觀遠道之黃山而皆青俯察千仞之深谷而窈黑夫青非真色而黑非有體也日月衆星浮生虛空之中其行其止皆須氣焉是以七曜或逝或住或順或逆伏見無常進退不同由乎無所根繫故各異也故辰極常居其所而北斗不與衆星西沒也攝提填星皆東行日行一度月行十三度遲疾任情其無所繫著可知矣若附綴天體不得爾也

樂書來始

按樂有七始古文作夾始史記作來始按方言吳有桼娥之臺東晳賦朝享五帝之奉夕宿桼娥之房以桼對五桼即七也褚遂良書枯樹賦七亦作桼據此古文史記夾與來俱是桼字之誤

宣帝詔庾死獄中

按說文東縛捽抴為臾楊慎曰臾庾古字通

賈誼傳鵩賦

柳宗元曰子讀賈誼鵩賦嘉其詞而學者以為盡出鶡冠子吾意好事者偽為其書反用鵩賦以文飾之太史公伯夷列傳稱賈子曰貪夫殉財列士殉名不稱鶡冠子遂稱為博極羣書假令當時有其書遷豈不見耶

司馬相如傳文君既失身於司馬長卿故倦游

劉會孟曰文君既失身於司馬句長卿故倦游句

張良世家

按世家書易太子事作建成侯呂澤今按六功臣表呂澤封周呂侯釋之封建成侯班史張良傳亦作呂澤當是二史之誤

英布　往年殺彭越前年殺韓信

按漢書云前年殺彭越往年殺韓信今攷信越之死同是一年而信死尤在越前二史俱誤

盧綰傳　漢使樊噲擊斬豨

按此漢書高紀書周勃定代斬陳豨於當城攷呂氏大事記合而言之以為周勃樊噲定代郡按傅寬傳云寬擊陳豨屬太尉勃以相國代丞相噲擊豨是平代之後噲未終事而還排闥之諫噲已在長安矣漢書止書周勃為是 [illegible]之考異

武帝　封公孫宏爲平津矦

王益之曰史本紀漢書百官表並載元朔五年史記矦表及漢書恩澤矦表乃載在元朔三年然宏以拜爲丞相故得封矦拜相既在五年不應封矦反在三年也當是五字誤作三字

封禪書

按此以爲王夫人漢書外戚傳以爲李夫人二書不同按少翁之死在元狩四年而褚先生補云元狩六年帝欲王諸子時齊王閎母王夫人病帝自臨視問之云云於元狩六年二夫人尚無恙而少翁之死已二年矣豈得云致鬼如王夫人之貌乎又外戚世家曰衛后色衰而趙之王夫人幸夫人早卒而中山李夫人有寵是李夫人又在王夫人後史記以爲王夫人既不可漢書以爲李夫人尤不可也

三王世家元狩六年　丞相臣青翟御史大夫臣湯太常臣充

按百官表元狩四年李信成爲太常二年免二年欒賁爲太常無名充者疑世家誤

將相名臣年表　鴻嘉元年張禹卒

按漢書禹傳禹後尚以特進對成帝所問王氏事則知卒字誤也　百官表作免字是

文帝　吳太子侍太子飲博

楚漢春秋吳太子名賢字德明

武帝　或對黄帝已僊上天

按漢武故事作公孫卿對

衛青　起冢象廬山

按廬當作盧盧山匈奴山也楊雄上書云運府庫之財填盧山之壑而不悔

户亳鄲　正義引纂訓云三字一也

按正義所引纂訓王應麟誤以爲倉頡才之訓纂乃姚察漢書纂訓耳　愚按索隱注内稱姚氏者亦是引纂訓

曆書　索隱引僖公云天元之始于十一月夜半朔旦冬至所云僖公未詳隋志引春秋命歷序云僖公五年正月壬子朔旦冬至索隱蓋引此文有脱字也孫星衍按、

秦始皇本紀得志亦輕食人

劉青芝曰得志與居約對看食人與下人對看正義解非

襄公立一段

此與秦紀互有異同乃史公另録之以備參攷

伍子胥傳齊鮑氏殺其君悼公而立陽生

孫奕曰以左氏衛攷之哀公五年秋齊景公卒冬十月公子陽生來六年八月僖子使召公子陽生十月丁卯立之悼公悼公稽首杜預注悼公陽生也又以齊陳世家攷之皆曰景公卒太子荼立是爲晏孺子而田乞不悦欲立景公子陽生鮑叔遂立陽生於田乞之家是爲悼公鮑牧與悼公有隙殺悼公齊人共立其子壬是爲簡公即是而觀陽生即悼公也伍子胥傳云云當是弑其君悼公而立壬也

陳餘傳敖已出尚魯元公主如故

按漢書顔師古注尚訓配今攷易泰卦九二爻詞曰得尚于中行王弼亦以爲配也與尚食尚衣之尚訓主者不同

霍去病傳誅全甲

留青日札云全甲當是渾身貫甲之謂蓋精兵也又若是猜
兵只當序于執王子之下在首虜之上故疑是名王以下之
人

范雎　意者臣愚而不概於王心邪
焦竑筆乘云徐廣索隱二註俱誤按莊子豈能無概然於心
邪正與此合猶今云大概者耳

項籍本紀　或說羽曰關中阻山帶河四塞之國
攷漢書作韓生揚雄法言作蔡生

弒義帝
按此乃漢元年漢書云二年羽陰使九江王布殺義帝此大事
也何二史紀載不同若此

天官書太白已出三日　是謂耎
升菴璅録云耎謂退之不進也音軟戰國策鄢魏者楚之耎
國

龜策　諸靈數莿
按莿即策字多加刀旁非别名也

歷書雞三號卒明
李氏勸說酷吏傳野彘卒入廁卒猝同遽同也卒明猶言遽
明

天官書數至十二日直其月至占竟正尸
勸說云此言正月一日雨則正月水二月雨則二月水此為
千里内占耳若欲天下占則以盡一正月為驗

周本紀西伯蓋即位五十年堇蓋王瑞自太王興
李雨邨曰此皆舊史傳聞不敢的以為然又不可徒据他說
削而去之使舊聞自我而湮故每云蓋以疑之

蓋益易之八卦
六十四卦非始於文王而世有謂文王始重八卦為六十四
卦故云蓋

外戚世世家蓋其家號曰衛氏
衛氏冒姓不可根究故云蓋以疑之

伯夷列傳
李云趨舍有時若此句絶類猶率也言岩穴之士趨舍
有時若伯夷顔淵而大率皆名湮沒而不彰也

老子
道德經崇尚虚無世因見谷神不死是謂元牝遂有神仙之
說其實不然

表磨侯程黑
按漢表作歷侯　作磨侯者沿寫之訛

齊世家孟子謂湣王曰此文武之時不可失也
趙翼曰此與孟子以為齊宣王異孟子自著書豈有錯誤按
國策燕王噲既立篇云燕子之亂儲子勸齊宣王因而仆之
并載孟子勸王伐燕之語宣王因令章子將五都兵伐之是
伐燕之為宣王無可疑也史記所以係之湣王者則以湣王之
走死實因樂毅伐齊為燕昭王因齊破燕而報怨則相距當
不甚遠故以為湣王事不知此亦在國策史公特未詳攷耳
國策言齊伐燕之後二年燕昭始立又昭王築宫事郭隗篇
言昭王與百姓同甘苦二十八年然後以樂毅為將破齊七

十餘城是齊破燕至燕破齊相去本有三十餘年則破燕者宣王為燕所破者湣王國策原自明白蓋宣王破燕後不久即卒湣王嗣位二十九年乃為燕所破計與燕昭在位年數約略相符且將兵之匡章子即匡章匡章在威王時已將兵伐秦若如史記所云則歷威王三十六年宣王十九年湣王二十六七年其人且歷官八九十年有是理乎

高祖紀　酒讎數倍

隱餘叢談云言每值高祖酤飲則人競買之其獲利較倍於常也宣帝少時從民間買餅所從買家輒大售正與此相類蓋紀徵時符瑞耳索隱乃謂貰酒而償厚價則下文折券句又何說也

高祖紀　說者曰人言楚人沐猴而冠

按楚漢春秋揚雄法言以為蔡生班史通鑑以為韓生

將相表正月甲戌田千秋薨

按長歷是年二月乙卯朔逆而推之正月無甲戌當是字誤

○漢書百官表誤同

樂書帝嘗得神馬於渥洼水中至黯誹謗聖制當族

王益之曰今以史考之其事皆不合公孫宏以元狩二年薨汲黯以元狩三年免右內史史皆在得馬之前又黯未嘗為中尉必是差誤

封禪書為服食

服與緻同食讀曰飤

建元侯者表龍亢侯　成安侯樛樂子廣德

通鑑考異云漢書功臣表作龍侯南越傳作龔侯

吳王濞　正月丙午誅漢吏二千石　正月甲子起兵于廣陵

按劉羲叟長歷是年正月癸未朔而丙午乃二十四日也此月無甲子前後所載不同當以丙午為是

景帝　三年條侯周亞夫將三十六將軍

王益之曰灌夫傳云吳楚反時潁陰侯灌何為將軍屬太尉請灌孟為校尉其子夫以千人與父俱韓王信傳云吳楚反時弓高侯功冠諸將直不疑傳云吳楚反時不疑以二千石將擊之李廣傳云吳楚反時廣為驍騎都尉從太尉亞夫戰昌邑下顯名以梁王授廣將軍印故還賞不行又按表程嘉公孫昆邪蘇息皆以將軍擊吳楚所謂三十六將軍其可見者僅如此餘皆無考

叔孫通　高寢衣冠

三輔黃圖云高寢在高廟西高祖衣冠藏其中

趙世家左師觸龍言

據國策作觸讋傳寫之誤分作兩字耳

刺客　與韓相俠累

俠累合為傀音

張湯　亭疑法奏讞疑事必豫先為上分別其原

劉青芝曰廷尉史出於博士弟子其平疑事固有法及奏讞疑事必分別其原即援古義以斷今事也本治尚書春秋采

儒林　以文學禮義為官

言治禮治掌故之官以有文學禮義者為之也仝上

田儋　其告以詔商狀

橫畏商故告以詔商狀告之

樊噲　別將定北地上郡

北地寧州上郡鄜州

夏侯嬰　常收竟載之徐行面擁樹馳

劉青芝曰謂初收載未及安置故徐行對面擁持之使立乃馳

淮南王　他可

猶今制餘依譺也

即起歷階而去

劉放曰伍被始終為王畫反者其引漢之美皆辯口游詞耳

陸賈　數見不鮮

劉攽曰言人情頻見則不美故毋久溷女也漢書作數擊鮮

歷書太初元年歲名焉逢攝提格

按武帝元封七年詔造太初歷以正月為歲首則太初元年歲在丁丑史記乃作甲寅下距丁丑二十三年懸異如此者乃太史公追紀太初作歷之元非武帝之太初元年也蓋史公推上古之元得甲寅歲今元封七年以丁丑起元亦與太上古甲寅同耳其後每紀以漢年歸後人所加如褚先生輩是矣

無大餘　無小餘

黃鎮成曰大餘者一歲之餘日五十四也小餘者兩月之餘分五十八也是年仲冬甲子朔旦冬至日月合於牽牛之初日數滿六十月分滿九百四十自前至此餘分皆盡故云無大小餘此以九百四十分為日法

無無大餘　無小餘

上大小餘者歲之餘日月之餘分即所謂朔虛也此大小餘者五日與四分日之一即所謂氣盈也是年冬至與朔同日日數滿六十日分滿三十二自前至此餘分盡皆故云無大小餘此以三十二分為日法

焉逢攝提格太初元年

前已云太初元年無大小餘此復書太初元年大小餘者蓋改太初元年自是年十月歲首始至五月詔用夏正又自是年正月始則此年初承用十月為歲首又改用正月初為歲首一年共有十五箇月故前之無大小餘者自是年建子之月夜半朔旦以前止後之有大小餘者又自此年建子當作寅誤之月夜半朔旦以後而始所以皆係之太初元年也

大餘五十四

歲有十二月月有三十日當得三百六十日然月之所以成由日月之會也故二十九日半有奇而月與日會一歲十二會法當小盡六月以除之止得三百五十四日有奇以六甲除之五六三百餘五十四未滿六十故云大餘五十四也

小餘三百四十八

每二十九日九百四十分日之四百九十九月與日會而成一月除四百七十為半日猶多二十九分是一月當得二十九日半餘二十九分以此半日合後月半日足成一日外月餘二十九分十二月則餘三百四十八分以未滿九百四十分未成一日故云小餘三百四十八也

大餘五

天左旋日一晝夜泝天右行一度三百六十五日四分日之一行天一周故分天爲三百六十五度四分度之一去歲冬至起於牽牛之初今歲冬至復至牽牛之初則二十四氣終而復始當得三百六十五日有奇以六甲除之六六三百六十猶餘五日故云大餘五此大餘者日周天之餘數也

小餘八

即前四分之一也在天爲四分度之一也在天爲四分日之一日得三十二分其一則八也歲有三百六十五日四分日之一是一歲除三百六十五全日猶多八分故云小餘八此小餘者歲日之奇分也

端蒙單閼二年　大餘四十八

去歲大餘五十四今歲又餘五十四合一百八除六甲六十日猶餘四十八日故曰大餘四十八也

小餘六百九十六

去歲小餘三百四十八今歲又餘三百四十八合六百九十六故云小餘六百九十六

大餘十

去歲大餘五今歲又餘五日故云大餘十

小餘十六

去歲小餘八今歲又餘八合十六故云小餘十六

游兆執徐三年　大餘十二

去歲大餘四十八今歲又復五十四又通閏小一月餘二十九又今歲小餘積分得一合一百三十二日除二六甲一百二十日故云大餘十二也以朔記之故併閏月數也

小餘六百三

去歲小餘六百九十六今歲又餘三百四十八又通閏一月餘四百九十九合一千五百四十三除九百四十分歸上成一日外餘六百三分故云小餘六百三

大餘十五

去歲大餘十今歲又餘五日故云大餘十五也以氣論之故不數閏月也

小餘二十四

去歲小餘十六今歲又餘八故云小餘二十四

彊梧大荒落四年　大餘七

去歲大餘十二今歲又餘五十四又今歲小餘積分得一合六十七日除六十日猶餘七日故云大餘七

小餘十一

去歲小餘六百三今歲又餘三百四十八合九百五十一除九百四十分歸上成一日外猶餘十一分故云小餘十一也

大餘二十一

去歲大餘十五今歲又餘五日又今歲小餘滿三十二分得一日合二十一日故云大餘二十一

無小餘

去歲小餘二十四今歲又餘八得三十二分已滿一日歸上故云無小餘

徒維敦牂天漢元年　大餘一

去歲大餘七今歲又餘五十四合六十一除六十日外餘一日故云大餘一

小餘三百五十九
去歲小餘十一今歲又餘三百四十八合三百五十九分故云小餘三百五十九
大餘五十六
去歲大餘二十一今歲又餘五日合二十六日故云大餘二十六
小餘八
去歲無小餘自今歲始又餘八故云小餘八
祝犁協洽二年　大餘二十五
去歲大餘一今歲又餘五十四又通閏小一月餘二十九又今歲小餘積分得一合八十五日除六十日外猶餘二十五日故云大餘二十五
小餘二百六十六
去歲小餘三百五十九今歲又餘三百四十八又通閏一月餘四百九十九合一千二百六除九百四十分歸上成一日外猶二百六十六故云小餘二百六十六
大餘三十一
去歲大餘二十六今歲又餘五日故云大餘三十一
小餘十六
去歲小餘八今歲又餘八故云小餘十六
商橫涒灘三年　大餘十九
去歲大餘二十五今歲又餘五十四合七十九除六十日外猶餘十九日故云大餘十九
小餘六百一十四
去歲小餘二百六十六今歲又餘三百四十八合六百一十四分故云小餘六百一十四
大餘三十六
去歲大餘三十一今歲又餘五日故云大餘三十六
小餘二十四
去歲小餘十六今歲又餘八故云小餘二十四
昭陽作噩四年　大餘十四
去歲大餘十九今歲五十四又今歲小餘積分得一合七十四日除六十日外猶餘十四日故云大餘十四
小餘二十二
去歲小餘六百一十四今歲又餘三百四十八合九百六十二除九百四十分歸上成一日外猶餘二十二分故云小餘二十二
大餘四十二
去歲大餘三十六今歲又餘五日又今歲小餘滿三十二分得一日合四十二日故云大餘四十二
無小餘
去歲小餘二十四今歲又餘八得三十二分　滿一日歸上故云無小餘
橫艾淹茂大始元年　大餘三十七
去歲大餘十四今歲又餘五十四又通閏小一月餘二十九合九十七日除六十日外猶餘三十七故云大餘三十七
小餘八百六十九
去歲小餘二十二又通閏一月餘四百九十九今歲又餘三

百四十八合八百六十九故云小餘八百六十九

大餘四十七

去歲大餘四十二今歲又餘五日故云大餘四十七

小餘八

去歲無少餘自今歲始又餘八故云小餘八

尚章大淵獻二年　大餘三十二

去歲大餘三十七今歲又餘五十四又今歲小餘積分得一合九十二日除六十日外猶餘三十二日故云大餘三十二

小餘二百七十七

去歲小餘八百六十九今歲又餘三百四十八合一千二百一十七除九百四十分歸上成一日外猶餘二百七十七分故云小餘二百七十七

大餘五十二

去歲大餘四十七今歲又餘五日故云大餘五十二

小餘一十六

去歲小餘八今歲又餘八故云小餘一十六

黄鎮成曰按史記起太初元年至建始四年合一蔀七十六年紀朔與至大小餘通盈計之其數皆合今取十年爲例餘可類推　又推按武帝改太初歷以律法八十一分爲日今史記所書大小餘仍用顓帝四分歷法爲日

太初元年歲名焉逢攝提格

余有丁曰按前漢紀太初元年夏五月正歷以正月爲歲首索隱作建子者蓋歷元起數必從子始此所云夜半冬至者即焉逢攝提格歲之子月也此時歷無餘分故下云無大小餘其正朔自以寅月起數下云太初元年六餘五十四云云者即謂此年寅月以後便有餘分其爲建寅甚明

天漢

晋書天文志曰天漢起東方尾箕之間謂之漢津乃分爲二道其南經傅說魚天籥天弁河鼓其北經龜貫箕下次絡南斗魁左旗至天津下而合南道乃西南行又分夾匏瓜絡人星杵造父騰蛇王良附路閣道北端大陵天船卷舌而南行絡五車經北河之南入東井水位而東南行絡南河闕邱天狗天紀在七星南而没

天官書環之匡衛十二星

按通志引張衡云紫微垣十五星東藩八西藩七東藩星近閶闔門第一左樞二上宰三少宰四上輔五少輔六上衛七少衛八少丞西藩近閶闔門第一右樞二少尉三上輔四少輔五上衛六少衛七上丞

曰陰德或曰天一

攷要云陰德太乙原二星名天乙與太乙各一星並列紫宫外陰德二星居紫宫内不得混而爲一也

爲天數者必通三五

余有丁曰三五即太史公所謂五家三代也索隱（前撰）二解俱謬

天極星後句四星　餘三星

按此蓋句陳六星也星經云勾陳在五帝下爲後宫大帝正

妃及主天主六軍將軍又主三公　晉書天文志勾陳口中一星爲天皇大帝

陰德或曰天乙

星經曰陰德二星在尚書西

紫宮右五星曰天棓

晉書天文志天棓五星在女牀北天子先驅也

斗魁戴匡六星曰文昌宮

星經曰文昌七星如半月形在北斗魁前天府主營計天下事其六星各有名六司法大理

天槍

晉書天文志天槍一曰天鉞又曰槍棓皆所以備非常也

有圜勾十五星

晉書天文志貫索一曰連索一曰連營一曰天牢主法律禁暴彊也牢口一星爲門欲其開也　又按續文獻通考云貫索一星回回以爲鈌梳歐邏巴以爲冕旒

房南衆星曰騎官

星經云騎官二十七星在氐南主天子騎虎賁

翼爲羽翮

晉書天文志翼二十二星天之樂府俳倡又主夷狄遠客負海之賓

曰羽林天軍

按羽林軍舊四十五星今二十六星　宋史天文志三三而聚散出壘壁之南一曰在營室之南東西布列北第一行主天軍軍騎翼衛之象軍西爲壘或曰鉞

宋史天文志斧鉞三星在北落師門東芟刈之具主斬芻槀以飼牛馬

奎爲封豕

晉書天文志奎十六星天之武庫一曰天豕亦曰封豕主以兵禁暴又主溝瀆西南大星所謂天豕目亦曰大將欲其明

昴曰旄頭

晉書天文志昴七星天之耳也又爲旄頭昴畢間爲天街天子出旄頭罕畢以前驅此其義也

參爲白虎　左右肩股也

晉書天文志參白獸之體其中三星横列三將也中央三小星曰伐天之都尉也主戎狄之國

天旗東有大星曰狼　狼下有四星曰弧

晉書天文志狼一星在東井東南狼爲野將主侵掠　又曰弧九星在狼東南天弓也主備盜賊常向于狼

柳爲鳥注

晉書天文志柳八星天之廚宰也主尚食和滋味又主雷雨

○通志甘氏云主飲食倉庫酒醋之位

天官書

晉書天文志馬續云天文在圖籍昭昭可知者經星常宿中外官凡一百一十八名積數七百八十三皆有州國官宫物類之象張衡曰衆星列布體生于地精成于天列居錯峙各有攸屬在野象物在朝象官在人象事其以神著有五列焉是爲三十五名一居中央謂之北斗四布於方各七爲二十

八舍中外之官常明者百有二十四可名者三百二十為星二千五星百微星之數蓋萬有一千五百二十後武帝時太史令陳卓總甘石巫咸三家所著星圖大凡二百八十三官一千四百六十四星以為定紀　愚按隋志述陳卓星圖總數只差一星與晉志異

魁枕參首　正義此條蓋引用天文志參合經星為之歲久傳訛舛錯殊甚至不可讀今依晉書改正

言北方宮斗斗衡直當北北當之魁枕於參星宿之道首……

又主兵無二字一曰天機南二星魁脫天梁　其中三星橫列者三將軍東主後將軍西南曰右足主偏將軍故軒轅氏占之以北曰左肩主左將軍西北曰右肩主右將軍東南曰左足應七將也　不欲明若芒角張明與參等　七將皆明天下天下主兵振王道缺參失色軍散敗動搖邊候有急

王良策馬

梅文鼎曰恒星有定數亦有定距終古不變而世之占者既無儀器以知其度又不知星座之出入地平有濛氣之差或以橫斜之勢而目視偶乖遂妄謂其移動于是為占曰王良策馬車騎滿野天鉤直則地維坼泰指乎人主有福中州以北去北極度近則老人星遠而近濁不常見也于是古占曰老人星見王者多壽以二分日候之若江以南則老人星甚高三時盡見而疇人子弟猶歲以二分占老人星此其因訛習欺尤大彰明者矣

五星

梅文鼎曰五星有遲疾逆留而古法惟知順行于是占者以逆行為災而為之例曰未當居而居當去不去當居不居未當去而去皆變行也以占其國之災福五星之出入黃道亦如日月故所犯星座可以預求也而古法無緯度于是占者以為失行而為之例曰凌曰犯曰鬬曰食曰掩曰合曰句己曰圍繞夫句己凌犯占可也以為失行非也五星距黃道不過八度則中官紫微及外官距遠之星必無犯理而占書皆有之近世有著賢相通占者刪去古占黃道極遠之星亦既知其非是矣

月行中道

月行陰陽歷以不足廿年而周其交也則於黃道其交之半也則出入于黃道之南北有奇皆有常也而古歷未知于是占家曰天有三門猶房四表房中央曰天街南間曰陽環北間曰陰環月由天街則天下和平由陽道則主喪由陰道則主水夫黃道且有歲差而況黃月道出入于黃道時時不同而欲定之於房中不亦謬乎

月出入黃道既有南北而其與黃道同升也又有正升斜降斜升正降之不同惟其然也故月之始生有平有偃而古歷未知則為之占曰月始生正西仰天下有兵又曰月初生而偃有兵兵罷無兵兵起月于黃道有南北又有正升斜降及盈縮疾遲之異人所居南北有里差則見月有蚤晚是故月之初見有初二初三日之殊極其變則有在朔日初四日之異而古歷未知則為之占曰當見不見又曰不當見而見魄質成早也

月之行有遲疾日之行亦盈縮皆有一定之數故可以小輪

為法也而古惟平度于是占家曰晦而見月見西方謂之朓朓則侯王其舒朔而月見東方謂之仄慝仄慝則侯王其肅

日月食

梅文鼎曰日月遇交則食以實會視會為斷有常度也而古歷未精于是有當食不食不當食而食之占日之食必于朔也而古用平朔于是有食在晦二之占

食日者月也不關雲氣而占之說曰未食之前數日日已有謫日大月小日高月卑卑則近高則遠遠者見小近者見大故人所見之日月大小略等者乃其遠近為之而非其本形也然日月之行各有最高卑而影徑為之異故有時月正掩日而四面露光如金環也此皆有可考之迹而占者則以金環食為陽德盛

參為白虎

白虎騶虞也仁獸西方七宿象之

天官書

梅文鼎曰余讀史記歷書天官書竊怪歷書過於畧而天官過於詳世皆謂司馬氏世為天官又與閎脩歷乃歷書不過隱括諸書數語于積年曰法以及推步之術漫無一言至天官之書則述不經之談娓娓不倦為後世妄言禍福者所藉口何其悖也及讀自序暨漢書律歷志方知史公原不知歷而天官書則皆唐都王朔魏鮮三家之說自序云重黎氏世序天地至周宣王時失其守而為司馬氏世典周史至談為太史公學天官於唐都律歷志云詔卿遂遷與典星射姓等議造漢歷姓等奏不能為算願募治歷者乃選二十餘人方士唐都巴郡洛下閎與焉都分天部閎運算轉歷由是觀之太初乃閎所造都不知歷故獨分天部都尚不知歷而況學于都者乎其所謂世掌天官者不過推本其先世乃重黎氏非司馬氏也後人不察因謂彼世為天官言當不妄其實非也歷與天文各為一家治天家不知七政有一定之行度往往憑臆而談而治歷者則有理可推有數可紀可以預知可以共曉而影射疑似之見不可參入故不道天文災祥之說天官書曰心宿不欲直直則天王失計老人見治安不見兵起又五星皆有當居不居不當去去之之占以歷法案之恒星經緯皆有常度初無變動老人星江以南三時盡見五星之遲留伏逆皆有本行可推度並無當居不居不當去去之之事諸如此者不可枚舉倘史公知歷必不為此支離之說以貽譏於後世矣然則天官一書豈盡不足信哉非也其書分三段前段占星中段占氣末段占歲而後總論曰漢之為天數者星則唐都氣則王朔占氣則魏鮮於以見其書為三家之說其序列星位座雖不備然句中有圖言五星無出而不反逆行逆行必盛大而變色言雲氣各象其山川并驗之閭閻枯潤人民草木禽獸服食繁實去就候氣始之雲風人聲驗歲美惡為千里內占則均于理可信使史公當日取三家之說去其紕繆存其菁華而証以古人石言如管子所稱日變脩德月變省刑星變結和以及日月暈適雲風與政事俯仰之說足以資儆戒修人事弭天災則為有物之言矣然非深明此意者固難以語此

客星

梅瑴成曰史宦天官書有容星之名而不詳其形狀敘國皇句始諸星之恣而無彗星妖星之名然則容星者言其非常有之星殆諸星之總名而非有專屬也李淳風志晉隋天文始分景星含譽之屬為瑞星彗孛國皇之類為妖星又以周伯老子等為容星自謂本之漢末劉叡荆州占夫含譽所謂瑞星也而光芒似彗國皇所謂妖星而形色類南極老人瑞與妖果有定哉且周伯一星也既屬之瑞星而云其國大昌又屬之容星而云其國兵起有喪其說如此果可為法乎焉遷不復區別良有以也

天官書有容星之
而無彗星妖星之

史記

司馬相如　股股之歟

按易明夷於左股馬融王肅皆作左般又按漢碑盤或作股是股與般通股股即班班可証

五帝本紀

錢大昕曰史記敘世表本之五帝德帝繫篇惟王符潛夫論五德篇謂帝嚳為伏羲之後其後后稷堯為神農之後舜為黄帝後禹為少昊後契為顓頊後少昊顓頊不出于黄帝堯不出於嚳則舜無娶同姓之嫌而稷契之不為堯所知亦無足怪於情事似近之又攷春秋命歷序稱黄帝傳十世二千五百二十歲少昊傳八世五百歲顓頊傳二十世三百五十歲帝嚳傳十世四百歲然則顓頊非黄帝孫堯亦非帝嚳子可正以正史記之謬與潛夫論亦相合

五帝本紀贊

按學者多稱五帝是五帝宜紀也然尚書獨載堯而堯以前弗載此可疑一而百家至雖載黃帝以來其文不雅馴此可疑二孔子至不傳此可疑三　古文謂孔子所傳徵之於獻而知其不離乎是此可信一觀春秋國語所發明知表見於孔子所傳者皆不虛徵之於文可信二書缺有閒頃尚書句來他說百家言孔子所傳春秋國語皆是疑信互證反覆參致而知孔子所傳此五帝者之為可據正所謂好學深思心知其意也心知其意故並論次此五帝而擇其言尤雅者著之夫並論次五帝則不獨載堯以來擇其言尤雅者則百家言亦不盡廢也贊之大旨如此

秦始皇本紀南至會稽至制曰可

劉青芝曰會稽石刻而外凡嶧山碑以下盡重刻之石旁著名或當時未著名今碑始著名耶金石刻自嶧山碑以下並會稽碑亦在其在中盡始皇所為其刻辭盡始皇帝時人所作不稱始皇帝其文辭不及始皇時人所作其于久遠也如後嗣為之者後嗣為之即今後嗣所為金石刻辭言傳之久遠如後嗣所為辭不稱始皇成功盛德與上以章先帝成功盛德對看臣請具刻詔書句絕即上皇帝曰以下詔也刻石因明白矣即上襲號以後金名刻具刻詔書則襲號後之刻石其文辭不及始皇時不稱始皇功德因之益明白矣文義本自明晰正義云見金石盡刻其頌不稱始皇功德甚遠何其悖也

項羽本紀漢追至固陵至實定之

按羽自今垓下潰圍南走至今之五河縣東渡淮至今之定遠縣西北之陰陵迷失道轉至定遠縣東南之東城乃率二十八騎與漢決戰于是又東南走至今之和州欲渡烏江也綱目集覽曰和州有山亦名陵陰陵又有東城注遂混東城與烏江為一處矣不知和州之東城即秦烏江亭至漢始置東城縣爾時尚未有東城之名其山名陰陵亦後人附會不足据　羽分騎期山東為三處山東之山必是定遠東之大橫山或以江浦縣之四鐀山當之非也又按和州北七十里有四潰山俗傳項王依山為陳四面馳下潰圍處亦是後世因之而名非事實也

高高祖紀韓信說漢王曰
愚按此徐廣注韓王信也漢書誤以為淮陰信因入拜將一
一節而傳韓王信乃載此說其自相矛盾如此此淩稚隆論
論也
韓王信　韓信從入漢中
劉芳草曰此韓王信語班氏高紀誤以為淮陰語而本傳仍
以為韓王信語蓋韓王信本名信都史公刪一都字與淮陰
無別班氏祖之遂自矛盾如此
吳王濞曰傳誂膠西王
按誂說文云相呼誘也謂使高誘膠西王無筆札但用口詞
城陽景王有義至事定分之耳
劉辰翁以為諸王策其間有不從者故先言後日所處
李布傳末贊其計畫無復之耳
劉青芝曰對針上文欲用其未足漢改作其畫無俚之甚耳
甚非
注胥曰無以恩公為也
劉青芝曰此朔前十日而更之意愚作謔語耳一歲中以往
來過他處為客其至諸子所率不過再三過言非久也數見
不鮮久則易厭恩亂也公仍指諸子正見其謔
西南夷　行誅頭蘭頭蘭常隔滇道者也
劉青芝曰且蘭屬南夷下文常平南夷方平且蘭也此頭蘭
必非且蘭史公恐後人誤為一故又注明常隔滇道者漢書
改頭蘭為且蘭甚非

秦本紀昭襄王二十八年白起伐楚取鄢鄧
張浦山曰鄧綱目質實以為南陽之鄧州非是此是春秋鄧
國故城在襄陽府漢水北岸若南陽之鄧雖亦戰國地戰國
時已屬韓為穰邑韓世家秦取我穰是也後稱鄧州隋始置
鄧州
楚世家頃襄王二十年秦將白起拔我西陵
張浦山曰西陵綱目質實集覽皆以為夷陵不知夷陵之西
陵乃峽名非邑名至三國吳廣武初始改夷陵為西陵此是
今黃州府東北之楚邑漢為西陵縣徐廣曰屬江夏郡極是
胡三省辨之亦未細

魏世家秦取魏蒲坂陽晉封陵

張蒲山曰陽晉索隱以為晉陽正義從而是之以為史文之誤按蒲坂陽晉封陵相連屬故秦人一時並取若晉陽為趙地烏得與魏地並書且晉陽即今太原府太原縣與蒲坂隔一汾州府相距數百里斷不能並取然則史文未嘗誤索隱正義自誤耳陽晉故城在蒲州臨晉縣西蒲坂即今蒲州封陵在蒲州南

趙世家武靈王遂之代北至無終西至河登黃華之上

張彌伽曰代即今山西大同府所登之黃華即大同西南黃瓜堆本名黃華山也黃河在大同西其地與林胡樓煩接綱目質實以黃華山為河南彰德府之隆慮山一名黃華山不知大同府去彰德遠甚

魏世家汾水可以灌安邑絳水可以灌平陽

張蒲山曰胡三省通鑑注以絳水不可灌平陽而謂郡縣離合川谷變遷有不可以一時所睹據者王氏綱目紀要以為史文之交互按汾水在平陽府城西二里南去安邑約三百里斷不能引以灌之若絳水源出絳縣西南絳山西流入聞喜縣為涑水上源西南經安邑又西歷猗氏至臨晉合姚暹渠西流至蒲州又西南注於黃河涑水即絳水也按圖以攷其原委去平陽甚遠安邑則其所經則絳水可以灌安邑萬不能灌平陽蓋史文錯誤非交互也胡氏謂郡縣離合川谷遷改不知文字譌誤為尤易耳

楚世家盟于黃棘

張蒲山曰黃棘古謝國漢置棘陽縣故址在今南陽府新野縣東北七十里正義云在房襄二州之境無確据

魏世家安釐王十一年秦拔郪丘

張蒲山曰秦拔郪丘在安釐十一年正周赧王四十九年再按秦本紀昭襄王四十一年夏攻魏取邢丘懷亦當周赧王四十九年兩事在一年內拔郪丘雖不書時必在取邢懷之後何以知之以拔郪丘後齊楚相約攻魏魏求救於秦秦發兵魏氏復寧于是魏欲親秦而伐韓信陵上書止之書中又有秦固有懷茅邢丘之語故于拔郪丘雖不能攷其為秋為冬其後取邢丘之後決矣惟是安釐王九年秦拔我懷與邢丘與秦紀不合亦差兩年蓋史文外錯郪丘在鳳翔府隴州東邢丘即今懷慶府溫縣按顯王十七年韓取東周邢丘後又為魏所取故為魏邑

趙世家

全紹虞曰惠文王十五年即燕昭王之二十八年也以師與燕伐齊大捷燕人遂深入取臨淄是時齊襄王保莒田單保即墨而餘地皆入燕乃曰惠文王十六年秦復與趙數擊齊齊人患之蘇厲為齊遺趙書游說趙乃不擊齊夫當時之齊區區二城耳秦何所利而擊之即擊之又何所畏而必與趙共擊之其謬一也乃下又曰是年廉頗攻齊昔陽取之夫昔陽是鼓地春秋末已屬晉至是原屬趙非齊地且齊是時所有祇二城安得尚有餘邑為趙所取其謬二也乃下又曰十七年樂毅將趙師攻魏伯陽按樂毅留徇齊地及二城不下遂

守之弁未嘗與燕何嘗將趙師而攻魏其謬三也乃下又云十九年趙奢將攻齊麥邱取之是時齊亦尚止二城麥邱屬燕其謬四也乃下又云二十年廉頗將攻齊按是年樂毅尚在齊次年田單始敗燕軍復有七十餘城當前一年齊無可攻其謬五也蓋惠文王此五年中無一事可信不知史公何所据而志之

中陽　正義曰燕無中陽

張湔山曰按括地志云中山故城一名中人亭在定州唐縣爾時屬燕按唐縣即故唐城春秋屬燕謂之陽邑左傳昭十二年齊高偃師師納北燕伯於陽是也其西北即中人亭與陽邑相距十三里史蓋合兩地而書之耳

趙代燕取貍陽

按正義疑貍陽為漁陽之譌但漁陽秦郡名戰國時尚未有當另有一地耳

秦本紀帝巡隴西北地至雞頭山過回中

按北地郡今平涼府雞頭山在平涼西四十里　涇州有回中山山上有王母宮始皇好神仙故過之

秦楚之際月表

盧鎬曰表謂淮陰王楚以齊還漢梅磵於通鑑則曰徙王齊不知其何所據按曹參傳初相齊及改王楚參歸相印則似史記為是

全祖望曰當以梅磵為是蓋使淮陰以齊還漢則漢必早立齊王不待禽信之後也觀田肯之賀不言得楚而言得齊又曰非親子弟莫可王齊則信未嘗還齊也漢畏信見其不肯還齊信之既所以亟也

趙世家

郭景兆曰六國世家其紀事莫如趙之誕謬者不特屠岸賈一事如孤宣之夢簡子鈞天之夢原過三神之令主父大陵之夢孝成王之夢何其言之龐而帷與讖緯候之先驅不可矣

白圭

閻潛邱曰白圭仕魏當文侯時一見史記貨殖傳再見鄒陽傳其為文侯拔中山下逮孟子游梁之歲七十餘年邠卿誤以為即孤子之白圭不知其為又一白圭也　全榭山曰魏當昭王時別有一白圭是孟子之後輩見國策舵彪謂當是孤子所稱者

廉頗　惠文王十年伐齊取陽晉

陽晉世家作昔陽按昔陽陽晉并俱非齊地俱誤

管共王罷軍

盧鎬曰管乃管蔡王子所封當在蔡地若管則鄭地矣

全榭山曰管乃营字之訛濟南郡之营縣也道元注水經可證于欽齊乘中已及之索隱以爲滎陽者謬

諸侯王表高文之時天子自有三河至凡十五郡

全榭山曰是時天子所有河東河南河內魏郡東郡潁川南陽江陵武陵巴郡蜀郡漢中廣漢雲中上郡北地隴西則爲郡十七又益以內史則十八不止十五也

趙分爲六

全曰景帝時尚未有真定平千二王乃武帝所封徐廣說是

漢王統五諸侯兵

全榭山曰雍方被圍自不與五諸侯之列塞翟早已亡國河南殷亦亡而常山無兵則諸家所數秖韓趙魏爲可信乃吴氏謂塞翟二王雖降尚如魏豹之得君其國以兵從行蓋以史記雖云元年八月降二王置二郡而漢書則曰二年六月雍亡之後始置河上渭南隴西上郡則前此塞翟必如未亡以是爲史記之誤不知功臣表有曰棘邱侯襄以上郡守擊西魏事在二年三月則翟之不得有其國可見矣敬市侯閻澤赤以河上守遷殷相擊項籍事在二年四月則塞之不得有其國可見矣安得謂二郡至二年八月始置乎然則五諸侯爲誰曰魏王之從軍見於其傳韓王之從軍見於異姓王表趙相陳餘以兵從亦見於其傳而合齊擊楚則見於淮陰之傳蓋齊人亦以兵從也是五諸侯之四也其一則殷或謂是時漢已置河內郡是殷亦不在有國之列明矣曰此高紀誤也功臣表閻澤赤由河上守遷殷相擊項籍夫殷尚有相則卬尚有國不然當曰河內守矣蓋殷已降漢故漢爲之命相而以兵來從及彭城之敗卬亦死始置郡耳是又五諸侯之一也更攷陳平傳曰漢王還定三秦而東殷王反楚是即司馬卬降漢事也曰項王使平擊降殷王是明言殷降漢而未亡故復降楚也曰居無何漢王攻下殷王是即漢王擊卬之兵以入彭城事也漢書亦同然則殷之未亡明矣蓋史漢二本紀及表並誤幸陳平傳及功臣表可以正之而五諸侯之數完

汜睢　廢太后遜稱侯

朱子曰皇極經世只言秦奪太后權未嘗廢也

鄣陽　還舟青陽

全曰青陽即長沙始皇詔書所云荆王請獻青陽以西是他劉仲馮以青陽爲吴地誤矣

韓安國

董東純曰韓安國爲梁內史說長公主以免梁王於詭勝之戮見梁王傳亦見鄣陽傳而安國之傳則分爲二其說長公主乃爲中大夫時梁王僭用天子警蹕致帝怒事在詭勝入梁之前及安國免官復起爲內史詭勝殺袁盎致禍則安國不過勸王殺此二人而未嘗更用長公主之力也三傳實相矛盾

全榭山曰梁王用警蹕未嘗干景帝之怒及殺袁盎始得罪則是安國之勸殺詭勝復嘗救于長公主以免禍蓋是一事其分爲二者誤也

吳起　夏桀之居

按夏桀之居帝王世紀以爲陽翟按陽翟故址在河南開封府禹州爲禹始封夏伯之地非邦畿也禹自受舜禪都于安邑即今平陽府絳州安邑縣其後帝相徙居帝邱少康中興復還安邑

左孟門右太行

張蒲山曰此不過泛論河山險固不必求其實也索隱所言在朝歌東不知朝歌東則爲大名府開州兖州府曹州焉得有孤門劉氏綱目集覽注　言東邊别有孟門以爲是石州之孟門縣石州即今汾州府永寧州更在大伵行之西何以左言

夏本紀伊尹從湯言素王及九主

攷劉向七錄九主者法君謂用法嚴急之君勞君謂勤勞天下等君等者平也謂定等威均祿賞授君謂人君不能自理而政歸其臣專君謂專己獨斷不任賢臣破君謂輕敵致寇國滅君先寄君謂人困于下主驕于上離析可待固君謂完城固利甲兵而不修德三歲社君謂在襁褓而主社稷凡九品

呂不韋　則子無幾得與長子及諸子旦暮在前者爭爲太子矣

紀疑曰言子楚以仲子而在趙無望得與長子及旦暮在前者爭爲太子也　正義解作無望得預長爲太子非是

太后時時竊私通不韋

紀疑曰此太后乃不韋姬子楚立爲夫人者政立爲王即宜書尊夫人爲太后不然不幾與華陽太后夏太后混乎自是史公疎筆而莊襄王立後亦少立夫人爲后句

張敖　于是上皆幷逮捕趙王貫高等十餘人皆爭自剄

紀疑曰此十餘人客也故下云客孤舒等十餘人

治張敖之罪　至有敢從王皆族

此趙王至長安治罪時所下詔書也羣臣指貫高等賓客指孟舒等故下云高與客從王指從王謀逆者非指從王來長安者也詔云皆族故下云高云三族皆以論死

貫高與客孟舒等至爲王家奴從來

劉青芝曰此追叙高與舒初來時也○或疑高與王詣長安矣又何以云與舒從來又何以云從王皆族得無自相舛錯故詳爲辨之

李廣　自以精兵走之　至恐不得所欲

劉曰此所以著青負功忌材而借口于上命也

鄭當時　高祖令諸故項籍臣名籍

劉青芝曰名籍項籍臣名姓籍貫也高祖索其名籍書其名籍者爲大夫鄭君獨不奉詔而死所以爲賢顔寧人謂奏事有涉項王者必斥其名曰項籍似非是

司馬穰苴

按國策以穰苴爲湣王相與史記異　吴禮部曰大事記蘇氏謂史稱齊景公時晉伐阿甄燕侵河上晏子薦穰苴殺莊賈因以成功春秋左氏無此事意穰苴嘗爲閔王卻燕晉而國策妄以爲景公時　全榭山曰史稱齊威王論次古兵法附入穰苴而策以爲湣王相故禮部主之蓋景公時齊甚弱欲奪晉霸而不能欲禦吴侮而不克則穰苴之傳謬矣

李牧

吴禮部曰譖李牧者諸書皆言郭開但郭開即譖廉頗者其與韓倉必有差誤

田單

按田單晚年不見于史吴禮部以爲避讒于趙　全榭山曰禮部言當不錯不然以安平之材何以自攻狄之後一無所見於齊及其相趙後亦遂亦不見於趙則安平之見幾保身又不欲負其宗國以爲人用蓋遠出于時人之時上六國大臣雖信陵君不能及矣

中山　徐廣以爲立於威烈王時西周桓公之子

全紹衣曰中山即是鮮虞其種乃白狄至春秋末已有中山之名入七國滅于魏而復興卒并于趙當春秋末晉尚無中山何而謂周能滅之而封宗室于其地無是理也

韓世家韓姬弑其君悼公　昭侯如秦

全榭山曰韓既有昭侯焉得又有悼公小司馬曰姬亦作玘則即李斯所云韓玘爲韓安相者也斯與韓安同時其謂玘爲之相必不錯則玘乃亡韓之相但玘相安而安亡非弑安也世家此句是誤文當芟去韓先稱侯後稱王無所謂公亦無謚悼者小司馬曰或是鄭之嗣君按韓自哀侯已滅鄭昭侯時無鄭矣六國世家韓最略由李斯之言推之玘是王安之時專權者故以之比趙高若昭侯時申子爲相安得容小人如玘者乎

范雎

全榭山曰据范雎傳則魏齊之亡在秦昭王四十二年其時虞卿已相趙棄印與俱亡而困於大梁虞卿傳謂其自此以不得意乃著書以消窮愁則是棄印之後虞卿遂不復出也乃長平之役在昭王四十七年史公所謂虞卿料事揣情爲趙畫策者反在棄印五年之後則是虞卿嘗再相趙矣何嘗窮愁以老而史公序長平之策於前序大梁之困於後顛倒其事竟忘年數之參錯豈非一大怪事也

張湯　亭疑法奏讞疑事必豫先爲上分別其原

劉青之曰廷尉史出于博士弟子其平疑事固有法及奏讞疑事必分別其原即援古義以斷今事也本治尚書春秋來

章邯　從陳别將司馬𡰥 高紀

据如淳註則别將二字是贅文全榭山曰司馬其姓𡰥其名

高祖至南陽襄侯王陵降　司馬貞注云云

何義門曰王陵起於南陽則安國侯即襄侯蓋其初所稱封爵也　全榭山曰襄當作穰蓋即南陽之地江夏則不相接矣韓成之封以元年是時陵何妨自稱穰侯也

高紀　悉發三河兵南浮江漢以下 項羽紀

盧鎬曰梅鋗以為一軍由三河以攻其北一軍由江漢以攻其南然本紀不載南下之軍　全榭山曰水經注云高祖二年置長沙郡又置黔中郡是蓋南下之軍自漢中出先定二郡而有之長沙乃義帝之都而黔中則項王南境乘虛取之所謂南浮江漢也

高紀　彭越田橫居梁地往來苦楚兵

全榭山曰田橫二字當是衍文蓋因上文田橫兵敗奔彭越故牽連誤書之橫義士也橫之奔楚正以越是時中立且為漢且為楚故姑依之則彭越或受漢餌而絕楚食田橫不肯為也蓋項王以橫故喪其大將并二十萬人於齊橫仇漢不仇楚矣向使橫果為漢苦楚則垓下之師漢必亦名之以壯聲援而事定不必亡入島中矣

南武侯織

盧鎬曰南武侯織亦粵之世立以為南海王文穎謂尉它正據南海前以封吳芮尚是遥奪茲遥奪以予織未得竟王之也但讀詔文則織當是無諸之族蓋亦必以功而封豈竟無寸土而虛命之者　全榭山曰王隱晉書地道記以為封於交趾之嬴𨻻亦恐未是交趾在桂林以南尉它所屬役也安得越尉它而王之文穎以南海為虛封不知文帝時明有南海王反見于淮南王安傳傳曰前與南海王反先臣使將軍間忌擊之以其軍降處之上淦是非虛封可知矣淮南王長傳亦有曰南海王織以壁帛獻皇帝是未滅時又曰南海民處廬江界中反則既遷之後也蓋其地在今汀潮贛之閒以其為無諸族故知其近汀以其所封為南海故知其近潮以其遠於盧江之上淦故知其近於贛

吳起傳　魏置相田文吳起不悅

按田文呂氏春秋作商文與史記異焦竑曰史公得之傳聞而呂紀先秦之書或于記載為核

漢別將擊布軍洮水

胡梅磵曰乃零陵之洮水也布欲由長沙入粵故走洮水

全榭山曰零陵在長沙之南長沙不與布同反則當逆拒之布何得直入其國與漢兵鬬於洮水乎且布欲入粵布國豫章與粵接不必走長沙走長沙者特望其同反長沙不吝所以逆之於境而誘而殺之番陽是布尚未出其國也然則洮水蓋九江之沘水也沘與洮相似而訛沘水見水經蓋布敗於蘄反走其國又敗於沘乃思投長沙未至而死于番陽如是則其地得矣顧宛溪欲以震澤之洮湖當之則在吳王濞國內矣益謬

王子侯表

按齊悼惠王子楊虛將恭侯將廬漢表作楊邱恭侯安而別

有楊虛侯將閭相外鉛　全榭山曰楊邱地志作陽邱在濟南楊虛倉公傳亦作楊虛道元曰在高唐引地志證之然今之地志無此文齊次風曰以爲即平原之樓虛但功臣表元帝時別有樓虛侯則次風之言亦未的要之道元以商河出於楊虛則自在高唐平原之閒特不可以樓虛當之耳是楊邱楊虛之地爲二也不可溷也將閭後嗣爲齊王謚孝則安得爲侯之時先謚孝恭是恭孝之謚爲二也不可溷也史表誤而漢表是

同姓列侯表白石侯雄渠　索隱云在金城正義云在安德
全曰漢人封國從未有在河西者而是時河西尚未開也豈封之匈奴境内乎安德在平原正齊所分地

中水赤泉杜衍五侯
按史表皆作莊侯漢表皆作嚴侯蓋避諱也而徐廣注曰五侯手殺項王故皆謚壯然則非莊也班氏誤以爲莊而改嚴耳

功臣表王陵功狀云云
按漢表功狀曰以自聚黨定南陽漢王還擊籍以兵從定天下侯史漢二書本傳皆與漢表功狀合不與史表功狀合
榭山曰王陵自是聚黨定南陽者未嘗從起豐未嘗從至霸上未嘗爲漢守豐史表功罪之言皆謬但陵自定南陽歸漢甚早而不從入關者蓋高祖留以爲外援本傳以爲不肯屬漢則又非也陵不屬漢何以能免張蒼於死而次年高祖即用其兵以迎太公非陵屬漢之明文乎且陵母之賢一死以堅陵之從漢矣則謂陵不肯屬漢高祖恨之其封獨晚非也蓋漢初功臣位次第一曰從起豐沛二曰從入關三曰從定三秦而陵之功皆在此三者之後則其晚宜矣

項羽本紀項王自括梁楚地九郡
全榭山曰據班志數秦置三十六郡之目秦於楚地置十郡則項王所得楚地凡六郡曰漢中以封高祖曰九江以封英布曰南郡以封共敖曰長沙以爲義帝都而項王所得曰東海曰泗水曰薛曰會稽曰南陽曰黔中是也秦於梁地置三郡曰河東以封魏豹而項王所得曰東郡曰碭是也然則僅得郡八不得九矣及考史記秦初滅楚置楚郡次年置會稽郡而班志於楚郡不書乃知其有漏也蓋秦之先得楚地而置郡者曰漢中曰黔中曰南郡曰南陽在未滅時及滅楚但置楚郡所統甚大次年乃盡定百粵越而置會稽然楚郡所統過廣故分而爲九江爲長沙爲東海爲泗水爲薛而楚郡但統淮陽一帶班志失之則九郡之數不足胡梅磵曰秦置楚郡班志不見蓋分爲九江鄣會稽三郡其實大謬會稽不在楚郡之内史記甚明而鄣郡並非秦置秦之所分九得郡五而楚郡亦未嘗廢班史失去楚郡而不知也
又曰因楚郡而并知班志三十六郡之漏史記於三十六郡不詳其目前志于三十六郡有東海而無黔中續志于三十六郡有黔中而無東海各失其一而又皆失去楚郡則止三十四郡矣故亦自知其不足則以内史充其一又不足則以晚出之鄣郡充其一而三十六郡始完裴駰注史記但據續志而不參前志以爲續志必同於前志而不知其亦不合也

游俠　爲縣掾舉徙解

劉青芝曰徙解自揭季主子舉之班書改舉徙解作爲之師古謂爲塞其送不令解得之與史記迥别想係聞各異也

荀卿　葬蘭陵

按國策謂卿曾歸趙且録其絶春申之書　全謝山曰荀子書中有與臨武君論兵於孝成王前一事荀子久於齊事在孝成王之前由齊如楚即爲蘭陵令則何由見孝成乎故知其爲自楚歸趙國策之言爲是

高紀　祭蚩尤于沛廷

杭堇浦曰蚩尤許叔重謂是庶人之貪者吳斗南謂是星按高祖立蚩尤祠于長安黄帝則祠于壽良後漢詔馬嚴過武庫祭蚩尤不以爲貪鬼且壽良乃蚩尤之冢所在豈是星乎藝文志兵家有蚩尤二篇則許吳之説俱不足信

全榭山曰蚩尤據管子則是造五兵者黄帝之臣也而古多言蚩尤與黄帝戰于阪泉則是諸侯之不終者愚疑造兵之蚩尤是一人阪泉倡亂之蚩尤又是一人一冢在壽張見于皇覽一死在涿鹿誰爲遠道葬之壽張者乎是亦可見蚩尤之有二矣後世所祭則造兵之蚩尤非阪泉倡亂之蚩尤也

十二諸侯年表贊

劉青芝曰儒者與馳説者得其義與辭而已十二諸侯之終始不終務綜之也歷人數家譜牒綜其始終矣曰取曰隆曰獨各有所主其辭略而不全欲統一而觀其要難矣于是取十二諸侯終始盛衰大指表見春秋國語中爲學者所識者著於篇欲治成學治古文者以要故删焉升菴解似非

高祖功臣年表

劉青芝曰古者至陵夷衰微也虛籠通篇大纂異哉所聞是起下段非足上段書曰一段是所聞漢興一段富厚如之以前是祭其首封當世之禁云以前是所以失之者未必盡同字對上異字看帝王者另提起説尊寵首封廢辱失之亦當世得失之林亦字對上所以自鏡看何必舊聞對此聞字

看升菴解似非

此表言三代受封者皆篤于仁義奉上法故能綿歷千載漢無兢兢於當世之禁故皆篤於仁義卒隕命亡國居今漢志古夏商周所以自鏡也意責臣下一邊末言不必以古爲鏡即今始之所以尊寵及終之所以廢辱亦足考鑒得失大意如此而已

居今之世　至豈可混乎

紀疑曰方靈皋解云云按豈非篤于仁義句言上篤于仁義而下亦能奉上法史公表高祖功臣無微詞刺譏武帝之理即云太初見侯五言百年之間侯止此耳正承上高祖功臣失之句亦與武帝時酎金失侯無涉篤于仁義正下奉上法之根惟下篤仁義故能奉上法於何見上篤于仁義以安

舊勳哉至帝王殊禮興務止言不必盡同于古耳以爲刺武
帝用一切之法云云尤無著也
異哉所聞
劉青芝曰靈皋謂異於古者河山帶礪爰及苗裔之義河山
帶厲云云只引起始固根本枝葉陵兲耳爲下首封失之作
冐耳如以異哉爲異于河山云云則根本二句爲閑語而下
文不應復有書曰一段矣
惠景間侯者年表
劉青芝曰篇末仁義二字暗照上忠字成功二字暗照上全
禪五世既受封者言當世惠景之世也言惠景之世受封者
皆以仁義獲成功最爲彰著方與篇首所引有闕㑹靈皋云
仁義之著謂追脩高祖時遺功臣及諸侯子弟若肺腑外國
歸義封者成功之著謂從代來及吳楚之旁不惟于義無當
且分貼亦支離
封禪書文王受命至仲尼譏之
紀疑曰處處應首段文王受命政不及泰山所謂受命而功
不至也武王克殷天下未寧而崩所謂至梁父而德不洽也
爰周德之洽至仲尼譏之應洽矣而日不暇給言陪臣旅泰
山暗照封禪而成王則固未暇也　泰山梁父互文也
始皇封禪後十二歲秦亡
紀疑曰方靈皋云與孔甲好神三世而亡武乙慢神三世而
亡相應余謂非應前乃射後合奉車子侯暴病一日死觀之
子侯獨從武帝封禪者言封禪後必有既殃直是詛祝武帝
耳並非諷刺也

公卿言皇帝始郊見太一雲陽
追述也
宜曰此地光域立太時壇以明應
此地甘泉太一祠壇也
封太山下東方至羣臣更上壽
劉青芝曰初云即事用希其儀堙滅繼云封禪用希曠絶莫
知其儀繼又云上令諸儒草禪封儀故於封禪後遂一鋪叙
以見其儀創自武帝而末云羣臣更上壽正應丁公所云封
禪合不死之名已大興舜及三代郊社之經典矣
太史公自序
劉青芝曰前論六家之旨獨尊道家言其先人有治民之學
而不得施也後論六經之道極贊春秋自寫史記之作可繼
春秋也
太史公學天官於唐都至不治民
劉青芝曰太史公貫穿六家歸於道德治天下舍此無由也
乃既學天官不治民蓋重傷之也　太史公於建元元封之
間仕矣乃僅悉學者之師悖而論六家之要指此遷之微意
請悉論先人所次舊聞
先人指周室太史說若謂談則遷不宜面稱先人
受命於穆清
言受命于天也如淳正義及顔解並非
不得通其道　夫詩書隱約者
不得通其道即古來不見用之人也　詩書隱約者言隱約
者之於詩書也索隱正義解非是仝上

西南夷傳贊後揃剽分二方
陳仁子曰揃音翦謂被分剖也剽言西夷復被揃剖遂剽居西南二方各屬郡縣

河渠書禹疏九河至與濟汝淮泗會
全榭山曰鴻溝即漢志所云狼（蕩）渠水（水經作莨蕩渠通典作浪宕渠）在河南郡滎陽首受濟水東南至陳入潁是鴻溝之經流志又云陳留郡陳留縣魯渠水首受狼湯渠水東至陽夏入渦渠是鴻溝之又一支志又云淮陽國扶溝縣渦水首受狼湯渠水東至向入淮是鴻溝之又一支志又云梁國蒙縣獲水首受甾獲渠水至東北至彭城入泗（按甾溝水之支為汳水次為獲水）是鴻溝之又一支志又曰陳留郡浚儀縣睢水並受狼湯渠水東至取慮入泗是鴻溝之又一支蓋志所載狼湯渠之源流五合之則為鴻溝今以水經注質之狼湯渠至尉氏始有鴻溝之名鴻溝又曰沙水自新陽入潁以入淮而支流自義城合渦水以入淮狼蕩渠之東出為官渡水秦人引之為梁溝即陰溝水也又東為汳水為獲水入泗以入淮而沙水之至浚儀者又合汳水為睢水以入泗其所周流正值鄭衛曹宋陳蔡六國之境
鴻溝不知誰所為閻潛邱曰蘇秦說魏王云大王之地南有鴻溝則戰國以前有之晉楚戰於邲邲即汳水則春秋以前有之予謂所証不止于此國策景舍伐魏取睢濊之間是睢水亦見于戰國水自渦出為洵是渦水見於爾雅水自潁出為沙是沙水亦見爾雅而沙汭並見于左傳其來遠矣乃酈道元則竟曰大禹塞滎澤以通淮泗又曰昔禹于滎陽下引河以致東坡之徒遂謂鴻溝是禹跡則大謬也夫職方豫州之川滎洛誰謂禹曾塞滎者奈何并河渠書不諦視也宋儒唯黃文叔言此不謬
鴻溝之跡實始于徐偃王道元引古徐州志言偃王導溝陳蔡之間以水道按之正沙水之地界也蓋偃王首開鴻溝其後如曾溝則吳人所增開即國語所謂商魯之溝者故一名宋溝而梁溝則秦人所增開陰續穿鑿遂為鴻溝支流諸水而經流則實偃王始之

於楚西方則通渠漢水雲夢之野
地志曰南郡華容縣雲夢澤在南夏水首受江入沔水經注有夏水篇然不及通渠事唯皇覽曰孫叔敖激沮水作雲澤（夢）大澤之地蓋指此但雲夢已見於禹貢固非叔敖所作但引沮水以入之所謂通渠者也漢水一名沮水

東方則通鴻溝江淮之間
按厚齋先生曰吳之通水有二左傳哀九年吳城邗溝通江

淮此自江入淮之道吴語夫差起師北征闕為溝於商魯之間北屬之沂西屬之濟在哀十三年此自淮入泝之道是江淮之通固屬吴不知何以屬之楚馬班於此似有誤然愚細攷水經注則楚亦似有通江淮之事水經注瀙水篇瀙水合泚水潕水篇潕水亦合泚水而泚水篇泚水合澧水以入淮是皆淮之屬也乃泚水篇泚水又合堵水又合瀙水潕水以入淯水堵淯二水則皆漢之屬也蓋南陽之地淮漢並行其水已有互相出入者皆在新野義陽一帶江淮未會而淮漢已通吴之力所不及也是非楚人通之而誰通之蓋吴之通淮于江者在下流而楚之通淮于漢以通江者在上流也史記之言亦別自有据左傳楚人伐隨師于漢淮之間蓋其証也鴻溝開河與汝通泚水合堵埼二水淮與漢通邗溝開江通於淮商魯之溝開淮通於河

於吴則通渠三江五湖

地志曰中江自陽羨入海北江自毗陵入海南江自吴入海此三江之道也五湖則即震澤禹貢時之大江本不與五湖通相傳吴人伐楚用伍胥計開渠運糧而江湖之道無阻今其地有伍牙山有胥谿可証其說見于高亨漢圖經按左傳哀十五年楚子西伐吴及桐汭此舟師入湖之道也而或曰襄公三年楚子重伐吴克鳩茲至於衡山則似已有入湖之道事在伍胥之先則或壽夢以來已有此渠而伍胥特脩治之乎世遠不可得而詳矣要之史公所云其指此事無疑

於齊則通淄濟之間

地志曰泰山郡萊蕪縣原山淄水所出東至博昌入海濟即齊所通也但淄水經流入海其支流則齊人導之由彤水以入濟地志亦微有誤失

於蜀則蜀守李冰鑿離堆至成都中

三代以後變更水道者皆有乖地脉不合川瀆之性惟李冰所經營有大功顧史公不列之循吏傳但略一見于此向非華陽國志至今存則李冰之詳不可得聞矣

年表　晋景公三年

按晋世家下宫之禍徐廣曰按年表朔將下軍株鄭及誅滅云云攷今本無之知表中脫落多矣

歷書稱鳺先滜

江鄰幾雜志虎相云見夏英公文字中用滜作坡澤之澤余見宋子京謝歷表滜作𥚃嘷之𥚃

平準　令遠方各以其物貴時商賈所轉販者為賦而相灌輸

馬廷鸞曰今按桑大夫均輸之法大槩驅農民以效商賈之為也然農民耕鑿則不過能輸其所有必商賈懋遷乃能致其所無令驅農民以致商賈則必釋其所有貴其所無如貯良文學之說矣太史公云云此說疑未明班孟堅採其語曰令遠方各以其物如異時商賈所轉販者而相灌輸此說渙然矣

蓋作興如時三字是謂驅農民以效商賈之爲

帝舜紀五流有度

陳仁錫曰古文度作庑尚書作宅蓋庑之訛也夏紀三危既度同

夏禹紀至于負尾

負尾徐州山也在泗水索隱正義注誤

至于大别

大别山在漢陽其西有小别山乃漢水入江之口索隱注誤

至于敷淺原

敷淺原即今大江鄱陽之匡廬山是也正當江北匯水口徐廣注誤

東匯澤爲彭蠡

當在下文東爲中江之下

帝不降崩弟帝扃立

竹書紀年帝不降遜位于帝扃三代之世内禪惟不降實有聖德

殷本紀東爲江南爲淮

當是東爲淮南爲江傳寫之誤

子帝太丁立　太字羨文當是帝丁

周本紀周君王赧卒　君字羨文

夏禹本紀浮於淮泗入於河

按河許慎説文引作菏按淮泗不能遽入河必由菏而入濟漯乃能達河許氏作菏不誤

三危　注卑羽山

按西河舊事曰三危山俗亦謂之昇雨山今注作卑羽山字之譌也

九山刊旅

按九山爲九州之望山索隱非

九川滌源

按九川孔傳云九州之川索隱非

封禪書西岳華山　注古文以爲敦物

据漢志垂山本敦物正義誤垂爲華又按水經注華山古文

之敦物則正義之誤蓋沿道元也

夏本紀鯀之父曰帝顓頊

索隱据律歷志顓頊五代而生鯀証鯀非黃帝之子致山海經黃帝生駱明駱明生白馬白馬是為鯀鯀生禹山海經所云黃帝當是顓頊之譌欤亦无五世錢攷

五帝本紀試不可乃已

尚書无不字古人語急以不可為可也得史公而義益明

惟時相天事

按釋詁亮相皆訓導

注張敖地理記濟南平壽縣

張敖未詳何代人濟南當作北海

夏本紀其篚織貝

按織貝南史林邑傳指為木綿

殷本紀并脯鄂侯

按淮南子云醢鬼侯之女葅梅伯之骸蓋鬼侯即九侯梅伯即鄂侯也

是為成湯成湯至契

按下成湯二字當衍

湯歸至於泰卷陶

楊慎曰卷當作垧泰垧即大行也行原有此音列子作太形山海經作五行之山

武乙震死子帝太丁立

按太丁重見疑誤

周本紀日夜勞來我西土注七字

宋板闕本來下有定字　七作八

以存亡國宜告

王鏊曰此句疑有誤不可解

周公受禾東土魯天子之命

楊慎曰魯當從尚書作旅

日祭月祀時享歲貢終王

按日祭謂祭於祖攷月祀謂祀於高曾時享謂享於二祧歲貢謂貢於壇墠終謂世終也

以秦之輕也還其行

按國策作留其行注留不進也此還字恐是遲字之訛

秦本紀穆公示以宮室積聚　亦苦民矣

按李善注文選東京賦引史記云戎王使由余聘秦睹秦之強弱穆公示以宮室引之登三休臺由余曰臣國土階三尺茅茨不翦寡君猶謂作之者勞居之者逸此臺若鬼云云比此為詳

惡來革者飛廉之子也

惡來二字羨文革蓋蜚廉別子

十二年生文公

生當作立

惠公十三年伐蜀取南鄭

史表作蜀取我南鄭

昭襄三十年蜀守若伐楚取巫郡

今本缺楚字

使千人没水求之不得 始皇紀

按舒雅史纂曰威烈王時九鼎震震者淪之兆也鼎神物也既能震動則没入水理也宋太邱社亡亡者自亡也社能自亡則鼎能自没無疑使鼎誠在秦則始皇必不使人入水而求也秦所鑄金人重與少矣猶能潸然泣下于將徙況神禹之鼎乎 宋子虛曰史何以書鼎入秦也秦耻不得鼎而説書史因之不改也事有若實而妄者秦得周鼎也有若誣而實者鼎入泗水也

秦始皇十九年東陽得趙王

正義本作平陽

二十三年荊將項燕立昌平君為荊王

昌平君即楚公子為秦相國徙於郢者

三十七年渡海渚

海當作江即采磯也秦時地屬丹陽

遂並海句西至平原津而病

湖本西字屬上句讀非

襄公立享國十二年

始皇紀後襄公立一篇即孝明時班固所續秦紀非太史公本書也故以班固之語附列于後古本自襄公立以下降書一字别于正文也今本與正文並書殊失其舊

項羽本紀項王聞之烹説者

楚漢春秋揚子法言云説者是蔡生漢書云是韓生

故因環封三縣 正義云在穎川郡

陳曰今廣平有成安縣曰穎川者恐未是且陳餘原趙將不應越他境而封之

吳起 魏置相相田文云云

按田文吕氏春秋作商文 焦竑曰二書所載本一事耳史稱田文吕紀作商文所不可曉史公得於傳聞而吕紀先秦之書或於紀載為覈

馮唐

焦竑曰孟舒魏尚皆以文帝時為雲中守皆坐匈奴入寇得罪皆得士死力皆用他人言復官事豈有相類如此者當是一事而傳聞異詞史因以為兩人耳

魯世家煬公築茅闕門六年卒

漢書律歷志煬公即位六十年此脱十字

項羽本紀令項梁軍破

項梁當作武信君

因環封三縣

按今廣平有成安縣曰穎川者恐未是且陳餘原趙將不應越他境而封之

使劉賈 燒楚積聚

歸有光曰按漢高紀使劉賈佐彭越燒楚積聚羽乃令曹咎守成皋而引兵定梁地漢破咎兵汜水上復取成皋是一事而此紀前後倒置遂作兩段若漢先取成皋楚無緣得令咎守之也攷漢書紀傳自一段

不如因其饑而遂取之

舊本饑字誤陳本作機是

高祖本紀是時秦將章邯從陳
　劉貢父曰别將當屬下句讀言章邯身從陳而别將定楚耳
遇劉武侯
　顔師古曰史失其名姓惟識其爵號不知誰也
留飲酒讎數倍
　監本酒字屬上句非酒讎言易賣獲倍利所以棄責
生孝惠魯元公主
　宋本惠下有帝字
夜乃解縱所送徒
　宋本乃字在夜上
周市來攻　魏人周市
　此明是兩周市故下加魏人以别之
乃道碭至城陽　破魏二軍
　監本與杠里屬上句誤也時秦軍屯杠門里漢軍亦屯杠里與之對壘故曰夾壁　魏當作秦
楚軍出兵擊王離大破之
　是時王離圍趙鉅鹿在河北沛公軍杠里在河南何由出兵相擊則破王離爲項羽明矣漢書削去此十字是
齊王廣畔彭越
　本傳信虜齊王廣田横畔彭越本紀誤
四年漢果數挑楚軍
　宋本軍下有戰字
五年高祖與諸侯兵共擊楚軍
　高祖當作漢王
六年令高祖雖子
　高祖當作皇帝
故此東西秦也
　西字衍文
己巳立太子至太上皇廟
　立字衍文太子屬下句讀
呂后紀元年詔賜酈侯父追謚令武侯
　陳仁錫曰史誤也漢書表酈侯父澤高帝六年封周吕侯八、
　年卒謚令武
所患獨呂產今已誅
　宋本產下重一產字
孝文紀
　年鈌不具或有殘簡
莫不長爲
　按漢書無不字括索隱本亦無不字
二年十二月望日又食　日當作月
遣棘蒲侯陳武　漢書作柴武
十四年成侯赤爲内史欒布爲將軍
　陳仁錫曰上爲字衍文内史欒布官也
後六年祝茲侯軍棘門
　漢書侯下有徐厲爲將軍五字
乙巳羣臣皆頓首
　按漢書乙巳下有葬字　陳仁錫曰乙巳下漏葬霸陵三字
孝景紀立膠東王爲太子名徹　名徹二字當省

後三年十月日月皆食
陳仁錫曰日食在朔月食在望蓋十月之朔日食而望月食
非食在一日
是爲今上皇帝
今本今上作孝武誤
今上本紀
太史公自叙作本紀第十二後人忠改今上爲孝武失其舊
矣　孝武皇帝初即位以下見禪書當刪去之
而祠于忌太乙壇旁
八字爲句湖本分二句讀非也
病而鬼下之
湖本病字屬上句讀非也
上使人受書其言　七字爲一句
示羣儒周覇屬圖封事　湖本封下俱有禪字
而上又上泰山
六字爲一句湖本而上二字屬上句讀誤
東至海上　湖本上屬下句讀誤
天子既令設祠具
監本具作其屬下句誤
五寬舒之祠官
閩本五下有狀字
叔孫通　設九賓臚句傳
雲谷雜記云按字書𦫵傳爲句外此無他義云臚句傳即傳
臚也句字乃衍文鄭康成儀禮注謂臚爲衆則臚傳蓋衆相
通傳也國語云風聽臚言於市莊子有大儒臚傳之語此最
可据以二書證蘇林註其妄可知矣
韓信　草山而望趙軍
方望漢曰使依山用草木自蔽而望趙軍之出入也登山故
能望遠有蔽故趙軍不覺
張耳　嫁庸奴亡其夫
去其夫也不曰去者不告而去猶逃亡也
孔子世家子襄爲𠄘還爲長沙太守
按惠帝時長沙爲王國不得有太守漢書孔光傳作長沙太
傅是錢孜
楚世家季連生附沮附沮生穴熊
帝系篇季連産什祖氏什祖氏産内熊
三代世表
桓譚云太史公三代世表旁行斜上並效周譜旁行者横書
也斜上者斜曲而上以墨絲繫屬其世次也今本世表有旁
行而無斜上蓋失太史公之舊矣
陳仁錫曰史表一經一緯三代世表以帝王世爲經其屬爲
緯然世屬長短參差不齊以殷之屬十七君與夏之世十七
王大略相當至周之屬十七君與夏殷之世四十七王則是
周一君而當夏殷三王也今本世表殷周二屬牽連横書殷
屬終帝㐆之世周屬終帝𠂢之世自帝泄至帝辛有世而無
屬又自成王以後周之世與列侯之屬長短亦不相當皆由
後人抄録之訛也
昌意生顓項 顓項爲高陽氏

小字書史表原注也今本誤大書
帝顓頊黄帝孫起黄帝至顓頊三世號高陽
今本缺號高陽三字
公非生高圉
班表公非子辟方辟方子高圉
衛康叔封初封　衛考伯
今本叔下缺封字　今本考作孝誤
楚熊渠
今本熊渠後有熊毋康當删之
陳幽公孝王辟方　陳幽公
今本缺辟字　今本幽公後有釐公衍文
以二代世傳言之
陳仁錫曰二代商周也今本二作三誤
十二諸侯年表楚介江淮
淮當作漢
宋惠三十一
据世家缺哀公一代
魯孝十一　立其弟稱是爲孝公
据世家稱懿公弟表誤
平王三十二年晉昭七
今本作孝侯元年誤
三十三年晉孝元年
今本作二年誤晉孝紀年遞差一年
六國年表元王六年義渠來賂緜諸乞援

緜諸疑即緜諸字之譌也緜諸戎國在隴西
元王七年公欽大夫不解寤
史表凡衛事附魏今本附趙盖錯書在下兩横行矣又以出
公爲莊公亦誤
二十六年
日蝕天變之大者應在天王史表當書於周不當係之秦也
以下日蝕星變皆當書天王史表
秦始皇紀事年表在第二横行湖本自二十八年以後用從
行直書與古本不合

張儀　齊韓之與國也
田汝成曰齊字恐衍當云韓周之與國也
從鄭至梁二百餘里
徐曰是時韓已并鄭謂從席至魏之道
出武關南面則北地絶
子龍曰秦得蜀而楚勢危浮江之説王濟之下吳也武關之勢
西魏之下梁也
大王嘗與吳王戰
是時吳滅久矣安得有吳王當誤
遂亡漢中楚王大怒
楚王當作大王
陳軫　臣主與王何異也

徐曰軫言己之爲秦王計不後於楚王也索隱説非

甘茂　蜀侯煇相壯反

華陽國志秦滅蜀封公子通爲蜀侯以陳壯爲相壯反殺蜀侯通秦誅壯封子暉爲蜀侯暉爲後母所譖自殺　孚遠曰此本二事史記合載之誤也

于是穰侯之富富於王室

徐曰穰侯任武安君數載而勝收諸侯之利故連言之即應侯所謂制榮也

張丞相蒼　坐臨諸侯喪後就位

子龍曰就位就朝位也故坐不敬

酈食其　而公不爲若更言

子龍曰酈食其自度不能得之淮陰侯故爲人言

龜策　教爲象郎

陳卧子曰郎之與廊古字通用也象郎似以象飾室之名或作繪象如後世画室之意二義俱通觀後園之象郎知定是室也

叔周太子歷

徐孚遠曰是伯邑考之誤

蘇秦　五家之兵

王維禎曰五家之兵管子之制也高誘注欠明

絀於所聞於東周

徐曰代至邯鄲而所聞不稱此隱語也下文云趙者燕之深仇則是閒諸邯鄲之言將以間燕趙也

今齊西河北盡已役矣

徐曰謂二境之師不出專以備燕趙今用兵不休故二境皆𢍰也

彼將有德燕而輕亡宋

徐曰前言舉五千乘之宋此云將輕亡宋是宋尚未滅齊王意欲圖之前言其規莫也

齊紫敗素也

徐曰据下文轉敗爲功欲陽事齊而陰圖之則齊紫非喻齊國困獘也

曰以塞鄳阸爲楚罪

徐曰楚魏本與國秦攻魏畏楚救之故以南陽委楚楚有事南陽不及救魏魏棄楚而合秦秦欲伐楚即以塞鄳阸爲楚罪也

高祖功臣侯表

愚按史公表有兩例十二諸侯六國漢興諸侯表此以年爲經以國爲緯高祖惠景建元侯表則以國爲經以年爲緯也

○高祖功臣侯者一百四、三至文帝之世存者一百二十五至武帝時存者七十一

者景間侯表

漢之初非有功不侯惠景間封侯者五等有高祖時遺臣有文帝時代來臣有景帝平吳楚將有諸侯子弟有外國歸義

便侯千秋嗣不得元年

陳仁錫曰今本缺故補之

建元以來侯表

元光侯者二元朔侯者二十二元狩侯者十六皆以匈奴封

元鼎侯者十六以匈奴南粵封元封侯者十七以東粵甌駱
南粵朝鮮西域封
漢興以來諸侯年表高祖元年代
代當作韓本韓信以韓王徙太原國號韓如故未嘗更稱代
也
韓初王韓信都馬邑
初王者始封之君也今本初字在韓上誤馬邑當作潁川韓
初都潁川後徙治馬邑
建元王子侯年表盛哉天子之德
即所謂推私恩也其說蓋自主父偃發之
元光侯者七元朔侯者一百二十七元狩侯者二十五元鼎
侯者三
晉世家晉小子之四年
陳仁錫曰子當作侯
先晉穆侯曾孫也曲沃桓叔孫叔也
上也字衍
周作晉文侯命至永共在位
此脫簡也當在晉文侯十年周東徙而秦襄公始列爲諸侯
之下　左傳周作晉文公命曰王謂叔父敬服王命以綏四
國糾逖王慝
須君毋
須君當作寡君
孝公頎立
頎年表作頃

楚世家楚王易取
陳仁錫曰監本王作人誤
故鋗人　鋗當作涓
靈王入矣　靈王至矣　二靈字當削
昭王亡不在隨　昭王當作楚王
昭王二十年楚滅頓滅胡二十一年吳伐越
按左傳滅胡在二十一年伐越在二十年蓋史記互誤
悼王四年楚伐周　年表伐鄭世家誤
則秦計不爲句先絕齊而後責地
今本先字屬上讀誤
與秦戰丹陽
陳仁錫曰丹陽即丹水之北丹水縣是也索隱注誤
兵銼藍田
按銼當作挫
鄭世家後生少子叔段
陳仁錫曰段從長從殳作叚誤也叚音假非段也
齊彊而厲公居櫟○內厲公　厲公當稱子突
與宋華元伐鄭　與字衍
齊世家遂反殺高昭子
陳曰六字爲一句分二句讀誤
魯世家周公將不利於成王
成王未崩而以謚稱史文誤○下文倣此
乃命魯得郊
陳仁錫曰竹書紀年魯惠公使宰讓請郊廟之禮平王使史

用如魯止公魯之用郊蓋由惠公請之也至僖公作頌始以郊祭爲誇爲

煬公六年卒

漢志劉歆歷煬公六十年脱十字

獻公三十二年

漢志劉歆歷獻公五十年皆誤也以眞公元年推之而上之獻公在位實四十三年

武公九年卒

漢志劉歆歷武公二年史表誤是也漢志武公少八年若以獻公多八年補之其年數適相當耳

悼公十三年三晉滅智伯

自莊公以下智伯之滅秦惠懷之卒秦拔郢楚徙陳皆與年表不合蓋世家錯誤

是爲文公

漢志作繆公世本同魯春秋時有文公當從漢志爲是

管蔡世家子釐公夷立　杜預左傳注釐公名赤

子平公頃立　年表須作須

是爲聲公　年表作褱公

無離曹禍　離遭也湖本作罹

乃振鐸之夢　湖本乃作及

陳杞世家吳王夫差伐陳

陳仁錫曰吳上當有八年二字

宋世家欲襲成王周公

一本作武襲成周無王公二字

吳世家爲歌二南

陳仁錫曰季札謂二南勤而不怨豳樂而不淫小雅周之衰蓋古文之誤也文中子云小雅爲乎哀其周之盛乎豳爲乎樂其勤而不怨乎可謂得季札之言矣

報姑蘇也　敗之姑蘇

姑蘇當作檇李　衍姑蘇二字

祀夏配天

謂以禹配天也服虔注謬

秦本紀始皇九年注石勒爲慕容儁所滅

當作冉閔爲慕容儁所滅

淮南王　歌淮南厲王

按厲是死後謚爾漢書減厲字是

絳侯世家賜與潁陽侯共食鍾離

正義本作潁陰

吏事句方驗而出之

今本方驗屬上句非漢書無事字

越人斬吳王頭以告

越人即東甌王正義注謬

五宗世家子慶爲王　史表名通平

三王世家今諸侯支子封至諸侯王而家皇子爲列侯

湖本缺而家以下七字今補之

趙世家鬢麋髭頫

湖本鬢字屬上句非也麋與眉同頫與髯同

弟武公立　公當作侯

魏世家魏君圍

　圍者被圍於韓魏也湖本圍作爲連下文讀誤

與韓會宅陽句城武堵

　城武堵築武堵城也城字屬上句武堵屬下句誤

田完世家田忌出奔

　戰國策田忌之奔在戰馬陵後即宣王之世明矣史載其奔在前故謂召復位忌既襲齊豈得再復成侯猶在豈宜並列而馬陵後忌無可書之事知其必有誤矣

孔子世家據魯親周故殷句運之三代

　據魯者以魯爲據也親周者以周爲親也故殷者以殷爲故也言春秋之作兼魯周殷三代之法而運之也

外戚世家又復效呂氏大事也

　八字爲一句分二句誤

兄弟皆坐奸至後憐其家

　此二十字皆褚生增入者

荆燕世家事發相重

　謂諸呂變作而澤能舉兵入討又與羣臣共立代王是與内朝相倚重也晉灼索隱之注皆非

齊悼惠王世家西馳見齊王　西當作迺

志亦齊悼惠王子　今本亦作以非也

是爲荒王至十五歲卒　是爲頃王至十一歲卒

　二條乃褚生所續者

蕭相國世家因民之疾奉法

　漢書奉作秦

曹參世家豈少朕與

　少朕者以帝爲年少也索隱注謬

征和三年至國除

　此褚生所續者

留侯世家四皓園公

　東觀餘論曰近歲高於耕夫得漢世石刻數種有云園公神坐按顔師古注謬正俗有圈稱陳留風俗傳自序云圈公爲秦博士避地南山漢祖聘之不就惠太子即位以圈公爲司徒以是書證之園當作圈爲是

酷吏傳吏治若救火揚沸

　于愼行曰只言急耳索隱解未是

扁鵲　偏國寡臣幸甚

　董份曰寡臣言太子

吳王濞傳億亦可乎

　子龍曰億者意度也

自勇其斷則無以其敎怒之

　徐曰自勇其斷者外勇而中怯也以其敎怒之則必懟而言者獲罪矣　陳曰此如苻堅之代晉諫者言晉不可破則愈不聽也

袁盎　臣亡與亡

　徐曰謂致命盡節也如淳說疏

西南夷　滇王嘗羌乃留爲求道西十餘輩

　劉青芝曰漢書改西爲四非宋子京以爲四當作西屬上句

移十餘革字于上文吕越人等下亦非

司馬相如　以為列仙之傳居山澤閒

劉青芝曰傳音持全反當音如傳舍之傳言其傳居山澤閒也漢書改作儒尤非

史贊

劉芳草曰此與詩之諷諫何異以上其博引取意處自是史公筆伏其為原文無疑揚雄以下乃班椽所自為以寓其不足相如之意與史公意正相反後人誤綴史贊末耳諸家所論皆非也

鄭當時　莊任人賓客為大農僦

按漢書先說當時為大司農較明白

高祖本紀高祖常繇咸陽縱觀觀秦皇帝

楊慎曰常時車駕出或禁民觀此時常縱民觀故云

文帝紀立太子母為皇后

楊慎曰天子當以貴族為后今諸侯皆同姓無異姓為王者則立后當以太子母為正

周本紀其章顯聞於天皇上帝于是武王再拜稽首曰膺更大命革殷

鄧以讚曰冥聞上帝句連下膺蓋讀至上帝句武王再拜稽首也霍光傳廢昌邑王尚書令至中太后曰止王離席復讀法本此

孫子不控捲不搏撠

鄧以讚曰撠即拳也撠義當作擊

田敬仲　其後成侯騶忌

按其後二字疑有誤

曹相國　擊魏於曲陽

按此必魏自有曲陽定川之曲陽時屬趙

梁孝王　曰長公主謝罪太后

歸震川曰按安國傳曰長公主謝太后事在前非為詭勝事疑世家誤也

儒林　轅固

升菴曰司空城旦書蓋太后怒詈轅固之言意欲入以罪條比于城旦

平準書入粟縣官而內受錢於都內

徐孚遠曰此後世開捐之始

而其皮薦反四十萬本末不相稱

陳子龍曰此明理之論可悟後世行鈔之難

官假馬母至及息什一

徐曰此即今制課馬於民之意

吳世家是為虞仲

徐曰文王之弟有封虞者故傳稱文王曰咨于八虞今周章之弟亦封虞將八虞已絕無後而封虞仲以續其祀與

趙世家吾欲胡服樓緩曰善

徐曰此樓緩另一人非武成王樓緩也

而卒世不見也

鮑彪注卒世猶舉世言舉世無能察此
使緤謂之叔詐叛焉　索隱曰叔絶句
董份曰謂之絶句
且夫秦以牛田之
徐曰觀下文水通糧言轉餉則此言牛田之謂屯田給食非
設喻也
周本紀王赧使者已行矣代曰何不與周高都
孚遠曰言既已發使故雖善代之言而不可止代因言宜與
周高都也索隱曰已止也非是
殷本紀紂其聞為長夜之飲
按考要云紂為淫樂以百二十日為一夜謂之長夜飲車行
酒騎行炙醉而忘其日辰甲子劉昭漢志謂紂作淫虐喪其
甲子即其事也
武乙震死子帝太丁立
按太丁重見疑誤
殷本紀湯作湯征
金履祥曰按書序前乎湯誓有帝誥釐沃之書湯征汝鳩汝
方之書今皆亡矣史遷載湯征之辭而不類蓋非湯征之舊
也孤子引亳衆往耕之事疑出此書而五就湯桀之事意者
于鳩方之書得之也其詳不可得而聞矣
周本紀景王后太子聖而早卒
徐孚遠曰太子疑指王子晉也而不詳其名
殷本紀　帝仲壬即位四年崩
陳霆曰按邵子經世史不載二人之名世彼蓋以甲子歷推
之而知非有其在位之年次也然則外丙中壬實未嘗立太
甲直以太丁之孫承繼湯後耳
夏本紀帝不降立
竹書紀年云三代之世惟不降實有聖德
桀丞鳴條
淮南子曰桀困于焦門不能自非其所行而悔不殺湯于夏
臺紂拘于宣室不自反其過而悔不誅文王於羑里
管蔡世家衞使史鰌言康叔之功德
据左傳乃祝鮀非史鰌也
衞世家惠公立至年九十一矣
据年表惠公復入與前為十四年此誤
平準書
凌稚隆曰書首突云漢興接秦之弊而贊中則詳備述前代
事此傳寫之誤非太史公舊也班椽食貨志刪採此書而錯
用之而以漢興接於前代之後較之史記條理尤明
河渠書以通宋鄭陳蔡曹衞
徐孚遠曰蘇子瞻書傳云自淮泗入河必道於汴非隋煬始
開此道也文穎注于滎陽下引河東南為鴻溝以通宋鄭陳
蔡曹衞即今官渡是也安知非禹迹耶禹貢九州皆記入河
水道而淮泗獨不能入河必通汴也宋都汴故詳考之理實
然耳
禮書是儒墨之分
王鏊曰書首以下至刑錯不行是荀子論兵語亦恐是出禮
入刑之意

有特牲而食者

荀子作侍二而食是

以為上則明太史公曰至矣哉

楊慎曰按荀子禮論以為上則明下继之曰萬變而不亂貳之則喪也禮豈不至哉少孫乃除此二句并禮豈不三字而加太史曰殊無謂

天官書名曰三能

按考要云諸家圖經悉以三台繫之太微垣太史公特以列於中宮北斗文昌之次以其為天子三堦不當置之外垣也

星動角益希

余有丁曰希字疑當作布謂角張也

曰離宮閣道

按閣道與離宮不相屬

歲星出東行十二度

考要云十甲曰歲陽十二子曰歲陰太史公所論歲星躔次蓋依石氏經而甘氏及太初曆各異

晨出曰青章

考要曰監德降入青章骈躔諸星皆歲星隨月所出而異名也

生天槍

考要曰歲星變而為妖則有四者之名若紫宮左三星曰天槍右五星曰天棓彖與此異

必通三五

余有丁曰三五即太史公所謂五家三代也索隱首以五紀解五家次以三十歲小變五百歲大變解三五此復以三辰五星為說陳誤殊甚

封禪書作伏祠

柯維騏曰伏者禳邪氣使退伏舊註謂之三伏誤矣秦紀謂初伏者伏之祠始自秦也

居臨菑南郊山下者

楊慎曰當作南郊下下

見神於先後宛若　孟康注

据漢書孟康注宛若下有字也二字

錫一角獸蓋麟然

蘇軾曰史遷蓋之為言疑之也夫獸而一角固麟矣何疑焉豈求之武帝而未見所以致麟者與　余有丁曰按武紀若麃然漢書詔獲駮麃此若麟然正明其非麟也

復朔旦冬至

按復武紀作得為當

天增授皇帝太元神策

吴寛曰太初歷始復夏正盖太史公之力然武帝贊享敬拜太乙一則固用方士語耳

曰天主祠天齊

陳子龍曰天地兵日月陰陽四時者八神名也主字舊屬下句讀據後武帝至梁父禮祠地主則此八神名當在主字句絶也

山皆在齊北

陳子龍曰山指之罘之萊二山故云皆也山字屬上句誤

祠神三句一天一地一太乙　祠馬行

陳子龍曰天地太乙即所謂神三也湖本讀祠神句而以三一天一地一太一為四神非　馬行神名湖本祠字屬上句非也

上有所幸王夫人

漢書作李夫人誤李夫人卒時少翁死已久矣

為醊食羣神從者及北斗云

為醊食三字屬下句讀監本屬上句非

朝朝日夕夕月則揖句

陳子龍曰言朝日夕月揖而不拜也監本則揖屬下句誤

封禪用希曠句絶莫知其儀禮

絶字屬下句讀今本屬上句非

乃令越巫越祝句

監本祠字屬上句非

凡六祠皆太祝領之

陳明卿曰六祠即指太一三一冥羊馬行赤星五牀

平準書天下亭亭有畜牸馬歲課息

牸字句絶馬字連下文讀今本屬上句誤

律書律中大呂

陳子龍曰大呂一律不釋今以漢書補之曰大呂者旅也言陰大旅助黄鍾宣氣而牙物

東至于建星

太史公叙二十八宿十一十二月間不曰東至于斗而曰東至于建星建在斗之虚也三四月間不言西至于張缺文也五六月間不曰西至于井西至于鬼而曰西至于弧西至于狼弧狼近井鬼之虚也七八月間不言北至于觜亦缺文也

道者明矣

者當作著

歷者昔者黄帝　名察度驗

陳子龍曰黄帝嘗總會星辰次舍部位展轉推求如律呂相生故曰合而不死所謂周而復始是也名察者以星之名而考察其所次度驗者即其經度以知其所行故清濁五部氣物分數皆可稽攷而歷立矣此歎筆隶已録刪

日得甲子

正義注每至閏後一年加三十算今本作二十三其誤○又明年更置五十四算今本更作以誤○滿九百四十分湖本四誤作三分上誤增八字○歸大餘湖本大作上誤○奇算留之監本缺奇字○若至閏後一年加四百九十九分今本作

八百四十七分誤○亦滿九百四十分湖本四誤作三分上誤增八字○成一日監本缺一字○奇算留之監本缺算字○明年更置三百四十八算今本更置作以加

小餘三百四十八

索隱註故下云小餘者月也今本缺下字○即歸上成五十六日今本缺六字○大餘五十四者今本者作日誤○故稱大餘五十四也今本缺也字○甲子日法今本法作朔誤○每六十日除之今本日下缺除字之字下衍餘字○比是太初元年今本缺此字

小餘八

正義註故稱大餘五也今本五下衍日字○故稱小餘今本餘下缺八也此大小餘六字

昭陽作噩四年大餘十四

四當作三去年餘十九日今年餘五十四日成七十三日餘一甲六十日仍餘十三日故云大餘十三也

橫艾淹茂

歷法七十六年爲一蔀自焉逢攝提格至祝犁大荒落此七十六年乃歷家一蔀之法太史公舊文也史記成于天漢四年自橫艾淹茂以下年歸則褚生所增者當削之

尚章大淵獻大餘二十三　三當作二

焉逢困敦大餘五十六　六當作五

端蒙赤奮若四年無小餘

正義注本在篇末右歷書于丙名游兆下今本誤屬于前耳

游兆攝提格大餘四十四　當作五十四

彊梧單閼大餘八　八當作九

橫艾敦牂大餘十二　二當作一

彊梧協洽大餘十七　七當作六

祝犂協洽大餘四十六　今本四作三誤

祝犁大荒落四年

不書大小餘餘文也大餘二十九　無小餘　大餘三十八　無小餘

右歷書　端旃蒙者

自右歷書以下蓋褚先生所續之文旃字衍文年字即干乙二字傳寫者誤合爲一

平準書乃分遣御史廷尉正監分曹往

漢志分曹句絕重一往字連下句讀

于是楊可告緡錢縱矣

按縱謂放使告言也

河渠書與濟汝淮泗會句

會字句絕舊本會於楚連讀非也於楚別屬下句與於吳於齊於蜀句法一例複

自中山西邸瓠口爲渠

邸當作抵

周本紀上祭于畢　索隱云云

雲谷雜記云按後漢蘇竟傳畢爲天下主網羅無道之君故武王將伐紂上祭于畢求天助也据此則畢爲畢星甚曉然馬融墓地之說非矣惜索隱不能引此爲證

天官書心

按諸宿獨皆有輔官惟心獨無步天歌以積卒十二星屬心

乾象新書以積卒屬房宿天元歷理云心爲天君貴守虛明使有物擾之則蔽而不明矣故各宿有入度之星而心獨無乃天道之妙

鬼四星

按晉隋天文志俱作五星蓋鬼中有積尸氣一星連數則五不數則四

樂書以減損爲樂

董份曰節樂者明音樂有節非得以自恣也故曰以減損爲樂亦有節之之義

天官書黫然黑色甚明

鍾惺曰黫即左輪朱殷之殷

其居久其國福厚易福薄

鍾惺曰易猶輕速也

氣來卑而循車通者

鍾惺曰車通通字當作轍避武帝諱也

殷本紀

楊慎曰武丁當居民間已知說之賢矣一旦舉加臣民之上人未必怡然以聽也故徵之于夢焉蓋商俗質而信鬼因民之所信而導之是聖人所以成務之幾也

縣其首于太白之旗

升菴曰賈子言紂死棄玉門之外觀者皆進蹴之武王使人惟而守之猶不止也此乃事實太史公輕信汲冢書故有此說

西南夷　滇王當羌乃留爲求道四十餘輩

劉青芝曰四字史記作西班孟堅改爲四非宋子京以爲四當作西屬上句移十餘輩字於上文呂越人等下亦非

游俠　俠之門仁義存

于愼行曰舊解太謬本意謂竊鉤者誅竊國者侯侯則爲仁義矣何言竊哉蓋言是非無定成則爲是仁暴無常貴則稱仁甚憤之詞也

儒林　令相長丞上屬所二千石

按顏師古云令縣令相侯相長丞縣長丞也二千石謂侯守諸王相也

貨殖　故楊平陽陳椽其間得所欲

劉辰翁曰索隱註陳椽猶經營當是楊姓陳姓因緣其間得所欲耳椽緣通　余有丁曰如劉說則楊字當移在平陽之下而又改椽爲緣乃當

以故呰窳

孚遠曰覩下文偷生無積聚則羸弱病足之說非也

其次整齊之最下者與之爭

董份曰整齊則管鄭是也商鄙則爭己

自序　上會稽探禹穴

此子長自言徧遊萬里之目上會稽縱吴越也探禹穴言巴蜀也後人不知其解以為禹穴在會稽以禹廟旁小坎如蠡曰者當之噫是有何奇而辱子長之筆耶按蜀之石泉禹生之地謂之禹穴其谷杳渓人迹不到蜀志刻有禹穴二字乃李白所書始知會稽禹穴之誤本升庵說

剔成暴虐宋世家條

楊慎曰剔字從易不從易音盪與剔字不同

稱長者壯有溉汲鄭列傳條

按以上文長孺推之則下壯字疑當作莊此鄭名也溉字下又疑有缺文

日者　比周賓正

孚遠曰賓正猶擯正也

平原君　虞卿不得意乃著書

按蘇子繇古史以為秦破長平在後魏齊自殺在前則虞卿捐相印後又復歸趙為之画策太史公失不書也

太史公

于慎行曰漢儀注太史公位在丞相上天下計書先上太史副上丞相遷歿後宣帝以其官為令行太史文書而已晉灼曰百官表無太史公在丞相上顔師古曰談為太史令遷尊其父故謂之公嘗疑太史公之官不再見于漢史而遷自以為文史星歷近乎卜祝之間則在諸吏下列安得位丞相上及觀唐宋螭頭記注之制乃知所謂位在丞相上者蓋朝會立處在人主左右居丞相之上以記言動耳位者朝者之位非爵秩之位也不見于百官表而見于儀注可以推矣

李布　顔金錢

于慎行曰猶言覓金錢耳孟康註太謬

循吏

于慎行曰李離石奢二人皆俠節伏劍之士未嘗有吏績其為謬誤無疑

衛霍傳

讀史漫録曰所叙二將戰功若不容口及佞幸傳則曰衛青霍去病亦以外戚幸然頗用才能自此太史本旨也以此推之所叙戰功率取幕府奏報之詞及璽書所獲屬次第其語非實予之也

禮書楚分而為四參句是豈無堅革利兵哉

陳仁錫曰參與三同荀子作三四尤明索隱參是二字連讀非也

函及士大夫　函荀子作通

三宥之　宥荀子作嗅

終乎棁　棁今本作稅誤

入焉而弱　弱荀子作溺

樂書成王作頌　悲彼家難

頌即周頌小毖之詩家難謂武庚管蔡之叛正義注非

今上即位作十九章

十九章乃武帝郊祀樂也見漢書志若安世房中樂十七章則高帝夫人所作也索隱注誤

至於濮水之上句舍
　湖本七字爲一句非
歷書爲太初元年
　太史公本上古太初歷法元用甲寅班氏漢志本劉歆三統
　歷法元用丁丑各有所主也
天官書隋北耑兊
　隋垂下也今本隋作隨誤耑古端字兊古鋭字
左角李　李漢書作理理司刑之官也
生天棓長四丈　丈湖本作尺誤
其所往者　往漢志作住
氣來卑而循車通者　通漢志作道
合鬬其直　合漢志作占
金兵水水
　陳毋龍曰言金星入五潢則有兵戈水星入五潢則有水澇
　不入者承上句火入省文也
火軍句憂水患木土軍句吉
　漢志火下有入字言火入天軍則憂水入天軍則患木土入
　天軍則吉也監本句讀誤
可以罰人　罰當作伐
見張名曰降入　下四字衍
歲早水晩旱
　五字爲一句謂其歲先水後旱也監本句讀誤
見軫曰青章　下三字衍
見危曰大章　下三字衍
火句爲旱金句爲白衣會若水句
　陳毋龍曰若及也言木與火合則爲旱木與金合則爲國家
　喪及水澇也漢志若作爲湖本以若水屬下句誤
土爲憂主孽卿句木句飢戰敗爲北軍
　言火與土合爲憂火與木合爲歲飢湖本主作生水作大又
　讀大飢二字爲句皆誤
金句爲疾爲内兵亡地
　言土與金合則爲疾病爲亡兵亡地也
天下起兵　今本缺天字
未盡其日過參天
　漢志其作期今本日作曰誤
免過太白　免與兔同
青角兵憂黑角水赤行窮兵之所終
　此十四字當在下文白角號泣之聲下
七星爲員官辰星廟蠻夷星也
　此十二字當在上文辰星出房心間地動之下蓋與歲星廟
　熒惑廟塡星廟歲星廟太白廟相類錯簡在此翼軫荆州之
　下也
背句不和　漢志背下有爲字
直句爲自立
　天文志云日旁如半環向日曰抱青赤氣如月初生背日曰
　背青赤氣長而立旁曰直青赤氣如小半暈狀在日上曰負
　形如直狀其上微氣在日上曰戴
外北三尺陰星北三尺

陰星下鈌多亂二字衍北三尺三字下文陽星多暴獄又鈌
　南三尺三字彼此互誤
而五月者五句　今本九字在者下誤
六賊星　今本鈌六字
本曰火　漢志火作人
去地可六尺大而黄　今本鈌而黄二字
青白其前低者　漢志青作精前作芒
其蛪者類闕旗
　漢志無旗字蛪作霓雲闕作鬪
則其為天下候
　監本則字屬上句讀誤漢志則作即無其字
禨祥不法　監本禨作機誤
孫臏　齊軍既已過而西矣
　孚遠曰此謂龐涓救歸救欲邀齊師之未至而今已過故涓
　視利疾趨也
吳起、然用兵司馬穰苴不能過也
　孚遠曰或言穰苴齊湣王時人今觀此言則為景公時人審
　矣
李斯　君侯不懷通侯之印歸於鄉里明矣
　言當受法誅不僅罷免也
鑠金百鎰
　鑠訓美非也鑠金謂鎔金於冶熱不可舉也故下云搏必隨
　手刓殘刑
乃獻鹿謂之馬
　按馬有似鹿者價千金高依此而為詐也　仝上
黥布　布已論輸麗山
　按顏師古云謂有罪論決而輸作于麗山也
陳豨　高祖七年　自立為代王　子龍曰本代王訛為大者北音
　相誤也
淮陰傳紀豨反在十一年
衛仁、以是得幸景帝入臥內
　按漢書刪景帝二字恐近仁入卧内大眺劉青芝（此條係漢書）
汲黯　如恐不見
　劉青芝曰言時恐不得見長者慕之至也
鄭當時　山東士諸公以此翕然稱鄭莊鄭莊
　劉青芝曰漢書省士字鄭莊字是
孟荀列傳倘亦有牛鼎之意乎
　徐孚遠曰据本文大意言騶子欲干時也與呂氏春秋所載
　意別
呂不韋　子楚夫人即不韋姬也不得為豪家女當以秦質子
　故有豪家主之得自匿免
孟子傳去齊適梁
　示兒篇云攷司馬溫公年譜孟子見梁惠王時乃梁惠王之
　三十四年齊威王之四十三年是時宣王尚未即位故七篇
　以見梁惠列首以齊宣之問繼後列傳難信而年譜實有所
　据
淮南王　歌淮南厲王
　漢書無厲字是後方追謚為厲王

扁鵲　邯鄲貴婦人王爲小兒醫
于慎行曰邯鄲者佳麗之所都六國之侯王將相皆争取其
女以充後宫邯鄲以女爲利固貴之也秦戎狄之俗貴壯而
虚老慈子嗜利如賈生所陳又其俗重首虜務本業以子爲利
故貴之也乃若周人則有先王之遺澤覩庠序之教存孝弟
之風故貴老也

孫吳　夫解雜亂紛糾者　不摶撠
、陳仁錫曰言用兵者當設謀也索隱注謬
君因先與武侯言曰
武侯當作魏侯下面数武侯同
伍子胥　天定亦能勝人
正義本勝作破
商君　開塞耕戰書
淮南子作啓塞注云啓之以利塞之以禁
蘇秦　五家之兵
索隱注非也管仲軍令始于五家爲軌
蘇代乃遺燕昭王書
此書蓋齊已滅宋取淮北之後故勸燕尊齊以擯秦而說秦
以伐齊非將伐宋時事也
夫破宋句殘楚淮北句肥大齊句
監本句讀非也破宋滅宋也殘楚淮北取楚淮北地也肥大
齊是助彊齊也讎謂齊國謂燕也
張儀　桑林之苑
太平御覽作樂林
餘爲寡人計之　餘字屬下句讀
樗里子傳號爲嚴君
索隱注非也嚴君者尊重之威嚴若君父也如下文云又益
尊重是也
秦使向壽平宜陽
平者正其疆界和其人民也
穰侯　故號爲芈八子
八子者夫人以下之稱其爵第四等
孟嘗　有用齊句秦必輕君
言親弗呂禮二人用於齊也齊字屬下句讀誤
春申　而詳事下吏
詳其事以下於吏是慎重之意
遅令韓魏句歸帝重於齊
國策遅作詘謂屈命令於韓魏而歸爲帝之重於齊也索隱
注誤
注地於齊　齊當作秦
韓王信　與其將白土人曼邱臣王黄等
與字衍文

欲急滅豨等已盡
洞本重出豨等二字
陳豨　漢兵擊斬豨將侯敞王黄於曲逆下
王黄二字衍按樊噲傳虜大將王黄則擊斬爲誤
司馬相如　舜在假典顧省厥遺
俛思曰假格也謂其祀天有典猶恐有所闕遺也其殆以納
於大麓亦封禪者乎視
封禪書卜居雍後子孫飲馬於河
方苞曰作一句讀
平準書其一曰重八兩
方苞曰曰字衍曰下二曰字誤增
貨殖　有水至卯　衍至卯二字
及秦文孝穆至雍
繆公以前無孝公按本紀德公居雍孝當作德
陳椽其間得所欲
商肆之多如陳列屋椽
而合肥受南北潮　漢書潮作湖是
太史公自序使天下法若此　法漢書作共
因物與合　與谷漢書作與㫚谷
扁鵲　五色診奇胲咳
楊慎曰奇咳與奇胲同漢書藝文志有五音奇胲蓋奇祕之
數非常術也
醫方　亦除肉刑法

太史公作太倉傳本文止此意家居以下出褚生手
齊侍御史成
以下乃太倉醫案當刪之
信則擊車轅
擊擊擊三字今多混書擊從臤與牽同擊從𦣝與覽同擊從
臤與捥同
身居陽虚侯國
六字爲句湖本身字誤尚上句誤
吴濞　吴有豫章郡銅山○因削吴之豫章郡會稽郡
豫章初屬九江王布布滅後屬淮南王長長廢後屬廬江王
賜非屬吴也豫章當作故鄣即故鄣郡也
膠西爲渠率
渠率即大帥也
李廣　匈奴必以我爲大軍誘之
湖本軍上有將字衍
衡山　南海民王織淮南
民字衍織南海王名
令復之　宋本令作今
皆復得屬王時地參分之
淮南王得九江郡衡山王得六安郡廬江王得廬江郡兼得
江南豫章郡
内鑄銷銅以爲錢　消當作鄣
沛滿匡　匡眶同
儒林　於威宣之際

漢書於上有至字是
夫齊魯之閒於文學　閒習也
出入不悖所聞者　七字爲一句
罷歸之　湖本時字屬上句非
酷吏　使人上蜚變告文姦事下湯
事下二字相連監本句讀誤
是日皆報句殺四百餘人．得可句事論報
報論決也
張湯數稱以爲廉武
武威武也或作衍文誤漢書武下有帝字屬下句讀是
大宛　道可使使遺之他旁國
漢書作道可便遣之
廉藺　取晉陽　當作陽晉
魯仲連　尊秦昭王爲帝　昭字當削
刺客　委質而臣事襄子襄子必近幸子
二襄子俱當作趙孤
具酒自暢聶政母前
暢國策作觴
張耳　北有長城之域　宋本域作役
將軍無失時　宋本將上有願字
今王事高祖甚恭　高祖當作皇帝上
不侵爲然諾者也　侵猶過越也
魏豹　漢乃使人賜彭越將軍印
漢字衍此即田榮賜之印

淮陰侯　遂東追廣至高密西
監本西字屬下句非
樊酈滕灌　大臣誅諸呂呂德媭屬
九字當作一句
嬰身生得左司馬一人　嬰字衍文
酈生　田間將二十萬之衆　田間當作田解
病免國除也　漢書無也字是
語在黥布語中　漢書削去此句是
袁盎　常自送之　自漢書作目
張釋之　以訾爲騎郎
訾本作貲
乃許廷尉當句　當謂處其罪也別本當字連下讀誤
范睢蔡澤　亡其言臣者賤而不可用乎
徐孚遠曰此指王稽
君雖恨於臣
凌稚隆曰恨者恨其不及用也
樂毅　二者寡人不爲君取也
孚遠曰正義注釋而不明觀戰國策正文其義自解
廉頗　伐韓軍于閼與
徐曰閼與本趙地伐韓而軍閼與者假道也亦以脅趙
我思用趙人
陳子龍曰于此可見將不習兵之患
韓長孺　知以足以當世取舍而出於忠厚焉
徐曰出于忠厚言意本忠厚也索隱解出爲去言無忠厚之

行非也觀贊語得之
匈奴傳贊　從匕將帥
徐曰彼已猶孫子所謂知彼知己也索隱非是
南越列傳　得越船粟因推而前挫越鋒
徐曰越船大於中國故既得其船因推之以挫越鋒
西南夷傳夜郎最大
常璩華陽國志載夜郎竹姓
秦時當頗略通五尺道
孚遠曰當頗疑人姓名
扁鵲　則邪氣辟矣而宛氣愈深
董份曰辟者辟去之意宛氣者即前所謂寒熱氣宛者也言邪氣雖去而宛鬱愈深也
司馬相如　右以湯谷為界
陳子龍曰右恐左字之誤
水玉磊砢
陳曰沈懷遠南越志九品珠有磊砢珠疑即磊砢也
蔣芧青薠
陳曰芧楊用修以為橡栗之屬引狙公賦為証然觀上下文蔣之與薠皆是水草不應雜以山木耳
角端
楊慎曰元祖駐師西印度見大獸作人語曰此非帝世界宜速還耶律楚材曰此名角端旄星之精聖人在位則奉君而至能日馳一萬八千里靈異如鬼神不可犯也
日睹西王母矐然白首

子龍曰武帝有慕於周穆瑤池之事此相如之所為諷也楊子雲甘泉玉女宓妃之言本此
鬼神接靈圉賓於閒館
徐孚遠曰此語指少君神君之屬耶
罷池陂陁　子虛
王鏊曰罷與擺同池與迆同謂山勢擺撥迆靡耳
衡山　柴武太子奇謀
徐曰棘蒲侯子不宜稱太子當時獄詞必有誤
王愛陵多予金錢為中詗長安
徐曰陵必嫁列侯在長安故使詗伺史不記其嫁處缺文也
今我令樓緩　注云云
徐曰樓緩當是襲古人姓名
秦始皇本紀十九年王翦羌瘣
徐孚遠曰羌瘣舊本無注疑是人名翦之副也　按羌瘣伐趙已見十八年
秦本紀昭襄王元年四十五年葉陽悝出之國
一本葉陽下有君字
惠文君後十一年其將犀首走
陳子龍曰犀首秦官也韓亦有之耶
昭襄王元年嚴君疾為相
孚遠曰樗里子名疾此嚴君疾或即樗里子前作庶長者也
項羽紀乃使徙義帝長沙郴縣
陳子龍曰長沙以南水皆北流從桂嶺而下也雖為上游實荒蘭耳

高祖紀周市來攻方與　陳〻王使魏人周市略地

余有丁曰〻〻一周市也書法如此疑誤

吾子赤帝子也　今爲白帝子斬之

徐孚遠曰沈休文以爲白帝金也金生水白帝之子水也赤帝火也火生土赤帝之子土也然則秦自謂水漢自謂土不爲失也失在誤以赤帝子爲赤帝也

舜本紀入於大麓至不迷

按宰我問書云納于大麓烈風雷雨弗迷何足謂也孔子、此言人事之應乎天也堯既得舜歷試諸艱使大錄萬機之政是故陰陽清和五星來備風雨各以其應不有迷錯愆伏明舜之行合乎天也

象以典刑

徐孚遠曰馬說象刑即王莽所謂畫衣冠也按書傳云象如天之垂象以示人也予說爲長

項羽本紀項王按劍而跽

言操劍按膝工屈膝以承劍非長跪也

秦本紀誅蜀相壯

徐曰按華陽國志陳壯反叛蜀侯通秦遣甘茂張儀司馬錯伐蜀誅壯則非因壯自來降而誅之也

始皇本紀與韓非謀弱秦

徐曰韓非韓公子以不用於韓欲干秦王其後使秦爲李斯所譖死今云謀弱秦非也疑即李斯譖非之辭載于秦史記耳

孝文本紀發倉庾以振貧民民得賣爵

陳子龍曰此民相買賣而官不與焉然必是所賜虛名若今之散官也

臣請與陰安侯列侯頃王后

徐曰公議廢立事而以婦女二人爲冠首非體也或尚有呂后時遺風耶

吳太伯世家處而不底

董份曰不底言其不觝滯也蓋處則易滯故云

齊太公世家曰蒼兕蒼兕　作此泰誓

按今尚書泰誓無蒼兕舟楫之文蓋張霸僞作之泰誓也

成請老於崔杼

按崔杼當作崔氏　方望溪曰杼字衍

魯世家其民皆可誅周多士

光縉曰此八字疑衍攷之尚書無之且意義亦難通

洙泗之閒齗齗如也

凌稚隆曰升菴云齗齗鬪爭得之索隱讀作誾誾不通繁欽賦曰涉洙泗而飲馬恥少長之齗齗恥字益明

晉世家趙敬侯滅晉後而三分其地

何焯曰敬侯當是烈侯

趙世家以至無假之關者

凌稚隆曰當在江南長沙之西北

鄭世家鄭公惡鄭於楚

按鄭郎許字見攷古圖

趙世家乃賜胡服明日服以朝

按淮南子云趙武靈王貝帶鵔鸃而朝趙國化之

外戚世家衛皇后　乃封為海西侯

余有丁曰按匈奴大宛傳廣利封時李氏未誅後以將軍伐

匈奴聞其家用巫蠱族乃降匈奴此文誤

魏世家魏君為趙謂韓曰

按為趙一本作圍皆不解疑有誤

昭魚曰吾欲太子之自相也

余有丁曰按國策為哀王時事太子　是昭王索隱解誤

而惡安陵氏於秦秦之欲誅之久矣

按安陵魏人不欲攻韓與羣臣異故惡之　又按誅國策作

許

陳涉世家周章軍已破矣

服虔曰周章即周文

荆燕世家劉賈為將軍定塞地

按師古云塞即司馬欣之國

今呂氏雅故　就天下

董份曰雅故若微時也而呂氏又能助高祖取天下

以畫干定陵侯　曰弗與矣

黃震曰田生所干劉澤之畫即明年所施于張子卿之計曰

弗與云者亦與我施行所畫促之之詞爾而釋者弗察謂畫

為工畫與為黨與謬

留侯世家借前箸籌之

劉辰翁曰借箸謂能不能每下一箸

梁孝王世家乃與羊勝公孫詭之屬陰使人

按漢書屬下有謀字

管蔡世家有本紀言

董份曰言字不解蓋太史公所自創者如曰世家語也

欲觀其駢脅

按淮南子云晉公子重耳過曹曹君欲見其駢脅使之袒而

捕魚

弟成公負芻立

按負芻宣公子史作弟誤

叔鐸之祀忽諸

按左傳臧文仲聞楚滅六與蓼曰皐陶庭堅不祀忽諸史公

之語本此杜預注謂忽諸者忽然而絶也正義云云是未讀

左氏傳也

趙世家兄弟之通義也

按兄弟二字本誤徐廣作元貴亦無解國策作先王為是

田敬仲世家歸乎田成子

史通曰田常見在而遽呼以謚此之不實昭然可見

楚世家坼剖而產焉

按風俗通曰楚之先有出自顓頊其裔孫曰陸終娶于鬼方

氏是謂女婿蓋孚而三年不育啓其左脅三人出焉啓其右
脅三人又出焉六曰季連是爲芈

任伍舉蘇從以政

按說苑蘇從入諫曰臣聞好道者多資好樂者多迷好道者多糧好樂者多亡荆國亡無日矣王左執蘇從手右抽陰刀刎鐘鼓之懸明日授蘇從爲相

楚乃恐而城郢

凌約言曰上言楚恐城郢下乃申言所以恐而城郢之故是太史公叙事文法註以爲誤註誤矣

周天子賀秦獻王

按王字當作公

越世家習流三千

陳霆曰習流乃士之習水戰者徐天祐吳越春秋註云笠澤之勝越以三軍潛涉意習流即潛流之士也　如索隱言豈越一小國而有如許流人哉

欲毋顛得乎贊末

許應元曰大禹勞心焦思勾踐苦心焦思范蠡苦身戮力皆見本紀世家中故贊語如此

留侯世家願沛公且留壁至持重寶啗秦將

茅坤曰留壁者嚴我陣也五萬人具食者以備不時奮擊之餉也張旗幟諸山亂其耳目而分其兵也以重寶啗秦將者餌之使懈也

梁孝王世家

歸有光曰按安國傳因長公主謝太后事在前非爲勝詭事疑世家誤也

老子其猶龍乎老子傳

茅坤曰老子猶龍以其所見遠能遊於物之外

韓非　彼顯有所出事　爲也

余有丁曰按謂所說者其心有所爲至微也而顯言假物以濟其私

論其所愛則以爲借資

余有丁曰謂論說人主所愛之人則疑以爲借彼而資我

則多而久之　彼自知其計

凌曰謂厭其多而倦其久也　按知去聲彼自以爲得計也

衛霍　將軍蘇建係家在大猶鄉

程一枝曰蘇建家在大猶鄉張騫家在漢中二家字本作冢蓋因字形相似而訛也所以載此二家者正從驃騎冢像祁連山波及之耳

尉佗　自定屬漢

何孟春曰自定者趙光由定而來屬也故俱得封

朝鮮　朝鮮裨王長

凌稚隆曰裨王長乃送何者

西南夷　且蘭君恐遠行

王維楨曰以下文常隔滇道觀之恐非且蘭也

汲黯

倪思曰放析就功殆枉以爲直破析苛碎須要如己意自爲

功耳　余有丁曰謂湯恣行苛刻而又毀析田制以成其事功即所謂紛更之説耶也

以爲闌出財物于邊關乎

光緒曰按律無明文則許用例然當上下比罪之時吏多因緣爲奸差錯妄比如長安賈人與渾邪王市者坐當死者五百餘人此則以不可行之法而強比附者也不有黯直言民安措足哉

儒林　轅固曰此是家人言耳

按顔注家人言僮隷之屬

安得司空城旦書乎

楊慎曰司空城旦書蓋太后怒詈轅固之言意欲入以僇罪條比於城旦顔注云云非也儒家外自有刑名家何得以律令比之

鄭莊　行千里不齎糧

凌稚隆曰言其所與者衆也

任人賓客爲大農僦人

按僦謂受僱賃而載運也言莊　所任其賓客於司農載運也

孟荀列傳始也濫耳

董份曰濫耳言其説恠迂不經濫漫于耳

持方枘　其能入乎

董份曰引伯夷衛靈梁惠之事見孔孟雖困阨而不肯阿世●荀容以取尊禮也

儻亦有牛鼎之意乎

董份曰此引奚尹之事爲衍解釋言其迂恠之術雖一時以聳觀聽而實欲行其仁義節儉之道譬之尹之負鼎奚之飯牛皆作先合而引之大道也前以抑衍後復解之注引呂覽涵牛之鼎有何着落

詹惟修曰牛鼎之説不必他求即上文伊尹負鼎百里奚飯牛也索隱舉呂氏春秋及譙周之説意竊不然太史公言孔孟不合于當時者始興進不能投時好如尹與奚也今衍以不軌之説見尊于諸侯是尹鼎奚牛之意豈若孔孟哉二子求奇太過是遺近而求遠

衛霍　議郎周霸等

按漢書儒林傳魯周霸至膠西内史申公弟子也

老子　則蓬累而行

余有丁曰蓬累賦謂積累蓬篛若今之笠然

申不害　無侵韓者

論衡曰韓用申不害行其三符兵不侵境蓋十五年

吳起　以事魯君魯君疑之

何焯曰二魯字衍

蘇秦　此天府也

鮑彪曰天府言畜積之富非人力也

且異日濟西不師

按濟西不師謂不起濟西之師

張儀　齊韓之與國也

田汝成曰當云韓周之與國也按國策作齊韓周之與國也

中國無事秦得燒掇焚杅君之國

何孟春曰中國無事謂山東諸侯不共攻秦燒掇焚杅而侵掠也

王維禎曰君之國連燒掇焚杅不當截屬下句

楊慎曰掇馬箠也杅冀箕也○犀首欲義渠君勿援秦也

甘茂　然願王勿伐

田汝成曰非真勿伐欲與王定盟也

收楚韓以安之

凌稚隆曰楚歸潁川則楚韓講故曰安

穰侯　不然必見欺

董份曰自臣聞至必見欺皆須貫述衛人之言故結之曰此臣之所聞於魏也言其所聞於魏之言如此也詞意極明索隱大謬

孟嘗君　齊湣王不自得以其遣孟嘗君

董份曰不自得者言已遣之幾爲秦害不自安耳注謬

其舍人魏子

唐順之曰魏子馮驩豈一事而傳聞異耶

孟嘗君乃拊手而謝之

按戰國策馮驩焚薛債券後朞年孟嘗君免相就國于薛未至百里民扶老攜幼以迎太史公不載似缺始末

欲以遺所不知何人

董份曰遺所不知何人因前問乎孫之孫爲何曰不能知也故此言遺之不能知之子孫耳○索隱謬

信陵君　故世俗稱魏公子兵法

董份曰客進兵書而總名於公子故云索隱注與本文正相反

春申君　先帝文王莊王之身

國策作文王武王之身是此曰莊王誤也

今王使盛橋守事于韓

鮑彪云橋秦人守待也

黃濟陽嬰城

董份曰嬰城言守也

王之威亦單矣

董份曰詩云單及鬼方單延也又云俾爾單厚單大也蓋言王之威延被諸國而大也

詩曰大武遠宅而不涉

鮑彪曰逸詩武足跡宅猶居也言地之居遠者雖有大尺不涉之也

范雎　爲其割榮也

董份曰割榮意已指穰侯等而不可明言故微及之指舊作擬

亡其言臣者賤而不可用乎

余有丁曰亡字轉語猶言無乃也索隱解輕蔑非是

令馬服君子代廉頗將

按括馬服君之子故曰馬服子索隱解作姊非

蔡澤　夏育太史噭

凌云漢書地理志云周末有子路夏育民人慕之太史噭戰國策作太史啓田單傳有太史嬓乃齊襄王后之父也

或欲大投或欲分功

按國策云大投謂全勝也分功分勝者所獲也

樂毅　臨不測之罪以幸爲利

余有丁曰爲利即所謂乘燕之敝者索隱解未明

賈誼　賈嘉最好學世世其家　至孝昭時列爲九卿

何焯曰衍一世字　凌稚隆曰遷卒於漢武末年此言賈嘉至孝昭時列爲九卿蓋後人所增耳

刺客　藥囊提荆軻

光縉曰提擿也文武帝提吳太子語同此

老子

按釋法琳辨正論曰老子生於瀨鄉葬於槐里

貨殖　西通武關鄖關

凌稚隆曰鄖關是古鄖國今鄖陽也徐廣作隕字謬

周勃世家非少主臣

何焯曰立武帝條侯爭之故疑其不能事少主

孫子　君第重射

董份曰重射謂以重相射即下千金是也注非徐孚遠曰重射者再射也

伍子胥　昭關欲執之

吳越春秋云子胥奔吳夜行晝伏出到昭關關吏欲執之胥詐曰上之所以索我者以我有美珠也今我已亡之矣我將告子欲取之關吏因舍焉

管仲　有封邑者十餘世

王鏊曰此十餘世是言鮑叔而索隱所註似言管氏不知何故　愚按索隱似因左傳言管仲之宜世祀而誤

大宛　既臣大夏而居

董份曰言大夏服屬爲臣而月氏因居其地也地肥饒亦言大夏故月氏居而安樂之注以爲君者非

貨殖　故楊平陽陳椽其間得所欲

劉辰翁曰索隱注陳椽猶經營謬當是楊姓陳姓因緣其間得所欲耳椽緣通　余有丁曰按如劉說則楊字當移在平陽之下而又改椽爲緣乃當

貨殖　白圭條故賤之徵貴貴之徵賤

董份曰賤之徵貴賤極則人棄之故其徵必貴白圭之術正能貴賤之徵而棄取之也以徵爲求謬

齊俗賤奴虜條周人既纖

余有丁曰纖非纖嗇之纖觀下轉轂百數可見正是纖巧作靡耳

太史公自序　大臣洞疑呂后

董份曰洞字恐是恫字今索隱釋爲洞達既洞達矣又何疑乎

稱長者壯有溉汲鄭

凌稚隆曰以上長孺推之則下壯字疑當作莊此鄭名也溉字下文疑有缺文

閒不容翲忽　歷書

因學紀聞曰出曾子天圓章閒若䋄曰曾子云其閒不容髮

莊王之賢乃復國陳　楚世家

余有丁曰楚莊克陳以申叔之功而復之故曰復國陳

王慎中曰軍容不入國此軍容也秦人安得不恣行之十年

王維禎曰前言十年揔商君始終也後言五年以行法之日為始也

張儀　今秦之與齊也猶齊之與魯也

鄧以讚曰秦之與齊國策作趙之與齊是

願子為子主計之餘為寡人計之

陳仁錫曰餘字屬下句讀

大宛　烏孫故服匈奴

董份曰故舊也嘗臣服于匈奴

爰盎　盎即跎說曰

按跎說義難通漢書作趚說是

扁鵲　寡臣幸甚

董份曰寡臣言太子也

「五色診奇咳術

楊慎曰奇咳與奇胲同漢書藝文志有五色奇胲蓋奇秘之術數非常術也」

倉公　而毛美奉髮

楊慎曰即下色澤也

衛青　將軍公孫賀

茅坤曰賀之妻衛媼大將軍之姊而驃騎之母姨也

商君　宗室非有軍功至屬籍

封禪書　吳岳

余有丁曰按吳即岍山書傳西岍縣西吳山古文以為岍山即此

駕被具

按駕被謂駕車被馬之飾

上曰文成食馬肝死耳

茅坤曰按洞冥記云郅支國貢馬肝石如馬肝春以和九轉之丹用拭髮白者皆黑帝坐羣臣於甘泉有白髮者賜拭皆黑齊人李少翁以神仙惑帝帝乃以馬肝石賜小翁少翁死即文成也令人見景帝有食肉不食馬肝未為不知味之語遂謂文成食馬之肝而死非也

乘轝斥車馬

楊慎曰斥充斥也音拓言拓車馬以充其家

御有札書曰

札字宋本作禮字　陳子龍曰札湖本作禮誤

乃令越巫立越祝祠

按應劭云武帝時迷于鬼神尤信越巫董仲舒數以爲言武帝欲驗其道令巫詛仲舒仲舒朝服南面誦詠經論不能傷害而巫者忽死

夏有芝生殿房內中

董份曰內中似複蓋言房內之中間也

乃作通天莖臺

凌稚隆曰按列子云周穆王築臺號曰中天之臺司馬相如上林賦云置酒乎昊天之臺昊天中天通天皆最高之名臺有銅柱謂之莖張衡西京賦通天訬以竦峙徑百常而莖擢即此通天莖臺也

五寬舒之祠官

寬舒建祠五故云五寬舒之祠

平準書開田官斥塞

按斥塞謂廣邊也

河渠書與濟汝淮泗會于楚

凌稚隆曰會字句于楚連下即下文于齊于吳于蜀類也

皓皓旰旰兮

一作皓淵即浩瀚也

西門豹引漳水溉鄴

光縉曰放溝洫志西門豹特引河水而溉鄴耳引漳水者史起也

河東渠田廢予越人

按師古云越人習于水田又漸至未有業故與之也

不敢言擅賦法矣平準書

楊慎曰以諂媚取容又以二守不辨自殺之故也

平準書一國之幣爲二等

小字宋本作三等

河渠書鑿離碓

按顏魯公云閬州東有縣曰新政南有山曰離堆斗入嘉陵江形勝縮矗欹壁峻肅上崢嶸而下洄洑不與衆山相連屬是之謂離堆

禮書諸侯不敢懷

案懷荀作壞謂不敢祧祖廟也史誤

入焉而弱　入焉而望一作嘫　入焉而墜

按弱荀作溺嘫荀作喪楊倞曰以其深故能使堅白者溺以其大故能使擅作者喪以其高故能使暴慢者墜

樂書禮樂順天地之誠

愚按據正義所解則順字當是見字誠字當是情字從樂記

狄成滌濫之音作

陳瀬曰狄與逖同遠也狄成言其一終甚長淫佚之意也

書曰七正二十八舍

柯維騏曰太史公既論文帝時天下和樂禮樂可知典故繼以律呂之說云書曰者乃太史公自言其律之書猶下文云術

曰之類尚書並無二十八舍之文或謂引尚書非也太史公所論其即周禮律同以合陰陽之聲者也

方以類聚物以羣分

按劉氏云方以類聚言中國蠻貊之民各以類而聚物以羣分言飛潛動植之物各以群而分則以各正性命之不同也

河渠書吾山平注鑿山以填河

小字宋本作鑿山以通河

平準書然不能半自出

皆聚而爲盜也 何記

就食江淮閒欲留之處

何焯曰漢書作欲留留處乃寓作二點傳誤作之

樂書以敬四海之内

按應氏曰四海之内四字當在合父子之親上

寬裕肉好

陳瀚云好璧孔也肉璧之肉也此言肉好以辟喻樂音之圓融通滑也

律書砂者言萬物之吳落

楊慎曰吳音砂砂落彫落也注作柔非萬物之生也柔弱兒也劉強既云砂落且就死焉得柔乎

北至于留

楊慎曰留音柳注以留爲外恐非若如其說陽氣稽外殆不成文

黃鍾八寸七分一宮

凌稚隆曰黃鍾九寸每寸九分九九乘之凡八十一分而又以十約之爲寸故云八寸十分司馬貞謂十誤作七沈造亦謂十字誤居中屆蔡元定援此亦斷以爲誤所著律呂新書改七爲十其說始明矣

又按黃鍾下有宮太簇下有商姑洗下有羽林鍾下有角南呂下有徵則是五音相生諸儒鮮解其義晉志謂周見通達者也仲呂下有徵夷則下有商應鍾下有羽或皆以爲誤耳

太簇刻本于太蔟下作角實商字之誤也

天官書南宮朱鳥權衡

按攷要曰南宮之宿其大者曰權衡權衡非星也衡爲太微之庭權爲女主之宮權衡乃宮庭之總名耳正義注謬引軒轅西四星主烽火者曰權乃爟也非權也 柯希齋

軫南衆星曰天庫樓

按漢天文志庫下無樓字

西有句曲九星三處羅

按前書天文志羅下有列字

角益希

余有丁曰希字疑當作布謂角張也

曰離宮閣道

余有丁曰按晉書天文志離宮下有東壁主文章天下圖書之祕府按北宮有壁星當是此太史公不載豈以軍壘壁爲辟耶

曰天皓㬥然黑色甚明

楊慎曰㬥即左傳左輪朱殷之殷

國以靜靜
按漢記國作圜是
立侯王指暈
按漢書天文志指暈作破軍
不有土功必有大害
楊慎曰害星經作客客與獲合韻　按漢書天文志亦作客
水潦澤竭地長見象
按漢書作水潦地長澤竭見象爲是
近世十二諸侯七國相王
凌稚隆曰七國即七雄自諸侯僭王故曰相王若漢七國則本王耳且于從横等說無干正義注非
東北曲十二星曰旗
按攷要云古圖經天市垣左右環曲各十一星分配韓宋二十二方主權衡主聚衆亦謂之天旗庭主斬戮之事也然謂十二星則諸家之說無之　柯維騏
及乍前乍後左右
按天文志作乍左乍右
金爲白衣會
楊慎曰白衣會謂大喪會哭若國哀大臨之事也
星茀于河戒
楊慎曰戒即唐一行說山河兩戒之戒
名曰三能
攷要云諸家圖經悉以三台繫之太微垣太史公特以列之于中宫北斗文昌之次以其爲天子三階不當置之外垣也
宋襄公時星隕如雨
楊與曰春秋星隕如雨魯莊七年非宋襄時正義註非
格澤星者條不有土功必有大害
按害字星經作客字複上
左角李
陳子龍曰漢書李作理理司刑之官也古字通用
孔子世家
按匡人圍孔子時御者爲顔尅正義引琴操作顔淵誤
老子列傳則蓬累而行
筆塵曰累字當是果字言蓬首裸體衣不蓋身而行也
田叔　魯陳豨反代
余有丁曰按此是七年高帝征信曰豨反史誤
扁鵲　血脈治也
董份曰治即治亂之治五日不知人疑其必死故扁鵲以爲血脈治而不死也
而醫之所病病道少
董份曰醫之所病言醫之所短也病道少言治病之道少也註謬
倉公　齊山跗病條適其共養
董份曰適其供養言當適病者之供養以俟其死耳此不當豎也注謬
「臨菑氾里條而毛美奉髮

按此即下色澤也

吳王濞　愼無反

俛思曰秦漢以來多有讖緯之説故後五十年東南有亂蓋當時占氣者所説恐非高帝能前知也

魏其侯　武安者貌侵

淩稚隆曰按注有刻確也字則本文侵字下當有刻字

不仰視天而俯畫地

按張晏三註俱支離瓚説亦無謂

及聞淮南王金事

按次此所以實灌夫所持武安陰事

韓安國　梁責王所爲

按言梁責蓋令使者籍記王過也

匈奴　悉收河南地

按河南地今河套是也廣七百里歸新秦中蒙恬所取者

使廣利得降匈奴

柯維騏曰太史公于天漢二年遭李陵之既未幾而卒故封禪書止于天漢三年河渠書止于天漢二年平準書草創未就止于元封元年乃若李廣利降匈奴在征和四年匈奴傳不應有此文後人所增耳

衛霍　將軍李息條爲驃騎將軍

余有丁曰按驃騎將軍武帝立名以寵去病本傳前爲輕車將軍又曰騎將軍此驃字必誤

平津侯　弘奉祿皆以給之

西京雜記云平津侯自以布衣爲宰相乃開東閣營客館以招天下之士而躬自菲薄所得俸祿以待養之

主父偃　橋箭

橋漢書作矯是謂正曲爲直也

南越　立明王長男越妻子

升菴曰越妻乃越女非漢女也而徐注若以越爲人名何也

東越　建成侯敖爲開陵侯

按顏師古謂功臣表開陵侯名建成而此傳云名敖疑表誤

封越衍侯吳陽爲北石侯

師古又云功臣表作外石與此不同疑表誤

朝鮮　軍未能破自前

余有丁曰謂未能破之而前進也故後云破浿水上軍乃前

朝鮮相路人相韓陰尼谿相參將軍王唊

按顏注相路人一相韓陰二尼谿相參三將軍王唊四應氏云五人誤也

司馬相如

按致要云赤猿蠷蝚兕象野犀窮奇㺄挺之句漢書文選俱無之不知二書誤脱抑亦後人所增乎

夷嵏築堂纍臺增成巖突洞房

楊愼曰嵏者山之峰如馬如驅者夷之以爲堂臺者增之以如城又因其嶼而爲房

迣聽者風聲

按言風敎見其遠謬注風雅之聲也

舜在假典顧省厥遺

俛思曰假格也謂其祀天有典猶恐有所缺遺也其殆以約

于大麓爲封禪者乎
淮南　春又請長顧入見
按春即淮南丞相春也
儒林　出入不悖所聞者
按劉貢父云所聞者當屬上句
伏生　注河圖乃有百篇
按河圖當作何圖
游俠　諺曰人貌榮名
升菴曰貌猶頂戴也今人猶云項好名目貌音墨
佞幸　鄧通　衣裻帶後穿
升菴曰裻衣之中也今人制衣猶曰裻縫蹙冢曰督脈人之
中梓人曰督緣室之中也
秦本紀蒙武伐齊河東爲九縣
按古史河東上有取字
不觳於此
余有丁曰觳當作觕義訓謂粗公羊傳云觕者曰侵精者曰
伐粗對精字互舉是也按莊子其道大觳舊註觳不潤也
葬車里康景　葬僖公
凌稚隆曰康景二字疑衍或下有闕文按秦紀及此紀無僖
公疑即景公也
始皇本紀三十一年　初一泰平
按泰平疑是泰宇方叶韵
憲公饗國十二年　死葬衙
余有丁曰憲公秦紀作寧公葬西山
呂后本紀蒼天舉直
按師古云舉直言已之理直冀天臨鑒之
孝文本紀諸侯皆同姓立太子母爲皇后
楊愼曰文帝八男景帝與梁孝王同竇后出代孝王參梁懷
王揖諸姬出也豈得爲同姓哉度其意謂天子當以貴族爲
后宜娶於諸侯之異姓者如周之齊姜今諸侯皆同姓無異
姓而王者則立后當以太子母爲正
故憪然念外人之有非
按師古云外人之有非謂夷狄邊患也
復晉陽中都民三歲
按漢書三歲下有租字
歷日縣長
按師古云縣古懸字縣長漢書作彌長
孝景本紀六年封中尉趙綰爲建陵侯
余有丁曰按年表衛綰以吴楚功由中尉封侯後由御史大
夫爲相今曰趙綰後代相複着建陵侯此褚氏誤
後元年以御史大夫綰爲丞相
余有丁曰按綰前六年用中尉封者此複出誤
三年軍東都門外
顏緈曰此時未有東都其曰東都門猶云東郭門也三輔黃
圖長安城東出北頭第一門曰宣平門民間所謂東都門
高祖本紀騎將灌嬰擊大破楚軍汲古本
一本無擊字　監本擊下有之字是
孝文紀剽道不純

何焯駙古訓字

始皇本紀欲出周鼎泗水

按周本紀秦取周鼎寶器而遷西周君於憚狐始皇本紀又云云滴水李氏曰是時泗水在彭城宋之分九鼎何緣而至宋夫取九鼎者秦昭襄王也始皇乃莊襄之子也世數年歲相去不遠始皇東狩過彭城於泗水欲出周鼎竟不得兩說牴牾如此

逡巡遁逃

金石文字記曰逡巡遁逃之異文也

周勃世家所將卒當馳道為多

陳子龍曰當馳道者大抵當正軍也

因擊胡騎平城下所將卒當馳道為多

徐孚遠曰以此例之則馳道非秦馳道也在高祖御前耳

秦本紀過秦論起仟佰之中

按陳涉本傳述其隴上輟耕太息蓋田家子也起仟佰之中言其奮起于隴畝中耳而索隱乃以為千人百人之長則涉何嘗為甲卒[illegible]家耶 邑記

五五帝本紀東至于蟠木

錢錢大昕曰蟠木者扶木呂覽西至流沙東至扶木

秦秦本紀我不殺戎王則不敢入邑

按據此則周未東遷之日戎已僭王號如徐偃王楚句亶王鄂王越章王之類也其後有亳王義渠王豲王皆戎種

為豐王妻

豐王未詳閩本作幽王然幽王妻申后非穆嬴

搏心揖志

搏當作摶說文摶壹也俗本摶作搏尤誤揖古輯字書輯五瑞史記亦作揖

北過大夏

錢曰正義說非始皇立石誇聲教之遠豈近取晉陽之地乎周書王會解正北空同大夏大宛傳張騫從月氏至大夏即其地也

異取以為高

李斯傳作異趣

雖萬世不軼毀

軼与迭同

飯土塯啜土形

李斯傳塯作匭形作鉶太史公自序塯作簋形作刑

項羽本紀及項羽別攻成陽

城陽當作成陽縣名屬濟陰非齊之城陽也

秦本紀庶長改迎靈公之子獻公于河西而立之殺出子及其母沈之淵旁

呂氏春秋當賞篇小主夫人用奄變群賢不悅自匿公子連亡在魏聞之欲入從鄭所之塞右主然守塞弗入曰臣有義不兩主公子勉去矣公子連去入翟從焉氏塞菌改入之夫人聞之大駭令吏興卒中道因變曰非擊寇也迎主君也公子連因与卒俱來至雍圍夫人夫人自殺公子連立是為獻公　錢大昕曰不韋言秦事必可信小子者即出子菌改者庶長改也呂氏言獻公名連而索隱云師隰未知所本

嫪毐封為長信侯

按嫪字正義音紀虬反又考南越傳嬰齊取邯鄲摎氏女索隱云摎音紀虬反摎姓出邯鄲蓋嫪摎古文通用今人讀嫪為郎到切非也

與齊威楚宣魏惠燕悼韓哀趙成侯並

錢大昕曰據六國表秦孝公元年當齊威十八年楚宣九年魏惠十年燕文公元年韓莊侯十年趙成侯十四年此云燕悼韓哀誤也正義讀並為白浪反屬下淮泗之間為句亦非

高祖本紀別攻城陽

按城當作成

至成陽與杠里

成陽漢書作城陽城故常昭注在潁川當从史記為是

會甄注漢書音義曾音僧保

隸書缶似缶故漢書高紀誤為缶字　孟康讀曾為僧保之僧非讀甀為保小顏未達孟義妄有訾謷小司馬又承顏之謬而不察爾

呂后本紀戚姬注

按姬妾字讀如怡乃是正音六朝人稱妾母為姨字易而音不殊與姬姓讀如基者有別如淳去古未遠當有所受小顏小司馬輒非之誤矣

孝景本紀二年封蕭何孫係為武陵侯

表作武陽其名嘉非係也

三年立平陸侯劉禮

錢大昕曰東平國有東平陸此劉禮所封邑也水經注据陳留風俗傳以尉氏之陵樹鄉故平陸縣指為劉禮所封者失之若應劭韋昭輩以為西河之平陸則謬甚矣

五年　封長公主子蟜為隆慮侯

攷功臣表隆慮侯周竈以中元元年有罪國除則蟜之封隆慮必在中元年以後紀書于前五年者非矣漢書年表景帝中五年隆慮侯融以長公主子侯二十九年坐母喪未除服姦自殺館陶公主卒於元鼎元年距孝景中五年止二十九歲又足証史記之表是而紀非也融與蟜字形相涉而譌

六年封趙丞相嘉為江陵侯

表作江陽

中六年城陽共王喜

按城陽國莒漢志謂文帝二年別為國者是也濮州之城陽漢時屬濟陰郡乃梁地非齊地且成城字異正義說非是

孝武本紀

錢曰少孫補史取史公所缺意雖淺近詞无雷同未有移甲以當乙者也或魏晉以後少孫補篇亦亡鄉里妄人取此以足其數爾秦始皇本紀末有漢明帝十七年十月云云平津侯傳末有太皇太后詔大司徒大司空云云司馬相如傳贊有揚雄以為靡麗之賦云云皆魏晉以後人竄入

黃帝得寶鼎宛侯

封禪書作宛朐蓋冤句縣是也漢志作冤侯冤即寃之譌侯句音相近

三代世表魯莊公三十二年莊公弟叔牙鴆死子般李友奔陳

子般上下皆當有脫文

齊靈公二十七年晉圍臨淄晏嬰大破之

按齊世家靈公走入臨淄晏嬰止靈公靈公弗從此文當有脫誤

衛殤公狄

漢書人表作焱狄蓋焱之譌世家作秋亦然春秋傳作剽音相近也玆作狄世家又作秋皆焱之譌

衛君起元年石傅逐起出

左傳作石圃圃傅音相近傅蓋傅之譌

六國表湯起于亳

按書立政有三亳說者以為湯始居南亳在宋州穀熟縣西南後徙西亳即河南偃師縣而景亳湯所盟地則宋州北五十里大蒙城是也三亳非一地要非京兆之亳亭明矣秦本紀寧公二年遣兵伐蕩社與亳戰亳王奔戎皇甫謐以為亳王號湯西夷之國蓋京兆之亳乃戎王號湯者之邑而徐廣以為殷湯都所起其不然乎然此篇稱作事者必於東南收功實者常於西北此乃述禹與西羌周始豐鎬而及於湯之起亳則史公固以關中之亳為湯之亳矣

魏文侯二十五年太子罃生

罃為子擊之子不當云太子

齊威王六年晉伐到鱄陵

世家作博陵

秦昭王二年桑君為亂誅

按秦本紀庶長壯與大臣諸侯公子爲逆皆誅桑與壯音相近穰侯傳誅季君之亂亦指桑君也

六國表

按十二諸侯年表始于共和終于周敬王共和以前則三代世表紀之至周敬王四十三年惟陳曹先亡耳史公以六國表継之晉衞附於魏鄭附于韓魯蔡附于楚宋附於齊各述其後事以續前表文簡而法密矣

魏獻子韓宣子趙簡子

表始于周元王元年即晉定公三十六年也魏獻子舒以魯定公元年卒韓宣子之卒當更在其前安得此時尚存乎春秋傳魏舒之後有魏曼多世家作魏侈侈謚襄子見世本此與趙簡子同時者春秋傳韓起之後有韓不信謚簡子而世家言宣子之後有貞子簡子莊子未審當是何人

秦楚之際月表秦二世元年

錢辛楣曰自是年七月以後諸侯以起兵之月爲始以次數之項梁十三月籍十七月趙歇二十六月田市十九月沛公二十九月韓廣三十月魏豹十八月韓成二十一月皆計月不計年也義帝元年以後諸侯以始封之月爲一月數至十二月即稱二年一月如韓王信之三年一月即楚四年十月英布之二年一月即漢五年七月而漢王獨稱正月者别于諸侯也趙歇田市韓廣魏豹韓成皆稱王已久則仍前之月數之而不計其年歇終四十八月成終二十七月前後義例已爲不倫臨江王共敖與十八王同時封獨不稱二年一月仍稱十三月敖終于三十一月敖子驩終于十六月又何說也市終二十四月廣終三十七月豹終三十八月

漢興以來諸侯年表漢獨有三河至十五郡

十五郡謂河東河南河内東郡潁川南陽南郡即江陵漢中巴郡蜀郡隴西北地上郡雲中幷内史也五原郡元朔二年始置故不數

怵邪臣計

怵當作怵傳寫之譌

高帝四年初王武王英布元年

武王二字衍布已誅死安得有謚

孝文前元年分爲河間都洛城

洛城當爲樂城监本作洛陽尤謬誤

十五年分爲膠西都宛

宛上當有高字

孝景前元年初置臨江都江都

當作都江陵

四年　是爲孝武帝

五字後人增入考例當書名而云景帝子

中二年初置清河都濟陽

濟陽當作清陽漢書地理志清河郡清陽縣注云王都是其證也

孝武建元元年

孝武二字亦後人所增

元鼎三年初置泗水都郯

按漢志泗水國領三縣淩泗陽于也郯爲東海郡治不當割爲泗水國都

高祖功臣侯年表百年之閒見侯五注正義曰謂平陽侯曹宗曲周侯酈終根陽河王本監本並作楊阿侯齊王本監本作卞仁戴侯祕蒙王本監本作秋家誤穀陵侯馮王本監本作谿誤偃也

錢大昕曰史公作表終于太初平陽曲周陽河戴四侯之免皆在太初以後故尚在見侯之數也江鄒侯靳石以改封不與五人之列然曲周侯終根其時已改封繆陽河侯仁其時亦改封埤山矣是太初之世不止見侯五也陽河侯据漢表乃其石之後齊乃其謚非姓也正義稱齊仁似誤

陽陵索隱云屬馮翊

按馮翊之陽陵景帝陵也漢制陵縣屬太常元帝始分屬三輔不以封諸侯漢志陽陵故弋陽景帝更名則高帝時尚無陽陵之名楚漢春秋作陰陵近之

廣嚴

按嚴字衍文

胡陵侯呂祿

漢表作漢陽

鄃　高后二年懿侯同

按漢書蕭何傳及表俱以同爲祿母史記以同爲祿弟既已爭迕且同以罪除何由更得謚懿此必史記之誤

筑陽

按此表延立十九年以文帝後三年薨子遺立一年以文帝後四年薨則立四年以景帝元年有罪免皆封筑陽若据漢表及傳則延封筑陽乃在高后時文帝元年更封鄼二年薨當云三年子遺嗣一年遺弟則紹封二十年皆封鄼漢表作封武陽其不同如此蕭公爲漢元功史家敘其世系尚不免傳聞異詞紀載之難信自古然矣

臨汝　侯賢行賕罪國除

漢表賢坐子傷人首匿免與此異

貰　定會稽浙江湖陽

湖陽漢表作湖陵

蓼　以前元年從起碭

按表所稱前元年二年三年者高帝自稱沛公之年也入關王漢以後始稱漢元年

陽都

按漢志城陽國有陽都縣後漢省城陽入琅邪小司馬云漢志缺者非也

汁邡　功比平定侯

按平安侯齊受以孝惠元年始封雍齒以高祖六年封不應轉準其例當有誤文或是平侯沛嘉之譌

棘蒲

按趙世家敬侯伐魏取棘蒲正義云今趙州平棘縣今致陳武以高帝六年封棘蒲侯而七年又封林摯為平棘侯則平棘非即棘蒲矣或其地相去不遠爾

都昌

按北海郡有都昌水經注以為朱軫所封

武彊

按相國世家還攻武昬疆因至滎陽臣瓚云武彊城在陽武水經注以為莊不識所封

昔齊侯吕注徐廣曰吕一作台

漢表作合傳胡害與台字形相近　索隱單行本吕下有博國二字

海陽　按班志遼西郡有海陽郡縣水經注以為搖毋餘所封也

曲成　按漢志曲成縣屬東萊郡此曲成也其後改封夜侯夜即掖亦屬東萊　又王子侯表有曲成侯表在涿郡此又一曲成小司馬誤合為一

蟲逢　漢書作蟲達

任侯　侯字衍

昌武　按漢志膠東國有昌武縣

侯單甯　漢表作單究

宣曲

按貨殖傳有宣曲任氏小司馬据上林賦西馳宣曲以為當在京輔也

絳陽

按水經注澮水篇云新田又謂之絳即絳陽也蓋在絳澮之陽漢高帝封華無害為侯國

東茅　索隱一作柔

按琅邪郡有柔縣

臺　索隱

按兩漢無臨淄郡當是齊郡也又濟南郡有臺縣

樂成

按河間國有樂成縣

蒯成

按晉書地理志蒯成屬始平不屬北地也高帝功臣表百四十七人班史皆不言其食邑所在獨于蒯成云在長沙必有所据諸解紛紛皆無當也

復陽

按清河郡亦有復陽縣水經注以為陳胥所封

朝陽

按濟南郡亦有朝陽縣或稱東朝陽水經注以為華寄封國

武原

按漢志楚國有武原縣

槀　注屬山陽

按槀當為槖字之譌

彭注屬東海郡
按東海郡無彭縣武帝時劉屈氂封澎侯晋灼云東海縣然
漢志東海亦無澎縣
甯
錢大昕曰春秋傳晋陽處父聘于衛反過甯杜云甯晋邑汲
郡修武縣也當是魏遷所封邑
襄平
按水經注以遼東之襄平為紀通封國
龍
按水經注汶水西南逕龍鄉故城春秋傳齊人圍龍者也漢
高帝封陳署為侯國
陸梁　索隱本作陸量
義陵
按武陵郡有義陵縣吳程以長沙柱國封侯當在武陵之冡
陵非汝南之義陽且漢有兩義陽〔一在南陽平氏一在東海厚邱〕皆不屬汝
南疑小司馬誤也
吳程　漢表作吳郢
禾成
按水經注濁漳水篇云斯洨水又東南逕和城北漢高帝封
郎中公孫耳為侯國
汲侯
侯字衍波蓋波之譌水經注淇水又東北逕波縣故城北漢
高帝封公上不害為侯國
江鄒侯石坐為太常云云
按漢表坐為太常行幸離宮道橋苦惡太僕敬聲繋以謁聞
赦免與此異
衍
按蘇秦說魏襄王云北有河外卷衍酸棗則衍亦河南郡地
平州
按漢志西河郡有平周縣而路博德傳稱西河平州人疑周
與州通也又春秋傳會于平州杜預云在泰山牟縣西元封
三年封朝鮮降將唊為平州侯表在梁父蓋即春秋之平州
也平州雖有三名漢初封國當以梁父者近是
戚
按班志東海郡明有戚縣索隱云缺謬　水經注今頓邱衛
國縣西戚亭漢高帝封李必為侯國此春秋之戚非東海之
戚也酈說近之
桃
按水經注濁漳水篇云衡漳又東北逕桃縣故城北漢高祖
封劉襄為侯國此信都之桃也又濟水篇云濮渠逕桃城南
即戰國所謂酸棗桃虛也漢高帝封劉襄為侯國此東郡之
桃也
高梁
按水經注汾水過高梁邑西故高梁之墟也春秋害晋懷公
於此漢高帝封酈介於斯邑
紀信
此侯國注家皆缺其地疑本封紀侯而衍信字亦或云信達
兩字謚

菌注一作鹵

按代郡有鹵城縣

惠景間侯者年表扶柳

按水經注以琅邪之扶縣爲吕平侯國蓋酈氏所見本異

平定

按漢志西河郡有平定縣

樂平

按漢宣帝封霍山爲樂平侯表在東郡

山都

按漢志南陽郡有山都縣水經注云本南陽之赤鄉漢高后封王恬爲侯國

清郭

清讀若靖即戰國策之靖郭也王氏本作清都監本作清源皆誤

樂昌侯張受

按後漢書張酺傳云張歆子壽封細陽之池陽鄉蓋本析細陽地爲樂昌國也細陽本隸汝南宣武帝封王武爲樂昌侯漢表在汝南即壽故封也樂昌侯國元始初尚存不審地理志何以闕之　受列傳作壽音相似也

斥邱

漢表作氏邱　錢曰魏郡斥邱高帝時唐厲所封傳三世至元鼎初尚無恙不應更封它人

平昌

按漢志琅邪平原二郡皆有平昌縣水經注以琅邪之平原爲劉印所封

白石

按金城郡昭帝始置且距齊地絶遠不應文帝時以封齊悼惠王子也正義云在德州安德縣注在齊悼惠王世家近之

安陽

小司馬本作安陵故云縣名屬瑯馮翊恐別有安陵今刊本刪此五字

按馮翊之安陵惠帝所葬不應建爲侯國故小司馬疑其別有一安陵不知其爲安陽之譌也漢志汝南郡有安陽縣水經注以爲劉勃所封

陽周　按吕大臨考古圖有周陽侯甗銘

淮南傳作周陽而諸侯年表及漢表並作陽周誤與此同

弓高

按漢志河間國有弓高縣水經注以爲韓頹當所封也營陵縣屬北海郡疑漢表誤或河間別有營陵鄉

右孝文時二十九（汲古閣作二十八誤）
今數之止二十八蓋脱陽邱侯劉安一人据索隱單行本陽邱當在陽虛之後蓋傳寫失之漢表不数章武南皮二侯故云二十七人

建陵
按東海郡有建陵縣水經注以為衛綰所封

江陽
按漢志東海無江陽縣惟犍為郡有江陽水經注以為蘇嘉所封

山陽
按漢志河內郡有山陽縣

周陽
按水經涑水又西過周陽邑南酈元以為田勝封國也上郡有陽周無周陽

景惠間侯者年表祝茲 索隱 漢書作琅邪
錢大昕曰按高后四年封松茲侯徐厲漢表作祝茲而史記文帝紀周亞夫世家亦有祝茲侯徐厲名說者疑徐厲已封祝茲則此呂榮所封當依漢書作琅邪然徧檢各本漢表祝茲侯呂瑩無有作琅邪者則單文孤證未可信也及讀漢書王子侯表祝茲侯延年下注琅邪字乃悟索隱本云漢表在琅邪後人傳寫譌為書作二字爾今改定當以廬江之松茲為徐厲國琅邪之祝茲為呂榮國也

周陽 索隱屬上郡
錢大昕曰上郡有陽周縣無周陽小司馬本益作陽周故按志以校之耳正義引括地志云周陽故城在絳州聞喜縣東二十九里（見文帝紀）此即水經所云周陽邑蓋河東郡地也予謂駟鈞以齊王舅父得侯即裂齊地而封之趙兼以淮南舅父得侯其封邑亦當在淮南境內且兼得罪失侯未幾即以淮南王賜為周陽侯同時侯者阜陵東城皆淮南故地則此周陽亦宜在淮楚之間不特非上郡之陽周恐亦非河東之周陽矣

建元以來侯者年表符離
漢表作邳離在朱虛

莊 漢表作杜注云重平蓋東平之譌

成安 注表在郟
按郟當作郏字之譌也漢志陳留潁川並有成安縣潁川之成安蓋分郏縣置即延年封國也

將梁
按王子侯表者表中山靖王子朝平以元朔二年封將梁侯元鼎五年坐酎金國除此楊僕以元鼎六年封蓋即朝平故邑本中山地而改隸涿郡也

下酈
按水經注淄水東南流逕南酈縣故城東史記所謂下酈也

漢武帝封左將黃同爲侯國

涉都
水經注云棗郡國志筑陽縣有涉都鄉

秺 秺當作庛齊陰有庛縣

子宏代立 据漢表嗣曰䃅者子賞非宏也

商利侯王山 漢表作王山壽

建元已來王子矦者年表
按漢志汝南豫章皆有宜春縣水經注以豫章之宜春爲劉
成國

廣戚 漢志沛郡有廣戚縣

盱台 漢志臨淮有盱眙縣即盱台

睢陵 漢表作淮陵景十三王傳作淮陽 水經注以睢陵爲
江都易王子所封

劇 漢志菑川國有劇縣

平望 按水經注平望亭在平壽縣故城西北八十里漢武帝
封菑川懿王子劉賞爲侯國

益都
按青州益都縣曹魏所置疑即漢之侯國地

尉文
按趙世家孝成王以尉文封廉頗爲信平君是尉文爲趙地
漢表云南郡恐誤

東城
此侯趙敬肅王子恐非九江之東城

阿武 按漢志涿郡有阿武縣

蓋胥
按泰山郡有蓋縣無蓋胥縣此侯爲河閒獻王之子當漢表
屬魏郡不當屬泰山

平 此矦爲濟北所封分共封國未必在河南

臯狼 按漢志西河郡有臯狼縣代與西河接壤當是西河之
臯狼也

千章 按漢志西河郡有千章縣

有利 按水經注沭水篇云武陽溝水東出倉山山上有故城
即古有利城矣漢武帝封城陽共王子劉釘爲侯國

南城 按東海郡有南成縣即南城後漢改屬泰山郡

廣陵常侯劉表 漢表常作虒

千鍾矦劉揺

漢表作重矦擔 漢志渤海郡有千童縣水經注以爲河閒
獻王子封國

定敬侯劉越
索隱本敬作敫注中敫字皆敫之誤

柳 按漢志勃海郡有柳縣水經注淇水篇以爲齊孝王子陽封
國

樊輿　按漢志涿郡有樊輿縣

夫夷　按漢志零陵郡有夫夷縣水經注以為長沙定王子義

所封

舂陵注志屬南陽

按劉買封邑本在泠道縣舂陵鄉元帝時徙南陽蔡陽縣白

水鄉表所書者徙封之邑也

雩殷　漢志作雩叚此殷字蓋叚字之譌

父城注志在遼西表在東海

按漢表作文成故小司馬以遼西之文成當之然此侯為城

陽頃王之子當从漢表在東海不必遠在遼西也

涓

按涓侯不疑乃城陽頃王之子其封國與東海相近故别屬

東海不得遠引南陽之涓水為証

將相名臣年表孝景元年置司徒官

漢初無司徒司空之官此必太尉之譌表于三年巳書置太

尉此重出又舛誤

四年

是年封皇子徹為膠東王表失書

征和二年劉屈氂為丞相封彭城侯

城字衍漢表彭作澎

黄龍元年樂陵侯史子長

子長史高字也表當書名而誤書字

河平三年太僕平安侯王章

此王舜之子漢志千乘郡有平安侯國即舜所封恩澤侯表

外戚傳俱作安平誤

禮書　張晏注云云

按今二篇俱有今上即位之文似非盡褚先生所補

社至於諸侯函及士大夫　索隱注云云

錢大昕曰函及者覃及也說文弓嘾也讀若含函从弓得聲

亦与嘾同義古文導與禫同士喪禮中月而禫古文禫作導

則導與禫通也說文栚讀若導服之導亦謂禫服則亦与嘾

通而唱又与嘾同音是文異而實不異小司馬疑啗為蹈之

譌由不知古音之變易也

樂書志微焦衰之音作

古文叔与衰通易神武不殺虞仲翔本作衰

封禪書文帝出長安門

錢大昕曰安字衍下文云長門五帝可証漢志亦作長門

三元以郊得一角獸曰狩云

按元光之後尚有元朔則元狩乃四元非三元班史改以為今元三元字蓋得之矣

律書太蔟長七寸七分當作十分二角當作商

錢大昕曰晋書律歷志云司馬遷言五音相生以宮生角角生商商生徵徵生羽羽生宮求其理用罔見通途依晋志次之林鍾為角南呂為徵姑洗為羽則太蔟必為商可知也

生鍾分子一分　謂黄鍾長九寸其數八十一爲十二律之本

丑三分二　謂林鍾長六寸其數五十四于黄鍾本數中得三分之二也下倣此

寅九分八　謂太蔟長八寸其數七十二得黄鍾本數九分之八

卯二十七分十六　謂南吕長五寸三分寸之一也以分子爲實前兩位分母爲法實如法得寸分之數後倣此其數四十八

辰八十一分六十四　謂姑洗長七寸九分寸之一也其數六十四

巳二百四十三分一百二十八　謂應鍾長四寸二十七分寸之二十也其數四十二又三分之二史公以九分爲寸故云長四寸二分三分二自此以下俱有零分

午七百二十九分五百一十二　謂蕤賓長六寸八十一分寸之二十六也其數五十六又九分之八故云長五寸六分三分二今本作一誤其實不止三分之二史約其大率耳

未二千一百八十七分一千二十四　謂大吕四寸二百四十三分寸之五十二倍之則爲八寸二百四十三分寸之一百四也鄭康成注周禮大吕夾鍾中吕皆用倍律蕤賓下生得正律若上生則得倍律云其數七十五又二十七分之二十三此用倍律之數乘之其數七十五又二十七分

故云長七寸五分三分二今本作一誤亦尚有餘分也

申六百五千五百六十一分四千九十六　謂夷則長五寸七百二十九分寸之四百五十一也其數五十又八十一分之四十六故云長五寸今本下有四分二字誤三分二其實不足三分之二舉其大數也

酉一萬九千六百八十三分八千一百九十二　謂夾鍾長三寸二千一百八十七分寸之一千六百三十一倍之則爲七寸二千一百八十七分寸之一千七十五也其數六十七又二百四十三分之一百三故云長六寸七今本作一誤分三分一亦尚有餘分

戌五萬九千四十九分三萬二千七百六十八　謂無射長四寸六千五百六十一分寸之六千五百廿四也其數四十四

又七百二十九分之六百九十二故云長四寸四分三分二尚有餘分

亥十七萬七千一百四十七分六萬五千五百三十六　謂仲呂長三寸一萬九千六百八十三分寸之六千四百八十七倍之為六寸一萬九千六百八十三分之一萬二千九百七十四也其數五十九又二千一百八十七分之二千三十九故云長五寸九分二分二尚有餘分也若以十二律配十二月則陽律居本月陰律居其對律月如林鍾丑而在未月南呂卯而在酉月是也太呂以下必用倍律者以律配月丑月之律不可短於寅律卯月之律不可短于辰律巳月之律不可短於午律故必倍其數而後長短適如其次也而倍律之數則惟蕤賓重上生始得之蕤賓之下生者正律之寸分也重上生者倍律之寸分也史公言十二律分寸取倍數言生鍾分數取正數各有所當不可偏廢也

上九商八羽七角六宮五徵九注索隱云此文似數錯未暇研覈也

錢大昕曰余族子唐以太玄淮南天文訓證明史公之蒙其說確不可易今述之左方大玄云甲己之數九乙庚八丙辛七丁壬六戊癸五淮南云戊子黃鍾之宮也庚子無射之商也壬子夷則之角也甲子中呂之徵也丙子夾鍾之羽也蓋古法六十律旋相為宮黃鍾為宮起戊子則林鍾為徵配己丑大蔟為商配庚寅南呂為羽配辛卯姑洗為角配壬辰次應鍾為宮配癸巳蕤賓為徵配甲午大呂為商配乙未夷則為羽配丙申夾鍾為角配丁酉次無射為宮配戊戌中呂為徵配己亥黃鍾為商配庚子故云庚子無射之商林鍾為羽配辛丑大蔟為角配壬寅次南呂為宮配癸卯姑洗為徵配甲辰應鍾為商配乙巳蕤賓為羽配丙午大呂為角配丁未次夷則為宮配戊申夾鍾為徵配己酉無射為商配庚戌中呂為羽配辛亥黃鍾為角配壬子故云壬子夷則之角次林鍾為宮配癸丑太蔟為徵配甲寅南呂為商配乙卯姑洗為羽配丙辰應鍾為商角配丁巳次蕤賓為宮配戊午大呂為徵配己未夷則為商配庚申夾鍾為羽配辛酉無射為角配壬戌次仲呂為宮配癸亥黃鍾為徵配甲子故云甲子中呂之徵林鍾為商配乙丑太蔟為羽配丙寅南呂為角配丁卯次姑洗為宮配戊辰應鍾為徵配己巳蕤賓為商配庚午大呂為羽配辛未夷則為角配壬申次夾鍾為宮配癸酉無射為徵配甲戌中呂為商配乙亥黃鍾為羽配丙子故云丙子夾鍾之羽林鍾為角配丁丑次太蔟為商宮配戊寅南呂為徵配己卯姑洗為商配庚辰應鍾為羽配辛巳蕤賓為角配壬午大呂為宮配癸未夷則為徵配甲申夾鍾為商配乙酉無射為羽配丙戌中呂為角配丁亥而六十律終矣戊癸為宮數故宮之數五甲己為徵數故徵之數九乙庚為商數故商之數八丙辛為羽數故羽之數七丁壬為角數故角之數六也

置一而九三之以為法

此下當云十一三之以為實轉寫脫之

聞鼓效勝負

效見也

晉用咎犯

按古文舅爲咎禮注見士昏 狐偃晉文公舅故称咎犯正義以爲
二人未詳所據咎季即胥臣左傳謂之臼季
不周風居西北主殺生
按八卦之位乾居西北故八卦始於西北易坤之上六龍戰
于野謂十月之卦也說卦傳戰乎乾乾西北之卦陰陽相薄
故云主殺生與易義同五行家以亥爲天門遁甲乾主開門
史公所謂辟生氣而東之也
東至于建星
唐一行曰日度議謂甄耀度及魯歷南方有狼弧无東井鬼
北方有建星无南斗此書述二十八舍亦以建星易南斗狼
弧易井輿鬼然則史公所用殆魯歷與
條風居東北主出萬物
東北者艮方也萬物之所成終而所成始故主出萬物于遁
甲爲生門
箕者言萬物根棋
棋讀如荄易箕子之明夷趙賓以爲箕子者萬物方荄茲也
其義蓋本于史公
清明風居東南維主風
東南者巽方也故主風
涼風居西南維主地
西南者坤方也故主地於遁甲爲死門故云萬物就死氣也
北至于罰
此叙二十八舍有罰無觜觿
北至于留
卯即昴字詩惟參与昴毛云昴留也孔疏言物成就繫留也
留从丣則昴亦當从丣而讀如柳矣今本說文昴从丣蓋傳
寫之譌然徐仙民讀昴如茅陸氏釋文亦音卯則此音之譌
久矣
戌者言萬物盡滅
說文戌滅也五行火生于戌陽氣至戌而盡故滅从火戌
歷書其更以七年爲太初元年年名焉逢提攝格注索隱曰當
是班固用三統与太初歷不同故与太史公說有異
錢大昕曰索隱之說非也漢志云通以前歷上元泰初四千
六百一十七歲至于元封七年復得閼逢攝提格之歲中冬
十一月甲子朔旦冬至日月在建星太歲在子然則班史何
嘗不云閼逢攝提格之歲与太史公說曷嘗有異乎古法歲
陰与太歲不同太歲與歲星常相應歲星自丑右行太歲自
子左行歲在星紀則太歲必在子在元枵則太歲必在丑歲
星百四十有四年而超一辰即太歲亦超一辰矣太初之元
歲在星紀故漢志以爲太歲在子而當諸書以爲年名閼逢
攝提格者乃指歲陰所在非太歲所在也歲陰亦謂之太陰
又曰青龍亦左行周十二辰而常在太歲之前二辰如太歲

在子則太陰在寅太歲在丑則太陰在卯也淮南天文訓太陰在寅名歲曰攝提格太陰在卯歲名曰單閼云云蓋古人呂太陰紀歲攝提格以下十二名皆謂太陰所在淮南言太陰元始建于甲寅故以焉逢攝提格之歲為歷元而太初三統推上元日月五星皆起于星紀故太歲起丙子史記歷術甲子篇云甲寅年者以太陰所在紀歲名班史云歲名困敦乃真太歲所在也東漢以降術家鮮知太陰太歲之别又不知太歲起辰之義則古書多難通矣

徒維敦牂天漢元年

此篇載歲陽名与尔疋異蓋漢儒傳授各異爾

太初元年至月名畢聚

按尔疋月在甲曰畢正月為陬十一月為辜此冬至之月建子月也月陽在甲當云畢辜而云畢聚者聚与陬古文通用天正之月亦可云陬也索隱謂月值娵訾則是建寅之月非冬至矣

明者孟也幽者幼也

古讀明如芒而孟亦与芒通戰國魏有芒卯它書作孟芒卯毛公詁詩正為長冥為幼而鄭康成箋之以正為晝冥為夜然則晝為長夜為幼与大戴大史公之義正同

注陳術云

陳術蜀人誤益部耆舊襍記

天官書中宮天極星

錢大昕曰此中宮及東宮南宮西宮北宮五宮字皆當作官按下文云此天之五官坐位也可証史公本文皆作官矣索隱于中宮下引春秋元命包官之為言宣也下文紫宮下乃引元命包宮之言中也又可証小司馬元本中宮作中官矣小司馬解天官云天文有五官官者星官也星座有尊卑若人之官曹列位故曰天官

以攝提格歲歲陰左行在寅歲星右轉居丑

錢曰歲陰者太陰也淮南天文訓天神之貴者莫貴于青龍或曰天一或曰太陰太陰所居不可背而可鄉又云太陰在寅寅為建卯為除辰為滿巳為平午為定未為執申為破酉為危戌為成亥為收子為開丑為閉此太陰與太歲之別也古法太歲與歲星相應歲星居丑則太歲當在子而稱攝提格歲者太史以太陰紀歲不以太歲紀歲与淮南天文訓同也貨殖傳太陰在卯穰明歲衰惡至午旱明歲美至酉穰明歲衰惡至子大旱明歲美有水此亦以太陰紀歲之證

正月与斗牽牛晨出東方

淮南天文訓太陰在寅歲名曰攝提格其雄為歲星舍斗牽牛以十一月与之晨出東方此云正月者據石氏星經較淮南書每後兩月

以三月居与營室東壁晨出　以四月与奎婁胃昴晨出

居字衍　漢志淮南俱無胃昴字

曰大音　曰為長王

漢志作天晋　漢志作長壬

曰大章注天文志作大星　曰天泉

漢志作天皇　漢志作天宗

歲十二度百十二分之五

按填星率二十八日而行一度歲三百六十五日當行十三度餘一日四分日之一當云二十八分度之一又小分四之一通其率爲百十二分度之五也十二度當作十三度

若水金在南曰牝牡

水當作木

夕出郊奎婁　郊東井　郊角亢　郊東方

按四郊字皆效字之譌淮南天文訓辰星正四時常以二月春分効奎婁以五月夏至効東井輿鬼以十一月冬至効斗牽牛高誘云効見也說文無効字當爲效 當落一句俟校

月会始日至而復始

錢曰按本文傳寫固有錯謬小司馬所引三統法亦誤也今攷三統四分術竝以五月二十三分之二十而一会依次推之則五月者一六月者六又五月者一六月者七又五月者一六月者七凡三百三十五月而復始也校書之家罕通步算傳寫譌脫莫能正是自昔然矣

去地可六丈大　徐廣注大一作六

六字連下句讀六賊星名也按大當作六

水澇澤竭地長見象

漢志云水澇地長澤竭見象益以長象爲韻与上下文同例澇古潦字水澇与澤竭意亦相對此傎倒兩字蓋傳寫之譌

城郭門閭閨臬枯槀

錢曰枯槀當作槀枯枯与閭韻也閨臬漢志作潤息于義爲長

斗秉兼之

秉卽柄字

河渠書拜湯子卬爲漢中守

當云漢中太守脫太字

其後莊熊羆言

漢志作嚴熊无羆字

閭殫爲河

漢志閭作慮閭以音同借用遼東無慮縣以醫無閭山得名是也此閭字亦借爲憂慮之慮裴駰解爲州閭非是

延道弛兮

漢書作正道正道弛者失其正道也古文正与征通征或作延與延字字形相似因譌小司馬作延長解似曲

西門豹引漳水至之河內

按漢志史起言鄴田惡漳水在其旁而西門豹不知用是不

智也乃以起為鄴令遂引漳水溉鄴民歌之史記以引漳水溉鄴為西門豹事誤

平準書于是募民能輸至爵得至大庶長

錢大昕曰按文帝用晁錯之言令民入粟拜爵此賣爵非賣官也爵自公士至公乘凡八等雖有爵猶不得復除与編户無異自大夫至大庶長十等爵雖高初无職事非有治民之責也官有定員而爵無定員故云爵者上之所擅出于口而無窮蓋假以虛名未嘗列于仕籍錯雖言利猶不妨吏道矣孝武用兵府庫益虛乃有入羊為郎之例其後置武功爵至官首者得試補吏先除雖云買爵亦得入仕蓋祖晁錯之意而失之者也

彭吳賈滅朝鮮置滄海之郡

按漢書武帝紀元朔元年東夷薉君南閭等口二十八萬人降為蒼海郡三年春罷蒼海郡至元封三年滅朝鮮相距二十年不得并為一事且滅朝鮮者為荀彘楊僕亦無彭吳賈其人也漢書食貨志但云彭吳穿穢貊朝鮮置滄海郡較之史記為確予又疑滅當為濊字之譌濊與穢薉同賈讀為商賈之賈謂彭吳與濊朝鮮貿易因得通道置郡也小司馬謂彭吳始開其道而滅之非是

河決觀

是時河決瓠子東注鉅野不及觀也漢書觀作灌屬下句當從之

或盜摩錢裡取鋊

按鋊當作鋊說文鋊銅屑也讀若浴漢志姦或盜摩錢質而取鋊臣瓚以為摩錢漫面以取其屑更以鑄錢西京黃圖叙云民摩錢取屑是也

徵發之士益鮮

錢曰晁錯言爵至五大夫以上迺復卒一人武帝置武功爵千夫如五大夫故五大夫與千夫皆不在徵發之限不欲者出馬

吏多坐法廢免買爵者多不願除吏故又使出馬

異時算軺車賈人緡錢皆有差

異時謂漢初也上文言高祖初平天下不得乘車重租稅以困辱之蓋謂此

初置張掖酒泉郡注元鼎六年

按漢書武紀元鼎六年分武威酒泉地置張掖敦煌郡而酒泉置郡乃在元狩二年徐廣注誤

吳世家楚共王伐吳至衡山
錢辛楣曰烏程吳之南境楚兵不能深入至此今當塗縣北
有橫山即春秋之衡山也
惧猶不足而又可以畔乎
錢曰畔讀如心廣體胖之胖胖與般同皆有樂義
齊世家使庸職驂乘
按庸閻声相近書毋若火始炎炎漢書作庸庸小司馬不識
古音妄以庸為受雇可笑
齊東意盛
此下有脫文
魯世家王亦未敢訓周公
按誚从肖古書或省从小轉寫譌為川尔
煬公築茅闕門六年卒
漢書律歷志煬公即位六十年此脫十字
子屯立
漢志屯作毛字形相涉而譌
管蔡世家乃令賊利殺昭侯
按左氏傳弒昭侯者公孫翩也
宋世家今殷其典喪
錢曰典讀如殄典喪者殄喪也考工記輈欲頎典鄭司農讀
典為殄燕禮寡君有不腆之酒注古文腆為殄是典腆與殄
通
卜五占之用二衍忒
鄭氏以卜五占之用為句二衍忒為句上句言卜下句言筮

三十年子哀公立
按年表少哀公一世
昭公弟鮑革
按左氏無革字下文亦有單称公子鮑者則革為衍文
晉世家犂二十五年
犂遲也猶言待也 按尉佗作犂旦漢書作遲旦是犂與遲義公
且言何以易之
謂其言不可移易索隱讀易為去声非也
魏文子請老
當作范武子
東至膠南至沂
左氏膠為濰
楚世家注虞翻曰名翦
大戴禮帝系篇作錢
賓之南海 賓讀曰擯
謂初王比曰 比死謚故以初王目之
虜楚王負芻滅楚名為楚郡
按秦始皇父名楚故始皇本紀稱楚為荆滅楚之後未嘗置
楚郡也孫氏謂滅去楚名蓋得其實楚郡之楚當是衍文
越王世家越以服為臣
以與已同
齊與吳疥𤻮也 𤻮癬之異文
正義霸王之氣見于地戶
錢大昕曰術家以亥為天門巳為地戶建在亥則破在巳執

在辰矣已爲楚分而吳越在中國之東南正當巳位故云地户之位非吳則越春秋時能病楚者吳能病吳者越以其當地户也

鄭世家祝瞻射王

瞻當作聸說文聸垂耳也与聃音義相近

叔其大夫單伯注左傳作檀伯

按單亶古文通用歷書單閼一作亶安淮南泰族訓密子治亶父即單父也

鄬公惡鄭于楚

說文鄦太嶽之後甫侯所封讀若許

趙世家封晋君以端氏

時晋滅已十有八年矣或其君猶存故封以一城使臣于趙

武靈王二十五年惠后卒

錢曰此惠后即吳娃也惠后未死之前子何已立爲太子矣後文云吳娃死即追叙此事非死于傳位之後也孝成二年惠文后卒此是惠文王之后長安君之母戰國策所謂趙太后也索隱以此惠后爲前太子章之母以惠文后爲吳娃斷疑史記娃死之誤可謂弗思甚也

老婦恃輦而行

東廣微言太后繼三十有奇者以惠文王吳娃之子嗣位時尚幼約在十歲以内享國三十三年而卒其后之年不過在四十内外也古者夫歿稱未亡人太后自稱老婦不必計年之多寡索隱以吳娃當之不知娃之前死史有明文也

反高平根柔于魏

根柔戰國策作温枳皆河内地名

以尉文封相國廉頗

按漢書王子侯表趙敬肅王子有尉文節侯丙是尉文爲趙地審矣或說非也

魏世家武堵爲秦所敗

年表作武都据表則武都二字當屬上句城武都是一事爲秦所敗又一事

田完世家叔高昭子晏孺子

晏孺子乃晏圉之誤

孔子世家趨詳之節　按詳与翔同

据魯親周故殷運之三代

錢大昕曰正義訓殷爲中非也春秋成周宣榭火公羊傳外災不書此何以書新周也何休曰孔子以春秋當新王上黜杞下新周而故宋繫宣榭于成周使若國文黜而新之從爲王者後記災也又杞伯來朝何休云杞夏后不稱公者春秋黜杞新周而故宋以春秋當新王也漢儒說春秋者謂孔子制春秋之義以俟後聖王者存二代之後周監于夏殷繼周者當黜杞而存周以備三統故云据魯親周故殷運之三代据魯謂以春秋當新王也親周故殷謂新周故宋也當以殷字絶句

子襄至遷爲長沙太守

漢書孔光傳作長沙太傅是惠帝時長沙爲侯國不得有太守也

陳涉世家陽城人也

按漢書地理志潁川汝南皆有陽城而汝南之陽城則為侯國宗室劉德所封傳至三世至王莽敗而國除故後漢志有潁川之陽城無汝南之陽城非本隸汝南而後移隸潁川也索隱說誤

齊悼惠王世家　猷城陽郡正義云云

按此城陽國非雷澤之成陽(辨見景帝紀)

孝文帝盡封齊悼王子　七人皆為列侯

按漢書王子侯表管共侯罷軍氏丘共侯甯國營平侯信都楊丘共侯安楊虛侯將閭朸侯辟光安都侯志平昌侯卬武成侯賢白石侯雄渠皆悼惠王子以文帝四年五月甲寅同日封此云七人蓋十人之譌

梁孝王世家　地入于漢為郡

按漢志無濟川郡亦不言濟川國所在嘗讀水經注引應劭說濟川今陳留濟陽縣是也乃知陳留郡即濟川故地志稱陳留郡武帝元狩元年置不言故屬梁國者史之缺也濟川國除在武帝建元三年其時當為濟川郡至元狩初移治陳留乃改為陳留郡尒(呂后時已有濟川國乃齊之濟南郡非梁地)

三王世家　御史臣光守尚書令

按索隱說非也光以御史守尚書令非別有一尚書令而失其名也下文云太子少傅臣安行宗正事云太僕臣賀行御史大夫事皆與此一例

一子為朝陽侯　注正義云云

按漢書王子侯表朝陽荒侯聖下注濟南字而地理志稱濟南郡朝陽縣本是侯國則此朝陽非南陽之朝陽也

廉頗　惠文王十六至取晉陽

表作惠文十五年取齊昔陽　索隱又作陽晉

殺將扈輒于武遂城

趙世家作武城武遂在燕趙之交秦兵未得至其地恐上有武遂方城之文誤衍遂字耳

田單　號曰安平君

史不敘其後事攷趙世家孝成王元年齊安平君田單將趙師而攻燕中陽拔之二年田單為相即齊王建之元年也豈襄王既沒單遂去齊而入趙乎

魯仲連　今齊湣王

此時距齊湣王死已二十餘年矣文云云似其人尚存

刺客　將用為夫人麤糲之資

正義本作大人注中夫人字皆大人之譌下文家丈人召使前索隱引韋昭說古者尊父嫗為丈人又引漢書宣元六王傳古詩丈人故言遲証之則小司馬所見漢書與今本異

李斯　孔子著之不為不孝

春秋衞石曼姑帥師圍戚公羊以為伯討孟子書稱衞君輒為孝公故趙高為此言然蒯聵未嘗死于輒輒亦無德可載也

司城子罕相宋　至遂劫其君

韓子二柄篇云宋君失刑而子罕用之故宋君見劫又高誘注呂覽亦云子罕殺宋昭公攷宋世家不載子罕事据左傳子罕仕平公朝乃宋之良臣初未劫君也或此子罕事在春秋以後故戰國漢初人多言之鄒陽傳宋聽子罕之計而囚

墨翟 漢書作子冉 亦此子罕也

蒙恬 故立號曰繆

据此則繆當讀如謬所謂名與實爽曰繆也恬秦人其言必有所自

淮陰侯 信遂追北至城陽

按此城陽是齊地非濮州之成陽

狡兔死

狡吳越春秋作郊索隱本作郊與吳越春秋同

陳豨 拜為鉅鹿守

此時鉅鹿屬趙國豨蓋以趙相國兼鉅鹿守也

樊噲 號臨武侯

按戰國趙有臨武君未必遠取桂陽之臨武也

婁敬 欲遣長公主

按張敖尚魯元公主在高帝困平城之前故傳云高祖從平城過趙趙王有子婿禮可證婁敬進說乃在平城以後詎有奪長公主以妻單于之理乎此事未可信

季布 注俠甹也

說文甹俠也三輔謂輕財者為甹

鼂錯 死十餘日

錯父死才十餘日而錯衣朝衣如故則錯初未行一日喪也

刑名之學其弊乃至于此

老子傳 注周守藏室之史注

按蒼傳但云秦時為御史主柱下方書未嘗及老子一本作張湯傳尤誤

注服具勝 即巨勝也

又非吾敢橫失 失古軼字

則以為鬻權注韓子作賣重

賣當作𧶠說文𧶠衒也讀若育

氾濫博文

韓子作米鹽博辯天官書淩雜米鹽正義云米鹽細碎也

皆原于道德之意而老子深遠矣

錢大昕曰申韓之學皆自謂本于老子而實失老氏之旨史公自序述其父說道德與名法各為一家而于此贊又明辨之言其似同而實異也說者譏韓非不當與老子同傳蓋未喻史公微旨

仲尼弟子列傳注正義云九二甲寅木為世立五景行水為應

錢曰立當作六行當作子景即丙字此注譌舛難讀今以意推衍之外卦艮上內卦乾金外象生內象也子水為世寅木為應應生世也內乾為父外艮為子純陽之卦內象本艮一陽變乾三陽外象艮一陽凡五陽爻故主五大夫子內艮一陽不見故一子短命

子夏居西河教授注

按汾州無掖城縣蓋隰城之譌

蘇秦列傳夫齊者固寡人之讎

按燕王噲之時齊與燕未有深讎也蘇代此說必在昭王時

故稱齊湣王為長主且有南面舉宋之語若移此段問荅于
昭王召蘇代復善遇之之下則詞有倫次矣

我下軹道南陽
道非地名蓋謂下軹之後取道南陽耳徐廣以霸陵之軹道
當之固誤小司馬謂道為衍字亦非

梼里子甘茂　助魏章攻楚
魏章即秦本紀之庶長章也

白起王齕　平陽君
趙豹也見趙世家

孟軻荀卿　萬章之徒
按公明高非孟氏弟子廣韻以離婁為孟子門人誤亦類此
始也濫耳
按小司馬說非也詳上下文義似謂衍之說始雖泛濫而要
歸于仁義節儉耳司馬相如傳贊云相如雖多虛濫說然其
要歸引之節儉語意正相類

懼然顧化　懼即瞿字

春申　黃濟陽嬰城
按下文又云許鄢陵嬰城皆謂嬰城自守不敢戰也正義誤
以為地名故云未詳黃即陳留之外黃

范雎蔡澤　王之弟在秦
是歲為孝成王元年平原君于孝成為卅父不當稱弟

歸為綱成君
水經注濕水篇云于延水又東逕罡城南澤燕人謝病歸疑
此即澤所邑也世名武罡城

屈原　救其將唐眛
呂覽及漢書人表俱作唐蔑

章畫職墨
職與識谷通周官職方氏漢華嶽碑作識方

驥將馬程
程讀如秩與匹為韻書平秩東作史記作便程

大專槃物兮
漢書作大鈞播物

梱如囚拘
說文無梱字索隱誤也

好惡積意
意當作億說文億滿也一曰十萬曰億

細故慸薊兮
薊不成字當作蒯蒯芥声相近故漢書作芥

呂不韋　子楚夫人趙豪家女也
蓋不韋資助之遂為邯鄲豪家

司馬相如　珷玏元厲
說文玪塾石之次玉者卽此珷玏也
猼且　漢書作巴且卽巴蕉也
葴蔪　蔪漢書作菥釋艸云菥蓂大薺
兕象野犀窮奇獌挺
漢書文選俱無此八字獌挺卽上文蟃蜒窮奇象犀則上林
賦有之當是後人妄增
衯衯裶裶　說文衯裶皆長衣皃
罔瑇瑁　瑇瑁字重出
滂潰　漢書作澎湃
葴橙　橙漢書作持小顏破持為苻非
華氾　氾漢書作楓
畱落
郭景純不詳留為何物按釋木劉劉杙注劉子生山中實如
梨卽此畱也
被蟁文　蟁漢書作斑
藝殪仆
周禮匠人置槷以縣康成謂槷古文臬借字亦借用蓺字
春秋傳陳之藝極注藝準也按說文臬射準的也
巴俞宋蔡淮南干遮
巴俞當作嘮喩說文引司馬相如說淮南宋蔡歌舞嘮喩正
据此賦蓋以宋蔡嘮喩與淮南干遮對文也許叔重生于漢
時所見本當不誤郭景純以巴渝舞當之非是
闇易　猶姚易也出史篇

用輿法誅其渠帥
晉書刑法志魏文侯時李悝著法經六篇蕭何又益興廐户
三篇
厮征北僑　北當作伯
嬐侵潯　嬐漢書作僸嬐讀如檢徐音纖非也
眩眠　眠漢書作泯眩眠卽瞑眩也
葢號以況榮
益讀如盍文穎訓為合合號猶言合符小顏以為語辭似迂
屈原　為楚懷王左徒
黄歇由左徒為令尹則左徒亦楚之貴臣矣
平津侯　齊菑川國薛縣人
按漢志薛縣屬魯國不屬齊與菑川國儒林傳稱平津為薛
人攷本傳詔徵文學菑川國復推上宏則平津為菑川人無
疑菑川本齊故地故汲黯詰宏云齊人多詐也漢志菑川國
祇有三縣无薛縣然高五王傳詔削菑川四縣安知薛縣不
在所削之内乎
地固澤鹹鹵
漢書無鹹字疑衍

張釋之　堵陽人也
按堵陽屬南陽郡與順陽不一地哀帝改順陽為博山以封
孔光不聞又改堵陽為順陽也正義之說蓋出于水經注云
哀帝改堵陽為順陽此酈氏之誤尔後漢書朱祐傳注堵陽
故城在唐州方城縣方城今裕州也豈得與順陽溷而為一
乎
居北臨廁
廁即側字側旁從人隸變為厂與廁圊字從广者不同
田叔　蜀剗道近山　剗道棧道也
扁鵲　秦策于是出　策趙世家作讖
范魋之西 注 賈逵曰月阜曰魋
月蓋川之譌郭景純注尔疋漢原其本出處為漢魋魋皆取
川阜為名
案杭毒尉　杭當作抗
吳王濞　趙王有罪削其河間郡 注 漢書作常山郡
錢曰攷文帝二年取趙之河間郡封趙王遂弟辟彊為王傳
子福无後國除入于漢則河間之屬漢乃在文帝時非以罪
削也楚元王世家亦云趙削王常山之郡此傳誤
魏其　父世觀津人
世者嬰父之名
衛青　以浮沮將軍
按匈奴傳賀將出九原至浮苴井而還浮苴即浮沮蓋以地
名趙破奴為匈河浚稽將軍李廣利為貳師將軍亦其類也
七為將軍　七當作五

尉佗　取邯鄲樛氏女
樛當作摎
立明王長男至建德為王 注 徐廣云云
按徐說非也功臣表術陽侯建德以南越王越高昌侯封是
高昌乃南越私號及降漢之後始受術陽之封耳史舉其後
封號書之
東越　號為東甌王
封禪書越人勇之言東甌王敬鬼壽至百六十歲即東海王
搖也
朝鮮　降相路人之子最
按降字當連上為句長降右渠子名也功臣表作長洛與降
聲相近小顏注漢書謂相洛人前已降漢而死于道故謂之
降相與妄也下文長為幾侯長下亦當有降字
陰為萩苴侯　索隱萩音秋
按萩表作荻索隱又音狄漢書本傳作秋功臣表亦作荻想沿
史記之誤耳 自記
最以父死至封溫陽侯
溫陽當從表作涅陽漢書亦作涅陽
淮南衡山　先要成皋之口 注 泚水縣
泚水蓋氾水之譌
日夜從容王
從容漢書作縱臾 諸曰 男 謂奬勸也
日夜從容勸之
從容漢書作將養亦縱臾之轉也

酷吏　與汲黯俱為忮
錢竹汀曰小司馬說非也司馬安以黯姑姊子同時仕宦由重黯而輕安或時與安俱出不得已而安同坐狀亦恥與均茵伏所謂忮也當以與汲黯俱為句為忮二字屬下句文義方安班史脫去與俱二字注家因謂黯安二人皆畏由不敢與均失之遠矣按漢書作汲黯為忮錢說云云實通不去
効鼠掠治傳爰書
傳蓋傳之謫傳讀曰附謂附于爰書
游俠列傳　田仲王公劇孟
王公即王孟
藏命作姦
命者名也藏命猶言匿名
東道趙他羽公子
以上下文証之則舊解為是春秋鄭穆公之後有羽氏
佞倖　仁寵最過庸乃不乃甚篤
不乃者不能也言周仁寵過于常人猶不能甚篤以見景帝之死寵臣也
滑稽　其後百餘年楚有優孟
優孟事楚莊王在淳于髡前二百餘年傳踳駁之甚
銅歷為棺　歷即歷字說文鬲或作䥶
日者　比周賓正
賓讀曰擯六國表諸夏賓之張儀傳大王收率天下以賓秦皆擯棄之義
天人家曰小吉太一家曰大吉
天人家不見于藝文志或云當作天一藝文志五行三十一家有天一六卷泰一二十九卷
龜策
錢曰張晏謂龜策傳有錄無書褚先生言臣往來長安中求龜策列傳不能得然此篇有今上即位之文其詞非褚先生所能作
規矩為輔副以權衡
按魏相奏事言東方之神執規司春南方之神執衡司夏西方之神執矩司秋北方之神執權司冬此云規矩權衡者四方而言并四維為八卦此遁甲式今人所云奇門也
介蟲先見
此冬至後壬子日庚子時也子為夜半宿在牽牛冬至候也甲午為旬首在巽宮六門為使時加子子為元武其占為介蟲
桀有諛臣名曰趙梁
桀臣趙梁紂臣左彊本紀皆無之
酷吏　乃拜都為濟南太守
按漢表都自濟南太守遷中尉在景帝前七年而縣郡守更名太守乃在景帝中二年則其時不得稱太守也太字衍

貨殖　積著之理

著古貯字

白圭　商鞅行法

按白圭當魏文侯時而商鞅佐秦孝公在後不當如史所言

果隋嬴蛤

按說文無隋字蓋即隋之省文索隱讀爲徒火切者是也漢書作蓏音與隋相近正義註妄

以故呰窳

說文作呰从兩口與呰苛字不同

醯醬千瓨

瓨當作瓨說文瓨似罌長頸長七升讀若洪

木器髤者

髤當作髼說文髼桼也

馬蹄躈千

說文无躈字徐解八髎即尻骨則躈乃竅之異文

寧爵毋刁

古音爵與醮近服虔左傳注爵者醮也此以刁爵合韻亦讀作醮

洒削薄技也

錢曰削讀若滑說文滑所以攤水也引漢律及其門首洒滑即郅氏之削洒削

太史公自序有省不省耳

按尔疋省善也

竊觀陰陽之術大祥

古書祥詳通用易視履考祥釋文云本亦作詳書呂刑告尔祥刑後漢書劉愷傳注引作詳刑

虞舜不台

五帝本紀舜讓於德不懌徐廣云今文尚書作不怡台古怡字

閒不容翲忽

翲當爲蔈淮南天文訓秋分蔈定高誘云蔈古文作秒

栗姬偩貴

偩與負同恃也武安侯傳贊武安負貴而好權與此同義孝文述梁孝王云偩愛矜功亦同

維仲之省

省訓善言仲雖以罪奪王爵而高帝猶善之故又封其子也羹頡侯亦兄子以其母不善故不得王

史記疏證

［清］沈欽韓

清鈔本

攷仁和邵位西先生懿辰所著簡明目錄有漢書疏證二十四卷云　國朝沈欽韓著此書既与漢書疏證連續合鈔且行欵體例亦復相同當亦欽韓作也二書舊不題名因于檢書之餘表而出之

正義謚法解

平易不訾曰簡

　史詮曰周書訾作疵

愛民長弟曰恭

　史詮曰周書愛作安

揚善賦簡曰聖

　史詮曰周書揚作稱

執禮御賓曰恭

　史詮曰周書御作敬

尊賢讓善曰恭

　史詮曰周書賢作德

大慮靜民曰定

　史詮曰一本靜民作慈仁

純德不爽曰定

　史詮曰周書爽作二

賜民爵位曰文

　史詮曰周書賜作錫

小心畏忌曰僖

　史詮曰一本僖作釐

諫争不威曰德

史詮曰周書諫争作謀慮
有罰而還曰釐
史詮曰周書罰作伐
威彊敵德曰武
史詮曰周書敵作敵
温柔賢善曰懿
史詮曰周書賢作聖
夸志多窮曰武
史詮曰周書夸作大
淵源流通曰康

史詮曰周書康作共
温柔好樂曰康
史證曰一本柔作良
協時肇厚曰孝
史詮曰周書厚作享
合民安樂曰康
史詮曰周書合作令
資輔就共曰齊
史詮曰周書作共就
敏以敬慎曰頃

史詮曰周書慎作順
昭德有勞曰昭
史詮曰一本昭作明
柔德安衆曰靖
史詮曰周書安作考
聖聞周達曰昭
史詮曰周書聞作文
猛以剛果曰威
史詮曰周書猛作强
不隱無屈曰貞

史詮曰周書屈作私
彊義執正曰威
史詮曰周書執作信
敵團克服曰莊
史詮曰周書團作通
勝敵志强曰莊
史詮曰周書作莊志曰勇
屢征殺伐曰莊
史詮曰一本征作行殺作征
戊揚善曰德

史詮曰周書德作懷
秉德尊業曰烈
史詮曰周書尊作遵
死見神能曰靈
史詮曰周書神作鬼
隱拂不成曰隱
史詮曰一本拂作括
極知鬼神曰靈
史詮曰周書神作事
凶年無穀曰荒
史詮曰周書荒作康
蚤孤鋪位曰幽
史詮曰一本鋪作損
使民悲傷曰愍
史詮曰周書悲作折
柔質愛諫曰慧
史詮曰周書愛作受慧作惠
施勤無私曰類
史詮曰周書施勤作勤政
思慮果遠曰明
史詮曰一本果作深明作悍
博聞多能曰憲
史詮曰一本憲作獻
思慮不爽曰厚
史詮曰周書厚作愿
好內遠禮曰煬
史詮曰一本遠禮作怠政
克威惠禮曰魏
史詮曰周書惠禮作捷行
慈惠愛親曰釐大慮行節曰孝強毅果敢曰剛毅迷而不悌曰丁夙夜恭事曰敬象方益平曰敬容儀恭美曰勝息政交外曰推逆天虐民曰煬
史詮曰今本俱缺
除惡為政
史詮曰周書惡作亂
剛克為發柔克為懿履正為莊有過為僖
史詮曰今本缺為發以下十二字
惠無內德為獻治而無青為平
史詮曰今本缺為獻以下六字

尊修也
史詮曰周書作遵循
又治也康安也服敗也
史詮曰今本缺
秉順也
史詮曰周書秉作康
塞過也
史詮曰今本缺
康虛也
史詮曰周書康作糠
式法也捷克也
史詮曰今本式作武捷作速缺克字
載事也彌久也
史詮曰今本久作文缺二也字
以前周書謚法至以傳後學
史詮曰此二十三字正義本注也與下篇分野所引漢書地理後分注同今本作大書誤也

史記疏證卷第一

三皇本紀

楊慎曰譙周古史攷以炎帝與神農各為一人羅泌路史以軒轅與黃帝非是一帝史皇與蒼頡乃一君一臣共工氏或以為帝或以為伯而不王祝融氏或以為臣或以為火德之主　錢塘鄒泰衢疑問曰庖犧近取諸身遠取諸物以通神明之德以類萬物之情始畫八卦神農氏耒耨之用以教萬人日中為市交易而退此聖人之始祖也夫豈不類人形體同獸畜其何以君臨戲句綏撫萬民乎至煉石補天輕清從何登躋鰲足立極餘體向何安置蓋共工　傲擾天紀綱常幾絕女媧滅之四土復正萬民更生此所謂補天立極也平天成也然雖喻言實同誕鄙馬貞補入殊屬贅瘤況山崩柱折三皇萬歲乘雲車駕六羽蓋附會不經矣至履跡感龍蓋感于履帝武敏歆交龍于媼上孕產漢高之謬也男女搆精萬物化生人交成人獸交成獸安有異物交人而生人之理若是則契非嚳子燕父

而人毋矣高帝非太公子龍父而人毋矣賤人貴畜而曰龍厭常喜新而曰大人跡有毋無父豈常經哉古者立郊禖玄鳥至之日太牢祀之天子親往后率嬪御以從乃玄鳥至而祀以生商有天命也故曰天命玄鳥降而生商安得曰吞䲨卵乎姜嫄隨帝之後武以祭于郊禖故履帝武而上帝居歆之敏速也生而棄之者蓋生產每苦其不達而難也今也先生如達矣生產者必拆副有災害也今也不坼不副而無災害矣居然生子異于常人之生此所以棄也豈履大人跡之謂哉今以伏羲生于大人之跡神農生于感龍之神是欲以異尊聖而不知其誣聖之甚也將以聖人為非類與

太皞庖犧氏風姓

路史後紀曰孔演明道經云燧皇在伏羲前風姓始王天下是伏羲因燧皇之姓矣三墳書言因風而生為風姓鄧氏姓書云東方之帝木能生風故為姓豈其然哉予固謂上世嘗有風國因為姓爾故帝後有風后風國之后蓋久而後得之

毋曰華胥履大人跡於雷澤而生庖犧於成紀

路史後紀曰詩含神霧云巨跡出靁澤華胥履之何圖亦云孝經鉤命鈌云華胥履迹怪生皇羲注云靈威仰之迹寶櫝記云帝女遊于華胥之淵感虵而孕十二年生庖羲長頭脩目龜齒龍唇白鬚委地

蛇身人首

路史後紀曰玄中記云伏羲龍身靈光賦乃云麟身文子云虵身麟首有聖德故周燮傳注云麟身牛首非也

於是始制嫁娶以儷皮為禮

路史後紀曰儷鹿皮也古史攷云伏羲制嫁娶以儷皮爲禮作琴瑟以為樂通典唐志等皆作儷白虎通義作离云雙皮也婚聘薦皮為可裘服不忘古也禮外傳云伏羲以儷皮為幣

結網罟以教佃漁故曰宓犧氏

路史後紀曰世本伏羲臣芒氏作羅或作句芒

養犧牲以庖廚故曰庖犧

路史後紀曰尋攷古書取犧充庖之說不可觧于後世崔氏正論更謂太昊設九庖之官甚妄

作二十五弦之瑟

路史後紀曰文子世紀伏羲作瑟三十六弦盜瑟屬陰故用十六之數世本云庖羲瑟五十弦後黄帝使素女鼓之哀不自勝破爲二十五弦且二均聲故小司馬三皇紀及小史皆云伏羲所作之瑟二十五弦

木德王主春令

路史後紀曰寶櫝記王子年云以木德王故曰春皇太昊氏居東方叶于木德故曰木皇

都於陳

路史後紀曰世紀天皇庖羲都陳留遁甲注云伏羲徙治陳倉地非陳國則不必宛丘矣然歷代以宛丘爲太昊之虚今宛丘北一里有伏羲廟八卦壇寰宇記云伏羲于蔡水得龜因畫八卦之壇有長史張齊賢文李邑曷之然九域志陳蔡俱有八卦壇此後人之附會按姚睦亦云黄帝都陳者則羲皇俱在西方矣豈其先後徙耶

立一十一年崩

文獻通考塋宛丘在陳州　路史後紀曰世紀云塋南郡在襄陽按帝冢今在山陽高平西北高平襄陽之境然九域志兖單皆有伏羲陵又河中府有庖王廟引戴氏西征記云潼關直北隔河望層阜巋然獨秀謂之風陵伏羲氏風姓也此當是女媧墓然古帝王墓冢皆非一所宜必有說　徐孚遠曰上古聖人無受命短促者伏羲立十一年非是作一百十五年爲允　凌稚隆曰按通鑑前編諸史會編皆作一百一十五年疑刋者誤

其後裔當春秋時有任

路史國名紀曰任伯爵本已姓帝魋毋家逮黄帝以封幼子周之繼絶也以居風姓今濟陽之任城水經注云亢父故城西夏后氏之任國也亢父即今任城唐隸兖州

宿

國名紀曰宿男爵周武王封宋人遷之隱公元年及宋人盟于宿莊十年宋人遷宿不云宿遷于某亡之也杜預云東平亡

鹽有故宿城亡鹽城在今鄆之須城東三十六里隨宿城縣也秦置須昌在須句城北開皇十六年改曰宿城於宿城西北三十二里別置須昌

須句

國名紀曰須句子爵成風國邾伐而魯取之一作朐括地志朐城在壽昌西北今須城西北須朐故城者京相璠云須朐一國二城兩名非也蓋鄆歸須城而朐猶是故所

顓史

國名紀曰子爵沂之費縣西北二旅有顓史故城寰宇記沂水西北八十里今在費縣西故漢顓史縣

女媧氏亦風姓

風俗通曰女媧伏羲之妹　路史後紀曰盧仝云女媧本是伏羲婦非也

蛇身人首

路史後紀曰玄中記云伏羲龍身女媧蛇軀列子以為皆虵身牛首虎鼻故曾植贊女媧云二皇牛首虵形

惟作笙簧

路史後紀曰禮記明堂位云女媧之笙簧世本以為隨作宋衷注以為女媧氏之臣許氏說文曰隨作笙女媧作簧

女媧氏沒

水經注曰戴延之西征記潼關直北隔河望層阜巋然獨秀謂之風陵此是女媧墓　元和郡縣志女媧陵在任城縣東南三十九里　太平寰宇記閿鄉津去閿鄉縣三十里即舊風陵關有女媧墓自秦漢以來皆繫祀典唐乾元二年虢州刺史王奇光奏所部閿鄉界女媧墓天寶失其所在今月一日夜河上側近忽聞風雷聲曉見墓湧出上有雙柳樹下有巨石其柳各高丈餘　路史後紀曰墓今在潼關口河潬上屹然分河有木數株雖瀑漲不漂沒今屬陜之閿鄉縣按元和郡縣志風陵堆在河東縣南五十與潼關對寰宇記風陵城在其下閿鄉津去縣三里即陵故關也女媧之墓秦漢以下俱係祀典然九域志寰宇記濟之任城東南三十九里又有女媧陵城冢記云女媧墓有五其一在趙簡子城東今在晉之趙城東南五里高二丈九域

志晉州有帝女媧廟寰宇記在趙城故皇朝
　列祀亦在趙城
母曰女登有媧氏之女爲少典妃感神龍而生
炎帝
　路史後紀曰春秋元命苞云少典妃安登遊
　于華陽有神童首感之於常羊生神子人面
　龍顏好耕是爲神農
長於姜水因以爲姓皇甫謐以爲少典有蟜代諸侯國號
　路史後紀曰少典氏取於有僑氏是曰安登
　有僑國也世紀云神農母任姒有僑氏女曰
　女登非也孰有一姓而任僑兩國者蓋任姒
　乃帝魁之母世多以世魁爲神農因合之爾
火德王故曰炎帝
　路史後紀曰世紀云以火承木位在南方主
　夏故謂炎帝關尹告列之子神農有炎之德
　者通典云有火星之瑞也
始教耕故號神農氏
　逸周書曰神農之時天雨粟神農耕而種之
　作陶冶斤斧爲耜鉏耨以墾草莽然後五穀
　興　路史後紀曰梁武祠像碑云神農氏因

　宜教田闢土種穀以振萬民而管子謂神農
　教耕生谷以致民利陶弘景本草序神農嘗
　草以省殺身之弊
于是作蜡祭
　禮記郊特牲曰伊耆氏始爲蜡鄭注伊耆氏
　古天子有天下之號皇侃曰神農伊耆一代
　總號其子孫有天下者始爲蜡祭其先祖造
　田者熊安生曰伊耆氏即神農也或曰大庭
　神農之別號
以赭鞭鞭草木
　搜神記曰神農赭鞭鞭百草盡知其平毒寒
　溫之性臭味所主以播百谷故號神農
始嘗百草始有醫藥
　帝王世紀曰神農使岐伯嘗草木典醫療疾
　路史後紀曰太原有神釜岡有神農嘗藥
　鼎又成陽山中有神農鞭藥處一曰神農亦
　名藥草山中有紫陽觀云帝于此辨藥世紀
　曰神農著本草四卷
又作五弦之瑟
　桓譚新論曰神農氏繼而王天下于是始削

桐為琴繩絲為絃以通神明之德合天人之和　廣雅曰神農氏琴長三尺六寸六分上有五弦曰宮商角徵羽又增二弦曰少宮少商　路史發揮曰三都賦補史記以為神農制琴說文世紀隨志小史則以爲神農造琴蓋脩之也揚雄琴清英云昔者神農造琴以定神禁淫僻去邪欲反其天真新論琴道云其琴七弦而鄭遂洽聞記乃以為神農之琴二十五絃夫二十五絃在所未聞而七絃則世皆以為起於後世或謂周代之所增虽亦嘗發之琴書矣若古聖人凡創一事立一制必有不可易之法是故窮思極致無遠近無小大必致其三而後已固非若後世之士卒意而作之者也既討於傳黄帝虞舜琴皆五絃而神農唐堯之琴其絃皆七斯其信者然則聖人之制果無意乎黄帝虞舜土紀者也土之數五故其絃皆五神農唐堯俱以火紀火之數七故其絃皆七是皆可得而稽者也五絃者琴之本制也蓋以當乎五音大絃為君小弦為臣而六七兩弦實為少宮少商故禮斗威儀云少宮主政少商主事宋衷以為聲五而已必加少宮少商者君臣任重為之設副者也二少之絃時為文絃武弦一弛一張文武之道而世遂以二絃為文武王之所加斯大妄矣

遂重八卦為六十四爻

帝王世紀曰庖犧氏作八卦神農重之為六十四卦

初都陳後居曲阜

路史後紀曰今宛丘有陳城故陳國傳云太昊之虚或云神農亦居此酈元云今故城北有所謂羲神實者其處也傳無炎帝之虚而記載皆以為都魯此繆認大庭為神農故爾世紀云太昊都陳豫州之域西望方外東及明諸胡公之封神農氏亦都之是羲炎果同處然攷羲炎之都似在陳倉太昊紀已詳之而世紀云又營曲阜故晉志云神農都陳又别營曲阜郡國志云自陳徙都於此昔一庭阪譙周云炎帝居大庭寰宇記曲阜炎帝之虚皆相承之訛也

立一百二十年崩葬長沙

路史後紀曰郡國志云炎帝神農氏葬長沙長沙之尾東至江夏謂之沙羡今郡有萬里沙祠故曰長沙世紀云神農葬茶陵衡圖經云茶陵者所謂山谷生茶茗也炎陵今在麻陂林子茂密數里不可入石麟石土兩杉蒼然逾四十圍兩杉而上陵也前正對紫金嶺丁未春予至焉寓人云年常有氣出之五行書云神農丁亥日死丁未日葬　文獻通考淳熙十四年衡州守臣劉清之奏史載炎帝陵在長沙茶陵今衡州茶陵縣是也陵廟皆在康樂鄉白鹿原距縣百里而祠宇廢　名勝志史記炎帝葬于茶山之野茶山即景陽山也以陵谷間多生茶茗故名在茶陵州治東高一千五百丈周迴百四十里茶水發源山北流瀧下十里合白鹿泉水以入於洣水經洣水出茶陵縣上鄉西北過其縣西地理志謂之泥水也白鹿原去州南一百里炎帝墓在焉

神農本起烈山故左氏稱烈山氏之子曰柱亦曰厲山氏禮曰厲山氏之有天下是也

路史國名紀曰郡國志云厲山神農所生荆州圖經云永陽縣西北有厲山神農所生處　後紀曰按列厲與烈音本通垂帶如厲裂也故音為裂趙都賦與越叶蜀賦亦與結叶詩栗烈叶卒歲而校獵賦隆烈亦與內叶知古同也且厲山即賴山故登真隱訣音迣字為咸厲切蓋音如賴注者不知謂音小異誤矣開山圖云厲山氏産山谷分布元氣蓋即厲山氏蔡墨曰厲山氏炎帝也起於厲山者禮七祀太厲傷神也儀禮正義謂帝王之無後者至漢七祀無厲而有山神說者遂以為厲山氏妄矣杜預又以烈山謂炎帝時諸侯劉玄已非之

神農納奔水氏之女曰聽詙為妃

路史國名紀曰神農取承桑氏陝之靈寶有桑里亭　後紀曰漢書作桑水氏書傳多作奔水氏字轉失也吳起云承桑之君脩德忌武以喪其國神宗皇帝神武秘畧言有唐滅之唐太宗金鏡述惟作桑氏即承桑也　太

平御覽訞音妖生常林
生帝哀哀生帝克克生帝榆罔
路史後紀曰書傳甃後為哀哀後為榆罔失
之按甃來亟音故書傳多作帝来小司馬記
厘生哀哀生克克生榆罔又以哀克為二矣
又曰炎帝參盧是曰榆罔居空桑

凡八代五百三十年
路史後紀曰春秋命曆叙炎帝八世五百二
十年古今通系年代曆世紀補史記外紀紹
運紀運圖等並因乎此　又曰古今通系系
炎世在位之歷帝承六十年臨八十年明四
十九年直四十五年來四十八年哀四十三
年榆罔五十年小司馬叓記乃有魁無臨而
通鑑外紀神農後為臨魁六十年帝承繼之
帝承六年諸書不同世紀等不逾此夫神農
七十世以炎黃之在位觀之不下數百千年
而命曆叙等類以為八世五百二十年此所
以致傳記之紛紛且以炎黃為世皆踰百載
其子孫無一及於百年又皆上下於四五十
閒知其難据

其後有州
路史國名紀曰州桓公五年州公如曹說者
為郎淳于與地廣記高密夷安城淳于本春
秋州國也今海之東海縣有大小州山太家州杞
併之王之三公稱公云寰內侯者非也劉敞云寰內侯
如祭公者胡公之類蓋或云懷之武德非武德漢故河內州縣忿生
邑地近共有州氏晉有州綽水經漢有州苞金石錄有州輔皆吉成侯

甫
路史國名紀曰今拱之考城東北有薄城漢
縣屬山陽本宋地莊十二年盟薄者預云梁國蒙縣北薄城即此

甘
路史國名紀曰京兆鄠西南五里有甘亭郡縣
志或云在鄠北甘盤之國啓扈戰於此馬融云甘鄠之南郊頴達
云皆西行甘當在户東

許
路史國名紀曰許男爵太叔之封鄭滅之王
符云頴川許縣

戲
路史國名紀曰戲驪山之北水名今新豐有
戲亭郡縣圖志昭應東北三十有古戲亭皇甫謐云新豐二十韋昭云有戲山幽

王死焉韋邨入門至戲蘓林云縣南四十里或云幽褒戲此而名妄也兩京道里記等正音希

露

路史國名紀曰露參盧之封茶陵露水鄉有露水山予訪炎陵稽其始封字亦作潞蓋商周間衍于河東北爾

齋

路史國名紀曰齋侯爵伯陵氏之故國以天齋澗名呂尚復封都營丘今青之臨菑也然營丘故城乃在濰之昌樂故萊侯與太公爭營丘後胡公徙薄姑地志謂尚封薄姑非

紀

路史國名紀曰紀侯爵姜姓輿地廣記紀侯故城在壽光寰宇記紀城故紀國姜姓又濰之昌樂西六十有劇城內有紀臺高九尺紀侯所築蓋後遷於此

怡

路史國名紀曰怡一曰默怡今營之柳城亦作台即墨台禹師墨如或云墨台

向

路史國名紀曰向姜國今河陽西北三十五有向城鄅元云軹南四十五向城軹故城在濟源地名向上寰宇紀在懷河內西北二十七之瑞預皆以河內軹西有向而無城疑為蘓田按紀年鄭侯使韓辰歸晉陽向二月城陽向更名陽為河雍向為高平故十三州志云軹縣南山西曲有故向城即周之向國然代以為承之向乃莒邑向城在承縣宣四十年伐莒取向者今密之莒縣南七十二故向城乃莒邑非姜國蓋以傳姜不安莒而以為近莒爾

申

路史國名紀曰申伯爵初為侯平王母申姜國楚靈遷之今信陽軍之方城內也唐申州之南陽漢之宛縣詩云王命召伯定申伯之宅徹申伯土田潛夫謂在南陽宛北序山之下所謂于邑于序者

呂

路史國名紀曰呂侯爵伯夷之封杜預謂在南陽宛西南陽今隸鄧宛後周併入南陽而太公乃出東呂呂莒也博物志曲海城有東呂鄉東呂里太公望所出也寰宇記密之莒縣東百六十漢曲海城霍邑亦曰呂武德初為呂州十七年廢圖經以新蔡為古呂國蓋後來之呂近申在周亦曰甫一作郙上蔡有郙亭

一說三皇謂天皇地皇人皇為三皇

路史前紀曰諸書說三皇不同洞神既有別三皇君中三皇君而以伏羲女媧神農為後三皇周官大戴禮六韜三畧文列莊子不韋春秋有三皇之說而劉恕以為孔門未有明文孔安國曰伏羲神農黃帝之書謂之三墳世遂以伏羲神農黃帝為之三皇斯得正矣至鄭康成注書中候勑省圖乃休春秋運斗樞紐黃帝而益以女媧與洞神之說合然白虎通義乃無女媧而有祝融甄曜度與梁武帝祠象碑則又易以遂人蓋出宋均援神契注與譙周之史致紛紜不一故王符云聞古有天皇地皇人皇以或及此亦不敢明至唐天寶七載始詔以時致祭天皇氏地皇氏人皇氏于京城內而王璵建言唐家仙系所宜崇表福區請度昭福作天華上宮及靈臺大地婆父祠於是立三皇道君太古天皇中古伏羲女媧等堂皇則太古天皇外復別立三皇矣

天地初立有天皇氏十二頭

路史前紀曰項竣始學篇天皇十三頭韋氏洞紀云一姓十三人也它書皆然獨春秋緯言天皇地皇人皇皆九人分為九州長天下故河圖括地象云天皇九翌提名旋復蓋輔翌者九人爾

立各一萬八千歲

路史前紀曰三皇經天皇地皇人皇開治各二萬八千歲而河圖帝系譜等天地二皇俱萬八千歲始學篇則云八千歲按真源云盤古氏後有天皇君一十三人時遭劫火乃有地皇君一十一人各萬八千餘年乃有人皇君兄弟九人結繩刻木四萬五千六百年皆難取信夫太素冥莖固有定數然方此時歲曆未著烏從而紀之哉三墳書以一歲為一易草木蓋以草木周禪為之紀辨爾

地皇十一頭火德王

路史前紀曰帝系譜云天皇氏以木德王地皇氏以火紀始學篇亦謂天皇以木德王

興于熊耳龍門等山

路史前紀曰見遁甲開山圖

人皇九頭

路史前紀曰張晏云人皇九首韓敕孔廟碑云前開九頭以叶言教是也寶櫝記云斯頻國石室中有三皇石像皆龍形長六丈天皇十二頭地皇十一頭人皇九頭頭者人也若今數牛魚然古質故爾

乘雲車駕六羽

路史前紀曰見雒書寰宇記作祇車誤

出谷口

路史前紀曰遁甲開山圖云人皇出于刑馬山提地之國山今在泰州伯陽谷水出之老子之所至　又曰谷口古塞門或云上暘谷蜀秦宓傳云三皇乘祇車出谷口謂今之斜谷樂史從之妄矣

兄弟九人分長九州各立城邑

路史前紀曰雒書云人皇出于提地之國兄弟別長九州已居中州以制八輔則九州肇此分矣今石埭有九皇里非一所也

凡一百五十世合四萬五千六百年

路史前紀曰三五曆云人皇百五十六代合四萬五千六百年小司馬氏取之不足稽也

自人皇已後有五龍氏

路史前紀曰張陵二十四治圖云伏羲造天地五龍布山岳也真源云五姓乘雲車而治天下時人火處巢居日月貞明一曰五龍紀

餘論曰春秋命曆序云皇伯皇仲皇叔皇季皇少五姓同期俱駕龍號曰五龍遁甲開山圖云五龍見教天皇榮氏云五龍炎皇後君也昆弟五人人面而龍身然以五音五行分配為五龍之名如角龍木仙商龍金仙之類而以宫龍土仙為父又言五龍以降天皇兄弟十二人分五方為十二部法五龍之迹行無為之化為十二時神是天皇在五龍後妄矣酈元水經云父與諸子俱仙治在五方亦見李善游仙詩注今上郡膚施縣有五龍山蓋其出治之所也故漢宣帝立五龍仙人祠于膚施亦著地理志按膚施今隸延安五龍山在焉有帝原水黄帝祠九域志云五龍池有黄帝五龍祠四在山上亦曰仙泉祠寰宇記五龍泉出山東一里平石縫雄吼甘

美上有五龍堂而五龍谷水乃在耀之雲陽
縣雲陽宮之西南又非上黨之五龍山也

燧人氏

曲禮疏曰案譙周古史攷云有聖人以火德
王造作鑽燧出火教民熟食人民大悅號曰
遂人　路史前紀曰禮含文嘉云燧人氏鑽木
取火炮生為熟令人無有腹疾遂天之意故
曰遂人典略云燧人鑽木取火免腥臊變熟
食人事也白虎通義云取火教民熟食制養
禮性避臭去毒謂之燧人

大庭氏

路史前紀曰大庭氏都于曲阜故魯有大庭
氏之庫昔者黄帝齋于大庭之綰並其所矣
治九十載以火為紀號曰炎帝

栢皇氏

路史前紀曰春秋命厯敘云皇伯登出摶桑
日之陽駕六龍而上下乃栢皇也

中央氏

路史前紀曰中皇氏封禪之帝也當是時人
結繩而用之居皇人山之西是為嶶鄗山一
曰中央氏

卷須氏　栗陸氏

路史前紀曰栗陸氏是為栗睦敖愎勤民悷
諫自周於是乎民始携東里子者賢臣也諫
不行而醳之栗陸氏殺之天下叛之栗陸氏
以乙鄧析子

驪連氏

路史前紀曰昆連氏一曰㹢連氏一曰㹢蓄
氏蘿本又作驪

赫胥氏

路史前紀曰赫蘇氏是為赫胥光曜赫奕而降
名有不居即以胥而自況九洛泰定爰脫瀷
於潛山葬朝陽

尊盧氏

路史前紀曰尊盧氏是為宗盧治九千餘載
位嶷臺之陽㙉浮胏山之陰即今藍田山其西尊盧氏冢存
焉

渾沌氏

路史前紀曰六韜之書渾沌氏在昊英氏前
及班固表古今始列之伏羲之下應劭作書

遂以為太昊之良佐三墳姓纂一皆因之失其本矣昔者孔子謂子貢曰渾沌氏之治若予與汝奚足以知之渾沌氏豈太昊之佐哉

昊英氏

路史前紀曰昊英氏或曰子英昔者昊英之世以伐木與殺獸人民少而木獸眾人帝之世不蠶不卵官無共備之勞而死不得用享事不同而階王以時異也伐木者衣新之世也見商子

有巢氏

韓子曰上古之世人民少而禽獸眾人不勝禽獸虫虵聖人有作構木為巢以之羣居天下號曰有巢氏　路史前紀曰遁甲開山記云石樓山在琅琊昔有巢氏治此山南注城陽縣東北有妻鄉是　又曰禮運所言有巢氏在遂人氏之前六谿所叙乃昊英氏之後有巢也而汲書所說有巢氏為在夏商間故外紀云非人皇後有巢氏也

朱襄氏

路史前紀曰有巢氏沒數閱世而朱襄氏立於是多風羣陰閼遏諸陽不成百物散解而果蓏草木不遂遲春而黃落盛夏而痁瘯乃令士達作五絃之瑟以來陰氣以定羣生令曰來陰上達似是不達之訛然樂錄呂覽等明言命士達今從之都于朱故號曰朱襄氏朱或作株劉昭云陳留株邑朱襄氏之地也歷代作秋今宋之下邑縣古史攷亦云陳之秋邑朱襄氏之邑攷之范志秋當作株即朱也按即陳之株野寰宇記柘城為朱襄氏之邑柘故城在下邑南七十

葛天氏

呂氏春秋曰昔葛天氏之樂三人摻牛尾投足以歌八闋　路史前紀曰葛天者權天也爰儗旋穹作權象故以葛天為號

陰康氏

路史前紀曰陰康氏之時水潰不疏江不行其原陰凝而易閟人既鬱於內腠理滯著而多重膇得所以利其關節者乃制為之舞教人引舞以利道之是謂大舞見呂氏春秋孟頻帝主統錄云陰康之王次于葛天有裒陵之變而始制舞治于華原埜浮肺山之陰

無懷氏

大戴禮曰無懷氏之民至老死不相往來

故春秋緯稱自開闢至于獲麟凡三百二十七萬六千歲分為十紀凡世七萬六百年

路史餘論曰按春秋命曆叙自開闢至獲麟二百二十七萬六千歲分為十紀漢嘉平中沛相計掾陳晃上言曆元不正謂自開闢至獲麟凡二百七十五萬九千八百八十六歲故易乾鑿度春秋元命苞云二百七十六萬歲每紀為一十七萬六千年廣雅因之均為荒誕按禮含文嘉推以上元為始起十一月甲子朔旦夜半冬至日月五星俱起牽牛之初是為曆本故鄭玄云上元者太素以來所求之年也唐李淳風推自麟德元年甲子上距上元甲子積幾二十六萬九千八百八十載而僧一行以太衍數推上元甲子積距開元甲子亦上得九千六百九十六萬一千七百有四十是其日數也　文獻通考曰按古書之流傳於今者惟六經六經之前則三墳五典八索九丘是也紀中言春秋緯稱自開闢至獲麟凡三百二十七萬一千歲分為十紀凡世七萬六百年則上古之書蓋不可勝計然其說荒誕故亡取焉

一曰九頭紀二曰五龍紀三曰攝提紀四曰合雒紀五曰連通紀六曰序命紀七曰脩飛紀八曰回提紀九曰禪通紀十曰流訖紀

路史前紀曰諸記不一按雒書云三皇號九頭紀次五帝號五龍紀次攝提紀次連逋紀次叙命紀次因提紀次禪通紀次為合雒循蜚傳之謬爾　又曰十紀者舊言大在遂人前鄭康成六蓺論云遂人後歷六紀九十一代至伏羲始作十二言之教方叔機注云九頭一五龍五攝提七十二合洛三連逋六叙命四凡九十有一如鄭所言則十紀皆在遂人之後而四紀又在伏羲之後非也馬總之徒俱謂十紀通百八十有七代又云伏羲前六後三各立年歲亦惟取據張揖慎到徐整等爾皆不可質

史記疏證卷第二

五帝本紀第一

歐陽脩帝王世次圖後序曰據書及諸說云堯壽一百一十六歲舜壽一百一十二歲禹壽百歲堯年十六即位在位七十年年八十六始得舜而試之二年乃使攝政時舜年三十居試攝通三十年而堯崩舜服堯喪三年畢乃即位在位五十年而崩方舜在位三十三年命禹攝政凡十七年而舜崩禹服舜喪三年畢乃即位在位十年而崩由是言之當堯得舜之時堯年八十六舜年三十以此推而上之是堯年五十七已見四世之玄孫生一歲矣舜居試攝及在位通八十二年而禹壽百歲以禹百年之間推而上之禹即位及居舜喪通十三年又在舜朝八十二年通九十五年則當舜攝試之初年禹纔六歲是舜為玄孫年三十時見四世之高祖方生六歲矣至於舜取堯二女據圖為曾祖姑雖古遠世異與今容有不同然人倫之理乃萬世之常道必不錯亂顛倒之如此然則諸家世次壽數長短之說聖經之所不著者皆不足信也決矣　胡宏皇王大紀仲尼繫易歷叙制器致用兼濟生民者獨稱犧農黃帝堯舜氏蓋以是為五帝也而顓帝無聞焉太史公所薦特形容之虛語爾　朱子曰五帝紀所取多古文尚書及大戴禮為主為知所考信者然伏羲神農見易大傳乃孔聖之言而八卦列于六經為萬世文字之祖不知史遷何故乃獨遺而不錄遂使史記一書如人有身而無首此尚言知所考信者耶　習學記言曰犧黃為文字之始聖智之先不獨學者言之孔子蓋言之矣至於簡棄鴻荒斷自堯舜則何必孔子自舜禹以來固然也何以知之方禹益皐陶共明治道祖述稽閱其時去黃帝顓頊不遠所稱道德廣大皆獨曰堯舜未有上及其先者惟羣聖賢之心豈參稱而忘祖哉故余以為神靈不常非人道之始闕弗敢論非掩之也如遷所見五帝德帝繫姓雖曰起自黃帝若夫稽古而得之君止堯舜臣止禹皐陶而羲黃后牧之倫不預焉遷未造古

人之深旨特於百家雜亂之中取其雅馴者而著之然則典謨大訓徒雅而已乎況黃帝堯舜之後既數千年長老所言不可信審矣不擇義而務廣意亦為學之患也　辨惑曰五帝之名史記以黃帝為首書序以少昊為首其說不同要之少昊黃帝之子顓頊黃帝之孫帝嚳黃帝之曾孫而堯帝嚳之子也初皆傳之子孫至于堯舜其子不肖不足以付大器乃始有禪讓之事斯蓋不得已之變而或者遂云五帝官天下三王家天下何其妄也　路史發揮曰司馬氏父子世典太史其作史記也首于黃帝而繼之以顓帝帝嚳又繼之以唐虞以為紀三皇耶則不及羲炎以為紀五帝耶則不應黜少昊而首黃帝學者求之而不得其說此所以致後世之紛紛而蘇子之所以紀三皇也竊觀太史公記首黃帝者特因於世本若大戴禮帝繫五帝德蓋紀其世而非主於三與五之說也抑以為後世氏姓無不出黃帝者故首而宗之至于羲炎鮮有聞焉是以不紀是太史公之本意也

又曰孔安國劉向服虔以黃帝為三皇而司馬遷列之五帝首鼂錯桓譚王肅遂以為據夫以黃帝首五帝則五帝為六而三皇少其一故甄曜度益以祝融氏白虎通益以共工氏鄭康成益以女媧為皇而五帝為六人以謂德合五帝者稱之不必人數拘而梁武遂以燧人為皇黃帝少昊顓頊帝嚳堯為五帝舜弗豫謂舜非三王亦非五帝特與三王為四代尤為無據　黃氏日抄曰遷之紀五帝自謂擇言之尤雅者著于篇其存古之意厚矣然黃帝殺蚩尤與以雲紀官纔一二事若行禪事已不經至顓頊帝嚳紀皆稱頌語非有行事可考唐虞事雖頗詳皆不過二典所已載然則孔子定書斷自唐虞至矣何求加為　柯維騏曰五帝之名見于孔子家語及大戴禮其說有二其一孔子答季康子以伏犧配木神農配火黃帝配土少昊配金顓頊配水此言數聖人革命改號取法於五行之帝非五帝之定名也其一則孔子所答宰予五帝德曰黃帝曰顓頊曰帝嚳曰堯曰舜

太史公所述五帝紀是也厥後皇甫謐作帝王代紀蘇子由作古史鄭樵作通志並祖孔安國以伏羲神農黃帝為三皇少昊顓頊帝嚳堯舜為五帝五峰雙湖胡氏又主秦博士天皇地皇人皇之議而以伏羲神農黃帝堯舜為五帝道原劉氏遂以為定論竊謂皆不如太史公之說為有徵耳　仁和吳廷華曰周禮外史掌三皇五帝之書疑即左氏所謂三墳五典然三皇之書不傳史遷斷自黃帝是也且言曰學者多稱五帝尚矣然尚書獨載堯以來而百家言黃帝其文不雅馴薦紳先生難言之援其說似亦以唐堯已前荒渺莫據而百家必推極于開闢之初自天皇地皇人皇五龍有巢燧人外又有庖犧十五世九頭十紀之名且謂開闢至獲麟凡三百二十七萬六千載如皇甫謐帝王代紀徐整三五歷譙周古史攷及春秋緯諸書皆子長所謂其文不雅馴者即以三皇五帝論譙周以伏羲燧人神農為三皇宋均以羲農祝融為三皇鄭元依春秋緯以羲農女媧為三皇外紀謂自伏羲至舜凡三十一人總為五帝紀家語孔子答季康子問則以太昊炎帝黃帝少昊顓頊為五帝胡五峰則云自燧人而上即三皇之世有庖犧神農黃帝堯舜而言即五帝之世蓋據易繫傳言之故朱子亦以庖犧神農黃帝堯舜為繼天而立極胡雙峰又謂黃帝以來皆言帝而不言皇仍以天皇地皇人皇為三皇惟孔安國尚書序皇甫謐世紀孫氏註世本並以伏羲神農黃帝為三皇少昊顓頊帝嚳堯舜為五帝唐貞觀中祀歷代帝王因之然又別祀天皇地皇人皇則攷古未確也

黃帝者正義曰按黃帝母曰附寶

路史後紀曰母吳樞曰符葆即附寶河圖云黃軒母曰地祇之子附寶也宋書志作符寶

名曰軒轅

路史後紀曰名荼河圖挺輔佐云黃帝告天老曰荼者夢兩龍以白圖授予荼古舒字或作余故世本云伯余作衣裳淮南子伯余之初作衣許註亦云黃帝王冰黃帝經序及難

經疏乃云黄帝名全字轉訛　又曰河圖握拒云黄帝名軒北斗黄神之精孝經鉤命決云附寶出降大靈生帝軒故文選言登封降禪聲德黄軒牽秀云邀矣帝軒世紀云或曰帝軒尚書中候云黄帝提象又云黄帝巡洛龜書赤文成字象軒而論語撰考亦有軒知地利九牧倡教之語是黄帝名惟名軒不曰軒轅軒之字曰玄律見黄帝經序及難經疏按軒星謂之玄軒廣韻九合内志文云竹受氣于玄軒之宿是矣然則名軒而字玄律理或然也山海經帝律生帝鴻則帝之字律尤信

而蚩尤最為暴莫能伐瓚曰孔子三朝記曰蚩尤庶人之貪者

愚按周禮肆師疏亦引三朝記云庶人之强者

教熊羆貔貅貙虎正義曰按言教士卒習戰以猛獸之名名之用威敵也

徐孚遠曰諸葛武侯置陣有龍虎蛇鳥之號八陣起于軒轅正義所說理或然也

三戰然後得其志

邵泰衢曰史載黄帝在位百載崩年百有一十是十有一齡郎登帝祚矣弱齡童稚雖習干戈安能敵强諸侯而使之賓從又安能敵最暴之蚩尤而禽誅之尤可異者黄帝阪泉之戰也是奪神農氏之天下而有之三戰後得志炎帝雖欲侵陵諸侯未必有桀紂之矯誣上天沉湎冒色也則此得志也者其亦異于南巢牧野之師矣況黄帝易所稱垂衣裳而天下治者也夫豈以軍旅自衛而以武得志者哉涿鹿阪泉固難稽測習用干戈三戰得志殆事屬無徵者乎

西至于空桐

秀水朱彝尊曰按岷州原州肅州汝州薊州贑州皆有空同山史黄帝本紀西至空桐登鷄頭世以為隴右之山無致疑者左傳哀公二十六年宋景公游于空澤卒于連中火尹興空澤之士千甲奉公自空桐入則汝州之山也山下有廣成城廣成澤上有廣成觀宋宣和中汝守林時請于朝建立說者謂襄城且英壤地相接疑軒皇問道當於此地然稽之爾雅北戴斗極為空桐空桐之人武司馬

彪注莊子亦云空桐當斗之山則空桐宜在北矣且問道之文載于莊子其初往見廣成子謂帝不足以語至道退而築特室席白茅閒居三月復往要之廣成子南首而卧帝順下風膝行而進當日帝邑于涿鹿之阿去薊甚邇故不難復要之又寰宇記薊縣有笄頭山空桐笄頭相去不遠而陳子昂薊丘覽古詩云尚想廣成子遺跡白雲隈然則薊之空桐未可定其非黃帝問道之所

而邑于涿鹿之阿

路史後紀曰史傳言帝居涿鹿世本云涿鹿在彭城代常知也故魏土地記云潽南城東六十里有涿鹿城城東一里有阪泉泉上有黃帝祠則世本之言信矣然嬀州懷戎乃故涿縣有涿鹿山黃帝祠阪泉蚩尤城世止以為帝邦在是而世紀遂疑上谷常名彭澤非也按涿鹿有三又有督濁二音上谷本蚩尤之居而彭城乃黃帝之都蓋帝克尤以其名来此猶舂陵之內啟爾若脩武之濁鹿與蚩尤二冢相近則尤死之地又嘗以此名冠之也

舉風后力牧常先大鴻以治民

淮南子曰黃帝治天下而力牧泰山稽輔之或云併風后常先大鴻為六相

旁羅日月星辰水波上石金玉正義曰旁羅猶偏布也日月陰陽時節也星二十八宿也辰日月所會也水波瀾滿也言天不異災土無別害水火波浪山出珍寶

愚按旁羅依徧布之解為是俗學穿鑿輙以為測天度之器然則水波土石金玉亦可以測天度之器也乎

黃帝居軒轅之丘集解山海經曰在窮山之際西射之南張晏曰作軒冕之服故謂之軒轅

愚按山海經西山經曰軒轅之丘無草木洵水出焉南流注于黑水郭璞注黃帝居此丘娶西陵氏女因號軒轅丘若引以注此甚當又海外西經曰軒轅之國在北窮山之際在女子國北窮山在其北不敢西射畏軒轅之丘郭璞注言敬畏黃帝威靈故不敢向西而射也軒轅國與軒轅丘相距遠甚集解所引外錯殊甚　徐孚遠曰正義以兵車為營衛

則軒轅之號張說非也
而娶於西陵之女
路史國名紀曰春秋有西陵羔見世本

其一曰玄囂是為青陽

路史發揮曰玄囂青陽少昊三人也說者以玄囂為青陽或以青陽為少昊或盡三者以為一劇為淺陋按春秋緯黃帝傳十世雖未足信然竹書紀年黃帝至禹為世三十世以今攷紀亦一十二世昔漢杯育治始終黃帝而来迄元鳳之三三千六百二十九載帝世季世正自多有內簡黃帝後有帝鴻有帝魁有青陽有金天而後乃有高陽金天少昊俱為青陽之子攷之書則無疑質之世則不詭青陽玄囂自二人固也司馬公作史記不紀少昊略不識其所出而言玄囂不得居帝位夫少昊之槩度顯在人自三代以来皆所尊用祀于五帝之位正於月令之次德之在人如是之著而玄囂不得居帝位則玄囂非少昊明矣（外傳史記古書皆不 少昊為黃帝之子也）言史記云黃帝生玄囂是為青陽降居江水此太史公之誤也黃帝之子二十五宗賜姓十二惟紀有二餘十有三皆姬姓也青陽與夷彭同為紀姓玄囂與蒼林同為姬姓少昊生於青陽循其紀姓帝嚳出於玄囂循其姬姓世本紀姓出於少昊而帝嚳之子帝堯猶襲姬姓氏姓之来各有派別則玄囂青陽又不得為一明矣（玄囂西陵氏之子青陽方雷 氏之子少昊子類氏之子）夫玄囂降居江水青陽安得降居江水之事益太史公統記二人皆出黃帝而並別之後世因傳習而誤之其初宜曰生玄囂青陽玄囂降居江水爾（少一 囂子）玄魏曹子建之贊少昊也亦稱祖自軒轅青陽之裔則少昊為黃帝之孫而青陽之後矣惟帝德攷云黃帝之子少昊曰清又曰清者青陽也其子曰摯茲太史公之所取所以致學子之疑者蓋少昊二字傳之者之贊之也（少昊非清而摯即少昊摯子 曰我祖少昊摯之立是也）是以張衡條遷固之違誤謂帝繫說黃帝產青陽昌意與周書之說異而郭璞亦云少昊金天氏帝摯之子也然以摯為青陽之名則又誤矣記注紊亂如此學士何從而要質之予故詳焉

吳廷華曰據左氏傳載郯子說云我高祖少昊摯之立則少昊名摯不名元囂青陽或云少昊邑于窮桑國於青陽因以為氏池州有青陽縣或云窮桑即曲阜或云後徙曲阜然左氏以魯為少昊之虛曲阜既非青陽亦無自曲阜徙青陽又自青陽徙曲阜之理其說不足據也郯子又云自顓頊以來不能紀遠則少昊在黃帝之後顓頊之前可知今正妃二子中既無少昊豈當繼立之時又別于二十三子中求之如皇甫方雷氏所生之說耶此紀畧去少昊若以易傳為斷則不應又叙顓頊帝嚳若以宋衷所云五運為斷則無論五運為讖緯家傅會于黃帝之說不足信即以五運言之黃帝土少昊金顓頊水帝嚳木帝堯火正合五運之次何以不叙且即以為非五運之次而不叙矣然少昊之君天下固不容沒也如舜紀載四凶所自出由帝鴻賈逵曰黃帝也而及少昊由少昊而及顓頊其次井井不可謂黃帝後無少昊也且如帝嚳之後不叙摯而叙堯然帝嚳紀則云帝嚳崩而摯代立帝摯立不善崩而弟放勳立此雖不叙而未嘗竟削其籍乃黃帝紀則竟以為顓頊繼立若無少昊其人者何也況既云一曰元囂二曰昌意又云顓頊為昌意之子帝嚳為元囂之子則繼黃帝而立者非元囂即昌意矣乃俱不繼立豈俱先卒耶即曰先卒亦應以元囂之子帝嚳繼乃舍嚳而立頊者豈斯時嚳德尚不足以君天下耶然據嚳紀稱其生而神靈自言其名則其君德素具何不繼黃帝而繼顓頊此誠有所不可解者

青陽降居江水

大戴禮帝繫篇云降居泜水

昌意娶蜀山氏女曰昌僕

大戴禮帝繫篇云昌濮

黃帝崩

路史後紀曰五行書帝以甲戌日崩一云戊午

葬橋山

元和郡縣志子午山亦曰橋山直真寧縣東八十里黃帝陵在山上　路史後紀曰按混

天記黃帝葬南陵山南陵故茻曰上陵山而神鑑謂黃帝塟南甲山則首向也思玄注云黃帝塟西海橋山地志亦謂山有黃帝塚史記武帝巡朔方還祭黃帝冢于橋山元魏諸帝亦數祭焉後魏書文成東巡涿鹿祠黃帝祭橋山觀溫泉幸廣寗泉今在上谷東南二十里九域志橋山又有軒轅太子陵廟而嬀之懷戎川橋山有黃塟及祠焉　讀史析衷曰軒轅陵在橋山載紀所同特橋山匯一上郡嬀州皆有之漢武帝元封元年帝北巡朔方勒兵十餘萬還祭黃帝冢橋山此上郡之橋山也北魏明元帝神瑞二年六月丁卯南次石亭幸上谷壬申幸涿鹿登橋山觀溫泉泉使使者以太牢祠黃帝遂至廣寗泰常七年九月幸灃南遂如廣寗幸橋山遣使者祠黃帝因東幸幽州太武帝神䴥元年八月東幸廣寗臨觀溫泉以太牢祭黃帝此嬀州之橋山也郭景純注山經云帝王冢墓皆有定處而山經往往複見蓋聖人久于其仕仁化廣及至于狙亡四海無思不哀故絕域殊俗之人聞天子崩各自立位而祭起土為冢是以所在有焉景純之論可謂善言古者矣後之讀史偏執成見以史紀為是必以魏書為非然在黃帝既都涿鹿安在冀州之不可營塟乎　柯維騏曰按諸史所載謂黃帝採銅鑄鼎鼎成帝崩夫謂鼎成騎龍升天蓋本方士之說太史紀之封禪書以見漢武之惑此云崩且塟所以袪后世之疑也　日下舊聞曰按史記黃帝崩塟橋山魏王象繆襲等撰皇覽云在上郡地理志謂是上郡同陽縣括地志謂在寧州羅川縣東八十里子午山今平谷之陵人多疑流傳之設然帝既都涿鹿則塟于此理亦有之栁衣冠之塟或者非一處也

吳廷華曰黃帝紀云神農氏世衰諸侯相侵伐暴虐百姓而神農氏不能征于是軒轅乃習用干戈以征不享諸侯咸來賓從而蚩尤最為暴莫能伐又曰炎帝欲侵陵諸侯諸侯咸歸軒轅教熊羆貔貅貙虎以與炎帝戰于阪泉之野三戰然後得其志所謂神農氏者

摭司馬貞索隱謂神農氏子孫即班固所云參盧皇甫謐所云帝榆罔則所稱炎帝當即前所謂神農氏益襲神農之號者然據帝王代紀及古史攷俱云神農生帝哀哀生帝克克生帝榆罔凡八代五百三十年而軒轅氏興則榆罔特神農之曾孫若以此紀神農氏為榆罔則神農氏止三代而軒轅興非八代矣謐自為矛盾乃如此人據舜紀自黃帝至舜禹皆同姓而異其國號故黃帝為有熊帝顓頊為高陽云云則所謂襲號者不過襲其國號非并黃帝顓頊等名而襲之也神農雖莫可攷然以黃帝為有熊之例例之則既襲神農之號不應又以炎帝為國號而襲之如并襲之則八炎帝矣易所謂教耒耨者何人紀所謂與黃帝戰者又何人也況代紀等書謂炎帝姓姜其母則曰女登其所娶奔水之女則曰聽詙其後人則曰帝哀帝克帝榆罔俱若有據至帝則惟曰炎帝神農而其名不傳則非名炎帝即名神農後人烏得并其名而襲之況據左氏烈山氏之子曰柱其于帝克是一是二又不可解也又據國語炎帝黃帝皆少典之子其母皆有蟜氏之女則黃之繼炎不過兄終弟及之常謐皇之說不足據此紀亦非信之矣今即紀說論之由前之說則諸侯暴而王室衰由後之說則王室虐而諸侯叛是同一炎帝神農而忽盛忽衰同一黃帝而衰則攝政虐則三戰何矛盾耶又湯之伐夏也不過曰格爾衆庶武之伐殷也不過曰虎賁三千黃帝為五帝之首乃遷為伐君之倡且教熊羆貔貅貙虎而戰之一戰不已至于再再戰不已至于三曰三戰然後得其志則其志尚可問哉且既云邑于涿鹿之阿則定都矣又云遷徙無常處以師兵為營衛則似黃帝戰炎帝伐蚩尤逐葷粥外日事征伐終身在師兵營衛中并涿鹿之都亦不可謂之常處者豈不悖耶昔人謂史遷鑒秦室之禍于武帝紀事多忌諱不傳是也自余論之則黃帝一紀寫來俱是武帝小樣爾試帝大畧不過窮兵黷祀求仙即黷祀中事橫斂即由窮兵黷祀而來故大畧不過此二者

紀曰披山通道未嘗寧居東至于海登凡山及岱宗西至于空同登鷄頭南至于江登熊相北逐葷粥合符釜山又曰萬國和而鬼神山川封禪與為多焉獲寶鼎其梗槩若俱為武帝寫照蓋此紀為百三十篇之首故立意頌君紀黃帝正諷孝武爾讀此紀者當自知之

帝顓頊高陽者

路史後紀曰姬姓古史攷以為妘姓纂則謂顓帝帝風姓

黃帝之孫而昌意之子也

路史後紀曰黃帝氏之曾孫祖曰昌意取蜀山氏曰景僕生帝乾荒取蜀山氏田樞是為河女所謂淖子也淖子感瑤光於幽防而生顓頊

北至于幽陵（正義曰幽州也）

愚按說本王逸楚詞章句

顓頊崩（集解皇甫謐曰在位七十八年年九十八）

水經注曰淇水北逕白祠山東歷廣陽里逕顓頊冢西俗謂之殷王陵非也帝王世紀曰顓頊葬東郡頓丘城南廣陽里大冢者是也

路史後紀曰在位七十有六崩韓愈云年七十九世紀云九十八二十一而立或云三十六立皆非按新序云齊閭丘卬遮宣王曰昔帝顓頊十二而治天下故禮傳謂顓帝十二而冠蓋因立而始加元服也　又曰郡國志云顓頊葬俗名青冢山崔鴻前趙錄云和苞諫劉曜曰堯葬穀林市不改肆顓帝葬廣陽下不及泉十通志云鮒鰅即廣陽山之別名也寰宇記在頓丘西北三十通其記帝陵在相州臨河乾德四年置先代帝王守陵戶高陽在臨河寰宇記臨河東九里顓頊廟而九域志順安高陽縣有顓頊陵縣故隸瀛而臨河濮陽與相出入也然顏真卿吳地記烏程有顓頊陵則非矣務願九域志與作鮒鰅同

帝嚳高辛者（正義曰帝王紀云嚳母無聞焉）

路史後紀曰姬姓古史考云或云房姓妄也

一云妘姓父僑極取陳豐氏曰裒（高堂隆北郊表曰握裒履巨跡是也）履大跡而偒生嚳

娶娵訾氏女生摯

路史國名紀曰姓書訾陬三皇時諸侯

帝嚳崩

山海經狄山帝嚳葬于陰　帝王世紀帝嚳葬東郡頓丘廣陽里　水經注淇水逕雍榆城東北帝嚳冢西世謂之頓丘臺非也皇覽曰帝嚳冢在東郡濮陽頓丘城南臺陰野中者也　路史後紀曰帝生三十而御天六十有三載崩葬頓丘臺城陰野之秋山山在魏之頓丘元和志頓丘西北三十五有秋山縣北三十有帝佶墓寰宇記秋山冢見存皇覽云在頓丘城南唐以仲春祀帝佶於頓丘三年一享山經九域志皆作狄云山陰今陵見存

帝堯者集解謚法曰翼善傳聖曰堯索隱曰堯謚也

路史發揮曰學者疑謂放勳重華文命昔之人或以為名而堯及舜禹在昔俱以為謚鮮有以為名者曰否皆名也謚不出于古書傳雖云謚出黄帝然實出於周公何以言之予覩夏商帝王皆非謚法知之也死謚周道也古者生無爵死無謚故始皇之制曰朕聞太古有號無謚中古有號死而以行為謚是以秦秀謂昔周公弔二季之陵遲哀大道之不行于是作謚以紀其終非古有之而穀梁子亦曰武王崩周公制謚法大行受大名小行受小名所以懲惡而勸善也世有謚法輒惡文致堯舜禹湯桀紂之類而羼入之蓋始於白虎群儒斯最荒唐者也夫堯舜禹之為名固自章也堯曰咨汝舜舜曰咨汝禹汝棄汝契是果名也若以為謚則棄契垂益夔龍一皆為謚而後可有繇在下曰虞舜是豈繇而在下已有謚乎彼則又曰此後世之追志斯亦固矣夫書之於名分法最嚴家世莫稽也方舜未嗣每書以舜蓋未始一稱帝逮其既立則惟書帝而弗復書以舜此則上古記史之法如是抑豈先謚而後帝乎昔魏周訢謂魏君曰吾所賢者堯舜堯而舜名是古未嘗以為謚也然則其說謬于漢儒可知矣

曰昧谷徐廣曰一作柳谷駰按孔安國曰日入于谷而天下冥故曰昧谷

學齋佔畢曰尚書堯典分命和仲宅西曰昧

谷正經注疏云日所入處名曰昧冥之谷史記注引孔安國云日入于谷而天下冥故曰昧谷以為義仲宅暘谷之對其義坦然明白矣而周禮縫人衣翣柳之材注柳之言聚也諸飾之所聚且引書曰分命和仲度西曰柳穀注疏遂云柳者諸色所聚日將沒其色赤兼有餘色故曰柳穀其云書曰者是濟南伏生書柳文見今尚書云宅西曰時谷此周禮注及疏之說也然余攷漢隸占定古文尚書上云分命咊中宅㢴曰昒谷昒乃古昧字初無柳谷之文及旁攷史記堯本紀中命和仲居西土曰昧谷徐廣注曰一作柳谷亦日入處地名太史公帝紀務變易二典正文先儒固已評之徐廣因而以柳谷地名注之亦已淺陋至周禮之注又變為柳穀則并谷字而易其文周官至劉歆時方奏立博士胡康侯父子已枚數其失而唐人疏義又鑿說以諸色而易諸飾以證柳谷之義其視漢儒義益遠矣至若改谷為穀又無其義

試不可用而已

朕

史詮曰洞本無用字

在位七十載汝能庸命踐朕位正義曰孔安國云堯年十六以唐侯升為天子在位七十載時八十六老將求代也

徐孚遠曰據皇甫謐所記堯崩年百十八歲在位九十八年則是二十方即位也與此不同

堯又曰誰可者

辨惑曰尚書堯典帝曰疇咨若時登庸放齊曰胤子朱啟明帝曰疇咨若予采驩兜曰共工方鳩僝功帝所謂若時若子采者其義雖不甚明要之是兩事而本紀于後節但云堯又曰誰可者却只是申前事也

三苗在江淮荊州

陳子龍曰三苗在洞庭之南與淮無與豈或時時流軼及東境耶　史詮曰淮當作滙謂江之巨浸也

放驩兜於崇山

路史國名紀曰以嬖臣孤攻專權亡國訶卿云兜伐之今弘農有地名梟志為驩兜之都然意驩為國當如魯讙未必梟地其後竄之崇山則

今澧之慈利也有驩兜墓然領外驩州圖經記以為其竄所樂史亦記驩州為所放處則去崇山遠矣驩讙為州是為驩朱國山海經云國人似仙人而鳥喙捕魚海島郭氏謂堯臣有罪放南海死帝矜之使其子居南海祠之而神異經言驩兜民鳥足扶翼而行食魚不畏風雨有所觸死乃已居南荒中尤異

遷三苗於三危

路史國名紀曰今戎虜瓜沙等州是其處有三峰山俗曰升兩山在燉皇南三十里地道記云鳥鼠同穴西有三危山三苗所處是也

陳子龍曰三惡皆一人可遷三苗則舉國西徙矣亦猶漢武之遷甌越周之遷頑民也

凡二十八年而崩

山海經狄山帝堯葬于陽（今陽城縣西東阿縣城次鄉中諸陽縣相亭南皆有堯冢） 墨子堯北教乎八狄道死葬蛩山之陰衣衾三領穀木之棺葛以緘之既泥而後哭滿埳無封已葬而牛馬乘之 水經注地理志曰成陽有堯冢靈臺今成陽城西二里有堯陵陵南一里有堯母慶都陵於城為西南稱曰靈都鄉號崇仁邑號脩義皆立廟四周列水潭而不流水澤通泉泉不耗竭至豐魚筍不敢採捕前並列數碑栝柏數株檀馬成林二陵南北列馳道逕通皆以磚砌之尚脩整堯陵東城西五十餘步中山夫人祠堯妃也石壁堦墀仍舊南西北三面長櫟連蔭扶疏里餘漢建寧四年五月成陽令管遵所立碑文云堯陵在城南九里中山夫人初在城南二里東南六里堯母慶都冢秀地驗狀咸為蹤跡蓋闕疑書疑耳 趙明誠金石録成陽屬今雷澤歐陽集古録謂史記地志及水經諸書皆無堯母葬處案班固西漢劉昭東漢書地理志皆曰成陽有堯冢靈臺而東漢志章帝元和二年東巡狩將至大山道使使者奉一太牢祠帝堯於濟陰成陽靈臺與帝帝紀所載正同帝紀章懷太子註引郭緣生述征記云成陽縣東南有堯母慶都墓上有祠廟俗亦名靈臺文舟水經注今成陽城西二里有堯陵陵南二里有堯母陵於城為西南稱為靈臺蓋西漢所載似以靈臺為

堯冢惟此碑與述征記水經迺直指為堯母冢爾然水經云在成陽西南而述征云在東南未知孰是　洪适隸釋兩漢地志濟陰成陽有堯冢靈臺不明言靈臺為堯母冢也章帝紀元和二年使使者祠唐堯於成陽靈臺注引郭緣生述征記曰成陽有堯陵南一里有堯母慶都陵稱曰靈臺據此與碑合靈臺非堯冢明矣　路史發揮曰堯之冢在濟陰成陽堯母靈臺在南漢章帝元和二年使奉太牢祠堯於成陽靈臺是其處也今皆在濮之雷澤東南（元和郡縣志堯母廟縣東南四里堯陵縣西三里堯即位至永嘉三年二千七百二十一年紀識於碑貞觀十一年禁樵採春秋奠酹）而王充乃云葬崇山墨子則謂北教八狄道死南已之市而葬蛩山之陰蓋儀墓爾（論衡曰堯葬冀州或云崇山儀墓如漢世遠郡國陵與蒼梧舜墓之類非實葬所山海經云堯葬狄山之陽酈善長以為非亦政類）按歐陽文忠公集古錄言靈臺碑以為史記地志水經諸書皆無堯母葬處粵稽地志及范曄志則云成陽有堯冢靈臺而此碑云堯母葬茲欲人莫知名曰靈臺又郭緣之述征記成陽城東南九里有堯陵陵東有中山夫人祠在城南二里蓋堯妃也東南六里有慶都冢上有祠廟而水經注言成陽城西二里有堯陵陵南一里有慶都陵於城為西南稱曰靈臺鄉曰崇仁邑號脩義其葬處明白若此惡得云無言耶然述征記在成陽東而今之所識乃在成陽西北四十里穀林則古今壇場相出入有不同者郭氏所記乃小成陽小成陽在成陽西北五十里隸於河南有山曰成陽穀林在其下（高誘注呂春秋云成陽山下有穀林是）小成陽以山得名乃堯葬所在有堯之故名焉即庸俗所謂因堯城者

吳廷華曰此紀具以今文尚書之說填實成文如所錄虞書親九族以下嬪虞以上不過易平章曰便章協和曰合和欽若曰敬順歷象曰數法隅夷曰郁夷寅賓曰敬道平秩曰便程厥民曰其民寅餞納日曰敬道日入宵中曰夜中以殷中秋曰以正中秋平在朔易曰便在伏物允釐百工曰信飭百官庶績咸熙曰衆功皆興疇咨若予采曰誰可者方鳩僝功曰旁聚布功靜言庸違象恭滔天曰共

工善言其用僻似恭漫天俾乂曰使治明明揚側陋曰悉舉貴戚及疏遠隱匿在下曰在民間瞽子曰盲者子釐降曰飭下嬪于虞曰如婦禮而已其辭皆依經直敘所易字如方音又如訓詁不見史才慎和五典以下亦然至易舜讓于德弗嗣句為舜讓于德不懌似舜又以讓為悔者受終文祖下增帝堯老命舜攝行天子之政以觀天命二語又似受終後堯意尚未決者則謬矣此外所增惟其仁如天九語不失帝德之本然至云堯避位二十八年而崩此即明堂位周公踐阼之意不可為訓竹書云昔堯德衰舜囚堯復偃塞丹朱使不與父相見正義謂括地志濮州有故堯城又有偃朱故城即具所以誣聖人者至莽操之不若皆此等紀啓之末又云授舜則天下得其利而丹朱病授丹朱則天下病而丹朱得其利堯曰終不以天下之病而利一人而卒授舜以天下似堯之禅位其輾轉于利害之間籌之至熟而後授舜者將聖人公天下之心盡數抹殺豈不妄誕按此所載增于虞書者不過此數語而可議已如此班孟堅謂史記是非謬於聖人蓋非虛爾

虞舜者

路史後紀曰王符志氏姓云舜姓虞而史伯亦稱虞幕則其上世為虞矣杜預云虞乃舜之先世數未聞

名曰重華

路史後紀曰世紀云曰瞳子名重華真源曰字仲華

重華父曰瞽叟

愚按正義引孔安國云瞽舜父有目不能分別善惡故時人謂之瞽配字曰叟堯紀云盲者子此紀下云瞽叟盲而舜母死則孔說不足據也　尚書疏云經說舜德行美其能養惡人父自名瞍何須言之若實無目即是身有固疾非善惡之事輒言舜是盲人之子意欲何所見乎論語曰未見顏色而言謂之瞽則言瞽者非謂無目

瞽叟父曰橋牛橋牛父曰句望句望父曰敬康敬康父曰窮蟬窮蟬父曰帝顓頊顓頊父曰昌

意以至舜七世矣自從窮蟬以至帝舜皆微爲

庶人

路史餘論曰呂梁碑劉耽作碑中叙紀虞帝之世云舜祖幕幕生窮蟬窮蟬生敬康敬康生喬牛喬牛生瞽叟瞽叟産舜命禹行水道呂梁特此節完備爲可攷質之於傳惟無句望且不言出自黄帝諒得其正　邵泰衢曰昌意者黄帝之子皇英乃軒轅五世之女舜乃軒轅八世之孫堯舜人倫之宗以孫娶祖瀆禮亂常又何觀厥刑善其婦禮爲哉窮蟬既爲帝子又何以微爲庶人一也男女辨姓婚姻不通舜爲堯之五世從孫而可以尚曾祖姑哉二也帝王之姓累世不易唯舜之姓非先王之姓三也舜爲堯之從孫禹爲舜之從祖仍一家而祖孫授受也謂之揖讓謂之公天下可乎蓋堯以至公授異姓在下之鰥故曰傳賢舜以天下傳外姓有功之賢故曰巽位夏本紀曰鯀父顓頊又云自黄帝至舜禹皆同姓而異國號之皆非矣四也若言鯀弟蟬兄本之顓頊一體夫何鯀則始生禹子蟬遂遠歷五傳且舜年長禹二十揆諸年世甚爲懸絶況舜冀地非昌意降居若水之方必非項後史辨之矣至堯用元愷不以爲舉舜以非親故謂之舉五也舜苟堯親非側微矣惟其側微而必本岳薦然後舉之歷試之而朝野信之然後授之六也至受終文祖者受天下于人必告其人所從受者文祖者堯之太祖也祖堯之祖以明受之堯也非祖考本生之祖也禹之受命于文宗曰堯廟又推舜所自受之堯也顓頊豈虞氏之祖哉

舜耕歷山

路史餘論曰歷山今河東之雷首山也其山九名一曰首陽臨河與大華對峙即謂歷觀揚雄所云登歷觀以遥望者樂史謂在偃師西北二十五里有舜廟舜井嬀水汭水嬀南汭北然後魏輿地圖上谷記下洛城西南四十有潘城城西北三里亦有歷山形如覆釜下有舜瞽二祠云是舜居帝之蹤迹何聞至是而齊之歷城南五里又有歷山水經注云上有舜祠縣東復有舜井亦云耕處寰宇記

在縣東百步云舜之所穿又有華水與歷山井通曾子固言舜耕歷山漁雷澤陶河濱作什器於壽丘就時於負夏康成謂歷山在河東雷澤在濟陰而負夏則衛地皇甫謐乃謂壽丘在魯東門之北河濱為即陶丘乃定陶西南之陶丘亭耕稼陶漁皆舜之初年其地必不大相遠今皆在魯衛間則歷山不得獨在河東遂以為娶後所居後世因有嬀水而遷就之夫河中乃帝所生若所都而歷城古歷下也其相去也遠矣耕漁之時徒以瞽叟不順暫即荒野顧非日後就販之比其初未必遠去父母之側河濱雷澤其說未悉按九域志濟南濮陽河中皆有歷山俱存祠廟而今秦地池陽澧陽始寧河縣上虞無錫亦皆有之蘇氏演義云歷山有四一河中二齊之歷陽縣三冀州四濮之雷澤雷澤不聞有二耕漁必不相遠即此為是今曹濮間有舜冢龍井定陶城皆其蹤也然歷山何止四哉信都之歷山樂史亦以為舜耕在是援神契云舜生姚墟應卲謂與雷澤相近寰宇記在雷澤縣東十三里歷山在縣西北十六今濮之雷澤西北六十有小山孤立謂之歷山山北有小阜屬地目之姚墟卲謚緣之皆記舜耕之所而池之建德東十里更有堯城山縣南三十有堯城堯祠云堯巡所至梁武於此立太原府縣北二十為舜城城有舜井有櫪山上有堯舜二祠元和郡志謂是兩帝南巡所至櫪山隅井曰舜井秋浦志歷山在東流縣東三十里高八十丈上有堯舜二祠南巡所至本歙祈門新安志在祈門西八十五里寰宇記石埭西百六十有櫟山高五里上有澄水大柢古迹傳聞多繆如今太湖縣北七里龍山亦有堯舜廟說亦以為放勳乃唐之神也堯而周處記始寧界復有舜所耕田一山多柞同謂櫪山而以其區為之雷澤以其中有大小雷山也王介甫從之妄矣且以姚嬀之名在在而是金之西城故有姚方嬀墟杜佑謂舜生此而世本亦謂嬀墟舜所都在西城今長沙縣有為水云舜所都而上虞之損石號為公薪會稽又有嬀水三撫之泉經之東入海圖經亦以為釐降之地祝阿故縣又有灤水俗呼娥姜水原有娥英之廟水原山上有帝舜祠下開大穴為之舜井究之泗源

又有陶墟亦有舜井其西阜號嬀亭山下之一漏澤方十五里指為帝之所漁不知此自桃墟謝息之所遷者又水經注上虞一曰虞賓太康地記為避丹朱之所而雷澤亦非一周處謂是太湖故寰宇引尚書釋言謂在震澤若陽城濩澤縣墨子則言舜漁在此澤今在陽城西北十二寰宇記為烏號切矣郡國志言邑西今有地名舜田然今潭之益陽岳之沅江故梁之重華縣有虞帝城記亦謂是所都而述異記去湘水岸三十有相思宮望帝臺志為二妃之迹今道臨武桂陽藍山等處悉有帝舜之祠藍山更有舜水舜鄉縣西十五與永明西十五皆有娥皇女英之廟江華太平鄉有舜女寺即按歷城東南十里之廟山晏氏三齊記在縣東南後人思舜而置廟也湘中記云地有舜之遺風人民純朴故老猶彈五弦之琴為漁父辭莫不以為虞帝之居豈盡信耶

漁雷澤

路史後紀曰淮南子云釣于河濱濩澤在今澤之陽城唐濩澤縣應劭云澤在縣西北沁水東逕濩縣故城南漢之澤氏縣魏土地記陽河有沁與濩澤水合者紀在梁惠王十九年晋取玄武濩澤墨子亦言舜漁在此故金鑰謂澤州為舜澤十道記云澤州以濩澤得名皆在河東或云漁于雷澤雷澤濟陰非也

陶河濱

路史後紀曰河濱在蒲州陶城北有故陶城南去歷山甚近故孟津有陶河之稱一云河濱在濟之鄄城蓋以東夷之說也夫帝冀人而虞濱歷山陶城皆在冀蓋初耕于野未必遠去父母也然壽丘在濟負夏在衛則商販觀風或往來於此不必限一所

作什器於壽丘就時於負夏

路史後紀曰灰於常羊什器於壽丘就時負夏未嘗暫息頓丘買貴於是販於頓丘傳虛賣賤於是債于傳虛以均救之故孔子曰耕漁陶販非舜事也而往為之以救敗也

舜父瞽叟頑母嚚弟象傲皆欲殺舜舜順適不失子道兄弟孝慈欲殺不可得即求嘗在側

辨惑曰舜本紀云瞽叟更娶妻而生象象傲瞽叟愛後妻子常欲殺舜舜逃避及有小過則受罪順事父及後母與弟日以謹篤匪有懈後又云舜父瞽叟頑至即求常在側字語重複而兄弟孝慈一句亦不成義理

舜居嬀汭

路史餘論曰嬀一作潙潙汭舜廟後周宇文護造地記云二泉在首山北山中皆逕山下而入何然孔安國馬融王肅杜預皇甫謐皆以為汭為嬀水之曲云

堯二女不敢以貴驕事舜親戚甚有婦道

列女傳云元始二妃帝堯之女瞽叟和穿卒享福祐　郤泰衢曰岳曰父頑母嚚象傲克諧以孝烝烝乂不格姦帝曰我其試哉釐降二女于潙汭嬪于虞夫以諧孝烝乂乃始釐降嬪虞不過二女與處試其刑于式化耳若使瞽腹復欲殺之又何克諧不格姦之有余以讓畔讓居宜在釐降之先若已女妻男處而瞽不奸大似諂尊奉勢之流歸之德化詞屬未安而萬章有二嫂治棲之文又似殺舜在釐降後然塗廩之時兩笠從何而辦穿井之時日實從何匿空似皆未喻者也

後瞽叟又使舜穿井舜穿井為匿空旁出

史通曰夫杳冥不測變化無恒兵革所不能傷網羅所不能制若左慈易質為羊劉根竄形入壁是也時無可移禍有必丘雖大聖所不能免若姬伯拘於羑里孔父阨於陳蔡是也然俗之愚者皆謂彼幻化是為聖人豈知聖人智周萬物才兼百行若斯而已與夫方內之士有何異哉如史記云重華入於井中匿空出去此則其意以舜是左慈劉根之類非姬伯孔父之徒苟識事如斯難以語夫聖道矣且案太史公黃帝堯舜軼事時時見於他說余擇其言尤雅者著為本紀書首若如向之所述豈可謂雅邪

乃流四凶族遷于四裔以御螭魅

辨惑曰舜典稱四罪而天下咸服言刑之當而已史紀帝堯本紀云舜言于帝請流共工于幽陵以變北狄放驩兜於崇山以變南蠻遷三苗於三危以變西戎殛鯀于羽山以變

東夷至舜紀則引左傳所載渾沌窮奇檮杌饕餮之事云流凶族遷於四裔以禦魑魅文雖差殊其為四罪一也一則曰變四夷一則曰禦魑魅舜之意果安在哉蓋二者皆陋說不足取焉且此事止當作舜紀而復見於堯止當從經而反取於傳紀之語不亦冗而雜乎

吳廷華曰紀既載虞書流共工放驩兜遷三苗殛鯀事又自為之說以渾沌窮奇檮杌饕餮為四凶舜流之是唐虞有兩四凶也正義謂渾沌即驩兜服虔謂窮奇即共工賈逵謂檮杌即鯀正義謂饕餮即三苗此特為司馬作彌縫耳按虞書驩兜堯臣即薦共工於帝者紀稱渾沌掩義隱賊好行凶慝帝臣雖不善未必至於此極又紀稱檮杌不可教訓不知話言若鯀則四岳薦之帝堯試之九載崇伯續在太原謂不可教訓不知話言者能如是乎紀稱少皞氏有不才子毀信惡忠崇飾惡言天下謂之窮奇服虔以為共工者蓋與虞書象恭之說相似耳然據左氏傳共工氏有子曰句龍杜氏謂共工在太皞後神農前若少皞固黃帝之後則共工非少皞之裔不得即以為窮奇也虞書言有苗昏迷不恭侮慢自賢與紀言饕餮貪食冒賄不符豈得合而一之又虞書言堯任賢勿貳去邪勿疑雖孔壁古文不足信然觀今文虞書放齊薦朱而帝以嚚訟却之四岳薦鯀而帝以圮族却之至明揚等語皆所謂勿疑勿貳者此紀則謂元凱十六族世濟其美堯未能舉又云三凶堯不能去是所謂見善不能舉見不善不能退者何以為堯

五流有度

史詮曰古本度作庑尚書作宅蓋庑之訛也夏紀三危既度同

於是以垂為共工集解馬融曰為司空共理百工之事

徐孚遠曰是時禹為司空宅百揆垂何得亦為司空抑禹自宅揆解司空之職以授垂即將共工別為一官與司空分職而馬說誤矣

皆曰益可

史詮曰古本益作𦎫

嗟女二十有二人

路史後紀曰王藴等以四岳九官十二牧為之然四岳非一人也故胡益之以百揆易四岳不知百揆在九官中矣若合四岳則二十五矣故世紀云二十五人或在九官或在十二牧中一人兼兩職者若先為牧又兼四岳九官爾孔氏以為禹益垂伯夷夔龍六人新命有職及四岳十二牧然其戒四岳以闢四門戒十二牧以民食蠻夷是岳牧之事已各戒之則此咨二十二人必不兼矣況亮天工者非岳牧之任而禹稷契皋陶有不應絀者元凱十六相與羲和之六卿歟九官在其中故各以事咨戒之又如羣臣受任而遜于人亦皆授職如殳斨伯與朱虎熊羆不見任用有舊職不移也

踐帝位三十九年南巡狩崩

帝王世紀曰舜以堯之二十一年甲子生三十二年甲午徵用七十九年壬午即真百歲癸卯崩或云舜年一百五歲亦云一百一十三歲　尚書疏曰舜年六十二為天子大禹謨朕宅帝位三十有三載乃求禪禹孟子曰舜薦禹於天十七年是在位五十年明矣史記皆謬　周洪謨曰按舜年九十三自謂倦于勤而命禹居攝豈有百有九歲之後其衰已甚而又南涉大江深入蠻夷之地哉為此說者惑于書陟方乃死之文耳今按韓子謂竹書紀年紀帝王之歿曰陟師古云古謂掘土為坑曰方是時舜年已老故岳歿之際先定其壙而後乃死然其定壙蓋亦不過謂吾死之後可瘞其處非若後世擇選風水預為壽藏者也要之舜都蒲坂距鳴條二百餘里孟子云卒于鳴條者得之　吳廷華曰紀云舜年三十堯舉之年五十攝行天子事年五十八堯崩年六十一踐帝位三十九年崩于蒼梧之野據此則堯紀避位之說妄矣然又據虞書帝曰詢事考言乃言底可績三載汝陟帝位又云舜生三十徵庸三十在位五十載陟方乃死又舜曰耄期倦于勤汝惟不怠總朕師孟子云舜相堯二十有八載又曰堯老而舜攝又曰禹祖舜十有七年合諸說論之則受終當在徵庸後之三年即攝政時也越

二十八年而堯崩蓋兼試舜之三年言則堯崩時舜固五十有八至三年喪畢乃踐帝位則六十一矣虞書三十在位本大槩言之耳若所謂五十載陟方乃死則舜在位之實數也況舜薦禹時曰耄期則舜時已九十餘歲又十七年而禹嗣位則與虞書五十載之說合堯紀亦有二十八載語此紀後亦有十七年之說此獨言五十攝政踐位三十九年不但與經傳不符與紀說亦自相背戾不足據也

崩於蒼梧之野葬於江南九疑是爲零陵

山海經蒼梧之山帝舜葬于陽帝丹朱葬于陰（即九疑山也）　又曰赤水之東有蒼梧之野舜與叔均之所葬也　又曰南方蒼梧之丘蒼梧之淵其中有九嶷山舜之所葬在長沙零陵界中　墨子舜西教乎七戎道死葬南紀之市衣衾三領穀木之棺葛以緘之已而市人乘之　呂氏春秋舜葬于紀市不變其肆（九疑山下亦有紀邑）　元和郡縣志九疑山在永明縣東南一百里舜所葬也九山相似行者疑惑故爲名二妃冢在華容縣北一百六十三里青草湖上　元結九疑山圖記曰九疑山方二千餘里四州各近一隅世稱九峯相似望而疑之謂之九疑亦云舜望九峯疑禹而悲從臣九作九悲之歌因謂之疑九峯殊極高大遠望皆可見也　方輿勝覽檀弓云舜葬於蒼梧之野習鑿齒云虞舜葬零陵元和郡縣志亦云九疑舜之葬也案太史公曰舜南狩行死於蒼梧之野歸葬於江南之九疑山海經云舜之所葬在今道州零陵縣界蒼梧九疑當是兩處後人誤引舜死之地以爲舜葬之所耳　元混一方輿勝覽舜陵在女英峰下　路史發揮曰諸馮負夏鳴條皆在河南北故葬于紀所謂紀市也今帝墓在安邑而安邑有鳴條陌其去紀才兩舍帝紀言河中又舜冢信矣夫蒼梧自非五服人風婐劃地氣高瘴在虞夏乃無人之境豈巡狩之所至耶方堯老舜攝也於是乎有巡狩之事今舜既已耄期勌劇形神告勞釋負而附禹則巡狩之事禹爲之矣豈復躬巡狩於要荒之

外也哉是以劉知幾之徒得以撫厲王流彘楚帝遷郴及夏桀趙嘉之事而疑舜禹之明德汲嘗攷之象封有鼻故墓在於始興義均封於商故女英之冢在商鄉見劉嘉語禹其餘支庶或封巴陵或食上虞采西城邑也陽與夫懷戎衡山長沙無錫故其墓或在江華或在巴陵上虞禹為天下帝之諸子分適他國其之巴陵者登北氏蓋從之故其墓在於巴陵黃陵也登北氏帝之第三妃帝之三妃不得皆後於帝死育既葬於陳倉則其先死矣育即娀皇漢志陳倉有黃帝孫舜妻育冢既皇英各自有墓則黃陵為登北之墓審矣唯登北氏從徙巴陵則其二女理應在焉故得為相之神而其光炤於百里是皆可得而攷者胡自氛氛而爭為堯之二女乎是則九疑之陵或弟象之國所封崇爾不然商均窆也大荒南經云赤水之東蒼梧之野舜子叔均之所葬也而九疑山記亦謂商均窆其陰豈非商均徙此因葬之後世遂以為虞帝之墳耶是以蔡雝九疑碑辭乃云觧體而升而胡曾九疑碑圖且謂今無復墓然則蒼梧之藏有其語而已矣　郃泰衡曰禹受命于神宗之日舜年九十五矣耄期倦于勤今乃百有十歲猶自躬巡荒服乎舜典云舜生三十徵庸三十在位五十載陟方乃死史官紀舜典之總結從生至死也姚舜牧氏曰升遐死之別名也若以陟方為升遐又云乃死史何其複也史紀舜生始末曰舜三十徵庸則前之祇載克諧也及受終三十載允陟五十載為天地立心為生民立命為萬世開太平而不敢自暇豫也至于若時五十載而巡歷于方岳之下也如此乃死焉自生至死乃字始明何得云巡狩而死于蒼梧之野乎

封弟象為諸侯

路史發揮曰幽明録云始興有鼻天子冢鼻天子城即南康語南康縣鼻天子城者亦見虞實録蓋地後貫南康昔人不明為何人乃象冢也

舜子商均亦不肖

路史後紀曰女罃生義鈞及季釐季釐封緡為桀所克義鈞封於商是為商均是喜歌舞

擇其言尤雅者故著爲本紀書首

吴廷華曰據史遷云擇其猶雅者著爲本紀似矣夫雅者正也此紀所述不正如此何以謂之雅況尤雅耶又其言曰孔子所傳宰予問五帝德及帝繫姓儒者或不傳蓋當時以大戴禮及家語非聖人之言故不傳學是漢儒之去取固不爽也又其言曰余嘗西至空桐北過涿鹿東漸于海南浮江淮長老各往往稱黄帝堯舜之處風教固殊總之不離古文者近是（指家語及大戴禮）是儒者不傳而遷則採方上俗説以証家語等而信之其取之之義已與儒者不同矣又其言曰予觀春秋國語其發明五帝德帝繫姓章矣顧第弗深考夫春秋國語正儒者所傳乃以爲弗深攷其去之之義又與儒者不同矣又曰其所表見者皆不虚書缺有間矣其軼乃時時見于他説如謂表見不虚即不離古文之意蓋指家語等言之索隱謂承春秋國語則與上第弗深考不合且既取家語又取春秋則夾雜非語意索隱蓋爲之彌縫耳不足信要之此文大意曰俗説而取家語大戴又曰書缺而別求之他説他説者讖緯之類若春秋國語則其所謂第弗深考者去取之謬如此猶曰擇之是真昌黎所謂擇焉不精者矣

史記疏證卷第三

夏本紀第二

黄震日抄曰夏紀多櫽括禹謨禹貢之書少康中興書所缺者亦缺自仲康帝相少康直以世次相承若守文無事者意者少康之事遷時已無所考歟

禹之父曰鯀鯀之父曰帝顓頊顓頊之父曰昌意昌意之父曰黄帝禹者黄帝之玄孫而帝顓頊之孫也禹之曾大父昌意及父鯀皆不得在帝位爲人臣

史通曰案顓頊紀中已其云黄帝是顓頊祖矣此篇下云禹是顓頊孫則其上不得更言黄帝之玄孫既上云昌意及鯀不得在帝位則於下文不得復云爲人臣　黄氏日抄曰禹後於舜者也謂皆黄帝子孫舜去帝七世而禹反四世又舜帝族也而側微至此皆事之不可曉者

禹傷先人父鯀功之不成受誅乃勞身焦思

邵泰衢曰書曰無若丹朱傲唯慢遊是好予創若時娶于塗山辛壬癸甲啓呱呱而泣予弗子惟荒度土功益禹勸帝脩德而以救爲可畏不可不創娶妻弗顧生子弗恤而唯荒度工功弼成五服未嘗創于鯀也若以爲創于鯀而痛父功不成亦可爲幹蠱之孝不知禹之地平天成萬邦作乂者豈以是哉

居外十三年

周洪謨曰世常言堯有九年之水然鯀九載弗績禹八年于外則爲十七年而非止九年矣然鯀之九載乃堯在位之時禹之八年乃舜攝政之後然八年者亦以水之害漸去至八年則天地平成而非有八年之水也太史公謂禹居外十三年蓋因兖州之賦作十有三載乃同之言然實非也

陸行乘車水行乘船泥行乘橇山行乘檋

路史餘論曰淮南子云物無貴賤因其所貴舟車楯肆窮廬固有所宜也許氏以爲水宜舟陸宜車沙地宜肆泥地宜楯草野宜窮廬書言四載孔安國謂水舟陸車泥楯山樏而夏本紀乃言泥乘橇山乘檋橇尸子作蕝集韻同爲祖芮切檋亦音蕝而檋乃音鞠故河

渠書溝洫志皆云泥路毳書言山即橋而志言山即梮諸儒皆以欙為丘遂切此以意言之音橇為蕝爾按許說文四載水舟陸車無可異者惟山乘欙澤乘剸為不同尸子云行塗以楯行險以撮行山乘欙行沙乘軌欙與欙同力追切剸與楯輴同敕倫切尸子之說蓋得其傳橇非輴也字宜音撮險所乘者書志作毳特省文借字代苐察爾欙與梮同蓋即欙也當讀如濟漯蓋亦諸儒意會而音為纍其作橋者殆梮之轉然禮運直收橇於平聲云丘妖切字一作轎則又合橇欙為一矣集韻作轎而以梮同之暴暴固舉食之具爾如淳云橇以板置泥上通行欙以鐵如錐頭長半寸施之履下以上山使不跌字亦作梮二物蓋皆車類竊詳其制橇當如蕝公羨馬之法而欙則輁之制爾周禮軍旅會同鄉師治其輂輦人輂車駕輂上為藩藩營轝之以載任器然說文以輂為大車駕馬則又非山乘者矣按禮士載柩以輁軸大夫以上以輴輁狀如長牀穿桯前後著金而關軸焉輴車庳下而寬廣自諸侯上有四周即其制也孟服謂木橇形如箕擿行泥上徐廣以橋為直轅車一作輂而應謂梮或作欙人所引者如說非矣夫曰載曰乘則不應為履與板矣楯軌欙撮是為四載舟車常所乘宜不在四載內然在文子又言涉用騷騷於說者為乃鳥反茲又異矣

夾右碣石入于海

徐孚遠曰按尚書作入于河傳曰冀州北方貢賦之來自北海入河南向西轉而碣石在其石轉屈之間故曰夾石

浮於濟漯通於河索隱曰濟水出河東垣縣王屋山東其流至濟陰故應劭云濟水出平原漯陰縣東漯水出東郡東武陽縣北至千乘縣而入于海

愚按地理志平原郡漯陰縣注應劭曰漯水出東武陽東北入海東郡東武陽縣志云禹治漯水東北至千乘入海注應劭曰武水之陽也索隱誤以地理志本文為應劭之說

九江甚中

余有丁曰按書傳九江即今之洞庭也水經言九江在長沙下雋西北今沅水漸水元水

辰水敘水酉水澧水資水湘水皆合于洞庭意以是名九江也

淮箘簬楛

徐孚遠曰鄭玄註箘簬䖢風也不明書傳箘簬竹也楛木也皆可為矢

踰于雒

史詮曰右本作洛今本作雒由後人以漢書改之也

下土墳壚集解孔安國曰壚疏也

愚按尚書孔傳無此注

蔡蒙旅平集解鄭玄曰地理志蔡蒙在漢嘉縣

愚按漢蜀郡青衣縣蒙山所在漢嘉至順帝始改地理志不得有其名鄭引之誤矣蔡山既不知所在而與蒙山並云在漢嘉縣尤誤

浮于潛踰于沔入于渭亂于河

金履祥曰潛沔于渭無水道可通必踰山而後入渭史文當是入于沔踰于渭如荊州踰于洛之例今本傳寫之誤也

浮於積石至於龍門西河會于渭汭

徐孚遠曰按書傳雍之貢道有二其東北境則自積石至于西河其西南境則會于渭汭言渭汭不言河者蒙梁州之文也

東匯澤為彭蠡

邵寶曰江漢水漲彭蠡瀦不流逆為巨浸無仰其入而有賴其遏彼不遏則此不積所謂匯也者如此故曰北會於滙匯言其外也蠡言其內也江水瀦發最在上流其次則漢自北入其次則彭蠡自南入三水並峙而東則江為中江漢為北江彭蠡所入為南江可知已非判然異派之謂也謂經誤者非是

何遷乎有苗何畏乎巧言善色佞人集解鄭玄曰禹為父隱故言不及鯀

愚按禹為父隱云云據尚書疏為馬融之說非鄭玄也

予辛壬娶塗山癸甲生啓

丘光庭兼明書曰史記云禹辛日娶妻甲日生啓司馬遷約尚書之文而為史記其於經義多不精詳按虞書益稷篇云予創若時娶于塗山辛壬癸甲啓呱呱而泣予弗子惟荒度土功孔安國曰禹言我懲丹朱之惡如此

故辛日娶塗山氏之女甲日復往治水復往之後而啟生焉啟生之後或從東往西或從南祖北經過其門聞啟泣聲而不暇入子愛於啟以其水災未去唯大度水土之功故也而司馬遷以塗山之女聘禹之後四日之內而生啟故聞其呱呱泣聲而不入愛子其不近人情一至於此且禹所以言此者以己勤於治水而不顧其家不私其子所以能成大功耳若馬遷之意是禹疑其妻而惡其子何勤勞之有焉

帝禹東巡狩至于會稽而崩

邵泰衢曰哀七年傳景伯曰禹合諸侯于塗山註塗山在壽春縣東北濠州鐘離縣西九十五里是塗山者壽春之塗山今訛蕭山之會稽皆世家致羣神于會稽與會計之一語耳蓋會稽越地上古未通仲雍逃吳猶然斷髮即使會朝述職何為遠抵蠻方若云封德爵功又不當近舍朝宁宋景濂云稽之左氏當以壽春之塗山為正

遂滅有扈氏

呂氏春秋夏后相與有扈戰於甘澤而不勝六卿請復之夏后相曰不可吾地不淺吾民不寡戰而不勝是吾德薄而教不善也於是乎處不重席食不貳味琴瑟不張鐘鼓不脩子女不飭親親長長尊賢使能期年而有扈氏服　愚按呂氏作后相是所聞之誤

帝相崩子帝少康立

左傳疏曰都不言羿浞之事是馬遷說之疏也　徐孚遠曰按大康自為遊田至于失柄然未便失國也如已失國中康安得復立中間又傳帝相至少康乃始光復乎蓋史遷時左傳未出不知羿浞篡夏之事故不著少康之功疑作五子之歌時已有失國之禍而著胤征以中康為中興之主耶

帝不降崩弟帝扃立

史詮曰竹書紀年帝不降遜位于弟扃三代之世內禪惟不降實有聖德

桀謂人曰吾悔不遂殺湯於夏臺使至此

楊慎曰淮南子云桀囚于焦門不能自非其所行而悔不殺湯于夏臺紂拘于宣室不自

反其過而悔不誅文王于羑里天下非一湯文也殺一人則必有繼之者矣

禹爲姒姓其後分封用國爲姓故有夏后氏有扈氏有男氏

路史國名紀曰世本之有男氏潛夫作南周書之有南也二臣勢均爭權而分楚地記云漢江之北爲南陽漢江之南爲南郡者是

斟尋氏彤城氏襃氏

國名紀曰夏有褒君褒姒祖也盟會圖云梁州褒城縣漢之褒中義熙之荒中有褒水褒谷褒國故城爲褒水所壞寰宇記襃中古襃國都尉理左興元西三十三

費氏

國名紀曰弗費也一作鄪扶味切今河南緱氏滑都也與魯費異魯費音祕氏一之誤陸姓纂有鄪氏別爲鄪並音非也王當以鄪爲季氏之鄪亦非

杞氏

國名紀曰杞定似國商封之今汴之雝丘有古杞城傳十四遷緣陵後復遷淳于定二十四楚滅之古作與衛宏說

繒氏

國名紀曰子爵姒公取鄫也曲列國一曰繒衍今沂之氶縣東八十故鄫城莒滅之

辛氏

國名紀曰帝支子封謴或云辛之轉非也一作𨐨𨐨䜌也今陳留有辛城辛壼周路作芊墟地記莘城辛之轉

冥氏

國名紀曰冥鄍也陝之平陸東北二十有鄍城冀代之者後爲虞氏邑又哀六有冥陳地與哀十九越冥異　又曰太史公曰禹之後分封以國爲氏然自有扈氏斟尋氏斟氏戈氏則失之矣扈出昆吾斟戈出於己姓蓋緣世史誤以己爲姒爾非其後云

史記疏證卷第四

殷本紀第三

辨惑曰父死子繼天理人情之常也自天子至庶人自王至霸自古至今未有能易者其或及于旁支付諸他姓則必其勢所當然而出于不得已可謂之變而不可以為常也而漢人之說曰殷道親親立弟周道尊尊立子殷道質質者法天親其所親故立弟周道文文者法地敬其本始故立長子周道太子死立適孫殷道太子死立其弟此何所据也天下無二道聖人無兩心故曰前聖後聖其揆一也典章制度時或損益不同至于名教人倫豈容殊致尊親之道孰可偏廢而云殷獨親親周獨尊尊非謬妄乎蓋秦漢以來言三代者每每如此以殷紀觀之誠多立弟然在當時必有其故而初非湯之定法也若其果主于親親則一于立弟矣何復待太子死而後及耶抑嘗考之河亶甲崩子祖乙立祖乙崩子祖辛立小乙崩子武丁立武丁崩子祖庚立此皆在世立子者也庚丁崩子武乙立武乙崩子太丁立太丁崩子帝乙立帝乙崩子辛立此則四世立子者也其間沃甲崩則立其兄祖辛之子祖丁祖丁崩則立其弟沃甲之子南庚此則廢適而立姪者也安在其太子死而專立弟耶紀又云自中丁以來廢適而更立諸弟子弟子或爭相代立比九世亂諸侯莫朝蓋立不以正宜其啓爭奪之端是何足以貽久遠而謂成湯之法固如是乎嗚呼世之學者自非詩書易春秋語孟之正經一切異說不近于人情者雖託以聖賢皆當取不可輕信也　又曰呂氏大事記云太史公於夏紀則稱孔子正夏時於殷紀則稱孔子善殷輅聖人損益四代之大意不可謂不略窺之矣乎謂遷時因孔子之言而猥引之耳既非已見又不能別有發明而呂氏遽以為知損益之意何遽過譽之甚也　黄氏日抄曰殷紀亦依倣書為之具載興衰相承者數四未嘗不本於賢者之用舍而載紂取亡之事尤詳真可為萬世戒惟湯誥與書本文無一語類及盤庚誥民三篇謂為小辛世

殷衰百姓思盤庚而後作難考耳

見玄鳥墮其卵簡狄取吞之因孕生契

毛詩玄鳥疏曰中候契握云玄鳥翔水遺卵流娀簡吞之生契封商毛氏不信讖緯以天無命鳥生人之理而月令仲春云是月也玄鳥至之日以太牢祀於高禖天子親往后妃率九嬪御玄鳥降之日有祀郊禖之禮也大戴禮帝系篇說帝嚳卜其四妃之子皆有天下云有娀氏女簡狄則契爲高辛之子簡狄高辛之妃而云玄鳥至生商則是以玄鳥至日祈而得之也故以爲春分玄鳥降湯之先祖簡狄祈郊禖而生契也玄鳥以春分而至氣候之常非天命之使生契但天之生契將令王有天下故其欲爲天所命以玄鳥至而生焉記其祈福之時美其得天之命故言天命玄鳥使下生商也

封於商

毛詩箋曰始堯封之商爲小國舜之末年乃益其土地爲大國孔疏曰中候握河紀說堯曰斯封稷契皋陶賜姓號是堯封之也考河命說舜之事云褒賜羣臣賞爵有功稷契皋陶益土地是舜益地爲大國也自殷以上大國百里握河紀注云稷契公也公即周禮三公八命其出封加一等然則堯之封契已應百里便是土地之極而舜又益之者以其身有大功特加褒賜如周之賜魯衛之屬越禮特賜既賜之後不必止于百里而已

成湯自契至湯八遷

尚書疏曰世本云昭明居砥石左傳稱相土居商丘及今湯居亳事見經傳者有此四遷其餘四遷未詳聞也　毛詩疏曰書序云自契至于成湯八遷皇甫謐云史失其傳故不得詳是八遷地名不可知也

湯始居亳

毛詩疏曰皇甫謐云學者咸以爲亳在河洛之間今河南偃師西二十里有尸鄉亭是也謐考之事實失其正也孟子稱湯居亳與葛爲隣按地理志葛今梁國寧陵之葛鄉是也湯地七十里耳葛伯不祀湯使亳衆爲之耕有童子餉食葛伯奪而殺之古文仲虺之誥

曰湯征自葛始討寧陵去偃師八百里而使亳衆為耕有童子餉食非其理也今梁國自有二亳也南亳在穀熟之地北亳在蒙地非偃師也書序云盤庚五遷將治亳殷即偃師是也然則殷有三亳二在梁國一在河洛之間穀熟為南亳即湯都也蒙為北亳即景亳是湯所受命也偃師為西亳即盤庚所徙者也立政之篇曰三亳阪尹是也

作湯征

金履祥曰按書序前乎湯誓有帝誥釐沃之書有湯征汝鳩汝方之書今皆亡矣史遷載湯征之辭而不類蓋非湯征之舊也孟子引亳衆往耕之事疑出此書而五就湯桀之事意者于鳩方之書得之也其詳不可得而聞矣

阿衡欲干湯而無由乃為有莘氏媵臣負鼎俎以滋味說湯致于王道或曰伊尹處士湯使人聘迎之五反然後肯往

邵泰衢曰劉京孟子辨之詳矣此又曰干曰媵臣負俎不足深置喙也夫既曰干湯負俎又何俟聘迎五反哉前何其畀屈後何其崖岸與

言素王及九主之事

徐孚遠曰劉向所載九主是戰國人語酷類韓非若以素王為太素上皇則九主以索隱為允

愚按說苑君篇湯問伊尹曰三公九卿二十七大夫八十一元士知之有道乎如此而已此是戰國人所造如藝文志湯盤庚陰道皆是假托也

還女鳩女房

徐孚遠曰按古本尚書商賢臣女鳩女方

於是湯曰吾甚武號曰武王

邵泰衢曰湯誓曰非台小子敢行稱亂有夏多罪天命殛之予畏上帝不敢不正今曰吾甚武曰武王是敢行稱亂非不敢不正也

桀犇於鳴條夏師敗績

說苑曰湯欲伐桀伊尹曰請阻之貢職以觀其動桀怒起九夷之師以伐之伊尹曰未可彼尚能起九夷之師是罪在我也湯乃謝罪請服明年又不供貢職桀怒起九夷之師不

起伊尹曰可矣湯乃興師伐而殘之遷桀南巢氏焉

湯遂伐三㚇俘厥寶玉

尚書序作三朡　邵泰衡曰伐夏救民者湯也夫豈若俘償者為哉仲虺之誥曰惟王不邇聲色不殖貨利豈虛語哉

作湯誥

辨惑曰維三月王自至于東郊云云今湯誥之書具在曷嘗有此遷何所據而載之也

咎單作明居

辨惑曰尚書湯誥篇末曰咎單作明居而咸有一德乃伊摯復政將歸時所陳在太甲三篇之下次第明甚不可亂也史記乃謂咸有一德作于湯時而列之湯誥之後明居之前豈非誤歟

伊尹乃立太丁之子太甲

尚書疏曰經序成湯既沒太甲元年及太甲之篇太甲必繼湯後而殷本紀云湯崩太子太丁未立而卒 至立太丁之子太甲與經不同彼必妄也劉歆班固不見古文謬從史記皇甫謐既得此經作帝王世紀乃述馬遷之語是其疎也　陳霆曰按邵子經世不載二人之名世彼蓋以甲子歷推之而知非有其在位之年次也然則外丙仲壬實未嘗立太甲直以長嫡孫承繼湯後耳

伊尹作伊訓作肆命作徂后

尚書孔傳曰肆命陳天命以戒太甲亾徂后陳往古明君以戒亾

三年伊尹攝行政當國以朝諸侯

邵泰衡曰攝王之事周公之所無也禮記明堂位之僞也當國朝諸侯伊尹之所無也書經太甲之可徵也蓋周公之朝則抱沖子而太甲居桐乃宅憂耳古者君薨太子諒闇百官總己以聽于冢宰蓋父母之喪至痛而庶事之可委者悉委之不唯天子然也國君亦各有攝痛均故也伊訓曰惟元祀十有二月太甲始居陰十二月為正朔殷建丑也伊尹祠于先王奉嗣王祇見厥祖惟嗣王不惠于阿衡狎于弗順營于桐宮密邇先王其訓無俾世迷王徂桐宮宅憂克終厥德非廢也因

其居憂使之遠邪小而適先王以啓其憤悱之心耳惟三祀十有二月朔伊尹以冕服奉嗣王歸于亳是三年居憂之終期諒陰既畢向以喪服居桐今除喪而以冕服迎之非再立也始曰太甲今曰嗣王而見厥祖之時亦曰嗣王夫既爲嗣王尹得而廢之哉使之居桐尹之專也故曰放尹曷嘗當國以朝諸侯哉攝行政則有之耳以伊訓始以咸有一德終嗣王曰尚賴匡救之德圖維厥終尹曰愼終于始而陳戒于德以告歸白君罔以辯言亂舊政臣罔以寵利居成功戒君若臣其心爲何如哉

帝太甲居桐宮三年悔過自責反善於是伊尹廼迎帝太甲而授之政

尚書疏曰謂太甲歸亳之歲已爲即位六年遷說妄也

廼作太甲訓三篇褒帝太甲

辯惑曰三篇之書雖曰伊尹作然自始至終皆史氏所録豈獨伊尹褒嘉而作乎

既葬伊尹于亳

尚書孔傳曰伊尹既致仕老終以三公禮葬　疏曰皇甫謐云沃丁八年伊尹卒葬祀以太牢

弟太戊立

困學紀聞曰太戊爲太甲之孫三代表云太戊小甲弟則亦是沃丁弟太甲子書正義謂本紀世表必有一誤

亳有祥桑穀共生於朝

毛詩鶴鳴疏曰陸璣疏云幽州人謂之穀桑殷中宗時桑穀共生是也　說苑君道篇曰史請卜之湯廟太戊從之卜者曰吾聞之祥者福之先者也見祥而爲不善則福不生殃者禍之先者也見殃而能爲善則禍不至於是乃早朝晏退問疾弔喪三日而桑穀自亡　愚按敬愼篇亦載此事又以爲武丁

太戊從之而祥桑枯死而去

尚書疏引皇甫謐云太戊懼脩先王之政明養老之禮三年而遠方重譯而至七十六國

巫咸治王家有成作咸艾

辯惑曰書序云伊陟贊於巫咸作咸乂四篇

君奭云巫咸乂王家夫贊而作書者一時之事耳乂王家者總言其功業也而殷本紀云伊陟贊之于巫咸治王家有成作咸艾何也

祖乙遷于邢

尚書疏曰鄭玄云祖乙去相居耿而國為水所毀於是脩德以禦之不復徙也

仲丁書闕不具索隱曰蓋太史公知舊有仲丁書今已遺闕不具也

愚按直言書闕故事不具非有仲丁書也

帝陽甲之時殷衰自中丁以來廢適而更立諸弟子弟子或爭相代立比九世亂

皇王大紀曰以其世考之自沃丁至陽甲立弟者九世中丁之名誤也

殷民咨胥皆怨

辨惑曰盤庚篇云民咨胥怨言咨嗟而相怨也史記乃曰咨胥皆怨何等語邪

乃遂涉河南治亳

尚書疏曰汲冢古文云盤庚自奄遷于殷殷在鄴南三十里

祖己嘉武丁之以祥雉為德立其廟為高宗遂作高宗肜日及訓

說苑君道篇曰高宗者武丁也高而宗之故號高宗成湯之後先王道缺刑法違犯桑穀俱生乎朝七日而大拱武丁召其相而問焉其相曰吾雖知之吾弗得言也問諸祖己桑穀者野草也而生於朝意者國亡乎武丁恐駭飭身脩行思先王之政興滅國繼絕世舉逸民明養老三年之後蠻夷重譯而朝者七國此之謂存亡繼絕之主是以高而尊之也

困學紀聞曰與書序相違　辨惑曰考之于書此篇即祖己訓王之辭其曰高宗者史氏追稱耳諸篇之體皆然而云武丁既歿祖己嘉之而作繆矣且立廟稱宗自國家之事豈獨出祖己之意哉高宗之訓乃書篇名自當全著而但云及訓此復失之太簡矣

子帝太丁立

徐孚遠曰按太丁重見疑誤

爲長夜之飲

徐孚遠曰按考要云紂為淫樂以百二十日為一夜謂之長夜飲車行酒騎行炙醉而忘其日辰甲子劉昭漢志謂紂作淫虐喪其甲

子即其事也

殷之太師少師乃持其祭樂器奔周

辨惑曰按尚書微子篇所謂太師少師即箕子比干也今乃言奔周與書所記異矣而周紀又云紂殺王子比干囚箕子太師疵少師彊抱其樂器而奔周則遷所謂太師少師者其樂工邪若殷紀所稱亦止于樂工則微子何至與此輩謀決去就而此輩之奔亦為何併持祭器乎至宋世家則曰武王克殷微子持其祭器造于軍門前後參差殆不可曉

於是周武王爲天子其後世貶帝號號爲王（索隱曰按夏殷天子亦皆稱帝代以德薄不及五帝始貶帝號號之為王故本紀皆帝而後總曰三王也）

吳廷華曰余謂皇與帝王之分不過世會升降非于君德有所褒貶若以君德言則禹湯文武之德雖遜于炎黄堯舜豈遂不如帝摯乃摯則曰帝而三代則曰王者世會使然爾遷謂後世貶之若以周初貶之則武王不過自謂德薄易帝為王足矣何至貶及禹湯若以周末貶之則戰國齊秦尚俱稱帝何反貶及前代若秦則皇帝並稱何惜一帝字而不存夏殷之舊且即云後世貶之則如夏書甘誓稱啓皇胤征亦云王命徂征此皆夏書誰其貶之又如商書湯誓曰夏王率遏衆力盤庚云我王來既爰宅于兹又云古我先王高宗肜日祖己曰惟先格王正厥事乃言于王西伯勘黎云祖尹恐奔告于王是皆商書又誰貶之況據洪範五皇極象君並繫就君德言之且對武王言而以極爲皇極又曰為天下王是未嘗以皇為三皇之皇王為三王之王也又呂刑云皇帝哀矜庶戮之不辜又曰皇帝清問下民是以舜為皇帝則通稱耳且六經所載從無帝禹帝啓帝太甲帝履癸帝受之文即如遷言夏殷二紀無不稱帝乃湯獨不稱帝遷不已自為異同耶遷特因易歸妹文辭曰帝乙歸妹周書酒誥云自成湯咸至于帝乙遂謂乙既稱帝則商君皆應帝等而上之夏君亦應無不帝又見夏殷君號無以王稱周始有王號乃堅信而不疑夫帝乙之帝與五帝帝字異同之處原無可攷若因一

帝乙遂欲合有商二十餘主而俱以帝槩之且以概之有夏則于理有不足信者如詩書所傳其㝡著者曰禹曰太康曰仲康曰孔甲曰成湯曰太甲曰殷王中宗曰太戊曰高宗曰武丁曰盤庚曰祖甲未聞謂之為帝惟乙獨曰帝則焉知所謂帝乙者非二名耶如以帝乙為五帝之帝若以為承祖則上既無所承若以為尊德則帝乙雖在六七賢君之中而不在三宗之列焉得獨尊之為帝況三代之稱王尚書既歷歷可攷不稱某王某王如周者蓋周之稱王上必加謚謚法起于周亦尚文之一端耳二代如周之為王而非如周之加謚故上之非猶帝嚳帝堯之稱下之非猶文王武王之例史册第以名傳而不王不帝其風猶古也遷加以帝名又造為貶之之說其穿鑿傳會亦已甚矣　又曰或云譙周謂夏殷本稱王廟號則謂之帝易書曰帝乙固已國語祭公謀父亦云商王帝辛大惡于民皆廟號耳余謂不然生既稱王死亦宜曰王有周之例其明證也死而帝之死者其吐之矣且使廟號果稱帝則稱生者曰王稱死者宜曰帝然據胤征云先王克謹天戒盤庚云先王有服古我先王予大享于先王此皆指死者言乃言先王而不言先帝何也且殷紂自焚之後七廟已移焉有廟號即宗為天子之事守亦無遑貽代稱王之例而加紂以帝號之理國語之說當以理斷不足盡信又如曲禮云措之廟立之主曰帝此當是春秋時有此說故記者記之與尚書稱先王之制不符非古制也

契為子姓其後分封以國為姓有殷氏來氏

路史國名紀曰萊子爵來也登之黃縣東南二十五里故黃城是樂史云萊子國即古之萊夷今文登東北八十不夜城也元和志齊人遷之鄉曰東萊漢故事萊郡昔晏弱城東陽以逼萊乃齊境上青之臨朐隨立萊州亦作郲宣七又哀七齊人以郲寄衛侯云時來鄭名世以爲鄭之時來非萊蕪俱非萊蕪乃魯萊柞之地實華云萊人沒擣邑落荒蕪而名吳萊蕪故城今淄川東南

宋氏

國名紀曰古商丘火正遏伯之虛相土因之

漢睢陽隨為宋城今南京治縣西南十二有微子冢廟五隕石

空桐氏

國名紀曰桐空桐也宋之虞城南五里有桐亭故空桐地今尚曰空桐哀二十六景公卒大尹奉公以入空桐寢字崆峒俗非桐鄉

稚氏

國名紀曰商後有稚氏以國為姓

北殷氏

國名紀曰庚丁徙河北號北殷地即殷虛在相之安陽西有瀲水北去朝歌百三十里南鄴二十史項羽傳洹水南殷虛是河北地有殷城述征記河內懷有殷城元和志在武涉東南十里司馬卬都按紀年秦代鄭次于懷城殷殷城久矣

目夷氏

國名紀曰今徐之滕東有目夷亭 索隱曰又有時氏蕭氏黎氏國名紀曰時春秋之時來鄭地子姓預以為滎陽之釐城瓚云滎陽東四十釐城是蕭子姓附庸本宋邑故有封人楚滅之今徐之蕭故漢縣屬沛黎黎氏故國峸氏黎子姓國侯爵宣十五鄷舒奪黎氏地後晉林父滅潞立黎侯而遂一作鼇鄅玉篇文王所伐者與紂都接今路城東十八有故黎侯城黎亭即黎陽故城一曰黎侯城水經黎陽故城在黎山東北班志上黨壺關東北有黎亭九域志亭在黎侯嶺上衛地故黎侯寓衛今通利之黎陽漢黎縣有黎陽山古今山川記云衛黎陽國也黎侯寓衛以中路泥中二邑處之

史記疏證卷第五

周本紀第四

歐陽脩帝王世次圖序曰湯與王季同世湯下傳十六世而為紂王季下傳一世而為文王二世而為武王是文王以十五世祖事十五世孫紂而武王以十四世祖伐十四世孫而代之王何其繆哉　洪邁容齋隨筆曰史記所紀帝王世次最為不可考信且以稷契論之二人皆帝嚳子同仕於唐虞契之後為商自契至成湯凡十三世歷五百餘年稷之後為周自稷至武王凡十五世歷千一百餘年王季蓋與湯為兄弟而世之相去六百年既已可疑則周之先十五世須每世皆在位七八十年又皆暮年所生嗣君乃合此數則其所享壽皆當過百年乃可其為漫誕不稽無足疑者國語所載太子晉之言曰自后稷之始基靖民十五王而文始平之皆不然也　丹鉛總錄曰史記世本國語載后稷至文王凡十五世愚按后稷始封至文王即位凡一千九十餘年而止十五世可疑也或曰上古人多壽考然而父子相繼三十年為一世常理也以十五世衍為一千九十餘年即使人皆百歲亦必六十而娶八十始生子而後可叶其數豈有此理耶稷與契同封契至成湯四百二十餘年凡十有四世而稷至文王年倍而世半之何稷之子皆長年而契之子孫皆短世乎此文可證也　楊慎又曰嘗見呂梁碑所載后稷生台璽台璽生叔均叔均而下數世始至不窋不窋下傳季歷猶十有七世而太史公作周紀拘於國語十有五王之說乃合二人為一人又删縮數人以合十五之數不知國語之說十五王皆指其賢而有聞者非謂后稷至武王千餘年而止十五世太史公亦迂哉

踐之而身動如孕者居期而生子

毛詩生民疏曰馬遷之言未可信也

號曰后稷

因學紀聞曰詩正義曰稷之功成實在堯世其封於邰必是堯之封故箋傳皆以為堯本紀以后稷之號亦起舜時其言不可信也

后稷卒子不窋立

路史發揮曰禹為夏契之後為商而稷之後為周夏十七世商三十世蓋四十有七世而後有周文王禹及稷契皆當唐堯之時稽之史載契十四世而至成湯厥次僅是然是叙弃后稷十有五世而至文王中間乃閱夏商二代所較者三十餘世疎脫甚矣夫緜堯帝至周文王千一百有餘載而其世之十五豈人情也哉嘗窃攷之信書不窋實非后稷之子而公劉乃商世之諸侯蓋當商家十葉之間故左氏云文武不先不窋而外傳乃謂夏氏之衰不窋始失官守婁敬亦言周自后稷封邰積德累仁十有餘世而公劉避桀是公劉之去后稷已十餘世還當君桀之時蓋所謂夏之衰者尤不當出乎履癸之前然而說者無謂太康之世曷不歸之如是耶（匈奴傳云夏道衰公劉失其稷官變於西戎師古以為稷之曾孫而康成遂謂與太康並世妄矣傳云太王亶父去公劉二百餘歲則其去文王扠四百年蓋當仲丁外壬之時云）爰復詳之夏氏之書記帝王之世云帝俊生稷稷生台璽台璽生叔均叔均為帝祖夫帝俊者帝嚳之名而台卯也后稷封台故其後有台璽有叔均既有台璽叔均則知稷之後世多矣不窋不得為稷子明矣

不窋以失其官而犇戎狄之間

困學紀聞曰周語云不窋自竄于戎狄之間韋昭云不窋去夏而遷于豳詩正義按公劉之篇公劉避亂適豳

亞圉卒子公叔祖類立

路史發揮曰杜釋例云高圉僕窋九世孫而史索亦以辟方侯牟為皆二人斯得之矣獨史記乃無辟方侯牟雲都諸盩至皇甫謐遂以為公非高圉亞圉祖紺之字蓋牽于單穆公十四世之說搐之而合二人以為一耳

公叔祖類卒子古公亶父立

毛詩緜疏曰謂之古公言其年世久古後世稱前世曰古公猶云先王先公也士冠禮為冠者制字云伯某甫亶亦稱甫故知字也以周制論之甫必是字但時當殷代質文不同故又為異說或殷以亶父為名名終當諱而得言之者以其時質故也中候稷起注云亶

甫以字為號

幽人舉國扶老攜弱盡復歸古公於岐下及他旁國聞古公仁亦多歸之

毛詩緜疏曰莊子與呂氏春秋皆云太王亶甫居豳狄人攻之與之珠玉而不肯狄人之求者土地也太王亶父曰與人之兄居而殺其弟與人之父居而殺其子吾不忍也請免吾乎為吾臣與狄人臣奚以異也吾聞之不以所養害所養杖策而去人相連而從之遂成國于岐山之下書傳略說云狄人將攻太王亶父召耆老而問焉曰狄人何欲耆老對曰欲得菽粟財貨太王亶甫曰與之每與狄人至不止太王亶甫屬耆老而問之曰狄人又何欲乎耆老對曰又欲土地太王亶甫曰與之耆老曰吾不為社稷乎太王亶甫曰社稷所以為民也不可以所為民亡民也耆老對曰君縱不為社稷不為宗廟乎太王亶甫曰宗廟吾私也不可以私害民遂杖策而去過梁山邑岐山周人束脩奔而從之者二千乘一止而成三千戶之邑　吳越春秋古公去邠處岐周居三月成城郭一年成邑二年成都而民五倍其初

太姜生少子季歷

左傳疏曰似王季與太伯別母馬遷之言疏繆耳

乃二人亡如荊蠻文身斷髮以讓季歷

邵泰衢曰哀七年傳子貢曰太伯端委以治周禮仲雍嗣之斷髮文身裸以為飾註曰仲雍始效吳俗以避災害是太伯亡時尚端章委冠以治岐周之禮仲雍嗣立始斷髮文身以效吳楚之俗也今曰伯仲文身示不復用遂若伯仲之逃情非得已者此文身斷髮禍避申生之誹議史通所由生也

公季卒

呂氏春秋王季葬於渦山之尾欒水齧其墓見棺之前和文王曰譆先君必欲一見群臣百姓夫故使欒水見之於是也而為之張朝而百姓皆見之三日而後更葬

賜之弓矢斧鉞使西伯得征代

宋書符瑞志曰文王受命九年大統未集蓋

得專征伐受命自此年始

西伯乃獻洛西之地以請紂去炮烙之刑

邵泰衢曰崇侯譖西伯故紂囚西伯于羑里譖之言曰積善累德諸侯皆向之將不利于帝而帝因之也今請解炮烙之刑是益徵善德而顯不利之實矣西伯戡黎而祖伊為之恐今請解刑其能免哉況太師少師從容燕語之所不得于紂者而以羑里之囚能之乎況紂醢九侯脯鄂侯而文王不過竊嘆且致囚矣今請除炮烙而紂竟相從也何哉司馬溫公曰是正中崇虎侯之譖者是也故如韓非馬遷之言不特請不行且如束熅灌膏以救火矣況當是時尺地莫非紂有即洛西之地亦紂地也文王又安從得此地以為私有而獻之乎蓋三分天下之有二者豈如今日之為郡縣哉不過諸侯之賓服而奉之者有其二耳豈直有天下之地三分其二而擁之是文王無洛西千里之地明矣呂氏春秋曰文王處岐事紂寃侮雅遜朝夕必時上貢必適祭祀必敬紂喜命文王稱西伯賜之千里之地文王辭願為民請炮烙之刑此言庶乎近之

遂還俱讓而去

史詮曰洞本無還字　愚按說苑君道篇所載與史記及毛萇詩傳又有不同曰虞人與芮人質其成於文王入文王之境則見其人民之讓為士大夫入其國則見其士大夫讓為公卿然則此其君亦讓以天下而不居矣二國者未見文王之身而讓其所爭以為閑田而反

明年伐犬戎

毛詩緜疏曰帝王世紀云文王受命四年周正丙子混夷伐周一日三至周之東門文王閉門脩德而不與戰

明年伐密須

毛詩疏曰皇甫謐云文王問太公吾用兵孰可太公曰密須氏疑於我我可先伐之管叔曰不可其君天下之明君伐之不義太公曰臣聞先王之伐也伐逆不伐順伐險不伐易文王曰善遂侵阮徂共而伐密須密須之人

自縛其君而歸文王

明年敗耆國徐廣曰一作阢

路史國名紀曰耆侯爵自伊徙耆爰曰伊耆猶陶唐殷商然一曰阢黎也故大傳作西伯戡耆史記言文王伐阢　毛詩文王疏曰書序云周人秉黎注云秉勝也紂得散宜生等所獻寶而釋文王文王釋而伐黎明年伐崇按殷傳云西伯得四友獻寶免於虎口而克耆大傳曰得三子獻寶紂釋文王而出伐黎其言既同則黎耆一物是文王伐犬夷之後乃被囚得釋乃伐黎也

明年伐崇侯虎而作豐邑

毛詩文王疏曰中候雒師謀云唯王既誅崇侯虎文王在豐豐人一朝扶老至者八十萬戶是受命六年而伐崇居豐也

其因羑里蓋益易之八卦為六十四卦

周洪謨曰按繫辭下傳曰作易者其有憂患乎言文王因有憂患而後作易也觀下文述陳九卦之德以明處憂患之道與史所謂昌退而修德者合則知文王演易不在羑里明矣

詩人道西伯蓋受命之年稱王而斷虞芮之訟

毛詩文王疏曰文王世子稱武王謂文王曰西方有九國焉君王其終撫諸文王生稱王也其稱王也必在受命之後元命苞云西伯既得丹書於是稱王改正朔誅崇侯虎稱王之文在誅崇之上是類謀云稱王制命示王意乾鑿度云改正朔布王號於天下二文皆承伐崇作靈臺之下伐崇在六年則亦六年始稱王也但彼文以伐崇之等皆是文王大事故歷言之其言不必依先後為次未可即以為定書傳稱二年伐邘三年伐密須四年伐犬夷書序云殷始咎周註云咎惡也紂聞文王斷虞芮之訟後又三伐皆勝而始畏惡之拘於羑里又曰周人秉黎祖伊恐奔告於受作西伯戡黎若已稱王則愚者亦知其叛不待祖伊之明始識之也且其篇仍云西伯明時未為王是六年稱王為得其實　困學紀聞曰歐陽公以為妄說　五峰胡氏曰詩人言文王受命指其至誠動天得天人之助

耳李子思曰以虞芮質成之年為文王興王業之初則可而謂文王於是自稱王則不可朱文公謂武成有惟九年大統未集之說若以在位五十年推之不知九年當從何處數起亦未見史遷全不是歐公全是不若兩存之

後七年而崩

尚書武成疏曰伏生司馬遷韓嬰之徒不見此書以為文王受命七年而崩故鄭玄等皆依用之　毛詩文王疏曰尚書武成篇曰我文考文王克成厥勳誕膺天命惟九年大統未集孔安國云言諸侯歸之九年而卒故大業未就劉歆作三統曆考上世帝王以為文王受命九年而崩班固作漢書律曆志載其說於是賈逵馬融王肅韋昭皇甫謐皆悉同之文王九十七而終終時受命九年受命之元年年八十九年其即諸侯之位已四十二年矣故帝王世紀云文王即位四十二年歲在鶉火文王於是更為受命之元年始稱王矣乃引周書稱文王受命九年惟暮之春在鎬召太子發作文傳九年猶召太子明其亡年未崩故諸儒皆以為九年而崩其伏生司馬遷以為文王受命七年而崩故尚書周傳云文王受命一年斷虞芮之訟二年伐邘三年伐密須四年伐犬夷五年伐耆六年伐崇七年而崩史記周本紀云西伯陰行善諸侯皆來決平虞芮既讓諸侯聞之曰西伯蓋受命之君也此是受命一年之事又曰明年伐犬夷明年伐密須明年敗耆國明年伐邘明年伐崇侯虎而作豐邑明年西伯崩此雖伐犬夷與伐耆伐邘其年與書傳不次要亦亡年崩也　通鑑外紀曰遷不見古文尚書以文王受命七年而崩孔安國見武成篇故泰誓傳曰周自虞芮質厥成諸侯並附以為受命之年至九年文王卒　雍錄孟子曰文王生於岐周卒於畢郢畢之為地或云在渭之北或云在渭之南其主渭北者則漢劉向言文武周公塟於畢而師古釋之曰在長安西北四十里即咸陽矣故元和志曰咸陽縣治畢原也此皆以畢為在渭北者矣至其命為渭南者皇覽曰文武周　公冢皆　京兆長安鎬

聚東杜中又曰秦武王冢在安陵縣西北畢陌中大冢是也人以為周文王冢者非也周文冢在杜中案杜中即杜縣之中也杜縣在鎬之東於唐長安縣為東南二十里此說而果不謬則畢又在渭南也予於是取此數說者而參求之長安有畢陌咸陽又有畢原則原之為地亘渭南北有之故古記於畢皆嘗文武葬地者因畢名兩出而亦兩傳也此其誤之所起也若以人情言之文都豐武都鎬豐鎬與杜相屬則皇覽謂文王葬於渭南者其理順也文王既葬渭南則周公薨畢必附文墓矣劉向傳臣瓚引汲郡古文為據曰畢西於豐三十里則地為渭南甚明安陵有大冢皇覽明指其為秦文王墓則渭北之文冢其不為周文而為秦文亦可據矣（安陵在咸陽）

改法度制正朔矣

毛詩文王疏曰易乾鑿度云入戊午蔀二十九年伐崇作靈臺改正朔布王號於天下受籙應河圖以曆按之入戊午蔀二十九年歲在戊午其年殷九月二十五日得甲子明年

乃改元

武王上祭于畢東觀兵至于盟津

困學紀聞曰歐陽公曰伯夷傳又載父死不葬之說皆不可為信程子曰觀兵必無此理今日天命絕則紂是獨夫豈容更待三年林氏曰漢儒以觀政轉為觀兵而為周師再舉之說

為文王木主載以車中軍

周禮肆師注大傳曰牧之野武王之大事也既事而退柴於上帝祈于社設奠于牧室疏云設奠于牧室者謂祭行主文王於牧野之室　禮記大傳疏云按曾子問篇云古者師行必以遷廟主行故甘誓云用命賞于祖此武王所載行主者也按周本紀云載文王木主以其成文王之業故不載遷廟主

自燔于火而死

毛詩文王疏曰譜云以曆校之武王受命十三年辛未之歲殷正月六日殺紂

二女皆經自殺武王又射三發擊以劍斬以玄鉞

邵泰衢曰武之伐紂永清四海而已以已焚之枯骨復受嵩鉞之誅以已經之嬖妾更有懸旗之慘害義傷教誣聖實甚至妲己而曰殺曰經不符

百夫荷罕旗以先驅

周書作百夫荷素質之旗于王前

命南宮括散鹿臺之財

周書作南宮忽

命南宮括史佚展九鼎保玉

周書作乃命南宮百達史佚遷九鼎三巫注三巫地名

武王追思先聖王乃褒封神農之後於焦黃帝之後於祝帝堯之後於薊帝舜之後於陳

禮記樂記疏追思先聖乃封之與樂記未及下車義反當以記為正　愚按樂記以薊為黃帝後所封祝為帝堯後所封史記易之

登豳之阜以望商邑

史詮曰見逸周書度邑篇豳原作汾汾水名在河北蓋因汾與邠字相近遂誤為豳耳

麋鹿在牧蜚鴻滿野

丹鉛總錄曰詳此文據實事言非喻也紂有鹿臺以養鹿故曰麋鹿在牧蜚鴻馬名若白蟻紫燕之類蓋良馬也養麋鹿而棄良馬故曰麋鹿在牧飛鴻滿野言其養無用而害有用也

武王有瘳後而崩

汲冢周書武王崩鎬殯于岐周葬于畢

晉唐叔得嘉穀鄭玄曰二苗同為一穗

愚按尚書序唐叔得禾異畝同穎孔傳畝壟穎穗也禾各生一壟而合為一穗疏引書傳曰成王之時有三苗貫桑葉而生同為一穗其大盈車長幾充箱民得而上諸成王

次歸禾

尚書疏曰歸禾年月史傳無文不知在啓金縢之先後也王啓金縢正當禾熟之月若是前年得之於時王疑未解必不肯歸周公當是啟金縢之後喜得東土和平而有此應故以歸周公也

次嘉禾

尚書序曰周公既得命禾旅天子之命作嘉

禾疏曰二篇東征未還時事微子受命應在此篇後篇在前者蓋先封微子後布此書故也

東伐淮夷殘奄

尚書序曰成王東伐淮夷遂踐奄作成王政孔傳成王即政淮夷奄國又叛王親征之遂滅奄而徙之以其數反覆孔疏曰洛誥之篇言周公歸政成王多士已下皆是成王即政初事編篇以先後為次此篇在成王書內知是成王即政淮夷奄國又叛王親征之又案洛誥成王即政始封伯禽伯禽既為魯侯乃居曲阜費誓稱魯侯伯禽宅曲阜淮夷徐戎並興魯侯征之作費誓彼言淮夷並興即此伐淮夷王伐淮夷魯伐徐戎是同時伐明是成王即政之年復重叛也

遷其君薄姑

尚書序曰成王既踐奄將遷其君於蒲姑周公告召公作將蒲姑　愚按成王政將蒲姑二篇之書雖亡史于此宜列其名如次歸禾次嘉禾之例

息慎來賀

尚書序作肅慎云海東諸夷駒麗扶餘馯貊之屬

成王既崩

文獻通考成王葬京兆咸陽縣

申告以文王武王之所以為王業之不易務在節儉毋多欲以篤信臨之作顧命

辨惑曰今其書但載成王末命使之率循大卞燮和天下以荅揚文武之訓而已曷嘗有二公申告之事哉

康王即位徧告諸侯宣告以文武之業以申之作康誥

辨惑曰以書考之此篇乃康王之誥耳若康誥則成王所以命康叔者也其繆誤如此且本紀既先序周公作康誥酒誥等篇而于此復云書豈有兩康誥耶

康王命作策畢公分居里成周郊

困學紀聞曰書序缺公字

康王卒

文獻通考康王葬京兆咸陽縣

昭王南巡狩不返卒於江上

明一統志昭王陵在登封縣少室山陽城西谷

穆王即位春秋已五十矣

孔安國書傳曰穆王即位過四十矣孔疏云不知出何書也周本紀云云司馬遷若在孔後或當各有所據

祭公謀父諫曰

史詮曰竹書紀年祭公謚曰文

及夏之衰也弃稷不務我先王不窋用失其官而自竄於戎狄之間

愚按據如此説則不窋非后稷子明矣

至于文王武王

國語無文王二字

訢載武王

國語作訢戴武王

日祭月祀時享歲貢終王

徐孚遠曰按日祭謂祭于祖考月祀謂祀于曾高時享謂享于二祧歲貢謂貢于壇墠終謂世終也

布令陳辭而有不至

史詮曰國語有作又

穆王立五十五年崩

明一統志穆王陵在西安府西南二十五里張葢村

共王弟辟方立

三代世表無辟字

獨曰怵惕

史詮曰古本曰作日

召公周公二相行政號曰共和

困學紀聞曰呂成公曰古史采汲冢紀年共伯和于王位故謚共和左傳王子朝告諸侯曰諸侯釋位以間王政宣王有志而後效官推是而言則厲宣之間諸侯有去其位而代王為政者　徐孚遠曰共既小國以德攝政使周召皆下之其後宣王立未聞有以褒顯之何也如魯連子所言則又本是衛侯而別之為共矣當以史記為允　日知録曰汲冢紀年厲王十二年出奔彘十三年共伯和攝行天子事號曰共和漢書古今人表有共伯和師古曰共國伯爵和

名其二十六年王陟於彘周定公召穆公立太子靖為王共伯和歸其國此即左氏王子朝所謂諸侯釋位以間王政者也但其言共伯歸國者未合古者無天子之世朝覲訟獄必有所歸呂氏春秋言共伯和脩其行好賢仁周厲之難天子曠絕而天下皆來請矣按此則天下朝乎共伯非共伯至周而攝行天子事也共伯不以有天下為心而周公召公亦未嘗奉周之社稷而屬之他人故周人無易姓之嫌共伯無潛王之議莊子曰許由娛於潁陽而共伯得乎共首蓋其秉道以終得全神養性之術者矣

厲王死于彘

明一統志厲王陵在霍州東北王出奔彘而崩因葬焉

虢文公諫曰

史詮曰竹書紀年淮夷侵洛厲王命虢公長父伐之不克長父號文公字也

幽王二年西周三川皆震

愚按國語作幽王三年

幽王嬖愛褒姒

史詮曰幽王三年嬖褒姒若以其年為二十歲則褒姒之生在宣王三十年也自宣王三十年上距厲王末年凡四十六年時童妾方七歲而亂後共和時及笄而孕孕後尚四十餘年乃生褒姒其妖異或未可盡信也

褒姒生子伯服

史詮曰竹書紀年作伯盤

櫝而去之

史詮曰去藏也

遂殺幽王驪山下

元和郡縣志周幽王陵在長安縣東北二十五里　明一統志在臨潼縣東北二十五里

平王立東遷于洛邑

史詮曰竹書紀年虢公漢立王子余臣于携是為携王二王並立平王二十一年晉文侯殺王子余臣于携左傳所謂携王奸命諸侯替之正指此事

二十三年桓王崩

太平寰宇記桓王葬河南黽池縣東北一百

二十里

二十五年惠王崩

愚按年表在二十四年

襄王母早死後母曰惠后生叔帶

左傳疏曰二十四年傳曰不穀不德得罪于母氏之寵子帶書曰天王出居于鄭辟母弟之難也如彼傳文則襄王與子帶俱是惠后所生但其母鍾愛其少子故欲廢太子而立之周本紀云襄王母早死後母曰惠后生叔帶與傳不同史記繆也

叔帶奔齊

愚按襄王四年魯僖十二年也叔帶奔齊在四年此入三年與年表皆不合左傳

齊桓公使管仲平戎于周

史詮曰史表在四年

十二年叔帶復歸于周

愚按左傳叔帶復歸在魯僖二十二年於襄王為十四年年表亦然此作十二年誤

十三年鄭伐滑

愚按春秋經伐滑在魯僖二十年於襄王爲十二年

十五年王降翟師以伐鄭王德翟人將以其女為后

愚按左傳魯僖二十四年夏狄伐鄭取櫟於襄王為十六年國語作十七年此與王絀翟后本一年事分載兩年不知史公何據

襄王乃賜晉文公珪鬯弓矢為伯以河內地與晉

愚按左傳魯僖二十八年天王狩于河陽賜晉文公珪鬯弓矢為伯此是後事不可與以河內地與晉類叙也

三十二年襄王崩

愚按此是三十三年之誤合左傳及年表証之自知春秋經魯文公八年秋八月戊申天王崩

子靈王泄心立

晉語作大心

靈王崩

水經注曰洛水故瀆東逕周山上有周靈王冢

后太子聖而蚤卒

徐孚遠曰太子聖而蚤卒疑指王子晋也而不詳其名　愚按左傳昭十五年六月乙丑王太子壽卒

二十年景王愛子朝欲立之會崩

水經注曰故瀆又東北逕三王陵東北出馬三王或言周景王悼王定王也魏司徒崔浩注西征賦云定當爲敬子朝作難西周政弱人荒悼敬二王與景王俱葬於此故世以三王名陵帝王世紀曰景王葬於翟泉今洛陽太倉中大冢是也而復傳言在此所未詳矣又悼敬二王稽諸史傳復無葬處今陵東有石碑錄赧王以上世王名號考之碑記周墓明矣　寰宇記曰帝王紀云景王葬於翟泉今東陽門內有大街北有太倉中是景王陵西南望步廣里北眺翟泉二處相距遠近略均之也　文獻通考曰景王塟河南洛陽縣太倉中　愚按左傳及年表景王二十五年崩此云二十年誤也

子朝爲臣

左傳釋文曰朝錯是王子朝之後又音潮

十六年子朝之徒復作亂敬王犇于晋

愚按定六年左傳周儋翩率王子朝之徒因鄭人將以作亂于周冬十二月天王處于姑蕕杜預曰姑蕕周地此云犇晋姑蕕近晋易爲援耳明年晋籍秦送王入于王城用晋力也

四十二年敬王崩

陸德明左傳釋文曰案傳敬王崩在此年世本亦爾世族譜云敬王四十二年崩敬王子元王十年春秋之傳終矣據此則敬王崩當在哀公十七年史記周本紀及十二諸侯年表敬王四十二年崩子元王仁立則敬王是魯哀十八年崩也六國年表起自元王及本紀皆云元王八年崩子定王介立定王元年是魯哀公之二十七年與杜預世族譜爲異又世本云魯哀公二十年是定王介崩子元王赤立則定王之崩年是魯哀公二十七年也衆說不同未詳其正也　左傳疏曰史記十二諸侯年表敬王四十一年孔子卒四十

三年敬王崩則敬王崩在他年也周本紀云敬王崩子元王立八年崩子定王立六國年表定王元年左傳盡此則傳以定王元年終矣杜世族譜云敬王三十九年魯哀公十四年獲麟之歲也四十二年而敬王崩敬王子元王十年春秋之傳終矣與史記不同者但史記世代年月事多舛錯故班固以文多牴牾謂此類也案世本敬王崩貞王介立貞王崩元王赤立宋忠註引太史公書云元王仁生貞王介與世本不相應不知誰是則宋忠不能定也

乃封其少子於鞏

通鑑地理通釋曰鞏河南府之縣地理志東周所居元和郡縣志春秋晉師克鞏縣本與成皋中分洛水西則鞏東則成皋後魏併焉爾雅鞏固也四面有山河之固因以為名

號東周惠公

史詮曰東周惠公之封在顯王二年即趙韓分周為二時也史記係考王十五年之後蓋因西周桓公事連書之耳

始周與秦國合而別別五百載復合合十七歲而霸王者出焉

愚按應劭韋昭孟康徐廣裴駰司馬貞諸家解此者獨非是獨正義之說得之第其計五百歲之數則正義與索隱皆為不合索隱云自秦列為諸侯至昭王五十二年西周君臣獻邑三十六城以入於秦凡五百一十六年是合也云五百舉其大數此說本顔師古按五百載之後復云十七歲則必不盈不歉恰當五百之數然後再計之為十七歲若以舉大數而言則十七歲為無憑矣正義云非子生秦侯已下二十八君至孝公二年合四百八十六年兼非子邑秦之後十四年則成五百歲按秦本紀及十二諸侯及六國年表自非子始封已後秦侯十公伯三秦仲二十三莊公四十四襄公十二文公五十寧公十二出子六武公二十德公二宣公十二成公四穆公三十九康公十二共公五桓公二十七景公四十哀公三十六惠公十悼公十四厲共公三十四躁公十四懷公四靈公十從年表秦本紀作十三誤

簡公十五（本紀作十六誤）悼公十三出子二獻公二十三（本紀作十四誤）二迄孝公二年凡四百九十八年其二年意必非子始封之歲也恰當五百之數則正義所云亦繆盭而不可從矣然太史公之稱此言者凡四皆錯雜不出于一其稱十七歲者惟封禪書與周本紀同秦本紀則云七十七歲老子列傳則云七十餘諸家皆無所糾正獨顏師古注漢郊志始以十七歲為正

子赧王延立

史詮曰竹書作隱王

王赧時東西周分治（索隱曰西周河南也東周鞏也王赧微弱西周與東周分王政理各居一都故曰東西周按高誘曰西周王城今河南東周成周故洛陽之地）

大事記曰周貞定王二十八年考王初立封其弟揭於河南是為河南桓公河南即郟鄏武王遷九鼎周公營以為都是為王城洛陽周公所營下都以遷頑民是為成周平王東遷定都王城王子朝之亂敬王徙都成周至是考王以王城故地封桓公焉平王東遷之後所謂西周者豐鎬也東周者東都也威烈王以後所謂西周者河南也東周者洛陽也何以稱河南為西周自洛陽下都視王城則在西也何以稱洛陽為東周自河南王城視下都則在東也河南桓公卒子威公立威公卒子惠公立考王十五年河南惠公復自封其少子班於鞏以奉王號東周沒亦謚惠是時東西周雖未分治河南惠公既號奉王者為東周亦必自號西周矣顯王二年趙與韓分周為二於是東西各為列國顯王雖在東周特建空名是後史傳所載致伯賜胙之類周王也征伐謀策稱東西周君者皆謂二周也周本紀云赧王時東西周分治非也赧王特徙都西周耳當以趙世家為正

司馬翦謂楚王曰

鮑彪戰國策注曰司馬楚卿翦即昭翦

史厭謂周君曰

戰國策作史黶

何不令人謂韓公叔曰

徐廣曰一作何應劭曰氏姓註云以何姓為韓後　容齋三筆曰鄧名世姓氏書辯證云

何氏出自姬姓食采韓原爲韓氏韓王建爲秦所滅子孫散居陳楚江淮間以淮爲何隨聲變爲何氏然不能詳所出也韓王之失國者名安此云建乃齊王之名鄭肇誤耳予後讀孫愐唐韻云韓滅子孫分散江淮間音以韓爲何字隨音變遂爲何氏乃知名世用此

又謂秦曰

愚按秦武王

使者已行矣

徐孚遠曰言既已發使故雖善代之言而不可正代因言宜與周高都也索隱曰已止也非是

必東合於齊

史詮曰洞本必上有則字

還其行

徐孚遠曰按戰國策作留其行注留不進也此還字恐是遲字之誤宋本作還

周君王赧卒（集解宋忠曰謚曰西周武公索隱曰非也徐以西周武公是惠公之長子此周君即西周武公也蓋此時武公與王赧皆卒故連言也）

史詮曰周君史失其名謚西周武公與東周惠公兄弟也惠公卒於顯王九年計武公之卒亦當在顯王之世不甚相遠豈有壽歷二百餘歲至赧王末年而卒乎必不然矣吴子玉曰周君王赧即周王赧也君字羨文　明一統志赧王冢在隴州西北三十里

後七歲秦莊襄王滅東西周

史詮曰西字衍洞本無西字

周既不祀（索隱曰日食盡曰既言周祚盡滅無主祭祀）

王鏊曰此下當有缺文不應如索隱注　金甡曰按始皇本紀後一段云東周與諸侯謀秦莊襄王使相國不韋誅之盡入其國秦不絶其祀以陽人地賜周君奉其祭祀此云莊襄王滅東西周周既不祀與彼不合秦爲無道未必能存周祀且漢武始封子南宜周祀不絶於秦而絶於楚漢爭雄之際耶上文云受其獻歸其君又云遷西周公于𢈪狐徐廣曰𢈪狐聚與陽人聚相近然則不絶其祀而賜以陽人殆即𢈪狐之遷也是昭王所以待西周也至莊襄則并滅兩周而周遂以不祀矣正義引括地志云汝州外古梁城即𢈪狐

荊川太史批

聚也陽人故城即陽人聚也在汝州梁縣西四十里秦遷東周居也據此則西周東周雖各有遷地而總聚一隅亦不過待以不死使得保全宗族其視趙遷房陵齊遷於共似稍有間其實一例僞賜地奉祭即可謂其名曰封矣還云乎哉始皇本紀後段索隱謂據秦紀爲說楊慎亦以爲録秦紀備證則秦史或文飾其君之盛德遂以不絶周祀爲美談太史公以傳聞異辭因録之以備參攷而秦本紀直沿用之固不如此紀之可信也

史記疏證卷第六

秦本紀第五

邵泰衢曰王母何王之母西王何地之王本之大戴少閒篇曰虞舜以天德嗣堯西王母獻其白玉琯故筆叢云西王母非婦人乃西方諸侯王名母者也後世遂誣爲仙母而荒唐至今矣至卵爲禽種今乃成兕犬而生角更增九尾真彼童而角實虹我小子乎至偃王有筋無骨何以坐立持兵況今古以還曾有人而無骨者乎至人非翼鳥安能一日千程郎使造父稱神騄騂稱駿而車中人亦不能堪此一日千里之風馳電掣而奔也且夫子行必有副車後乘豈能盡駕千里之馬抑豈可以一乘獨馳歸乎至以西王母爲婦人者穆天子傳也安足信哉

女華生大費索隱曰此即秦趙之祖嬴姓之先一名伯翳尚書謂之伯益系本漢書謂之伯益是也尋檢史記上下諸文伯翳與伯益是一人不疑而陳杞系家即敘伯翳與伯益爲二未知太史公疑而未決耶抑亦謬誤爾

路史發揮曰伯翳者少昊之後皋陶之子而伯益乃帝高陽之第三子隤敳也然世俱以

伯翳為即伯益其繆甚矣予嘗攷之伯翳者嬴姓之祖也書傳嬴姓實出少昊其源甚著非高陽後按陳杞世家序舜禹之功臣十有一人云伯翳之後平王封之秦而云垂益夔龍其後不知所封不見也又云皋陶卒封其後於六或在許然後舉益而授之政則伯翳不得為伯益尤顯故劉秀表校山海經云夏禹治水伯益與伯翳主驅禽獸是則益翳為二人亦有能知之者第太史公於益翳有時而不分所以致後生之繆爾秦本紀云高陽之裔孫女脩生大業大業娶女華生大費女脩乃高陽之裔女而適少昊之後大業之父者蓋大業之父名不著見而秦趙二家遂以母族而祖顓頊非生人之義也郯子曰我祖少昊而嬴氏乃其族也則秦趙宜祖少昊為得其正班固之徒不知攷此乃直以女脩為男子而系之高陽之後故世遂以伯翳為伯益不復别也抑又稽之伯翳蓋封於費者也是以有大費之稱若夫封大唐者費昌費仲俱其後也而世亦復論更以大費為伯翳之字益可疑矣且大業者皋陶之父也而史記音義復以皋陶為即大業蓋以史記大業之下無皋陶而失之至世紀書乃直以為高陽生大業又以大業之妻女華為大業之子而别出女華之妻名曰扶始扶始生皋陶皋陶生伯益唐書取而用之此春秋元命苞之説不足實也　金履祥曰尚書之伯益即秦紀之栢翳也秦聲以入為去故謂益為翳也秦紀謂栢翳佐禹治水馴服鳥獸豈非書所謂隨山刊木暨益奏庶鮮食益作朕虞若予上下鳥獸者乎其事同其聲同而太史公獨以書紀字異乃析一人而二之可謂誤矣唐虞功臣獨四岳不名其餘未有無名者夫豈别有栢翳其功如此而書反不及乎太史公于二帝本紀言益見秦本紀為翳則又從翳豈疑而未決故于陳杞世家叙伯益與伯翳為二乎抑出于談遷二手故其前後謬誤也羅氏路史因之遂以益翳為二人又以栢翳為皋陶之子果若是則楚人滅蓼之時秦方盛于西誠文仲安得云皋陶不祀乎不以益為

高陽氏之才子隤敳至夏啟時則二百有餘歲矣禹又曷從而薦之乎此其所以疑孟子薦益之言為權詞也

其玄孫曰費昌

史詮曰竹書紀年費侯伯益出就國費伯昌出奔商大戊命費侯中衍為車正是伯益封國在費故以大費為名號而子孫因以所封之國為費氏也

大廉元孫曰孟戲中衍鳥身人言帝太戊聞而卜之使御吉遂使御而妻之

卲泰衡曰鳥身無手何以執綏即使俱全諒非人類為帝之御已不可況尚之主哉卜云其吉夫亦何吉之有

是為宅皋狼

史詮曰言以皋狼之地封孟增為宅邑也故因號曰皋狼

得驥溫驪驊騮騄耳之駟 徐廣曰溫一作盜 索隱曰溫音盜

金甡曰按溫與盜字形相類傳寫互異耳以溫字從盜音似未妥協字書亦復收之

惡來革者蜚廉子也早死

余有丁曰按惡來革者豈即惡來耶但不宜復曰蜚廉子既為武王誅死又不宜曰早死

以女弟繆嬴為豐王妻

金甡曰豐王缺注殆亳王之類戎王也

平王封襄公為諸侯賜之岐以西之地

毛詩秦風疏曰本紀云賜襄公岐以西之地襄公生文公于是文公遂收周餘民有之地至岐岐以東獻之周如本紀之言則襄公所得自岐以西如以鄭言橫有西都八百里之地則是全得西畿言與本紀異者按終南之山在岐之東南大夫之戒襄公已引終南為喻則襄公亦得岐東非唯自岐以西也即如本紀之言文公收周餘民又獻岐東於周則秦之東境終不過岐而春秋之時秦境東至於河襄公已後更無功德之君復是何世得之也明襄公救周即得之矣本紀之言不可信也

秦能攻逐戎即有其地與誓封爵之

陳子龍曰文公十六年始以兵伐戎而收地至岐以東獻之周乃知周是時已失地令秦

自以兵力取之耶安得不以畀秦也

十二年伐戎而至岐卒生文公

史詮曰生當作立

十三年齊人管至父連稱等殺其君襄公

愚按左傳弑襄公秦武十二年事立齊桓公秦武十三年事與年表同

晋滅霍魏耿

愚按晋世家獻公之十六年滅霍魏耿據年表是年為秦成之三年此作武公十三年相隔二十四年誤入

以為秦繆公夫人媵於秦

困學紀聞曰朱文公曰按左氏媵秦穆姬者乃井伯非百里奚也　大原閻若璩曰按孟子言百里奚先去虞自不至為晋所虜益知井伯者另一人且史載繆公四年乙丑迎婦於晋左則僖五年丙寅以媵秦繆姬亦差一年

臣誠私利祿爵且留再用其言得脫一不用及虞君難

邵泰衢曰傳僖五年襲虞滅之執虞公及其大夫井伯以媵秦穆姬未嘗有百里奚也孟子曰知虞公之不可諫而去之秦知虞公之將亡而先去之則為媵及難之說破矣曾不知以食牛干秦穆公之為汙也而食牛于周之說破矣百里奚舉於市則贖之五羊皮者又不足辨矣相秦而顯其君于天下可傳于後世虞不用百里奚而亡秦繆公用之而霸今乃曰私利祿爵而且留以及難塞叔止臣而再用以得脫奚之為奚不特不賢不智已也又安足以霸君傳世哉史通曰史記多聚舊記時插雜言事罕異聞語饒重出良信然也

請以五羖羊皮贖之

說苑臣術篇曰秦穆公使賈人載鹽徵諸賈人賈人買百里奚以五羖羊之皮使將車之秦秦穆公觀鹽見百里奚牛肥曰任重道遠以險而牛何以肥也對曰臣飲食以時使之不以暴有險先後之以身是以肥也穆公知其君子也令有司具沐浴為衣冠與坐公大悅

又曰觀舉五羖大夫於係縲之中與之

語三月而授之政　困學紀聞曰范太史曰商鞅傳又載趙良之言曰五羖大夫荆之鄙人也自鬻於秦客被褐食牛期年穆公知之舉之牛口之下而加之百姓之上史記所傳自相矛盾如此

太子申生死新城

愚按僖四年左傳十二月戊申縊于新城是年據年表為秦繆之四年此入于五年後誤

請割晉之河西八城與秦

愚按僖十五年左傳賂秦伯以河外列城五東盡虢略南及華山内及解梁城既而不與

十二年齊管仲隰朋死

愚按齊世家秦穆公虜晉惠公復歸之是歲管仲隰朋卒據年表是年為秦穆之十五年也此入於十二年誤

晉旱來請粟

愚按僖十三年左傳冬晉荐饑使乞糴於秦據年表是年為繆公之十三年此入十二年誤

初繆公亡善馬岐下野人共得而食之者三百餘人吏逐得欲法之

說苑曰秦繆公嘗出而亡其駿馬自往求之見人已殺其馬方共食其肉　邵泰衢曰馬雖云大難共三百之一飧一馬何珍三百齊同而犯法若云一人所盜安肯公食多人若云自野擭之夫豈不知公物至于賜酒求從推鋒爭死以脫公于圍也非報食馬之德報不死之恩耳是既知盜馬之必死而三百人之盡甘心于此一嚮者何也　愚按史公本呂氏春秋

周天子聞之曰晉我同姓為請晉君

徐孚遠曰左傳周無請晉君之文初獲晉君亦未能遽及當得繆姬力也

是時秦地東至河

愚按僖十五年左傳秦始征晉河東置官司焉

十八年齊桓公卒

愚按春秋經僖十七年冬十有二月乙亥齊侯小白卒是年於秦繆亦為十七年

二十年秦滅梁芮

愚按僖十九年左傳秦遂取梁年表亦載入秦繆十九年與傳同

秦繆公將兵助晉文公入襄王

愚按晉世家趙衰曰求霸莫如入王尊周周晉同姓晉先入王後秦入之毋以令于天下方今尊王晉之資也與此文異

使百里傒子孟明視蹇叔子西乞術及白乙丙將

左傳疏曰世族譜以百里孟明視為百里奚之子則姓百里名視字孟明也古人之言名字者皆先字後名而連言之其術丙必是名西乞白乙或字或氏不可明也譜云或以為西乞術白乙丙為蹇叔子衆傳稱蹇叔之子與師言其在師中而已若是西乞白乙則為將帥不得云與也或說必妄記異聞耳　雖惑曰秦穆公伐鄭之役考之左傳其諫而止之哭而送其子者獨蹇叔而已故晉原軫曰秦違蹇叔而以貪勤民穆公曰孤違蹇叔以辱二三子何嘗有百里奚預其間哉而司馬遷記此以為二老同辭不知其何據也左氏云公名孟明視西乞術白乙丙使出師文云蹇叔之子與師蹇叔謂孟子曰孟子吾見師之出而不見其入也哭送其子曰吾收爾骨焉蓋孟明輩自為將帥而蹇叔之子則士卒之屬也此亦不相涉而遷以孟明為百里奚子西乞白乙為蹇叔子又何邪或曰孔疏引世族譜云或謂西乞術白乙丙為蹇叔子安知子長別無所據而必左氏為質乎曰此或有之然是役也主其謀者孟明也再敗不沮卒以得逞使果為百里奚子何奚能苦諫其君而無一言以罪其子也以書觀之穆公自殽敗歸即作秦誓以自悔而還以為取王官封殽尸之後不亦異乎又云君子聞之皆為垂涕曰嗟乎秦穆公之與人周也按左氏曰君子是以知秦穆之為君也舉人之周也與人之一也至于孟明子桑皆有贊美之辭凡左氏所謂君子者蓋假之為褒貶之主而非指乎當時之士也安有所謂聞之垂涕者哉

愚按呂氏春秋蹇叔有子曰申與視與師師偕行高誘注曰申白乙丙也視孟明視也

戎王使由余於秦

韓詩外傳曰昔戎將由余使秦秦繆公問以得失之要對曰古有國者未嘗不以恭儉也

失國者未嘗不以驕奢由余曰論五帝三王之所以衰及至布衣之所以亡繆公然之

說苑曰秦穆公閒問由余曰古者明王聖帝得國失國當何以也由余曰臣聞之當以儉得之以奢失之穆公曰願聞奢儉之節由余曰臣聞堯有天下飯於土簋啜於土瓶其地南至交阯北至幽都東西至日所出入莫不賓服堯釋天下舜受之作爲食器斬木而裁之銷銅鐵脩其刃猶漆黑之以爲器諸侯侈國之不服者十有三舜釋天下而禹受之作爲祭器漆其外而朱畫其內繒帛爲茵蓐觴勺有彩爲飾彌侈而國之不服者三十有二夏后氏以沒殷周受之作爲大器而建九儌食器彫琢觴勺刻鏤四壁四帷茵席彫文此彌侈矣而國之不服者五十有二君好文章而服者彌侈故曰儉其道也

於是繆公退而問內史廖

韓詩外傳作內史王廖

以女樂二八遺戎王

說苑作三九

益國十二開地千里遂霸西戎

金履祥曰按伐戎益國十二此非一時蓋史記摠叙于此年之下以見天子賜賚之由

是以知秦不能復東征也

徐孚遠曰孝公復霸業在後左氏不及見也故有不復東征之語左氏斷語皆以後事爲證驗也

晉伐秦取少梁

愚按文十年左傳春晉人伐秦取少梁夏秦伯伐晉取北徵

戰於河曲

愚按杜預曰河曲在河東蒲坂縣南

乃使魏讐餘詳反正義曰讐音受又作犨

愚按左傳及晉世家皆作壽餘左傳疏曰晉侯賜畢萬魏魏犫者萬之孫爲魏之世適壽餘爲魏邑之主當是犫之近親故云畢萬之後

會遂歸晉

史詮曰史表在七年

共公立五年卒
愚按春秋宣四年秦伯稻卒則共公立四年非五年矣
晉敗我一將
愚按晉世家所謂伐秦虜秦將赤也
十八年晉悼公彊數會諸侯率以伐秦敗秦軍秦軍走晉兵追之遂渡涇至棫林而還
愚按是役也據襄十四年左傳諸侯之師濟涇而次秦人毒涇上流師人多死晉之諸師不和謂之遷延之役焉得云敗秦軍秦軍走乎此與年表皆謬
二十七年景公如晉與平公盟已而背之
愚按三傳無此盟
十一年楚平王來求秦女為太子建妻
愚按楚世家及年表在秦哀之十年
五年晉卿中行范氏反晉
史詮曰史表在四年
惠公立十年卒
愚按春秋經哀三年冬十月癸卯秦伯卒揔計在位祇得九年此與年表及始皇本紀皆作十年與春秋不合
十二年齊田常弒簡公
愚按此事在秦悼之十年今此作十二年與春秋及年表不合明衍二字
十三年楚滅陳
史詮曰史表在十二年
智開與邑人來奔（正義曰開智伯子）
金甡曰按此則唯輔果在與智伯已死無後之說皆不足憑歟恐只是智伯之族人耳
靈公六年晉城少梁秦擊之
愚按魏世家文侯六年城少梁（紀中凡言晉者皆魏也）
十三年城籍姑靈公卒
愚按六國年表及始皇本紀靈公在位十年卒此明衍三字
塹洛城重泉
史詮曰史表在七年
十三年伐蜀取南鄭
史詮曰史表蜀取我南鄭當從史表為是
合七十七歲而霸王出
愚按此與周本紀及封禪書不同當作十七

歲衍上七字
與晉戰于石門
愚按趙世家作石阿
與魏晉戰少梁虜其將公孫痤
愚按魏世家同六國年表作虜其太子趙世家作太子痤商君傳作公叔痤
孝公元年河山以東彊國六與齊威楚宣魏惠燕悼韓哀趙成侯並淮泗之間
愚按孝公元年據年表燕為文公韓為懿侯
小國十餘
徐孚遠曰謂魯宋邾滕等國
二十四年與晉戰鴈門
史詮曰史表在二十三年
齊魏為王
愚按齊威二十六年自稱為王以令天下於秦為孝公九年此曰魏連言之耳
虜其將龍賈斬首八萬
愚按魏世家作四萬五千
十一年縣義渠
愚按以時世差之此時義渠不得為縣釁首傳其後五國伐秦秦以文繡千純婦人百人遺義渠君義渠君起兵襲秦大敗秦李伯之下若義渠已為縣秦必更置令長何至十年之後反為所敗年表云義渠君為臣似可據
魏君為王韓亦為王 正義曰魏襄王韓宣惠王也
金甡曰惠文君四年齊魏為王索隱曰齊威王魏惠王按魏世家云惠王卒子襄王立襄王元年與諸侯會徐州相王也追尊父惠王為王與此互異豈惠王始嘗稱王後又降號如稱帝歸帝之說耶否則秦紀但應有十三年之書不應有四年之書矣魏世家於惠王時亦不著稱王事　愚按前既云齊魏為王此復云魏君為王疑有牴牾 又按韓世家及六國年表韓君稱王在宣惠王之十年於秦為惠文之更元二年也此入十三年誤
樂池相秦
愚按樂池疑是趙人趙世家云武靈十一年王召公子職於韓立以為燕王使樂池送之
韓趙魏燕齊帥匈奴共攻秦
戰國策補注曰按秦紀書韓趙魏燕齊帥匈

奴代秦年表韓魏趙楚燕五國代秦不勝楚世家書燕秦約從六國共攻秦楚懷王為從長至函谷關秦擊之六國皆引歸齊獨後丑有不同通鑑據年表大事記據楚世家按楚世家特詳者以從長故當以為正年表譜國皆書不勝齊獨後而不敗故略不書與紀不書楚者豈以世家文已明與脩魚之戰虜韓申差年表在次年而紀於此連書之則紀誠有誤也高誘注五國作齊宋韓魏趙尤誤

九年司馬錯代蜀滅之

華陽國志曰蜀王別封弟葭萌於漢中號苴侯命其邑曰葭萌焉苴侯與巴王為好巴與蜀讐故蜀王怒伐苴侯苴侯奔巴求救於秦秦惠王方欲謀楚群臣議曰夫蜀西僻之國戎狄為鄰不如伐楚司馬錯中尉田真黄曰蜀有桀紂之亂其國富饒得其布帛金銀足給軍用水通於楚有巴之勁卒浮大船船以東向楚楚地可得得蜀則得楚楚亡則天下幷矣惠王曰善周慎王五年秋秦大夫張儀司馬錯都尉墨等從石牛道伐蜀蜀王自於葭萌拒之敗績王遯走至武陽為秦軍所害其傅相及太子退至逢鄉死於白鹿山開明氏遂亡凡王蜀十二世十月蜀平司馬錯等因取苴與巴焉

十年韓太子蒼來賀

愚按韓世家在宣惠十九年據年表是年為秦惠後十一年

伐取義渠二十五城

史詮曰史表在十一年

公子通封於蜀

愚按六國年表在十一年作公子繇通

燕君讓其臣子之

愚按六國年表此事在後九年入於十一年誤

虜趙將莊

愚按趙世家及樗里子傳作虜趙將軍莊豹

十四年伐楚取召陵

愚按楚世家懷王之十八年秦使使約復於楚親是年無見伐之事

誅蜀相壯

徐孚遠曰按華陽國志陳壯反殺蜀侯通秦遣甘茂張儀司馬錯伐蜀誅壯則非因壯自來降而誅之也

樗里疾甘茂為左右丞相

愚按甘茂為左右丞相樗里為右丞相見茂傳

八月武王死

甘茂傳武王竟至周而卒於周

嚴君疾為相甘茂出之魏（正義曰蓋封蜀郡嚴道縣因號嚴君疾名也）

愚按樗里子傳秦封樗里子號為嚴君前疾與茂為左右丞相今樗里獨相故茂出之魏也

蜀侯煇反

華陽國志曰赧王十四年蜀侯煇祭山川獻饋於秦孝文王煇後母害其寵加毒以進王王將嘗之後母曰饋從二千里來當試之王與近臣近臣即斃文王大怒遣司馬錯賜煇劍使自裁煇懼夫婦自殺秦誅其臣郎中令嬰等二十七人蜀人葬煇郭外十五年王封其子綰為蜀侯十七年聞煇無罪冤枉死使使喪入塟之郭內初則炎旱三月後又霖雨七月車溺不得行喪車至城北門忽陷入地中蜀人因名北門曰咸陽門為蜀侯煇立祠其神有靈能興雲致雨水旱禱之三十年疑蜀侯綰反王復誅之　愚按煇死在是年綰反在後史合為一誤矣或以煇欲毒王加以反名耳索隱引國志不詳故備錄之然國志亦未可為信史也

涇陽君質於秦

愚按田完世家及年表俱在秦昭之七年此入六年誤

八年使將軍芈戎攻楚取新市齊使章子魏使公孫喜韓使暴鳶共攻楚方城取唐昧

愚按楚世家二十八年秦乃與齊韓魏共攻楚殺楚將唐昧取我重丘而去年表及各世家俱同是年於秦昭為六年

趙破中山其君亡竟死齊

愚按趙世家及年表攻中山在秦昭六年滅中山在秦昭十二年田完世家亦同此敘入八年內誤

九年孟嘗君薛文來相

愚按年表及田完世家薛文相秦在秦昭八年

秦兵攻楚取八城殺其將景缺

郇廷建曰楚世家懷王二十九年秦復攻楚大破楚軍楚軍死二萬殺我將軍景缺懷王恐乃使太子為質齊以求平三十年秦復伐楚取八城據年表為秦昭七八兩年事也各記不同事多差誤且楚懷以昭王八年入秦九年無復伐之理正義將此事註於拔新城下亦未明晰

十年楚懷王入朝秦秦留之

愚按楚世家年表皆在秦昭八年

薛文以金受免（正義曰金受秦丞相姓名免奪其丞相）

金甡曰按九年春孟嘗君薛文來相秦則至是免相而樓緩代之耳以金受免者著文罷相之由也文之相秦非其本意或受金自汙以徼罪行亦未可定即以金受為人姓名或亦其人有所牽累而文坐以免相耳二義雖未可強通但如正義所云直須刪去以字乃可

十一年齊韓魏趙宋中山五國共攻秦至鹽氏而還

愚按以諸世家證年表為秦昭之九年

左更白起攻新城

愚按白起傳昭王十三年起為左庶長將而擊韓之新城其明年乃為左更

五大夫禮出亡奔魏

愚按禮姓呂見穰侯傳云出奔齊

攻楚取宛

愚按策取葉見穰侯傳

十六年左更錯取軹及鄧

史詮曰史表在十八年

冉免

愚按六國年表及穰侯傳冉謝病免相在昭十五年此入十六年內誤

封公子市宛公子悝鄧（索隱曰悝號高陵君）

愚按穰侯傳昭王同母弟曰高陵君涇陽君索隱曰高陵名顯涇陽名悝而注自相牴牾

呂禮來自歸

史詮曰一本歸作魏

齊破宋宋王在魏死温

愚按田完世家齊湣三十八年伐宋宋王出亡死於温魏世家魏昭十年齊滅宋宋王死我温年表亦同是年在秦為昭之二十一年入於十九年内誤

涇陽君封宛

愚按十六年已封公子市宛矣此復封涇陽君疑有一誤

蒙武伐齊河東為九縣

徐孚遠曰按古史河東上有取字

二十七年錯攻楚赦罪人遷之南陽

愚按是年為楚頃王十九年世家云秦伐楚楚軍敗割上庸漢北地予秦

取代光狼城

愚按白起傳白起攻趙拔光狼城無代字而光狼又不在代疑代字之誤也

白起為武安君

史詮曰史表在三十年

三十年蜀守若伐楚取巫郡

史詮曰今本缺楚字

破暴鳶斬首四萬

史詮曰史表在三十三年

魏入三縣請和

愚按魏世家釐王二年又拔我三城軍大梁下韓來救予秦温以和

擊芒卯華陽破之魏入南陽以和

史詮曰史表在三十四年

四十一年夏攻魏取邢丘懷

愚按魏世家安王九年秦拔我懷是年為秦昭之三十九年十一年拔我郪丘即秦四十一年也此兩年事并入一年徐廣曰郪丘即邢丘

四十三年武安君白起攻韓拔九城

愚按白起傳昭王四十三年白起攻韓陘城拔五城韓世家惠王九年秦拔我陘城汾旁

韓獻成臯鞏

愚按韓世家秦拔我成臯滎陽年表亦同

始皇帝五十一年而崩

愚按始皇十三年而立立三十七年而崩當得四十九年

秦之先為嬴姓其後分封國以國為姓有徐氏
路史國名紀曰少昊後嬴姓國徐趙孟曰周
有徐奄括地象云泗州徐城縣北今徐城鎮
在泗之臨淮鎮北三十有故徐城號大徐城
周十一里

郯氏莒氏終黎氏

國名紀曰鍾離子爵徐之别封今沂之承有
鍾離城乃晋吳會處應劭云鍾離子國在九
江益其後徙于此吳滅之

運奄氏

國名紀曰運京相璠云廪丘東八十有運城
廪丘隨併入鄆城今隸濟晋人執季文子還
待于鄆既即此掩即奄郁也兖之仙源故曲
阜有奄城奄里古之奄中郚國志奄城古奄國茂先云史記出中
魯奄自運還掩故史有運掩氏魯近淮夷武
王伐之

蒐裘氏

國名紀曰蒐裘盟會圖云兖之泗水縣預謂
蒐裘在梁父縣南梁父唐入乾封今之奉符
也

將梁氏

國名紀曰將良本曰良今淮陽軍有古良城
預云下邳良城縣十五年良地屬吳哀史作將良

黃氏江氏脩魚氏

國名紀曰脩魚即蕭魚鄭地

白冥氏蜚廉氏

國名紀曰白蔡之裹信西南白亭是楚平滅
以封子建之子勝曰白公冥史記作冥云瀛
後有白冥氏則以白冥為一也冥在陝非蜚
也蜚廉國龍門縣南七里有蜚廉故城非子
祖也又絳之正平蜚廉城云事紂所居

史記疏證卷第七

秦始皇本紀第六

姓趙氏

日知錄曰姓氏之稱自太史公始混而為一本紀於秦始皇則曰姓趙氏於漢高祖則曰姓劉氏

蒙驁攻韓取十三城

愚按六國年表云取十二城通鑑從之

百姓內粟千石拜爵一級

徐孚遠曰秦人積級得爵乃復家故不輕賜爵漢則賜民多矣然亦稍輕不得為吏也入粟千石比一首功其重爵可見

六年韓魏趙衛楚共擊秦取壽陵

愚按趙世家悼襄王元年龐煖將趙楚魏燕之鋭師攻秦蕞不拔徐廣曰蕞在新豐今此云取壽陵所將之師一作衛一作燕亦不同豈有二事耶

其君角率其支屬徙居野王

愚按六國年表衛君角以始皇十八年立此是衛元君十二年言角者誤

七年彗星先出東方見北方五月見西方

葉適習學記言曰始皇七年九年十三年三十三年彗星從横竟天不獨告六國滅亦告秦亡也

將軍壁死

徐孚遠曰上言成蟜死屯留矣此又言將軍壁死註作壁壘恐非是壁者疑是成蟜副將名壁蟜死壁不歸故又戮其士卒也

河魚大上

淩稚隆曰按京房易傳云衆逆同志厥妖河魚逆流上是歲始皇弟長安君反明年嫪毐反

己酉王冠徐廣曰年二十二正義曰按年二十一也

金甡曰按徐廣云二十二者以踰年改元計也正義云二十一者以當年改元計也徐廣以是年為二十二故三十七年崩時注云年五十如正義之說則崩年止四十九六國表周赧王五十九年秦昭王五十一年徐廣曰乙巳則始皇生年當是壬寅十三歲時當是甲寅項羽本紀注徐廣曰項王以始皇十五

年已已歲生則始皇元年當是乙卯此處自當以踰年改元計作二十二歲為是但秦本紀云獻公立二十四年卒子考公立徐廣曰獻公元年丁酉孝公元年庚申則獻之末即孝之初又不拘踰年改元之說矣

四月寒凍

史詮曰上文既書四月此重書四月當更曰是月

齊人茅焦說秦王曰秦方以天下為事而大王有遷母太后之名恐諸侯聞之由此倍秦也

說苑云秦始皇太后不謹幸嫪毐始皇取嫪毐車裂之取兩弟撲殺之取太后遷之咸陽宮下令曰以太后事諫者戮而殺之蒺藜其脊諫而死者二十七人茅焦乃上書曰陛下車裂假父有嫉妒之心囊撲兩弟有不慈之名遷母咸陽有不孝之行蒺藜諫王有桀紂之治

與韓非謀弱秦

徐孚遠曰韓非韓公子以不用於韓欲干秦王其後使秦為李斯所譖死今云謀弱秦非也疑即李斯譖非之辭載于秦史記耳

斗食以下什推二人從軍

徐孚遠曰此言翦能將寡也至其伐楚又用用三十萬蓋地勢所宜伐國與拔城不同故也

五百石以下不臨遷勿奪爵

日知録曰五百石以下秩卑任淺故但遷而不奪爵其六百石以上之不臨者亦遷而不奪爵也史文簡古兼二事為一條

十三年桓齮攻趙平陽殺趙將扈輒

愚按趙世家秦攻武城扈輒率師救之軍敗死焉李牧傳秦破趙殺將扈輒於武遂城

十四年攻趙軍於平陽取宜安破之殺其將軍桓齮定平陽武城

愚按趙世家趙遷三年秦攻赤麗宜安李牧率師與戰肥下卻之李牧傳趙乃以牧為大將軍擊秦軍于宜安大破秦軍走秦將桓齮此紀與之齟齬不合

新鄭反昌平君徙於郢

余有丁曰前攻毐有相國昌平君今或坐新

鄭反而徙　史詮曰昌平君即楚公子爲秦
相國徙於郢者
二十七年始皇巡隴西北地
習學記言曰始皇并天下凡五巡行
上鄒嶧山立石
孫鑛曰嶧山銘史記不載今獲傳於世者鄭
博士取徐常侍模本勒石　愚按徐鉉模本
云皇帝立國維初在昔嗣世稱王討伐亂逆
威動四極武義直方戎臣奉詔經時不久滅
六暴強廿有六年上薦高號孝道顯明既獻
泰成乃降尃惠寴巡遠方登于嶧山羣臣從
者咸思攸長追念亂世分土建邦以開爭理
功戰日作流血於野自泰古始世無萬數陁
及五帝莫能禁止迺今皇帝壹家天下兵不
復起災害滅除黔首康定利澤長久羣臣誦
略刻此樂石以著經紀
禪梁父刻所立石
劉跂泰山篆譜序曰今世傳泰山篆字可讀
者惟有二世詔五十許字而始皇刻辭皆僞
也亡宋丞相莒公鎮東平日遣工就泰山搨
得墨本別刻新石止有三十八字集古錄亦
云江鄰幾親到碑石纔得此數十字而已余
以大觀二年春登泰山宿絕頂徘徊碑下其
石埋植土中高不過四五尺形制似方非方
四方廣狹皆不等因其自然不加磨礱所謂
五十許字者在南面稍平處人常所搨故士
大夫多得見之其三面猶殘闕蔽闇人不措
意余刮磨垢蝕揣以紙墨漸若可辨政和五
年秋復宿嶽上親以氈椎從事校他本爲完
蓋四面周圍悉有刻字總一十二行行十二
字字從西南起以東北南爲次西面六行北
面三行東面六行南面七行其末有制曰可
三字復轉南面稜上每行字數同而每面行
數各不同如此廣狹不等居然可見其十二
行是始皇辭其十二行是二世辭以史記證
之文意皆具記其闕處字亦數同以史記文
定之親軌遠黎史作親巡遠方黎民石刻史
作刻石其曰御史夫者大夫也莊子曰且而
屢之夫衛宏曰古文一字而名多因就注之
史記於琅琊臺刻石備列從臣名氏余家所

收琅琊殘字亦有五夫字然則夫從一大因不復重出與

摶心揖志

楊慎曰慱音顓從心從專與慱不同博音卜從十從尃

不用兵革正義曰協部音隸

愚按革與棘古通不必協也詩匪棘其欲禮記作匪革

列侯武城侯王離列侯通武侯王賁倫侯建成侯趙亥倫侯昌武侯成倫侯武信侯馮毋擇

宛委餘編曰秦雖廢封建而功臣亦有一二封侯者見於嶧山之罘諸碑可攷凡列侯倫侯二等如王離王賁之類列於右丞相去疾上

既已齊人徐市等上書

何孟春曰徐市又作徐福非有兩名市乃古韍字漢時未有翻切但以聲相近字音註其下後人讀市作市廛字故疑福為别名

始皇還過彭城齋戒禱祠欲出周鼎泗水使千人没水求之弗得

困學紀聞曰周本紀秦取九鼎寶器而遷西周君於𢠸狐秦始皇本紀還過彭城齋戒禱祠欲出周鼎泗水使千人没水求之弗得潏水李氏曰是時泗水在彭城宋之分九鼎何緣西至宋夫取九鼎者秦昭襄王也始皇乃莊襄之子也世數年歲相去不遠始皇東游過彭城於泗水欲出周鼎竟不得而説牴牾如此

請刻此石

楊慎曰請刻此石按占碑文作刻此樂石後人不解樂石之義乃妄改之唐封演曰樂石謂以泗濱浮磬作碑也

以為三十四縣

愚按年表通鑑皆作四十四縣

臣請史官非秦紀皆燒之非傳士官所職天下敢有藏詩書百家語者悉詣守尉雜燒之

郎泰衡曰始皇在位之三十四年焚書三十五年坑諸生兼并天下始九年耳非秦紀皆燒之則所燒者史書也非詩書經典也曰非傳士官所職敢有藏詩書百家語者悉詣守

尉雜燒之則所燒者天下民間所藏之書而
博士之職守如故也則經書百家語特非博
士不得藏耳故呂東萊曰所燒者天下書也
博士所職自若也蕭何收圖籍而遺此惜哉

東西五百步南北五十丈上可以坐萬人下可
以建五丈旗
水經注曰關中記曰阿房殿在長安西南二
十里殿東西千步南北三百步庭中受十萬
人　又曰磁石門在阿房前悉以磁石為之
故專其目令四夷朝者有隱甲懷刃入門而
脅之以示神故亦曰郄胡門也

於是立石東海上朐界中以為秦東門
水經注曰朐山側有朐縣故城崔琰述征賦
曰倚高艫以周眄兮覩秦門之將將者也

因徙三萬家麗邑
凌稚隆曰按麗附麗也附城麗邑　史詮曰
麗與鄜同邑在鄜山下故名麗邑

因燔銷其石
凌稚隆曰按漢書五行志云石陰類也陰持
高節臣將危君趙高李斯之象也始皇不畏
戒自省反夷滅其旁民而燔燒其石是歲始
皇死後三年秦滅

傅令樂人謌弦之
董份曰傳令者始皇令所游天下相傳而絃
謌也

為吾遺滈池君張晏曰武王居鎬鎬池君則武王也武王伐商故神云始皇荒淫若紂矣今亦可伐也
金甡曰封禪書灃滈有天子辟池索隱曰卽
周天子辟雍之地文王都酆武王都滈既立
靈臺則亦有辟雍耳按封禪書列為祀典之
一或當時各以文武之神主之如湖之有周
天子祠故張晏以滈池君為武王耳然古來
聖王精神周徧天地豈區區保守一方者杜
甫南池詩云南有漢王祠終朝走巫祝高堂
亦明王魂魄猶正直不應空陂上縹緲親酒
食此卓識之言足正淫祀之謬也武王生為
百神主懷柔徧於河岳歿而僅為一小水之
神遠出四瀆之下此理之必不然者然則當
時卽有此祀典而武王亦必不享也江神聰
明又豈以武王為必在是乎夫江與滈池皆

天地自然之神天下將有大變水神與水神自相告語耳因滈而必援武王以實之則已鑿矣因武王而又為可伐之說展轉傅會尤可笑也

今年祖龍死

水經注曰春秋後傳曰使者鄭容入柏谷關至平舒置見華山有素車白馬問鄭容安之荅曰之咸陽過鎬池曰吾華山君使願託書致鄗池君子之咸陽過鎬池見大梓下有文石取以款扣梓當有應者以書與之勿妄發致之得所欲鄭容行至鄗池見一梓下果有文石取以款梓應曰諾鄭容如睡覺而見宮闕若王者之居焉謁者出受書入又見頃聞語聲言祖龍死

山鬼固不過知一歲事也

日知錄曰其時已秋歲將盡矣今年不驗則不驗矣山鬼豈能知來年之事哉退言曰祖龍者人之先也謂稱祖乃亡者之辭無與我也皆惡言死之意

三十有七年

容齋隨筆曰今人書二十字為廿三十字為卅四十為卌皆說文本字也廿音入二十并也卅音先合反三十之省便古文也卌音先合反數名今直以為四十字按秦始皇凡刻石頌德之辭皆四字一句泰山辭曰皇帝臨位二十有六年琅邪臺頌曰維二十六年皇帝作始之罘頌曰維二十九年時在中春東觀頌曰維二十九年皇帝春遊會稽頌曰德惠脩長三十有七年此史記所載每稱年者輒五字一句嘗得泰山辭石本乃書為廿有六年想其餘皆如是而太史公誤易之或後人傳寫之訛耳其實四字句也　餘冬序錄曰張世南游宦紀聞退之孔戣志銘云孔氏三十八吾見其髮白而長身按說文廿而集反二十并也卅先合反三十并也卌先立反四十并也退之自謂識字故用之為四字銘今刋正書者改三十八非是按始皇碑三十有七年或謂句皆四字而此獨多一字非是宜從卅七為是亦是意也

飾省宣義

余有丁曰按省字或作眚字轉而作省左傳所謂一眚掩大德謂過失也

妻為逃嫁子不得母（正義曰言妻棄夫逃嫁子乃失母）

愚按非子失母也子失母則上有子而嫁也言子不得以為母猶文姜孫于齊絕之之辭

咸化廉清

日知錄曰秦始皇刻石凡六皆鋪張其滅六王并天下之事其言黔首風俗在泰山則云男女礼順慎遵職事昭隔內外靡不清淨在碣石門則云男樂其疇女脩其業如此而已惟會稽一刻其辭曰飾省宣義有子而嫁倍死不貞防隔內外禁止淫泆男女絜誠夫為寄豭殺之無罪男秉義程妻為逃嫁子不得母咸化廉清何其繁而不殺也考之國語自越王句踐棲於會稽之後惟恐國人之不蕃故令壯者無取老婦老者無取壯妻女子十七不嫁其父母有罪丈夫二十不取其父母有罪生丈夫二壺酒一犬生女子二壺酒一豚生三人公與之母生二人公與之餼內傳子胥之言亦曰越十年生聚吳越春秋至謂句踐以寡婦淫泆過犯皆輸山上士有憂思者令游山上以喜其意當其時蓋欲民之多而不復禁其淫泆傳至六國之末而其風猶在故始皇為之厲禁而特著於刻石之文以此與滅六王并天下之事並提而論且不著之於燕齊而獨著之於越然則秦之任刑雖過而其坊民正俗之意固未始異於三王也

棺載轀涼車中

愚按漢書霍光傳注孟康曰如衣車有窗牖閉之則溫開之則涼故名之轀輬車也

行遂從井陘抵九原

日知錄曰始皇崩於沙丘乃又從井陘抵九原（今大同邊外）然後從直道以至咸陽回繞三四千里而歸者蓋始皇先使蒙恬通道自九原抵甘泉塹山堙谷千八百里若徑歸咸陽不果行游恐人疑搗故載轀輬而北行

九月葬始皇酈山

漢舊儀驪山者古之驪國晉獻公伐之而取二女曰驪姬此山多黃金其南多美玉曰藍田故始皇貪而葬焉使丞相李斯將天下刑

人徒隷七十二萬人作陵鑿以章程三十七歲錮水泉絶之塞以文石致以丹漆深極不可入奏之曰丞相臣斯昧死言臣所將徒隷七十二萬人治驪山者已深已極鑿之不入燒之不然叩之空空如下天狀制曰鑿之不入燒之不然其旁行三十丈乃止　博物志曰始皇陵在驪山之北高數十丈周回六七里今在陰盤縣界北陵雖高大不足以銷六丈冰背陵障使東西流又此山運取大石於渭北渚故歌曰運石甘泉口渭水爲不流千人唱萬人鉤金陵餘石大如塸

始皇初即位穿治酈山及并天下天下徒送詣七十餘萬人

元和郡縣志曰秦始皇陵在長安縣東八里始皇即位治驪山陵役徒七十萬人今業其陵高大亦不足役七十萬人積年之功蓋以驪山水泉本北流者陂障使東西流又此土無石取大石於渭北諸山皆費功力由此也雍錄曰關中記曰驪山之陵雖高大亦不足役七十萬人積年之功爲其徙移水勢本北諸山其費功由此甚也此說是矣而不究其實也驪山阿房兩役並興未論他事且計八十里閣道其土木之費工力之大自應廣調而久役矣史記及賈山疏皆言阿房始皇所造獨黃圖言阿房一名阿城惠文已造而始皇廣之此恐不然也始皇明言朝廷小不足容衆故渡渭而南以營朝宮則其創竟營造出于始皇不出前人也

樹艸木以象山

水經注曰魚池水出麗山東水本導源東流後秦始皇葬於山北水過而曲行東注北轉始皇造陵取土其地汙深水積成池謂之魚池池在秦皇陵東北五里周圍四里池水西北流逕始皇冢北秦始皇大興厚葬營建冢壙於麗戎之山一名藍田其陰多金其陽多玉始皇貪其美名因而葬焉斬山鑿石下涸三泉以銅爲槨旁行周迴三十餘里上畫天文星宿之象下以水銀爲四瀆百川五嶽九州具地理之勢宮觀百官奇器珍寶充滿其中令匠作機弩有所穿近輒射之以人魚膏

為燈燭取其不滅者久之後宮無子者皆使殉葬甚衆墳高五丈周迴五里餘作者七十萬人積年方成而周章百萬之師已至其下乃使章邯領作者以禦難弗能禁項羽入關以三十萬人三十日運物不能窮關東盜賊銷椁取銅牧人尋羊燒之火延九十日不能滅

不轂於此

余有丁曰按轂當作觕又訓謂粗公羊傳曰觕者曰侵精者曰伐粗對精字互舉是也

吾欲造千乘之駕萬乘之屬充吾號名

習學記聞曰天下反秦二世死在旦夕方引韓非語欲造千乘之駕萬乘之屬充其號名亡國之君舉動如此固不足怪然參以李斯傳迺先後差誤　董份曰李斯傳叙二世此語為問故斯阿意答之此叙語同而乃以為詰責之辭何也

太史公曰

王維禎曰太史公總斷用賈誼過秦論全文原論上下二篇今更釐前後作三段自秦孝公至異也是上篇自秦并至安矣是下篇後斷自秦并海內至過也是下篇前段　柯維騏曰按漢書但引秦孝公一段梁昭明太子所集文選亦只依漢書獨真西山依史記編次為三段嘗考誼書列為上下篇又本列上中下三篇與真氏同獨次第不同耳

善哉乎賈生推言之也

史詮曰賈生過秦論三篇自秦孝公據殽函至攻守之勢異也為上篇論始皇自秦并海內至二世之過也為中篇論二世自秦并兼諸侯至社稷安矣為下篇論子嬰今三篇失其次序由後人紊亂之也

秦孝公據殽函之固

困學紀聞曰春秋時殽桃林晉地非秦有也

逡巡遁逃

金石文字記曰逡巡遁逃之異文也管子桓公蹵然逡遁漢書平當傳贊逡遁有恥敘傳逡遁致仕周禮司士注王揖之皆逡遁既復位儀禮士昏禮大射禮公食大夫禮注辟逡遁鄉射禮注少退少逡遁也聘禮注辟位逡

逌又三退三逡逌也又辟位逡逌又辟於其東西位逡逌也又退為大夫降逡逌士喪禮注辟逡逌辟位也特牲饋食禮注辟位逡逌禮記玉藻注俛逡逌而退著屨也皆同此文則隸釋以為讀如本字者非也又按晏子春秋晏子逡逌對曰漢書萬章傳章逡逌甚懼外戚傳逡循固讓逌又作循爾雅釋詁注循亦巡也集古以為當作循者是也逌與循同說文彳之字亦或從辵如徙為辿後為逡復為退之類從辵之字亦或從彳如遲為徲延為征返為彶之類漢書王莽傳後倫隆約以矯世俗師古曰後音千旬反即逡字也逡之為後猶循之為逌耳

吞二周而亡諸侯

宜齋野乘曰賈誼過秦論言始皇吞二周而亡諸侯按秦昭王五十一年滅西周其後七年莊襄王滅東周四年莊襄王卒始皇方即位則吞二周乃始皇之曾祖與父非始皇也

以養四海天下之士

新書作以四海養天下之士

是其所以取之守之者異也

余有丁曰按賈書作是其所以取之也文意甚明史添守之者異四字似誤

生憲公

余有丁曰按憲公秦紀作寧公葬西山

初志閏月

日知録曰然則宣公以前皆無閏每三十年多一年與諸國之史皆不合矣則秦之所用者何正耶

葬車里康景

凌稚隆曰按康景二字疑衍或下有闕文按秦紀及此紀無傳公疑即景公也

惠公享國十三年葬陵圉生出公

凌稚隆曰按秦有兩惠公出公前紀云出子則有兩出子

二世生十二年而立

徐孚遠曰二世未立時已習法律及立後恣行不義當已在成人之年矣此云生十二年而立非實也

史記疏證卷第八

項羽本紀第七

史通曰項羽僭盜而死未得成君求之於古則齊無知衛州吁之類也安得諱其名字呼之曰王者乎春秋吳楚僭擬書如列國假使羽竊帝名正可抑同羣盜況其君曰西楚號止霸王者乎霸王者即當時諸侯諸侯而稱本紀求名責實再三乖繆　又曰馬遷撰史記項羽僭盜而紀之曰王此則真偽莫分為後來所惑者也　又曰項羽立傳而以本紀為名非唯羽之僭盜不可同於天子且推其序事皆作傳言求謂之紀不可得也或曰遷紀五帝夏殷亦皆列事而已子曾不之怪何獨尤於項紀哉對曰不然夫五帝之與殷夏也正朔相承子孫遞及雖無年可著紀亦何傷如項羽者事起秦餘身終漢始殊夏氏之后羿似黃帝之蚩尤譬諸閏位容可列紀方之駢拇難以成編且夏殷之紀不引他事夷齊諫周實當紂日而析為列傳不入殷篇項紀則上下同載君臣交雜紀名傳體所以成嗤

容齋隨筆曰秦楚之際楚懷王以牧羊小兒為項氏所立首尾才三年以事考之東坡所謂天下之賢王也項梁之死王并呂臣項羽軍自將之羽不敢爭見宋義論兵事即以為上將軍而羽乃為次將擇諸將入關羽怨秦奮勢願與沛公西王以羽慓悍禍賊不許獨遣沛公羽不敢違及秦既亡羽使人還報王王曰如約令沛公王關中此數者皆能自制命非碌碌為王受令於強臣者故終不能全於項氏然遣將救趙滅秦至于有天下皆出其手太史公作史記當為之立本紀繼於秦後待其亡則次以漢高祖可也而乃立項羽本紀義帝之事特附見焉是直以羽為伐秦也其失多矣高祖嘗下詔以秦皇帝楚隱王亡後為置守冢并及魏齊趙三王而義帝乃高祖故君獨缺不問豈簡策脫佚乎

習學記言曰古書之於聖賢皆因事以著其人未嘗以人載事項籍雖盜奪然文字以來以人著事最信而詳實始于此如初起時二十四少學書不成去學劍又不成書足記姓

名劍一人敵不足學學萬人敵乃教籍兵法不肯竟學楚漢間頗用此例推觀不知古人之材與沒世之材何以教何以成就上世教法盡廢而亡命草野之人出為雄强還欲以此接周孔之統紀恐未可也

字羽

黄氏日抄曰遷以羽嘗宰制天下而紀之秦漢之間疑已過矣然旣君之而又字之抑揚之義豈有在歟

梁掩其口曰

史詮曰宋本無曰字

雖吴中子弟皆已憚籍矣

凌稚隆曰按秦時會稽治吴故云吴中子弟

廣陵人名平

楊愼曰名平上有廣陵人三字以別于東陵名平也　愚按水經注廣陵城楚漢之間為東陽郡高祖六年為荆國十一年為吴城景帝四年更名江都武帝元狩三年更曰廣陵此紀言廣陵者蓋史家追書之也

軍彭城東

通鑑地理通釋曰彭城徐州之縣故大彭國春秋時宋封魚石

楚雖三户亡秦必楚 瓚曰楚人怨秦雖三户猶足以亡秦也正義曰按服虔云三户漳水津也後項羽果度三户津破章邯軍降章邯秦遂亡是南公之善讖

金蚍曰按三户只依瓚說為是作地名解便滯後兵渡三户亦偶合耳正義曲為傅會於本文雖字意終隔

為能復立楚之後也

徐孚遠曰當始皇在時項燕已立楚後昌平君蓋亦以南公之語亡秦必楚也但非其時耳項梁成父之志立楚後是其分也

宋義乃諫項梁

凌稚隆曰按漢紀云宋義故楚令尹

趙歇為王陳餘為將張耳為相皆走入鉅鹿城

金蚍曰按此處云餘耳皆走入城下云餘軍於外豈入而復出耶張耳陳餘傳云張耳與趙王歇走入鉅鹿城王離圍之陳餘北收常山兵得數萬人軍鉅鹿北則餘固未嘗入城也蓋下文陳餘為將句與此處王相二句照應此處陳餘為將句當是刊落未盡耳

夫搏牛之蝱不可以破蟣蝨

日知録曰言蝱之大者能搏牛而不能破蝨喻鉅鹿城小而堅秦不能卒破

乃遣其子宋襄相齊

徐孚遠曰田榮與項梁有隙梁死楚弱宋義欲結援於齊以子相之非失策也然榮與項氏相怨宋義又與項羽不平義子相齊疑欲圖項氏也故羽先事殺義而以反楚為名

當陽君蒲將軍皆屬項羽

仁和趙一清著蒲將軍非棘蒲侯論曰楚漢之際有蒲將軍者始與當陽君皆屬項梁於淮梁敗没又屬羽羽使將卒二萬渡河擊秦以解鉅鹿之圍于是虜王離殺涉間降章邯轉鬪河北厥功最鉅暨後英布分王九江而蒲將軍終不顯名於代近者吾郡馮景嘗著蒲將軍考謂即棘蒲剛侯陳武吾未敢以為然也按史記項羽本紀云項梁渡淮黥布蒲將軍亦以兵屬焉服虔曰英布起於蒲地因以為號如淳曰言當陽君蒲將軍皆屬羽此自更有蒲將軍韋昭曰蒲姓也是英布與蒲將軍二人共以兵屬項梁服虔以為英布起蒲非也秩合三說如韋實優又高祖本紀云沛公引兵西過彭越昌邑因與俱攻秦軍戰不利還至栗遇剛武侯奪其軍可四千餘人并之漢書音義曰功臣表云棘蒲剛侯陳武武一姓柴剛武侯宜為剛侯武瓚曰柴武以將軍起薛別救東阿至霸上入漢中與項羽高祖同為楚懷王將懷王命羽救趙高祖扶義伐秦約先入關者王之一向魏北一出荆南未嘗合兵而前也時是時中原逐鹿賢臣擇主蒲將軍既屬於項棘蒲侯亦屬於劉羽破秦軍于趙高祖方困躓於豐沛之間則蒲將軍自當從羽乘勝逐北鼓行而西乃反涉河南下以與高祖遇高祖於羽嫌隙未形卒要其將又奪其軍頓成疑貳以速怨尤函谷留兵悔斯暮　矣鴻門入謝羽詎忘之挾時度勢其然乎其不然乎況羽諸將如范增龍且鍾離昧大司馬咎長史欣等素所親任雖殺身終不畔渙即懷首鼠之端欲逞飢鷹之志如黥布者漢使隨何說之尚趑趄猶豫迨

擊斬楚使而後決而謂羽方强盛威震諸侯名聞天下蒲將軍又建業同心之佐遽肯背之即漢焉有是耶觀于此而蒲將軍之非棘蒲侯明甚至于英布得封而蒲將軍不主或渡河以後伐不多於布或先已死亡而爵賞弗之及要皆無足疑者　又曰按宋吳仁傑兩漢刊誤補遺云沛公引兵至栗遇剛武侯應劭曰楚懷王將棘蒲剛侯陳武也宜為剛侯武師古曰此史失其名不當改為剛侯武以為懷王將無所據仁傑謂剛武侯自是一人固不可改為陳武若曰陳武為懷王將無據則不然武封棘蒲侯故太史公以蒲將軍目之按項籍傳蒲將軍以兵屬項梁梁死楚懷王以宋義為上將軍諸別將兵皆屬焉武在別將之數則固嘗為懷王將矣顏注不悟蒲將軍為陳武故謂陳武為楚將無據則知馮說蓋本於此然此顏是而吳非者史記蒲將軍注服虔如淳韋昭皆莫能定指為何人遽以棘蒲侯當之似誤而陳武之非楚將且瓚之說可証也其救鉅鹿與救東阿原屬兩人兩事亦非史遷誤書者丹南又以羽軍入至戲西沛公軍霸上相距不遠棘蒲侯功狀在是蒲將軍功狀亦在是適有合者而不知其進兵時已有河南河北之分安得朝楚暮漢如淮陰曲逆輩之去就綽如若武者殆楚漢春秋所云柴將軍其人耳孟康音義以剛武侯為剛侯武或者議其改易舊文師古謂史失其名正爾缺疑重又駁之吁過矣

使當陽君等擊關項羽遂入

凌稚隆曰按楚漢春秋云沛公西入武關居于霸上遣將軍閉函谷關無內項羽項羽大將亞父至關不得入怒曰沛公欲反耶即令軍發薪一束欲燒關門關門乃開

項王按劍而跽

楊慎曰按劍而跽言操劍按膝上屈膝以承劍非長跪也　金甡曰按古坐皆屈足向後而臀加焉將起挺身則與跪無異矣故立而跪致敬也屈伏也坐而跪致敬亦有之項王猝見非常作將起之勢非長跪致敬也索隱之說固非楊慎之解亦未明盡　又曰屈足

而坐管寧所以容膝處皆穿也侯景好垂脚坐則今時坐法六朝尚未通行也孟廟有小石象是古時坐法不知者以為跪象耳

以待大王來

日知録曰鴻門之會沛公但稱羽為將軍而樊噲則稱大王其時羽未王也張良曰誰為大王畫此計者其時沛公亦未王也此皆臣下尊奉之辭史家因而書之今百世之下辭氣宛然如見又如黄歇上秦昭王書先帝文王武王其時秦亦未帝必以書法裁之此不達古今者矣

度我至軍中公乃入

董份曰當時鴻門之宴必有禁衛之士訶訊出入沛公恐不能輙自逃酒且疾走二十里亦已移時沛公良噲三人俱出良久羽在内何為竟不一問而在外竟無一人為羽之耳目者矧范增欲擊沛公惟恐失之豈容在外良久而不亟召之耶此皆可疑者史固難盡信哉　徐孚遠曰漢祖脱身至軍潯陽疑之固當然觀史記敘漢人飲中坐多有更衣或如廁竟去而主人不知者意當時之飲與今少異又閒有良駿行四十里而酒杯猶温者漢祖之能疾行得此力也其所云步走或史遷誤也　邵泰衢曰應劭曰霸上在長安東三十里古曰滋水秦繆更名曰霸霸上者霸水上也東至霸城十里即芷陽也文帝之霸陵也戲下戲水下也在新豐東北三十里又東北十七里為鴻門又十三里為戲水兩軍相比自鴻門至新豐十七里新豐西五十五里為霸城又十里為霸水相去計七十七里若伯之夜馳夜去則一百五十四里矣沛公且日往謝亦七十七里矣今曰相去四十里閒道二十里者何也吾以為項伯私良沛公因且知之得以自觧于羽旦日往謝羽增意終未釋也而良噲在側一智一勇恐倉卒未能得志且恐在坐之不免于噲也因賜之酒而避之迨莊入舞劍沛乃閒遁留良入謝增乃始悔不決而起撞玉斗耳若夫盾仆衛士按劍而跽伯蔽沛公至軍始入謝與伯之具告項王皆浮詞也

關中阻山河四塞

通鑑地理通釋曰韓生曰關中阻山帶河四塞之地三輔舊事云西以散關為限東以函谷為界二關之中謂之關中雍錄云此說未盡顏氏曰自函谷關以西總名關中徐廣曰東函谷南武關西散關北蕭關其說是也正義東有函谷蒲津西有散關隴山南有嶢山武關北有蕭關黃河在四關中故曰關中

巴蜀道險

通鑑地理通釋曰巴蜀秦二郡苴蜀相攻秦使張儀司馬錯取蜀譙周曰苴今之巴郡也正義曰蜀王封其弟于漢中號曰苴侯因命之邑曰葭萌苴侯與巴王為好巴與蜀為讎故蜀王怒伐苴苴奔巴求救於秦秦遣張儀伐蜀滅之因滅巴括地志云苴侯都葭萌今利州益昌縣葭萌故城是蜀侯都益州太史公曰巴蜀四塞棧道千里唯褒斜綰轂其口在漢中

王巴蜀漢中

通鑑地理通釋曰元和郡縣志漢中屬楚秦惠文王取漢中地六百里為漢中郡後漢注故城在今梁州南鄭縣東北輿地廣記房金洋州興元府索隱云在楚之西北漢水南漢中地形襟要高帝始基于此用能定三秦

都南鄭

水經注曰耆舊傳云南鄭之號始於鄭桓公桓公死於犬戎其民南奔故以南為稱即漢中郡治也漢高祖入秦項王封為漢王蕭何曰天漢美名也遂都南鄭大城周四十二里城內有小城南憑北結環雉金墉漆井皆漢所脩築

蕭何亦發關中老弱未傳悉詣滎陽

通鑑地理通釋曰滎陽漢屬河南今鄭州滎陽滎澤二縣故城在滎澤縣西南十七里范雎說秦昭王曰王下兵而攻滎陽則鞏成皋之道不通呂氏曰滎陽成皋自春秋以來常為天下重地由秦而上晉楚于此而爭霸由秦而下楚漢於此而分雌雄天下既定七國淮南衡山之變猶睥睨此地而次成敗焉東都以後言形勢者及之者鮮矣人事既改則地之輕重亦有時而移也地理志成皋亦名制滎陽故虢國則成皋滎陽皆東虢地

與漢戰滎陽南京索間

通鑑地理通釋曰元和郡縣志鄭州滎陽縣京水出縣東南平地索水出縣南三十五里小陘山京縣故城縣東南二十里即鄭京城大叔之邑古大索城今縣治（左傳鄭子皮子大叔勞諸索氏）小索城縣北四里

漢敗楚

徐孚遠曰按此總叙漢兵敗之後稍能自振不必一時事也

漢王之敗彭城諸侯皆復與楚而背漢

凌稚隆曰按是時陳餘覺張耳不死即背漢

塞王欣翟王翳亡漢降楚齊趙亦反漢與楚和見張耳韓信傳

築甬道屬之河以取敖倉粟

通鑑地理通釋曰書仲丁遷于囂詩搏獸于敖左傳晉師在敖鄗之間秦建敖倉於成皋（太康地理志）敖地名在滎陽西北小上臨河有大倉（孟康注）呂氏曰滎陽成皋控南北之衝故秦積粟於此通典巨橋盈而殷喪成皋溢而秦亡（宋武北征記秦時築倉於山上漢高祖因敖倉傍山築甬道下汴水河南府河陰縣本漢滎陽地三皇山亦曰嶅鄗山上有三城即劉項相持處）

行未至彭城疽發背而死

水經注曰泗水又經亞父冢東今彭城南有項羽掠馬臺臺之西南山麓上即其冢也

從城西門出走成皋

通鑑地理通釋曰成皋漢河南之縣故虎牢（地理志注穆天子傳云七萃之士生捕虎即獻天子天子畜之東虢號曰虎牢）郡縣志河南府汜水縣（後屬孟州）古東虢國鄭之制邑漢之成皋（隋改曰汜水）項羽使曹咎守之漢王破之成皋故關在縣東南二里通典云後漢置關春秋襄二年遂城虎牢十年戍鄭虎牢胡氏春秋傳曰虎牢鄭地故稱制邑至漢為成皋今為汜水縣巖險聞於天下猶虞之下陽趙之上黨魏之安邑燕之榆關吳之西陵蜀之漢樂地有所必據城有所必守而不可以棄焉者也有是險而不能守故不繫於鄭又曰輿地廣記孟州汜水縣有故虎牢城有汜水關東南有成皋故關西南有旋門故關陸機洛陽記洛陽四關東有成皋關在汜水縣東南二里

項王燒殺紀信

魏書地形志齊郡昌國有紀信冢棗陽郡滎陽又有周苛紀信冢　徐昌祚燕山叢談曰定州城東三十里有固城父老相傳云是漢高祖築以封紀信後者漢書年表不載紀信所封後世因以為漢祖薄於報信果爾則為史氏之誤但未有實證耳　史通曰敘事之體有惟書其事跡而人品可見者史記稱紀信為項羽所圍代君而出此則不言其節操而忠義自彰所謂唯書其事跡者也

使劉賈將兵佐彭越燒楚積聚項王東擊破之走彭越漢王則引兵渡河復取成皋

歸有光曰按漢高紀使劉賈佐彭越燒楚積聚羽乃令曹咎守成皋而引兵定梁地漢破咎兵汜水上復取成皋是一事而此紀前後倒置遂作兩段若漢先取成皋楚無緣得令咎守之也考漢書紀傳自明

樓煩目不敢視手不敢發遂走還入壁不敢復出

水經注曰今名其壇曰項羽堆夾城之間有絕澗斷山謂之廣武澗項羽叱婁煩於其上婁煩精魄喪歸矣

至垓下

水經注曰洨水又東南流於洨縣故城北縣有垓下聚

至東城

水經注曰池水出東城縣東北流逕東城縣故城南

江東雖小

邱光庭兼明書曰今人言項羽起於江東者多以為浙江之東按古人稱江東皆謂楚江之東也以其江自西南而下江南江東隨江所向而呼也項羽起於江東即蘇州也故漢書稱羽避仇于吳中士大夫皆出其下尋羽之行止無入浙東之文也或曰羽殺會稽守賈守通會稽非浙東乎答曰秦并天下分置三十六郡江東為會稽郡其治所在吳吳即今蘇州也羽殺賈守通之後起吳中子弟八千人非蘇州而何

故以魯公禮葬項王穀城 正義曰括地志云項羽墓在濟州東阿東縣二十七里穀城西三里述征記項羽墓在穀城西北三里半許毀壞有碣石項王之墓

水經注曰今彭城穀陽城西南又有項羽冢非也

及羽背關懷楚

日知錄曰謂舍關中形勝之地而都彭城如師古之解乃背約非背關也

舜目蓋重瞳子又聞項羽亦重瞳子羽豈其苗裔耶

史通曰太史公贊項羽重瞳豈舜苗裔此則別加他語以補書中所闕所謂事無重出者正此類也　辨惑曰陋哉此論人之形貌容有偶相同者羽出舜後千有餘年而獨以此事遂疑其爲苗裔不亦迂乎商均舜之親子遺體在焉然不聞其亦重瞳也而千餘年之遠裔乃必重瞳耶周生何人所據何書而上知古帝王之形貌正復有據亦非學者之所宜講也夫舜以玄德升聞四岳薦之帝堯試之上當天心下允衆望然後踐天子之位其得之固有道矣豈專以異相之故而暴興者哉使舜果由此而興則禹之成功亦應畧等矣其不旋踵而勦滅也遷資輕信愛奇初不知道故其謬妄每如此後世狀人君之相者類以舜瞳爲美談皆史遷之所啓而後梁朱友敬自恃重瞳當爲天子曰作亂而伏誅亦本此誤之也悲夫　愚按荀子非相篇堯舜蓋參眸子此周生之所本不自史遷啓也路史後紀曰堯亦重瞳然但一目重書大傳言舜四童子則兩目重矣故春秋演孔圖云舜目四童謂之重明承乾踵堯海内富昌元命苞云舜重童子是謂重原上應攝提下應三元尸子淮南子云舜兩童子是謂重明作事成法出言成章

號爲霸王近古所無

習學記言曰不知古人之治未嘗崇長不義之人左氏載僂瞞三人皆爲諸侯所誅蓋是時先王之餘政猶存負力桀悍者終不得自肆如項羽氣力不過長狄而不幸遭世大壞遂橫行至此遷以畏異之意加嗟惜之辭史法散矣

史記疏證卷第九

高祖本紀第八

習學記言曰述高祖神怪相術太煩而妄豈以起閭巷為天子必當有異耶契稷仲衍皆上古事不可考闕之而已班彪遂謂體貌多奇異語尤陋矣書曰慎徽五典五典克從納于百揆百揆時敘詩曰惠于宗公神罔時怨神罔時恫若捨其德而以異衆愚俗則民之受患者衆矣惜乎遷筆之未精也　辨惑曰紀稱劉季在當時人可也而遷亦數稱之不唯於文體為非而臣子之道亦不當爾也漢書正之為是　徐孚遠曰篇首書高祖追稱之也及敘其始事則稱劉季及得沛則稱沛公及王漢則稱漢王及即皇帝位則稱上此史公用意縝密處

姓劉氏　索隱曰因生賜姓若舜生姚墟以為姚姓封之於虞號有虞氏其後子孫即遂以虞為姓云姓虞氏今此云姓劉氏亦其義也

吳仁傑兩漢刊誤補遺曰索隱之說非也姓與氏相近而不同古者賜姓命氏如賜姓曰董氏曰豢龍析姓氏而二之則固有別矣劉氏本陶唐氏之後則劉者氏也非姓也於此當云高祖劉氏出自祁姓可也此誤自太史公啟之

字季　索隱曰漢書名邦字季此單云字亦又可疑按漢高祖長兄名伯次名仲不見別名則季亦是名也故項氏云高祖小字季即位易名邦後因諱邦不諱季所以季布猶稱姓

愚按緯書起於哀平則漢時本以季為高祖之字宋書符瑞志曰赤虹自上下化為黃玉長三尺上有刻文孔子跪受而讀之曰寶文出劉季握卯金刀在軫北字禾子天下服

母曰劉媼　索隱曰皇甫謐曰媼蓋姓王氏又據春秋握成圖以為執嘉妻含始遊洛池生劉季今近有人云母溫氏貞時打得班固泗水亭長古碑文其字分明作溫字云母溫氏貞與賈膺復徐彥伯魏奉古等執對反覆沘數古人未聞聊記異見於何取實也

容齋三筆曰竊謂固果有此明證何不載之於漢紀疑亦後世好事者如皇甫之徒所增加耳又嘗在嶺外見康州龍媼廟碑亦云姓溫氏則指媼為溫者不一也唐小說纂異記載三更王生醉入高祖廟見高祖云朕之中外泗州亭長碑昭然且載外族溫氏蓋不根誕妄之說

已而有身遂產高祖

宋書符瑞志曰昭靈后遊於洛池有玉雞銜赤珠刻曰玉英吞此者王昭靈后取而吞之又寢於大澤夢與神遇是時雷電晦冥太上皇視之見蛟龍在其上遂有身而生季

常從王媼武負貰酒索隱曰鄒誕貰音世與字林聲類並同又音時夜反廣雅云貰賒也說文云貰貸也臨淮有貰陽縣漢書功臣表貰陽侯劉纏而此紀作射陽則貰亦射也

師古曰貰賒也李登呂忱並音式制反而今之讀者謂與射同乃引地名射陽其字作貰以為證驗此說非也假令地名為射自是假借亦猶鮦陽音紂蓮勺音酌當時所呼別有意義豈得即定其字以為正音乎

縱觀

楊慎曰常時車駕出則禁觀者此時則縱民觀故曰縱觀

試如父言不敢忘德

辯惑曰此但其術可貴耳何德之有

夜乃解縱所送徒

西京雜記曰高祖為泗水亭長送徒驪山將與故人訣去徒卒贈高祖酒二壺鹿肝牛肝各一高祖與樂從者飲酒食肉而去後即帝位朝晡尚食常具此二炙并酒二壺

乃前拔劍擊斬蛇

西京雜記曰漢帝相傳以秦王子嬰所奉白玉璽高祖斬白蛇劍劍上有七采珠九華玉以為飾雜廁五色琉璃為劍匣劍在室中光景猶照於外與挺劍不殊十二年一加磨瑩刃上常若霜雪開匣拔鞘輒有風氣光彩射人　古今刀劍録曰漢高祖以始皇三十四年於南山得一鐵劍長三尺銘曰赤霄大篆書即斬蛇劍也及貴常服之

吾應劭曰秦襄公自以居西戎主少昊之神作西畤祠白帝至獻公時櫟陽雨金以為瑞又作畦畤祠白帝少昊金德也赤帝堯後謂漢也殺之者明當漢滅秦也秦自謂水漢初自謂土皆失之至光武乃改定子白帝子也化為蛇當道今為赤帝子斬之

黃氏日抄曰白帝子注謂指秦業碧庵先生以為西楚　徐孚遠曰沈休文以為白帝金也金生水白帝之子水赤帝火也火生土赤帝之子土也然則秦自謂水漢自謂土不為失也失在誤以赤帝子為赤帝也

平生所聞劉季諸珍怪當貴
辨惑曰珍字不安漢書改為奇是矣
周市來攻方與未戰陳王使魏人周市略地
史詮曰此明是兩周市故下加魏人以別之
楚獨追北
凌稚隆曰按項梁與田榮同攻亢父救東阿
破秦軍而榮即引兵歸故楚獨追北
封項羽為長安侯號為魯公
金甡曰按長安之封羽紀未載
乃道碭至成陽與杠里秦軍夾壁破魏二軍
凌稚隆曰按沛公西入關道碭當是時與羽
分道令離楚軍出兵於秦軍破一軍之下則
於楚漢與彭越俱攻秦矣此太史公失考
前後處漢書補年月別之良是　史詮曰監
本與杠里屬上句誤也時秦軍屯杠里漢軍
亦屯杠里與之對壘故曰夾壁破魏之魏當
作秦漢書魏作其是也
楚軍出兵擊王離大破之
史詮曰楚軍救趙即項羽救趙之兵非沛公兵
也是時王離圍趙鉅鹿在河北沛公軍杠里
在河南南北兩地不相及何由出兵相擊乎
則破王離為項羽明矣漢書削去此十字良
是
至丹水
水經曰丹水出京兆上洛縣西北冢嶺山東
南過其縣南又東南過商縣南又東南至於
丹水縣入於汋　注曰呂氏春秋曰堯有丹
水之戰以服南蠻即此水也
因襲攻武關
通鑑地理通釋曰左傳哀四年楚人謀北方
司馬起豐析以臨上雒使謂陰地之命大夫
曰將通於少習以聽命杜氏注少習商縣武
關也將大開武關道以伐晉商縣漢屬弘農郡後漢屬京兆晉屬上洛郡隋改為商洛縣郡縣志商州即晉陰地也史記貨殖傳南
陽西通武關鄖關應劭曰武關秦南關通南陽文穎曰在析西百七十里郡國志在南陽析縣西析今鄧州內鄉縣地理志漢中長利縣有鄖關長利今商州上津縣京相璠曰少習楚通上洛阨道
也水經注丹水自商縣東南歷少習郡縣志武關在商州商
洛縣東寰宇記東南九十里括地志同即少習也楚懷
王三十年秦昭王遺懷王書願會武關詐令

一將軍伏兵武關戮為秦王至則閉執之以歸楚世家秦兵出武關攻楚取析十五城漢元年八月沛公攻武關入秦子嬰立三月沛公兵從武關入至咸陽三年五月酈生說漢王出武關又七國反周亞夫擊之趙涉說曰從此右走藍田出武關抵雒陽不過差一二日直入武庫擊鳴鼓諸侯聞之以為將軍從天而下戰國策即墨大夫見齊王曰鄢郢大夫使收楚故地即武關可以入矣武帝紀太初四年冬徙弘農都尉治武關輿地廣記商洛縣東有少習秦謂之武關賈誼新書所為建武關函谷臨晉關者大抵為備山東諸侯也田祿伯說吳王願得五萬人入武關淮南王安曰發南陽兵守武關延岑自武關走南陽林氏曰春秋時武關晉地非秦有也秦未得武關故不可以制楚穆公之世秦伐鄀與楚爭商密商密近武關呂氏曰沛公圍宛定南陽至丹水還攻胡陽攻析酈皆降攻武關入秦引兵繞嶢關踰蕢山擊秦軍至藍田遂西入咸陽此高帝入關所歷也王氏曰臨晉以限東諸侯武關以限南諸侯函谷以限河北沛公南出轘轅畧南陽然後引兵而西則其破武關而入秦皆南境也晉桓溫伐秦步兵自淅州趣武關大康地理志兆關在武關之西法言武關問義

帝初矯劉龕南陽項救河北二方分崩一離一合設秦得人如何曰人無為秦也喪其靈久也荆州記曰武關西北一百二十里有商城漢為商縣

更立沛公為漢王王巴蜀漢中都南鄭徐廣曰三十二縣

愚按漢書高紀云王巴蜀漢中四十一縣

殺義帝江南

史詮曰漢書在二年十月

殺龍且

史詮曰漢書在四年十一月

齊王廣奔彭越

史詮曰本傳信虜齊王廣田橫奔彭起本紀誤也

當此時彭越將兵居梁地往來苦楚兵絕其糧食

愚按此三句疑衍下文重出可証

漢果數挑楚軍

史詮曰宋本楚軍下有戰字

罪十也

史詮曰宋本無也字

立武王布為淮南王

徐孚遠曰黥布稱為武王本傳不載未知何所承當是叛楚以後未歸漢以前假為此號猶項羽自稱霸王耶

乃以宛守為殷侯封陳恢千戶引兵西無不下者

俛思班馬異同曰自項梁以來攻定陶未下攻外黃外黃未下而兵行無忌殆欲汲汲赴要害據虛邑耳此寔兵家要妙令人不及掩耳而過閉自保得敵去為幸何暇追襲此兵家勝筭也故高祖攻昌邑未拔過高陽攻開封未拔攻潁川蓋深喻此意獨宛強大追敵近復欲過而西則前後相應非他邑比也故子房憂之而惟漢事將成又有陳恢者謀之非宛計實漢計也

正月

正義曰崔浩云史官以正月紀四時故書正月也荀悅云先春後正月也顏師古云凡此諸月號皆太初正歷七後記事者追改之非當時本稱也以十月為歲首即以十月為正月今此本正月當是謂之四月之他皆放此

余有丁曰按古者改朔不改月據尚書伊訓稱元祀十有二月史秦紀亦曰冬十月至建寅之月則曰一月而不曰正考武成可見惟周人則改月顏氏以建寅月為四月非是

高祖是日駕入都關中

邵泰衢曰張良世家六年劉敬說高帝都關中劉敬傳五年說上都關中五年六年紀傳互異吾以為六年是也六年十二月偽遊雲夢執楚王信田肯賀曰陛下得韓信又治秦中蓋以一時之事故也然攷七年長樂宮成九年未央宮成置酒未央前殿蓋其先尚居櫟陽而惟營宮室于長安耳十年七月太上崩櫟陽宮從可知矣今曰是日駕入都關中者非也在櫟陽非長安也

十月燕王臧荼反

凌稚隆曰按十月字疑誤高祖用秦正十月後事當屬次年

高祖雖子人主也

辨惑曰是時未有高祖號劉子玄辨之誠中其病漢書改為皇帝是矣

楚王信迎即因執之是日大赦天下

陳子龍曰信罪未見而執之恐天下不服故下赦令以安諸侯之心

秦得百二焉

楊慎曰按百二十二之語後世亦多此例如云軍士喬勇無一不當百又當百錢亦曰百一錢言一可當百也　日知錄曰古人謂倍為二孟子卿祿二大夫秦得百二焉言百倍也齊得十二言十倍也

蕭丞相營作未央宮立東闕北闕前殿武庫太倉

西京雜記曰漢高帝七年蕭相國營未央宮因龍首山製前殿建北闕未央宮周迴二十二里九十五步五尺街道周迴七十里臺殿四十三其三十二在外其十一在後宮池十三山六池一山一亦在後宮門闥凡九十五

更命酈邑曰新豐

西京雜記曰高祖少時常祭枌榆之社及移新豐并移舊社衢巷棟宇物色惟舊士女老幼相攜路首各知其室放犬羊雞鴨於通塗亦競識其家其匠人胡寬所營也移者皆悅其似而德之故競加賞贈月餘致累百金

於是乃分趙山北立子恒以為代王

大事記曰史記書分趙山北立子恒為代王蓋子長遊歷四方識輿地之大勢故其書法簡明得主名山川之餘意若此類非一漢書多改之班氏所未達也

其以沛為朕湯沐邑

風俗通義曰漢書注沛人語初發聲皆言其其者楚言也高祖始登帝位教令言其後以為常爾　辨惑曰予謂不然戒辭用其字自是本法古文如是者何可勝舉而云楚語獨爾不亦妄乎

楚隱王陳涉索隱曰世家作幽王名擇負芻之兄

金蚶曰五字相連始皇本紀云陳勝自立為楚王月表云二世元年七月楚隱王陳涉起兵入秦陳涉世家云陳勝葬碭謚曰隱王高祖時為陳涉置守冢三十家碭至今血食索隱乃截楚隱王三字另作一人而楚無此王則以幽王當之殊屬牽強且幽王亦名悼不名擇也或以大國為疑則燕韓業已不與安見楚之必不可遺哉

高祖崩長樂宮皇甫謐曰高祖以秦昭王五十一年生至漢十二年年六十三

金甡曰　按高祖生年乙巳至是年丙午當是
六十二
陳平灌嬰將十萬守滎陽
金甡曰灌嬰之屯滎陽本傳不載唯見此處與陳丞相世家亦不言其所以當是燕代未盡平而淮南初定故留嬰關外彈壓耳本傳以齊王起兵嬰屯滎陽事為重故略此一屯祗附見他處也

三王之道若循環終而復始
白虎通曰三王之有失故立三教以相指受夏人之王教以忠其失野救野之失莫如敬殷人之王教以敬其失鬼救鬼之失莫如文周人之王教以文其失薄救薄之失莫如忠繼周尚黑制與夏同三者如順連環周則復始窮則反本　孔穎達表記疏曰按元命包云三王有失故立三教以相變夏人之立教以忠其失野故救野莫若敬殷人之立教以敬其失鬼故救鬼莫若文周人之立教以文其失蕩故救蕩莫若忠如此循環周則復始窮則相承此亦三王之道故三代不同也

習學記言曰益贊于禹以惟德動天伊尹言暨湯咸有一德周人稱文王之德至矣有是德也則有是政也而太史公乃謂三代之政忠敬文若循環漢救以忠為得天統是遷於禹湯文武皆望其藩牆而不即者也為治既如彼而言治復若此世道所以有汙而無隆歟哀哉

朝以十月車服黃屋左纛
朱子曰浙間學者推尊史記謂夏紀贊用行夏之時事商紀贊用乘殷之輅事至高紀贊則曰朝以十月黃屋左纛譏其不用夏時商輅也遷之意誠恐是如此但若使高祖真能行夏時乘商輅亦只是漢高祖終不可謂之禹湯

史記疏證卷第十

呂氏本紀第九（索隱曰呂后自孝惠崩後立少帝而始稱制豈得全沒孝惠而獨稱呂后本紀合依班氏分為二紀焉）

鄭樵曰遷遺惠而紀呂無亦奬盜乎　黃氏日抄曰惠帝立七年名惠帝子者殘阼復二人史遷皆係之呂后意者示女后專制之變也然呂氏盡殺高帝子孫在內者欲奪天下而歸之呂大逆無道漢之賊也豈止專制而已而可紀之哉遷為漢臣子特微辭見意爾

田藝衡曰一紀之中前稱呂后後稱太后又稱高后乃子長踈略處　金甡曰按呂后稱制固在孝惠崩後然自元年有戚姬之事帝遂淫樂不聽政則此七年中亦皆后所射制也史公尊紀雖不如漢書得體然正自得情

詔賜酈侯父追謚為令武侯

史詮曰史誤也漢書表酈侯父澤高帝六年封周呂侯八年卒謚令武

丞相逌如辟彊計

徐孚遠曰此丞相者未知右丞相陵左丞相平也然陵能持白馬之議以折太后則用辟彊計者疑曲逆侯也

九月辛丑葬

困學紀聞曰楚漢春秋曰惠帝崩呂太后欲為高墳使從未央宮見之諸將諫不許東陽侯垂泣曰陛下見惠帝冢悲哀流涕無已是傷生也太后乃止東陽侯張相如也

太后欲侯諸呂迺先封高祖之功臣郎中令無擇為博城侯（徐廣曰姓馮）

金甡曰年表云博成侯馮無擇以悼武王郎中兵初起從高祖起豐攻雍邸擊項籍力戰奉衛悼武王出滎陽功侯按此不足為高祖功臣特呂澤之功臣耳扞衛呂澤者得封而代漢王者不錄耶呂后之濫賞愈歎高祖之遺忠矣

呂平為扶柳侯（徐廣曰呂后姊子也）

金甡曰按此人直以母姓為姓耶年表云高后元年四月侯呂平元年似其人姓呂然徐廣不引恐仍是呂字之誤

封呂嬃為臨光侯呂他為俞侯呂更始為贅其侯（徐廣曰表云呂后弟子淮陽丞相呂勝為贅其侯）呂忿為呂成侯及

諸侯丞相五人（徐廣曰中邑侯朱通山都侯王恬開松茲侯徐厲滕侯呂更始醴陵侯越）

金姓曰按贅其之名似應從年表作滕更始自屬滕侯之名本文偶誤耳否則同時受封者有兩呂更始未必然也　滕侯與贅其皆諸侯相贅其呂后昆弟子滕侯不詳支屬而皆以八年坐呂后事誅則其為同宗可知然贅其不入侯相之例而滕侯不附諸呂之中將以親疏別之耳

取美人子名之（正義曰劉伯莊云諸美人元幸呂氏懷身而入宮生子）

徐孚遠曰本言張皇后無子不言惠帝無子美人子即後宮所生非必呂氏言懷身而入宮者非也

太后女弟呂須

辨惑曰先云封呂須為臨光侯不言須之為誰而後乃云太后女弟呂嬃失其次矣

呂后祓還過軹道見物如蒼犬據高后掖

辨惑曰呂后高后似是兩人但云據其掖可矣丁公窘高祖彭城西沛公顧曰兩賢豈相戹哉方言高祖還曰沛公此亦同病也

封張敖前姬兩子侈為新都侯壽為樂昌侯

金姓曰按年表新都作信都壽作受張耳陳餘傳云壽為樂昌侯與此同侈為信都侯與年表同三處互異

呂榮為祝茲侯

金姓曰按年表祝茲侯呂榮注索隱曰漢書作琅琊松茲侯徐廣注徐廣曰松一作祝廣蓋以文紀云祝茲侯軍棘門而絳侯世家亦云祝茲侯徐厲軍棘門也徐厲封於高后四年在呂榮前中間未嘗失封則榮不得封于祝茲明矣似應從漢書為是但上年方以劉澤為琅邪王而榮復為琅邪侯豈琅邪有王國又侯國耶

相召平乃反舉兵欲圍王王因殺其相

金姓曰按年表有犁侯召奴以齊相召平子侯也

所患獨呂產今已誅

史詮曰宋本產下重一產字

欲立淮南王以為少母家又惡

金姓曰按淮南王母家周陽侯趙兼也兼惡未甚著聞而其子則酷吏周陽由淮南悍戾之姓有自來矣

太后家薄氏謹良
徐孚遠曰薄昭後殺漢使者亦不為謹良也
大臣以齊王起兵英氣難測又劉澤怨之故
申代屈齊也
然後乘六乘傳張晏曰備漢朝有變欲馳還也
愚按文紀薄昭還報曰信矣毋可疑者代王
乃咲謂宋昌曰果如公言則乘六乘傳者如
樞弓所云時亦不可失非謂備漢朝有變也
代王立為天子二十三年崩謚為孝文皇帝
辨惑曰此言代王為天子但以終誅諸呂之
事耳其崩與謚則本紀自具何必及之耶
徐孚遠曰此紀止宜著文帝即位之事崩年
謚法未宜載之蓋史遷未定之書
孝文本紀第十
史詮曰孝文紀年缺不具無乃有殘篇斷簡
之失歟
立為代王
金甡曰按是年帝八歲大臣迎立時二十四歲
其黨寧能專一耶
徐孚遠曰大臣擅命雖足為變然執權者多
不能相下則不敢萌異心也
於是代王乃遣太后弟薄昭往見絳侯
徐孚遠曰遣薄昭見太尉非但察迎立之情
亦以自託於大臣也
願請楚王計宜者
金甡曰陰安侯婦人也瑯琊王疏屬也是時
楚王冣為尊親何乃後之宜帝特舉以為言
也
孝文皇帝元年十月庚戌徙立故瑯琊王澤為
燕王
史詮曰徙琅邪復齊楚地漢書在元年十二
月
上曰
辨惑曰漢文諸詔班固皆書詔而遷稱上曰
按其文意當以詔字為是
請奉詔書除收帑諸相坐律令
真德秀曰此詔班氏載于刑法志內史記書
之本紀太史公于高景二紀詔皆不書獨文
帝紀凡詔皆稱上曰以其出于帝之實意故
也

天下人民未有慊志

日知錄曰與樂毅傳先王以為慊於志同皆厭足之意荀子僩然不慊又曰由俗謂之道盡慊也又曰嚮萬物之美而不能嗛也又曰不自慊其行者言濫過戰國策齊桓公夜半不嗛又膳啗之嗛於口並是慊字而誤從口大學此之謂自謙亦慊字而誤從言呂氏春秋苟可以傔劑貌辨者吾無辭為也亦慊字而誤從人

吳王於朕兄也

金壯曰按文帝生於高祖四年戊戌吳濞生於始皇三十二年丙戌長帝十二年淮南王生於高祖九年癸卯

請建以為太子

金壯曰按景帝是年十歲即位時三十二歲

諸侯皆同姓立太子母為皇后索隱曰謂帝之子為諸侯王皆同姓姓生也言皆同母生故立太子母也

楊慎曰文帝八男景帝與梁孝王同竇后出代孝王參梁懷王揖諸姬出也豈得為同姓哉度其意謂天子當以貴族為后宜娶于諸侯之異姓者如周之齊姜今諸侯皆同姓無異姓而王者則立后當以太子母為正　日知錄曰文帝前后死竇氏妾也諸侯皆同姓謂無甥舅之國可娶索隱解非

乃循從代來功臣

余有丁曰循謂次及之也漢書作脩字

齊王舅父駟鈞為清郭侯索隱曰按表駟鈞封鄔侯不同者蓋後從封于鄔

金壯曰按年表作清都徐廣曰一作鄗索隱曰漢表作鄔此注誤脫漢字年表文帝元年封前六年有罪國除享國甚短無從封之說凡始封其後別封某者年表俱次第詳載注明轉從絕續之由鈞果從封紀表何並錄其前封而表直書其以清都失國耶恐郭都鄗鄔俱以偏傍形似而差　如曹畤曹壽曹時之類清字并不免脫去耳

白以告朕

徐孚遠曰白宜作丏疑字訛也

上曰古之治天下

愚按漢書此詔在五月

民或祝詛上以相約結而後相謾
日知錄曰謂先共祝詛已而欺負乃相告言
也故詔令若此者勿聽治注並非
復晉陽中都民三歲正義曰晉陽故城在汾州平遥縣西南
日知錄曰此當言中都故城在汾州平遥縣
西南言晉陽誤也然此注已見卷首中都下
遣棘蒲侯陳武為大將軍
史詮曰漢書作柴武
中尉周舍為衛將軍郎中令張武為車騎將軍
渭北
徐孚遠曰上言遣三將軍軍邊地也不著姓
名周舍張武此二將軍屯京師
成侯赤為内史欒布為將軍
史詮曰上為字衍文内史欒布官也按史表
成侯董赤内史欒布為將軍是也漢書亦下
亦無為字一本赤作赫
十七年得玉杯始更為元年
史詮曰漢書十六年秋得玉杯明年改元後
元年
祝兹侯軍棘門徐廣曰表作松兹侯姓徐名悍
金甡曰按年表松兹侯徐厲始封厲傳悼文
帝七年侯悼元年也棘門之屯文帝後六年
事自當是悼為將蓋厲死久矣然周勃世家
固明云祝兹侯徐厲軍棘門豈悼嗣侯于文
後七年年表脱一後字耶二者必有一誤悼
之與悍亦未知孰是
民得賣爵
陳子龍曰此民相買賣而官不與焉然必是
所賜虚名若今之散官也
嘗欲作露臺召匠計之直百金
王楙野客叢書曰考漢金一斤萬錢露臺之
資才千緡耳
皆以此令比率從事
史詮曰率與律同又音數約數也
孝景本紀第十一
辯惑曰大事記史記文帝紀多載詔書至景帝紀
則皆不載蓋以為不足載也其旨微矣予謂
史書日錄也詔誥一時之大事縱使帝之所
行不能副其言豈容悉没之乎此自遷之私
憤而呂氏深取之遂以判班馬之才識予未

敢知也　黄氏日抄曰文紀所載皆恭儉愛民之事一制詔必具以其皆由惻怛之言也景帝特載其政事之常災異之變制詔不録之矣　徐孚遠曰孝景恭儉詔書與文帝相爲出入太史遷不載意自有在或云武帝削之亦不削詔書也

二年春封故相國蕭何孫係爲武陵侯徐廣曰漢書亦作係郎誕生本作係音奚又按漢書功臣十表及蕭何傳皆云孫嘉疑其人有二名

金甡曰按史表亦作嘉與此互異徐廣不引而引漢表何也表又作武陽并封邑亦不同

熒惑逆行守北辰月出北辰間

邵泰衢曰星月出入黄道内外至遠不過十度從未有失度上行直至樞辰間者況月之合朔可推食分可定者乎如此則曆紊矣此蓋妖星之似火妖氣暎雲之似月者也觀象者訛之也

置南陵及内史祋祤爲縣

余有丁曰按内史京兆治非爲縣云然者以祋祤屬内史耳

七年冬廢栗太子爲臨江王

史詮曰漢書在春正月

十二月晦日有食之

史詮曰漢書在十一月

以御史大夫綰爲丞相封爲建陵侯

余有丁曰按綰即前六年用中尉封者此複出誤

後三年十月日月皆食

史詮曰日食在朔月食在望蓋十月之朔日食而望月食非食在一日也

十二月晦雷徐廣曰一作雷字又作國字實所未詳

史詮曰靁古雷字

甲子孝景皇帝崩

金甡曰漢書云二月癸酉葬陽陵按自崩至葬僅十日文帝六月己亥崩乙巳葬七日惠帝八月戊寅崩九月辛丑葬二十四日高祖四月甲辰崩五月丙寅葬二十三日

孝武本紀第十二

魏志王肅傳武帝聞其述史記取孝景及已本紀覽之於是大怒削而投之於今此兩紀有録無書　凌稚隆曰按衛宏漢舊儀注云

太史公作景帝本紀極言其短及武帝過武帝怒而削去後坐舉李陵陵降匈奴故下太史公蠶室有怨言下獄死此紀乃元成間褚先生取班書補之非太史公本書也　金甡曰按所謂班書者何書也若是班固漢書豈褚先生以元成間人而能取用之耶　愚按亥說本索隱見太史公自序注

少君者故深澤侯

愚按封禪書作深澤侯舍人此明脫舍人二字徐裴紛紛持疑未相覈對耳

而使黃鍾史寬舒受其方韋昭曰黃鍾人姓名漢書音義曰二人皆方士

金甡曰按始皇紀云過黃腄注云地理志東萊有黃縣腄縣恐史寬舒是黃腄間人蓋亦海上怪迂之士即後來議祀后土之祠官耳鍾與腄字體小異或傳寫各別只是地名非別有黃鍾其人也年表有鍾侯索隱曰縣屬東萊字亦從金不從月也　愚按封禪書徐廣曰鍾縣黃縣皆在東萊然則鍾郡腄字史寬舒乃東萊黃腄間人不當以為二寬舒後為祠官

神君最貴者大夫

愚按封禪書言最貴者太一此作大夫疑傳寫之誤大夫焉得云最貴也

其後三年有司言元宜以天瑞命不宜以一二數一元曰建元二元以長星曰元光三元以郊得一角獸曰元狩云蘇林曰得黃龍鳳皇諸瑞以名年

日知錄曰是建元元光之號皆自後追為之而武帝即位之初亦但如文景之元尚未有年號也　金甡曰按蘇說似昭宣時事又曰三元宜是元朔若元狩則已四元矣不知何以略去

有司與太史公

兩漢刊誤補遺曰韋昭曰史記稱遷為太史公者外孫楊惲所稱志林以為古者主天官皆上公至漢官屬仍以舊名尊而稱公仁傑按顏延之言有三公之公田舍公之公家公之公三公如周召固易見所謂田舍公者以其高年耳吳志云程普最年長時人皆呼程公是也所謂家公者賈誼云與公併倨是也

韋昭謂楊惲以外孫稱遷為公則是家公之公虞喜以為主天官皆上公則是三公之公然遷報任少卿書亦以太史公自稱此豈官屬與外孫之謂耶　金甡曰按太史公之稱注雖各有異說然自序云談為太史公仕于建元元封之間則撰其時以考其人此與議立太畤壇者同屬遷父無疑蓋凡禱祠大典談頗有鞠藏之功而封禪竟不得與故云發憤而卒也

得四金印佩天士將軍地士將軍大通將軍天道將軍印

愚按封禪書無天道將軍四字此有之疑天道即大通傳寫之誤後人不知妄加以此為四金印耳其實合五利將軍為四也下文云天若遺朕士而大通焉即天士地士大通之解也下天道將軍則刻玉印立白茅上受之

又以衛長公主妻之愚按此帝女也而云長公主未詳

愚按封禪書索隱自有明解諸家註史記都無體例其解宜書釋于封禪書下武帝本紀應闕而不解始為畫一今乃彼此雜出殊為紛如

禮登中嶽太室

爾雅疏曰按山海經云平石山東五十里曰少室山又東三十里曰泰室山郭註云即中嶽嵩高山也今在陽城縣西戴延之西征記云其山東謂之太室西謂之少室相去十七里嵩其總名也以其下各有室焉故謂之室是也

有芝生殿防內中

隸辨曰校官碑董竝字公防按即房字唐公房碑君字公房亦作防隸釋云隸法房字其戶皆在側故人多不曉或作防或作昉皆誤也據此則今本史記武帝紀芝生殿內防中漢書溝洫志築宮其上名曰宣防皆防字傳寫之誤也

史記疏證卷第十一

三代世表第一

史通曰蓋譜之建名起於周氏表之所作因譜象形故桓居山有云太史公三代世表旁行斜上並放周譜此其證歟夫以表為文用述時事施彼譜曆容或可取載諸史傳未見其宜何則易以六爻窮變化經以一字成褒貶傳包五始詩含六義故知文尚簡要語惡煩蕪何必款曲重沓方稱周備觀馬遷史記則不然矣天子有本紀諸侯有世家公卿已下

有列傳至於祖孫昭穆年月職官各在其篇具有具說用相考覈居然可知而重列之以表成其煩費豈非繆乎且表次在篇第編諸卷軸得之不為益失之不為損用使讀者莫不先看本紀越至四家表在乎其間緘而不視語其無用可勝道哉既而班東二史各相祖述迷而不悟無異逐狂必曲為銓擇強加引進則列國年表或可存焉何者當春秋戰國之時天下無主群雄錯峙各自年世若申之於表以統其時則諸國分年一時盡見如兩漢御曆四海成家公卿既為臣子王侯才比郡縣何用表其年數以別於天子者哉　呂祖謙曰史記十表意義弘深始學者多不能達三代世表以世系為主所以觀百世之本支也黃帝之初先列譜系以祖宗為經以子孫為緯則五帝三王皆出於黃帝可知矣周成王之後詳列諸侯以世為經以國為緯則親疏之相輔可知矣帝顓頊以下周武王以上有經而無緯正列世系而治亂大事附焉則正嫡旁支之繼統可知矣　困學紀聞

曰三代世表稷契皆為帝嚳之子堯亦帝嚳之子左傳正義曰世族譜取史記之說又從而譏之案鯀則舜之五世從祖父也而及舜共為堯臣堯則舜之三從高祖而妻其女此史記之可疑者　柯維騏曰黃帝生子昌意玄囂玄囂生蟜極蟜極生帝嚳帝嚳生帝堯昌意生顓頊顓頊生窮蟬窮蟬生敬康敬康生句望句望生橋牛橋牛生瞽瞍瞽瞍生帝舜則舜于黃帝為九世孫於堯為四世從孫也史臣稱堯曰欽明文思親睦九族以大孫

之聖近在戚屬尚猶不之知必待四岳之舉二女之試豈欽明親睦之謂乎同姓而蟄降二女不幾於瀆倫乎鯀此言之帝嚳亦不足據也　又曰此史遷亦據帝繫而序三代之世禹之父曰鯀鯀之父曰帝顓頊顓頊之族子曰帝嚳帝嚳之次妃曰簡狄生契契十三傳為成湯帝嚳之元妃曰姜原生后稷后稷十三傳為王季然堯亦帝嚳次妃慶都所生則禹與堯同世而舜為禹之四世從孫夫堯舜在位凡若干年始授之禹禹之生不應若是

史記疏證卷第十一　　三

之晚也湯與王季相去六百年為兄弟無是理哉　史詮曰史之為表也一經一緯從行曰經横行曰緯　三代世表以帝王世為經其屬為緯然世屬長短參差不齊以殷之屬十七君與夏之世十七王大略相當至周之屬十七君與夏殷之世四十七王則是周一君而當夏殷三王也今本世表殷周二屬牽連横書殷屬終帝梲之世周屬終帝芒之世自帝泄至帝辛有世而無屬又自成王以後周之世與列侯之屬長短亦不相當皆由後人抄録之誤也

自殷以前諸侯不可得而譜周以來乃頗可著

楊慎曰孔子次春秋紀元年正時日月以頗可著而詳也其序尚書略年月以不可詳而慎也此言遠者不可詳而近者不可略也黄帝以来遠矣曆譜雖有年數然乖異不同此夫子所以不次其年月慎而闕其疑也

孔子因史文次春秋紀元年正時日月蓋其詳哉至於序尚書則略無年月或頗有然多闕不可録故疑則傳疑蓋其慎也

史記疏證卷第十一　　四

習學記言曰遷稱孔子因史文次春秋紀元年正時月日蓋其詳哉按春秋諸侯之史二百餘年之間年時月日皆素具非孔子特詳之又稱序尚書則略無年月或頗有然多闕不可録按尚書載周事有書年者有書月日者有書明書魄書朏者然不繼他所不書則事遠殯絕若不復省亦古文之已然非孔子故闕之也夫春秋有年時月日之可繼此可以義斷者孔子因之可也尚書有年時月日而不可繼此不可以義斷者孔子亦因之何

哉然則年月之有非無二書之不指也況帝
繫世本去二書之義尤遠孔子將以垂道德
之統於後於是乎盡心而彼瑣瑣者烏用之
邈欲以世表訖共和下接春秋失本意矣
帝佶
隸辨曰武梁祠堂畫象帝佶高辛按與嚳同
管子後靡篙佶堯之時注佶帝佶也
帝中康
史詮曰唐志云仲康五年癸巳九月庚戌朔
日食在房二度虞鄺以曆推之在仲康元年
也
史記疏證卷第卅一　五
差弗生毀渝
愚按本紀渝作偷
公非生高圉
史詮曰班表公非子辟方辟方子高圉
高圉生亞圉
史詮曰竹書祖乙十八年命邠侯高圉世本
高圉之後有侯侔班表高圉生莨侔亞圉雲
都奭侔即侯侔也
亞圉生公祖類

史詮曰世本亞圉之後有雲都
公祖類生古公亶父
史詮曰竹書帝中十三年命邠侯祖紺祖紺
即公祖類
從黃帝至桀二十世
愚按黃帝至桀二十一世疑脫一字
從湯至紂二十九世從黃帝至紂四十六世
史詮曰漢志云夏后氏繼世十七王四百三
十二歲
昭王索隱宋忠云昭王南代楚辛由靡為左
史記疏證卷第十一　六
愚按本紀由作游呂氏春秋又作餘
孝王方
愚按本紀作辟方
共和
金鉎曰漢書古今人表已列共和之名不待
皇甫謐也
熊鷙紅
愚按楚世家鷙作摯
蜀王黃帝後世也
華陽國志曰蜀之為國肇於人皇與巴同囿

至黃帝爲其子昌意娶蜀山氏之女生子高陽是爲帝嚳封其支庶於蜀世爲侯伯歷夏商周武王伐紂蜀與焉

至今在漢西南五千里

華陽國志曰其地東接于巴南接于越北與秦分西奄峨嶓地稱天府原曰華陽故其精靈則升絡垂耀江漢遵流

后稷無父而生

徐孚遠曰太史公此表始於黃帝訖于共和共和無天子大臣攝政諸先生以其事與霍

將軍相類因推論之霍將軍父亦微耳霍氏以外戚貴故言殷周之興無父也

十二諸侯年表第二索隱曰篇言十二實敘十三者賤夷狄不數吳又霸在後故也

華亭王祖庚曰按十二諸侯表主春秋春秋之季吳始通於上國然則十二之號固不得不仍其舊而吳壽夢以前不得列于是表乃自然之定理而非以吳爲夷狄而不數也明矣司馬貞之論非也

太史公讀春秋歷譜諜

漢書藝文志曆譜十八家有漢元殷周諜曆十七卷

上大夫董仲舒推春秋義頗著文焉

習學記言曰遷言孔子及左氏作春秋徒彷像無的驗又言鐸椒虞卿呂不韋皆戰國時孔子春秋遷豈不知國語孔子前自有春秋非始作於此特以董仲舒師授公羊其語方爛熳於世故不暇考詳也　徐孚遠曰唯董生所作推明春秋之指其餘雖沿其名自別記事不屬春秋也

欲一觀諸要難

習學記言曰遷雖言欲一觀諸要難其實既因春秋左氏變舊史法又以二書無所置之故用紀年聚其要語前乎共和後乎楚漢接續章次略成一體以存舊文然均之一事表既譜之紀復紀之世家列傳又申明之參互錯重十數見而猶未已甚矣遷之自勞而啟後世之煩且雜也

爲成學治古文者要刪焉

楊慎曰儒與馳說者略於歷數譜諜此不務

綜其終始也歷數譜牒家不詳載其義與辭
比其辭略也欲一比數家以觀其要不為刪
取以著于篇則雖缺得其要以觀其實難矣
故曰為成學治古文者要刪焉

周

襄王三年戎伐我太叔帶召之欲誅叔帶奔齊
愚按左傳魯僖之十二年為襄王四年叔帶
奔齊表入三年與左不合

襄王十四年叔帶復歸於周
愚按本紀在十二年

三十三年襄王崩
愚按本紀在三十二年

頃王五年崩
愚按本紀云六年

四十三年敬王崩
愚按本紀云四十二年

魯

孝公十一年周宣王誅伯御立其弟稱是為孝
公
史詮曰世家稱懿公弟表誤也

孝公立三十八年卒
愚按世家云二十七年

桓公三年
愚按春秋日食三十六年表或載或不載非
史公疏脫即所傳本有漏略今據春秋經補
之桓公三年秋七月壬辰朔日有食之既莊
公二十五年六月辛未朔日有食之二十六
年冬十有二月癸亥朔日有食之三十年九
月庚午朔日有食之僖公五年九月戊申朔
日有食之十二年春王三月庚午日有食之

文公元年二月癸亥日有食之成公十六年
六月丙寅朔日有食之十七年丁巳朔日有
食之襄公二十三年春王二月癸酉朔日有
食之昭公二十四年夏五月乙未朔日有食
之定公十三年十有一月丙寅朔日有食之
哀公十四年五月庚申朔日有食之皆年表
所不載

桓公十六年公會晉謀伐鄭
愚按世家會於曹謀伐鄭春秋公會宋公蔡
侯衛侯於曹左傳會於曹謀伐鄭也則晉當

是曾
僖公十五年五月日有食之不書史官失之
愚按世家不載左傳云不書朔與日官失之也
不書疑脱朔與日三字
文公八年王使衛來求金
愚按世家不載春秋作九年事
宣公八年七月日蝕
愚按春秋經七月甲子日食既
十七年日蝕
愚按春秋經六月癸卯日有食之

成公元年春齊取我隆
愚按世家在二年春秋左傳及世家俱作龍
襄公十四年日蝕
愚按春秋經二月乙未朔日有食之
十五年日蝕
愚按春秋經秋八月丁巳日有食之
二十年日蝕
愚按春秋經冬十月丙辰朔日有食之
二十一年公如晋日再蝕
愚按春秋經九月庚戌朔日有食之冬十月
庚辰朔日有食之
二十四年侵齊日再蝕
愚按春秋經秋七月甲子朔日有食之既八
月癸巳朔日有食之
二十七年日蝕
愚按春秋經冬十有二月乙卯朔日有食之
昭公裯
愚按世家作稠春秋與表同
七年季武卒日蝕
愚按春秋經夏四月甲辰朔日有食之

十年四月日蝕
愚按世家不載春秋不書
十五年日蝕
愚按春秋經六月丁巳朔日有食之
十六年公如晋晋留之葬公耻之
愚按世家家及左傳俱作十五年事
十七年正月朔日蝕
愚按春秋經夏六月甲戌朔日有食之
二十一年公如晋至河晋謝之歸日蝕
愚按春秋經秋七月壬午朔日有食之

二十二年日蝕
愚按春秋經十有二月癸酉朔日有食之
二十四年鸜鵒來巢
愚按世家及左傳在二十五年
二十五年公出居鄆
愚按世家在二十六年春秋昭公二十五年
九月己亥公孫於齊次於陽州十有二月齊
侯取鄆二十六年公至自齊居於鄆據此則
取鄆在二十五年居鄆在二十六年年表與
世家小有參差耳

三十一年日蝕
愚按春秋經十有二月辛亥朔日有食之
定公五年日蝕
愚按春秋經春王三月辛亥朔日有食之
十五年定公薨日蝕
愚按春秋經八月庚辰朔日有食之
哀公十年與吳伐齊
愚按左傳與吳伐齊在十一年
齊
桓公二十三年伐山戎為燕也
愚按燕世家及左傳伐山戎在齊桓二十二
年此與世家皆在二十三年疑誤
晉
小子元年
愚按是年哀侯九年為曲沃武公所殺小子
侯宜于魯桓十二年為元年
晉侯緡
愚按世家及春秋皆作緡宜於桓王十五年
為元小子殺於是年方與左傳合
景公九年伐齊執子彊兵罷

愚按世家晉伐齊齊使太子彊為質於晉晉
兵罷執疑質字之誤
悼公元年
愚按春秋晉悼公二年為魯襄公元年此表
同稱元年與左傳不同
頃公棄疾
愚按世家及春秋俱作去疾
秦
繆公三十年圍鄭有奇言即去
愚按本紀三十年助晉人圍鄭鄭使人言於

繆公泰乃罷兵春秋僖十三年晉人泰人圍
鄭左傳晉侯泰伯圍鄭佚之狐言於鄭伯曰
若使燭之武見泰君師必退紀與經傳事同文
異奇言二字未解

三十四年敗殽三將歸公復其職官
愚按本紀在三十三年

桓公元年
愚按當在魯宣五年春秋魯成十四年泰伯
卒則桓公立二十八年卒明矣本紀云二十
七年卒表因本紀之誤是以泰桓之事與春

秋追誤一年

惠二年生躁公懷公簡公
史詮曰表誤也本紀惠公孫厲共公生躁公
懷公懷公生簡公史不紀其年度其生之年
不當惠公之世况懷簡父子豈同年而生乎
其誤可知矣

楚

𤜶敖囏
愚按世家作杜敖

成王二十六年滅六英
愚按世家云滅英無六字徐廣曰一本作黃
春秋楚成二十四年滅黃二十九年齊人徐
人伐英楚穆四年秋楚人滅六據此則楚成
二十六年六英俱未滅當從滅黃為是其編
年亦當從春秋

莊王六年伐宋陳
愚按世家云伐宋無陳左傳楚子侵陳遂侵
宋與表同

靈王七年就章華臺內亡人實之
愚按世家及左傳魯昭七年為楚靈六年為

章華之臺納亡人以實之據此即六年表內
執芊尹亡人入芊華之事此為羨文

惠王四年伐鄭
愚按世家六年白公請兵令子西伐鄭無四
年伐鄭之事春秋哀十年冬楚公子結帥師
伐陳年同事異疑陳鄭音近而誤耳

宋

惠公三十一年釐戴公立元年
愚按世家惠公三十年卒子哀公立哀公元
年卒子戴公立此脫去哀公一世又多惠公

一年戴公世家無名則立字立君之謂表誤以為戴公名

武公十八年生魯桓公母

愚按世家武公生女為魯惠公夫人生魯桓公十八年武公卒魯惠夫人未必定生於是年表因世家有是言遂誤入此

宋公馮元年

愚按春秋經在桓三年至莊二年乙酉宋公馮卒據此則宋莊立十八年明矣乃世家誤以十九年卒表遂以殤公被弑之年為莊公元年故有十九年耳

景公二十九年侵鄭衛魯

愚按世家不載春秋經書春宋瑗帥師侵鄭無侵衛魯之文秋宋人圍曹則魯當是曹是年晉曼多帥師侵衛則侵衛當是晉事

衛

莊公十七年愛妾子州吁州吁好兵

愚按世家在十八年

宣公元年晉共立之討州吁

愚按世家迎桓公弟晉于邢而立之左傳亦云衛人立晉則晉為宣公之名此云晉共立之誤

惠公三年朔奔齊立黔牟

愚按世家在四年春秋經桓十六年十有一月衛侯朔出奔齊與世家同

惠公十年齊立惠公黔牟奔周衛惠公朔復入十四年

愚按世家惠公立三年出亡亡八年復入前年通年凡十一年矣此與世家不合又表于魯莊公五年云與齊伐衛納惠公正當黔牟之

八年此于十年表內有此言是表人自相齟齬也

懿公八年翟伐我

愚按世家作九年春秋經閔二年狄入衛與世家同

文公二十三年重耳從齊過無禮

愚按世家在十六年左傳與表同傳云重耳處狄十二年而行過衛衛文公不禮焉及齊齊桓公妻之然則重耳從狄過衛非從齊過衛也

成公三十一年楚伐鄭與我平晉中行桓子距
楚救鄭伐我
愚按世家不載春秋經宣五年為陳靈十年
楚人伐鄭左傳楚子伐鄭陳及楚平晉荀林
父救鄭伐陳據此當是陳靈之事誤移上一
格
獻公十五年救鄭敗晉師櫟
愚按世家不載春秋經襄十一年夏晉率諸
侯伐鄭衛與之秋晉率諸侯伐鄭會於蕭魚
衛亦與之無救鄭之文冬晉人伐秦左傳秦

庶長鮑庶長武帥師伐晉以救鄭己丑秦晉
戰于櫟晉師敗績據此當是秦景十五年事
靈公三十七年伐魯
愚按世家不載春秋經定十二年衛公孟彄
帥師伐曹魯當是曹
出公十二年父蒯聵入輒出亡
愚按世家同春秋哀公十六年春己卯衛世
子蒯聵自戚入衛衛侯輒來奔據此則哀十
六年為出十四年非十二年明甚而蒯聵元
年亦非哀十五年矣

陳
弟他殺太子免代立國亂再赴陳厲公他元年
愚按陳大夫五父後立為厲公左傳桓五年
文公子佗殺太子免而代之公疾病而亂作
則殺免在陳桓三十八年又春秋桓六年蔡
人殺陳佗則是年佗不得稱元也桓十二年
為陳厲七年八月壬辰陳侯躍卒則厲公名
躍而非佗也孔穎達曰躍為厲公世本文也
莊二十二年傳陳厲公蔡出也故蔡人殺五
父而立之五父即佗六年殺佗而厲公立也

陳世家以佗與五父為二人言蔡人為佗殺
五父及桓公太子免而佗立是為厲公立七
年太子免之三弟躍林杵臼共殺厲公而立
躍是為利公利公立五月卒林立是為莊公
按傳五父佗一人而世家以為二人按經蔡
人殺佗在桓公卒之明年不得為佗立七年
也佗以魯桓六年見殺躍以魯桓十二年始
卒不得為躍立五月也既以佗為厲公又妄
稱躍為利公世本無利公皆是馬遷妄説也
據孔氏之辨則表仍世家之誤明矣至七年

表云公遂蔡蔡殺公俱非厲公躍徐廣曰班
氏云桓公之弟
成公二十九年倍楚盟楚侵我
愚按世家二十九年倍楚盟三十年楚共王
伐陳春秋襄三年陳侯使袁僑如會左傳楚
子辛為令尹欲侵于小國陳成公使袁僑如
會求成據此則是陳為請盟非倍盟也且經
傳俱無楚侵陳之文又襄四年左傳春楚師
為陳叛故將伐陳三月陳成公卒聞喪乃止
夏楚彭名侵陳據此則當在陳成三十年
史記疏證卷第十一　廿二
湣公二十三年楚滅陳殺湣公
愚按世家二十四年滅春秋魯哀之十七年
也此作二十三年與孔子卒之年合與春秋
及世家不符
蔡
景侯二十八年晉率我伐鄭
愚按世家不載春秋襄九年蔡景二十八年
曹成十四年也冬公會晉侯宋公衛侯曹伯莒
子邾子滕子薛伯杞伯小邾子齊世子光伐
鄭不及蔡據此疑是曹成之事誤移上一格

靈侯班
愚按世家及春秋俱作般
曹
宣侯盧
愚按世家作彊春秋作盧
成公二十二年伐衛
愚按世家不載春秋襄十七年夏衛石買帥
師伐曹無曹伐衛之文
靖公路
愚按世家及春秋俱作露
史記疏證卷第十一　廿三
鄭
莊公寤生元年蔡仲生
愚按世家封弟段于京蔡仲諫之生疑是諫
字之設
二十九年與魯璧易許田
愚按世家與魯祊易許田春秋隱八年三月
鄭伯使宛來歸祊左傳鄭伯請釋泰山之祀
而祀周公以泰山之祊易許田據此璧當是
祊字之誤又春秋魯桓元年為鄭莊三十三
年鄭伯以璧假許田表同世家不載

厲公亡後七歲復入
愚按世家居櫟十七歲復入此脫十字
襄公十八年晉欒書取我氾
愚按世家不載左傳作范祭杜注鄭地成皋縣
東有氾水范字疑氾之誤
簡公喜
愚按世家及春秋俱作嘉
簡公二年誅子駟
愚按世家三年相子駟欲自立為君公子子
孔使尉止殺相子駟而代之左傳同據此則

史記疏證卷第十一　圭

表誤
二十八年子產曰三國不會
愚按世家不載左傳夏諸侯如楚魯衛曹邾
不會據此不會者四國三疑四字之誤
定公四年火欲禳之子產曰不如脩德
愚按世家及左傳昭十八年是定公六年事
誤入在此
燕
宣公五年楚圍我單辭以解
愚按世家不載春秋宣十二年楚子圍鄭左
傳鄭伯肉袒牽羊以逆王曰其君能下人必
能信用其民矣退三十里而許之平疑是鄭
襄八年事誤移下一格
平公六年公如晉請內王
愚按世家不載左傳昭二十四年鄭伯如晉
子太叔相曰王室之不寧晉之恥也獻子乃
徵會於諸侯期以明年二十五年會於黃池
謀王室也疑是鄭定十二年事誤移下一格
獻公十一年敗宋師
愚按世家不載春秋哀十三年春鄭罕達帥

史記疏證卷第廿二　壽

師取宋師於嵒左傳同無燕師敗宋之文疑
是鄭聲公十九年事誤移下一格
吳
諸樊二年季子讓位楚伐我
愚按世家是元年事
餘昧元年
餘祭立十七年卒餘昧立四年卒世家文也
愚按春秋襄二十九年閽弒吳子餘祭止四
年也襄十三年為餘昧元年昭十五年春王
正月吳子夷末卒則餘昧凡十七年也世家

誤編年歲表遂因之故餘昧之事皆誤屬餘
祭
闔閭三年二公子奔楚
愚按世家公子燭庸蓋餘以其兵降楚是元
年事
夫差十八年楚敗我
愚按世家越敗吳師於笠澤左傳哀十七年
三月越子伐吳吳師大亂遂敗之據此楚當
是越
史詮曰太史公作十二諸侯表蓋用春秋策

史記疏證卷弟十二

書例惟紀大事而已詞說議論不必槩紀也
今考表中若晉君子識之後亂若君子識曰
晉人亂自曲沃始矣若魯君子譏之若楚鄧
人曰楚可取鄧侯不許若晉君子知其廢若
魯史官失之若晉咎犯曰求伯莫如內王若
秦蹇叔曰不可若秦君子譏之故不言卒若
魯周史曰十年齊君晉君死若晉公曰吾用
魏絳九合諸侯賜之樂若齊晏嬰曰不如歸
之若鄭子産曰范宣子為政我請伐陳若晉
曰晉政卒歸韓魏趙若鄭謂子産曰政將歸
子子以禮牽脫於虎矣若齊見叔向曰齊政
歸田氏叔向曰晉公室卑若子産曰三國不
會若鄭子産曰不如脩德若齊晏子曰田氏有
德于齊可畏若魯齊侯曰主君公恥若宋子
韋曰善凡此數語乃世家列傳記言也太史
公置之年表反為繁瑣與策書記事之例不
合矣此何以故無乃失之疏略不遑改削耶
又曰云也矣句終之辭在傳中則為助語
在表中則為衍文若稱為諸公子云若生若
公孫毋知也若田恒始此也若為燕也若鄭

史記疏證卷弟十一

地也若戴公弟也若以我倍楚故若倍我故
也若悼公弟也若哀公孫也若宮室卑矣若
景公子也凡云字一也字十矣字一皆可省
太史公常曰何以失之不刪耶

史記疏證卷第十二

六國年表第三

史詮曰魏韓趙三國下列獻子宣子簡子或後人增入之也　又曰魏表附晉衛韓表附鄭楚表附魯蔡齊表附宋何也以晉衛鄭魯蔡宋諸國為魏韓楚齊所滅故附記焉亦以終十二諸侯事也

元王元年集解徐廣曰乙丑皇甫謐曰元年癸酉二十八年庚子崩

愚案通鑑元王元年為丙寅則乙丑乃敬王四十四年徐廣以敬王崩在甲子故以乙丑為元索隱云元王八年崩亦誤以乙丑為元耳皇甫謐云元年癸酉二十八年庚子崩案通鑑元王在位七年癸酉乃貞定王元年在位二十八年是說應入貞定王表內

貞定王元年集解皇甫謐曰元年癸亥十年壬申崩

愚案通鑑癸亥乃敬王四十二年壬申則元王崩年也又本紀敬王四十二年崩謚蓋據本紀即以癸亥為元耳是說應入元王表內

秦

厲共公元年

愚案通鑑在敬王四十四年則元王元年乃厲共二年也

六年義渠來賂緜諸來援史詮曰緜諸縣即緜諸戎國在隴西

愚按本紀不載通鑑五年義渠聘於秦

十四年晉人楚人來賂

愚按本紀不載通鑑晉人楚人聘於秦

二十九年晉大　智伯寬率其邑人來奔

愚案本紀不載疑是前二十五年智開事重出

靈公七年與魏戰少梁

愚案本紀六年晉城少梁秦擊之呂氏大事記曰出師在六年而戰在七年也

十五年簡公卒

愚按本紀作十六年通鑑與表同

惠公十年與晉戰武成縣陝

愚按本紀不載通鑑秦晉戰於武城無縣陝事

十一年太子生

本紀在十二年

十三年蜀取我南鄭

史詮曰表誤也本紀伐蜀取南鄭
獻公十七年櫟陽雨金
愚按本紀在十八年
二十一年章蟜集解徐廣曰一曰車騎
按章蟜是秦將之名王應麟姓氏急就云秦
將軍章蟜章邯是也下文云與晉戰石門天
子賀蓋云章蟜與晉戰石門耳舊本誤將集
解徐廣曰一云車騎七字攙入遂使本文與
注相亂
二十三年與魏戰少梁虜其太子
史記疏證卷第十二 三
史詮曰世家虜其將公孫痤史表誤
孝公十二年初取小邑為三十一縣
本紀作四十一縣
二十二年封大良造商鞅
愚按商鞅下疑脫為列侯三字
二十三年與晉戰岸門
愚案本紀在二十四年岸門作雁門
惠文王後九年取趙中都西陽安邑
愚按本紀無安邑前十年衛鞅圍魏安邑降
之安邑非趙地趙世家作西都中陽與秦本

紀年表異
十一年侵義渠得二十五城
愚按本紀在十年
十二年樗里子擊藺陽虜趙將公子繇通封蜀
愚按本紀十一年樗里疾攻魏焦降之非藺
陽也
武王元年張儀魏章皆死於魏
愚按本紀元年張儀魏章東出之魏二年張
儀死於魏死疑歸字之誤魏表內亦于哀王
十年言張儀死則與本紀合此言皆死先一
史紀疏證卷第十二 四
年矣張儀列傳索隱引紀年云張儀以梁哀
王九年五月卒又與此表合而與本紀牴牾
十五年魏冉免相
愚按本紀十六年冉免
十八年客卿錯擊魏至軹取城大小六十一
愚按本紀十六年左更錯取軹及鄧十八年
錯攻垣河雍決橋取之無取城大小六十一
之文通鑑十八年秦大良造白起伐魏取六
十一城據此則是兩事
三十年白起封武安君

愚按本紀在二十九年疑此句原在上文以
為南郡下舊本誤入三十年耳
三十四年白起擊魏華陽軍芒卯走得三晉將
斬首十五萬
愚按本紀在三十三年
五十年王齕鄭安平圍邯鄲及齕還軍拔新中
愚按本紀云拔寧新中疑脫寧字
五十二年取西周王（集解徐廣曰丙午王稽棄市）
按通鑑遷西周公於𢍰狐之聚取疑是遷王
疑是公傳寫之訛也王稽棄市本紀不載各
史紀疏證卷第十二　五
本俱入於徐廣注下案通鑑秦河東守王稽
坐與諸侯通棄市則知另是一事非徐廣注
也
莊襄王元年
愚按本紀莊襄王有四年年表止有三年呂
不韋傳亦云即位三年薨蓋本紀以孝文卒
之年為元年年表以莊襄即位為元年也
始皇四年七月蝗蔽天下
愚按此疑有脫字本紀云七月庚寅蝗蟲從
東方來蔽天天下疫

十七年內史勝擊得韓王安
愚按本紀作內史騰
二十一年王賁擊楚
愚按本紀王賁攻薊非擊楚也通鑑秦李信
伐楚非王賁也
二十三年王翦蒙武擊破楚軍殺其將項燕
愚按本紀在二十四年
二十七年更命河為德水為金人十二命民曰
黔首同天下書分為三十六郡
愚按本紀及通鑑此皆二十六年事舊本誤
史記疏證卷第十二　六
刋入此年
二十八年為阿房宮
愚按本紀及通鑑俱在三十五年
治馳道為天極廟賜户三十爵一級
史詮曰紀在二十七年史表誤也
三十六年徙民於北河榆中耐徙三處（集解徐廣曰一作家）
按此文不可解本紀云始皇卜之卦得游徒
吉遷北河榆中三萬家拜爵一級疑耐為游
字之誤三下脫萬字

魏

衛出公輒後元年

愚按通鑑周敬王四十四年此在元王元年差一年

晉定公卒

愚按通鑑周元王元年此在二年

晉出公錯元年

愚按通鑑周元王二年此在三年

衛悼公黔元年

史詮曰左傳魯哀二十五年衛出公奔宋明年越納出公不克衛人立悼公郎元王崩年史表誤

晉幽公柳元年

愚按通鑑周考王二年此在四年

魏文侯五年魏誅晉幽公立其弟止

史詮曰呂祖謙云幽公夜竊出邑中盜弒幽公魏文侯以兵誅晉亂立幽公子止史表蓋有脫誤爾呂說是也誅下漏賊弒二字公下漏者字

十七年擊宋中山

愚按世家伐中山使子擊守之宋與守字之誤

十八年文侯受經子夏過段干木之閭常式

愚按世家在二十五年

二十年卜相李克翟璜爭

愚按世家在二十五年

二十四年伐秦至陽狐

愚按世家秦伐我至陽狐通鑑亦云秦伐魏

三十六年秦侵晉

愚按世家秦侵我陰晉史詮曰缼我陰二字

惠王三年齊伐我觀津

愚按世家云齊敗我觀此因田完世家有敗魏於濁津之語誤衍一津字

五年與韓會宅陽城武都

愚案世家與韓會宅陽城武堵為秦所敗正義城字屬上句讀武堵疑是魏將姓名

九年與秦戰少梁虜我太子

大事記曰顯王七年魏公孫痤敗韓師趙師於澮秦庶長國伐澮獲其將公孫痤謂史記秦本紀及魏世家云虜公孫痤惟趙世家秦

魏年表云虜太子痤孟子梁惠王長子死焉
蓋太子申戰沒於齊者也凡史記是年言秦
虜太子痤者非
十六年徐廣曰與秦孝公會社平侵宋黄池宋復取之
愚按此必史公本文徐廣曰三字乃是衍文
自來傳刻之誤今去之
十八年邯鄲降齊敗桂陵
愚按世家拔邯鄲趙請救于齊齊使田忌孫
臏救趙敗魏桂陵據此桂陵上疑脱我字
二十九年中山君為相
史記疏證卷第十二　九
史詮曰世家在二十八年
襄王元年
史詮曰竹書紀年惠王三十七年改元稱一
年
二年秦敗我雕陰
史詮曰世家在五年誤也
哀王六年秦來立公子政為太子
愚按世家來作求
昭王二年與秦戰解不利
史詮曰解地名在河東按世家解當作我
安釐王二年秦拔我兩城
愚按世家拔我三城
三十年無忌率五國兵敗秦軍河北
愚按世家敗之河内
韓
知伯伐鄭駟桓子如齊求救
史詮曰左傳魯哀二十七年知伯伐鄭駟桓
如齊求救齊救鄭晋師去中行文子謂田常
乃今知所以亡即貞定元年也史表係五年
誤矣
史記疏證卷第十二　六
鄭幽公元年
史詮曰世家幽公立在威烈王二年史表誤
列侯三年盗殺韓相俠累
戰國策校注曰史遷作刺客傳夬在揜盗而
年表盡盗殺韓相俠累獨為得春秋書法
哀侯六年韓嚴殺其君
愚按通鑑哀侯以韓廆為相而受嚴遂二人
相害遂刺廆於朝并中哀侯據此則表與世
家俱脱遂字
襄王十六年與齊魏擊秦秦與我武遂和

愚按通鑑齊韓魏伐秦秦割河東三城以和
郎十四年事也世家擊秦事與通鑑同已見
十四年表內此又書擊秦者羨文也

趙

晉定公卒趙簡四十三年
史詮曰左傳魯哀二十年越圍吳趙無恤居
父喪使人如吳則知簡之卒當在定公卒年
也史表簡子在位六十年至晉出十七年卒
誤矣

簡五十四年知伯謂簡子欲廢太子襄子襄子

怨知伯
史詮曰左傳魯悼四年知伯圍鄭駟桓保南
里以待之趙襄子怨知伯是時簡子死已十
一年史表誤也

襄子元年未除服登夏屋誘代王以金斗殺代
王
史詮曰襄子即位滅代當在晉出公元年史
表誤

五年襄子敗智伯晉陽與魏韓三分其地
史詮曰世家事在貞定十一年即晉出十七年
奔齊時也史表誤

獻侯十年中山武公初立（徐廣曰定王之孫西周桓公之子）
史詮曰徐注非也中山古鮮虞國武公即中
山君

烈侯好音欲賜歌者田徐越侍以仁義乃正
愚按世家牛畜侍烈侯以仁義約以王道徐
越侍以節財儉用察度功德所與無不充

武靈王二十五年攻中山
愚按世家二十三年攻中山二十六年復攻
中山無此年攻中山事

惠文王四年與齊燕滅中山
史詮曰滅中山者趙主父也圍弑主父者公
子成也今本滅中山在弑主父之後與世家
相牴牾矣　愚按世家滅中山在三年

七年迎婦秦
愚按世家趙無與秦婚之事據楚世家頃襄
王七年楚迎婦于秦蓋是楚事誤移上一格

十一年秦拔我杜陽
史詮曰杜陽屬扶風非趙地也一本杜作棲
為是

十五年取晉陽
愚按世家在十六年
孝成王元年平原君相
愚按世家不載通鑑以公子勝為相在赧王四十九年惠文三十三年也其非孝成元年明矣且惠文年表内已書為相至此又書表之訛舛可見
九年秦圍邯鄲楚魏救我
愚按秦圍邯鄲世家在七年楚魏來救世家在八年通鑑總在赧王五十七年為孝成八

年也
十五年平原君卒
愚按世家在十四年平原君列傳云十五年
趙王遷元年集解徐廣曰幽愍元年
愚按世家作幽繆
三年秦拔我宜安
愚按世家秦攻宜安李牧率師却之與表異通鑑秦伐趙取宜安平陽武城與表同據此則李牧却之者二年事也拔平陽拔宜安但三年事世家誤其年故表前後參差耳

楚
惠王二十二年魯哀公卒
愚按通鑑貞定王元年魯哀公卒于有山氏世家同據此則二十一年也
簡王三年魯悼公卒四年魯元公元年
史詮曰世家魯悼三十七年卒當在周考王十年元立當在十一年史表差二年誤矣
聲王當元年魯穆公元年
史詮曰世家魯元二十一年卒當在威烈十六年穆元在十七年史表差二年誤也

悼王二年三晉來伐我至桑丘
愚按世家作乘丘正義曰年表誤
宣王十八年魯康公元年
史詮曰世家魯共公二十二年卒當在顯王十四年康元在十五年史表差二年誤也
二十七年魯景公元年
史詮曰世家魯康九年卒當在顯王二十三年景元當二十四年史表差二年誤也
懷王十五年魯平公元年
史詮曰世家魯景二十九年卒當在慎靚四

年平元在五年史表差二年誤也

二十四年秦來迎婦

愚按世家秦昭王初立乃厚賂于楚楚往迎婦

頃襄王四年魯文公元年

史詮曰按漢志魯平二十年卒當在赧王十八年湣元在赧王十九年史年表差一年誤也

二十七年魯頃公元年

史詮曰漢志魯湣二十三年卒當在赧王四十一年頃元在四十二年史表差一年誤也

幽王卒弟郝立為哀王

愚按世家郝作猶

燕

釐公元年

愚按世家索隱云年表作釐侯莊徐廣曰一無莊字據此則年表釐公下應有莊字并有集解徐廣云云今諸本皆無之蓋脫落也

三十年敗齊林營

愚按通鑑作林狐秦藩本亦作林狐

武成王元年

愚按燕世家索隱云按趙系家惠文王二十八年燕相成安君公孫操弑其王樂資以為即惠王也徐廣曰按年表是年燕武成王元年據徐廣所引年表不見當是今本遺脫

齊

宣公四十四年伐魯莒及安陽

愚按世家莒作葛安陽作安陵

史記疏證卷第十三

秦楚之際月表第四

華亭張照曰此篇既稱月表而後幅仍列某年某月舛錯牴牾莫可尋究夫秦楚之間紀元尚不得屬之漢而況諸侯王乎且其時漢尚從秦紀以冬十月為歲首此一月者乃端月亦四月安得又從夏紀從一月數至十二月而改稱二年乎且既謂之一月則從一至萬之稱是以十八王之一月趙歇便稱二十又月韓廣便稱三十一月韓成便稱二十一

月魏豹便稱十九月若紀之以年一年安得如許月乎一篇之中或從年而十二月後改稱幾年幾月者或從月而始稱幾十幾月終稱幾十幾月者太史公書法必不如是無紀律也今別為考定庶使覽者有所取衷焉

愚以乾隆五年直武英殿與華亭王祖庚同撰此表

秦楚項趙齊漢燕魏韓

二世元年 秦楚[illegible]

七月 陳涉起兵入[illegible]

八月

二月 葛嬰為涉徇九江立襄彊為楚王 [illegible]

武臣始至邯鄲自立為趙王始

九月

三月 楚兵至戲 周文兵至戲敗走 葛嬰聞涉王

王

項梁號武信君 二月

齊王田儋始 儋狄人諸田宗彊從弟榮弟橫

沛公初起

韓廣為趙略地至燕自立為燕王始

即殺[illegible]

[illegible]之起 故狄令自王

二年十月

四月 誅葛嬰 [illegible]

二月

三月

二月

二月 擊胡陵方與破秦監軍

二月 [illegible]

二月

十一月

五月 周文死

三月

四月 李良殺武臣張耳陳餘走

三月

三月 殺泗水守拔薛西周市東略地豐沛間

三月

三月 齊趙共立周市[illegible]

十二月

六月 陳涉死

四月

四月

四月 雍齒叛沛公以豐降[illegible]沛公還

四月

四月 咎自陳歸立

端月　楚王景駒始秦嘉立之　五月　項梁擊殺景駒秦嘉　忽而擊秦　五月　趙王歇始張耳陳餘立之　五月　張耳陳餘請以趙王不聽　五月　項梁已破章邯臨濟　五月

沛公攻豐不能下

二月　二月　嘉爲上將軍　六月　項梁渡江擊陳嬰　二月　六月　項梁請救齊　六月　攻下碭收得兵六千與故凡九千人　六月　六月

三月　三月　七月　三月　七月　七月　攻拔下邑　還擊豐不拔聞項梁在薛往請兵　七月　七月

史記觚證卷第十三　三

四月　四月　沛公往見景駒　請兵　八月　四月　八月　沛公與項梁共攻亢父　八月　陳勝將周市立魏咎　請救

五月　九月　五月　九月　九月　九月

六月　楚懷王始　都盱台　項梁求楚懷王孫心民間立爲楚王　十月　六月　十月　沛公如薛共立楚懷王　項梁救臨濟　章邯殺田儋　十月　十月　魏王咎自殺　臨濟降秦　弟豹走東阿

七月　二月　懷王爲楚將　天大雨三月不見星　十一月　七月　十一月　齊立田假爲王　秦急圍榮於東阿　田榮敗　沛公與項羽北救東阿　十一月　十一月　二月

八月　八月　十二月　八月　北救東阿得十二月　十二月　三月　阿破秦軍濮陽東屠城陽

九月　四月　救都彭城　十三月　九月　章邯破殺項梁於定陶　項羽恐還軍彭城　二月　假走楚　十三月　三月　魏豹自立四月　魏豹立爲魏王都平陽始

後九月　五月　拜宋義爲上將軍　懷王封項羽　十月　秦軍圍趙歇　宋義救趙不出殺兵　三月　十四月　懷王封沛公爲武安侯將碭郡兵西約先至咸陽王之　十四月　二月　五月

三年十月　六月　二月　十一月　四月　十五月　十五月　三月　六月

史記觚證卷第十三　四

十一月　七月　羽矯殺宋義將其兵渡河救鉅鹿　三月　十二月　五月　十六月　十六月　四月　七月

十二月　八月　四月　大破秦軍鉅鹿下諸侯將皆屬項羽　十三月　十七月　十七月　五月　八月

端月　九月　五月　十四月　張耳怒陳餘棄將印去　七月　十八月　十八月　六月　九月

二月　十月　六月　十五月　八月　十九月　十九月　七月　十月

三月 十一月 七月 十六月 九月 二十月 昌邑襲陳留用酈食其策軍得積粟 攻開封破秦將楊熊熊走滎陽秦斬熊以徇 二十月 八月 十一月

四月 十二月 八月 楚急攻章邯章邯恐使長史欣歸秦請兵趙高讓之 十七月 十月 二十一月 攻潁陽略韓地北絕河津 二十一月 九月 十二月

五月 十三月 九月 趙高欲誅欣欣恐亡去告邯 十八月 廿一月 二十二月 二十二月 十月 十三月

史記疏證卷第十三 五

六月 十四月 十月 章邯與楚約降未定項羽許而擊之 十九月 十二月 二十三月 攻南陽守齮破之陽城郭東 二十三月 十一月 十四月

七月 三月 十一月 項羽與章邯期殷虛章邯等已降與盟以邯爲雍王 二十月 十三月 二十四月 降下南陽封其守齮 二十四月 十二月 十五月 申陽下河南歸楚

八月 趙高殺二世 四月 十二月 以秦降都尉翳長史欣爲上將將秦降軍 二十一月 趙王歇留國陳餘亡居南皮 十四月 二十五月 攻武關破之 二十五月 十三月 十六月

九月 子嬰爲王 五月 十三月 二十二月 十五月 二十六月 攻下嶢及藍田以留 二十六月 十四月 十七月

十月 十四月 項羽將諸侯兵四十餘萬行略地西至於河南 二十三月 張耳從楚西入秦 十六月 二十七月 漢元年秦王子嬰降沛公入破咸陽平秦還軍霸上待諸侯約 稱秦不載 皆降 二十七月 臧荼從楚救趙 [illegible]從項羽 十五月 地遂入關 十八月

十一月 十月 十五月 羽詐坑殺秦降卒二十萬人於新安 二十四月 十七月 二十八月 沛公出令三章秦民大說 二十八月 十六月 十九月

十二月 八月 分楚爲四 十六月 至關中誅秦王子嬰屠燒咸陽分天下立諸侯 二十五月 十八月 二十九月 與羽有郤見之戲下講解 二十九月 十七月 二十月

正月 九月 十七月 二十六月 十九月 三十月 三十月 十八月 二十一月

史記疏證卷第十三

分趙爲代國

項羽怨榮殺之分齊爲三國

分關中爲四國

分燕爲二國

分魏爲殷國

分韓爲河南國

六

義 諸侯尊懷王爲義帝徙都江南郴

帝 項籍爲天下主命立十八王都彭城

元 楚分爲衡山都邾爲臨江都江陵爲九江都六

年 趙更名爲常山都襄國分爲代都代

齊更名爲臨菑都臨菑分爲濟北都博陽爲膠東都即墨

漢分關中爲漢都南鄭爲雍都廢丘爲塞都櫟陽爲翟都高奴

燕都薊分爲遼東都無終

魏更爲西魏都平陽分爲殷都朝歌

韓分爲河南都陽翟

楚 項 趙 齊 漢 秦 燕 魏 韓

義帝 衡山 臨江 九江 常山 代 臨菑 濟北 膠東 漢 雍 塞 翟 燕 遼東 魏 殷 韓 河南

項籍 王吳芮 王共敖 王英布 王張耳 王趙歇 王田都 王田安 王田市 漢王 王章邯 王司馬欣 王董翳 王臧荼 王韓廣 王魏豹 王司馬卬 王韓成 王申陽

一月 一月 一月 一月 一月 二十 一月 二十 一月 一月 一月 一月 一月 三十 十九 一月 二十 一月

二月 二月 二月 二月 二月 二十 七月 二月 二十 二月 二月 二月 二月 三十 二十 二月 二十 二月

三月 三月 三月 三月 三月 二十 八月 三月 二十 三月 三月 三月 三月 三十 二十 三月 二十 三月

九月 二月 四月

四月 四月 四月 四月 四月 二十 四月 二十 四月 四月 四月 四月 四月 三十 二十 四月 二十 四月

史記疏證卷第十二

五月 五月 五月 五月 五月 三十 五月 二十 五月 五月 五月 五月 五月 三十 二十 五月 二十 五月

六月 六月 六月 六月 六月 三十 六月 六月 六月 六月 六月 六月 六月 三十 二十 六月 二十 六月

七

義帝 西楚 衡山 臨江 九江 常山 代 齊 漢 雍 塞 翟 燕 遼東 西魏 殷 韓 河南

七月 七月 七月 七月 七月 三十 七月 七月 七月 七月 七月 三十 二十 七月 七月

八月 八月 八月 八月 八月 三十 四月 八月 八月 八月 八月 八月

九月 九月 九月 九月 九月 九月 三十 五月 九月 九月 九月 二十 九月 三月 九月

楚 衡山 臨江 九江 趙 代 齊 漢 雍 燕 魏 殷 韓 河南

十月 十月 十月 十月 二十六月 六月 十月 十月 十月 二十八月 十月

十一月 十一月 十一月 二十七月 七月 十一月 十一月 十一月 二十九月 十一月 二月

十二月 十二月 十二月 二十八月 二月 八月 十二月 十二月 十二月 三十月 十二月 三月

史記疏證卷第十二

八

十三月 十三月 十三月 二十九月 三月 十三月 十三月 十三月 三十一月 十三月 四月

十四月 十四月 十四月 四十月 四月 二月 十四月 十四月 十四月 三十二月 十四月 五月

十五月 十五月 十五月 四十一月 五月 十五月 十五月 十五月 三十三月 六月

十六月 十六月 十六月 四十二月 六月 二月 十六月 十六月 十六月 三十四月 七月

十七月 十七月 十七月 四十三月 七月 三月 十七月 十七月 十七月 三十五月 八月

楚	衡山	臨江	九江	趙	代	齊	漢	燕	魏	韓
十八月	十八月	十八月	十八月	四十四月	八月	四月	十八月 王入關立太子復如滎陽 漢拔雍廢丘屬漢為隴西北地上郡	十八月	三十六月	九月
十九月	十九月	十九月	十九月	四十五月	九月	五月	十九月	十九月	三十七月	十月
二十月	二十月	二十月	二十月	四十六月	十月	六月	二十月	二十月	三十八月 漢將韓信虜豹屬漢為河東上黨郡	
二十一月	二十一月	二十一月	二十一月	四十七月	十一月	七月	二十一月 是為二年後九月	二十一月		十一月

史記疏證卷第十三　九

楚	衡山	臨江	九江	趙	代	齊	漢	燕	魏	韓
二十二月	二十二月	二十二月	二十二月	四十八月 漢滅歇屬漢為大原郡	十二月 漢將韓信斬陳餘屬漢為代郡	八月	二十二月	二十二月		十二月

楚	衡山	臨江	九江	齊	漢	燕	韓
二十三月	二十三月	二十三月	二十三月	九月	二十三月	二十三月	十三月
二十四月	二十四月	二十四月	二十四月 布身降漢地屬項籍	十月	二十四月	二十四月	十四月
二十五月	二十五月	二十五月		十一月	二十五月 是為三年正月	二十五月	十五月
二十六月	二十六月	二十六月		十二月	二十六月	二十六月	十六月
二十七月	二十七月	二十七月		十三月	二十七月	二十七月	十七月

楚	衡山	臨江	齊	漢	燕	韓
二十八月	二十八月	二十八月	十四月	二十八月 楚圍王滎陽	二十八月	十八月
二十九月	二十九月	二十九月	十五月	二十九月	二十九月	十九月
三十月	三十月	三十月	十六月	三十月 王出滎陽	三十月	二十月
三十一月	三十一月	三十一月 王敖薨	十七月	三十一月	三十一月	二十一月
三十二月	三十二月	臨江王驩始敖子	十八月	三十二月 周苛樅公殺魏豹	三十二月	二十二月
三十三月	三十三月	二月	十九月	三十三月	三十三月	二十三月
三十四月	三十四月	三月	二十月	三十四月	三十四月	二十四月

史記疏證卷第十三　十

楚	衡山	臨江	趙	齊	漢	燕	韓
三十五月 漢將韓信擊殺龍且	三十五月	四月	王張耳始漢立之	二十一月 漢將韓信擊虜廣屬漢為郡	三十五月	三十五月	二十五月
三十六月	三十六月	五月	二月		三十六月	三十六月	二十六月
三十七月	三十七月	六月	三月		三十七月	三十七月	二十七月
三十八月	三十八月	七月	四月	王韓信始漢立之	三十八月 立信王齊	三十八月	二十八月
三十九月 漢御史周苛死	三十九月	八月	五月	二月	三十九月 周苛死	三十九月	二十九月
四十月	四十月	九月	六月	三月	四十月 王出滎陽豹死	四十月	三十月
四十一月	四十一月	十月	七月	四月	四十一月	四十一月	三十一月
四十二月	四十二月	十一月	八月	五月	四十二月	四十二月	三十二月

楚	衡山	臨江	淮南	趙	齊	漢	燕	韓
四十三月	四十三月	十二月	王英布始 漢立之	九月	六月	四十三月 立布為淮南王	四十三月	三十三月
四十四月	四十四月	十三月	二月	十月	七月	四十四月	四十四月	三十四月
四十五月	四十五月	十四月	三月	十一月	八月	四十五月	四十五月	三十五月
四十六月	四十六月	十五月	四月	十二月	九月	四十六月 太公呂后歸自楚	四十六月	三十六月
四十七月	四十七月	十六月	五月	十三月	十月	四十七月	四十七月	三十七月
四十八月 誅籍	四十八月	十七月 漢虜驩	六月	十四月	十一月	四十八月	四十八月	三十八月

漢 項籍誅天下平諸侯臣屬漢 徙齊王信王楚齊屬漢為四郡

五 徙衡山王芮王長沙都臨湘衡山屬淮南國 分臨沙為長沙國

年 復置梁國都定陶 徙韓王信王代都馬邑

史記疏證卷第十三

十一

漢	楚	淮南	趙	燕	梁	代	長沙
正月	十二月 王信始	七月	十五月	四十九月	王彭越始	三十九月 王韓信始	四十九月 王芮始
二月 甲午王更號即皇帝位于定陶	十三月	八月	十六月	五十月	二月	四十月	五十月
三月	十四月	九月	十七月	五十一月	三月	四十一月	五十一月
四月	十五月	十月	十八月	五十二月	四月	四十二月	五十二月
五月	十六月	十一月	十九月	五十三月	五月	四十三月	五十三月
六月 帝入關	十七月	十二月	二十月	五十四月	六月	四十四月	五十四月
七月	十八月	十三月	二十一月 耳薨諡景	五十五月	七月	四十五月	五十五月 芮薨諡文
八月 帝自將誅燕	十九月	十四月	王 趙王張敖始 耳子	五十六月 荼反	八月	四十六月	王 長沙成王臣始 芮子
九月 虜荼	二十月 王得故項羽將鍾離眛斬之以聞	十五月	二月		九月	四十七月	二月
後九月	二十一月	十六月	三月	燕王盧綰始 漢太尉	十月	四十八月	三月

史詮曰予讀秦楚月表首尾八年事諸侯王自立者六國項王所立者十四國漢王所立者七國故楚一也若陳涉若襄強景駒若懷王若項羽若韓信凡五易姓也齊一也若田儋若韓信凡二易姓也趙一也若武臣若趙歇若張耳凡三易姓也燕一也若韓廣若臧荼若盧綰凡三易姓也韓一也若韓成若鄭昌凡二易姓也魏梁一也若魏豹若彭越凡二易姓也又有國亡而復封者若張耳若英布國徙而更封者若吳芮若韓信其興廢存亡歲月不啻旦暮間有國者鑒之

史記疏證卷第十三

十二

漢興以來諸侯年表第五

地上不過百里

徐孚遠曰上言四百里此言不過百里蓋傳

闕不一參互言之也

怵邪臣計謀為淫亂

歸安沈炳巽曰怵字索隱音警心竊疑之蓋以怵字恐無警音再取諸字書考之怵字下絕無音警者疑終未釋因索隱有爾雅怵猶紐也之句致爾雅釋文訓言篇有忕字音石世反遂謂必是此字乃史記誤刋作怵耳再查集韻忕字下音食例切音警習也并引史記以証之遂旁搜韵會廣韻韻畧韵府諸書皆音時制切習也則忕之誤怵明矣又左傳桓十三年狃于蒲騷之役註狃忕也釋文時世切又後漢馮異傳狃忕小利註狃忕慣習也諸書之訓忕字俱作習字解則史記之當作忕又較然矣但其誤已久歷查各部史記俱作怵無作忕者所以書貴宋雕集韵成于宋世故尚引史記為証則史記之在宋時原是忕也所幸者有索隱之音故字雖誤而音尚不誤尤幸其引爾雅之文故得推具原委歷查字書以正其譌然諸書止無音註而誤刋者甚多則讀書烏可不細也　愚按管子小匡篇曹孫宿其為人也小廉而苛忕注云音逝苛察忕習也言多所慣習也禮記鄭注狎侮死焉而不畏也云忕于無敬心也陸德明釋文云忕時世反又時設反鄭注蕩而不靜云以本忕於鬼神虛無之事令其心放蕩無所定釋文云忕音警疏云忕串也習漢匡衡傳師古注將叔無狃狃忕也曰勿忕為之恐傷汝也

山以東盡諸侯地漢獨有三河東郡潁川南陽自江陵以西至蜀北自雲中至隴西與內史凡十五郡而公主列侯頗食邑其中

齊名南曰按此知列侯封邑不涉諸王之地而亦間有參差如梁鄒高苑魏其安邱營陵高陵昌之皆屬齊國魯留梧傅陽之皆屬楚國疑當時分封諸王雖曰專制一方漢之功臣列侯亦自食采其地建置悉由于天子也

高祖二年韓初王韓信都馬邑

史詮曰馬邑當作潁川韓初都潁川後徙治馬邑

五年代四降匈奴國除為郡

史詮曰漢表在六年史表豫書之也
十年九江七反誅
史詮曰漢表在十一年史表豫書之也
孝惠元年淮陽王友徙趙元年
史詮曰今本徙于趙名友此盖後人妄改之
者
初置呂國
史詮曰呂國由齊之濟南郡分當書於第八
行濟南國之前史表書呂國事在第廿四横
行汝南國之前非也

孝文二年長沙九
史詮曰缺年數漢表共王八年卒孝文二年
靖王立與史表不合
孝景五年廣川王彭祖徙趙四年是為敬肅王
史詮曰子長作史記時王彭祖未卒今本有
是為敬肅王五字蓋褚生所增者
六年濟北武王胡
史詮曰子長作表例凡諸王侯未卒者不稱
謚則曰今王今侯猶稱武帝為今上也表中
有王侯存而稱謚者乃褚生增改之耳非史
記原文也
元朔元年長沙康王庸
史詮曰按漢表定王二十八年卒元朔二年
子戴王庸嗣與史表不合
元鼎三年楚節王純
史詮曰按漢表襄王十三年卒元鼎二年子
純立與史表不同
六年中山康王昆侈
史詮曰按漢表中山哀王二年卒元封元年
子昆侈立與史表不同

太初三年城陽七
史詮曰漢表城陽惠王十二年卒天漢四年
子順立與史表不同

史記疏證卷第十四

高祖功臣侯者年表第六

呂祖謙曰高祖功臣侯者表以時為主故國經而年緯所以觀一時之得失也如高祖功臣侯者一百四十三至文帝之世存者一百二十五至武帝時存者七十一當時之守先典待舊勳孰得孰失皆可知矣　天台齊召南曰按史記表高祖所封共一百四十三人內如周呂建成二侯漢表入於外戚羨頡合陽沛德四侯入於王子至如淮陰陽夏以反

誅棘邱江邑芒侯任侯皆以罪國除當呂后使陳平錄第時自不列之位次惟離侯鄧弱史失其事或本有位次未可知也今按漢表位次至於惠帝呂后所封者亦與高帝所封並列而史記表陸梁侯須毋位次在百三十七推校漢表亦無出於百三十七之外者然則功臣之籍固盡於此乎　又曰高帝六年十二月甲申始剖符封功臣曹參等為列侯時同日封者十人正月丙午封張良蕭何等十三人丁未封周竈戊申封丁復壬子封呂清戊午封鄭蒙以上共二十七人即留侯世家所謂上已封大功臣二十餘人是也自三月戊子封雍齒以後至八月甲子戴野王陵丁禮審食其周緤鄂千秋之封又三十四人合前六十一人蕭相國世家列侯畢已受封奏位次皆曰曹參功宜第一鄂千秋進曰蕭何當第一曹參次之上曰善令何第一而封千秋為安平侯然則高帝此時即定功臣之次但不過數十人且張敖此時尚為趙王知作十八侯位次必非是年之事通鑑乃曰詔

定元功十八人位次皆曰曹參云云疏矣　又曰高帝作十八侯之位次惟蕭曹灼然可知張敖第三師古謂呂后曲升之是也胡三省註通鑑深以師古說為然但不知高帝所定誰第三耳　又曰表中凡言某侯功比某侯皆呂后時差功錄第所定功既相比名次亦不甚懸隔汁邡侯雍齒封於高帝之六年正月故市侯封於高帝之六年四月而曰功比平定侯平定侯至呂后始封可知列侯功次皆呂后時所為也　又曰位次重見者四

十一東武侯郭蒙及高苑侯丙倩也四十八東茅侯劉釗及菌侯張平也六十六肥如侯蔡寅及高梁侯酈疥也七十二彊侯留勝及寧陵侯呂臣也八十一棘陽侯杜得臣及新陽侯呂清也九十二武原侯衛胠及磨侯程黑高陵侯王周也百十一郎侯黃極忠及平州侯昭涉掉尾也又漢表重見者百一十成陽侯奚意及平都侯劉到也　又曰史表位次脫落有漢表可証者費侯陳賀第三十一襄平侯紀通第六十六其為孝惠呂后時封

史記疏證卷第十四　三

而史表不載位次者如便侯吳淺第百三十三軑侯黎朱蒼第百二十平都侯劉到第百一十平定侯齊受第五十四梧侯陽城延第七十六沅陵侯吳陽第百三十六也　又曰漢表以列侯之世次為主故一世為一格史表以天子之紀年為主故于天子之每朝為一格如高祖在位十二年凡係六年所封概用七字以此侯自六年至十二年實七年也其七年封者用六字八年封者用五字九年封者用四字十一年封者用二字十二年封者用一字其大例也其受封之後享年無多及有罪國除者皆書其實如淮陰以六年封應用七字而表用五字以淮陰至十一年誅為侯實五年也芒侯以六年封應用七字而表用三字以芒侯至九年國除為侯實三年也平侯以六年封應用七字而表上用六字下用一字以平侯沛嘉卒於十一年為侯實六年其子以十二年嗣爵實一年也他皆倣此其中訛字皆可正之

書曰協和萬國

史記疏證卷第十四　四

愚按書作協和萬邦此作國避高祖諱

本末著其明

史詮曰劉侍御讀五字為一句

太初元年盡天漢四年八

史詮曰今本更作盡後元二年十八按班氏云史記年表迄天漢四年而止自天漢以後太始四征和四後元二凡十年所紀者俱褚先生所續也

平陽

日知錄曰子長作史記在武帝太初中高祖

功臣年表平陽侯下云元鼎三年今侯宗元年今侯者作史記時見為侯也下又云征和二年侯宗坐太子死國除則後人所續也卷中書征和者二後元者一惠景間侯者年表書征和者一後元者三建元以來侯者年表書征和者二漢興將相年表有天漢太始征和後元以至昭宣元成諸號歷書亦同楚元王世家書地節二年齊悼惠王世家書建始三年者二曹相國世家書征和二年賈誼傳賈嘉至孝昭時列為九卿田叔傳匈奴傳衛將軍傳末有戾太子及巫蠱事司馬相如傳贊揚雄以為靡麗之賦勸百而諷一皆後人所續也

征和二年侯宗坐太子死國除

漢表云征和二年坐與中人姦闌入宮掖門入財贖完為城旦戶二萬三千

信武 索隱曰地理志無信武當是後廢也

愚按傳云號信武侯則是美名非封邑也前封為建武侯周緤亦為信武侯

夷侯亭

史詮曰漢法諸侯以罪失國者沒不賜謚今本侯亭謚疑益後人誤加之也

陽陵 索隱曰陽陵縣屬馮翊

齊召南曰索隱非左馮翊之陽陵故名弋陽景帝時始置豈容高帝時預有此名耶陽陵固別有其地耳

隨傾侯靖

史詮曰隨字衍文按本傳須侯精漢表傾侯

清

恭侯則

史詮曰漢表名明

曲逆 簡侯悝

史詮曰本傳名恢古字通用

堂邑 定豫章浙江都漸自立為王壯息

史詮曰都當作鄣山名漸水名在鄣郡黟縣南壯息人名時據鄣漸自立為王陳嬰以兵擊定之也

周呂 漢王之解彭城

史詮曰漢表解作敗高后元年侯台為呂王國除與史表不合

鄼　侯八千户
齊召南曰功臣户最多者首曹參萬六百户
次張良萬户餘無及焉若營陵侯劉澤之萬
二千户自以同姓加恩不甚關功業也次周
勃八千一百户次蕭何八千户次夏侯嬰六
千九百户此其最大者年表所謂大侯不過
萬家也但蕭相國世家封八千户之後益封
二千户又益封五千户是一萬五千户矣表
但云八千户何也
筑陽

史詮曰漢表高后二年封何小子延筑陽侯
孝文元年更為鄼侯孝文三年煬侯遺嗣孝
文五年遺弟則紹封與史表不合
曲周　康侯遂
史詮曰漢表名遂成
今侯終根元年十九
史詮曰十九者何自元鼎二至天漢四今侯
終根在國十九年也今本十九改作二十八
其下有後二年國除十四字蓋褚生所續者
潁陰　索隱曰縣名屬潁川

齊召南曰索隱於列侯封邑多注郡國如平
陽絳注河東舞陽潁陰注潁川之類已得大
半而亦有不及注者如鄼屬南陽陽都屬城
陽廣平屬廣平曲城屬東萊博陽屬汝南東
武屬琅邪都昌屬北海臺屬濟南鹵屬安定
樂成屬河間昌武屬膠東曲逆屬中山平定
屬西河襄平屬臨淮什邡屬廣漢祝阿屬平
原寧屬上谷堂邑屬臨淮陽信屬勃海戚屬
東海武原屬楚國繁屬蜀郡穀陽屬沛郡義
陵屬武陵是也

元朔五年侯賢行賕罪國除
漢表云元朔五年坐子傷人首匿免
汾陰　建平四有罪絶
史詮曰漢表無更封建平有罪絶事
侯意元年有罪絶
漢表云坐行賕髡為城旦
梁鄒
史詮曰漢表元光三年侯嬰齊嗣元鼎四年
侯山柎嗣與史表不合
成　建元四年恭侯覇軍元年

史詮曰漢表霸軍作罷軍
蓼侯孔藂
史詮曰漢表謚夷
隆慮 中元元年侯通有罪國除
漢表云完為城旦
新陽 頃侯世
史詮曰漢表名臣、
東武 四十一
齊召南曰郭蒙史漢皆作四十一而史表四
十一有兩人一為郭蒙一為高苑侯丙倩丙
倩功比斥丘侯斥丘侯第四十則知丙倩第
四十一無可疑也
汁邡 荒侯巨元年
漢表巨作鉅鹿
棘蒲
史詮曰羅廷唯云蒲當作津字形相近而誤
也棘津春秋晉地漢廣川縣地班固棘津侯
銘見古文苑可為漢史錯文之一證也 齊
召南曰棘蒲地不可考左傳哀元年師及齊
師衛師鮮虞人伐晉取棘蒲則是晉邑而杜

不言所在靳歙傳從攻安陽以東至棘蒲是
其地在趙魏之間
武彊 莊侯莊不識
漢表識作職
貰 齊侯呂
史詮曰漢表作台傅胡害
海陽 侯千八百戶
漢表作千七百戶
哀侯昭襄哀侯省
史詮曰漢法諸侯亡後者謚曰哀若昭襄不
應哀謚哀當作克字之訛也不然豈有祖孫
同謚者乎其誤可知矣
曲成 為執珪
漢表云為執金吾
圉侯蠱達
漢表蠱作蟲
侯皋柔
史詮曰漢表名皇柔
芒 為武定君
史詮曰漢表作定武 又曰漢表高帝六年

芒侯耏跖封三年薨已後九年侯昭嗣四年
有罪免與史表不合
敬市索隱曰縣名屬河南
齊召南曰按河南有故市縣則漢書今本作
敬市侯謬也
栁丘　侯千戶
漢表作八千戶
魏其　莊侯周定
史詮曰漢表定作止
侯閒
史記疏證卷第十四
史詮曰漢表名簡
平　悼侯沛嘉
史詮曰漢表名工師喜
魯　六年中毋侯疵元年
史詮曰凡封國不得其月者則曰其年中
棘丘　侯襄元年索隱曰襄名也史失姓及謚
徐孚遠曰侯失國本無謚非失之也
昌武　靖信侯單甯
漢表甯作究
夷侯如意

十一

史詮曰漢表謚惠
元朔元年侯得坐傷人二旬內死棄市國除
金蟠曰傷人二旬內死是漢之保辜限也
高苑　制侯丙倩
漢表倩作猜
孝侯武
史詮曰漢表謚平
絳陽　侯祿坐出界有罪國除
漢表云耐為司寇
東茅　敬侯劉釗
史記疏證卷第十四
史詮曰漢表名到
侯吉奪爵國除
漢表云坐事國人過員免
臺　侯才
史詮曰漢表名午
安國
史詮曰漢表安國侯功狀與史表少異
樂成　武侯客
史詮曰漢表名吾客
安平　敬侯鄂千秋

十二

漢表作鄂秋
蒯成　二十一　尊侯周緤
漢表作二十二尊作制本傳作鄘城侯
北平
史詮曰芒碭故城任隸丘五侯俱六年中封
表不得其月當次於北平之後與高胡厭次
二侯相從也今本亂其次矣
平皋　功比戴侯彭祖五百八十户
漢表作功比軑侯五千八百户
陽河
史記疏證卷第十四　圭
史詮曰栢至中水杜衍赤泉四侯封年月本
次陽河之後漢表同今本亂其次矣
朝陽　侯當坐教人上書枉法罪國除
漢表云耐為鬼薪
棘陽　以卒從胡陵入漢以郎將迎左丞相軍
以擊諸侯侯千户
漢表云擊項籍侯二千户
涅陽　莊侯吕勝
史詮曰漢表名騰
深澤　十四年復封侯將夜元年
史詮曰漢書深澤齊侯高后二年復封二年
薨無孝文十四年復封事　又曰深澤封年月
本次栒之前漢表同今本失其次序
栢至　侯福有罪國除
漢表云坐為姦為鬼薪
中水　夷侯假
史詮曰漢表名瑕
共侯青肩
史詮曰漢表名青眉
侯宜成
史記疏證卷第十四　卅四
漢表成作城
杜衍　侯翕
史詮曰漢表名舍
赤泉
齊召南曰項羽本紀羽自刎王翳取其頭楊
喜吕馬童吕勝楊武各得其一體故分其地
為五封吕馬童為中水侯王翳為杜衍侯楊
喜為赤泉侯楊武為吴房侯吕勝為涅陽侯
所謂分其地分楚地也乃中水遠在涿郡杜
衍涅陽遠在南陽吴房遠在汝南赤泉不知

所在皆不與彭城相近何耶

定侯殷

史詮曰漢表名敖

無害罪絶

漢表云坐詐紿人滅六百免

栒 索隱曰縣名屬扶風

漢表栒作拘齊召南曰按地理志右扶風有栒邑則侚字乃栒之訛但關中三輔不封列侯傅寬之陽陵非即馮翊之縣何以温疥得封扶風乎高祖未定天下制度隨意故盧綰

封號長安及天下既定剖符論封無以畿輔縣邑為侯國者疑侚亦别是地名非扶風之栒邑也

武原

史詮曰武原封年月本次磨之後漢表同今本失其次序

藁 祇侯陳鍇

史詮曰漢表謚祖

宋子 功比磨侯五百四十户

漢表云五百三十六户

共侯不疑

史詮曰漢表名留 又曰吳房封年月日本次宋子之後今本失其次序

猗氏 侯二千四百户

漢表云千一百户

靖侯交

史詮曰漢表名支

頃侯差

史詮曰漢表名羌

清 簡侯空中同

漢表作室中同

菸侯右

史詮曰漢表名古

彊 簡侯留勝

漢表作圍侯留肹

侯服

史詮曰漢表名復

吳房 八年二月辛巳莊侯楊武元年

漢表云三月辛卯封

去疾有罪國除

漢表云耐為司寇
甯　莊侯魏選
史詮曰漢表名遬
共　莊侯盧罷師
漢表盧作張
懷侯商
史詮曰漢表名高
閼氏索隱曰縣名屬安定
齊召南曰按安定有烏氏無閼氏疑閼字為
烏之訛
史記疏證卷第十四　十七
節侯馮解敢
漢表敢作散
恭侯它恭侯勝之
史詮曰祖孫同謚疑一誤也
安丘　康侯託
史詮曰漢表名新
侯指
史詮曰漢表名拾
侯指坐入上林謀盜鹿國除
漢表云又搏揜完為城旦

龍
史詮曰漢表作龍陽
陸梁
漢表作陸量
義陵　侯吳程
史詮曰漢表名郢郢從邑古程字也
侯種
史詮曰漢表名重　又曰義陵封年月本次
宣平之後今本失其次也
宣平　睢陽
史記疏證卷第十四　十八
史詮曰漢表作睢陵
慎陽　侯二千户
漢表作三千户
靖侯願之
史詮曰漢表無之字　又曰開封封年月本
次慎陽之後漢表同今本失其次也
祝阿　孝侯高邑
史詮曰漢表名高色
長脩丨以廷尉死事
史詮曰史表疑有誤也漢法臣死事者其子

封侯若長脩侯杜恬以廷尉死事郎子當封
侯矣何得自爲侯四年乎考漢書百官表孝
惠三年長修侯杜恬爲廷尉正與其子歖侯
之年相合豈杜恬罷侯後爲廷尉乎殊不可
曉也
千五百戶
漢表作千九百戶
侯喜
史詮曰漢表名意
廣阿　夷侯竟
史記疏證卷第十四　兆
史詮曰漢表名敖
侯越
史詮曰漢表名越人
須昌　雍軍塞陳謁上
史詮曰漢表無陳字謁作渭雍軍塞陳渭上
謂雍王章邯之軍陳於渭水之上遮塞漢出兵
道也
臨轅　以中尉侯
史詮曰中尉下當有破某軍功四字
汲　索隱曰漢表作彶彶與汲並縣名屬河內

趙一清曰按水經注淇水又東北逕波縣故
城北漢高帝封公不害爲侯國漢書地理河
內郡有汲縣又有波縣史記表作汲索隱云
然是必史記原作波字而今誤刊作汲不然
其文義豈可通乎此汲字仍是波字之誤
已
已終侯公上不害
史詮曰已當作四漢表謚終
寧陵　戴侯射
史詮曰漢表名謝
汾陽　前二年從起陽夏擊項羽
史記疏證卷第十四　千
漢表陽夏作櫟陽
侯石坐爲太常行太僕事治嗇夫可年益縱年
國除
漢表云坐爲太常行幸離宮道橋苦惡太僕
敬聲繫以謁聞赦免
戴　共侯悼
史詮曰漢表名悍
侯安期
史詮曰漢表作安侯軫
平州　戴侯楅

史詮曰漢表名種　又曰營陵封年月本次
平州之後今本失其次也
邛　慶侯榮盛
漢表作夷侯
坐賣宅縣官故貴國除
漢表云坐拚摶奪公主馬髡為城旦
博陽索隱曰縣名屬彭城
齊丞曰博陽侯陳濞又博陽侯周聚按同
時封爵不應一地兩侯索隱曰博陽地屬彭
城則周聚是博陽侯非博陽侯也傅博字相

近而訛耳
下相　侯慎
漢表慎作順
高陵　圉侯王周
漢表作王虞人
穀陵
史詮曰漢表作穀陽
隱侯卬
史詮曰漢表名卯　又曰穀陵封年月本次
戚之後漢表同今本失其次也

獻侯解
史詮曰漢表作懿侯解中
戚　合千戶
史詮曰衍合字漢表千五百戶
圉侯
史詮曰漢表孝文元年貴侯長嗣史表缺
齊侯班
史詮曰漢表作踈侯璬
侯信成坐為太常縱丞相侵神道壖不敬國除
漢表云為隸臣

壯　敬侯許倩
史詮曰漢表名猜
元光五年侯廣宗元年元鼎元年侯廣宗坐酎
金國除
史詮曰漢表元光五年節侯周嗣元朔二年
侯廣宗嗣與史表不合　愚按漢表作元朔
二年侯廣宗嗣元鼎五年坐酎金免
成陽　侯信罪鬼薪國除
漢表云有罪腰斬
桃　哀侯舍

史詮曰漢表謚懿

𩾌侯申

史詮曰漢表名由

高梁

史詮曰漢表侯平嗣元狩元年坐詐衡山王

取金免史表不合

紀信　侯陽

史詮曰漢表名煬

甘泉　侯王竟

史詮曰漢表名競

戴侯莫揺

史詮曰漢表名真粘

煑棗　從起豐別以郎將

史詮曰漢表作起薛別以越將

堉侯赤

史詮曰漢表作端侯革朱

康侯武

史詮曰漢表名式

張　寅侯慶

史詮曰漢表名鹿

鄢陵　侯七百户

漢表云二千七百户　史詮曰鄢陵以十二

年中封不得其月本次菌之後今本失其次

也

菌　以中涓

史詮曰漢表作中尉

侯勝有罪國除

漢表云為隸臣　史詮曰右高祖功臣侯凡

一百四十三人

齊名南曰漢高祖功臣列侯次第史記漢書

二表間或不同亦多脫落重複今即二表綜

其次第疑者闕之為考如左

一酇侯蕭何二平陽侯曹參三宣平侯張敖

四絳侯周勃五舞陽侯樊噲六曲周侯酈商

七魯侯奚涓八汝陰侯夏侯嬰九潁陰侯灌

嬰十陽陵侯傅寬十一信武侯靳歙十二安

國侯王陵十三棘蒲侯陳武十四清陽侯王

吸十五廣平侯薛歐十六汾陰侯周昌十七

陽都侯丁復十八曲成侯蟲達十九博陽侯

陳濞二十梁鄒侯武儒二十一蒯成侯周緤

二十二（闕疑）東武侯郭蒙二十三都昌侯朱軫二十四厭次侯元頃二十五成侯董渫二十六故城侯尸恢二十七阿陵侯郭亭二十八廣嚴侯召歐二十九河陽侯陳涓三十蓼侯孔藂三十一費侯陳賀（按費將軍與孔將軍功伐相並位應相次）（漢表作三十一是也史記脫耳）三十二平侯沛嘉三十三武彊侯莊不識三十四陰慮侯周竈三十五臺侯戴野三十六貰侯呂三十七海陽侯搖無餘三十八（闕疑）菌侯張平（漢作鹵侯位四十八而四十八又有東平侯劉釗釗封僅千戶張平封二千七百戶疑三十八誤為四十八也）三十九郴

史記疏證卷第十四　三五

邱侯戎賜四十斥邱侯唐厲四十一高苑侯丙倩四十二樂成侯丁禮四十三宣曲侯丁義四十四魏其侯周定四十五昌武侯單甯四十六絳陽侯華無害四十七曲逆侯陳平四十八東茅侯劉釗四十九復陽侯陳胥五十猗氏侯陳遬五十一祁侯繒賀五十二鄢陵侯朱濞五十三博陽侯周聚五十四平定侯齊受（史脫次漢表是）第五十五故市侯閻澤赤五十六（闕疑）襄平侯紀通（史脫次第漢表作六十六但六十六史有兩人）（肥如侯蔡寅及高梁侯酈疥也漢表并通為三人明有誤字故疑紀通當在五十六耳）

五十七汁邡侯雍齒五十八栢至侯許溫五十九辟陽侯審食其六十高京侯周成六十一安平侯鄂千秋六十二留侯張良六十三南安侯宣虎六十四平棘侯執六十五北平侯張蒼六十六肥如侯蔡寅六十七安邱侯張說六十八（闕疑）高梁侯酈疥（史漢表俱作六十六疑為六十八之誤）六十九朝陽侯華寄七十彭侯秦同七十一清侯空中七十二彊侯留勝七十三甯陵侯呂臣七十四祝阿侯高邑七十五蕢棗侯赫七十六梧侯陽城延（史脫次漢表是）第七十七

史記疏證卷第十四　三六

堂陽侯孫赤七十八甯侯魏選七十九張侯毛澤八十紀信侯陳倉八十一棘陽侯杜得臣八十二高胡侯陳夫乞八十三陽河侯其石八十四龍侯陳署八十五下相侯冷耳八十六堂邑侯陳嬰八十七新陽侯呂清（史作八十一但八十一既有棘陽侯杜得臣而八十七則闕漢表作信陽侯八十七是也又其敘功呂清比堂邑侯堂邑侯第八十六則知呂清是八十七矣）八十八營陵侯劉澤八十九廣阿侯任敖九十戚侯李必九十一恂侯溫疥九十二武原侯衛胠（史表九十二有三人比及高陵侯王周磨侯程黑也而漢表程黑在九十三）九十三磨侯

程黑九十四吳房侯楊武九十五繁侯彊
瞻九十六汾陽侯靳彊九十七闕高陵侯王
周九十八深澤侯趙將夜九十九宗子侯許
瘛一百關氏侯馮解散一百一中水侯呂馬
童一百二杜衍侯王翳一百三赤泉侯楊喜
一百四湟陽侯呂勝一百五穀陵侯馮谿一
百六甘泉侯王竟一百七須昌侯趙衍一百
八長脩侯杜恬一百九昌侯盧卿百一十成
陽侯奚意百一十一平州侯昭涉掉尾百一
十二壯侯許倩百一十三郎侯黃極忠史與平州

侯倶位百十一漢表作百十三是百一十四共侯盧罷師百
一十五開封侯陶舍百一十六臨轅侯戚鰓
百一十七禾成侯公孫耳百一十八東陽侯
張相如百一十九陽義侯靈常百二十軑侯
黎朱蒼是漢表百二十一平皋侯劉它百二十
二土軍侯宣義百二十三汲侯公上不害百
二十四棗侯陳錯百二十五中牟侯單父聖
百二十六戴侯彭祖百二十七德侯劉廣按德
侯漢表入王子侯本非功臣則史記位次百二十七必誤百二十八闕平
都侯劉到漢表作百一十最位次在此百二十九闕百三

十衍侯翟盱百三十一慎陽侯欒說百三十
二期思侯賁赫百三十三便侯吳淺是漢表百
三十四義陵侯吳程百三十五挑侯劉襄百
三十六沅陵侯吳陽是漢表百三十七陸梁侯
須無　又曰呂氏尊顯諸呂自必表暴功勳
以見佐命之烈周呂建成二侯原與蕭張絳
灌諸元功並封亦不列之次第豈呂后亦自
知避嫌耶

史記疏證卷第十五

惠景閒侯者年表第七

呂祖謙曰惠景閒侯至建元後存者二國太初以後又皆國除則時之政事孰緩孰急皆可知矣

扶柳

漢表在恩澤

郚

漢表無

平定　元鼎四年侯昌有罪國除

漢表作元鼎四年嗣六年免

沛

漢表在王子

襄成

漢表在恩澤

軹

漢表在恩澤

壺關

漢表在恩澤

沅陵　頃侯吳陽頃侯福

史詮曰父子同謚必一誤也福之謚頃疑當作順

上邳

漢表在王子

朱虛

漢表在王子

昌平

漢表在恩澤

贅其

漢表在恩澤

中邑　真侯朱通

漢表作貞侯朱進

山都　惠侯中黃

史詮曰漢表謚憲

滕

漢表在恩澤

醴陵　侯九百戶

漢表六百戶

呂成

漢表在恩澤

東牟
漢表在王子
錘
史詮曰漢表作腄
信都　樂昌
漢表無
祝茲　索隱曰漢書作琅邪
漢表在恩澤愚按漢書亦作祝茲不如索隱
何所據
建陵

漢表在恩澤
東平
漢表無
軑
漢表在恩澤
壯武　侯昌奪侯國除
漢表云爵一級為關內侯
清都
漢表在恩澤
侯鈞有罪國除

漢表云坐濟北王興居舉兵反而赦免
周陽
漢表在恩澤
樊　侯辟方有罪國除
漢表云坐搏揜完為城旦
管　索隱曰管古國合為縣屬滎陽
趙一清曰水經濟水又東北過管縣南道元
注曰漢景帝二年封齊悼惠王子罷軍為侯
國按史漢表皆作管愚意管城縣自漢至隋
皆為中牟縣地唐志開皇十六年始立為州

則管城本非漢縣是以班志管叔邑僅見于
中牟縣注中而郡國志亦于中牟下注云有
管城而已罷軍王子必有封邑故非鄉亭可
例且管屬濟南郡于齊為近鄉亭之注斯為
密矣索隱蓋承唐制而未察其誤耳　愚按
漢表在王子
瓜丘
漢表作瓜丘在王子
營
漢表作營平在王子

楊虛
　漢表作楊丘在王子
朸　安都　平昌　武城　白石
　漢表在王子
阜陵　安陽　陽周　東城
　漢表在王子
犁
　史詮曰漢表作黎
候澤
　史詮曰缺謚漢表名濆

史記疏證卷第十五　五

缾　侯孫郳
　漢表郳作單
弓高　前元年侯則元年
　史詮曰漢表不得子嗣侯者年名元朔五年
孫則嗣侯艶亡後史傳亦云孫亡子失侯以
此知史表誤矣
襄成　侯千四百三十二户
　漢表云二千户
候澤之坐詐病不從不敬國除
　漢表云耐爲隸臣

故安　前三年侯蔑元年　元狩二年靖安侯
史元年
　愚按傳云子共侯蔑代三年卒子侯去病代
三十一年卒子侯臾代此脱去病一代
史坐爲九江太守有罪國除
　漢表云受故官送免
章武　南皮
　漢表在恩澤
平陸　休　沈猶　宛朐
　漢表在王子　史詮曰沈猶夷侯穢漢表名

史記疏證卷第十五　六

歲
紅
　漢表在王子
元年四月乙巳莊侯富元年
　史詮曰史表年月日皆誤也休侯富以三年
更封紅侯史表誤分爲二侯與本傳不合
悼侯澄
　史詮曰漢表懷侯登
魏其
　漢表在恩澤

棘樂
漢表在王子
俞 中元五年侯布薨十二 元朔二年侯賁元
年
史詮曰十二衍文也凡國絕者不紀年數自
布殁後國絕一十八年史何以復紀年數也
漢表侯賁中元六年嗣無國絕事史表或有
誤耳
平曲 中元四年侯昆邪有罪國除太僕賀父
徐孚遠曰賀後亦封侯故載之
史記疏證卷第十五
七
江陽 侯明
史詮曰漢表名朋
新市
漢表作王棄之
山陽 侯當居
漢表云完爲城旦
安陵 户一千五百一十七
漢表作一千五百五
垣
史詮曰漢表作植

道 户五千五百六十九
漢表云千五百七十户
中元三年十二月丁丑侯隆疆元年不得隆疆
嗣
徐孚遠曰不得隆疆嗣者言不知誰爲之後
蓋失其名也侯則者或其孫或少子 史詮
曰漢表名陸疆
容成 侯攜
史詮曰漢表名纏
侯光坐祠祝詛國除
史記疏證卷第十五
八
易 以匈奴王降侯
漢表云要靳
漢表云千一百十户
侯僕黥
史詮曰漢表名僕黥
范陽 侯户千一百九十七
漢表云六千二百户
端侯代
漢表作靖侯
亞谷 侯千五百户

漢表云千户
簡侯它父
史詮曰漢表名它之
康侯偏
史詮曰漢表名漏
侯賀坐太子事國除
漢表云坐受衛太子節掠死
隆慮　陳蟜
史詮曰漢表名融
乘氏　桓邑

史記疏證卷第十五　九

漢表在王子
蓋
漢表在恩澤　史詮曰漢表元狩三年頃侯
充嗣薨子受嗣與史表不合
元狩三年侯偃元年
漢表作元光三年頃侯充嗣
侯偃
漢表云侯受
本傳堅作望漢表名彭祖

武安
漢表在恩澤
侯梧
漢表梧作恬
周陽
漢表在恩澤
坐當歸與章侯宅不與
史詮曰漢表章作軹

史記疏證卷第十五

史記疏證卷第十六

建元以來侯者年表第八

呂祖謙曰元光侯者二元朔侯者二十二元狩侯者十六皆以匈奴封元鼎侯者十六以匈奴南粵封元封侯者十七以東越甌駱南粵朝鮮西域封當時之兵孰多孰少皆可知矣

荊荼是徵

隸辨曰羊竇道碑盜賊徵上隸釋云以徵為懲按集韻懲通作徵漢書溝洫志穿渠自徵師古曰徵音懲

史記疏證卷第十六　一

翕

漢表云封千六百八十戶

持裝

漢表云六百五十戶

元光六年後九月丙寅侯樂元年

漢表作元朔元年

親陽

漢表云六百八十戶

侯月氏坐亡斬國除

漢表云坐謀反入匈奴要斬

若陽

漢表云五百三十戶

侯猛坐亡斬國除

漢表云坐謀反入匈奴要斬

長平

漢表在恩澤

平陵

漢表云一千戶衛青傳云千一百戶

岸頭

史記疏證卷第十六　二

漢表云凡二千戶

平津

漢表在恩澤三百七十三戶

侯慶坐為山陽太守有罪國除

漢表云詔徵鉅野令史成不遣完為城旦

昌武　太初元年侯充國薨亡後國除

漢表云太初元年封四年薨

襄城

漢表云四百戶

太初四年侯病已元年

漢表云嗣十五年後二年坐祝詛上下獄瘐
死
南命
衛青傳云千三百户漢表命作窌
合騎
漢表云千五百户
樂安
漢表云二千户衛青傳云千六百户
龍頟
徐孚遠曰龍頟侯已具前表此復推美以具
史記疏證卷第卅六　三
貴盛傳後故也
隨成
衛青傳云千三百户漢表作隨城
攻農吾
史詮曰漢表農作辰
從平
漢表云一千一百户衛青傳云一千三百户
侯戎奴坐為上郡太守發兵擊匈奴不以聞謾
國除
漢表作上黨太守

涉軹
衛青傳云一千三百户
衆利
漢表云千一百户
潦
漢表云五百六十户
宜冠
漢表云一千一百户
元狩二年正月乙亥侯高不識元年
漢表作五月庚戌封是
史記疏證卷第十六
煇渠　今侯電
史詮曰漢表名雷電
從驃
霍去病傳云千五百户
元狩二年五月丁丑侯趙破奴元年
漢表作三月丙戌
下麾
漢表云封七百户
漯陰
漢表漯作濕

四

侯渾邪

漢表渾作昆

河綦

漢表云六百户

常樂

漢表云五百七十户

符離

漢表符作邳千六百户

將重會期索隱曰將字上屬重者再也會期謂再赴期將去聲重平聲

史詮曰將重謂將領輜重也索隱注謬

侯路博德有罪國除

漢表云坐見知子犯逆不道罪免

壯

漢表壯作杜侯千三百户

因淳王

史詮曰漢表淳作就

眾利

漢表云千一百户衛青傳云千八百户

湘成

漢表云千八百户

義陽

漢表云千一百户衛青傳云千二百户

散

漢表云千一百户

臧馬

漢表云八百七十户

康侯延年

史詮曰漢表延上有雕字

周子南君

漢表云三千户

樂通

漢表云三千户

侯大有罪斬國除

漢表云坐罔上要斬

瞭

漢表云七百九十户

術陽

漢表云三千户

元鼎五年侯建德有罪國除

漢表云五年三月壬午封四年坐使南海逆

不道誅

龍亢

漢表云六百七十戶無亢字

侯廣德有罪國除

漢表云坐酎金免

成安

漢表云千三百八十戶

侯延年有罪國除

漢表云坐為太常行大行令事留外國書一月乏興入穀贖完為城旦

駛

漢表云五百二十戶

瞭

漢表云五百一十戶

安道

漢表云六百戶

隨桃

漢表云三千戶

湘成

漢表云八百三十戶

北石

漢表云千戶

下鄜

漢表云七百戶

開陵

漢表云二千戶

侯建成

愚按東越傳云建成侯敖此云建成誤

臨蔡

漢表云千戶

無錫

漢表云千戶

涉都

漢表云三千四百戶

平州

漢表云千四百八十戶

侯唊

史詮曰漢表唊王

荻苴

漢表云五百四十戶

侯韓陰
史詮曰漢表名陶
瀘清
漢表云千户
騠兹
漢表云千九百户
以小月氏若苴王
史詮曰漢表若作右
瓡讘
漢表云七百六十户
史記疏證卷第十六　九
右太史公本表　史詮曰右建元以來侯凡
七十三國
當塗魏不害以圉守尉捕淮陽反者公孫勇等
侯
漢表云淮陽反者胡倩
蒲蘓昌以圉尉史捕淮陽反者公孫勇等侯
漢表云捕反者故越王子鄒起侯千二十六
户
潦陽江德以圉廄嗇夫共捕淮陽反者公孫勇
等侯

漢表作轑陽侯江喜千一百二十户
富民　封三千户
漢表云千六百户
博陸　侯三千户
漢表云二千三百五十户在恩澤
益封二萬户
漢表云萬七千二百户
秺金翁叔名日磾以匈奴休屠王太子從渾邪
王將衆五萬降漢
徐孚遠曰休屠王畔約不降故日磾沒為官奴
史記疏證卷第十六　十
表不詳其事諱之也
侯三千户
漢表云二千三百一十八户
安陽　侯三千户
漢表云二千三百户在恩澤
桑樂　侯三千户
漢表云千五百户在恩澤
富平　用事益封萬六千户
漢表云萬三千六百四十户在恩澤
義陽　其以邑千三百户

漢表云七百五十九戶
商利　山以軍功為侯三千戶
漢表云九百一十五戶作王山壽
建平　邑二千七百戶
漢表云侯二千戶以太僕與大將軍先定粲
益封二千三百六十戶
弋陽　封為侯二千戶
漢表云九百一十五戶
宜春　元鳳三年代田千秋為丞相封二千戶
漢表云坐法削戶五百定六百八戶在恩澤

安平楊敞元鳳六年代王訢為丞相封二千戶
立二年病死子翁君代立為典屬國三歲以季
父惲故出惡言繫獄當死得免為庶人國除
史詮曰漢傳子忠嗣孫翁君代立史表缺一
世　金姓曰按惲是敞子而於翁君為季父
則翁君當是敞孫子字誤也否則二千戶之
下或多脫字　漢表云凡五千五百四十七
戶在恩澤
陽平　封二千戶
漢表云七百戶　史詮曰漢表屬孝昭時所

封
扶陽　封扶陽侯千八百戶
漢表云七百一十一戶在恩澤
平陵　侯二千戶
漢表云二千九百二十戶　史詮曰漢表屬
孝昭時所封
營平　封二千五百戶
漢表云千二百七十九戶在恩澤
陽成　侯二千七百戶
漢表云二千四百五十三戶在恩澤

平丘　侯二千戶
漢表云千二百五十三戶在恩澤
平恩　邑三千戶
漢表云五千六百戶在恩澤
昌水　邑二千三百戶
漢表云二千七百戶
高平　封千五百戶
漢表云八百一十三戶
博望　邑二千戶
漢表云千五百戶在恩澤

樂平許翁孫以平恩侯許廣漢少弟故爲侯
封二千
漢表在恩澤作樂成敬侯許延壽云千五百
戶
將陵　以宣帝大母家封爲侯二千六百戶
漢表云二千二百戶在恩澤
平臺　以宣帝大母家封爲侯二千五百戶
漢表云千九百戶在恩澤
樂陵　封三千五百戶
漢表云二千三百戶在恩澤

博城　因上書告反爲侯封三千戶
漢表云三千九百一十三戶
都城　有功封侯二千八百戶
漢表云千七百七十七戶
平通　侯二千戶
漢表云二千五百戶八月乙丑封
爰戚趙成用發覺楚國事侯二千三百戶
漢表云千五百三十戶四月癸卯封
天子推恩廣德義下詔書曰無治廣陵王廣陵
王不變更後復坐祝詛滅國自殺國除今帝復

立子爲廣陵王
徐孚遠曰廣陵王事不宜載在趙成表中此
刪截未淨
平昌　封五千戶
漢表云六百戶
樂昌　封爲侯邑五千戶
漢表云六百戶在恩澤
邛成　封千五百戶
漢表云二千七百五十戶在恩澤
安遠　以軍功侯二千戶

漢表云削戶三百定七百九十戶四月戊戌
封二十六年薨
博陽　封侯二千戶
漢表云千三百三十戶在恩澤
建成　封千八百戶
漢表云益封二千二百戶在恩澤
西平　代黃霸爲丞相
漢表云六百六十戶
陽平　侯千二百戶
漢表云二千六百戶在恩澤

史記疏證卷第十七

建元以來王子侯者年表第九

呂祖謙曰元光侯者七元朔侯者一百二十七元狩侯者二十五元鼎侯者三當時之分封諸侯子弟施行次第皆可知矣　史詮曰盛哉天子之德即所謂推私恩也其說蓋自主父偃發之

龍丘　江都易王子

漢表作菑川懿王子

張梁　江都易王子

漢表作梁共王子

壤

史詮曰漢表作懷昌　又曰漢表夷侯高遂封二年薨元朔四年侯延嗣與史表不合

今侯延

漢表作延年

葛魁　侯戚坐殺人棄市國除

漢表云坐縛家吏恐猲受賕棄市

平酌　今侯中時

史詮曰漢表戴侯彊封二十年薨子中時嗣當在元封元年史表在元鼎漢表在元狩皆不合

劇魁　夷侯劉墨

史詮曰漢表名黑

平度　侯劉衍

史詮曰漢表名行

雷　侯劉豨

史詮曰漢表名豨

辟

史詮曰漢表作辟土

侯朋

史詮曰漢表名明

封斯　共侯劉胡陽

史詮曰漢表戴侯胡傷

榆丘　劉壽福

史詮曰漢表名受福

郈會　侯劉仁

漢表作衍侯

朝　侯劉義

漢表作鄡侯

東城　侯遺有罪國除
漢表云爲孺子所殺
陰城　侯劉蒼
史詮曰漢表恩侯蒼太初元年薨子有罪不
得代與史表不合
侯蒼有罪國除
漢表云嗣子有罪不得代
廣望　侯劉安中
漢表作節侯忠
陘城

史詮曰漢表作陸城
蒲領　西熊　東強
史詮曰三侯史表元狩以後俱缺年數漢表
絶無後亦不得其年
畢梁
史詮曰漢表作畢梁
侯嬰有罪國除
漢表云坐首匿罪人爲鬼薪
房光
史詮曰漢表作旁光古字通用

侯殷有罪國除
漢表云坐貸子錢不占租取息過律會赦免
距陽　侯劉匄
漢表作憲侯匄
侯渡
史詮曰漢表名湊　又曰漢表二侯薨嗣年
數與史表不合
侯渡有罪國除
漢表云坐酎金免
蔞安　節侯劉邈

史詮曰漢表名退
阿武　湣侯劉豫
史詮曰漢表謚戴
侯寬
漢表作敬侯宣
參戶　侯劉勉
漢表作節侯免
州鄉
史詮曰漢表節侯禁十一年薨元鼎二年思
侯齊嗣與史表不合

成平
史詮曰漢表作平城
侯禮有罪國除
漢表云坐恐猲取雞以令買償免復謾完爲
城旦
陪安
史詮曰漢表作陰安
哀侯秦容
史詮曰漢表名泰容
滎簡　侯騫有罪國除
史記疏證卷弟十八　廿
漢表云坐謀殺人會赦免
周堅
史詮曰漢表作周望
侯劉何
漢表作康侯何
安陽　侯劉樂
史詮曰漢表名樂
五據　侯劉臒丘
史詮曰漢表名臞丘
富　侯劉龔

史詮曰漢表名龍
陪　繆侯劉明
史詮曰漢表名則
平　侯有罪國除
漢表云坐知人盜官母馬爲臧會赦復作
邵　侯劉慎
漢表慎作順
蘭　侯劉憙
史詮曰漢表名罷軍
隰成
史記疏證卷弟十八　卅
漢表作濕城
土軍　侯郢客坐與人妻姦棄市
史詮曰史不得其國除年按漢表後更爲鉅
乘侯坐酎金免當在元鼎五年也
博陽　康侯劉就
漢表作頃侯
侯終吉
史詮曰漢本吉作古
寧陽　節侯劉恢
史詮曰漢表名恬

瑕丘　節侯劉貞
史詮曰漢表名政古字通用
郁狼　侯劉騎
史詮曰漢表名驕
象氏　今侯安德
史詮曰漢表名安意
洛陵　侯章有罪國除
漢表云坐殺人自殺　史詮曰漢表名童
茶陵　哀侯陽
史詮曰漢表名湯

建成　侯拾坐不朝不敬國除
漢表云元鼎二年坐使行人奉璧皮薦賀元
年十月不會免
葉　劉嘉
史詮曰漢表名喜
東平　侯慶坐與姊妹姦有罪國除
漢表云坐與姊姦下獄瘐死
運平　侯劉訢
史詮曰漢表名記
釣丘　侯劉憲

漢表作敬侯寬
今侯執德
漢表作原侯報德
廣陵　常侯劉表
漢表作底侯表
東野　侯劉章
漢表作戴侯
高平　侯劉嘉
史詮曰漢表名喜
千鍾　侯劉搖

史詮曰漢表名搖
披陽
史詮曰漢表作被陽
今侯隅
漢表云康侯偃嗣
稻　今侯都陽
史詮曰漢表名陽都
繁安　夷侯劉忠
史詮曰漢表夷侯十八年薨子守元封四年
嗣與史表不合

郴 康侯劉陽

史詮曰漢表名陽已

雲 今侯歲發

史詮曰漢表名茂發

桑丘

史詮曰漢表作乘丘

蘘與 侯劉條

史詮曰漢表名偝偝與條同

安郭 侯劉博

漢表作劉傳富五百二十户

舂陵

史詮曰漢表節侯買封四年薨元狩三年熊

渠嗣與史表不合

都梁 敬侯劉遂

史詮曰漢表名定

今侯係

史詮曰漢表名傒音同

石洛

史詮曰漢表名原洛

侯劉敢

史詮曰漢表名敢

扶滯 侯劉昆吾

史詮曰漢表名昆景

挍

史詮曰按漢表挍侯雲元鼎五年坐酎金免

挾侯霸封三十五年卒明是二侯也史表挍

侯名霸蓋因挍挾字畫相近誤合為一人而

脫漏其半耳

彭 侯劉偃

史詮曰漢表名彊

栒 侯劉賀

史詮曰漢表名賢

俞閭 侯劉不害

漢表作暘侯毋害

甘井 侯劉元

漢表作劉光

襄陵

史詮曰漢表作襄隄

皋虞 今侯處

漢表作煉侯定

祝茲　侯劉延
史詮曰漢表名延年
石建元王子侯凡一百六十二人
漢興以來將相名臣年表第十
呂祖謙曰漢興名臣年表以大事爲主所以
觀君臣之職分也如高元年大事記沛公爲
漢王之南鄭還定雍相位蕭何守關中御史
位周苛守滎陽高九年大事記未央宮成帝
奉王巵爲太上皇壽相位蕭何爲相國御史
位周昌爲趙丞相則君臣之職分或得或失
之已見鑿鑿弟十七　上
皆可知矣　史詮曰名臣年表蓋有序語而
今缺亡爾自天漢四年以後則褚生續之者
非太史公筆也
高皇帝六年　張蒼爲計相
徐孚遠曰計相司計之官不當載入將相表
中
十一年　誅淮陰彭越黥布反
徐孚遠曰韓彭一名一否亦條例未詳也
高后二年平陽侯曹窋爲御史大夫一本在六
年

史詮曰漢表在四年
四年絳侯周勃爲大尉
史詮曰漢表在孝惠六年
八年食其爲帝太傅
史詮曰漢表在七年
孝文四年申屠嘉爲御史大夫
史詮曰漢表在十六年
九年御史大夫敬
史詮曰漢表在七年姓馮
後元二年　上官桀爲大將軍
之已見登鑿弟十七　上
徐孚遠曰桀爲左將軍非大將軍也
孝景元年置司徒官
史詮曰考漢書紀表俱無其事蓋錯簡衍文
也
四年御史大夫蚡
史詮曰史失其姓漢表名介
六年御史大夫岑邁
史詮曰漢表缺
元光五年十月族灌夫家棄魏其侯市
史詮曰漢書武紀在四年冬

右漢將相表自高祖元年乙未至今上天漢四年甲申凡一百一十年

史記疏證卷第十八

禮書第一

習學記言曰八書體既立後有國者禮樂政刑皆聚此書雖載事各從其時而論治不可不一禮樂律書皆已亡大意猶可見往往飄忽草略使後有顧治之主無所據依孔子曰行夏之時乘殷之輅服周之冕樂則韶舞放鄭聲遠佞人此教顔淵以為邦之目也遷於夏殷本紀言正夏時善殷輅固已得之至論禮樂則不能本孔氏空汎然華說而已自春秋以來儒者論禮樂何可勝數雖無謬於道而實知其意可以措之于治者絶少孔子曰安上治民莫善於禮移風易俗莫善於樂又曰道之以德齊之以禮又曰其或繼周者雖百世可知也夫民不可以一日無其上而亦不能一日以安其上後世為上之不能安也搖手動足皆歸之於刑夫民相依以生而不相依以刑也刑之而後安非善治也故安上治民齊之以禮孔子以是為善治繼周之後雖遠而猶可知者此意是也不獨以其文也

若夫淫鄙㬥慢化導遷改和親安樂久而成
性則雖湯武功成之樂孔子猶以為有憾於
其間而況于鄭聲乎此禮樂之實意致治之
精說不可以他求也遷乃謂秦尊君抑臣朝
廷濟濟方以太初之禮為典常而鄭衛之音
所從來久人情所感遠俗則懷何具雜於道
而易於言乎　楊愼曰史記十篇有録無書
元成之間褚少孫補之索隱正義皆云禮書
是褚先生取荀卿禮論補而索隱于后太史
公曰之下又云太史公取禮論之意何其自
相矛盾今按自禮由人起至儒墨之分一段
荀子禮論之文中間治辨之極也至刑錯而
不用一段荀子議兵篇荅陳囂之文後自天
地者生之本也至終篇亦皆禮論之文乃斷
至矣哉之上加太史公曰此小司馬識其率
畧蕪陋其為褚少孫補明矣
垂之於後云
徐孚遠曰以前之文太史公所作發其篇端
以後所闕其目也宜以漢事補之
二者相待而長
荀子禮論作相持而長
疏房牀第几席所以養體也
南北監板皆無几席二字李光縉以為二字
疑衍愚按荀子疏房檖貌越席牀第几筵所
以養體也此特刪撮之耳未必衍也
側載臭茝
荀子作睪芷
騶中韶濩
史詮曰荀子騶作趨
彌龍徐廣曰乘輿車金薄璆龍為輿倚較
愚按廣所云蓋本續漢書輿服志文劉昭注
又引徐廣曰繆交錯之形也則字作繆不作
璆明矣索隱云璆然龍皃音虬非是　楊倞
荀子注彌如字又讀為弭弭末也謂金飾衡
軛之末為龍首也
必信至教順
禮論作倍至
情勝之為安
禮論作情說一本作情性
彊固之本也

荀議兵篇作彊固

所以捐社稷也

捐荀議兵篇作隕

堅如金石

史詮曰荀子堅作鞈

宛之鉅鐵施鑽如蠭蠆

愚按荀議兵篇云宛鉅鐵釶慘如蠭蠆楊倞注云釶與鍦同矛也索隱破句誤

然而兵殆於垂涉

愚按議兵篇作垂沙楊倞曰漢地志沛國有垂鄉豈垂沙乎

莊蹻起楚分而為四正義曰括地志云師州黎州在京西南五千六百七十里

愚按正義疑誤唐無師州地理志云黎州至京師二千五百九十里

參是豈無堅革利兵

愚按荀議兵篇云莊蹻起楚分而為三四則參即三字原屬上句索隱正義皆破句讀

史詮曰觀下文是豈無固塞險阻哉可知矣

城郭不集溝池不掘

史詮曰荀子集作辨掘作抇古掘字

不畏外而固者

愚按荀議兵篇作不畏外而明內

故由其道則行不由其道則廢

愚按二語荀所無

三者偏亡索隱鄒氏偏音遍

李光縉曰偏亡者亡其一也不當音編

諸侯不敢懷

愚按荀禮論懷作壞楊倞注云司馬貞云思也蓋誤耳

所以辨貴賤貴賤治得之本也

愚按荀禮論作所以別貴始貴始得之本也楊倞注云得當為德言德之本在貴始穀梁傳有此語

郊疇乎天子

史詮曰荀子疇作上

函及士大夫

愚按函疑啗字之誤荀禮論作道及士大夫楊倞注引司馬貞曰啗音含苞也言士大夫皆得苞立社

有特牲而食者

荀禮論作持手而食者

利爵之弗啐也

荀禮論啐作醮

三宥之弗食也

荀禮論作三臭

大昏之未發齊也

荀禮論作發齊

大路之素幬也

荀禮論作大路之素末集也

三年哭之不反也

史詮曰荀子反作文謂無曲折也

朱絃而通越

愚按楊倞注禮論引史記作洞越而今本反作通越與荀子不異倞唐人所見本必不誤當改作洞

凡禮始乎脫成乎文終乎稅

荀禮論作始乎稅成乎文終乎悅校

太史公曰至矣哉

楊慎曰按荀子禮論以為上則明下纔之日萬變而不亂貳之則喪也禮豈不至哉少孫乃除此二句并禮豈不三字而加太史公曰殊無謂

禮之貌誠深矣

荀禮論貌作理下同

入焉而弱

荀禮論弱作溺

入焉而隊

荀禮論隊作喪

規矩誠錯

史詮曰荀子錯作施

步驟馳騁廣騖不外是以君子之性守宮庭也

荀禮論廣騖作厲騖性守作壇宇

明者禮之盡也正義曰此書是諸先生荀卿禮論兼為之

愚按自禮由人起至儒墨之分出于禮論自治辨之極也至刑措而不用出于議兵篇自天地者生之本也至末又出禮論正義誤

外是民也

徐孚遠曰民庶民也以別於士索隱煩而不明

樂書第二

成王作頌推己懲艾悲彼家難（正義曰家難謂文王囚羑里武王伐紂）

史詮曰頌即周頌小毖之詩家難謂武庚管蔡之叛正義注非也

雖退正樂以誘世

楊慎曰雖退正樂以誘世謂退而正樂以誘人于正即所以雅頌得所洋洋盈耳刪詩三百云云也

作五章以刺時（索隱曰按家語云孔子嘗季桓子作歌引詩曰彼婦之口可以出走彼婦之謁可以死敗優哉游哉聊以卒歲此是五章之刺也）

金甡曰按此六句何以謂之五章不比三兮之可為三候也恐別有不傳之作

至今上即位作十九章（索隱曰按禮樂志安世房中樂有十九章）

史詮曰十九章乃武帝郊祀樂也見漢書志若安世房中樂十七章則高帝夫人所作也

索隱注誤

黯誹謗聖制當族

困學紀聞曰說齋唐氏曰按漢書武帝紀元鼎四年秋馬生渥洼水中作天馬之歌太初四年春貳師將軍廣利斬大宛王首獲汗血馬來作西極天馬之歌而元狩二年春三月丞相弘薨則先元鼎四年已八年矣汲黯傳渾邪王降之歲汲黯坐法免官隱田園者數年至更立五銖錢復起為淮陽太守居淮陽十歲而卒按武紀昆邪之降在元狩二年而行五銖錢在五年又十歲則元封四年也其去太初四年尚六年則汲黯之卒亦久矣今樂書乃云得大宛馬而作天馬之歌汲黯嘗有言而公孫弘又從而譖之不亦厚誣古人哉況黯在武帝時始為謁者還滎陽令稱疾歸乃召為中大夫又出為東海太守又召為主爵都尉又公孫弘請徙為石內史數歲而免官又數歲而起為淮陽太守則未嘗為中尉也假使黯之言在馬生渥洼之年則弘之死固已久矣漢書司馬遷傳言史記十篇有錄無書而注言樂書亦亡則此非遷之作明矣使遷在當時而乖舛如此不亦繆乎

則是物至而人化物也（鄭玄曰隨物變化）

愚按隨物變化鄭康成注樂記無此語

夔始作樂以賞諸侯鄭玄曰夔欲舜與天下之君共此樂

愚按夔欲舜與天下之君共此樂鄭注樂記無此語

教者民之寒暑也教不時則傷世事者民之風雨也事不節則無功

愚按衛湜禮記集說引張氏守節有云樂以氣和民心如天地寒暑以氣生化故謂樂為民之寒暑也風雨之事謂之禮也禮以形教故曰事也天地之以風雨奮潤萬物猶以禮安治萬民故謂禮為民之風雨也

胎生者不殰鄭玄曰內敗曰殰

愚按據今本禮記注曰內敗曰殰陸氏釋文云內乃對反或作骨肉之肉者誤則唐時本亦有作肉者矣

非謂黃鍾大呂弦歌干揚也鄭玄曰揚鉞也

愚按揚鉞也鄭注樂記無此語

而鄙詐之心入之矣鄭玄曰謂利欲生也

愚按鄭注樂記云鄙詐是貪多利偽生

是故樂在宗廟之中君臣上下同聽之則莫不和敬在族長鄉里之中長幼同聽之則莫不和順在閨門之內父子兄弟同聽之則莫不和親

愚按禮記集說引張氏曰正樂流行故隨所在而各盡其善宗廟有君臣所主在和敬鄉里有長幼所主在和順閨門有父子所主在和親前章使親踈貴賤長幼男女之理皆形見于樂是也

故聽其雅頌之聲志意得廣焉執其干戚習其俯仰詘信容貌得莊焉

愚按禮記集說引張氏曰雅頌是發于聲音執其干戚是形于動靜

天地之齊

史詮曰禮記齊作命

彼亦有所合之也鄭玄曰以聲合己意

愚按鄭注樂記云以聲合成己之意

永歎之

史詮曰禮記永作詠

肆直而慈愛者鄭玄曰肆正也

愚按肆正也鄭康成樂記注無之　史詮曰禮記愛作哀

居中矩

史詮曰禮記居作倨

累累乎殷如貫珠

史詮曰禮記累作纍殷作端

子貢問樂

楊循吉曰禮記原肇于漢儒此篇雖顛倒經文亦自有條理如列三問樂于後而文之升降反整于經似子長次之非皆少孫意也予不敢從鮮經例而依正義耳然必欲逐舊則正義為固矣　楊慎曰此以下正義曰出褚意今按衛靈公濮水聞琴聲師涓師曠之事一段見韓子當是褚先生取韓子補之

夫樂不可妄興也

史詮曰同本夫作大

而邪辟無由入也

徐孚遠曰此段冗濫無意與禮書後贊同皆截舊文為之也

史記疏證卷第十九

律書第三

習學記言曰以六律言兵既不可曉又言咎犯孫武身寵君尊而羞薄世儒云德化其意凡近且是時儒者固無不當用兵之論豈謂孔子俎豆孟子仁義等語耶若指後世俗儒則又不足云也　楊慎曰漢書音義云律書闕有錄無書索隱曰兵書亡不補略述律而言兵遂分歷述以次之皆疑其為褚所補今按太史公自序律書云非兵不彊又云司馬法所從來尚矣太公孫吳王子能紹而明之蓋言兵也律書即兵書非亡而不補也其律書略述律而言兵語焉不詳誠如小司馬所云也其云分曆述以次之者蓋自書曰七正二十八舍以下皆關律法也然曆之月氣實應乎律非分曆述以次之也兵之與律相因者然非特以律聽兵聲而已也先儒謂太史公論文帝寢兵息民天下和樂為得論律本意余以為此書雖頗殘缺而補綴之非全失而全出褚少孫手也　董份曰太史之為律

書其始不言律而言兵不言兵之用而言兵之偃及言偃兵于漢文帝尤加詳焉可謂知制律之時而達制律之意矣

六、律為萬事根本焉

鼓城王正中詳註曰漢律曆志云夫推曆生律制器規圜矩方權重衡平準繩嘉量探賾索隱鉤深致遠莫不用焉是萬事之根本也

故曰望敵知吉凶聞聲效勝負百王不易之道也

詳註曰凡兩軍相敵上皆有雲氣及日暈雲氣有獸居上者勝暈等刀鈞厚長大有勝薄短小無勝天官書備矣周禮云太師執同律以聽軍聲而詔其吉凶左傳師曠知南風之不競即其類也考太公六韜太公告武王曰律管十二其音有五宮商角徵羽也以天清淨無陰雲風雨夜半遣輕騎往至敵人之壘去九百步外徧持律管當耳大呼驚之有聲應管其來甚微角聲應管當以白虎徵聲應管當以玄武商聲應管當以朱雀羽聲應管當以句陳五管聲盡不應者宮也當以青龍此五行之符佐勝之徵也微妙之音皆有外候敵人驚動則聽之聞抱鼓之音者角也見大光者徵也聞金鐵矛戟之音者商也聞人笑呼之音者羽也寂寞無聞者宮也此五者聲色之符也由是觀之律音通于音法

推孟春以至季冬殺氣相并

詳注曰人君暴虐酷急即常寒應寒生北方乃殺氣也故洪範咎徵云急常寒若是也

而音尚宮

愚按周禮典同鄭注引兵書云夫戰太師吹律合商則戰勝軍士强角則軍擾多變失士心宮則軍和士卒同心徵則將急數怒軍士勞羽則軍弱少威明此條正義所引兵書軍士作軍事失士心作失志士卒作主卒威明作威焉未審孰是義各有當賈公彥疏云兵書者武王出兵之書

成湯有南巢之伐以殄夏亂正義曰湯伐桀放之歷山與末喜同舟浮江奔南巢之山而死

愚按淮南脩務訓云整兵鳴條困夏南巢譙以其過放之歷山無末喜同舟之語

故教笞不可廢於家刑罰不可捐於國誅伐不可偃於天下用之有巧拙行之有順逆耳

愚按語本呂氏春秋

書曰七正二十八舍

柯維騏曰太史公既論文帝時天下和樂禮樂可興故繼以律呂之說云書曰者乃太史公自言其律之書猶下文云術曰之類尚書並無二十八舍之文或謂引尚書非也

其於十二子為亥亥者該也

釋名曰亥核也收藏百物核取其好惡真偽也亦言物成皆堅核也

子者滋也滋者言萬物滋於下也

釋名曰子孳也陽氣始萌孳生於下也

壬之為言任也言陽氣任養萬物於下也癸之為言揆也言萬物可揆度故曰癸

釋名曰壬妊也陰陽交物懷妊也至子而萌也癸揆也揆度而生乃出之也

東至於建星

史詮曰太史公叙二十八宿十一十二月間不曰東至於斗而曰東至於建星建在斗之虛也三四月間不言西至於張缺文也五六月間不曰西至於井西至於鬼而曰西至於狐西至於狼狐狼近井鬼之虛也七八月間不言北至於觜亦缺文也

十二月律中大呂大呂者

史詮曰太史公釋十二律皆得意義獨大呂一律不釋疑缺文也今以漢書補之曰大呂者旅也言陰大旅助黃鐘宣氣而牙物也

詳注曰此中闕不說按伶州鳩曰元間大呂助宣物也

丑者紐也言陽氣在上未降萬物厄紐未敢出

釋名曰丑紐也寒氣自屈紐也

寅言萬物始生螾然也故曰寅

釋名曰寅演也演生物也

卯之為言茂也言萬物茂也

釋名曰卯冒也載冒土而出也

甲者言萬物剖符甲而出也乙者言萬物生軋軋也

釋名曰甲孚也萬物解孚甲而生也乙軋也自抽軋而出也

辰者言萬物之娠也
釋名曰辰伸也萬物皆伸舒而出也
巳者言陽氣之已盡也
釋名曰巳已也陽氣布畢已也
午者陰陽交故曰午
釋名曰午仵也陰氣從下上與陽相仵逆也
丙者言陽道著明故曰丙丁者言萬物之丁壯
也故曰丁
釋名曰丙炳也物生炳然皆著見也丁壯也
物體皆丁壯也
弘者言萬物之吴落集解徐廣曰吴一作柔
楊慎曰吴音弘弘落彫落也注作柔非萬物
之生也柔弱死也剛强既云弘落且就死焉
得柔耳
未者言萬物皆成有滋味也
釋名曰未昧也日中則昃向幽昧也
申者言陰用事申賊萬物故曰申
釋名曰申身也萬物皆成其身體各申束之
使備成也
北至于畱索隱曰畱卽卯也毛傳亦以畱爲卯
楊慎曰畱音柳注以畱為卯恐非若如其説
陽氣稽留殆不成文　史詮曰留本作畱從
日從丣古昴字皆留
酉者萬物之老也故曰酉
繹名曰酉秀也秀者物皆成也
庚者言陰氣庚萬物故曰庚辛者言萬物之辛
生故曰辛
釋名曰庚猶更也庚堅強貌也辛新也物初
新者皆収成也
戌者言萬物盡滅故曰戌
釋名曰戌恤也物當収歛矜恤之也亦言脱
也落也
律數
詳注曰律生五聲之數
九九八十一以為宫
考要曰管子曰虙戲作九九之數以合天道
黄鐘九九亦天地自然之數也蓋黄鐘之管
九寸每寸九分故曰九九八十一以為宫八
十一而三分之每分二十七黄鐘三分而去
其一纔得五十四為徵故林鐘之管六寸五

十四而三分之每分十八林鐘三分而益其
一則得七十二為商故太簇之管八寸餘做
此　蕭山毛奇齡經問曰朱襄問史記生律
之數九九八十一以為宮三分去一五十四
以為徵三分益一七十二以為商三分去一
四十八以為羽三分益一六十四以為角而管
子五音生數九九以為宮三分而益其一為
一百有八以為徵又三分而去其一以為商
又三分而益其一以為羽又三分而去其一
以為角是史記之損者管子益之史記之益
者管子損之此史是管非乎抑史非管是乎
抑兩非乎又史記管子俱謂黃鐘之管九寸
而呂覽謂黃鐘之管三寸九分此史是呂非
乎抑史非呂是乎抑兩非乎　答曰聲律原
無相生之理予向嘗曰天地生聲宮徵商羽
角聲自生聲宮商角徵羽此不過就所傳說
不得已而姑疏之實則生聲無次第亦無某
聲生某聲之理祇因聲有高下則律有長短
于是制為長短之管以象之名之曰律此非
可向癡子前說夢中事也大抵五聲無數而
強以數名則宮聲九九八十一以次遞降而
商當七十角當六十徵當五十羽當四十此
大較也然而宮八十有一則有零數商角以
下亦當以零數加之于是八十零一則商倍
為二曰七十二商零二則角倍為四曰六十
四角零四則徵宜倍為八然而徵倍為八則
羽當倍為五十六其數將多于角徵不得守
羽四十之數矣于是徵不加倍一如角所零
數角六十四徵五十四而羽倍為八遂有宮
八十一商七十二角六十四徵五十四羽四
十八之數而操觚家施以狡儈立為多寡相
生之法使裁多生寡裒寡生多或損或益以
合諸五聲之數則損必下生謂減多以生數
之小者如宮不能生商角而必生徵是也益
必上生謂增少以生數之多者如徵不能生
羽宮而必生商是也于是造為倍寔而三乘
之與四實而三乘之兩法以較計其間總欲
損益之以合此數也乃其法通變有損而益
之而可合有益而損之而亦可合者如宮之
八十一商之七十二角之六十四此管子史

記與諸書皆合之數也而獨于微數原當倍為五十八今仍倍為五十四而管子不然故在史記則仍舊法三分九九之數減其一而為五十零四而在管子則三分九九之數益其一而為一百零八然究之生商之數則史記益五十四三分之一而為商七十二管損一百八三分之一而為商七十二其為增減異而其為七十二則同也朝三即暮四也且于羽數雖不當倍為五十八然何以必限為四十八而管子不然故在史記則仍舊法三分七十二之數減其一而為四十零八而在管子則三分七十二之數而益其一而為九十零六然究之生角之數則史記益四十三分之一而為角六十四管子損九十六三分之一而為角六十四其為增損異而其為六十四則無勿同也暮四即朝三也然則微之繼宮商之繼徵特以撡筭者偶有先後故妄生次第向使狡儈之徒別立一法則先後盡變而謂某聲生某聲某是某非總屬誣妄然而就事論事則史記是而管子非何則徵數不得過于宮羽數不得過于商與角也此又大較也若夫管之長短則正聲之鉅細所由分數之多寡所由別管長者數多而聲宏管短者數寡而聲微故黃鐘九寸降至應鐘則四寸有奇而聲之大小畢該清濁咸備此不特史記為然而呂覽獨曰三寸九分則四寸以下管無此聲器無此數直是妄語可棄置不道者然而黃鐘旋宮原有以高作低以清作濁之法或者亢上之至還歸下重則即妄名為黃鐘亦無不可特恐刻舟求劍世不乏李元利之徒將從此而推廣之以盡反乎舊時五音六律之法則經禍烈矣此不特史記是而呂覽非也

三分去一五十四以為徵

三分益一七十二以為商

三分去一四十八以為羽

三分益一六十四以為角

詳注曰黃鐘之數九九八十一以為宮是為五聲之本以宮之八十一數三分之每分二十七三分損一於八十一數損其二十七餘

五十四下生徵故徵數五十四也徵三分益一七十二上生商商三分損一四十八下生羽羽三分益一六十四上生角是黃鐘為均用五聲之法以下十一辰辰各有五聲其為宮商之法亦如之蓋置本律之實以九九因之三分損益以為五聲再以本律之實約之則宮固八十一商亦七十二角亦六十四徵亦五十四羽亦四十八也故管子曰凡聽徵如負豬豕覺而駭凡聽羽如鳴鳥在樹凡聽宮如牛鳴窌中凡聽商如離羣羊凡聽角如雉登木凡將起五音凡首先主一而三之四開以合九九以是生黃鐘小素之首以成宮三分而益之以一為百有八為徵有三而去其乘適足以是生商有三而復于其所以是成羽有三分而去乘適足以是成角曰主一而三之四開以合九九者三其一而為三一開也三其三而為九二開也三其九而為二十七三開也三其二十七而為八十一四開也是謂四開以合九九八十一之數黃鐘為五音之本故云小素本八十一益以三分之一之二十七通前百有八是為徵數乘亦三分之一也三分百有八而去其一之三十六餘七十二是為商數三分七十二而益其一之二十四合為九十六謂之復於其所是為羽數三分九十六去其一之三十二餘六十四是為角數此其法也然與史記之數損益不同何也闓之先師農犬人曰漢律首應鐘主陰殺故先損而後益周律首黃鐘主陽生故先益而後損

黃鐘長八寸七分一宮

律呂新書曰按律書此章所記分寸之法與他記不同所以難曉故多誤蓋取黃鐘之律九寸一寸九分凡八十一分而又以十約之為寸故云八寸十分一本作七分一者誤也今以相生次序列而正之其應鐘以下則有小分小分以為法如歷家太少餘分強弱耳其法未密也今以二千一百八十七為全分七百二十九為三分一一千四百五十八為三分二餘分之多者為強少者為弱列於逐律之下其誤字悉正之隋志引此章中黃鐘

林鐘太簇應鐘四律寸分以為與班固司馬彪鄭氏蔡邕杜夔荀勗所論雖凡有增減而十二律之寸數並同則是時律書尚未誤也及司馬貞索隱始以舊本作七分一為誤其誤亦未久也沈括亦曰此章七字皆當作十字誤屈中畫耳大要律書用相生分數相生之法以黄鐘為八十一分今以十為寸法故有八寸一分漢前後志及諸家用審度分數審度之法以黄鐘之長為九十分亦以十為寸法故有九十分法雖不同其長短則一故隋志云寸數並同也　又曰其黄鐘下有宫太簇下有商姑洗下有羽林鐘下有角南吕下有徵晉志論律書五音相生而以宫生角角生商商生徵徵生羽羽生宫求其理用因見通達者是也仲吕下有徵夷則下有商應鐘下有羽字三者未詳亦疑後人誤增也下云上九商八羽七角六宫五徵九者即是上文聲律數太簇八寸為商姑洗七寸為羽林鐘六寸為角南吕五寸為徵黄鐘九寸為宫其曰宫五徵九誤字也　詳注曰今以蔡氏改

正之法詳推之十二律皆置每分二千一百八十七如求黄鐘以八十一乘每分之數二千一百八十七得十七萬七千一百四十七為黄鐘之實故曰八寸十分一即九分之寸變為十分之寸一百分中之八十一分也蕭山毛奇齡竟山樂録曰十二律配五聲古無明文惟吕覽有上下相生之法管子有三分益去之數然于十二律未嘗明分何律為宫何律為商其歷作配合自史記始但史記又自相矛盾不可為訓按史律書初以九九八十一為宫則黄鐘也配五音自此起五十四以為徵則林鐘也七十二以為商則太簇也四十八以為羽則南吕也六十四以為角則姑洗也隨又云黄鐘長八寸十分一宫八寸十分一者正九九八十一也此黄鐘之數與宫數相合者也至于大吕長七寸五分三分一無五聲所屬之名太簇長七寸十分二角所云七寸十分二者太簇八寸八九七十二也然而初為商此為角何也夾鐘長六寸一分三分一又無五聲名姑洗長六寸十分四羽所云

六寸十分四者姑洗長七寸一分七九六十
三加一為四正姑洗數也而初為角此為羽
何也若夫仲呂長五寸九分三分二徵則前
以林鍾為徵矣此又以仲呂為徵蕤賓長五
寸六分三分一無名林鍾長五寸十分四角
所云五寸十分四者林鍾六寸六九五十四
正林鍾數也林鍾為徵此為角何也夷則長
五寸四分三分二商初以太簇為商矣此又
以夷則為商南呂長四寸十分八徵所云四
寸十分八者南呂長五寸三分五九四十[illegible]
又加三分正四十八南呂數也初為羽此為
徵何也無射長四寸四分三又無名若應鍾
長四寸二分三分二羽則初以南呂為羽矣
此又以應鍾為羽然則歷書所謂太簇商姑
洗角林鍾徵南呂羽者皆並非定辭而舉世
奉之以為不易之數牢不可破真悖誕之甚
者也至其又云上九商八羽七角六宫五徵
九夫既以宫為九寸而又以上為九以宫為
五此或有誤至于商八則仍用太簇八寸不
用夷則羽七則又用姑洗七寸不用南呂角

六則又用林鍾六寸不用姑洗展轉紕繆都
不可解　皇言定聲録曰此十二律相生數
也第其記五聲相生之數則其數雖同而宫
位不同如林鍾六寸每寸九分六九五十四
正五寸十分四也乃五聲相生曰五十四以
為徵而此曰角為角南呂五寸三分五九四
十五又加三分為四十八正四寸十分八也
五聲曰四十八以為羽而此曰為徵姑洗七
寸一分七九六十三又加一分為六十四正
六寸十分四也五聲曰六十四以為角而此
曰為羽五聲十二律自矛自盾此是何故又
其所記應鍾大呂二律凡三分一皆三分二
之訛即所記宫商角徵羽皆不甚確

大呂長七寸五分三分一

愚按律呂新書改正七寸五分三分二强四百□
五□　詳注曰法求大呂以七十五乘分數二
千一百八十七得十六萬四千二十五加三
分二之一千四百五十八得十六萬五千四
百八十二以較大呂之實少四百五加以四
百五得十六萬五千八百八十八為大呂之

實故曰七寸五分三分二强四百〇五

太簇長七寸七分二角

愚按律呂新書改正七寸十分二　徐孚遠曰剡本于太簇下作角，實商字之誤　詳注曰法求太簇以七十二乘分數得十五萬七千四百六十四爲太簇之實故曰七寸十分二

夾鐘長六寸一分三分一

愚按律呂新書改正六寸七分三分一强一百九十八　詳注曰法求夾鐘以六十七乘分數得十四萬六千二百五十九加三分一之七百二十九得十四萬七千二百五十八以較夾鐘之實少一百九十八加以一百九十八得十四萬七千四百五十六爲夾鐘之實故曰六寸七分三分一强一百九十八

姑洗長六寸七分四羽

愚按律呂新書改正六寸十分四　詳注曰法求姑洗以六十四乘分數得十三萬九千九百六十八爲姑洗之實故曰六寸十分四

仲呂長五寸九分三分二徵

愚按律呂新書改正五寸九分三分二强五百八十二　詳注曰法求仲呂以五十九乘分數得十二萬九千三十三加三分二之一千四百五十八得十三萬四百九十一以較仲呂之實少五百八十一加以五百八十一得十三萬一千七十二爲仲呂之實故曰五寸九分三分二强五百八十一

蕤賓長五寸六分三分

愚按律呂新書改正五寸九分三分二强四百八十六　詳注曰法求蕤賓以五十六乘分數得十二萬二千四百七十二加三分二之一千四百五十六得十二萬三千九百三十以較蕤賓之實少四百八十六加以四百八十六得十二萬四千四百一十六爲蕤賓之實故曰五寸六分三分二强四百八十六

林鐘長五寸七分四角

愚按律呂新書改正五寸十分四　詳注曰法求林鐘以五十四乘分數得十一萬八千九十八爲林鐘之實故曰五寸十分四

夷則長五寸四分三分二商

愚按律吕新書改正五寸□□三分二弱一二六十　詳注曰法求夷則以五十乘分數得十萬九千三百五十加三分二七一千四百五十八得十一萬八百八以較夷則之實多二百一十六減去二百一十六得十一萬五百九十二為夷則之實故曰五寸三分二弱二百一十六

南吕長四寸七分八微

愚按律吕新書改正四寸十分八　詳注曰法求南吕以四十八乘分數得十萬四千九百七十六為南吕之實故曰四寸十分八

無射長四寸四分三分二

愚按律吕新書改正四寸四分三分二強六百□二□　詳注曰法求無射以四十四乘分數得九萬六千二百二十八加三分二之一千四百五十八得九萬七千六百八十六以較無射之實少六百一十八加以六百一十八得九萬八千三百四為無射之實故曰四寸四分三分二強六百一十八

應鐘長四寸二分三分二羽

愚按律吕新書改正四寸二分三分二　詳注曰法求應鐘以四十二乘分数得九萬一千八百五十四加三分二之一千四百五十八共九萬三千三百一十二為應鐘之實故曰四寸二分三分二是也

生鐘分

子一分

詳注曰子一分者一為九寸為黄鐘之律太極元氣函三為一行于十二辰數起于子得一也

丑三分二

詳注曰丑三分二者三其法為三分而其實為二也一為三寸二為六寸為林鐘之律也其法以子析為三分每分五萬九千四十九丑於三分之中得其二為十一萬八千九十八積六寸為林鐘此黄鐘之實三分損一下生林鐘也

寅九分八

詳注曰寅九分八者三其法為九分四其實為八也一為一寸八為八寸為太簇之律也

其法以子一析為九分每分得一萬九千六百八十三寅於九分之中得其八為十五萬七千四百六十四積八寸為太簇此林鐘之實三分益一上生太簇也

卯二十七分十六

詳注曰卯二十七分十六者三其九則卯為二十七分倍其八為十六分三為一寸以十五為五寸餘一為三分共五寸三分為南呂之律也

辰八十一分六十四

詳注曰辰八十一分六十四者三其二十七則辰為八十一分四其十六為六十四分九為一寸以六十三為七寸餘一為一分共七寸一分為姑洗之律也

巳二百四十三分一百二十八

詳注曰巳二百四十三分一百二十八者三其八十一則巳為二百四十三分倍其六十四為一百二十八分二十七為一寸以一百八為四寸餘二十三為一分以十八為六分餘二一為三釐二為六釐共四寸六分六釐為應鐘之律也

午七百二十九分五百一十二

詳注曰午七百二十九分五百一十二者三其二百四十三則午為七百二十九分四其一百二十八為五百一十二分八十一為一寸以四百八十六為六寸餘二十六九為一分以十八為二分餘八一為一釐八為八釐共六寸二分八釐為蕤賓之律也

未二千一百八十七分一千二十四

詳注曰未二千一百八十七分一千二十四者三其七百二十九則未為二千一百八十七倍其五百一十二為一千二十四二百四十三為一寸以九百七十二為四寸餘五十二以二十七為一分餘二十五三為一釐以一十四為八釐餘一一為三毫共四寸一分八釐三毫上得大呂半律之數因居丑在陽倍之以一千二十四倍為二千四十八計得八寸三分七釐六毫為大呂之律也

申六千五百六十一分四千九十六

詳注曰申六千五百六十一分四千九十六

者三其二千一百八十七則申為六千五百六十一四其一千二十四為四千九十六七百二十九為一寸以三千六百四十五為五寸餘四百五十以八十一為一分四百五為五分餘四十六九為一氂四十五為五氂餘一為一毫共五寸五分五氂一毫為夷則之律也

酉一萬九千六百八十三分八千一百九十二

詳注曰酉一萬九千六百八十三分八千一百九十二者三其六千五百六十一則酉為一萬九千六百八十三倍其四千九十六為八千一百九十二二千一百八十七為一寸以六千五百六十一為三寸餘一千六百三十一二百四十三為一分以一千四百四十八為六分餘一百七十三二十七為一氂以一百六十二為一氂餘一十一三為一毫以九為三毫餘二一為三絲二為六絲共三寸六分六氂三毫六絲止得夾鐘半律之數因居卯在陽倍之以八千一百九十二倍為一萬六千三百八十四計得七寸三分二氂七毫二絲為夾鐘之律也

戌五萬九千四十九分三萬二千七百六十八

詳注曰戌五萬九千四十九分三萬二千七百六十八者三其一萬九千六百八十三則戌為五萬九千四十九四其八千一百九十二為三萬二千七百六十八六千五百六十一為一寸以二萬六千二百四十四為四寸餘六千五百二十四七百二十九為一分以五千八百三十二為八分餘六百九十二八十一為一氂以六百四十八為八氂餘四十四九為一毫以三十六為四毫餘八一為一絲八為八絲共四寸八分八氂四毫八絲為無射之律也

亥十七萬七千一百四十七分六萬五千五百三十六

詳注曰亥十七萬七千一百四十七分六萬五千五百三十六者三其五萬九千四十九則亥為十七萬七千一百四十七倍其三萬二千七百六十八為六萬五千五百三十六一萬九千六百八十三為一寸以五萬九千

四十九為三寸餘六千四百八十七二千一百八十七為一分以四千三百七十四為二分餘二千一百一十三二百四十三為一釐以一千九百四十四為八釐餘一百六十九二十七為一毫以一百六十二為六毫餘七三為一絲六為二絲餘一一為三忽共三寸二分八釐六毫二絲三忽止得仲呂半律之數因居已在陽倍之以六萬五千五百三十六倍為十三萬一千七十二許得六寸五分八釐三毫四絲六忽餘二不盡為仲呂之律也

律呂新書曰按此即三分損益上下相生之數其分字以上者皆黃鐘之全數子律數寅寸數辰分數午釐數申毫數戌絲數其丑卯巳未酉亥則三分律寸分釐毫絲之法也其分字以下者諸律所取於黃鐘長短之數也假令子一分則一為九寸是黃鐘之全數丑三分二則一為三寸三三如九亦是黃鐘之九寸一分取其二故林鐘得六寸寅九分八則一為一寸亦是黃鐘之九寸九分取其八故太簇得八寸其上下相生之序則晉志所謂在六律為陽則當位自得而下生於陰六呂為陰則得其所衡而上生於陽者是也丑為林鐘卯為南呂巳為應鐘未為大呂酉為夾鐘亥為仲呂大呂夾鐘仲呂止得半聲必用倍數乃與天地之氣相應其寸分釐毫絲皆積九以為法

詳注曰此當作兩層看上層為黃鐘之實下層乃黃鐘生十二律也

子	一	黃鐘之律而已
丑	三	為絲法
寅	九	為寸數
卯	二十七	為毫法
辰	八十一	為分數
巳	二百四十三	為釐法
午	七百二十九	為釐數
未	二千一百八十七	為分法
申	六千五百六十一	為毫數
酉	一萬九千六百八十三	為寸法
戌	五萬九千○四十九	為絲數
亥	一十七萬七千一百四十七	黃鐘之實

黃鐘之律以三歷十二辰所得之數在子寅辰午申戌六陽辰為黃鐘寸分釐毫絲之數子為黃鐘之律寅為九寸辰為八十一分午

為七百二十九釐申為六千五百六十一毫戌為五萬九千四十九絲在亥酉未巳卯丑六陰辰為黃鐘寸分釐毫絲之法亥為黃鐘之實酉之一萬九千六百八十三為寸未之二千一百八十七為分巳之二百四十三為釐卯之二十七為毫丑之三為絲其寸分釐毫絲之法皆用九數故九絲為毫九毫為釐九釐為分九分為寸九寸為黃鐘蓋子一為黃鐘之律參之於丑得三又參於寅得九又參於卯則得二十七又參於辰得八十一又參於巳得二百四十三又參於午得七百二十九又參於未得二千一百八十七又參於申得六千五百六十一又參於酉得一萬九千六百八十三又參於戌得五萬九千四十九又參之於亥得一十七萬七千一百四十七以是數為黃鐘之實而定管之短長以三為絲故有五萬九千四十九絲以二十七為毫故有六千五百六十一毫以二百四十三為釐故有七百二十九釐以二千一百八十七為分故有八十一分以一萬九千六百八十三為寸故有八寸合而觀之積絲毫釐分之長為寸皆九合絲毫釐分寸之數皆一十七萬七千二百四十七在陽辰順而左行為數在陰辰逆而右行為法也

生黃鐘

術曰以下生者倍其實三其法以上生者四其實三其法

陳子龍曰焦延壽所云以上生下皆三生二以下生上皆三生四是此說也　皇言定聲録曰史記五聲生數與漢志十二律生數皆以三分去一三分益一為法如黃鐘九寸下生三分其九寸而去一分得林鐘六寸林鐘上生三分其六寸而益一分為太簇八寸類若律書生術又有下生倍實上生四實而三其法者如黃鐘九寸下生則倍九寸為一十八寸三分之則為六寸而得林鐘林鐘六寸上生則四其六寸為二十四寸三分之為八寸而得太簇類即以黃鐘言之既倍九寸為十八而又分十八而得其六三六十八是三分十八而損其二也即以太簇言之既四六寸為廿四而又分廿四而得其八三八廿四是三分廿四而損其二也及觀後漢志又曰陽生陰倍之陰生陽四之皆三而一其曰倍

與四與律書同而曰三而一是以三為法而得其一也以損言則二以得言則一朝三暮四辰轉巧值總與樂律無與耳　詳注曰按黄鐘生十二律子寅辰午申戌六陽辰皆下生丑卯巳未酉亥六陰辰皆上生其上以三歷十二辰者皆黄鐘之全數其下陰數以倍者倍其實三分本律而損其一也陽數以四者四其實三分本律而益其一也六陽辰當位自得六陰辰則居其衝其林鐘南呂應鐘三呂在陰無所增損其大呂夾鐘仲呂三呂在陽則用倍數方與十二月之氣相應蓋陰之從陽自然之理也其曰陰數以倍陽數以四者如黄鐘九寸下生則倍其實為尺八寸以三分之每分六寸而得其一為林鐘即三分黄鐘九寸而損其一者也如林鐘六寸上生則四其實為二尺四寸以三分之每分八寸而得其一為太簇即三分林鐘六寸而益其一者也餘倣此

上九商八羽七角六宮五徵九索隱曰此文似數錯未暇研覈也

詳注曰此當盡旋相為宮之變乃得其理矣何言乎上九蓋黄鐘乾體也其數用九初九始于甲子則九二甲戌九三甲申九四甲午九五甲辰至甲寅為上九則五音之變極矣於是有商金而居木位者八為木之成數也有羽水而入火鄉者七為火之成數也有角木而就水宮者六為水之成數也有徵火而歷金疆者九為金之成數也而宮則嘗居五位變動不居以周流乎六虛焉蓋五音各有太少故自倍而配日以行于十二辰之位旋相為宮其變云爾試觀十二律之下于黄鐘繫之以宮太簇曰角仲呂曰徵夷則曰商應鐘曰羽此五行之正也至如姑洗曰羽林鐘曰商南呂曰徵此非五行之正也必盡玩旋相為宮之數然後知每宮各有五音其為羽為角為徵毫無錯謬也史遷姑舉一隅耳學者奈何不思反乎

置一而九三之以為法實如法得長一寸凡得九寸命曰黄鐘之律

律呂新書曰按淮南子謂置一而十一三之以

為黃鐘之大數即此置一而九三之以為寸法者其術一也夫置一而九三之既為寸法則七三之為分法五三之為釐法三三之為毫法一三之為絲法從可知矣律書獨舉寸法者蓋已於生鐘分内默具律寸釐毫絲之法而又於此律數之下指其大者以明凡例也一三之而得三三三之而得二十七五三之而得二百四十三七三之而得二千一百八十七九三之而得一萬九千六百八十三故一萬九千六百八十三以九分之則為二千一百八十七二千一百八十七以九分之則為二百四十三二百四十三以九分之則為二十七二十七以九分之則為三三者絲法也九其三得二十七二十七毫法也九其二十七得二百四十三則釐法也九其二百四十三得二千一百八十七則分法也九其二千一百八十七得一萬九千六百八十三則寸法也一寸九分一分九釐一釐九毫一毫九絲以之生十一律以之生五聲二變上下乘除參同契合無所不通蓋數之自然也　詳註曰

置一而九此當句言黃鐘之一分實九寸也三之以為法者以三歷十二辰皆黃鍾之全數下生上生皆以此為法焉實如法得長一寸者實為各律實數如法謂滿一萬九千六百八十三為一寸之法也黃鐘全九寸者謂黃鐘之實以三歷乘至亥積十七萬七千一百四十七凡得一萬九千六百八十三者九故為九寸也按十二律之實約以寸法則黃鐘林鐘太簇得全寸約以分法則南宮姑洗得全分約以釐法則應鐘蕤賓得全釐約以毫法則大呂夷則得全毫約以絲法則夾鐘無射得全絲至仲呂之實十三萬一千七十二以三分之不盡二算其數不行此律之所以止于十二也乃又為之變律六以通其窮

黃鍾十七萬四千七百六十二小分四百八十六　全八寸七分八釐一毫六絲二忽不用　半四寸三分八釐五毫三絲一忽

林鍾十一萬六千五百八小分三百八十四　全五寸八分二釐四毫一絲一忽三初　半二寸八分五釐六毫五絲六初

太簇十五萬五千三百四十四三十小分二百四　半全七寸八分二毫四絲四忽七初不用
三寸八分四釐五毫六絲六忽八初　全五
南吕十萬三千五百六十三十五小分四
寸二分三釐一毫六絲一初六秋　半二寸
五分六釐七絲五忽一初三秋
姑洗十三萬八千八百四十四六十小分　全七寸一
釐二毫二絲二初二秋不用　半三寸四分
五釐一毫一絲一初一秋
應鐘九萬二千五十六四十小分　全四寸六分
七毫四絲三忽一初四秋奇餘　半二寸三分
三毫六絲六忽六秋強不用
變律者在正律之位而非正律之聲也律所
以變者其故有三其一黃鐘至尊為君不為
他律所役其十二律各自為宮以生五聲二
變共七聲其黃鐘林鐘太簇南吕姑洗應鐘
六律則能其足五聲二變各得其正矣至蕤
賓大吕夷則夾鐘無射仲吕六律則取黃鐘
林鐘太簇南吕姑洗應鐘六律之聲少下不
和故有變律變律者其聲近正而少高於正

律也蓋蕤賓為宮則未免反取黃鐘為變徵
大吕為宮則未免反取黃鐘林鐘為變宮變
徵黃鐘既變其次所生之律若仍本律則長
不成曲亦當變焉如黃鐘為商則林鐘之羽
太簇之角南吕之變宮姑洗之變徵皆隨而
變黃鐘為角則林鐘之變宮太簇之變徵皆
隨而變臣之從君理固然也其二黃鐘林鐘
太簇南吕姑洗應鐘上六律長蕤賓大吕夷
則夾鐘無射仲吕下六律短以上律役下律
則或正或半通而和以下律役上律則或正
或半戾而不和故以上律役下律以下律役
下律皆不必變惟以下律役上律則必變具
上律使少短而與下律通也其三相生之法
至仲吕而窮使不再生六律則上律不能遍
七聲之用下律亦無由而通故以六三之乘
仲吕之實三分益一復變而再生黃鐘之宮
因再生故不及黃鐘九寸之舊數止得八寸
有奇其下相因而生五律亦各於舊為減皆
數之自然也太簇姑洗之全不用者其律長
相生所不及也應鐘之半不用者數之窮也

蓋應鍾之實六千七百一十萬八千八百六十四以三分之每分二千二百三十六萬九千二百六十一餘一又不盡一筭數又不可行此變律之所以止于六也

故曰音始於宮窮於角

詳注曰黄鍾之數九九八十一以為宮宮下生徵徵上生商商下生羽羽上生角角數六十四以三分之每分二十一不盡一筭數不可行此正聲所以止于五也通而變之角聲乃生變宮變徵焉

變宮聲四十二餘小分九分分之六羽後宮前上生變徵

變徵聲五十六餘小分九分分之八角後徵前不生

考國語周王問伶州鳩有七律之說蓋五聲宮與商商與角徵與羽相去各一律至角與徵羽與宮相去各二律相去一律則音節和相去二律則音節遠故角徵之間近徵收一聲比徵少下謂之變徵羽宮之間近宮收一聲少高於宮謂之變宮也五聲相生至角不盡一算而窮既不可行當有以通之故置子之一而兩至寅以三歷之得九以九因角聲之實六十四得五百七十六以三分之每分一百九十二三分損一為三百八十四以九歸之為四十二下生變宮是姑洗生應鍾也餘六不用又以變宮之三百八十四三分之每分一百二十八三分益一為五百一十二以九歸之為五十六上生變徵是應鍾生蕤賓也餘八不用至變徵之數五百一十二以三分之又不盡二算其數又不行此變聲所以止于二也變聲者所以齊五聲之不及宮比于徵雖有七聲其實五聲而已淮南子曰

姑洗生應鍾比於正音故為和應鍾生蕤賓不比於正音故為謬故變聲非正不為調也

非有聖心以秉聰明孰能存天地之神而成形之情哉

詳註曰夫十二律旋相為宮以次生五聲二變成八十四聲也律呂之數往而不返惟黄鍾不為他律所役所用七聲皆正律無空積忽微自林鍾而下則有半聲自蕤賓而下則有變律皆有空積忽微不得其正故黄鍾一均獨為聲氣之元也然十一律之皆可為宮也或有疑之者不知十一律之數各以八十

一分之為宮而三分損益上下相生各得五聲二變之數自然之妙非人力之為也合七聲為一調合五調為一曲宮聲十二商聲十二角聲十二徵聲十二羽聲十二凡六十聲為六十調共四百二十聲其正者以正律全聲應也正半者以正律半聲應也變者以變律全聲應也變半者以變律半聲應也蓋樂律最忌下陵上旋相為宮若到應鍾為宮其聲最短而清如用大吕為之商則是商聲高似宮聲為臣陵君用夾鍾為之角則是角聲高似宮聲為民陵君徵羽亦然皆不可用遂乃用半律之清聲以應之故調成而陰陽備也非天下之至神其孰能與於此

太史公曰故璇璣玉衡以齊七政即天地二十八宿十母十二子鍾律調自上古建律運歷造日度可據而度也合符節通道德即從斯之謂也

詳註曰北斗魁為璇璣杓為玉衡七星各有所生日月五緯七者可以正天時授民事故日七政二十八宿十母十二子共五十即天地大衍數也上古聖人察此以推曆生律即建律以運曆蓋五音六律即五運六氣而皆即干支之配合以行于二十八宿者也其曰造日度者七政以日為主日度既定而月與五緯皆可據而推度也淮南子曰道曰規始于一一而不生故分而為陰陽陰陽和合而萬物生故曰一生二二生三三生萬物天地三月而為一時故祭祀三飯以為礼喪紀三踊以為節兵重三罕以為制以三參物三三如九故黃鍾之數立焉黃者土德之色鍾者氣之所種也日冬至德氣為土土色黃故為黃鍾物以三成音以五立三與五八八故卵生者八竅律之所生也寫鳳之音故音以八生黃鍾為宮宮者音之君也故黃鍾位子其數八十一三分損益以生十二律因之以生度量權衡皆合乎天道故律曆之數天地之道也黃帝六十鍾納于六十甲子而六十甲子下即納以五聲此察消息調發斂之始也京房演為六十律其理實本黃帝十二律之變至六十猶八卦之變為六十四也故日合符

節通道德